长城经济带的理论、方法与实践
——以大同长城为例

张义丰　张　伟　刘志尧　编著

气象出版社
China Meteorological Press

内容提要

本书第一篇为理论与方法篇，主要介绍经济带的理论与实践、长城经济带的提出、长城经济带的理论基础、长城经济带研究的方法体系和长城经济带的建设路径；第二篇为实践篇，以大同长城为例，阐述其巍峨工程历史沿革、沧桑变迁现状扫描和虹贯精神未来走向。本书可供经济地理专业的研究人员与研究生学习和参考。

图书在版编目（CIP）数据

长城经济带的理论、方法与实践 : 以大同长城为例 / 张义丰，张伟，刘志尧编著. -- 北京 : 气象出版社，2019.6

ISBN 978-7-5029-6981-3

Ⅰ.①长… Ⅱ.①张… ②张… ③刘… Ⅲ.①区域经济发展—研究—大同 Ⅳ.①F127.253

中国版本图书馆CIP数据核字（2019）第120386号

长城经济带的理论、方法与实践——以大同长城为例

出版发行：气象出版社
地　　址：北京市海淀区中关村南大街46号　　**邮政编码**：100081
电　　话：010-68407112（总编室）　010-68408042（发行部）
网　　址：http://www.qxcbs.com　　**E-mail**：qxcbs@cma.gov.cn
责任编辑：王凌霄　张锐锐　　**终　　审**：吴晓鹏
责任校对：王丽梅　　**责任技编**：赵相宁
封面设计：易普锐创意
印　　刷：北京地大彩印有限公司
开　　本：787 mm×1092 mm　　**印　　张**：27.75
字　　数：720千字
版　　次：2019年6月第1版　　**印　　次**：2019年6月第1次印刷
定　　价：168.00元

前 言

新时期，以全新的视野探索长城保护和发展的路径，创新性地展示长城世界文化遗产的独特魅力，推动长城沿线经济社会发展，实现全面、协调、可续发展。一是长城经济带建设与京津冀区域经济社会发展的有机融合，把长城所在区域生产力布局与区域经济联合起来，助推京津冀作为中国经济“第三增长极”的进程；二是长城经济带建设要积极融入“一带一路”倡议，把长城经济带放在“一带一路”的范畴内进行思考和谋划，考量长城区域对整合各类资源、促进地方经济发展所具有的作用。

长城以其上下两千年，纵横数万里的时空跨度，成为了人类历史上宏伟壮丽的建筑奇迹和无与伦比的历史文化景观，但是，由于长城分布的地域极广，修建延续的时间极长，所处区域的生态环境较为脆弱。如何缓解和预防自然灾害的威胁，如何确保长城历史、科学、艺术价值的延续，如何妥善处理长城保护与区域社会经济发展的矛盾，是一项需要政府和社会共同关注和努力的艰巨任务。

十年前，本人首次提出“长城经济带”这一论述。长城经济带是指以长城资源为核心发展轴线，通过各种规划与建设活动，将长城沿线的资源、产业和人口聚落紧密地串联起来，形成一个联系密切、结构完整，功能完备，层次分明的条带状区域经济系统，推动长城区域的全面、协调和可持续发展，实现对长城资源的保护，对此进行了坚持不懈的探索与研究。

长城所处的区域大多为边远山区，社会经济发展较为滞后。长城经济带的提出和建设，有助于精准扶贫工作的开展，有助于缩小长城经济带内省份的经济差异和长城经济带与其他区域之间的经济差异，从而实现区域经济的协调发展。

长城承载着中国历史与文化意义。长城经济带的提出和建设，有助于文物保护与旅游产业的协调发展，在发展中保护，在保护中利用，利用与保护相结合，既留住绿水青山，又建起美丽乡村，最终实现长城资源的有效保护和利用。

长城是中国的长城，也是世界的长城。长城作为世界文化遗产之一，其经济带的建设，不仅有助于“一带一路”倡议的推进，而且从国际化视角彰显了长城的当代意义。一是国家重建长城整体保护政策议题框架，树立长城工作三大主题目标：保护、共享和发展；二是实施国家重大长城行动计划，长城发展问题在学术研究、技术攻关、区域协同和全民共享等方面都具有重大国家战略意义和联合行动现实需求。

在长城经济带研究过程中，得到了中国长城学会很多专家的支持和指导，特别是山西省大同市长城所在区县的全力配合，在此表示诚挚的谢意！

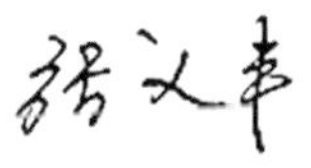

2019年5月28日

张义丰 男，1954年生，江苏省丰县人。毕业于北京大学地理系，现任中国科学院地理科学与资源研究所研究员。长期从事区域发展与规划研究，主要研究领域为生态文明建设、沟域经济与山区发展、区域农业与乡村发展、旅游发展与规划、长寿之乡与长寿经济、生态文学与诗歌地理，主持国家自然科学基金和国家部委委托项目10余项，获得国家和省部级奖6项，发表学术论文80余篇，著作10部，撰写咨询报告10份。

主要学术贡献：一是中国沟域经济理论创始人、提出者；二是中国“岱崮地貌”理论创始人、提出者；三是中国生态名山理论创始人、提出者；四是生态文明建设规划研究；五是长寿经济发展研究；六是生态文学与诗歌地理研究。

主要承担的社会责任：一是建设创新型国家战略指导委员会专家；二是中国老年学和老年医学学会长寿发展研究院院长；三是中国长寿之乡绿色产业发展联盟专家委员会执行主任；四是中国农业与资源区划协会休闲农业专业委员会副主任；五是全国有机农业产业联盟副理事长；六是中国长城学会副秘书长；七是北京城郊经济研究会副理事长；八是北京沟域经济发展联合会执行会长；九是北京美丽乡村联合会副会长。

目 录

第一篇

理论与方法篇

第一章　绪论

第一节　研究的背景、意义与目标

一、研究背景

长城以其上下两千年，纵横数万里的时空跨度，成为人类历史上宏伟壮丽的建筑奇迹和无与伦比的历史文化景观（国家文物局，2016）。历经悠久岁月的洗礼和锤炼，长城凝结了中国古代劳动人民的心血和智慧，积淀着中华文明博大精深、灿烂辉煌的文化内涵，体现着中华民族的精神品质和价值追求。作为中华民族的精神象征，长城所蕴含的团结统一、众志成城的爱国精神，坚韧不屈、自强不息的民族精神，守望和平、开放包容的时代精神，已经深深地融入中华民族的血脉之中，成为了实现中华民族伟大复兴的精神支柱。

但是，由于长城分布的地域极广，修建延续的时间极长，所处区域的生态环境较为脆弱。长期以来的自然侵蚀风化，使得许多地段的长城已经坍塌或损毁，甚至地面部分已全部消失（董耀会，2005）。同时，长城所处的区域大多为边远山区，社会经济发展较为滞后。人们对短期利益和经济效益的盲目追寻，也使得长城资源受到了比较严重的破坏（张义丰等，2009）。如何缓解和预防自然灾害的威胁，确保长城历史、科学、艺术价值的延续，妥善处理长城保护与区域社会经济发展的矛盾，是一项需要政府和社会共同关注和努力的艰巨任务。长城资源的保护，任重而道远。

从国家层面上看，进入“十三五”时期，我国的经济发展全面进入了新常态时期。我国经济向形态更高级、分工更优化、结构更合理阶段演化的趋势愈加明显。随着我国新型工业化、城镇化、信息化的不断深入发展，新的增长动力正在孕育和形成，新的增长点、增长极、增长带也在不断地成长壮大。但是，我们也必须清醒地认识到，发展方式粗放，不平衡、不协调、不可持续问题仍然突出；国民收入差距较大，人口老龄化加快，消除贫困等重大的挑战仍然存在；城乡区域发展不平衡，资源约束趋紧，生态环境恶化的总体趋势仍未得到根本扭转。

从宏观层面上看，长城资源的保护与一带一路倡议的推进，北部地区的生态涵养，边远贫困地区的社会经济发展，区域协调发展，经济转型与升级等国家重大战略问题紧密相连。长城资源的保护，绝不仅仅只是简单的文物保护问题，也不只是初级层面的长城旅游资源开发问题。长城资源的保护，必须紧紧围绕国家重大发展战略，将长城地区作为一个整体系统，通过自然、社会、经济等各个子系统的有效协同，推动整个长城地带的可持续发展，最终实现长城资源的有效保护和利用。

二、研究意义

（一）有助于推进“一带一路”倡议

“一带一路”倡议是中国政府近年来最重要的战略部署。该倡议以经济合作为中心，涵盖了地缘政治、外交、社会、文化等诸多方面，是一项重要的国家顶层战略构想。长城经济带的提出和建设，有助于“一带一路”倡议的推进和实施。首先，长城经济带和丝绸之路经济带在地域上紧密相连。在《推动共建丝绸之路经济带和21世纪海上丝绸之路的愿景与行动》中所提到的新疆、陕西、甘肃、宁夏、青海、内蒙古、黑龙江、吉林、辽宁、北京等省（区、市）均分布着丰富的长城资源，位于长城经济带中。当然，丝绸之路经济带涵盖的地域范围要大于长城经济带。其次，长城经济带和丝绸之路经济带在文脉上相辅相成。长城经济带的核心要素是长城。长城和丝绸之路在历史上有许多的交集。如许多地段的长城就是为了保护丝绸之路而建成的。在当代，虽然长城和丝绸之路已经逐渐褪去了以前的军事、贸易等现实功能，但其历史文化价值却日益凸显，目前都已经成为中国重要的文化符号。因此，从历史文脉上看，长城经济带和丝绸之路经济带不仅没有任何冲突，反而是一个相辅相成，密不可分的有机整体。

综上所述，长城经济带和丝绸之路经济带在地域上相连，在文化上相通。丝绸之路经济带的根本目标是打造政治互信、经济融合、文化包容、互联互通、互利共赢的欧亚利益共同体与命运共同体，属于外向型国际发展战略；而长城经济带的着眼点则是国内局部区域的经济发展，其范畴要小于丝绸之路经济带。长城经济带的提出和建设，是丝绸之路经济带的重要组成部分，能够为丝绸之路经济带的建设和发展提供有力的支撑。

（二）有助于推进区域社会经济的协调发展

区域经济的协调发展是增强国家综合实力，提升人民生活水平的重要保障，也是构建和谐社会的重要基础条件。区域经济差异过大，必将导致国家发展红利分配的不公，激化区域之间的矛盾，进一步形成和固化城乡二元结构，最终必将失去构建和谐社会的经济和社会基础。近年来，中央政府也意识到了区域协调发展的重要性。在《中华人民共和国国民经济和社会发展第十二个五年规划纲要》（“十二五”规划）中明确提出，要“充分发挥不同地区的比较优势，促进生产要素的合理流动，深化区域合作，推进区域良性互动发展，逐步缩小区域发展差距”。而在《中华人民共和国国民经济和社会发展第十三个五年规划纲要》（“十三五”规划）中，进一步明确提出，要“深入实施西部开发、东北振兴、中部崛起和东部率先的区域发展总体战略，创新区域发展政策，完善区域发展机制，促进区域协调、协同、共同发展，努力缩小区域发展差距。” 由此可见，如何缩小区域经济差异、实现区域协调发展已成为现阶段国家和地方政府重点关注的焦点问题。

在长城经济带中，除了北京、天津等少数省份以外，长城经济带的经济发展总体水平仍然比较低。2015年，在长城经济带所有的15个省份中，有10省份的人均地区生产总值均低于全国平均水平。另外，在长城经济带内部，其区域经济差异也非常明显。2015年，长城经济带中地区生产总值最高的省份（山东省）是最低省份（青海省）的26.07倍；而地均地区生产总值的差异则更为明显，地均地区生产总值的最高值和最低值之间相差了437.36倍，差异十分惊人。因此，通过长城经济带的建设，进一步加强经济带内的分工与协作，有助于缩小长城经济带内部省份，以及长城经济带和全国其他区域之间的经济差异，实现区域经济的协调发展。

（三）有助于精准扶贫工作的开展

精准扶贫是新时期党和国家扶贫工作的精髓和亮点。一直以来，党和国家都十分关心和重视扶贫工作。改革开放以来，经过多年来的大规模开发式扶贫，我国的贫困人口已经大量减少，贫困地区的面貌得到了显著变化。但是，我国的地域广阔，地区差异大，导致扶贫开发工作依然面临十分艰巨而繁重的任务，这对党和国家的扶贫工作提出了新的要求和挑战。精准扶贫既是党中央对新时期扶贫工作的新挑战与新要求，也是建设和谐社会，实现中国梦的题中之义。

长城经济带中的新疆、甘肃、内蒙古等省份位于中国北部边境，自然条件较为恶劣，经济发展水平较低；陕西、甘肃、宁夏、山东的沂蒙山区等地是著名的革命老区，经济发展也比较滞后；黑龙江、吉林、辽宁等东北地区的省份是著名的老工业基地，受困于人口减少、产业结构调整迟缓等原因，经济发展也陷入了困境。在《中华人民共和国国民经济和社会发展第十三个五年规划纲要》中，也将长城经济带所处的革命老区、民族地区、边疆地区作为了脱贫攻坚重点地区。长城经济带的建设和发展，能够从根本上减轻精准扶贫工作的压力，为和谐社会的构建提供坚实的经济基础。

（四）有助于推进我国北部生态屏障的建设

长城经济带多处于生态环境比较脆弱的地区。如新疆是我国降水量最少的地区之一，中国最大的两个沙漠——塔克拉玛干沙漠和古尔班通古特沙漠均位于新疆。甘肃、宁夏、内蒙古等地降水稀少，属于农牧交错区。这里的生态环境也非常脆弱，面临着水土流失、土地荒漠化等一系列的生态环境问题；京津冀地区则是全国水资源最短缺，大气污染、水污染最严重，资源环境与发展矛盾最为尖锐的地区；东北地区也面临着森林资源枯竭、土地荒漠化严重、黑土质量退化、湿地萎缩、城市大气污染严重等生态环境问题。

面对北方地区的生态环境问题，《中华人民共和国国民经济和社会发展第十三个五年规划纲要》明确提出要着手实施山水林田湖生态工程。其中的许多生态工程均与长城经济带密切相关。（1）在国家生态安全屏障保护修复方面，提出要推进黄土高原、大小兴安岭和长白山、京津冀水源涵养区、内蒙古高原、河西走廊、塔里木河流域等关系国家生态核心地区生态修复治理；支持甘肃生态安全屏障综合示范区建设。（2）在国土绿化行动方面，提出要加强“三北”防护林体系的建设。（3）在防沙治沙和水土流失综合治理方面，提出要实施北方防沙带、黄土高原区、东北黑土区等重点区域的水土流失综合防治。继续实施京津风沙源治理二期工程。

上述生态工程无疑会大大改善长城经济带的生态环境状况。但是，生态环境问题的根源仍然来自于人口增长、经济发展所带来的压力。如果长城经济带中的部分省份仍然延续过去粗放式、掠夺式的资源开发方式，依靠自然资源的大量投入来换取经济的增长，那么其生态环境问题不可能得到彻底的解决。在长城经济带的建设和发展过程中，其核心要素是长城这一历史文化要素，并非自然资源要素。这就决定了长城经济带未来的主导产业将是旅游业、现代服务业等产业。这些产业对资源的消耗较小，对生态环境的破坏也比较少。因此，通过长城经济带的建设和发展，有助于缓解当地的生态环境压力，构建我国北部的生态屏障。

（五）有助于推动少数民族地区的发展

少数民族是中华民族的重要组成部分。党和政府一直坚持民族平等、团结和共同繁荣的民族政策。随着我国改革开放的不断深入，国家也加大了对少数民族地区的投资力度，制定了一大批帮助少数民族发展的政策措施，有效地推动了少数民族地区经济的发展，取得了显著的成效。但是，受自然、历史、人口分布等各方面因素的影响，与全国其他地区相比，民族地区的社会经济发展水平仍然比较低下（魏后凯等，2012）。为此，在《中华人民共和国国民经济和社会发展第十三个五年规划纲要》中也明确提出，要“把加快少数民族和民族地区发展摆到更加突出的战略位置，加大财政投入和金融支持，改善基础设施条件，提高基本公共服务能力。支持民族地区发展优势产业和特色经济”。

长城经济带所处的北方地区历来是多民族杂居的地方。《中国统计年鉴（2013）》中的数据显示，2012年，长城经济带中共有3019.97万的少数民族人口，占全国少数民族人口总数的33.54%。长城经济带中的许多省份都分布着数量众多的少数民族。如青海省分布有藏族、回族、土族、撒拉族和蒙古族等少数民族，少数民族人口占民族自治地方总人口的比重高达65.07%；新疆维吾尔自治区内分布着维吾尔族、哈萨克族、回族、蒙古族、柯尔克孜族、锡伯族、塔吉克族、乌兹别克族、满族、塔塔尔族等少数民族，少数民族人口所占比重达62.05%；甘肃省内分布着回族、藏族、东乡族、土族、裕固族、满族、保安族、蒙古族、撒拉族等少数民族，少数民族人口所占比重达58.99%。长城经济带的提出和建设能够有效地推动区域内少数民族的经济发展，提高少数民族人口的生活水平，实现各民族的共同繁荣。

三、研究目标

本研究主要有以下几个方面的目标。

（1）通过对国内外研究成果的总结和归纳，提出长城经济带的基本概念，分析其基本特征，探讨长城经济带研究的必要性与可行性。

（2）通过对国内外经济带研究成果的总结和归纳，建立长城经济带研究的理论基础和方法体系。

（3）以山西省大同市为例，探讨长城经济带研究的实践模式。

第二节 国内外研究综述

一、国外研究进展

（一）理论研究进展

国外关于经济带的理论研究起步比较早。早在1927年，美国学者斯坦·德·吉尔对早期的“工业四边形”概念进行引申，进而提出了制造业带（manufacturing belt）的概念。它以主要工业中心的相互联系为依据，着重强调工业生产活动的重要性和连续性（Krugman，1991）。1950年，法国经济学家弗朗索瓦·佩鲁（François Perroux）在《经济空间：理论与应用》一文中首次提出了“增长极”理论，初步阐明了经济带的形成机制，为经济带的研究提供了理论基础（Perroux，1950）。20世纪60年代初，德国学者沃纳·松巴特（Werner Sombart）等人提出了生长轴理论。他认为各中心之间的重要交通干线建设方便了人口的流动，降低了原材料和产品的运输费用，从而降低了产品成本。新的交通干线将对产业和人口产生吸引作用，促使产业和人口的集聚，并最终形成一个产业聚集带（Campagnolo et al.，2012）；L.Degeer和J.Paelinck认为，发展轴是指那些有利于特定工业综合体以及商品流动的所有辅助基础设施，当它们在技术和经济上适应了一个巨大的经济空间，能够有效运行，且具有重要战略意义时所组成的地理单元（费洪平，1993）。20世纪90年代，E.C.Sullivan对城市交通走廊开展了深入的研究，提出将交通运输基础设施建设与沿线经济开发进行有效整合的规划思想（Sullivan，1997）。1990年，美国学者迈克尔·波特（Michael E.Porter）出版了《国家竞争优势》一书，首次提出了产业集群的概念（Porter，2010）。产业集群理论分析了产业集中布局所带来的区域竞争优势，并探讨了如何进一步维系和扩大自身竞争优势的措施。该理论为经济带的发展模式和方向提供了有力的理论工具。到了21世纪，I.R.Gordon和P.McCann认为不同集团和不同活动的混合趋向于在不同的地方集结成带束状，其结果就是某种程度地伴随着产业专业化的空间分异，并总结了三种基本的带状模式，即纯聚集模式、产业综合体模式和社会网络模式（Gordon et al.，2010）。

（二）实证研究进展

国外文献很少见到直接针对经济带（economic belt）的相关研究，而多是分散于都市带（megalopolis）、制造业带（manufacturing belt）、产业带（industrial belt）、经济发展轴（economic development axis）等研究中。

在都市带的研究中，美国东北部大西洋沿岸的都市带是最早受到关注的焦点区域（Fishman，1963）。早在1957年，法国学者戈特曼（Jean Gottmann）就发现在这个条带状区域中汇聚了许多的大城市，并为其创造了megalopolis这一全新的概念（Gottmann，1957）。大西洋沿岸大都市带以纽约为中心，北起波士顿，中经费城、巴尔的摩，南至华盛顿，沿途共汇集了5个大城市、40多个中小城市。从总体上看，大西洋沿岸经济带的国土面积只占美国的1.5%，但却集中了全国20%的人口和30%的制造业产值，是美国乃至世界最重要的金融中心和贸易中心（齐军领等，2011）。日本东海道太平洋沿岸大都市带则是另一个典型的大都市带（Ito et al.，1980）。该都市带位于日本濑户内海沿岸和北九江地区，是日本的政治、经济、文化中心。该都市带以东京、名古屋、大阪等国际大都市为核心，汇聚了横滨、京都和神户等重要城市，形成了日本最大的大都市带。这个大都市带面积约为10万平方千米，仅占日本国土面积的20%，却集中了日本50%以上的人口。世界上其他著名的都市带主要包括欧洲西北部大都市带（Robert，1976）、美国五大湖沿岸大都市带（Gottmann，1976），以及中国长江三角洲大都市带（Liu，1999； Wang et al.，2015）等。

世界上著名的制造业带主要包括：一是北美制造业带。北美制造业带位于美国的东北部和加拿大东南部的五大湖区附近。该区域煤铁资源丰富，交通便利，工业部门齐全，是世界上最大的工业区（Meyer，1983）。二是西欧工业带。位于欧洲西部的英国、法国、德国、荷兰、比利时、意大利北部等国的工业带，其核能、航空、汽车、化工等技术密集型工业非常发达，是现代工业的发源地（Hospers，2004； Wrigley，2006）。三是日本太平洋沿岸工业区。日本太平洋沿岸是世界著名的临海工业带，其钢铁、汽车、造船、电子、化学、家用电器产业在世界上占有重要的地位，技术密集型产业发展迅速（Mosk，2011）。此外，著名的产业带还有美国的硅谷（Engel et al.，2011），俄罗斯、乌克兰等国所在的东欧工业区（Hersch et al.，1994）等。

二、国内研究进展

（一）理论研究进展

在经济带的定义方面，国内学者们各自的理解不尽相同。陈才认为，经济带是指一个具有世界意义或区际意义的，呈条带状分布的，具有特定结构、功能、层次的较大面积的综合性经济地域（陈才，2001）；周淼等人认为，经济带是指各种经济活动沿线状基础设施集聚分布而形成的一种经济现象。在经济带内，各种资源富集，交通便捷，产业集中，人口稠密，城市密集；同时，任何尺度的经济带都应该是特定区域经济发展的驱动轴（周淼等，2003）；朱华友认为，经济带是具有区际或区内意义的，以交通干线为发展轴线、以中心城市为发展极，经济发展水平高于周围地区的，呈条带状分布的，具有特定结构、功能、层次的经济地域。经济带的形成具有阶段性、层次性，是一个时空演化发展过程形成的结果（朱华友等，2004）。

在经济带的类型划分方面，谢景武从三个角度对经济带的地域类型进行了划分。按照地域大小来看，可将经济带划分为跨省区经济带、省区内经济带和城市内部经济带三类；按照发展轴线的性质，可将经济带划分为陆路经济带、江河经济带、沿海经济带和复合型经济带四类；按照形成机制的不同，可将经济带划分为资源开发促进型、产业集聚扩散型和区位网络引导型三大类（谢景武，2004）。韩增林根据交通轴线性质的不同，将交通经济带划分为沿海型交通经济带、沿江（河）型交通经济带、沿路型交通经济带和综合运输通道型交通经济带四种基本类型（韩增林等，2000）；王凯则根据产业聚集的发展类型，将流域经济带划分为成本洼地型、资源开发型、市场创造型和园区规划型四类（王凯，2012）。

在经济带的形成机制方面，朱华友等人认为，经济带的形成与演化进程可用增长极理论和点轴空间结构等理论来解释。其理论演进的路径依次为增长极理论、点轴开发理论和梯度推移理论（朱华友等，2003）。马海霞等人认为，经济区划的演变和区域经济发展重心的转移是新疆天山南/北坡经济带形成的主要因素（马海霞等，2006）。欧向军认为，产业带形成与发展的动力是动态变化。实证研究表明，影响江苏省产业带形成的动力机制，经历了以资源开发为主，以基础设施引导为主，以及外向开拓、中心城市牵引和技术推动多元驱动这三个阶段（欧向军等，2011）。

在经济带的空间结构演化方面，陈修颖运用空间相互作用理论，对长江经济带的空间结构演化过程进行了分析，将长江经济带的经济空间结构演化划分为独立发展阶段、区域集聚与链接阶段、行政经济区阶段和空间竞争与链接阶段等四个阶段（陈修颖，2007）。冯兴华等人通过构建了城市影响力指数测度指标体系，发现长江经济带呈现为一条主轴、三大核心圈、多条辅轴的区域空间结构，经历了城市孕育、极核发展、点轴扩散、网络化、局域一体化发展等五个演化阶段（冯兴华等，2015）。高丽娜等人认为，经济要素的集聚和扩散过程对区域经济空间结构具有明显的重塑作用，是经济带空间结构形成和演化过程中的根本推动力量（高丽娜等，2013）。方敏等人分析了青藏铁路沿线的空间结构演化过程，提出通过扩大开放、加强区域经济协作和产业协同等措施，构建共轭双核空间结构，从而推动青藏铁路经济带的发展（方敏，2007）。

（二）实证研究进展

在国内的经济带实证研究中，丝绸之路经济带和长江经济带是当前研究的热点话题。

1. 长江经济带的研究

长江经济带的研究大致可以划分为两大部分。（1）对长江经济带整体的研究。赵琳等人选择1992—2010年作为时间序列，以长江经济带的106个地级市作为空间单元，分析了长江经济带空间分异的变化过程（赵琳等，2013）。黄庆华等人利用偏离-份额分析法（SSM模型），分析了2003—2012年长江经济带的产业结构演变过程，探讨了其影响因素（黄庆华等，2014）。方创琳等人分析了长江沿江的六大城市群在发育过程中的问题，提出应以流域一体化和交通一体化为主线，推进长江经济带城市群建设的一体化和市场化进程，加快构建“1+2+3”分级梯度发展的长江经济带城市群新格局（方创琳等，2015）。樊杰等人分析了长江经济带的国土空间开发结构，提出了长江经济带的空间格局特征；并对未来长江经济带战略地位和空间结构演变及应对策略等命题进行了探讨（樊杰等，2015）。方大春等人利用断裂点模型和经济辐射场强模型，测算了长江经济带核心城市的影响力。发现上海市的影响力范围要远远大于其他中心城市；而南京、武汉和重庆的辐射影响主要集中在周围城市（方大春等，2015）。成长春等人阐述了世界级产业集群的基本内涵与本质特征，确定了世界级产业集群的筛选原则，遴选出了长江经济带未来重点打造的十大世界级产业集群（成长春等，2016）。（2）对长江经济带中的局部区域的研究。徐俊武等人通过制度变迁分析框架的引入，探讨了湖北长江经济带的区域合作问题（徐俊武等，2009）。向云波等人从联系节点、联系通道和联系作用量三个方面入手，定量分析了上海与长江经济带的经济联系（向云波等，2009）。吴波分析了安徽省在长江经济带中的地位、定位，进而提出了安徽省的进位发展思路（吴波，2016）。张雷等人分析了长江上游地区川渝段工业发展现状与问题，提出了该地区工业发展与布局的战略调控思路（张雷等，1999）。

2. 丝绸之路经济带的研究

自从“一带一路”倡议提出后，丝绸之路经济带的研究迅速成为备受关注的热点话题。总体上看，当前的丝绸之路经济带研究大致可以分为两个部分。（1）丝绸之路经济带的国际合作研究。董锁成等分析了丝绸之路经济带的经济发展格局，提出了核心-边缘合作共赢模式、交通经济带模式和丝绸之路经济共同体模式等三种区域经济一体化模式，以期优化欧亚发展空间的新格局，促进丝绸之路经济带的经济可持续发展（董锁成等，2014）。胡鞍钢等全面分析了丝绸之路经济带的战略内涵和定位，认为丝绸之路经济带是在古代丝绸之路概念基础上形成的当代经贸合作升级版，具有重要战略意义。在丝绸之路经济带中，中亚经济带是核心区，环中亚经济带是重要区，亚欧经济带则是拓展区（胡鞍钢等，2014）。苏华等则从产业合作入手，提出应根据中国东部-中国中部-中国西部及中亚国家这一梯度发展层次，构建中国-中亚国家产业合作的雁行模式，推动丝绸之路经济带沿线国家间的产业合作（苏华等，2015）。王海燕在“一带一路”倡议框架下，分析了中蒙俄经济走廊建设的概念及内涵，提出了构建中蒙俄经济走廊的构想（王海燕，2016）。（2）丝绸之路经济带国内段的发展研究。魏丽莉利用区域经济联系强度模型、时间距离模型和区位熵法等模型，评价丝绸之路经济带国内西北段的城市群空间联系能力，发现其空间联系能力呈现东强西弱的态势（魏丽莉，2016）。王静在丝绸之路经济带建设的背景下，从社会经济发展的阶段性特征、动力结构、机制建设等三个维度出发，分析了陕西省的现实状况，提出了相应的政策建议（王静，2016）。闫丽娟等认为，“一带一路”倡议为西部地区发展民族文化产业提供了新的历史机遇（闫丽娟等，2016）。黄茜分析了“一带一路”倡议下，新疆发展跨境电子商务的机遇与现状，提出了相应的政策建议（黄茜，2016）。

3. 国内其他经济带的研究

（1）东部地区

东部地区的经济带研究主要集中在环渤海经济带、长三角经济带，以及哈大等交通经济带的研究上。例如，刘桂春等人运用多中心模式，分析了辽宁沿海经济带环境治理存在的问题及其原因，构建该经济带的多中心环境治理模式，提出相应的政策措施（刘桂春等，2012）。陈久玲等人运用主成分分析法，对京哈—京广铁路沿线经济带中的文化产业竞争力进行了综合分析，进而提出了两线两区、一体两翼、五点五基地等发展策略，着力提高该经济带文化产业的整体竞争力（陈久玲等，2015）。杨荫凯等人基于交通经济带的理论以历史和现实的角度，分析了哈大交通经济带在特定演化阶段的空间模式及其基本特征（杨荫凯等，1999）。朱美光对环渤海经济带和长三角经济带的技术追赶问题进行了实证分析，探讨了我国区域间实现技术追赶所需要的条件（朱美光，2010）。郝雪等人基于点轴系统理论，分析了北黄海经济带的空间结构。认为北黄海经济带应以大连市为一级枢纽轴心，沿庄河、东港这两个二级枢纽轴心发展两条产业轴，最终形成点轴式空间发展枢纽轴带（郝雪等，2011）。甄巧莲等人分析了皖江经济带的土地利用变动趋势，构建了皖江经济带土地利用动态变化的驱动机制，揭示了皖江经济带土地利用的未来发展趋势（甄巧莲等，2011）。邵士官分析了鲁南经济带城市走廊的空间结构，提出应尽快建设山东省南部东西方向的快速交通干线，建立健全区域共建互动机制，推动鲁南经济带的发展（邵士官，2010）。李靖宇等人分析了开发东北地区东边道沿线经济带的区域价值，提出了东北东边道沿线经济带的推进方向，探讨了东北东边道沿线经济带开发所面临的问题，进而提出了相关的政策建议（李靖宇等，2007）。

（2）中部地区

中部地区的相关研究多是集中在沿江、沿河、沿铁路等交通经济带的研究上。曾光以江西沪昆高铁经济带为例，探讨了高铁经济带的基本内涵，提出了江西省加快打造沪昆高铁经济带的发展策略（曾光，2016）。周致远等人基于RS技术，定量分析了湖北汉江生态经济带土地利用的时空格局及演变特点（周致远等，2014）。张敏等人分析了山西省百里汾河经济带建设背景下，临汾市旅游业的发展条件与存在的问题，提出了相关的发展策略（张敏等，2015）。赵潘以河南省为例，分析了中原经济区发展的优劣势。认为中原经济区具有产业、区位、资源和政策空间等四个方面的发展优势；但也存在着城市定位不足的问题（赵潘，2012）。

（3）西部地区

西部地区的相关研究主要集中在沿江、沿边、城市经济带等方面的研究上。如许小红等人利用专家打分法评价了广西西江经济带的旅游资源，进而采用空间差异指标分析了西江经济带旅游资源的空间特征（许小红等，2016）。白永秀等人提出了构建“西（安）—兰（州）—乌（鲁木齐）”经济带的设想，即以西安、兰州、乌鲁木齐三大核心城市为支点，以铁路交通线为轴，连接关中—天水、兰州—西宁、天山北坡地区、宁夏沿黄经济区这四大重点经济区，推进区域经济的一体化（白永秀等，2016）。张泽荣全面分析了构筑和发展成渝经济带的战略性意义（张泽荣，2000）。赵兴国基于区位熵理论和AHP决策分析法，对云南沿边经济带的资源环境基础进行了评价。发现该区域中的资源丰富地区主要集中在经济带的西部和西北部县市，而东南部的资源则较为匮乏（赵兴国，2013）。哈尚辰等人从城市的居住生活条件、生态环境质量、社会和谐度、基础设施与公共服务质量等方面入手，对天山北坡经济带的城市人居环境质量进行了评价（哈尚辰等，2016）。

第三节 本书的结构框架

本书分为两篇，共三大部分：第一部分是绪论与研究基础，第二部分是长城经济带的理论与方法研究，第三部长是长城经济带的实证研究。其总体框架结构图如图1-1。

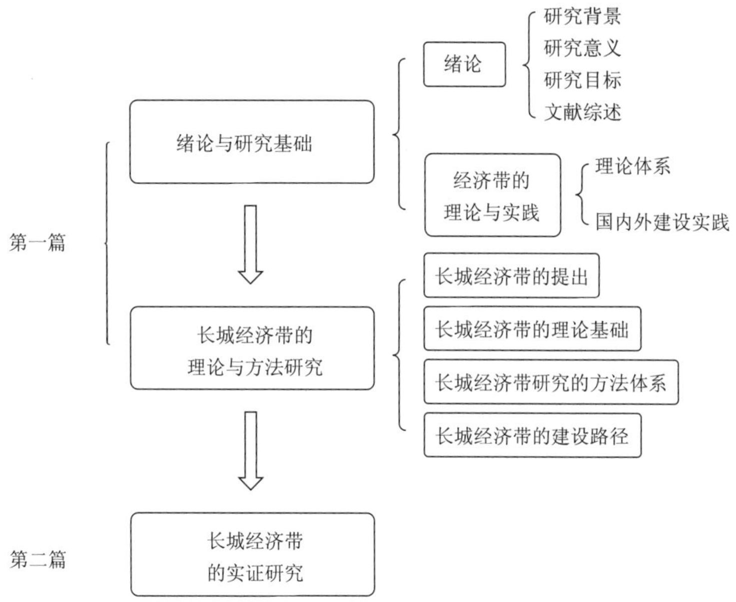

图1-1 本书的总体框架结构

第一部分中，主要包括绪论和经济带的理论与实践两大内容。（1）在绪论部分，将简要介绍本书的研究背景、研究意义、研究目标等内容，并对国内外经济带的研究进展进行总结和归纳。（2）在经济带的理论与实践部分，首先将对经济带的理论体系进行全面的分析和探讨。主要包括经济带的定义与特征、经济带的类型、经济带的功能、经济带的形成机制和经济带的空间结构演化等内容。其次，将简单介绍国内外主要的经济带建设实践，从而为长城经济带的建设提供参考。

第二部分中，主要包括长城经济带的提出、长城经济带的理论基础、方法体系和建设路径四个方面的内容。（1）在长城经济带的提出部分，首先将对长城的概念、范围、功能、地理学意义等进行解读；其次，则将提出长城经济带的基本概念。包括其定义、空间范围、构成要素等；再次，将着重分析长城经济带的基本特征，包括其区位特征、经济特征、生态环境特征和社会特征等；最后是长城经济带建设的必要性与可行性分析。（2）在长城经济带的理论基础部分，将重点介绍与长城经济带建设密切相关的区位理论、区域经济发展理论和产业经济理论这三大理论。其中，区位理论主要包括农业区位论、工业区位论和中心地理论；区域经济发展理论主要包括增长极理论、大都市带理论、点轴系统理论、梯度转移理论等；产业经济理论则包括产业结构演化理论、产业分工理论和产业集群理论。（3）在长城经济带的方法体系部分，将着重介绍与长城经济带研究相关的方法。该部分主要包括两大内容：一是长城经济带研究的方法论。主要介绍了现代科学中最具代表性的老三论（系统论、控制论和信息论）和新三论（耗散结构论、协同论、突变论）。二是长城经济带研究中具体使用的方法。主要包括区域规划方法、产业系统分析方法、人口系统分析方法、城市系统分析方法和生态环境系统分析方法五大类方法。（4）在长城经济带的建设路径部分，首先将介绍长城经济带建设的总体思路与建设目标；其次是探讨长城经济带的区域空间布局和建设内容；最后是长城经济带的协同发展机制。

第三部分中，主要是长城经济带的实证研究部分。该部分将以山西省大同市为例，探讨长城经济带建设的总体思路、建设目标、建设内容、政策机制等方面的内容。

第二章　经济带的理论与实践

第一节　经济带的理论体系

一、经济带的定义与特征

（一）经济带的定义及其构成要素

国内外关于经济带的研究已经比较多了，但到目前为止还没有统一的定义。早在1927年，美国学者斯坦·德·吉尔对早期的“工业四边形”概念进行引申，进而提出了制造业带（manufacturing belt）的概念。它以主要工业中心的相互联系为依据，着重强调工业生产活动的重要性和连续性（Krugman，1991）；20世纪60年代初，德国学者沃纳·松巴特（Werner Sombart）等人提出了生长轴理论。他认为各中心之间的重要交通干线建设方便了人口的流动，降低了原材料和产品的运输费用，从而降低了产品成本。新的交通干线将对产业和人口产生吸引作用，促使产业和人口的集聚，并最终形成一个产业聚集带（张文尝等，2002）；L.Degeer和J.Paelinck认为，发展轴是指那些有利于特定工业综合体以及商品流动的所有辅助基础设施，当它们在技术和经济上适应了一个巨大的经济空间，能够有效运行，且具有重要战略意义时所组成的地理单元（费洪平，1993）。20世纪90年代，E.C.Sullivan提出将交通运输基础设施建设与沿线经济开发进行有效整合的规划思想（Sullivan，1997）。到了21世纪，I.R.Gordon和P.McCann认为不同集团和不同活动的混合趋向于在不同的地方集结成带束状，其结果就是某种程度地伴随着产业专业化的空间分异，并总结了三种基本的带状模式，即纯聚集模式、产业综合体模式和社会网络模式（Gordon et al.，2010）。

国内学者们对经济带（economic belt）的理解也不尽相同。申金升等对特定的交通经济带（traffic economic belt）进行了研究，认为交通经济带是以交通干线为主体，由交通干线及其周边一定范围内的经济区域共同组成的，具有特定空间结构的带形区域经济系统（申金升等，1993）。陈才指出，经济地带是指一个具有世界意义或区际意义的，呈条带状分布的，具有特定结构、功能、层次的较大面积的综合性经济地域（陈才，2001）。周焱等人认为，经济带是指各种经济活动沿线状基础设施集聚分布而形成的一种经济现象。在经济带内，各种资源富集，交通便捷，产业集中，人口稠密，城市密集；同时，任何尺度的经济带都应该是特定区域经济发展的驱动轴（周焱等，2003）；朱华友认为，经济带是具有区际或区内意义的，以交通干线为发展轴线、以中心城市为发展极，经济发展水平高于周围地区的，呈条带状分布的，具有特定结构、功能、层次的经济地域。经济带的形成具有阶段性、层次性，是一个时空演化发展过程形成的结果（朱华友等，2004）。

笔者认为，经济带是在一定区域范围之内，围绕一条共同的发展轴线，通过产业和人口的集聚与整合而形成的，具有特定结构、功能、层次条带状区域经济系统。

由此可以看出，一个经济带必须包含以下三个基本要素。（1）一条共同的发展轴线。这个发展轴线可以是一条交通干道，可以是特定的地理位置（沿江、沿海），也可以是某种线状分布的发展资源（矿产资源、历史文化资源）。这样的发展轴线必须具备一定的独特性，且具有良好的发展前景。（2）产业的集聚。在该发展轴线的带动下，能够产生通过集聚效应，吸引一定规模的产业集聚在发展轴线周围，并最终形成一套结构完整，功能完备，层次分明的产业体系。（3）人口的集聚。在该地带应该具有层次完整的城镇体系，实现人口的集聚。

（二）经济带的基本特征

典型的经济带应该具备以下几个特征。

（1）空间特征。在空间上，一个经济带应该呈条带状连续分布。由于各个发展轴线特征的不同，经济带可能呈东西向排列，也可能呈南北向展开，甚至呈环状分布。但是，从总体上看，经济带应该呈现为条带状分布。

（2）产业特征。首先，经济带中的主导产业应该与核心发展轴的总体特征相一致，产业体系的发展方向应该与核心发展轴相协调。其次，经济带中的各个产业集群，各个产业之间应相互协调、互利共生，存在着不可分割的密切联系；经济带内交通便捷，人员、资金等各种生产要素流动频繁。最后，经济带中的产业结构比较合理，且趋于高级化，生产力水平高。能够对周边区域形成辐射带动作用。

（3）人口集聚特征。经济带中存在两个或两个以上的大城市。其城市化水平较高，对周边区域的人口集聚具有明显的吸引带动作用。同时，每个大城市周围应聚集着不同层次、不同功能的中小城市，形成一个比较完整的城镇体系。

（4）系统结构特征。经济带中存在比较明显的系统结构层次。一个经济带可能是更高级经济带的组成部分。同时，经济带内部也存在更低等级的经济带系统。不同等级、不同地带的经济带在生产力发展水平、产业结构层次等方面存在明显差异。

（5）动态发展特征。经济带具有一定的动态发展规律。一般而言，根据经济带内核心发展轴的特点，产业结构也会呈现出特定的演化升级规律。产业结构的演化又会对经济带内的社会、经济、生态环境状况产生影响。

（6）场势特征。经济带所在区域应该具有更大的经济势能。经济带的经济发展水平应该明显高于周边区域，并对周边地区具有明显的辐射和带动作用。

二、经济带的类型

经济带是一个复杂的巨系统，具有自然、社会、经济等多种属性。经济带的发展轴是经济带的核心。从发展轴的不同属性特征入手，可以将经济带划分为不同的类型（图2-1）。

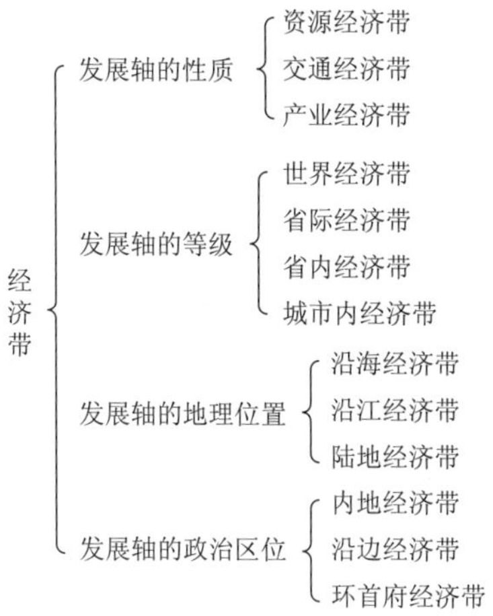

图2-1　经济带的类型划分体系

（一）按发展轴的性质划分

根据经济带中核心发展轴的性质，可以将经济带划分为资源经济带、交通经济带和产业经济带三种类型。（1）资源经济带。资源经济带是指依托呈条带状分布的资源，通过对资源的开发、利用而形成的经济带。此处所指的资源既包括煤炭、石油、矿产等自然资源，也包括人文景观、历史文化遗迹等人文资源。如贵州省的毕水兴能源经济带（毕节—六盘水—兴义）就是依托煤炭资源开发而形成的经济带；而新近提出的丝绸之路经济带则是依托历史文化资源开发而形成的经济带。（2）交通经济带。交通经济带是以综合运输通道为发展主轴，以轴上或其紧密吸引域内的大中城镇为依托，建立在沿线经济部门技术联系和生产协作基础上的，由产业、人口、资源、信息、城镇、客货流等集聚而成的幅带状空间地域综合体（韩增林等，2000）。交通经济带的例子非常多，如苏联的欧亚铁路干线沿线经济带、京广经济带、京津塘高速公路经济带、陇海—兰新经济带等。（3）产业经济带。产业经济带是以线状基础设施束为发展主轴，以发展轴及其周边的城镇为主要载体，通过沿线各个相关产业部门的密切协作而形成的经济带。典型的例子包括西咸（西安—咸阳）高新技术产业带、成渝绵（成都—重庆—绵阳）高新技术产业带等。

（二）按发展轴的等级划分

根据经济带中核心发展轴的等级，可以将经济带划分为世界经济带、省际经济带、省内经济带、城市内经济带四种类型。（1）世界经济带。世界经济带是指跨越国家界线，对世界经济格局具有重要影响的经济带。比较著名的包括欧盟经济带、跨太平洋经济带（TPP）等；近年来，中国首倡的丝绸之路经济带也是对世界经济格局具有重要影响的经济带。（2）省际经济带。省际经济带是指跨越若干个省级行政区域而形成的，对国家的社会经济发展有全局性影响的经济带。目前已经形成的省际经济带包括沪宁杭经济带（上海—杭州—宁波）、成渝经济带（成都—重庆），以及连接东北三省核心区的哈大经济带（哈尔滨—长春—沈阳—大连）等。（3）省内经济带。省内经济带是指在一个省级行政辖区范围内，能够对本省经济发展产生重要影响的经济带。如四川的成绵德经济带（成都—德阳—绵阳）等。（4）城市内经济带。城市内经济带是指在一个城市内部，依托产业集聚区或交通干道而形成的经济聚集带。如杭州近年正在打造的运河经济带（京杭大运河杭州段）。

（三）按发展轴的地理位置划分

根据经济带中核心发展轴的地理位置，可以将经济带划分为沿海经济带、沿江经济带和陆地经济带三种类型。（1）沿海经济带。沿海经济带是指以海洋沿岸为生长轴，以大中型沿海港口为中心生长点，主要利用廉价的海上运输来进行物资、人员交流而形成的经济带。比较典型的例子包括福建省的福州—泉州—厦门经济带，以及日本的太平洋经济带等。（2）沿江经济带。沿江经济带是指以大江大河等内陆航道为生长轴，以大中型内河港口或水陆交接枢纽为中心生长点，通过廉价的水运实现物资、人员交流而形成的经济带。比较典型的例子包括欧洲的莱茵河经济带，以及我国的长江经济带等。（3）陆地经济带。陆地经济带是指依托陆地上的交通干道、资源带、产业带等生长轴，通过产业、人口的集聚与整合而形成的经济带。比较典型的例子包括俄罗斯的欧亚干线沿线经济带、京广铁路沿线经济带等。

（四）按发展轴的政治区位划分

根据经济带中核心发展轴的政治区位，可以将经济带划分为内地经济带、沿边经济带、环首府经济带三种类型。（1）沿边经济带。沿边经济带是指以国家边境线为生长轴，依托国家边境上的开放口岸、物流商贸集散中心等生长节点，利用沿边区域的政策、区位优势而形成的经济带。典型的例子包括云南、新疆、内蒙古、广西等省区提出并纳入建设规划的沿边经济带。（2）内地经济带。内地经济带是指不靠近国家边境线，依托某一类型的生长轴而形成的经济带。内地经济带包括各种不位于国家边境线的资源经济带、交通经济带等。（3）环首府经济带。环首府经济带是指以国家首都、省会城市等政治中心的周边区域为生长轴，依托靠近政治中心的政策优势和区位优势发展而成的经济带。典型的例子包括我国的环首都经济带、日本的环东京都市经济带等。

三、经济带的功能

经济带属于经济地域系统中的一个类型。经济带建设的最终目的，是通过合理的地域分工与产业协作，促进商品经济的持续发展，提高社会劳动生产率，推动自身及周边经济地域的社会经济发展水平。具体而言，经济带具备以下几种功能。

（一）集聚功能

集聚是指资源、要素和经济活动等在地理空间上的集中趋向与过程（李小建，2006）。在经济带的形成发展过程中，集聚功能表现得十分明显。通过经济带中的发展轴线，如交通干道、中心城市、资源带等，吸引众多产业和人口的集聚，形成许多新的产业带和城市带，进而形成经济带。而这些发展轴，则成为区域经济发展中的增长极。

增长极一经形成，就会对经济带内的经济活动格局产生重要影响。由于增长极的投资环境优于其他地方，投资回报率高，发展机会多，自然会对周边区域的资金、劳动力、技术等生产要素产生越来越大的吸引力，进而产生经济带内的生产要素向发展轴线集聚的过程，从而导致区域经济发展的空间分异。

具体而言，经济带集聚功能的形成主要来源于以下三个方面的原因。（1）经济活动的区位指向。在企业的空间选址过程中，区位指向相同的经济活动对空间位置的选择偏好基本一致，使得同类区位中往往会聚集着很多相似的企业，从而导致了同类经济活动在少数地方的集聚。（2）经济活动的内在联系。有一些经济活动需要产业链中的多个企业紧密联系，相互配合。因此，为了加强相关企业的联系，这类经济活动也往往趋向于集中与某处。（3）经济活动对集聚经济的追求。所谓集聚经济，是指相关的经济单元通过在空间上的集聚分布与合理组合，从而在资源、技术、市场、劳动力、基础设施等方面得以优势互补、资源共享，由此所得到的额外经济收益。各种经济活动为追求集聚经济也需要在空间上趋于集中。可见，集聚机制的形成是必然的。集聚过程一旦开始，就极易形成循环因果式的促进集聚的力量，从而加速集聚过程。

经济带集聚功能的主要作用促进核心发展轴线、中心城市、产业密集带的形成和发展。通过不断增强优势区域的经济实力，为带动周围地区提供经济基础。但是，我们同时也应该认识到，集聚功能也会不断拉大经济发达地区与落后地区之间的差距，引起强者恒强、弱者恒弱的“马太效应”。因此，在发挥经济带的集聚功能时，需要及时引导，合理调整，避免集聚不经济的情况出现。

（二）扩散功能

经济带的集聚功能能够推动发展轴线的快速发展。当发展轴的经济总量达到一定的水平后，部分产业、资金、技术等会向周边区域扩散，从而刺激和推动周围地区的经济发展，最终实现整个区域的均衡发展。这就是经济带的扩散功能。

经济带扩散功能的形成主要来源于以下三个方面。（1）避免集聚不经济。所谓集聚不经济，是指当经济活动在某个区域的集聚规模超过了一定限度时而引发的集聚经济效益减少、丧失，甚至给集聚的企业带来经济损失的现象。例如，当城市的产业过于集中，人口规模过大时，往往会出现人口密集、地价上涨、交通拥挤、环境恶化等问题。这些问题会增加企业的生产成本，造成集聚不经济。因此，一些经济部门以及相关的资源、要素就不得不从原来的集聚地区迁移出去。现实生活中，北京、上海、广州等大城市也曾出现过许多钢铁、化工等产业外迁的案例。（2）寻求新的发展机会。在产业活动密集的发展轴和中心城市，企业之间的竞争也异常激烈。因此，部分企业、经济部门为寻求进一步的发展，也会选择到周围地区建立分支机构，开辟新的市场。从而导致各类生产要素从经济带的中心区域流向周边区域。（3）政策导向作用。过度集聚往往会带来大城市病。地方政府为了解决过度集聚而产生的种种经济、社会、环境问题，缩小区域经济差异，也将制定出一系列的政策，诱导和鼓励中心区的企业和经济部门等向周边地区扩散。

总体而言，经济带的扩散功能有助于解决过度集聚而产生的种种问题，实现企业、资源、生产要素等在空间上的相对均衡分布，逐步缩小区域内部的经济水平差异，促进区域经济的协调有序发展。

（三）整合功能

经济带的整合功能是指通过自上而下的规划引导，以及自下而上的市场机制调节，对经济带内的核心资源、产业、资金等生产要素进行整合与优化，协调区域之间、产业之间、企业之间的关系，最终实现整个经济带的协调统一发展。

在经济带尚未形成时，由于区域内的资源环境条件比较类似，很容易出现产业结构趋同、产品类型相似的情况。在这种情况下，往往会造成相互间的恶性竞争，地方保护主义盛行，阻碍产品、资本、劳动力等生产要素在经济带内的自由流动，难以实现经济带内的地域分工与协作。当低端的恶性竞争发展到一定程度时，很可能会出现对区域核心资源的掠夺式开发。一旦核心资源遭到不可逆的破坏时，就将会给区域经济的发展带来巨大的困难。

而在经济带真正形成之后，可以利用自身的整合功能，对各种生产要素、资源和产业活动进行合理的安排与规划，实现整个区域的协调发展。（1）区域经济资源的整合。是指用行政手段或市场方式来调控经济带内的各类资源，尤其是核心资源的合理开发与有效利用，促进经济带的发展。对于以能源开发、农产品开发等为主的资源型经济带来说，核心资源的有效整合是关系到整个经济带能否生存和发展的关键。（2）区域产业的整合。产业结构的是否合理直接关系到经济带未来的发展前景。通过经济带内的市场机制和管理机构，能够实现跨行政辖区、跨行业的产业整合。在整合过程中，可根据经济带的比较优势和核心竞争力，选择主导产业，并根据主导产业布置产业群，进行核心资源与生产要素的合理配置。（3）区域生产要素的整合。在经济带形成之后，通过建立经济系统的各项运行机制，实现区域经济系统中资金、技术、人才等生产要素的合理流动与优化配置，系统内的各种物质流、能量流、信息流等的传递更为流畅，从而提高区域经济系统的稳定性。（4）区域经济运行环境的整合。在经济带形成之后，可通过经济政策、经济制度、协调机制、行业平台等，建立经济运行的协调管理机制。通过制定统一、协调、有效的市场竞争规则，实现经济带内各种经济活动的持续健康发展，形成区域经济的协调发展格局。

（四）传输功能

经济带是一个完整的经济系统。要保持系统的正常运作，就需要保证物质流、能量流、信息流在各个系统组分之间快速高效地运转。另外，由于经济带的空间形态多为条带状，其空间传输效率较其他经济系统更低，各种要素的传输速度与效率也就更显重要。因此，经济带传输功能的强弱，是评价经济带运行状况的重要指标。

经济带的传输功能主要包括以下几个方面。（1）物质传输。经济带系统中的物质循环就是资源环境系统中的自然物流和社会经济系统中的经济物流的有机结合、相互转化、不断循环的运动过程。生产型经济活动需要不断地从外界输入各种生产资料，经过加工后，不断向外界输出物质，包括各种产品和废弃物。而对于消费者而言，他们也需要各种类型的物质传输，完成物质的分配、交换、消费、废弃等过程。因此，经济带中物质传输功能的强弱与否，也直接关系到经济带各种生产生活环节能否持续有序地开展。（2）能量传输。经济带系统中的能量流，是指经过人类加工或转化而附着于产品中，或投入到所创造的环境中的能量形式。包括石油、天然气、电力等。能量的产生、使用、流失和回收是一个循环往复的过程，它们都对应着经济系统中的各个环节。在现代社会中，一旦经济系统中能量传输不畅，则各种经济活动必然会陷入停滞。（3）价值传输。人类在生产过程中，通过有目的的劳动，把自然资源转变为社会经济资源。价值就沿着生产链、服务链而不断形成、转移、增值。价值传输就包括了商品价值的形成、增值、转移、实现等过程。随着后工业化时代的到来，金融、保险等现代服务业在国民经济中的地位也越来越高，经济带的价值传输功能也变得越来越重要。（4）信息传输。人类的各种社会经济活动既是一个客观的物质运动过程，也是一个信息的获取、存储、加工、传递和转化过程。信息传输就是指以物质和能量为载体，通过物流和能量转换而实现信息的获取、存储、加工、传递和转化的过程。在经济带的发展过程中，不仅需要关注社会经济信息的获取、传递和反馈，还需要加强对反映环境变化和资源变化的自然信息的关注，避免生态环境的恶化，促使经济带生态—社会—经济的协调发展。

需要特别指出的是，对于交通经济带而言，其核心竞争力正是依赖于经济带中的公路、铁路、水运等交通干道所带来的运输成本降低、运输便捷性提高等优势。因此，如何不断改进交通运输技术，强化经济带中交通干道的传输功能，是决定交通经济带未来发展前景的关键问题。

四、经济带的形成机制

（一）经济带形成的影响因素

1. 资源禀赋

资源禀赋条件是影响经济活动的最重要的因素之一。自然资源和自然环境条件是经济带形成和发展过程中重要的物质基础。

首先，自然资源是经济带形成的基础。经济带内自然资源的种类、分布、数量、质量、开发利用条件等将直接决定区域开发的时序和经济发展状况。在经济带形成的初期，自然资源的富集程度对经济带的形成与发展起着尤为重要的作用。比较典型的例子包括煤炭、石油等能源经济带，如大庆丰富的石油资源对于黑龙江哈大齐经济带的形成就有着不可替代的作用。

其次，地形、气候、土壤等自然条件对于经济带的形成与发展有着重要的促进作用。在其他条件相同的情况下，在地形平坦、土壤肥沃、气候适宜的地方，无论是农业生产、还是工业生产，总是比自然条件恶劣的地方更具有优势。因此，其经济发展速度通常都会更快，从而建立自身的经济优势。纵观世界经济发展史，无论是我国的东部沿海地区，还是美国的东部地区，其自然条件都优于国内其他区域，而其经济发展水平也更高。

最后，生态环境条件也会对经济带的形成与发展产生重要的影响。气候宜人、人居环境优美的地方总是能够吸引更多的人口，进而对经济带的发展起着重要的推动作用。随着生产力水平的发展，现代经济活动，尤其是高精密度与高技术含量的产品生产与服务，对环境质量的要求也越来越高。另外，在知识经济时代，各种经济活动的开展越来越依赖于知识创造与高科技劳动力。因此，为了吸引高素质的人力资源，必须为其提供良好的居住与生活空间。良好的人居环境质量就显得愈发重要。

2. 基础设施

区域内的基础设施条件，包括交通运输、通信、市场平台、产业平台、医疗教育等，对于经济带的发展也有重要的影响。

首先，交通条件是经济带形成和发展的重要前提。作为联系地理空间中各种社会经济活动的纽带，交通是实现社会分工的根本保证。交通运输基础设施是现代基础设施体系中最重要的组成部分，它对区域社会经济活动的特征和空间结构的演化有着举足轻重的影响。交通技术的发达程度决定着各种经济活动空间相互作用的深度与广度，在经济带的发展中也起着不可替代的作用。无论在国内还是国外，由于高铁、航运等重要交通基础设施的建成，进而带动起沿线的经济发展，形成新的经济带的例证屡见不鲜。比较典型的例子如我国哈大经济带中哈大铁路所起到的重要作用。

其次，电力、通信等其他基础设施也会对经济带的发展产生重要影响。对于企业而言，在基础设施，尤其是生产性基础设施好的区域投资生产，能够有效地节省资金、缩短工期、降低生产成本，从而获得更好的投资回报。因此，在生产要素自由流动的情况下，资金、技术等生产要素往往倾向于流向基础设施较好的区域，从而使该区域的经济得以快速发展。在现实中，大城市的基础设施通常较好。因此，距离较近的大都市之间往往容易形成大都市经济带。典型的例子如美国东北部大西洋沿岸大都市带，囊括了波士顿、纽约、华盛顿等著名城市。

3. 区位条件

良好的区位条件是经济带形成和发展过程中的重要地理因素。优越的区位有助于本区域与其他区域建立密切的经济联系，从而能够很方便地获得经济发展所需的大量原材料、能源、技术、信息，促进经济带的发展。

首先，在交通区位方面，距离国际主要海上航线、主要水陆交通干线的远近，以及区域内交通运输的方便程度，对于经济带的形成与发展具有重要意义。世界上大多数的经济带都具有优越的交通区位。例如，北大西洋航线、五大湖区和圣劳伦斯水道以及北美东海岸铁路干线等水陆交通干线，对北美东部发达经济带的形成起着至关重要的作用。西欧发达的铁路网，以及莱茵河航道对于欧洲中部地区经济带的形成，也发挥着十分重要的作用。

其次，在政治区位方面，距离区域政治中心、国家边境等的远近也与经济带的形成与发展有较大的影响。在边境地区，凭借开放口岸、国际贸易港等的政策优势，往往容易形成沿边经济带。而在区域政治中心的附近，也较易获得更多的信息和有利政策，推动经济带的发展。

最后，在经济区位方面，位于区域经济中心、重点开发区附近的区域也有利于经济带的形成与发展。经济中心城市是各种经济活动的集聚中心和辐射源泉，通常都具有政治、金融、贸易、教育、科技、文化和信息等多种功能，对周边区域具有强大的吸引能力、辐射能力和综合服务能力。因此，在经济带的形成和发展过程中，重要中心城市的带动无疑也非常重要。

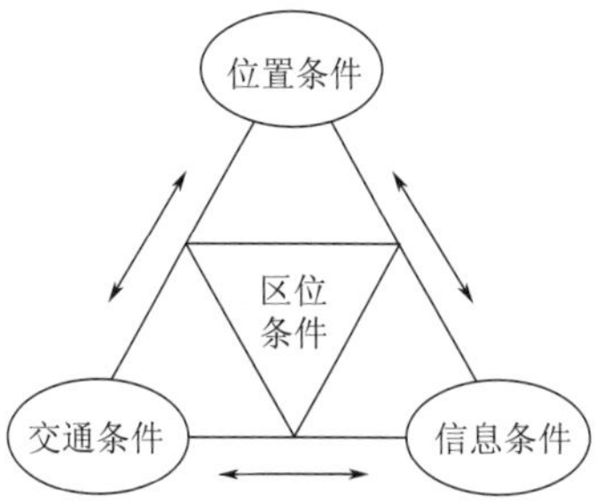

图2-2　位置、交通、信息条件之间的组合关系（陈才，2001）

综合看来，经济带的区位条件可以视为位置、交通、信息条件的组合关系（图2-2）。三个条件的配合情况，也就决定了经济带的区位条件状况，进而对经济带的发展产生重要的影响。

4. 区域产业结构

经济带的发展最终要靠区域产业发展来体现。产业发展水平的高低以及发展趋势直接决定了经济带的发展前景。

区域经济总体发展水平与区域产业结构是密切相关、相互影响的。生产总值、收入等总量指标可以反映一个区域当前的经济发展水平，而区域产业结构是否合理，则直接决定了区域经济的未来发展前景。也正是如此，区域经济的发展过程中，必然会伴随着产业结构的调整与升级。一方面，区域经济增长是产业结构调整的基础；另一方面，产业结构的及时合理调整又是区域经济进一步增长的必要条件。

可以从量和质这两个方面来分析区域产业结构的合理性。（1）首先，从量上看，可以通过分析各产业间在生产规模上的比例关系，研究资料要素在各产业之间的配置是否合理。如第一、二、三产业之间，生产资料部门与消费资料部门之间，以及各产业、各部门内部之间的数量结构是否合理。（2）其次，从质上看，可以通过投入产出分析，探讨各产业、各部门之间的关联性，计算产业结构优化组合所带来的经济效益。

总体上讲，区域产业结构是上述两个方面的有机综合。区域经济发展不仅要靠各产业在规模上的绝对扩张，更重要的是通过产业结构质的改善，实现产业结构的高级化。区域产业结构上的不断优化升级，必将有力地促进经济带的发展。

5. 发展轴的比较优势

一条共同的发展轴线是经济带的核心要素，发展轴线的类型、特征在很大程度上决定了经济带的类型和特征。发展轴的比较优势的大小，也在很大程度上决定了经济带的发展水平和发展前景。

如前所述，经济带的发展轴线可以是一条交通干道，也可以是特定的地理位置（沿江、沿海），还可以是某种线状分布的发展资源。但是，这样的发展轴线必须具备自身的独特性和比较优势。例如，如果发展轴线是一条交通干道，则需要明确与其他交通干线相比，该交通干线是否具有运费更低、运输速度更快、运输过程更加安全便捷等比较优势。其比较优势的大小，将直接决定该经济带的发展空间，乃至是否还有必要发展该经济带。因此，在经济带的选择和打造过程中，应尽量选择独特性强、比较优势明显、辐射带动能力突出的发展轴。

当我们已经确定了发展轴后，就应围绕该发展轴线进行经济带的资源整合与打造，确定经济带的发展方向，构建相应的产业体系，从而进一步巩固和强化该发展轴的比较优势。例如，福建省在2015年提出要建设“万里茶道”经济带。在经济带的建设过程中，则需要围绕茶叶生产、加工这一主导产业，构建相应的产业体系，淘汰或转移与之相冲突的产业，着力凸显茶产业的比较优势，方能更好地推动该经济带的发展。

6. 政策支撑

政府对产业聚集和产业发展的作用主要体现在推出有利于产业经济活动聚集的政策和平台，如推出产业发展的优惠政策、建设更多的公共基础设施、完善中介服务、帮助企业沟通技术信息和市场信息、促进企业形成产业分工和协作等。

在经济带发展初期，由于市场化程度较低，对外开放程度也不高，市场力量尚比较薄弱。因此，单靠市场机制的作用很难摆脱资源和要素短缺的约束，培育主导产业，实现经济发展的赶超。事实上，在世界各国经济带的发展过程中，都离不开政府的推动作用。通过政府政策的支撑，可以为经济带的发展提供一个有利于人才和企业集聚的市场环境和社会环境。如完备的基础设施、优良的生产要素、丰富的社会资本、高效的制度体系、灵活的创新网络等。

7. 人口状况

区域中的人口状况也会对经济带的发展产生重要的影响。当地人口既是各类产业产品的消费者，也是各个产业中的劳动者。因此，任何国家和地区的经济发展都离不开人口。有了相当数量的人口，经济的发展就会比较顺利，否则就会阻碍经济的发展。可以说，产业分布和经济带的发展，是以一定数量的人口为基础的。没有一定的人口规模，就无法保证经济带的顺利发展。中国沿海地区改革开放以来的工业发展，尤其是珠江三角洲地区劳动密集型企业的发展，在很大程度上是利用廉价的、从其他省份流入的劳动者来维系成本优势的结果（李小建，2006）。

随着生产力水平的提高，人口素质对经济带发展的影响正变得日益重要。随着生产与服务的自动化程度逐步提高，现代经济活动对劳动力数量的需求明显减少，对知识和技术的依赖越来越强烈。在以信息产业为基础的知识经济社会，高素质的人才和脑力劳动力将逐渐成为社会经济和区域发展的基础。对于经济带的发展而言，足够多的高素质人口和劳动力是发展高层次产业，即技术密集型产业的基础，也是进行产业结构升级的基础条件。

（二）经济带形成的作用机制

1. 集聚效应

集聚效应是指先发区域在发展过程中，通过资源、产业、市场、基础设施等方面的优势，不断吸引和拉动周边区域的经济活动和生产要素向本区域聚集，从而进一步加快本区域的经济发展的现象。集聚效应往往会促使集聚经济的产生。自新经济地理学（new economic geography）产生以来，集聚效应不仅得到了理论方面的解释，而且得到了很多实证研究结果的支持（Ciccone et al.，1993；Glaeser et al.，2010）。Melo曾梳理了过去学者们在集聚经济与生产率关系方面的重要研究，发现在一共34项研究中，有31项的研究结果表明集聚与生产率之间呈正相关关系（Melo et al.，2009）。

集聚效应是经济带形成发展的根本原动力。在集聚效应的作用下，人口、资本、资源、物流基础设施等要素不断地向各个不同层级区域内的中心节点集中，为经济带的发展奠定了重要的经济基础。在经济带的形成发展过程中，其集聚效应主要包括产业的集聚、人口的集聚和创新的集聚等内容。

（1）产业的集聚。产业是经济带的核心要素。产业体系的发展状况直接决定了经济带的发展前景。第一，农业的集聚效应。农业社会以自然经济为主，劳动地域分工不发达，产业的分布格局以分散的均质性分布为主，产业缺少集聚的动力。进入现代社会，交通技术和冷藏技术得到了快速的发展。在市场经济机制的推动下，农作物种植和畜禽养殖等产业逐渐向生产条件最为优越、经济效益最好的区域集中，逐渐形成了农业专业化部门。在集聚效应的作用下，农业地域分工不断深化，从而为农业新技术的推广和劳动生产率的提高创造了前提，也为经济带的形成奠定了基础。第二，工业的集聚效应。由于产业特征的差异，工业上的集聚效应远比农业更为明显。工业集聚的主要原因包括对规模经济的追求，对范围经济的追求，对产业分工与协作的追求，对交通、市场、通信等基础设施共享的需求等。自从工业革命以后，对于工业集聚效应的研究就未曾间断过，这里不再赘述。第三，第三产业的集聚效应。商业和现代服务业对于区位选择的核心要求是靠近市场、靠近消费者、信息传递便捷。因此，城市，尤其是大城市的中心区域是第三产业的最佳选择。通过在城市区域的集聚，第三产业能够获得更多的集聚利益。这些集聚利益既包括强化企业的外部联系，如与消费者、政府、关联企业、外部组织等的联系，也包括企业内部管理的优势，如决策者的集中、便于雇佣高层次劳动力等方面。

（2）人口的集聚。从某种意义上讲，城市的形成和发展的过程，也就是人口集聚的过程。中心城市是经济带的重要组成部分，中心城市的层次在很大程度上决定了经济带的层次。因此，人口的集聚是经济带形成和发展过程中的重要环节。人口集聚的原动力来自于人口规模效益（陈红霞，2012）。

如图2-3所示，*AB*代表着城市平均收益曲线，即由于人口集聚，城市规模扩大而增加的单位平均收益；*MB*代表边际效益曲线，表示城市每增加一个成员而获得的收益；*AC*是指城市平均成本曲线，表示城市总成本的人均值；*MC*是指城市边际成本曲线，表示每增加一个城市人口，城市总成本的变动趋势。从图中可以看

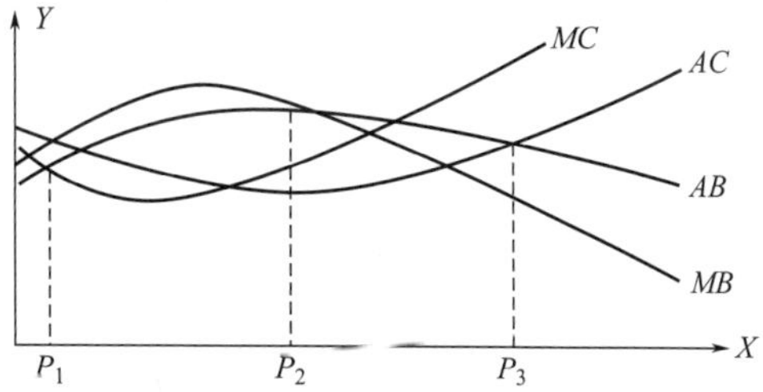

图2-3　城市人口规模效益的成本效益曲线

出，当人口集聚的规模小于P_1时，城市无法获得规模效益；当人口集聚规模达到P_2时，城市因人口集聚而获取的单位规模效益达到最大值；当人口集聚规模为P_3时，城市的人口规模已经超出了合理值，此时不但不能获取规模效益，反而会出现集聚不经济的情况，从而产生城市人口扩散的现象（张云峰，2006）。

（3）创新的集聚。在现代经济的发展过程中，创新能力起着越来越重要的作用。在现实中，创新活动也表现出了明显的集聚效应。在经济带的核心城市和产业集群中，企业、中介机构、研发机构、教育培训机构、消费者等的大量聚集，为创新活动提供了良好的环境和氛围，有利于专门化知识的积累和传播。研究表明，在我国的东部地区，随着经济集聚水平的不断升高，可供科技产业利用的资本、劳动力、信息等资源丰富，有效地促进了创新活动的开展，大大改善了科技创新活动的投入产出关系，从而吸引了更多的科技资本、高素质劳动力流向这些地区（张时坤，2015）。

2. 扩散效应

扩散效应是指先发区域在一系列联动机制的作用下，不断地向周围地区输出生产要素和经济活动，从而推动周围地区的经济发展的现象。扩散效应与集聚效应之间是对立统一的关系（图2-4）。许多学者的研究表明，集聚过程与扩散过程二者是互为作用、互为制约的关系。在不同的历史阶段，二者作用的强度和方式大不相同（Perroux，1950；芒福德，1989；顾朝林等，2000）。

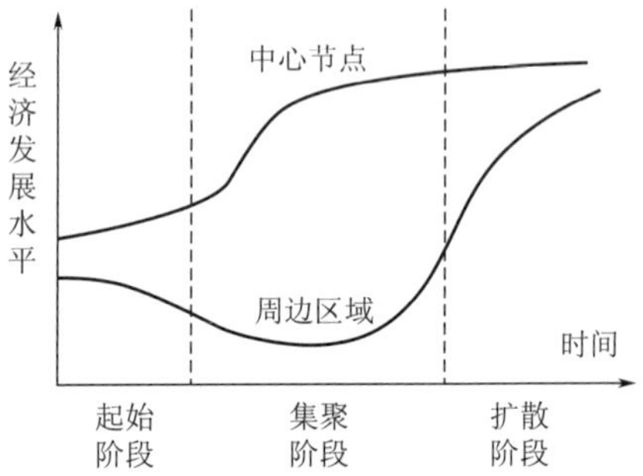

图2-4　集聚效应和扩散效应的时序演化关系（费洪平，1993）

（1）起始阶段。在区域经济发展的起始阶段，在经济带的部分节点处，由于具有资源、区位、劳动力等优势条件，这些节点的经济发展水平比周围区域要高。（2）集聚阶段。当区域经济发展到一定程度时，集聚效应将发挥主导作用。这些经济节点依靠集聚效应，将周围区域的资金、劳动力、资源等吸引过来，逐渐形成了经济带中的核心发展轴。发展轴在集聚效应的帮助下，自身的发展速度不断加快，其与周围区域之间的经济差距不断扩大。（3）扩散阶段。当集聚达到一定程度时，发展轴的集聚效应不再明显。在环境恶化、地价高涨、竞争激烈等因素的作用下，扩散效应开始占据主导地位。核心发展轴的部分产业和人口逐渐向周边区域扩散，次级发展轴和节点开始形成与发展。核心发展轴与周围区域的经济差距越来越小，区域经济一体化趋势明显，经济发展曲线在更高的水平上收敛。

在经济带的扩散过程中，人口、产业扩散的方向和强度并不是均匀的。（1）扩散方向。在扩散方向上，资金、人口、产业等首先是沿发展轴扩散。在发展轴线上，交通、通信、电力等基础设施相对完备，相互之间的物质、信息、能量交换更加快捷方便。因此，发展主轴线上的二级城市节点和产业节点将最先受到扩散效应的影响，形成新的经济增长点。对于不在发展轴线上的区域，其发展则相对缓慢。（2）扩散强度。在扩散强度上，越接近发展轴线的区域，其接受经济辐射的强度越大。对于本身就位于发展轴线上的城市，则越接近中心城市，其接受经济辐射的强度越大（图2-5）。

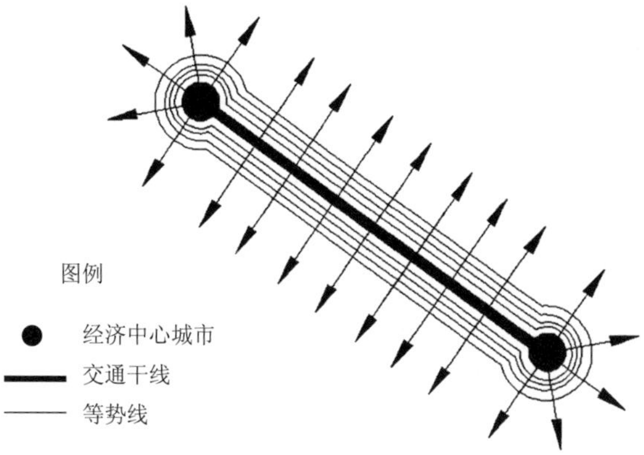

图2-5 扩散效应的影响范围示意图（易江涛，2014）

3. 廊道效应

廊道是景观生态学中的核心概念之一，是指景观中与相邻两边环境不同的线性或带状结构。廊道是景观中分布最广、连续性最大的背景结构（傅伯杰，2011）。按照形成的方式，可以将廊道划分为自然廊道和人工廊道。河流就是最典型的自然廊道；铁路、公路则是常见的人工廊道。

廊道效应是指在原有景观格局中，新增加一条或数条廊道，会使原有景观格局的结构与过程发生明显变化的现象。后来，廊道效应被引入城市景观研究中。Edward通过对美国俄亥俄州的大都市区的研究，发现在城市化区域中，人口的集散主要沿交通干线进行。在中心城市和廊道效应作用下，人口的流动指向新的经济节点和发展轴（Taaffe et al.，1992）。对城市房地产的研究也发现，在城市内部或城市之间的高速交通干道开通后，会引起干道两边一定距离范围内的区域产生一系列的变化，其经济增长速度、产业结构、土地价格、房屋价值等明显高于周边平均水平（窦志铭，2007）。从本质上讲，廊道效益是距离的函数（宗跃光，1996）。

经济带的廊道效应主要有以下几个特点。（1）核心城市越强，则廊道效应越大。廊道效应的源头来自于强有力的经济体。当这个经济体作为源头，沿廊道向周围扩散时，就会产生廊道效应。因此，在经济带中，作为源头的核心城市越强，则廊道效应越强。例如，同样是西部地区的经济带，成渝经济带（成都—重庆）的廊道效应就远远大于南贵昆经济带（南宁—贵阳—昆明）。其主要原因就在于核心城市的级别越高，经济实力越强，核心城市间的高铁、通信等基础设施建设就越多，对沿线中小城市和产业的带动力也就越大。在2015年，重庆市、成都市的GDP分别达15719.72亿元和10801.15亿元。相比之下，昆明市、南宁市、贵阳市的GDP分别为3970亿元，3410亿元，2891亿元。它们的带动能力有着明显的差别。（2）廊道效应的影响范围是近强远弱。一般而言，廊道效应以经济带的发展轴和核心城市为中心，向周边区域呈距离衰减态，到一定距离就基本消失了。廊道效应的实际影响范围主要是由核心城市的经济总量、产业带动能力和城市发展导向来决定的（图2-6）。

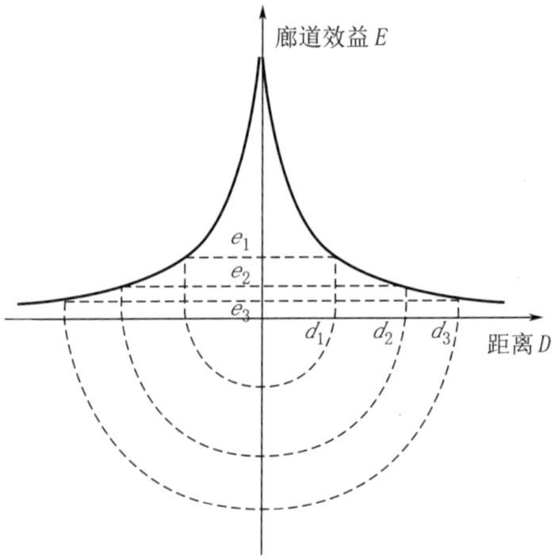

图2-6　城市廊道的距离衰减函数曲线（刘炳恩，2008）

4. **循环累积效应**

瑞典经济学家冈纳·缪尔达尔（G. Mydral）认为，社会经济系统一直处于不断变化和演进的过程中，而导致其演进的社会、经济、政治、文化、技术等因素之间是相互联系、相互影响和互为因果的。如果这些影响因素中的某一个因素发生了变化，那么它还会引起另一些相关因素也发生变化；而后者的变化反过来又会推动最初发生变化的那个因素继续变化，从而使得社会经济系统沿着最初的变化所确定的轨迹发展。因此，社会经济系统中的各个因素之间的关系并不是趋于均衡的，而是以循环的方式在运动。这种循环并不仅仅是简单的循环，它还具有累积的效果（Myrdal，1957）。

经济带的演化发展同样存在着循环累积效应。其逻辑如图2-7所示。（1）偶然的扰动（如某项自然资源的开发、某条交通干道的修建等），破坏了均质区域原有的平衡状态，使得经济带中核心城市和发展轴线的市场规模得以扩大。（2）市场扩大将为核心城市和发展轴带来利润增加、企业增加、产业链延长等现象，经济发展所产生的乘数效应提高了其吸引力和带动力，进而引起周边区域的生产要素开始向该区域集中。（3）要素和产业的不断集聚导致核心城市和发展轴产生价格指数效应，生产厂商向本区域的集中有利于运输成本和工人生活成本的节约，从而导致各类生产要素的进一步集中。（4）生产要素的进一步集中又引发了市场规模的再次扩大。如此循环往复，就构成了经济带发展中的循环累积因果效应。

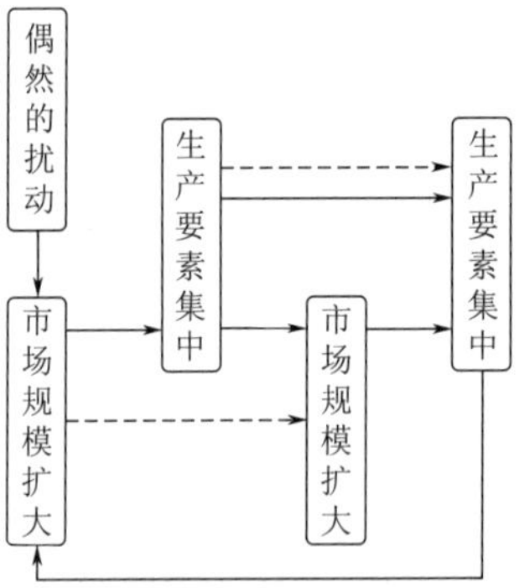

图2-7　经济带发展中的循环累积因果效应（陈建军等，2008）

注：实线表示的是直接因果关系，虚线表示的是一种间接的因果关系。

五、经济带的空间结构演化

经济带是区域中产业、城市、人口等要素相互作用、相互影响、长期演变的结果。经济带的经济发展演化过程，也是一个空间再组织的过程。产业结构的调整和升级，人口的迁移和流动，城镇体系的重组和更新，它们构成了经济带空间重构过程的核心。具体而言，经济带的空间结构演化主要包括以下几个阶段（图2-8）。

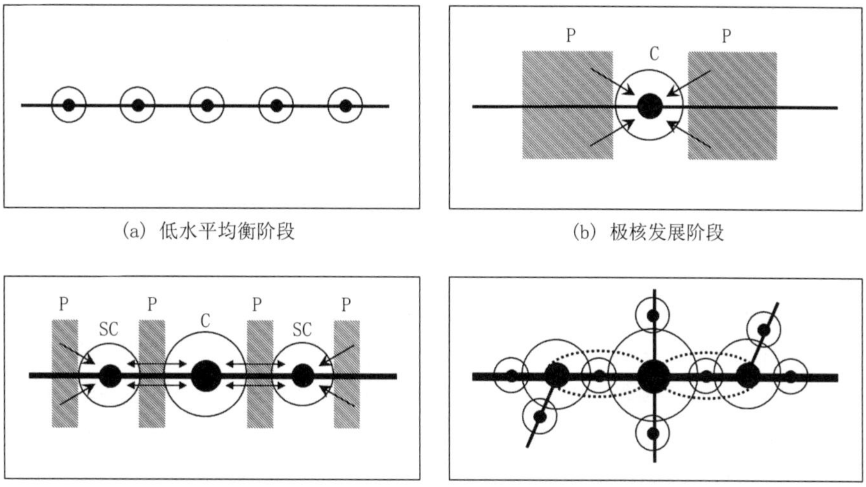

(a) 低水平均衡阶段　(b) 极核发展阶段

(c) 扩散阶段　(d) 高水平均衡阶段

图2-8　经济带的空间结构演化过程（费洪平，1993）

第一阶段：低水平均衡阶段。在本阶段中，经济带的空间结构特征主要表现为孤立的地方中心处于散乱分布的状态；城市之间没有形成等级体系；各种经济活动也处于分散状态，经济循环以小地域范围内的封闭循环为主。（1）在产业发展方面，在本阶段中，区域经济的总体发展水平较低，产业结构主要以农业为主，辅以主要为本地服务的商业、农产品加工业和小制造业等。这些产业的规模有限，影响范围狭小。（2）在城镇发展方面，现有的小城镇规模较小，等级均衡，职能单一，相互联系较少，更谈不上职能分工。（3）从总体发展态势上看，经济带处于低水平均衡状态，缺乏产生集聚效应的动力，经济发展缓慢。

第二阶段：极核发展阶段。在本阶段中，经济带的空间结构特征主要表现为核心城市的高速发展，形成中心—外围空间结构。（1）在产业发展方面，由于某种原因，如资源的开发、新交通干道的建设等，区域产业结构得到了根本性的变化。以前的以农业为主的产业体系迅速让位于资源加工业、物流业、制造业之类的产业。（2）在城镇发展方面，随着矿产资源、资本、劳动力、农产品等生产要素大规模地向中心城市C流动，城市C得到了快速的发展。但是，其他城市不但得不到太多的发展机会，反而因为生产要素的大量流出而面临困境。（3）从总体发展态势上看，中心城市C的崛起打破了区域经济的均衡状态，但是周边区域的持续滞缓可能会导致一系列的社会政治问题，使得经济带的空间结构处于不稳定状态。

第三阶段：扩散阶段。在本阶段中，经济带的空间结构特征主要表现为次级中心城市的高速发展，逐渐形成多核心的空间结构。（1）在产业发展方面，区域经济发展水平较高，工业化水平已经达到成熟期。各类企业的组织形式多样，企业间的联系从普通的前、后向联系逐渐向纵深发展。企业由中心城市C向周边城市扩散的趋势已经十分明显。（2）在城镇发展方面，随着中心城市扩散效应的加强，次级中心城市SC得到了更多的发展机会。多个城市的发展，使得原有欠发达边缘区P的范围变小，并进行了再分配。随着经济的发展，各中心城市之间的联系也更加密切，城市之间开始出现职能分工，城市体系逐渐形成。（3）从总体发展态势上看，经济相对落后的边缘区范围不断缩小；次级中心城市的发展使得经济带的空间结构逐渐趋于均衡，但仍然处于快速的动态变化之中。

第四阶段：高水平均衡阶段。在本阶段中，经济带的空间结构特征主要表现为区域经济发展处于高水平，形成了以多元化、均衡化、多中心为特征的空间结构。（1）在产业发展方面，此时的产业结构已经变为以第三产业为主，产业结构高级化特征明显。各种大型企业的组织体系变得更为复杂，企业间相互联系越来越密切。各中心城市的企业通过梯度扩散、等级扩散等方式，沿着经济带的发展轴持续向外扩展，形成了联系密切、分工精细、层次分明的成熟化经济带。（2）在城镇发展方面，随着各城市职能分工的进一步明确，城市之间的政治、经济、文化等交流日益密切和广泛；各中心城市之间的关系也已经从主从关系转变为相互依存的关系，城镇体系结构日趋完善。（3）从总体发展态势上看，在经济带内部形成了产业、人口、城市的协调均衡发展态势，实现了区域经济的高水平一体化发展格局。

第二节　国内外经济带建设实践

一、国外的经济带建设

（一）美国大西洋沿岸经济带

1. 基本概况

美国东北部的大西洋沿岸经济带是世界上经济实力最强，也是形成最早的经济带。早在1957年，法国学者戈特曼就发现在这个条带状区域中汇聚了许多的大城市，并为其创造了Megalopolis这一全新的概念，通常被译为大都市带、大城市连绵区、巨型都市带等。大西洋沿岸经济带长度约600千米、宽度为100多千米，土地面积约为13.8万平方千米，人口约4500万（刘纯彬等，2009）。整个经济带以纽约为中心，北起波士顿，中经费城、巴尔的摩，南至华盛顿，沿途共汇集了5个大城市、40多个中小城市。这些城市之间主要由州际高速公路（9号）、航线和铁路等连接。总体上看，大西洋沿岸经济带的国土面积只占美国的1.5%，但却集中了全国20%的人口和30%的制造业产值，是美国乃至世界最重要的金融中心和贸易中心（齐军领等，2011）。

2. 形成与发展过程

大西洋沿岸地带一直是美国经济的重心所在。早在殖民地时期，波士顿就具有发达的航海业，曾经是美国最大的城市。纽约市的发展则主要与远洋贸易、黑奴贸易等有关。费城虽不临海，但是它位于特拉河的河口，也具有便利的航运条件。这三大城市在历史上是美国最大的三个城市（王旭，2000），为经济带的形成奠定了良好的基础。

工业革命之后，蒸汽机的发明及其在火车上的应用，彻底改变了过去远距离运输对河流航运的依赖，改变了经济空间格局。纽约既拥有一个终年不冻的天然良港，而且其通往中西部的交通体系也极为完善。广阔的经济腹地和极为便利的交通条件为其发展奠定了坚实的基础。经济的迅速发展刺激了人口的集聚；而人口的集聚反过来又进一步推动了经济的发展，从而形成了一个循环累积效应。与此同时，费城、波士顿等城市虽然也得到了长足的发展，但是由于区位条件等不如纽约，它们的发展速度也较纽约缓慢。

20世纪30年代开始，美国开始大规模地兴建高速公路。1957年，95号州际高速公路建成，将北至波士顿，南达华盛顿沿线的大中小城市紧密地联系在一起，大大促进了本区域经济的发展。高速公路网络体系的完善，为各产业的空间扩散创造了有利的条件。大城市内部由于地价、交通和环境问题，郊区化趋势日益明显。与此同时，在经济带上的新兴中小城市则利用扩散效应迅速地发展起来。

20世纪80年代以后，美国基本进入了后工业化时代，服务业所占比重越来越大。经济带中一些以传统产业为主的城市不断地衰退。在此背景下，纽约逐步将产业重心转向了世界金融、保险、信息等服务业。例如，在1988年，纽约集中了全美外国银行的40.5%；世界500强企业的总部有66家设在纽约，高居世界各大城市之首。费城、波士顿等城市则主要依托宾夕法尼亚大学等科研基地，着力发展生物技术、计算机等高科技产业。适时进行产业的升级换代，是大西洋沿岸经济带保持经济活力的关键（王双玲，2003）。

3. 启示

（1）交通等基础设施的拉动

在大西洋沿岸经济带的形成和发展过程中，交通、通信等基础设施起到了关键的作用。大西洋沿岸经济带中的纽约、费城、波士顿等城市本身就具有明显的交通区位优势；而在独立战争后开始的交通运输革命又极大地促进了美国对西部的大开发，进一步扩大了国内市场和国外市场。1900年，美国的铁路里程已经超过了欧洲铁路里程的总和，相当于世界铁路总长的1/3。与此同时，邮政通信事业也得到了很大的发展（黄利秀，2012）。基础设施的日益完善，为经济带中各城市的发展奠定了坚实的基础。

（2）城市合理分工

在大西洋沿岸经济带中，各中心城市的职能分工和定位比较合理，形成了比较完善、协调的城市体系（表2-1）。其中，纽约市主要为本区域提供商业、金融服务。其中，金融业占有绝对的优势地位，达到50%。波士顿以前是传统的工业城市，近年来则转型为高科技和文化中心，拥有哈佛大学、麻省理工学院等众多国际名校。在这些学校的支撑下，128公路高技术区成为硅谷之外的又一个高科技集聚地。华盛顿是美国的首都，其定位自然是全国的政治中心，主要发展公共事业。巴尔的摩市离华盛顿仅有60多千米，因而主要发展与政府采购密切相关的有色金属冶炼业和国防业。此外，该市的金融业也非常发达。费城位于整个经济带的交通枢纽位置，产业发展的多元化特点比较明显。其主导产业包括钢铁、石化、交通、制药和国防等。由此可见，在经济带内部，五大中心城市均有自己独特的定位和产业特色，避免了城市之间产业的雷同与恶性竞争，促进了经济带的协调发展。

表2-1　2007年波士华城市群五大城市的产业构成（%）（齐军领等，2011）

行业	纽约	波士顿	华盛顿	巴尔的摩	费城
金融业	50	8	12	29	24
贸易和运输	6	17	19	16	11
公共事业	7	12	24	13	18
教育和健康	4	17	15	9	15
专业性和商业服务	16	16	2	12	15
信息业	10	3	1	3	4
建筑业	1	4	3	6	2
制造业	1	10	12	7	4

（3）产业结构的升级换代

20世纪70年代以来，随着高科技革命的兴起，美国的经济也处于结构性转型的重大拐点。面对美国西部和南部阳光地带的强势崛起，大西洋沿岸经济带的发展面临着人口增长缓慢、结构性失业增加、城市贫困人口增加等严重挑战。1975年，纽约市的城市财政入不敷出，无法保证偿债能力，甚至陷入了破产危机。面对经济危机，一些老工业城市甚至爆发了大规模的暴力冲突（刘敏，2016）。

面对这些问题，经济带中主要城市的对策是推进产业结构的升级，大力发展优势第三产业。其发展重点主要集中在以下产业领域。第一，金融业。纽约等城市重点发展先进的金融和生产性服务业。第二，高科技制造业。依托本区域中丰富的高等教育资源和高层次人才储备，抓住高科技革命的时代机遇，推动本地制造业的升级和换代。具体而言，重点发展航空航天、计算机、电子产品制造、国防军工等高科技制造业。第三，特色服务业。重点推动健康、教育、文化产业等特色服务业。健康产业属于个人生活和消费服务业，具有就业增长迅速、劳动力市场门槛较低等特点，能够为地方经济奠定良好的基础。教育、文化和休闲娱乐业的发展则是能够很好地发挥本区域城市的固有优势和特色。经济带中各主要城市历史悠久，文化底蕴丰厚，拥有普林斯顿大学、哈佛大学、耶鲁大学、哥伦比亚大学、麻省理工学院、宾夕法尼亚大学等一大批全球顶尖的学府。大力发展教育、科研行业，无疑将成为经济带创新发展的动力源泉。

（4）创新机制

在大西洋沿岸经济带的复兴和发展过程中，创新活动在其中扮演了重要的角色。在2016年的U. S. News美国大学排行榜中，名列前十的大学中有六所都位于本区域。其中，普林斯顿大学、哈佛大学、耶鲁大学、哥伦比亚大学包揽前四，麻省理工学院、宾夕法尼亚大学分别位于第七位和第九位。经济带中拥有全国最好的工商管理学院、经济学院、法学院和医学院，自然科学和人文社科的基础专业也实力雄厚，可以说集中了全国最多的高层次创新人才。

在如此雄厚的创新底蕴的基础之上，《贝赫－多尔法案》等的出台也为创新和技术产业化提供了良好的平台。它的实施鼓励了知识技术的产业化发展，标志着包括大学在内的合法逐利活动的开始，也预示着在政府、大学、工业界之间建立了一种新型的更密切关系。该法案的出台具有里程碑式的历史意义，对美国建立完善的产学研体系产生了深刻的影响。可以说，重视创新、建立严密的产学研连接体系是促进经济带腾飞的关键。

（二）德国莱茵河经济带

1. 基本概况

莱茵河是西欧第一大河流，也是一条著名的国际河流。它发源于瑞士境内的阿尔卑斯山脉北麓，沿途流经列支敦士登、奥地利、法国、德国等国家，最后在荷兰的鹿特丹附近注入北海。莱茵河全长1320千米，流域面积为22.4万平方千米。

莱茵河是一条重要的国际航运水道，干流通航里程为885千米，是世界上航运最繁忙的河流之一。由于其优秀的通航能力，它也被誉为欧洲的“黄金水道”。莱茵河的交通区位优势，使得其两岸形成了许多古老而著名的城市，如瑞士的巴塞尔，法国的斯特拉斯堡，德国的沃尔姆斯、美因茨、科隆，荷兰的鹿特丹等。其中，鹿特丹港是欧洲的第一大海港，曾经的世界第一大海港；德国的杜伊斯堡则是世界上最大的内河港口。

莱茵河流域的中下游地区地势平坦，气候适宜，是欧洲重要的工业中心，也是世界上最早进入工业化时代的区域。莱茵河在近现代的人类文明演进过程中占据着举足轻重的位置。莱茵河下游的莱茵—鲁尔工业区是欧洲最大的工业区。其面积虽然只有德国的3.6%，却生产了德国80%的硬煤、90%的焦炭、60%的钢铁和35%的炼油产量。其电力、军事工业、重型机械、硫酸、合成橡胶等产业也在德国经济中占有重要的地位，被誉为“德国工业的心脏”。

2. 形成与发展过程

19世纪中期，第二次工业革命以来，沿岸各国纷纷利用莱茵河的航运价值进行经济开发，逐渐形成了六个重要的工业区，即巴塞尔—米卢斯—弗莱堡、斯特拉斯堡地区、莱茵—内卡、莱茵—美因茨、科隆—鲁尔以及鹿特丹—欧洲港区（吴俊琰，2014）。莱茵河经济带中沿岸城市和产业带的发展基本上遵循着先沿海、后内河的发展顺序。

在莱茵河经济带，首先发展起来的城市是荷兰的鹿特丹。从16世纪开始，鹿特丹凭借优越的自然地理环境和区位优势，利用地理大发现和工业革命的历史机遇，努力朝着贸易城市发展。到19世纪，鹿特丹港已经成为欧洲举足轻重的商业海港。

在1870年，德国统一后，借着第二次工业革命的东风，开始大力发展鲁尔工业区。莱茵河则成为鲁尔工业区和鹿特丹海港之间的纽带。制造业和物流、贸易业的整合，既提升了鹿特丹的海运和内河航运价值，也为鲁尔工业区的发展奠定了基础。

二战期间，欧洲大陆饱受战火的摧残，莱茵河经济带的城市和产业区也受到了巨大的打击。二战后，这些城市得到了重建。鹿特丹在1965年成为了世界第一大港，莱茵河沿岸也逐渐形成了六大工业区。如今，莱茵河经济带已经形成了以世界级大港鹿特丹为依托，以六大工业区为经济腹地，干流、支流齐头并进的区域协同发展格局（吴俊琰，2014）。

3. 启示

从莱茵河经济带的形成和开发过程中，可以得到以下几点启示。

（1）开发目标明确

莱茵河的航运功能是经济带的核心优势。因此，在莱茵河经济带的形成和建设过程中，德国政府始终把航运作为莱茵河管理中的首要目标。其具体举措包括：第一，大力建设莱茵河内河航运网。德国政府通过整治和疏浚相结合的办法来不断改善莱茵河上中游通航条件；利用堤防建设、裁弯取直等手段，着力提升莱茵河的通航能力。第二，加强跨流域河网建设。利用开挖人工运河等手段，德国政府还努力将莱茵河与多瑙河连通起来，大力开发新的经济腹地。第三，大力发展水陆联运。通过大量的基础设施建设，德国政府努力将莱茵河的水运设施与周边区域的陆运系统联系起来，形成完整的公路、铁路、内河航运网络，在最大程度上发挥莱茵河的交通优势。上述措施的施行，大大加快了莱茵河经济带的现代化、工业化进程，促进了经济的发展。

（2）产业结构的升级和调整

工业革命之后，莱茵河经济带中的鲁尔工业区等老工业基地的产业结构主要是以传统的钢铁、煤炭、化工等重工业为主。二战以后，为了推动区域经济的持续稳定发展，当地政府大力推动了传统重工业的退出和转型升级，将许多矿区和厂区改造成文化创意、研发设计中心和工业旅游景点等。同时，通过政府的援助，帮助这些老工业基地逐步恢复经济发展生机。例如，位于德国埃森北部的关税同盟煤矿工业建筑群，是德国工业历史的标志物，并在2001年申遗成功；鲁尔区工业文化旅游路线总长约400千米，连接了区域内的十余座城市。2010年，鲁尔区获得了“欧洲文化首都”的称号。

目前，随着国际市场环境的变化和环境规制的升级，莱茵河经济带的产业布局也在发生相应的调整。重化工、机械和制药等产业大多已经将生产基地逐步转移到其他的发展中国家。这样既有利于接近消费市场，节约生产成本；也有利于将莱茵河经济带的核心空间用于发展高科技产业或新兴产业。

（3）产业、城市和港口的协同发展

一直以来，莱茵河经济带中的各国政府都非常重视以港兴产、产城融合和港城联动的发展策略（叶振宇等，2016）。莱茵河经济带的发展一直与港口密不可分。鹿特丹港是著名的海运港口；而在莱茵河中游，也建设了一批密集的内河港口群。其中，杜伊斯堡成为内河航运的枢纽港。围绕这些港口，莱茵河沿岸的一批商业贸易城市或制造业基地得到长足的发展，集聚了金融、钢铁、化工、物流、机械等优势特色产业。产业的集聚也促进了人口的集聚，进而促进了城市的壮大和发展。产业、城市和港口的协同共进，为莱茵河经济带的发展提供了强有力的动力支持。目前，莱茵河经济带已经进入了后工业化阶段，城镇化水平和质量都很高，整个区域呈现出高水平均衡化发展的格局。

（4）区域协同管理

莱茵河是一条著名的国际河流，其经济的发展势必涉及各个国家的切身利益。因此，围绕莱茵河经济带的发展，沿河各国建立了一系列的区域协同管理体制。第一，航运的协同管理。早在1816年，在德法边境的斯特拉斯堡就成立了莱茵河航运中央委员会，开始了各国统一开发莱茵河之路。在国际公约和中央委员会的管理之下，航运标准得以统一，各国客货轮畅行无阻，边贸互市也非常发达。第二，水电资源的协同开发。莱茵河的水电资源开发往往会涉及上下游各国的利益。因此，在开发时，各国通常会在水电站建设之前签订合作协议，确定好电量的分配、供应、调节等问题，减少矛盾（叶振宇等，2016）。第三，生态环境的协同治理。重工业的发展也会不可避免地给莱茵河的生态环境造成危害。而流域生态环境的治理必须得到上下游各个国家的协同努力。为此，各国成立了莱茵河保护国际委员会，制定了一系列的排污标准和环保法案，开展流域生态环境保护与治理合作。协同治理使得莱茵河流域的生态环境明显改善，水质逐渐好转，生态多样性得以恢复。

（三）日本太平洋经济带

1. 基本概况

日本的太平洋经济带是在京滨、阪神、中京和北九州四大工业地带的基础上发展起来的。1955年后，日本经济进入了高速增长阶段，主要发展以重化工业为核心的工业体系，电力、造船、汽车、钢铁、机械、石化等重工业部门得到了迅速发展。基于其有利的自然条件和雄厚的物资技术条件，原有的四大工业地带进一步发展，生产要素不断集聚。随着日本的产业、人口和城市迅速向三湾一海地区（东京湾、大阪湾、伊势湾、濑户内海）集聚，便逐渐形成了太平洋经济带。该经济带从东京湾东侧的鹿岛开始，经千叶、东京、横滨、名古屋、大阪、神户，直达北九州，全长1000多千米，面积为10万平方千米，占全国总面积的23.9%，而人口约占全国的60%，工业产值约占全国的75.1%。其中，京滨、阪神、中京三大都市圈的产业密度最高，其工业产值约占全国的47.9%（解柠羽等，2016）。

“三湾一海”是日本太平洋经济带的核心区域。（1）东京湾以京滨工业地带为中心，是全国最重要的工业地带。机械工业的地位尤其突出，是全国最大的机械工业中心。另外，东京南部、川崎和横滨内陆地区主要发展汽车、精密机械和电机；东京中部地区主要发展印刷出版业；川崎鹤见地区主要发展钢铁、石化、造船产业等；江东地区则主要发展轻工业。（2）大阪湾的发展以阪神工业带为核心。阪神工业带的主要产业包括纺织、服装和酿酒等传统工业部门；此外，也在逐步发展钢铁、机械、家用电器和金属加工等产业。（3）伊势湾的发展以名古屋工业带为核心。该区域的汽车产业闻名世界；陶瓷、纺织工业位于全国首位；还在发展造纸、木制品与人造纤维等产业。（4）濑户内海地区是日本造船业最发达、最集中的地区。其主导产业包括造船、钢铁、石化、化纤等，也发展有汽车等机械制造业。

2. 形成与发展过程

在20世纪初，日本完成了工业革命。在这一时期，日本的主导产业是缫丝和棉纺织业这两大产业。随着产业结构的变化和基础设施建设的推进，尤其是全国铁路网的基本建成，使得连接东京、名古屋、大阪等太平洋沿岸大都市的条带状区域成为日本经济发展的主力军，形成了太平洋沿岸的四大工业地带。

二战后，日本经历了战后复兴和“特需景气”。通过频繁的对外交流，日本对欧美先进技术的引进、消化、吸收和再创造达到了极致，重化工业也得到了前所未有的发展。日本的太平洋沿岸海岸线曲折，港湾密布，共拥有1000多个海港。这些港口大多数分布在太平洋沿岸，且多数是不冻港，港阔水深，建港条件非常好（黄利秀，2012）。大型港口的存在为日本发展重工业所需要的能源、原料以及产品的运输提供了极大的便利，因此，日本在这一阶段新建的炼油、石化、钢铁等重化工业绝大多数都分布在太平洋带状工业地区，成为临海型工业区的典型代表。在日本经济的重工业化时期，其平均增长率保持在9.3%的水平上，经济增长速度备受世人瞩目。

1974年后，由于能源危机、工资上涨和新技术革命兴起等因素，曾经风光的重化工业逐渐失去了竞争力，而汽车、电子、高新技术等产业逐渐成为主角。日本的经济增长模式也逐渐由设备投资主导型转变为出口主导型，其主要产品也开始向高性能、高附加值的方向发展。在这一过程中，比较典型的例子是经济带中的九州岛抓住了机遇，大力发展知识密集型产业，成为日本的硅岛。随着产业结构的转型，经济带的空间布局也出现了由集聚向分散的转变，临空产业区得到了快速的发展。

3. 启示

（1）充分利用交通区位优势

日本是一个群岛国家，太平洋沿岸的海岸线较平直，港口众多，且多数是不冻港，港阔水深，建港条件非常好。日本充分利用了其港口的区位优势，并将其岛国及临海的优势发挥到了极致。另外，日本还在太平洋沿岸经济带的中心城市之间建设了大量铁路、公路、航线和电信通信线等交通通信网络，以国道1号线、新干线、东海道本线、东名和名神高速公路等为主要动脉，连通了京滨、中京和阪神三大经济地域，最终形成了日本的政治、经济和文化的轴心。各种交通优势的挖掘和利用，奠定了太平洋沿岸经济带迅速发展的基础。

（2）大力开展国内外贸易

积极发展商贸业是日本太平洋沿岸经济带快速发展的重要驱动力。贸易自由化既包括提高对外贸易的自由度，也包括努力降低国内贸易成本。通过贸易自由化的开展，一方面，可以促进国内经济活动向靠近国外市场的太平洋沿岸港口地区集聚，获取集聚经济和规模效益，进而带动全国的经济增长。另一方面，贸易自由化也可以进一步拓展国内和国际市场。市场的扩大，有助于充分发挥对外开放的竞争效应和技术溢出效应，不断提高周边区域的科技水平和自主创新能力，进而提高全国的全要素生产率（黄利秀，2012）。

（3）适时进行产业结构的调整和升级

从日本太平洋沿岸经济带的发展历程来看，在发展初期，其主导产业主要是出口导向型加工业，以缫丝和棉纺织业为代表的纺织业是主要的经济增长点。在二战后，太平洋沿岸的重化工业得以迅速发展和壮大。在20世纪70年代后，随着新技术革命的兴起和经济转型浪潮的来临，汽车、电子等加工组装型产业逐渐替代了传统的重化工业。90年代以来，日本抓住了西方工业国产业结构调整的时机，及时进行了产业结构的转型升级，产品开始向高性能、高附加值的方向发展；主导产业也逐渐转向技术与知识密集型产业。适时的产业结构调整和升级，是日本太平洋沿岸经济带得以持续发展的关键。

二、国内的经济带建设

（一）长江经济带

1. 基本概况

长江是中国第一大河，也是世界的第三长河。长江干流全长为6300千米，流域面积达180万平方千米，约占全国国土总面积的1/5。经过几千年的开发，长江流域已成为中国最发达的地区之一。

长江经济带东起上海市，西至云南省，沿线覆盖了上海市、江苏省、浙江省、安徽省、江西省、湖北省、湖南省、重庆市、四川省、云南省、贵州省等11个省、直辖市。长江经济带的总面积约为205万平方千米，占全国的21%；人口和经济总量均已超过全国的40%。长江经济带是长江流域最发达的地区，也是全国高密度的重要经济走廊，在沿江省市和全国的经济地位及作用日益突出。

2. 形成与发展过程

长江素有“黄金水道”之称。长江流域的自然资源丰富，气候宜人，人口众多，经济发达，具有悠久的开发历史。在中国的经济发展史上，长江流域始终占据着重要的地位。依托长江流域而形成的长江经济带横跨我国的东中西部，它与沿海经济带一起，构成了我国国土开发和经济建设的T字形空间发展格局，在我国经济发展中具有极其重要的战略地位（陆大道，1995）。

长江流域是我国近代工业的发源地之一。早在19世纪，这里就有了我国最早的一批对外贸易城市。鸦片战争后，依托长江发达的航运功能，沿线的上海、宁波、南京、武汉、重庆等一批沿江城市逐渐发展成为我国近代的主要工业基地，对外经济联系日益密切。彼时的上海已经是远东地区最大的城市和金融中心，吸引了众多的海外投资者，也拥有许多的外国居民。武汉作为内陆的航运枢纽，对外开放程度也很高。上海、武汉两个城市历史上频繁的国际经济联系，为长江经济带的形成与发展奠定了基础。

1978年，由于国家发展战略导向的原因，我国沿海地区大力发展外向型经济，得到了迅速的发展。而在长江经济带中，除了长江三角洲凭借其沿海的区位优势得到了迅速发展之外，其他区域的发展速度明显滞后于沿海地区。20世纪80年代后，国家也逐渐开始重视长江经济带的发展。1984—1985年，中国生产力经济学会首次提出了“长江产业密集带”的概念，建议以长江流域中的若干特大城市为中心，利用其辐射和吸引作用，带动周边地区的发展，从而形成一个较大范围的经济发展轴（于涛方等，2007）。从20世纪90年代开始，国家提出了一系列促进长江经济带发展的政策措施：1992年，中国共产党第十四次全国代表大会提出“以上海浦东开发开放为龙头，进一步开放长江沿岸城市，带动长江三角洲和整个长江流域地区经济的新飞跃”；1992年4月，全国人大通过了《关于兴建长江三峡工程的决议》，决定将兴建三峡工程列入国民经济和社会发展十年规划；1997年，重庆被列为直辖市。在政府政策的宏观导向之下，长江经济带进入了迅速发展的轨道。

进入21世纪后，长江经济带已经从国家宏观战略阶段进入深化发展的阶段。长江沿岸的各个地区纷纷提出了各自的经济发展战略，如长江三角洲提出的区域一体化发展战略；湖北省提出的“两圈一带”发展战略（两圈是指武汉城市圈和鄂西生态文化旅游圈，一带是指长江经济带）；四川省、重庆市提出的“成渝经济圈”发展战略等。在这些区域发展战略规划的带动下，长江经济带得到了飞速发展。2014年，长江经济带的人口总量占全国的42.71%，GDP占全国的44.75%，固定资产投资占全国的40.9%，地方财政收入占全国的43.38%（张建伟等，2016）。长江经济带在中国区域发展战略格局中的重要战略地位日益突出。

2016年3月25日，中共中央政治局召开会议，审议通过了《长江经济带发展规划纲要》。提出要围绕生态优先、绿色发展的理念，依托长江黄金水道的独特作用，着力发挥上中下游地区的比较优势，切实用好海陆、东西双向开放的区位条件，综合统筹江河湖泊等丰富多样的生态要素，将长江经济带建设成为生态文明建设的先行示范带、引领全国转型发展的创新驱动带、具有全球影响力的内河经济带、东中西互动合作的协调发展带（吴琦，2016）。

3. 建设优势

（1）交通区位优势

长江经济带横贯我国的东、中、西部，承东启西、通江达海，具有最广阔的内陆腹地和发展空间，战略地位极其重要，区位优势非常明显。在交通方面，长江经济带具有无可比拟的优势。首先，在内河航运方面，长江横穿我国的内陆腹地，干、支流纵横，港口众多。长江干线航道长达2838千米，通航河道3600多条，通航里程8万多千米，是我国最重要、最发达的内河航运系统，是一条名副其实的黄金水道。其次，在对外交通方面，上海是长江经济带的出海口，也是全世界最大的港口，对外贸易非常便捷；再次，在陆路交通方面，长江经济带与京九、京广、京沪、皖赣、焦柳等重要的铁路干线纵横交汇，接南济北，交通优势明显。此外，经济带内高速公路、国道广泛分布，航空、管道运输也不断发展，使得长江经济带的综合交通运输体系更加完善，对于充分发挥长江黄金水道的优势十分有利。得天独厚的区位条件和日趋完善的综合运输体系，使得长江经济带具有强大的经济辐射能力和带动力。

（2）产业发展优势

长江经济带具有雄厚的产业发展基础。长江沿线历来就是我国最重要的工业走廊之一。我国钢铁、石化、汽车、电子等现代工业的精华大部分汇集于此。2014年，长江经济带11省市的规模以上工业总产值达473934亿元，约占全国的44.8%（成长春等，2016）。目前，长江沿线已经形成了各有特色的产业集群。长江下游的四个省市主要集中于电子、通用设备、汽车、电气机械等高科技产业；上游四个省市则主要集中于矿物采选和加工、特色农副产品加工、轻纺工业、汽车、化工等领域；中游三省则介乎于下游与上游之间。长江经济带良好的发展势头，也吸引了大批龙头企业的入驻。2000年，长江经济带还没有一家世界500强企业入驻；到了2015年，已经成功吸引了15家入驻。而在2015年财富中国的500强企业名单中，长江经济带共有43个城市的172家企业入围，占全国的34.4%。上中下游地区点状与块状、串珠状交错分布的特点鲜明（表2-2）。

表2-2　2015 年长江经济带中国500 强企业分布（成长春等，2016）

企业数量	城市
≥10个	上海（48）、杭州（19）、南京（10）
5～9个	武汉（9）、重庆（8）、宁波（6）、南昌（6）、合肥（5）、长沙（5）、成都（5）
2～5个	苏州（4）、昆明（4）、无锡（3）、湖州（3）、绍兴（3）、南通（2）、嘉兴（2）、芜湖（2）、铜陵（2）、株洲（2）、宜宾（2）
1个	镇江、扬州、连云港、宿迁、常州、徐州、温州、台州、衢州、马鞍山、蚌埠、新余、上饶、黄石、宜昌、湘潭、攀枝花、绵阳、贵阳、遵义、曲靖、个旧

注：括号内为500强企业数量。

（3）城市集聚优势

长江经济带是我国城市最为密集的区域之一，城市化水平也比较高。改革开放以来，长江经济带的城镇化水平从1978年的14.81%上升为54.28%。从城镇密度上看，长江经济带现有9071个城镇，城镇密度为44.25个/万平方千米，是全国平均水平（20.96个/万平方千米）的2.11倍。由此可见，长江经济带已经是一个城市的高度密集带，也是未来的高密度城镇化区域。目前，长江经济带已经形成了金字塔形城镇体系等级规模结构。在长江下游地区，城市职能分工的互补性较强；但是，中上游地区尚未形成合理的职能分工体系（方创琳等，2015）。

目前，长江经济带已经形成了“1+2+3”的城市群空间格局，包括一个世界级城市群（即长三角城市群），两个国家级城市群（长江中游城市群、成渝城市群），三个地区性城市群（江淮城市群、滇中城市群和黔中城市群）。2014年，这六大城市群的总面积为93.21万平方千米，占全国总面积的9.71%；总人口4.92亿，占全国的29.68%；GDP达23.58万亿元，占全国的37.05%。由此可见，这六大城市群不仅是长江经济带的战略核心区，也是中国未来发展中最具潜力与活力的地区（表2-3）。

表2-3　2014年长江经济带城市群“1+2+3”空间格局及主要指标统计比较表（方创琳等，2015）

级别及城市群名称		地市数量	总面积	总人口	GDP	一产增加值	二产增加值	三产增加值	全社会固定资产投资	实际利用外资	城镇化水平
单位		个	万平方千米	亿	万亿元	亿元	亿元	亿元	万亿元	亿美元	%
1个世界级	长三角城市群	16	11.08	0.98	10.58	0.31	4.84	5.42	5.37	601.81	71.42
2个国家级	长江中游城市群	31	35	1.26	6	0.64	3.14	2.23	4.75	232.58	53.64
	成渝城市群	16	23.95	1.1	4.07	0.41	2.04	1.63	3.28	216.63	48.86
3个地区级	江淮城市群	10	8.06	0.33	1.56	0.14	0.9	0.52	1.65	98.13	56.95
	滇中城市群	4	9.6	0.18	0.72	0.08	0.35	0.3	0.54	23.87	52.48
	黔中城市群	6	5.51	0.21	0.65	0.07	0.27	0.31	0.76	10.26	49.13
长江经济带城市群小计		83	93.21	4.06	23.58	1.65	11.52	10.41	16.36	1183.28	56.65
长江经济带城市群占长江经济带的比重（%）		65.87	45.31	70.98	82.85	69.36	86.3	81.67	77.75	93.04	
长江经济带城市群占全国比重（%）		12.44	9.71	29.68	37.05	28.3	42.45	33.92	31.9	92.08	

（4）自然资源优势

长江经济带拥有丰富的自然资源，开发潜力巨大，这为其发展奠定了坚实的基础。首先，在气候资源方面，长江经济带多位于亚热带季风气候区，降水丰富，气候适宜，雨热同期，四季分明，非常有利于农业的发展。长江流域内拥有三大平原，即成都平原、江汉平原和长江三角洲平原；四大湖区，即洞庭湖区、鄱阳湖区、太湖地区和巢湖地区，一直以来都是我国重要的商品粮、棉、油的生产基地和出口基地。其次，在水资源方面，长江经济带拥有丰富的淡水资源。长江的多年平均入海径流量居世界第三位，是黄河径流量的14.4倍。同时，长江流域的地势落差极大，蕴含了丰富的水能资源。再次，在矿产资源方面，长江经济带的中上游地区拥有丰富的矿产资源。其中，原生钒铁矿占全国的97.79%；钒矿占全国的77.75%，硫铁矿占全国的53.95%（赵琳，2012）。最后，在旅游资源方面，长江经济带也是我国旅游资源分布最为集中、质量最高的地区之一。拥有九寨沟、长江三峡、峨眉山、乐山、黄山、世博园、迪士尼乐园等众多著名的旅游胜地。

（5）科教资源优势

长江流域是中华民族的文化摇篮之一，科教事业发达，人才荟萃，具有深厚的人文历史底蕴。长江经济带中，分布着浙江大学、武汉大学、南京大学、四川大学、重庆大学等众多著名的高等学府，一大批高素质的人才在此汇集，为长江经济带的腾飞提供了丰富的科技资源和智力资源。

4. 困难与挑战

（1）城市群的整体发育程度较弱

对全国283个地级市和2003个县的研究表明，长江经济带城市群的整体发育程度要弱于沿海城市群（黄金川等，2014）。在长江经济带城市群的规划范围内，建成区面积占规划区面积的平均比例为35.89%，而沿海城市群的比例为36.22%。长江经济带城市群的都市区人口占规划区总人口的平均比例为66.56%，而沿海城市群则为70.91%。这表明长江经济带的中心城市仍有较大的发展空间。

（2）城市群发展的空间差异较大

在自然环境条件、经济区位、航道开发与运输能力，以及国家开发政策等因素的影响下，长江经济带的各城市群发育极不平衡。总体上看，长江经济带的城市群越往上游，则发育程度越弱。研究表明，2014年，长江经济带下游的长三角城市群和江淮城市群的城镇化水平达64.19%；长江中游城市群的平均城镇化水平则为53.64%；长江上游的成渝、滇中和黔中城市群的平均城镇化水平仅为50.16%。在经济总量上，下游城市群的GDP总量为12.14万亿元，中游城市群则为6万亿元，而上游3个城市群的总和仅为5.44万亿元，空间差异比较明显（方创琳等，2015）。

（3）区域统筹协调机制缺位

长江经济带横跨中国的东、中、西部，涉及11个省市，地域辽阔，区域差异很大。因此，虽然已经建立了一些区域协调组织，如20世纪80年代成立的长江沿岸中心城市协调会等，但是，由于各省市发展差异大，级别也不同，合作诉求迥异，难以开展实质性的合作。同时，目前长江经济带的城市、城市群之间的合作仍然主要依靠高层互访、联席会议、设立合作办事机构等方式来开展，缺乏硬性的监督和约束，导致政府间的合作多流于形式。由于尚未建立切实有效的协调机制，导致长江经济带中的各区域、各城市之间经常出现招商引资、港口建设、产业引进等方面的恶性竞争；并引发边界区域边缘化、环境污染的跨行政区转嫁等一系列的问题。

（4）资源与生态环境问题较严重

长江经济带拥有丰富的资源，但资源分布的区域差异巨大，且供给与消费错位的现象非常明显。在长江经济带中，水资源、耕地资源、森林资源和矿产资源等的分布呈现出明显的从上游向下游递减的态势。但是，在资源与能源消费上的空间分布则完全相反。研究表明，在2013年，长江上游地区的矿产资源是下游地区的24倍，但下游地区的能源消费则是上游地区的1.5倍。

长江经济带的生态环境保障方面同样存在着相同的问题。2013年，长江下游地区的废水排放量为37.52亿吨，是上游地区的3.15倍；长江下游地区的工业SO_2排放量是上游地区的1.2倍；下游地区的工业烟尘排放量是上游地区的1.5倍。工业废物排放量的不断增大，使得长江经济带中下游地区的城市群常常遭受大面积的雾霾污染（方创琳等，2015）。

（5）产业结构亟待转型升级

目前，长江经济带的产业体系仍然非常依赖长江的航运产业。如对交通运输依赖较大的钢铁产业集群，包括上海宝钢、武汉武钢、重庆重钢和攀枝花的攀钢等。虽然长江经济带下游的长三角城市群已经逐渐向金融业、现代服务业、造船业、轨道交通装备制造业等技术、资本密集型产业转型，但是中上游城市群的产业体系仍以钢铁、石油化工、能源等劳动密集型和资源密集型产业为主。这些产业的附加值较低，且容易对生态环境造成破坏。要实现长江经济带的快速持续发展，迫切需要中上游地区的产业结构转型和升级。

5. 未来发展展望

2016年3月25日，中共中央政治局召开会议，审议通过了《长江经济带发展规划纲要》。该纲要指出，推动长江经济带发展的指导思想是，按照“五位一体”的总体布局和“四个全面”的战略布局，树立创新、协调、绿色、开放、共享的发展理念，坚持生态优先、绿色发展的原则；坚持大局思想，理顺体制机制，加强统筹协调，处理好政府与市场、地区与地区、产业转移与生态保护的关系。加快推进供给侧结构性改革，更好发挥长江黄金水道的综合效益，着力建设沿江的绿色生态廊道，着力构建高质量的综合立体交通走廊，着力优化沿江的城镇和产业布局，着力推动长江上中下游的协调发展，不断提高人民群众生活水平，努力形成生态更优美、交通更顺畅、经济更协调、市场更统一、机制更科学的黄金经济带，为全国统筹发展提供新的支撑。

在空间结构上，该纲要提出了长江经济带“一轴、两翼、三极、多点”的空间发展格局。其中，“一轴”是指以长江黄金水道为依托，发挥上海、武汉、重庆的核心作用，构建沿江绿色发展轴。推动经济溯江而上的梯度发展。“两翼”分别指沪瑞和沪蓉南北两大交通通道。通过交通廊道的互联互通，着力增强南北两侧腹地重要节点城市人口和产业集聚能力。“三极”是指长江三角洲、长江中游和成渝三个城市群。通过充分发挥中心城市的辐射作用，着力打造长江经济带的三大增长极。“多点”是指发挥三大城市群以外地级城市的支撑作用，加强它们与中心城市的经济联系，带动地区经济发展。

到2020年，长江经济带的发展目标是：（1）生态环境方面。生态环境得以明显改善，水资源得到有效保护和合理利用，湿地生态功能基本恢复，水质优良的比例达到75%以上，森林覆盖率达到43%，生态环境保护体制机制进一步完善。（2）交通建设方面。有效疏畅长江黄金水道的瓶颈制约，显著提升航运功能，基本建成衔接高效、安全便捷、绿色低碳的综合立体交通走廊。（3）产业发展方面。创新驱动取得重大进展，研究与试验发展经费的投入强度达到2.5%以上。同时，培育形成一批世界级的产业集群，战略性新兴产业将初步形成规模，国际竞争的能力显著增强。（4）城市建设方面。基本建立以城市群为主体形态的城镇化战略格局，平均城镇化率达到60%以上，人民生活水平显著提升，发展的统筹度和整体性、协调性、可持续性进一步增强。（5）区域协调方面。全面建立协调统一、运行高效的长江流域管理体制，基本建立统一开放的现代市场体系。大幅提升经济发展的质量和效益，基本形成引领全国经济社会发展的战略支撑带。

（二）丝绸之路经济带

1. 丝绸之路经济带的提出

在国际政治军事形势日益严峻，经济社会情况日益复杂、改革开放进入攻坚碰硬时期的时代大背景下，国家安全涉及的内容不断扩大。国土安全、能源安全、经济安全、边疆稳定等诉求日益迫切。（1）在国际政治层面上，当代的国际政治环境日益复杂。以美国为首的西方国家利用构建海上岛链来包围中国，利用反恐战争等构建陆路包围圈。（2）在社会稳定层面上，暴力恐怖主义、民族分裂主义与宗教极端主义的威胁越来越大，给各族群众的生命财产安全造成了严重损失。（3）在经济安全层面上，我国的经济中心集聚于沿海地区，对马六甲海峡等海洋通道的依赖十分严重，能源安全等问题逐渐凸显。（4）在区域经济发展层面上，美国当时正在全力打造跨太平洋伙伴关系协定（Trans-Pacific Partnership Agreement，TPP）和跨大西洋贸易和投资伙伴关系协议（Traps-atlantic Trade and Investment Partnership，TIPP），这两者几乎囊括了全球70%以上的贸易，却将中国排除在外。一旦这两大协议达成，中国就将被排除在世界主要的贸易体系之外，贸易地位将一落千丈。

在这样的时代大背景之下，2013年9月，习近平主席在访问中亚四国和东盟国家时，提出了共同建设“丝绸之路经济带”的战略构想。丝绸之路经济带将不断加强政策沟通、道路联通、贸易畅通、货币流通和民心相通，通过以点带面、从线到片的方式，逐步形成区域大合作的格局。2014年10月，中国发起成立了亚洲基础设施投资银行（AIIB），并出资400亿美元，设立了丝路建设基金，以推进丝绸之路经济带的建设。2015年3月28日，国家发改委、外交部、商务部三部委联合发布了《推动共建丝绸之路经济带和21世纪海上丝绸之路的愿景与行动》，旨在推动经济带沿线各国实现经济政策上的协调，开展更大范围、更高水平、更深层次的区域合作，共同打造开放、包容、普惠、均衡的区域经济合作格局。

丝绸之路经济带的提出具有重要的战略意义：（1）拓展地缘战略空间。面对美国等对中国的遏制与围堵，中国迫切需要与周边邻国建立一个友好、互信、互利的合作平台作为周边战略依托（李琪，2014）。丝绸之路经济带的提出和建设是中国对美国亚太再平衡战略的反制，它可以有效地扩大中国在欧亚地区的影响，实现地缘政治的平衡。（2）维护国家经济与边疆安全。中国的经济重心与产业布局过于集中于东部沿海地区，对海上贸易通道过度依赖。丝绸之路经济带的提出，有利于拓展面向中亚和南亚的陆路通道，实现商品运输和能源供给通道多元化。同时，丝绸之路经济带的建设也将深化与沿线国家的安全合作，有助于消除“三股势力”及其他犯罪活动的侵扰和冲击，提升各国打击跨国犯罪的能力（黄卫，2014）。（3）提高对外开放水平。丝绸之路经济带是中国扩大对外开放的重要战略平台，丝绸之路经济带的建设对于中国提升向西开放程度，形成全方位对外开放格局有着重大的现实意义。（4）推动全球经济增长。丝绸之路经济带覆盖的区域正处于亚太经济圈与欧盟经济圈之间的“塌陷地带”（何茂春等，2013）。丝绸之路经济带将欧亚两大经济体联系在一起，有助于开辟新的经济增长区域、培育新的经济增长点，进而形成欧亚跨区域经济增长极（惠宁等，2014）。丝绸之路经济带的建设将带来全球性的商业机遇，开启一个新的经济政治时代（Len，2015）。

2. 基本内涵与范围

（1）基本内涵

历史上的丝绸之路是一条起始于古代中国的政治、经济、文化中心——古都长安的陆路贸易路线和商业通道。它跨过陇山山脉，穿越河西走廊，经过玉门关和阳关，直达新疆；随后沿着绿洲和帕米尔高原，来到中亚、西亚，最终抵达非洲和欧洲（胡鞍钢等，2014）。丝绸之路在形成之初，主要是用来运输古代中国出产的丝绸。但是，随着时代的推移，它逐渐成为一条重要的连通东方与西方的经济、政治、文化廊道。

丝绸之路经济带是在古代丝绸之路的基础上提出的一种现代区域经济贸易与合作模式。它一头连着亚太经济圈，一头系着欧洲经济圈，被认为是世界上最长，也最具有发展潜力的经济大走廊。综合各家观点，丝绸之路经济带的基本内涵可归纳为以下几点：第一，丝绸之路经济带的实质，是在古代丝绸之路的基础上形成的一种新型多边跨区域合作模式；第二，丝绸之路经济带的根本目标是打造政治互信、经济融合、文化包容、互联互通、互利共赢的欧亚利益共同体，实现欧亚各国的共同发展；第三，丝绸之路经济带的合作领域涉及政治、安全、贸易、金融、交通、能源、科技、文化等多个方面；第四，丝绸之路经济带发展的基本动力是欧亚各国间的互联互通，以及生产要素的自由流动与优化配置；第五，丝绸之路经济带的具体推进措施包括政策沟通、贸易畅通、道路联通、货币流通和民心相通等（杨荣国等，2015）。

（2）区域范围

丝绸之路经济带横跨亚、欧、非共65个国家，经济带相关国家的总面积为5539万平方千米，占世界土地总面积的41.3%；经济带的总人口达46.69亿，占世界总人口的66.9%；经济带的GDP总量为27.4万亿美元，占世界GDP的38.2%（董锁成等，2014）。

3. 建设内容

丝绸之路经济带沿线各国资源禀赋的差异较大，经济的互补性较强，因而相互合作的潜力和空间都很大。丝绸之路经济带的建设将以政策沟通、贸易畅通、设施联通、资金融通、民心相通等为主要内容，加强区域合作。

（1）政策沟通。政策沟通是建设丝绸之路经济带的重要保障。在丝绸之路经济带的建设过程中，将通过不断加强政府间的合作，积极构建多层次的政府间宏观政策的沟通和交流机制，促进政治互信，达成合作共识。通过各种交流机制，经济带沿线各国可以就经济发展战略进行充分的交流和对接，共同制定推动区域合作的相关规划和政策措施，协商解决合作中出现的问题。

（2）设施联通。实现基础设施的互联互通是丝绸之路经济带建设中的优先领域。在丝绸之路经济带的建设过程中，将在尊重相关国家主权的基础之上，通过加快经济带沿线国家的基础设施建设规划、技术标准体系对接等方面工作，共同推进国际骨干交通通道的建设，逐步形成亚欧非各大区域之间的基础设施网络。

在具体的建设过程中，一是要紧紧抓住经济带中交通基础设施的关键通道和关键节点，优先打通缺失路段，畅通瓶颈路段，着力完善道路的安全防护设施和交通管理设施设备，提升道路的通达水平。二是建立统一的全程运输协调机制，促进国际通关、换装、多式联运等环节的有机衔接，逐步形成兼容、规范的运输规则，实现国际运输的便利化。三是推动各大口岸的基础设施建设，推进港口的合作建设，打通水陆联运的通道，建立民航的全面合作机制。四是加强能源基础设施的互联互通，共同维护石油、天然气管道等的运输安全，推进国际电力输送通道的建设，积极开展电网升级改造的合作。五是共同推进国际通信干线网络的建设，着力提高国际通信的互联互通水平，畅通信息丝绸之路。

（3）贸易畅通。深入开展投资贸易领域的合作是丝绸之路经济带建设中的重点内容。在丝绸之路经济带的建设过程中，将着力解决跨国投资贸易的便利化问题，努力消除各国间的投资和贸易壁垒，积极商讨建设自由贸易区，构建良好的跨国营商环境，激发释放合作潜力。

在具体的建设过程中，一是要加强海关合作，改善边境口岸通关设施条件，降低通关成本，提升通关能力，切实提高贸易的自由化和便利化水平。二是要拓宽贸易领域，优化贸易结构，促进贸易平衡。通过建立和健全服务贸易促进体系，不断巩固和扩大传统贸易，大力发展现代服务贸易。三是加快投资便利化进程，消除投资壁垒，保护投资者的合法权益。四是根据优势互补、互利共赢的原则，促进经济带沿线国家在生物、信息技术、新能源、新材料等新兴产业领域的合作，建立创业投资合作机制。五是优化国家间的产业链分工布局，推动上下游产业链和关联产业的协同发展，努力提升区域产业配套能力和综合竞争力。

（4）资金融通。努力实现经济带沿线各国的资金融通是丝绸之路经济带建设中的重要支撑。在丝绸之路经济带的建设过程中，将深化国家间的金融合作，加快亚洲的货币稳定体系、投融资体系和信用体系的建设。扩大经济带沿线国家双边本币互换、结算的范围和规模。加快丝路基金的组建和运营。加强国际金融的监管与合作，在经济带内逐步建立高效的国际金融监管和协调机制。

（5）民心相通。经济带沿线各国的民心相通是丝绸之路经济带建设中的社会根基。在丝绸之路经济带的建设过程中，将努力传承和弘扬丝绸之路的友好合作精神，广泛开展国际文化交流、学术往来、人才交流与合作、媒体合作、志愿者服务等，为深化经济带中的国际合作奠定坚实的民意基础（国家发展改革委等，2015）。

4. 面临的主要障碍

丝绸之路经济带的空间跨度大，经济差异明显，社会风俗迥异。因此，在丝绸之路经济带的建设过程中，必然会遇到各种障碍与风险。

（1）国家间经济发展水平的不均衡。丝绸之路经济带各国的经济发展水平呈现出比较明显的两头高、中间低的空间格局，经济发展水平的差异巨大（高新才等，2015）。经济上的不均衡直接导致了经济带内各国在经济需求、政治态度与利益诉求上等方面均有不同，从而增加了经济带建设过程中各国相关政策与建设活动的协调难度。

（2）区域政治军事安全局势的动荡。近年来，欧亚大陆的地缘政治格局风云诡谲，存在着许多不稳定和不安全的因素，这对丝绸之路经济带的建设构成了严重的威胁。例如，中亚伊斯兰力量的迅速崛起；三股势力（宗教极端势力、民族分裂势力、暴力恐怖势力）的发展；中亚国家之间由于民族问题、宗教矛盾、领土争端等造成的紧张关系；俄罗斯与西方的持续博弈；等等。这些敏感的政治军事问题将对丝绸之路经济带的建设产生严重的威胁（杨荣国等，2015）。

（3）各国民众的担忧与疑虑。虽然丝绸之路经济带的倡议得到了沿线国家的普遍欢迎和积极支持，但是，仍然有一些国家和民众对此带有担忧和怀疑。近年来，由于中国经济军事的不断发展，一些国外势力长期宣扬“中国威胁论”，以及部分国家对中国经济和移民问题的固有偏见，使得部分沿线国家和民众将丝绸之路经济带的建设看成是中国企图扩大地区影响力、扩张其势力范围的手段。同时，一些国家出于地缘政治的考虑，也不断地向相关国家施加政治压力，极力将经济问题政治化（张蕴岭，2015）。乔纳森·霍尔斯拉格（Jonathan Holslag）也曾指出，在中国快速崛起的大背景之下，中国出现在其邻国之外的任何地方都将被解读为野心膨胀的举动（霍尔斯拉格等，2015）。

（4）其他区域合作计划的竞争。近十多年来，由于地缘政治经济格局的巨大变动，许多国家也提出了与丝绸之路相关的区域合作与建设计划。早在1995年，欧洲联盟委员会就提出了“欧洲—亚洲交通走廊方案”；1997年，日本桥本内阁也提出了“丝绸之路外交”新战略；1999年5月，美国国会通过了《丝绸之路战略法案》；2000年，俄罗斯、印度、伊朗三国发起了“北南走廊计划”。这些丝绸之路的计划和构想与中国所提出的丝绸之路经济带在政治立场、发展目标、实施手段等方面都不尽相同。但是，在各大国的政治经济博弈之下，它们也在很大程度上和中国主导的丝绸之路经济带具有明显的竞争性、对抗性和冲突性（Kuchins，2013；高飞，2013）。

（5）技术与人为因素的限制。丝绸之路经济带涉及多个国家的合作。这种跨国合作的开展往往需要克服许多技术和人为障碍。首先，在交通运输方面，中国和欧洲采用的是1435毫米的国际标准铁道轨距，但是独联体国家则仍然沿用着苏联的1520毫米的铁道轨距。类似的技术标准差异将直接影响到跨境交通基础设施的建设和物质运输的成本与效率（杨恕等，2014）。其次，丝绸之路经济带沿线的地理环境非常复杂，部分地区的自然条件非常恶劣。因此，各种基础设施建设和贸易交流需要克服种种技术和施工方面的困难。最后，丝绸之路经济带的建设和发展还会受到国家间的贸易壁垒、商贸管理制度、行政官员的贪污腐败等人为因素的影响。

5. 发展前景展望

丝绸之路经济带是在古代丝绸之路概念基础之上形成的现代区域经济合作与发展的新模式。它顺应了欧亚大陆深度整合与合作发展的要求，具有广阔的发展前景。但是，在建设过程中，仍然需要审慎处理好与周边国家、全球主要政治力量、欧亚其他国家的区域战略、上海合作组织和欧亚联盟等组织之间的关系（邢广程，2014），逐步实施、层层推进。

第一，通过分步推进，丝绸之路经济带完全可以分步分阶段实现既定目标。在空间上，可以将经济带划分为五个区段，即东亚段、中亚段、西亚段、中东欧段和西欧段。在时间上，也可以按近期、中期、远期来开展分阶段的建设。重新激活这条古老的贸易通道，并赋予其现代区域合作与发展的新内涵，对于沿线国家和地区的经济建设，乃至世界经济的平衡都有着重大的战略意义。

第二，中国完全具备主导丝绸之路经济带建设的实力。目前，我国在技术装备、基础设施建设、资金投入、国际政治与安全合作等方面的条件均已成熟，完全可以主导新丝绸之路经济带的建设。我国政府提出丝绸之路经济带建设的构想，既是我国国力增强的结果，也展现出了大国外交的自信。

第三，自从中国提出丝绸之路经济带建设的倡议以来，得到了全球各大经济体的广泛关注，也受到了中亚国家、俄罗斯和欧洲国家的普遍欢迎和积极回应。丝绸之路经济带的建设，将带来世界上最大规模的欧亚大陆一体化和全面复兴（何茂春等，2013）。

第三章　长城经济带的提出

第一节　长城概论

一、长城的概念及范围

（一）长城的概念

长城的英译名为The Great Wall。事实上，这并不是一个非常准确的译名，它在一定程度上误导了大众对于长城的认识。长城绝不仅仅只是一道巨大的“墙”，而是一个非常庞大和复杂的军事工程。

在中国长城学会编写的《长城百科全书》中给长城下的定义是：中国古代巨型军事工程体系，由绵延伸展的一道或多道城墙，一重或多重关堡，以及各种战斗设施、生活设施、报警烽喉、道路网络等组成。是一条以城墙为线，以关隘为支撑点，纵深梯次相贯，点线结合的巨型军事工程体系。它以关隘控制主要的进攻走廊，伸出两翼，瞰制相当的攻防地幅，在冷兵器和生物动力时代，发挥过重大的军事效应。它体现了天然险阻和人工设防的巧妙结合，以其古（历史悠久）、长（2万多千米）、大（工程规模浩大）、险（许多关隘位置险要）的特征，置诸世界筑城史而无与相匹（中国长城学会，1994）。这一概念是比较客观和全面的。

从功能划分的角度出发，可以将长城这个巨型军事工程体系划分为预警系统、驻防系统和后勤补给系统三大部分（黄钟，2012），如图3-1所示。

长城的各个组成部分亦有各自明确的含义，现将其主要概念介绍如下（中国长城学会，1994）。

（1）边墙：明代对长城的称谓，筑于边境上的界墙。

（2）烽火台：古代边防上，供燃点烽火用以报警的高台。汉代称作烽堠、烽候、亭燧；唐宋称作烽台；明代称作烟墩和墩台，建于峰顶、高岗或易于相互瞭望之处。

（3）墙台：城墙上每隔一段距离就有一个突出于墙外的台子，称作墙台，也称作马面。

（4）敌台：建于城墙上并突出于城墙外侧用以防御攻城之敌的高台，也称“敌楼”。

（5）关口：“关”，原意指门关，门上的拴，用来关闭门户之物。“口”是指出入的道路。“关口”通常与山、河、海等自然形势相结合，亦称为关塞、隘口。从关口

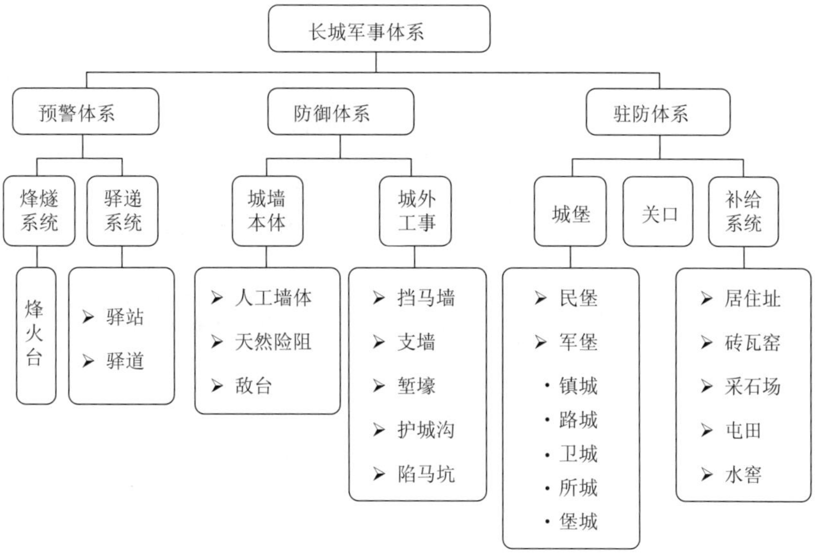

图3-1　长城军事体系的构成（黄钟，2012）

的大小的不同，大者称之为关，小者称之为口。

（6）塞：指边境上的险要地段；尤指我国北方经常受到匈奴干扰的险要地带。这些险要地带经常需筑城设险，以阻塞匈奴入侵，故称之为塞。

（7）关城：长城关口上，一般建筑与长城墙体相连的封闭性城垣。通常会根据关城的大小和地形来设置2～4个城门。

（8）城堡："城"是指都邑四周用做防御的高墙。堡，古时指土石筑的小城。"城堡"是指用土或石筑成城墙，用于居住或屯驻的具有军事防御的小城。

（9）罗城：是指为了加强对城墙的防守，而在城墙外侧另行加筑的城圈。有时候，罗城也指依附于城墙外的大城。

（10）瓮城：在城门外侧加筑的凸出于城墙外的小城圈，也叫作"月城"。其目的主要也是加强防守（刘昭祎，2012）。

（二）长城的空间范围

2012年，国家文物局完成了长城资源认定工作并发布认定结论。认定工作基于各省（自治区、直辖市）资源调查成果和已有的研究基础，并根据相关专业机构和专家意见，将春秋战国至明等各时代修筑的长城墙体、敌楼、壕堑、关隘、城堡以及烽火台等相关历史遗存认定为长城资源，将其他具备长城特征的文化遗产纳入《长城保护条例》的保护范畴。根据认定结论，我国各时代长城资源分布于北京、天津、河北、山西、内蒙古、辽宁、吉林、黑龙江、山东、河南、陕西、甘肃、青海、宁夏、新疆15个省（自治区、直辖市）404个县（市、区）（国家文物局，2016）。

在空间分布上，长城资源涵盖了我国东、中、西部。其空间分布格局如图3-2所示，其历代总图如图3-3所示。

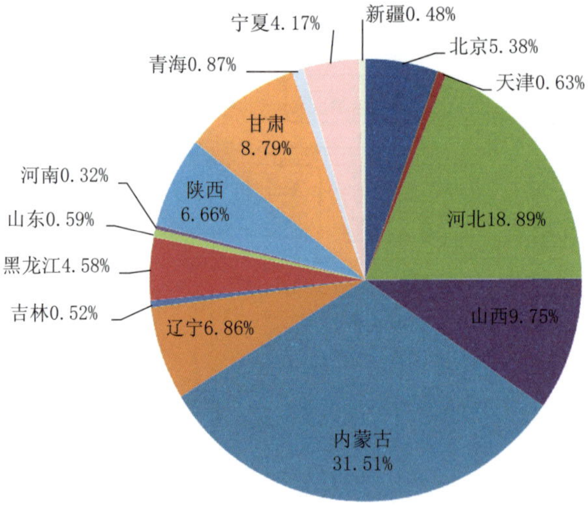

图3-2　各省（市）长城资源比例示意图

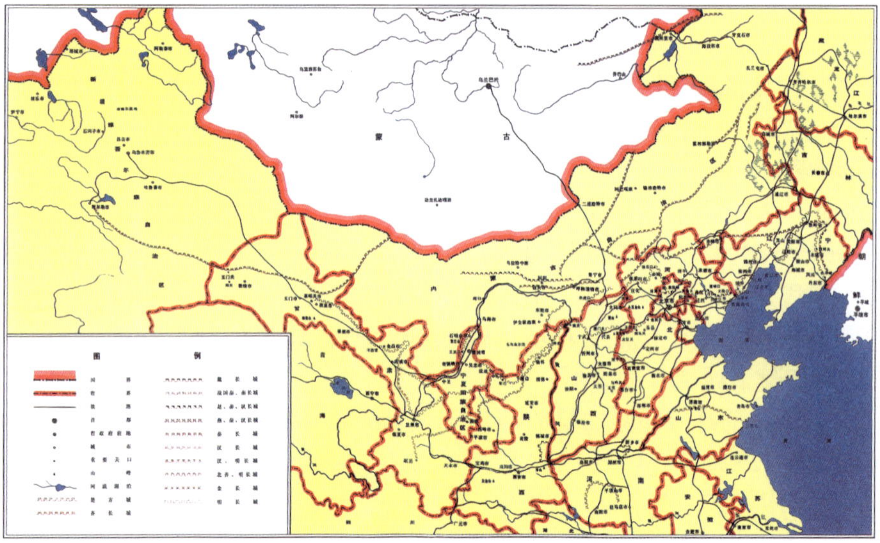

图3-3　中国历代长城总图（董耀会，1988）

二、长城的修建过程

（一）修筑原因

1. 军事原因

当原始人类的生活方式逐渐过渡到以农业为主的定居生活之后，便开始在自己的居住区附近挖掘壕沟，夯土垒石筑墙，作为保护自己的防御措施。而随着生产力水平的不断发展，社会财富的不断积累，类似的防御设施也不断改进。到了战国时期，商鞅在经济上推行了“废井田、开阡陌”的重大举措，实行土地私有制，逐渐打破了原有的疆界，夺取土地的战争日益频繁。随着战争进攻技术的发展，胡服骑射逐渐取代原有的车战，进攻之矛（骑兵）更为锐利。因此，与之相对应的防御技术也随之发展，长城也正式登上了历史舞台。

虽然最初修筑长城的目的并不是为了防御游牧民族，但是，却和游牧文化的胡服骑射有着密切的关系。

2. 经济原因

除了军事作用之外，长城还具有古代“海关”的作用。研究发现，曾被史学界誉为“中国长城之父”“世界壁垒之最”的齐长城，也具有防止盐商走私的功能。齐国的盐业垄断经营带来了巨大的利益，这是在管仲时代，齐国能够称霸诸侯的重要原因。长城的修筑是保证国家税收收入的重要工具。首先，在关口的设置上，齐长城的诸多关口，如穆陵关、青石关等，正是为了国家征税而设。其次，在长城的走向上，齐长城的西段具有更加明显的军事防御功能；而当盐业走私行为在西段长城下受阻而转向东时，齐长城的走向也就由西而向东延伸，表现出更为明显的打击走私的目的（国光红，2000）。

（二）修筑过程

1. 春秋战国时期

春秋战国时期，我国进入一个由大分裂到大统一的历史时期。史料记载，在不到300年的时间内，各诸侯之间就发生过不同规模的战争达480余次（何德亮，2009）。与之相对应的是，各国军队数量大大增加，步骑兵协同作战逐渐代替了车战，成为主流的进攻方式，战争的机动性和运动性大大加强。于是，长城这种冷兵器时代最为理想的防御工程就应运而生了（李文龙，2001）。

中国历史上最早修筑的长城是楚国的“方城”，据《左传·僖公四年》所载，其始筑于楚文王二年，即公元前688年（贺金峰，2002）。随后，齐长城也随之兴建。齐长城的西段始建于齐桓公元年，即公元前685年；并于齐灵公二十七年（公元前555年）建成。到了战国齐宣王时代（公元前342—324年），齐长城东段也已竣工（国光红，2000）。据史料记载，战国七雄及较小的中山等国，都曾修筑过长城。在这些长城之中，除了秦、燕、赵三国沿北部边境修筑的长城是为了抵御游牧民族的侵扰之外，其他长城均为各国互相防御之用，长城的走向较为混乱。如秦长城为西南—东北走向，齐长城大致为东西走向，燕南长城为西北—东南走向，中山长城大致为南—北走向。各国的长城之间并没有连接起来成为一个整体，因而被统称为“腹地长城”（图3-4）。

2. 秦朝

公元前211年，秦始皇统一六国，结束了诸侯割据称雄的混战局面，建立起统一的封建王朝。为了维护秦王朝的统治，一方面，秦始皇“堕毁城郭，夷去险阻”，拆除了内地各诸侯国的长城和关隘，以彻底改变分裂割据的局面；另一方面，为了抵御来自北

图3-4　战国时期长城分布图（成志平等，2014）

方草原的匈奴，确保中原地区的安宁，于公元前215年，“乃使蒙恬将三十万，北逐戎狄；收河南，筑长城。因地形，用险制塞，起临洮，至辽东，延袤万余里”（《史记·蒙恬列传》）。这就是举世闻名的秦始皇万里长城（李文龙，2001）。

秦长城可大致分为西段和北段。西段起于今甘肃省岷县，止于黄河南岸。北段即黄河以北的长城，沿阴山西段的狼山，向东经今内蒙古、河北，再向东北经抚顺、本溪后向东南，于朝鲜清川江入海处（图3-5）。

3. 汉朝

汉朝是中国历史上修筑长城里程最长的朝代。汉长城东起朝鲜清川江北岸，中经阴山和河西走廊，西达新疆库尔勒，长达两万余里*。汉长城大致可以分为三个部分：修缮旧有的秦长城和新建的河西长城、汉外长城。整个汉长城的防御重点在于中西部，河套

注：1里=500米，下同。

图3-5 秦长城示意图（郁进，1980）

地区以北有三条平行的长城防线，河西地区以北有两道长城防线，而阴山至辽东和酒泉至库尔勒的东西两端为单行长城防线（马瑞江，2008）。

在走向上，据考古调查发现，汉长城东自内蒙古宁城县进入河北承德县三道沟门乡，西南行至志云乡后西去。进入隆化县后，经中关乡后分为西、南两路。（1）西路：经过荆堂沟，至存瑞乡，越伊逊河，入少府乡、步古沟乡，在隆化西部的小滦河川二道营、三道营之间复出现3.5千米长的长城，南至郭家屯河北、瓦房、北大梁等地，进入丰宁县。（2）南路：从隆化县十八里汰乡南行至牌岔子沟、荞麦梁等地，西入伊逊河川，经滦平县向西南延伸。中段两条平行长城，南侧自武川县西越固阳县、乌拉特中后旗和潮格旗，伸入蒙古国。靠北的东起达茂联合旗向西，经乌拉特中后旗和潮格旗的桑根达来、宝音图、巴彦前达门、乌力吉等乡，进入蒙古国；再转向南，复入内蒙古，至额济纳旗的苏古诺尔湖东北，与西段长城相连。西段自内蒙古额济纳旗的苏古诺尔湖畔起，沿额济纳河南下，至甘肃金塔县境循北大河向西折转，再沿北山南麓和疏勒河畔，至敦煌市的小方盘城，向西经罗布泊、孔雀河畔延伸；至此不再修筑城墙，而是烽燧绵延（中国长城学会，1994）。

此外，汉长城的建设形式也更趋多样化。汉长城除了城墙外，还设有列城、障、亭、烽、塞、天田、堑壕、土垄、坞、塞墙等结构。在长城沿线，五里一隧、十里一墩、三十里一堡、百里一城塞。烽烟相接、万里相望，从而形成了一条严密的防线。

4. 隋朝

隋立国后，为了防止北方突厥的侵犯，需要修筑一条防线，来保护隋朝的江山。据史料记载，隋炀帝在位期间共进行了两次长城修筑。第一次修筑是在大业三年，即公元607年。此次修筑的长城位于榆林郡系，即现在的内蒙古自治区准格尔旗，以及黄河东岸的林格尔一带。第二次修筑是在大业四年，即公元608年；第二次修筑的长城位于榆林西部至榆谷一段。隋炀帝修筑长城的主要目的是为了向突厥炫耀国力。但是，正是这种炫耀，给隋朝带来了严重的内政危机（王婷婷等，2014）。

5. 明朝

明朝自立国起，便开始修筑长城，用以防御北方少数民族。直到明朝灭亡，几乎都没有停止过修筑长城。明长城东起鸭绿江，西抵嘉峪关，绵延一万四千六百余里。明长城的工程规模之大、耗用时间精力之多、防御体系之完备，在中国长城修建历史上是独一无二的。在世界古代建筑史中，明长城也占有相当重要的地位。

为了加强长城的防务管理，增强长城的防御作用，明朝将长城沿线划分为九个防御区，分别驻有重兵，称之为“九边”重镇。九镇包括辽东镇、蓟镇、宣府镇、大同镇、山西镇、延绥镇、固原镇、宁夏镇和甘肃镇（曹象明等，2016）。此后，为了加强京师的防务和守卫，明朝于嘉靖三十年（1551年），在北京的西北增设了昌镇和真保镇，后又加设了山海镇和临洮镇，共计十三镇，最终构成了九边十三镇的防御格局，形成了一套完整的，由点、线、面多级建构的空间防御体系（图3-6）。同时，在军事管理方面，明朝实行了一套严格而完备的军事防务制度，即由镇、路、卫、所、旗各层防御单位所组成的都司卫所制度。通过这些制度，最终建立了一套以点控线、以线制面、点线结合的防御性军事管理系统。

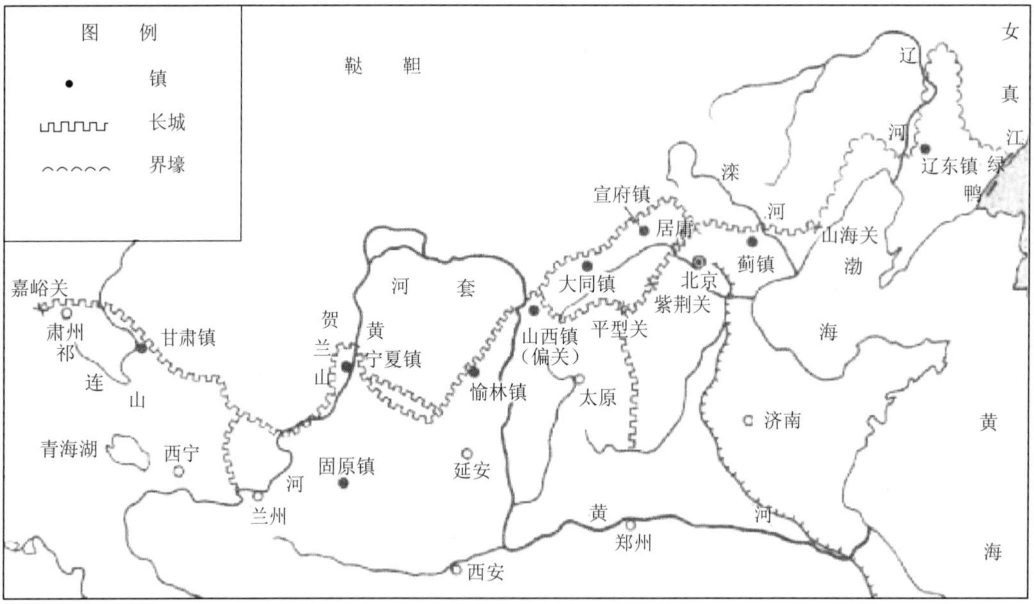

图3-6 明长城示意图（张玉坤等，2009）

三、长城的功能

历史上，长城的修筑主要是出于军事目的。但是，在长城的存续过程中，同样表现出了重要的经济、文化等功能。

（一）军事功能

随着各朝各代对长城的不断修缮和完善，长城的军事防御功能也不断增强。在先秦至隋唐时期，长城墙体本身并非守军的作战阵地，其主要功能是拦阻骑兵和战车快速通过。这一时期的长城，其墙体狭窄，缺乏上下城设施，守军无法据以机动。同时，墙体缺乏防御纵深，守军难以长期据守。到了辽金时期，随着中原城邑建筑形式日益成熟，长城墙体的防御功能也逐渐得到了强化，逐渐增加了界壕、关隘、瓮城等各种附属防御设施。长城墙体作为防御阵地的价值初步显现。到了明代，长城的修筑和防御技术达到了顶峰。明长城的墙体已经形成了比较完善的防御阵地体系，关城、瓮城、敌台、堡寨、烽火台、空心敌楼以及墙顶女墙、横墙等附属设施一应俱全，并构建了一套完整的纵深防御系统，能够充分发挥阻敌突入、掩护军队机动和发动反击的作用（图3-7）。

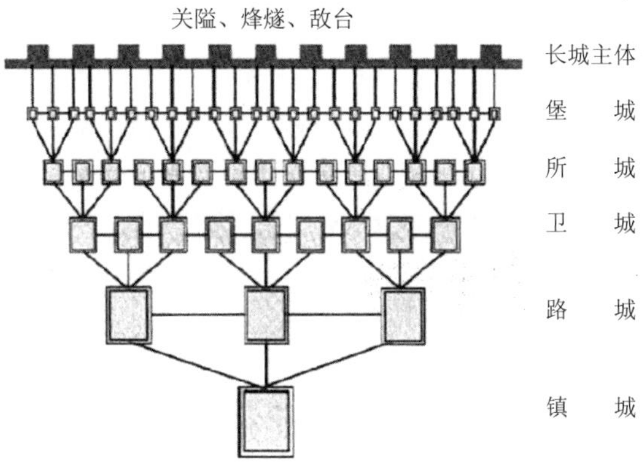

图3-7　长城纵深防御体系（李辉，2014）

长城的军事防御功能不仅保证了我国南方农耕文明的稳定和发展，也对后代的军事学思想起到了重要的借鉴作用。

（二）经济功能

长城沿线，以及长城与中心城市之间的驿路，既方便了军事情报的交流，也为经济发展提供了重要的交通网络。自汉代张骞出使西域后，越来越多的使者和商人穿梭于驿道上，从事各种政治、经济交流活动，逐步形成了以长城交通干道为骨架的经济交流通道。在长期的历史发展过程中，长城带形成了几条著名的交通干道。一是以长安为中心，向西穿越河西走廊和新疆，通往中亚、欧洲、阿拉伯半岛和非洲、印度，即世界公认的“丝绸之路”西段。二是以长安为中心的南北干道。它的基本路线是从长安北行，经中受降城（今内蒙古包头西），再北行经鹈泉（今内蒙古杭锦后旗北）至漠北，抵回鹘牙帐（地在今蒙古人民共和国的哈尔和林一带）。在历史上，这条路又曾被称作“参天可汗道”。

在长城经济廊道的发展过程中，也孕育了一批在国内国际经济交流中起着重要纽带作用的城市。其中，西安、北京已经成为国际著名大城市；以及张家口、大同、榆林、银川、兰州、乌鲁木齐等一大批区域中心城市。这些城市多是历代各民族在进行经济交流时，商业贸易和物资集散的中心地（李凤山，2003）。

（三）文化功能

自古以来，长城就是农耕文化与游牧文化的冲突带和交流带。长城带上的各个民族都曾创造过各具特色的民族文化。而在各民族的文化交流过程中，各个民族文化之间又相互影响、相互渗透、相互吸收，不断融合与发展。长城沿线的文化交流对于中国北方文化，乃至中华文化的形成都起到了重要的促进作用。

长城带的文化交流功能主要体现在以下几个方面。首先，语言文字上。语言、文字是人类交际的工具。在长期的交流过程中，汉语汉文逐渐成为长城带各民族通用的语言文字。在长城带居住过的许多民族，如鲜卑族、契丹族、回族、满族等民族就都采用了汉语汉文。同时，各民族的语言文字也都出现过吸纳、使用其他民族的语言文字的情况，这充分体现了各民族文化在长城地带的交融。其次，文化艺术上。长城地带丰富多彩的文化艺术同样是数千年来各民族相互交流、相互影响的结晶。比如笛子、琵琶、胡琴、箜篌、羯鼓、唢呐、腰鼓等乐器均是由长城以外地区传入的，现在已经成为中国的民族乐器。而音乐、音律、舞蹈、戏剧、歌曲中相互交融的特点则更为明显。最后，长城沿线各民族的节日文化和民族风俗也有着很大的相似性，这同样是由各民族在长期的文化交流中相互吸收、融汇、积淀而成（李凤山，2003）。

四、长城地带的地理学解读

（一）自然地理意义

1. 地形：位于地形过渡带

我国的长城由西向东，自甘肃玉门关外，沿着河西走廊北侧，东行经黄土高原和沙漠的边界处，再沿内蒙古高原和冀北山地交错带，蜿蜒在燕山和太行山的山脊上，随山势而转，直达大海边缘。从总体上看，除黄土高原外，长城的东南部地形多以开阔的平原、丘陵为主，大部分区域的海拔均在500米以下。而在长城的北部，自西向东则有阿拉善高原、内蒙古高原和大兴安岭山地，大部分区域的海拔都在1000米以上，是我国主要的天然草场集中分布地区。长城所在的区域，则大部分是高原向平原过渡的丘陵、低山地区（冯嘉苹等，1995）。

之所以选择在地形过渡带修筑长城，一方面是因为高峻的地区本身即是天险，无须筑长城以防守；另一方面，则是因为地形过渡带的地形复杂多变，相对高差大，从而形成了既可攻、又可守的绝佳战略位置。

2. 气温：位于暖温带与中温带过渡区

从气温的角度上看，我国长城的空间分布主要位于暖温带与中温带之间的过渡区域（图3-8）。

事实上，气温带的空间分布对长城的布局和建设有着直接的影响。每当气候变冷时，农耕民族固然会受到作物歉收的影响。但是，对于处在北方草原地区的游牧民族来讲，他们面临的是牧草枯竭、水源干涸、生态环境恶化这样严重的生存威胁。因此，他们必须寻找新的宜牧地区，或是直接抢掠生存必需品。于是，他们向南方农耕地区的攻击就会变得更加频繁和猛烈。竺可桢先生曾对中国历史时期的古气候变化开展过深入的研究。他发现，五千年以来，中国的气候曾有过周期性的波动，可分为极其明显的四个

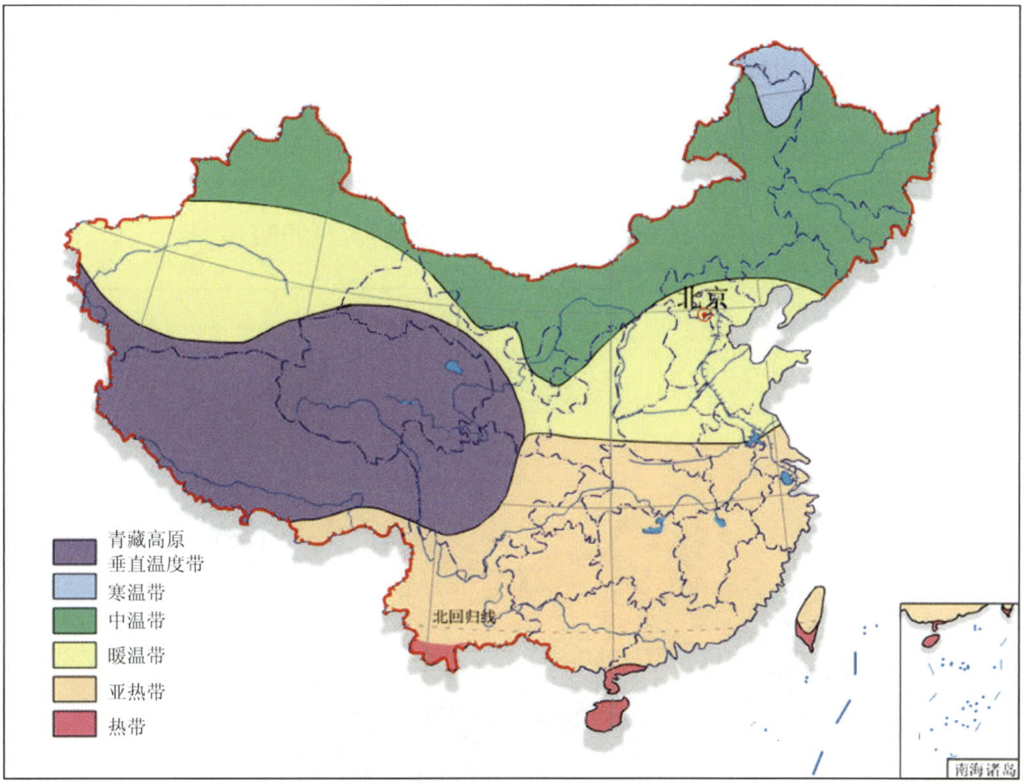

图3-8　中国的温度带划分

温暖时期和四个寒冷时期。而这四个寒冷时期与北方游牧民族的几次南下攻击中原农耕王朝的战争，在时间上发生了奇特的吻合（图3-9）（马瑞江，2008）。

而当南方的农耕民族面对北方性格彪悍、战略灵活的游牧民族的进攻时，必然会采取相应的防御措施。而在冷兵器时代，效果最好的防御措施莫过于修建长城了。

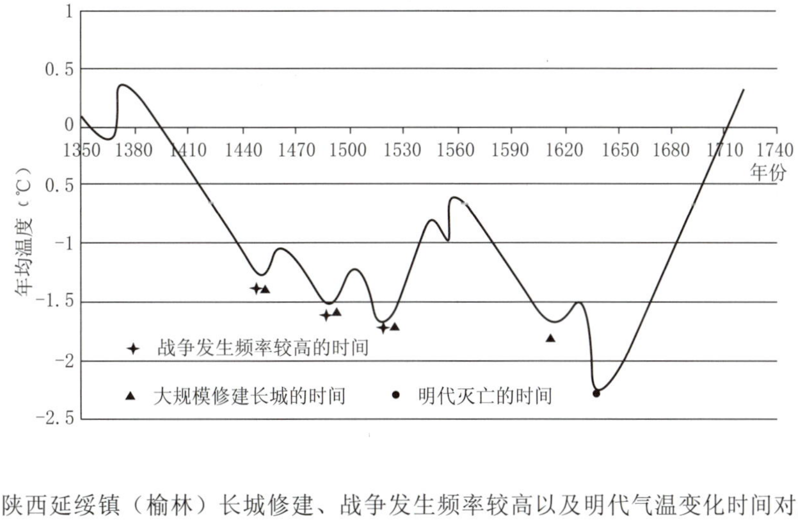

图3-9　陕西延绥镇（榆林）长城修建、战争发生频率较高以及明代气温变化时间对应关系图（同杨阳等，2016）

3. 干湿度：位于半湿润与干旱的过渡区

除了东、西两端分别位于半湿润和干旱地区内（图3-10），长城沿线的大部分地段均位于我国由半湿润向干旱气候区过渡区；长城地带的位置也与400毫米等降水量线这一重要的分界线基本吻合。在这个区域，水分条件是一个十分敏感且重要的环境因素，它直接影响区域人畜的生存和区域经济的发展（冯嘉苹等，1995）。

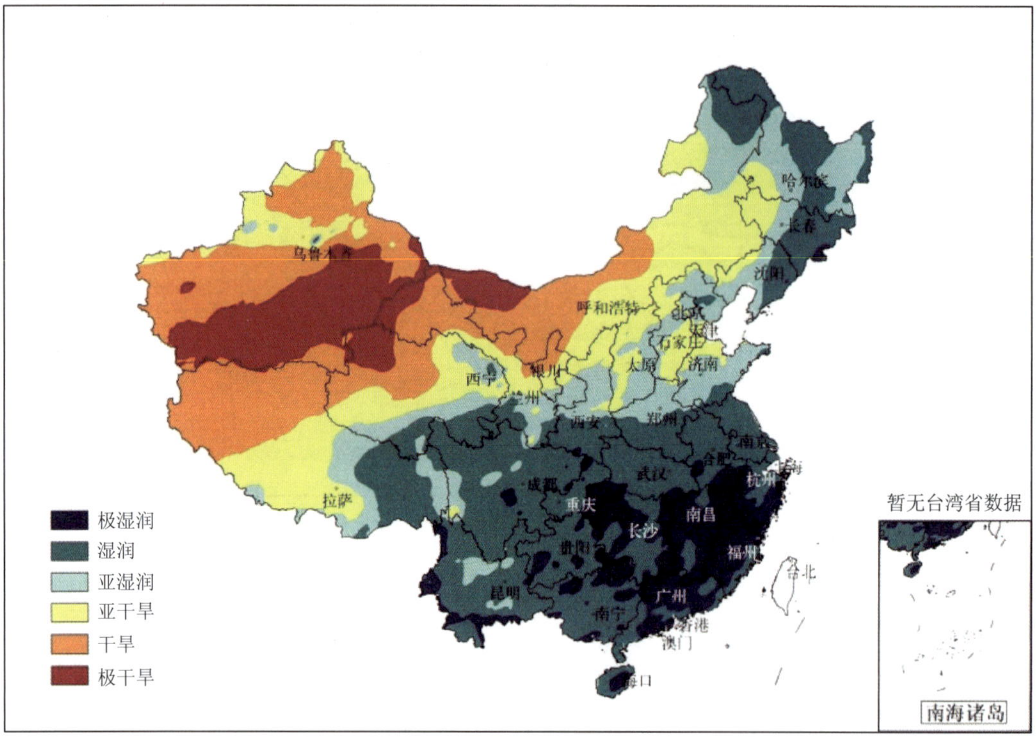

图3-10　1981—2010年全国干湿气候分区图（张存杰等，2016）

长城带与干湿度分界线的重合也绝不是巧合。在农业区划中，400毫米等降水量线是划分农区和牧区的重要依据。利用长城御敌，须在沿线配置大量的兵力。屯田，则是解决长城沿线戍边将士的军资给养的主要手段。因此，粮食生产所能延及的北界就是修筑长城的界线；至于更北的沙漠与草原，中原王朝无力也无须加以控制。

4. 生态环境：位于生态脆弱地带

长城地带所处自然地理环境的过渡性，使之成为一个生态环境脆弱的地带（图3-11）。（1）在长城的东段，地形比较险峻，山区较多。同时，该区域的降水相对较多，且集中在夏季，导致这一地区的水土流失比较严重。而在燕山山脉、太行山脉、吕梁山脉等山区，由于经济开发和战乱等原因，原始森林破坏严重，水土流失、滑坡、泥石流等自然灾害也较多。（2）长城的中段多为半干旱区，又位于黄土高原地区，土质疏松。在开垦后极易产生水土流失。因此，这里是我国水土流失最严重的地区。同时，该区域的冬春多干旱，又多大风。因此，该区域的风沙灾害频繁，风蚀也很严重。（3）长城的西段位于我国干旱地区，风沙危害极为严重，是我国沙尘暴的源地之一。风沙危害主要发生在冬末春初，此时降水量极少，气候干旱，地面又缺乏植被的保护，导致风沙频繁肆虐（孔繁德，2006）。

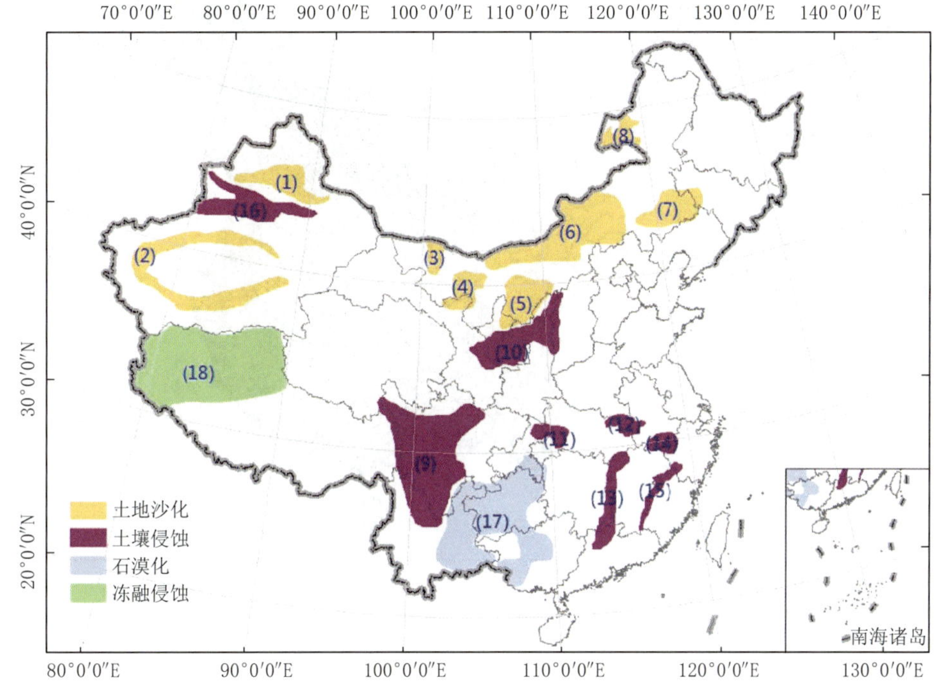

图3-11　中国生态环境脆弱区空间分布图

（1）古尔班通古特沙漠边缘；（2）塔克拉玛干沙漠边缘；（3）黑河流域中下游；（4）腾格里与乌兰布和沙漠边缘；（5）毛乌素沙地；（6）阴山北麓—浑善达克沙地；（7）科尔沁沙地；（8）呼伦贝尔沙地；（9）横断山；（10）黄土高原丘陵沟壑区；（11）三峡库区；（12）大别山；（13）罗霄山；（14）黄山；（15）仙霞岭—武夷山；（16）天山；（17）西南喀斯特地区；（18）羌塘高原西部（刘军会等，2015）。

（二）农业地理意义

中国长城地带多位于农牧交错带（图3-12）。长城主要由汉族所建，用于保护中原地区的农耕生产和贸易。因此，在经济发展布局上，长城就成为农耕与游牧的分界线。在长城以北，是我国北方的草原区，其经济发展以畜牧业为主；而在长城以南，则是我国的农耕区，其经济发展以农业为主。这样，万里长城虽然本来是一条人为修建的军事防御工事，但是在客观上却成为农牧业生产的分界线，反映了当时的农业文化景观和牧业文化景观的分异，并成为恢复这一地区农牧分界的重要考古证据（冯嘉苹等，1995）。

农牧交错带的水热条件要好于北方的草原，但又不如南方传统的农耕区。因此，对

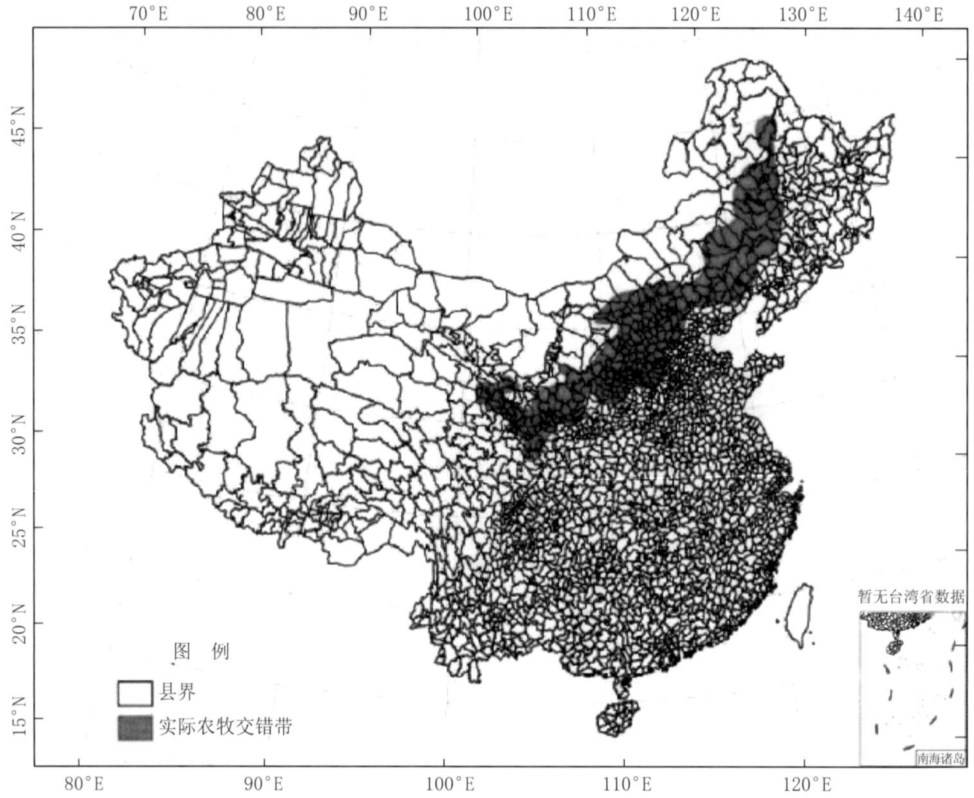

图3-12　中国北方实际农牧交错带地理分布图（李霞，2009）

于游牧业来说，这个区域是它扩大优良牧场、壮大游牧经济的好场所；但是，对于农耕业来说，这里是雨养农业和灌溉农业的分界线，也是可以扩张的地带。2000多年来，由于气候的变化，我国北方的农牧界线也历经变动，形成一个动荡不定的农牧交错带。与之相对应的，是长城线也在各民族力量的变化消长之中游移和变化，最终形成了一个长城带。

（三）文化地理意义

文化地理是指人类文化的空间组合，而长城正是在空间上对农耕文化和游牧文化造成了一定程度的阻隔。由于设防者与被防者之间文化的差异性，使其成为文化地理界线，即中国农耕文化与游牧文化的分界线（陶玉坤，2005）。

事实上，为了各种政治、经济利益，南方农耕民族与北方游牧民族始终在反复的攻防拉锯中寻找双方势力的空间均衡点。长城防线的推进与退守，正是双方势力对比变化在空间上的响应。但是，这种对峙和冲突，却也在客观上极大地促进了农牧文化的交流。一方面，农耕民族可以学习游牧民族的骑射技术，吸收游牧民族带来的异域文化，并融入自身的文化体系当中。如战国时赵武灵王“变俗胡服，习骑射”，唐代继承了魏晋南北朝以来的汉胡文化融合趋势，有力地推动了唐代的昌盛繁荣，这些都是很好的例证。另一方面，游牧民族也可以向农耕民族学习先进的生产方式、政治制度，促使自身的社会形态发生历史性飞跃。

总之，在长城地带，农耕民族和游牧民族通过迁徙、聚合、战争、互市等方式，彼此交往，相互融合。历时数千年，方汇成今日气象恢弘的中华文化。长城的文化意义正深蕴于此（冯天瑜，1990）。

（四）政治地理意义

从政治地理的角度来考察长城地带，可以将其视为我国历史上各民族政治力量相互对峙、相互角力而形成的平衡带。尽管现在看来，长城内外都是中华民族不可分割的一部分。但是，历史上各部落、各民族的统治者，为了夺取土地和资源，经常发生大大小小的征战。而长城往往位于各方领土的边缘地带，是各方攻伐的焦点区域，其政治区位和战略意义十分重要（冯嘉苹等，1995）。

另外，长城地带的经济文化交流也常常带有浓厚的政治色彩。如汉朝之后的历代中央政权和长城以北的少数民族政权，以及各个少数民族政权之间，都进行过政治色彩浓重的和亲、互市、关市、赐、贡等贸易形式。其中，最为典型的，就是由中原政府和最高统治者直接发起、扶持和控制的经济文化交流，如昭君出塞、茶马贸易、旅蒙商贸易和随军丝绸贸易等。此外，在政治谈判中，这些贸易活动的区域、数量等也是政治角力的主要筹码。

第二节　长城经济带的基本概念

一、定义

在历史上，长城是一个庞大和复杂的巨型军事工程体系。但在当代，长城已经成为中华民族文化的伟大象征和国家的形象标识，其内涵早已远远超越了军事范畴。事实上，长城是在特定的历史条件和自然环境下的产物，它与周边的自然环境、人口聚落、区域经济、社会风貌等都有着密切而广泛的联系，已经成为一个涵盖自然、社会、经济、历史文化的复杂巨系统。

当前对长城的研究可以大致分为以下几类：一是从考古学的角度出发，探讨长城的历史沿革、资源调查、文物考证等问题（陈军等，2011；黄永美等，2012）。二是从历史学的角度出发，探讨长城这类线性文化遗产的保护问题（段友文等，2015；刘艳等，2016）。三是从旅游学的角度出发，探讨长城旅游资源的开发路径（杨洪，2002；高路等，2016）。也有少数研究从区域经济发展的角度入手，探讨长城地带的区域开发思路。如张幸林提出应加快建设陕西省的长城沿线经济带，并将其作为陕西经济发展的一个突破点（张幸林，1996）。魏恩成提出通过对天津市蓟县黄崖关长城的修复和保护，深入挖掘其旅游产品的内涵，加强其与周边景点的联系，形成长城特色经济圈（魏恩成，2013）。中国人民银行乌兰察布市中心支行课题组探讨了蒙晋冀长城金三角合作区战略对区域金融业发展的促进作用（中国人民银行乌兰察布市中心支行课题组，2015）。张义丰等人提出了建立长城经济区的战略构想（张义丰等，2009）。但是，从总体上看，目前对长城地带区域发展的研究少而零散，迫切需要从地理学的区域性、综合性、差异性的视角入手，将长城资源融入区域发展系统当中，从而实现对长城资源的合理保护与开发利用。

为此，笔者提出了长城经济带的概念。长城经济带是指以长城资源为核心发展轴线，通过各种规划与建设活动，将长城沿线的资源、产业和人口聚落紧密地串联起来，形成一个联系密切、结构完整、功能完备、层次分明的条带状区域经济系统，推动长城区域的全面、协调和可持续发展，实现对长城资源的保护。

长城经济带的概念主要包含以下内涵。

（1）核心要素。长城经济带的核心要素是长城资源，主要包括城墙墙体、堑壕等防御系统，烽火台等烽燧系统，城堡、关口等驻防系统，驿站、驿道等交通系统，以及屯田、城镇等后勤保障与生活设施系统等。呈线性分布的长城资源是长城经济带的核心所在，是整个经济带的发展轴线。

（2）建设目的。建设长城经济带的最终目的是通过对长城资源的深度挖掘与开发利用，推动区域经济的可持续发展，进而更好地实现对长城资源的保护。长城地带的贫困和生态脆弱是导致长城破坏严重、周边区域经济发展滞后的根本原因（林绍志，2011）。只有将长城资源的保护与区域经济发展紧密地联系起来，才能真正地实现对长城资源的有效保护。

（3）建设途径。由于长城经济带目前的经济发展水平较低，经济增长的内生动力较为薄弱。因此，目前长城经济带的建设将主要依赖外部动力。具体而言，应将长城经济带上升到国家发展战略的高度，制定区域发展战略规划及其子规划，出台相应的优惠政策，加快经济带的基础设施建设，推动长城经济带的形成和发展。

（4）建设内容。根据经济带的相关理论，长城经济带的建设主要包括以下几个方面的内容：首先是资源整合，即对各地的长城资源和其他资源进行有效的整合与开发；其次是产业联合，即根据长城经济带的资源状况，确定主导产业，开展区域产业分工与合作，形成核心竞争力；再次是人口聚合，即通过经济的发展，实现人口的集聚和城乡统筹发展；最后是基础设施配合，即通过交通、通信等各种基础设施的建设，打通经济带对内对外的交流通道，推动经济带的发展。

二、空间范围

长城资源是长城经济带的核心要素和发展轴。因此，长城经济带的空间范围主要由长城资源的空间分布来确定。

（一）总体范围

2006年，经国务院同意，国家文物局牵头组织开展了中华人民共和国成立以来最为全面和系统的长城资源调查工作。本次调查由国家文物局和国家测绘局共同组成了长城资源调查领导小组，由来自于长城沿线的各省（自治区、直辖市）的1295名专业技术人员组成了调查队，行程数十万千米，实地调查面积超过4万平方千米。历时4年，于2010年12月完成对长城资源的田野调查工作。2012年，国家文物局完成了长城资源的认定工作。根据认定结论，我国各时代的长城资源广泛分布于北京、天津、河北、山西、辽宁、吉林、黑龙江、内蒙古、河南、山东、陕西、甘肃、宁夏、青海、新疆15个省（自治区、直辖市）。全国各类长城资源的遗存总数为43721处（座/段）。其中，墙体为10051段，壕堑/界壕1764段，单体建筑为29510座；关、堡2211座，其他遗存185处。墙壕遗存总长度为21196.18千米（国家文物局，2016）。

据此，本书将分布有长城资源的15个省（自治区、直辖市）确定为长城经济带的空间范围。其空间分布图如图3-13所示。

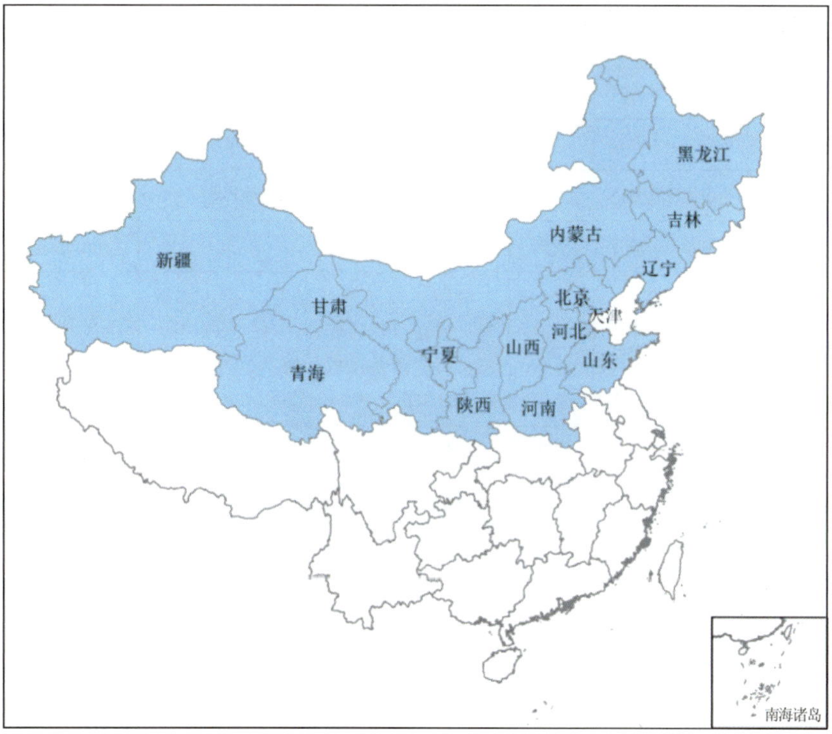

图3-13　长城经济带的空间范围示意图

（二）核心区范围

由于各省之间，以及各省内部长城资源的空间分布也非常不均匀。因此，笔者根据国家文物局公布的《长城全国重点文物保护单位名录》，提取出核心长城资源所在的县市，并将这些县市作为长城经济带的核心区（表3-1）。

表3-1 长城全国重点文物保护单位名录

名称	国保单位编号	时代	位置	批次	公布时间
万里长城—八达岭	1-0101-3-054	明	北京市延庆区	第一批	1961年3月
万里长城—山海关	1-0101-3-055	明	河北省秦皇岛市	第一批	1961年3月
万里长城—嘉峪关	1-0101-3-056	明	甘肃省嘉峪关市	第一批	1961年3月
金山岭长城	3-0058-3-006	明	河北省滦平县	第三批	1988年1月
居延遗址（含黑城遗址）	3-0209-1-029	汉	内蒙古自治区额济纳旗、甘肃省金塔县	第三批	1988年1月
兴城古城	3-0062-3-010	明	辽宁省兴城	第三批	1988年1月
玉门关及长城烽燧遗址（包括大方盘小方盘）	3-0210-1-030	汉	甘肃省敦煌市	第三批	1988年1月
万里长城—紫荆关	4-0132-3-054	明	河北省易县	第四批	1996年11月
固阳秦长城遗址	4-0034-1-034	秦	内蒙古自治区固阳县	第四批	1996年11月
万里长城—九门口	4-0136-3-058	明	辽宁省绥中县、河北省抚宁县	第四批	1996年11月
魏长城遗址	4-0032-1-032	战国	陕西省渭南市	第四批	1996年11月
金界壕遗址	5-0021-1-021	金	内蒙古自治区呼伦贝尔市、兴安盟、通辽市、赤峰市、乌兰察布市、包头市，黑龙江省甘南县、龙江县、齐齐哈尔市	第五批	2001年6月
克孜尔尕哈烽燧	5-0131-1-131	汉	新疆维吾尔自治区于田县	第五批	2001年6月
孔雀河烽燧群	5-0132-1-132	汉、晋	新疆维吾尔自治区尉犁县	第五批	2001年6月
米兰遗址	5-0136-1-136	汉—唐	新疆维吾尔自治区若羌县	第五批	2001年6月
长城	5-0442-3-248	春秋至明	北京市、河北省、山西省、内蒙古自治区、陕西省、山东省、宁夏回族自治区、辽宁省	第五批	2001年6月
（1）长城—司马台段		明	北京市密云区	第五批	2001年6月
（2）乌龙沟长城		明	河北省涞源县	第五批	2001年6月
（3）长城—雁门关		明	山西省代县	第五批	2001年6月

续表

名称	国保单位编号	时代	位置	批次	公布时间
（4）齐长城遗址	5-0442-3-248	战国	山东省长清区、济南市、章丘市、肥城市、泰安市、莱芜市、淄博市、沂源县、临朐县、安丘市、诸城市、沂水县、莒县、五莲县、胶南市、青岛市	第五批	2001年6月
（5）秦国长城遗址		战国	内蒙古自治区伊金霍洛旗	第五批	2001年6月
（6）长城—清水河段		明	内蒙古自治区清水河县	第五批	2001年6月
（7）燕长城遗址		战国	辽宁省建平县	第五批	2001年6月
（8）镇北台		明	陕西省榆林市	第五批	2001年6月
（9）宁夏回族自治区秦长城遗址		战国	宁夏回族自治区彭阳县、西吉县、固原市原州县	第五批	2001年6月
万全右卫城	6-0348-3-051	明	河北省万全县	第六批	2006年5月
中前所城	6-0498-3-201	明至清	辽宁省绥中县	第六批	2001年6月
榆林卫城	6-0784-3-487	明至清	陕西省榆林市	第六批	2006年5月
麻扎塔格戍堡址	6-0219-1-219	唐	新疆维吾尔自治区墨玉县	第六批	2006年5月
牡丹江边墙	6-0503-3-206	唐至金	黑龙江省牡丹江市、宁安市	第六批	2006年5月
金界壕遗址	6-1081-1-001	金	河北省丰宁满族自治县	第六批，归入第五批金界壕遗址	2006年5月
长城	6-1125-3-045	战国至明	北京市、内蒙古自治区、辽宁省、河南省、甘肃省	第六批，归入第五批长城	2006年5月
（1）明长城遗址		明	北京市密云区、怀柔区、平谷区、昌平区、门头沟区	第六批	2006年5月
（2）汉长城遗址		汉	内蒙古自治区磴口县、乌拉特后旗、乌拉特中旗、乌拉特前旗	第六批	2006年5月
（3）汉长城遗址		汉	辽宁省建平县	第六批	2006年5月
（4）明长城遗址		明	辽宁省绥中县	第六批	2006年5月
（5）魏长城遗址		战国	河南省新密市、荥阳市	第六批	2006年5月
（6）秦长城遗址		战国	甘肃省临洮县、渭源县、陇西县、通渭县、静宁县、镇原县、环县、华池县	第六批	2006年5月

续表

名称	国保单位编号	时代	位置	批次	公布时间
（7）汉长城遗址	6-1125-3-045	汉代	甘肃省敦煌市、瓜州县、玉门市、金塔县、酒泉市、高台县、临泽县、张掖市、山丹县、永昌县、武威市、民勤县、古浪县、天祝藏族自治县、永登县、景泰县	第六批	2006年5月
（8）明长城遗址		明代	甘肃省嘉峪关市、酒泉市、高台县、临泽县、张掖市、山丹县、永昌县、武威市、民勤县、古浪县、景泰县、靖远县、天祝藏族自治县、兰州市	第六批	2006年5月
赤柏松古城址	7-0112-1-112	西汉	吉林省通化县	第七批	2013年3月
大营城址	7-0490-1-490	宋至明	宁夏回族自治区固原市原州区	第七批	2013年3月
兴武营城址	7-0491-1-491	明	宁夏回族自治区盐池县	第七批	2013年3月
昌吉州境内烽燧群	7-0508-1-508	唐至清	新疆维吾尔自治区昌吉回族自治州	第七批	2013年3月
古代吐鲁番盆地军事防御遗址	7-0509-1-509	唐至清	新疆维吾尔自治区吐鲁番地区	第七批	2013年3月
哈密境内烽燧遗址	7-0510-1-510	唐至清	新疆维吾尔自治区哈密地区	第七批	2013年3月
张家口堡	7-0719-3-017	汉、魏晋南北朝、唐、明、清	河北省张家口市	第七批	2013年3月
洗马林城墙	7-0755-3-053	明至清	河北省万全县	第七批	2013年3月
长城	7-0719-3-017	汉、魏晋南北朝、唐、明	北京市、河北省、辽宁省、吉林省、青海省、宁夏回族自治区	第七批，归入第五批长城	2013年3月
（1）岔道城城墙		明代	北京市延庆区	第七批	2013年3月
（2）喜峰口长城		明代	河北省宽城县	第七批	2013年3月
（3）大境门长城		明代	河北省张家口市	第七批	2013年3月
（4）浮图峪长城		明代	河北省涞源县	第七批	2013年3月
（5）宁静安长城		明代	河北省涞源县	第七批	2013年3月
（6）白石口长城		明代	河北省涞源县	第七批	2013年3月
（7）插箭岭长城		明代	河北省涞源县	第七批	2013年3月
（8）狼牙口长城		明代	河北省涞源县	第七批	2013年3月

续表

名称	国保单位编号	时代	位置	批次	公布时间
（9）倒马关长城	7-0719-3-017	明代	河北省唐县	第七批	2013年3月
（10）明长城虎山段遗址		明代	辽宁省宽甸县	第七批	2013年3月
（11）南树林子长城		明代	辽宁省义县	第七批	2013年3月
（12）龟山长城		明代	辽宁省凌海市	第七批	2013年3月
（13）植股山段长城		明代	辽宁省葫芦岛市	第七批	2013年3月
（14）小虹螺山段长城		明代	辽宁省葫芦岛市	第七批	2013年3月
（15）翠岩墩台		明代	辽宁省凌海市	第七批	2013年3月
（16）刘家沟长城3号敌台		明代	辽宁省凌海市	第七批	2013年3月
（17）台子沟长城3号敌台		明代	辽宁省凌海市	第七批	2013年3月
（18）江台山烽火台		明代	辽宁省黑山县	第七批	2013年3月
（19）二台子烽火台		明代	辽宁省黑山县	第七批	2013年3月
（20）顺山堡烽火台		明代	辽宁省绥中县	第七批	2013年3月
（21）赫甸城城址		明代	辽宁省宽甸县	第七批	2013年3月
（22）镇边堡城址		明代	辽宁省北镇市	第七批	2013年3月
（23）大茂堡		明代	辽宁省凌海市	第七批	2013年3月
（24）通化县汉长城遗址		汉代	辽宁省通化县	第七批	2013年3月
（25）唐代老边岗土墙		唐代	吉林省德惠市、农安县、公主岭市、梨树县、四平市	第七批	2013年3月
（26）青海省明长城		明代	青海省西宁市、大通县、湟中县、湟源县、民和县、乐都县、化隆县、贵德县、门源县	第七批	2013年3月
（27）明长城—河东墙段、三关口段、姚滩段、大水沟段		明代	宁夏回族自治区兴庆区、灵武市、永宁县、盐池县、沙坡头区、平罗县	第七批	2013年3月

数据来源：中国文化遗产研究院

利用ArcGIS的空间表达功能，可以得到长城经济带核心区的空间分布范围如图3-14所示。

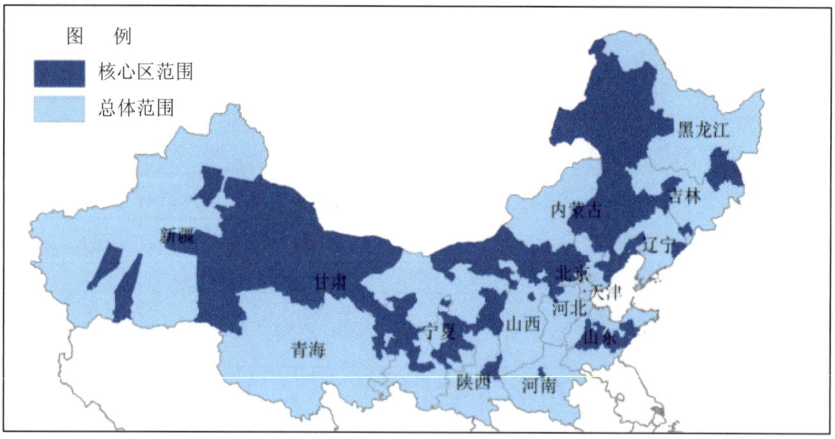

图3-14　长城经济带的核心区分布范围

三、构成要素

长城经济带主要由以下几个基本要素构成。

（1）由长城资源构成的发展轴线。长城经济带的核心要素是长城资源，包括防御系统、预警系统、驻防系统等。线状分布的长城资源是长城经济带的核心所在，也是整个经济带的发展轴线。

（2）与长城资源相关的产业。产业是经济带赖以生存和发展的关键因素。在长城经济带中，各地需要围绕自身的长城资源状况，结合其他的资源要素禀赋、区位条件、经济基础等因素，确定主导产业，逐渐形成一套结构完整、功能完备、层次分明的产业体系。对于长城经济带而言，长城资源的特点决定了其主导产业将主要是旅游产业、文化产业、创意产业、现代服务业等产业。

（3）长城地带的中心城市。中心城市是人口和产业的主要聚集区。中心城市的规模和经济发展水平在很大程度上决定了其辐射和带动能力，也决定了经济带的发展态势。在长城经济带中，既拥有北京、天津等国际大都市，又拥有济南、兰州、呼和浩特、西宁等一批区域中心城市。它们将是长城经济带形成和发展过程中的关键节点。

（4）区域内的线性基础设施。长城经济带中物资的运输、人口的流动、信息的传递等都需要依靠大量的线性基础设施。快速便捷的交流通道是长城经济带得以腾飞的重要保证。在长城经济带中，现已开通了京津城际线、徐兰客运专线、青太客运专线、京哈客运专线等多条高铁，配合北方的高速公路路网等，这些基础设施将为长城经济带的形成和发展提供重要的支撑。

第三节　长城经济带的基本特征

一、区位特征

从地理区位上看，长城经济带横贯东中西部的特征非常明显。长城经济带包括北京、天津、河北、山西、辽宁、吉林、黑龙江、内蒙古、河南、山东、陕西、甘肃、宁夏、青海、新疆等15个省（自治区、直辖市）。按照中国常见的东中西部划分方式，长城经济带表现出明显的横跨东中西部的区位特征。其中，东部包括北京、天津、河北、辽宁和山东5个省（市）；中部包括山西、内蒙古、吉林、黑龙江、河南5个省份；西部包括陕西、甘肃、青海、宁夏、新疆5个省份。

表3-2　按东中西部划分的长城经济带基本情况（2015年）

地区	长城资源所占比例	地区生产总值（亿元）	国土面积（万平方千米）	总人口（万）
北京	5.38%	23014.59	1.68	2171
天津	0.63%	16538.19	1.13	1547
河北	18.89%	29806.11	18.77	7425
辽宁	6.86%	28669.02	14.59	4382
山东	0.59%	63002.33	15.38	9847
东部地区合计	32.35%	161030.24（54.17%）	51.55（8.93%）	25372.00（44.05%）
山西	9.75%	12766.49	15.63	3664
内蒙古	31.51%	17831.51	118.30	2511
吉林	0.52%	14063.13	18.74	2753
黑龙江	4.58%	15083.67	45.48	3812
河南	0.32%	37002.16	16.70	9480
中部地区合计	46.68%	96746.96（32.55%）	214.85（37.22%）	22220.00（38.58%）
陕西	6.66%	18021.86	20.56	3793
甘肃	8.79%	6790.32	45.44	2600
青海	0.87%	2417.05	72.23	588
宁夏	4.17%	2911.77	6.64	668

续表

地区	长城资源所占比例	地区生产总值（亿元）	国土面积（万平方千米）	总人口（万人）
新疆	0.48%	9324.80	166.00	2360
西部地区合计	20.97%	39465.80（13.28%）	310.87（53.85%）	10009.00（17.38%）
长城经济带合计	100.00%	297243.00	577.27	57601.00

数据来源：《中国统计年鉴2016》，《中国长城保护报告2016》。括号内数字表示占比。

东部地区主要包括京津冀等地区，经济发达。在长城经济带中，东部省份的国土面积为51.55万平方千米，仅占整个长城经济带的8.93%；但是，其2015年的地区生产总值高达161030.24亿元，占整个长城经济带的54.17%；总人口为25372万，占整个长城经济带的44.05%。毫无疑问，东部省份是长城经济带的经济重心和人口重心所在。

西部地区主要包括陕甘宁等地区，经济发展较为滞后。在长城经济带中，西部省份的国土面积最大，为310.87万平方千米，占整个长城经济带的53.85%；但是，其2015年的地区生产总值仅为39465.80亿元，只占整个长城经济带的13.28%；总人口为10009万，占整个长城经济带的17.38%。总体上看，长城经济带的西部省份地广人稀，经济发展较为缓慢。

中部地区主要包括山西、内蒙古等地区，其综合状况介于东部和西部之间。在长城经济带中，中部省份的国土面积为214.85万平方千米，占整个长城经济带的37.22%；2015年的地区生产总值为96746.96亿元，占整个长城经济带的32.55%；总人口为22220万，占整个长城经济带的38.58%。

二、经济特征

长城经济带具有以下几个经济发展特征。

（1）区域差异明显

长城经济带内部的区域经济差异非常明显（图3-15）。

首先，从经济总量上看，2015年，长城经济带中地区生产总值最高的为山东省，达63002.33亿元。但是，2015年长城经济带中地区生产总值最低的青海省，其地区生产总值仅为2417.05亿元。山东省的地区生产总值是青海省的26.07倍，差异非常明显。

其次，从产出效率上看，长城经济带中的差异则更加明显（图3-16）。2015年，地均地区生产总值的全国平均值为752.08万元/平方千米。在长城经济带中，地均地区生产总值最高的是天津市，为14635.57万元/平方千米；地均地区生产总值最低的则是青海省，仅为33.46万元/平方千米。天津市的地均地区生产总值是青海省的437.36倍，差异十分惊人。由此可见，长城经济带中经济发展水平的区域差异十分明显。

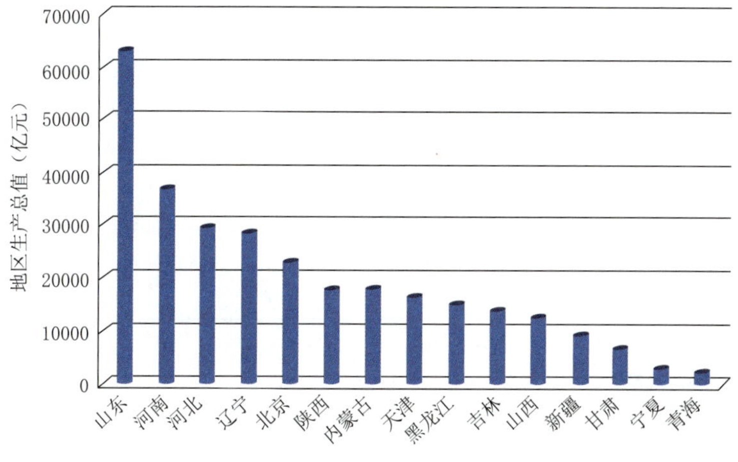

图3-15　长城经济带各省市的地区生产总值（2015年）

数据来源：《中国统计年鉴2016》

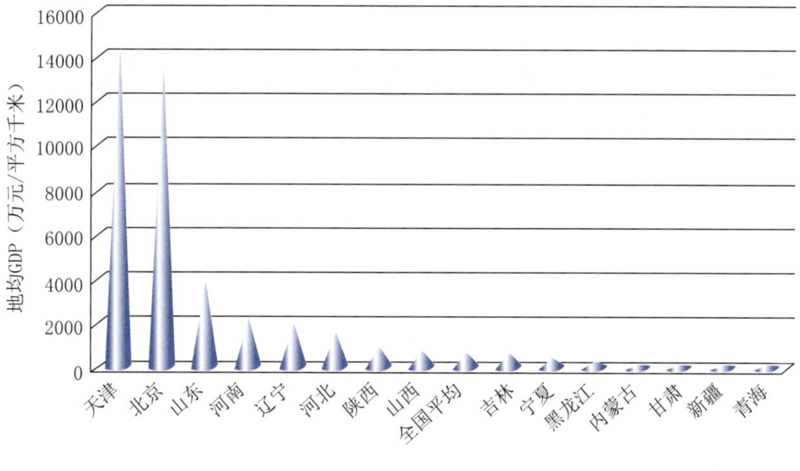

图3-16　长城经济带各省（区、市）的地均地区生产总值（2015年）

数据来源：《中国统计年鉴2016》

（2）总体发展水平较低

从总体上看，除了北京、天津等少数省份以外，长城经济带的经济发展总体水平仍然比较低。在长城经济带中，人均地区生产总值最高的是天津市，为10.69万元/人；最低的是甘肃省，为2.62万元/人；全国平均水平则为5.27万元/人。在长城经济带的15个省市当中，仅有天津、北京、内蒙古、辽宁、山东这五个省份高于全国平均水平，表明长城经济带的经济发展水平还处于较低的位置（图3-17）。

（3）产业结构的低级化

从产业结构（图3-18）上看，长城经济带中大部分省份仍处于工业化初期和中期的阶段。在长城经济带中，北京市具有各方面的发展优势，城市化水平和产业结构发展阶段远远超出其他省份，呈现出一枝独秀的态势。2015年，北京市的三次产业结构为0.61∶19.74∶79.65，服务业占据了地区生产总值的近80%，已经步入了后工业化时期。但是，在长城经济带中，有内蒙古、陕西、青海、吉林、河南、河北、宁夏、山东、天津、辽宁10个省份的第二产业所占比重超过了地区生产总值的45%，其经济发展仍然主要依靠工业的拉动。另外，长城经济带中甘肃、新疆、黑龙江3个省份，其第一产业所占GDP比重高达14%以上，且第二产业所占GDP比重低于39%，表明其产业结构仍处于工业化初期阶段。

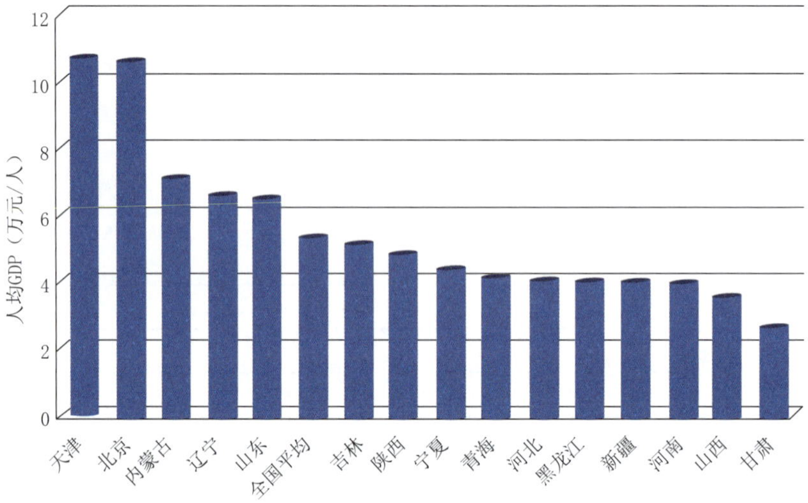

图3-17　长城经济带各省（区、市）的人均地区生产总值（2015年）

数据来源：《中国统计年鉴2016》

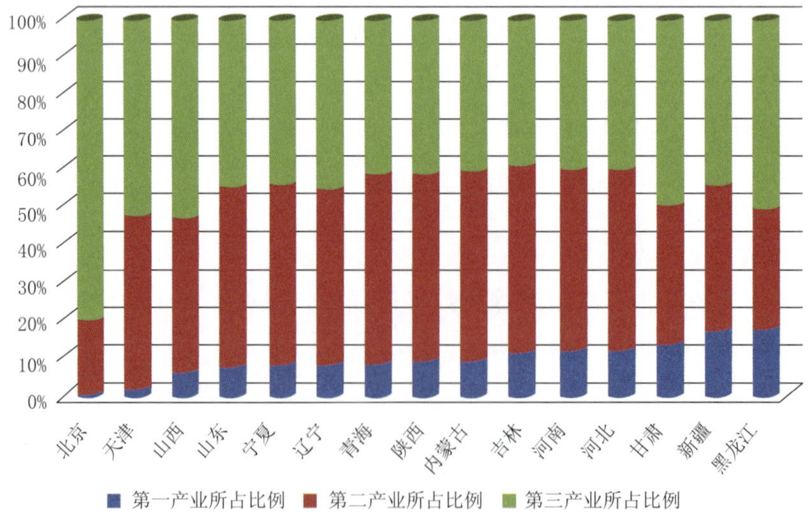

图3-18　长城经济带各省市的产业结构（2015年）

数据来源：《中国统计年鉴2016》

三、生态环境特征

长城经济带处于以黄河流域为中心的北方地区。从总体上看，本区域的土地开发历史悠久，水资源较为匮乏，植被覆盖率较低，属于生态环境比较脆弱的地带。

（1）土地退化严重

我国是世界上荒漠化危害最为严重的国家之一。其中，以黄河流域为中心的北方地区的土地荒漠化问题尤为严重，荒漠化的面积广大，发展迅速，引起了全世界的广泛关注（Yang et al.，2005）。黄河是中国的母亲河，黄河流域是中华民族的主要发源地。早在新石器时代，黄河流域就开始了农耕活动，在宋元之前，黄河流域一直是我国的人口重心所在地（李玉洁，2010）。近代以来，由于人口压力日益增大，人类活动的强度和规模不断增加，本区域的毁林毁草开荒、过度放牧、陡坡耕作等现象时有发生，导致土地沙化、草地退化、水土流失和土地荒漠化现象十分普遍，给当地的生态环境带来了严重影响。

（2）水资源匮乏

中国的北方地区多处于干旱半干旱地区，降水量较少，而蒸发量较大，水资源总量较为匮乏。根据水资源分区成果，长城经济带所处地区主要包括松花江区、辽河区、海河区、黄河区、淮河区、西北诸河区等6个水资源一级区（以下简称北方六区）图（3-19）。

根据中国水资源公报公布的数据（表3-3），（1）在降水量方面，2014年，北方六区的平均降水量为316.9毫米，而全国平均降水量则为622.3毫米。北方地区的降水量仅为全国平均降水量的50.92%；（2）在水资源总量方面，北方缺水的态势则更为明显。在2014年，北方六区的水资源总量为4658.5亿立方米，仅占全国水资源总量的17.1%。

但是，北方人口众多，社会经济发展迅速，对水资源的需求量也比较大。2014年，北方六区的供水量为2780.2亿立方米，占全国总供水量的45.6%；北方六区的用水量为2780.2亿立方米，占全国总用水量的45.6%。其中生活用水、工业用水、农业用水、生态环境补水分别占全国同类用水的33.8%，24.1%，55.0%，65.0%。由此可见，水资源的匮乏，已经成为制约北方地区社会经济发展的瓶颈。

表3-3　2014年各水资源一级区水资源量（矫勇，2015）　　单位：亿立方米

水资源一级区	降水量（毫米）	地表水资源量	地下水资源量	地下水与地表水资源不重复量	水资源总量
全国	622.3	26263.9	7745.0	1003.0	27266.9
北方六区	316.9	3810.8	2302.5	847.7	4658.5
南方四区	1205.3	22453.1	5442.5	155.3	22608.4
松花江区	511.9	1405.5	486.3	207.9	1613.5
辽河区	425.5	167.0	161.8	72.7	239.7
海河区	427.4	98.0	184.5	118.3	216.2

续表

水资源一级区	降水量（毫米）	地表水资源量	地下水资源量	地下水与地表水资源不重复量	水资源总量
黄河区	487.4	539.0	378.4	114.7	653.7
淮河区	784.0	510.1	355.9	237.9	748.0
长江区	1100.6	10020.3	2542.1	130.0	10150.3
其中：太湖流域	1288.3	204.0	46.4	24.9	228.9
东南诸河区	1779.1	2212.4	520.9	9.8	2222.2
珠江区	1567.1	4770.9	1092.6	15.5	4786.4
西南诸河区	1036.8	5449.5	1286.9	0.0	5449.5
西北诸河区	155.8	1091.1	735.6	96.3	1187.4

图3-19 全国水资源一级区示意图（矫勇，2015）

（3）植被覆盖率低

长城经济带多位于干旱、半干旱地区，降水量较少，气候也较为寒冷。同时，在长期的土地开发历史中，过度的毁林开荒、过度放牧也使得本区的植被遭到较为严重的破坏，导致本区域的植被覆盖率较低。图3-20的数据统计显示，2015年，长城经济带森林覆盖率最高的省份为黑龙江省，森林覆盖率为43.2%，大大低于全国森林覆盖率最高的福建省（66%）；另外，在全国森林覆盖率最低的12个省份中，有9个省份均位于长城经济带中。全国森林覆盖率最低的3个省份全部位于长城经济带中，即天津、青海和新疆，其森林覆盖率分别仅有9.9%、5.6%和4.2%。森林覆盖率偏低严重影响了北方的生态环境质量，使得土地沙化趋势日益明显，自然灾害不断增加，生态系统服务功能受到影响。

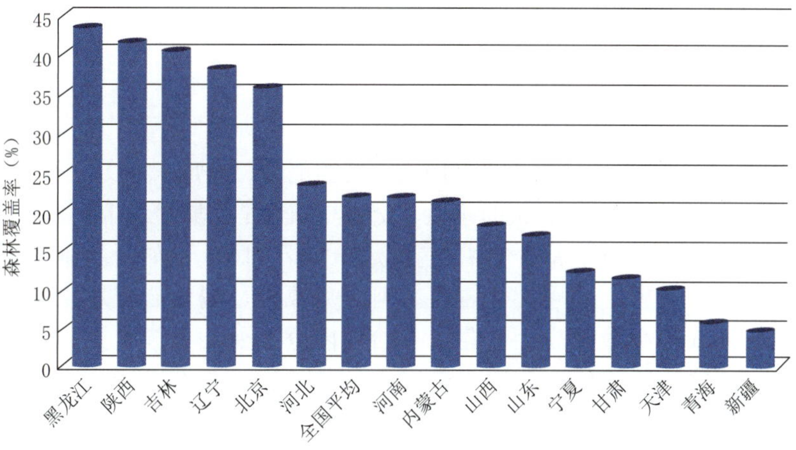

图3-20　长城经济带各省的森林覆盖率（2015年）

数据来源：《中国统计年鉴2016》。

即使是长城经济带中森林资源最多的东北地区，目前也遇到了森林资源枯竭的问题。东北林区包括东北部的大兴安岭、小兴安岭和长白山等区域，是我国的三大林区之一。东北林区的木材蓄积量超过全国总量的一半，是我国目前主要的木材供应基地之一。但是，长期以来重采轻育，重取轻予的经营方式，使得东北林区的森林面积急剧减少。20世纪80年代中期，东北林区已经全面进入了可采森林资源枯竭的危难困境（刘文新等，2007）。

（4）生态环境质量偏低

有学者构建了区域生态环境综合评价指标体系，对中国及其31个省（区、市）的生态环境质量进行综合评价，分析其生态环境的变化态势。该指标体系共分为4层（图3-21）：一级指标层（*A*）为最终评价结果，反映区域生态环境的综合质量；二级指标层（*B*）包括制约和影响区域生态环境质量的四个因素指标；三级指标层（*C*）是对二级因素指标的进一步细化，包括12个因素指标；四级指标层（*D*）则是对三级因素指标的细化，是评价区域生态环境综合质量的具体因素指标。整套评价指标体系共包括30个因素指标。最终评价结果为各省的生态环境质量综合指数（*EEQ*），其值越大，表示该区域的生态环境质量越好；越小则质量越差。

评价结果（图3-22）表明，长城经济带所处省份的生态环境质量指数总体偏低。在长城经济带的15个省（市）中，只有山东、北京、天津、新疆、吉林五个省（区、市）的生态环境质量指数高于全国平均水平。其中，山东、北京、天津得分较高的原因在一定程度上是依赖于其社会经济发展水平较高，人口密集，经济发达。另外，在全国生态环境质量指数最低的13个省份中，有10个省份均位于长城经济带中。全国生态环境质量指数最低的6个省份全部位于长城经济带中，即陕西、青海、甘肃、宁夏、内蒙古、山西。这些省份的自然生态环境脆弱，土地生产率低，人均产值低，污染治理能力和治理水平都比较低，水土流失和土地沙漠化问题严重。

四、社会特征

长城经济带所处的北方地区历来是多民族杂居的地方，也是东方文化和西方文化、农耕文化和游牧文化汇聚的地方。多民族的碰撞、交流与融合是长城经济带最显著的社会特征。

长城经济带中的许多省份都分布着数量众多的少数民族。如新疆维吾尔自治区内分布着维吾尔族、哈萨克族、回族、蒙古族、柯尔克孜族、锡伯族、塔吉克族、乌兹别克族、满族、塔塔尔族等少数民族；内蒙古自治区内分布着蒙古族、回族、满族、达斡尔族、鄂温克族、朝鲜族、鄂伦春族等少数民族；甘肃省内分布着回族、藏族、东乡族、土族、裕固族、满族、保安族、蒙古族、撒拉族等少数民族；黑龙江省内分布着满族、朝鲜族、回族、蒙古族、达斡尔族、锡伯族、鄂伦春族、赫哲族等少数民族。各种民族在共同生活过程中，各种民族文化之间必然会发生接触、碰撞和相互影响，最终才形成了中华民族。

在历史上，北方地区是各民族争夺的主要区域。各民族对疆域的争夺，使得北方地区在历史上出现过多次大规模的人口置换。如封建王朝的和亲政策加深了游牧民族对农耕文化的了解；以河西走廊为基地的屯兵造田，以及历史上几次的汉族大规模西迁也有力地传播了中原文化；另外，蒙古族、满族两度入主中原，建立统一的王朝也大大加深了北方民族和中原民族的交流与融合（李华明，2004）。

在当代，经过几千年的民族交流与发展，已经形成了多元一体、统一稳固的中华民族。各民族在交流过程中，在尊重差异的基础上，相互学习、相互交流、相互接近、相互认同，形成了和谐共荣的社会氛围。

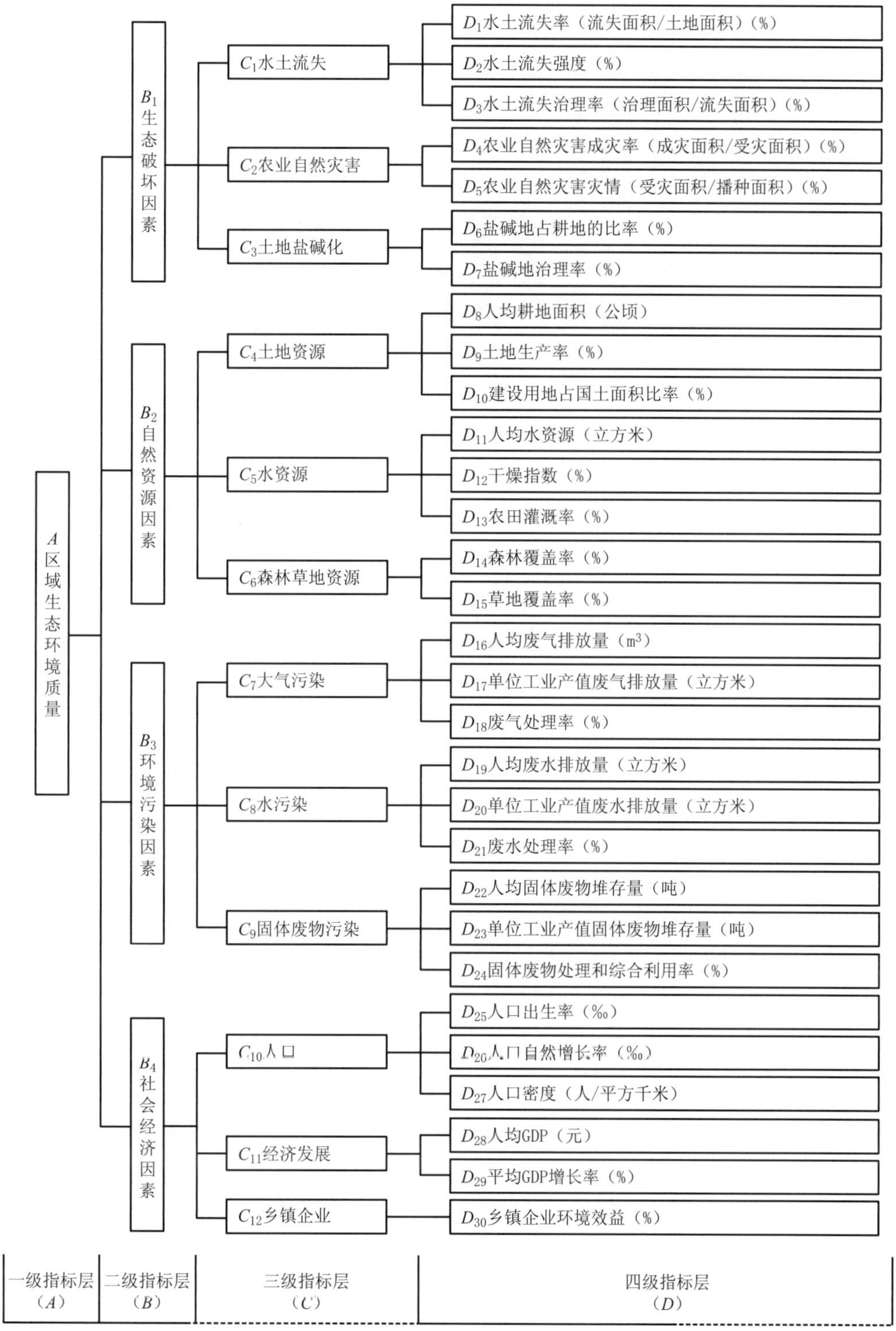

图3-21　区域生态环境质量评价指标体系（孙东琪等，2012）

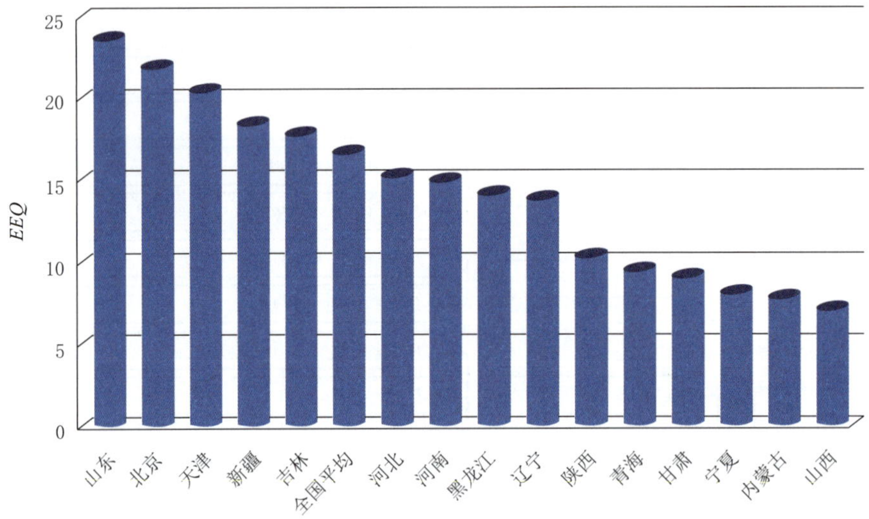

图3-22　中国区域生态环境质量评价结果（2010年）（孙东琪等，2012）

第四节　必要性与可行性分析

一、必要性分析

（一）国家战略视角："一带一路"建设的要求

"一带一路"是"丝绸之路经济带"和"21世纪海上丝绸之路"的简称，由习近平主席于2013年9月首次提出。2015年3月28日，国家发展改革委、外交部、商务部联合发布了《推动共建丝绸之路经济带和21世纪海上丝绸之路的愿景与行动》，"一带一路"倡议进入了全面推进阶段。"一带一路"倡议是中国政府近年来最重要的战略部署，它充分依靠中国与相关国家既有的双边和多边机制，借助既有的区域合作平台，高举和平发展的旗帜，积极发展与沿线国家的经济合作伙伴关系，共同打造政治互信、经济融合、文化包容的利益共同体、命运共同体和责任共同体。"一带一路"倡议以经济合作为中心，涵盖了地缘政治、外交、社会、文化等诸多方面，是一项重要的国家顶层战略构想。在《中华人民共和国国民经济和社会发展第十三个五年规划纲要》（"十三五"规划）中多次提到"一带一路"倡议。如在区域发展部分，"十三五"规划提出要"以'一带一路'建设、京津冀协同发展、长江经济带发展为引领，形成沿海沿江沿线经济带为主的纵向横向经济轴带，塑造要素有序自由流动、主体功能约束有效、基本公共服务均等、资源环境可承载的区域协调发展新格局"。在对外开放部分，强调要"以'一带一路’建设为统领，丰富对外开放内涵，提高对外开放水平，协同推进战略互信、投资经贸合作、人文交流，努力形成深度融合的互利合作格局，开创对外开放新局面”。充分体现了“一带一路”倡议的重要性。

长城经济带中的各省（区、市）与丝绸之路经济带之间有着密切的联系。（1）长城经济带和丝绸之路经济带在地域上相连。在《推动共建丝绸之路经济带和21世纪海上丝绸之路的愿景与行动》中，明确提出“发挥新疆独特的区位优势和向西开放重要窗口作用，深化与中亚、南亚、西亚等国家交流合作，形成丝绸之路经济带上重要的交通枢纽、商贸物流和文化科教中心，打造丝绸之路经济带核心区。发挥陕西、甘肃综合经济文化和宁夏、青海民族人文优势，打造西安内陆型改革开放新高地，加快兰州、西宁开发开放，推进宁夏内陆开放型经济试验区建设，形成面向中亚、南亚、西亚国家的通道、商贸物流枢纽、重要产业和人文交流基地。发挥内蒙古联通俄、蒙的区位优势，完善黑龙江对俄铁路通道和区域铁路网，以及黑龙江、吉林、辽宁与俄远东地区陆海联运合作，推进构建北京—莫斯科欧亚高速运输走廊，建设向北开放的重要窗口。”这一段话中所提到的省（区、市）均位于长城经济带中。当然，丝绸之路经济带涵盖的地域范围要大于长城经济带。（2）长城经济带的核心要素是长城。长城和丝绸之路在历史上也有许多的交集。许多地段的长城就是为了保护丝绸之路而建成的。在当代，长城和丝绸之路已经逐渐褪去了以前的军事、贸易等现实功能，但也得到了历史文化价值，都已成为中国的文化符号。因此，从核心要素来看，长城经济带和丝绸之路经济带不仅没有任何冲突，反而是相辅相成、密不可分的整体。

综上所述，长城经济带和丝绸之路经济带在地域上相连，在文化上相通。丝绸之路经济带的根本目标是打造政治互信、经济融合、文化包容、互联互通、互利共赢的欧亚利益共同体与命运共同体，属于外向型国际发展战略；而长城经济带的着眼点则是国内局部区域的经济发展，其范畴要小于丝绸之路经济带。长城经济带的提出和建设，是丝绸之路经济带的重要组成部分，能够为丝绸之路经济带的建设和发展提供有力的支撑。

（二）经济发展视角：区域经济协调发展的要求

改革开放后，我国实行了区域非均衡发展战略，东部地区的经济发展速度明显加快，成为我国经济高速增长的火车头。但是，随之而来的是我国区域经济的差异越来越大。省级、地级、县级等不同尺度的研究均表明，近年来中国区域经济的不平衡性仍在不断扩大。高铁的建设对区域经济发展具有明显的促进作用，但也进一步拉大了区域经济发展的差异（关兴良等，2012）。

区域经济的协调发展是增强国家综合实力，提升人民生活水平的重要保障，也是构建和谐社会的重要基础条件。和谐社会的构建，要求各区域之间的经济发展水平和进程是相互协调、相互促进的。区域经济差异过大，必将导致国家发展红利分配的不公，激化区域之间的矛盾，进一步形成和固化城乡二元结构，最终必将失去构建和谐社会的经济和社会基础。近年来，中央政府也意识到了区域协调发展的重要性。在《国民经济和社会发展第十二个五年规划纲要》（十二五规划）中明确提出，要“充分发挥不同地区的比较优势，促进生产要素的合理流动，深化区域合作，推进区域良性互动发展，逐步缩小区域发展差距”。而在第十三个五年规划纲要中，进一步明确提出，要“深入实施西部开发、东北振兴、中部崛起和东部率先的区域发展总体战略，创新区域发展政策，完善区域发展机制，促进区域协调、协同、共同发展，努力缩小区域发展差距。”由此可见，如何缩小区域经济差异，实现区域协调发展已成为现阶段国家和地方政府重点关注的焦点问题。

在长城经济带中，除了北京、天津等少数省份以外，长城经济带的经济发展总体水平仍然比较低。2015年，在长城经济带所有的15个省（区、市）中，有10省（区、市）的人均地区生产总值均低于全国平均水平。另外，在长城经济带内部，其区域经济差异也非常明显。2015年，长城经济带中地区生产总值最高的省份（山东省）是最低省份（青海省）的26.07倍；而地均地区生产总值的差异则更为明显，地均地区生产总值的最高值和最低值之间相差了437.36倍，差异十分惊人。因此，通过长城经济带的建设，进一步加强经济带内的分工与协作，有助于缩小长城经济带内部省份，以及长城经济带和全国其他区域之间的经济差异，实现区域经济的协调发展。

（三）和谐社会视角：精准扶贫的要求

2013年11月，习近平总书记在湖南湘西考察时，首次提出了“精准扶贫”的指示。2014年5月，国务院扶贫办等七部委联合下发了《关于印发〈建立精准扶贫工作机制实施方案〉的通知》（国开办发〔2014〕30号），对精准扶贫工作模式的顶层设计、总体布局和工作机制等方面都做了详尽规制，推动了习近平精准扶贫思想的全面开展。习近平指出，目前，扶贫开发工作已经进入了“啃硬骨头、攻坚拔寨”的冲刺期。各级党委和政府必须增强紧迫感和主动性，采取力度更大、针对性更强、作用更直接、效果更可持续的扶贫攻坚措施，特别要在精准扶贫、精准脱贫上下更大的功夫。

精准扶贫是新时期党和国家扶贫工作的精髓和亮点。一直以来，党和国家都十分关心和重视扶贫工作。改革开放以来，经过多年来的大规模开发式扶贫，我国的贫困人口已经大量减少，贫困地区的面貌得到了显著变化。但是，我国的地域广阔，地区差异大，导致扶贫开发工作依然面临十分艰巨而繁重的任务，这对党和国家的扶贫工作提出了新的要求和挑战。精准扶贫既是党中央对新时期扶贫工作的新挑战与新要求，也是建设和谐社会，实现中国梦的题中之意。

长城经济带中的新疆、甘肃、内蒙古等省份位于中国北部边境，自然条件较为恶劣，经济发展水平较低；陕西、甘肃、宁夏、山东的沂蒙山区等地是著名的革命老区，经济发展也比较滞后；黑龙江、吉林、辽宁等东北地区的省份是著名的老工业基地，受困于人口减少、产业结构调整迟缓等原因，经济发展也陷入了困境。在《中华人民共和国国民经济和社会发展第十三个五年规划纲要》中，也将长城经济带所处的革命老区、民族地区、边疆地区作为了脱贫攻坚重点。长城经济带的建设和发展，能够从根本上减轻精准扶贫工作的压力，为和谐社会的构建提供坚实的经济基础。

（四）生态文明视角：北部生态屏障建设的要求

长城经济带多处于生态环境比较脆弱的地区。新疆是我国降水量最少的地区之一，中国最大的两个沙漠：塔克拉玛干沙漠和古尔班通古特沙漠均位于新疆。甘肃、宁夏、内蒙古等地降水稀少，属于农牧交错区。这里的生态环境也非常脆弱，面临着水土流失、土地荒漠化等一系列的生态环境问题；京津冀地区则是全国水资源最短缺，大气污染、水污染最严重，资源环境与发展矛盾最为尖锐的地区；东北地区也面临着森林资源枯竭、土地荒漠化严重、黑土质量退化、湿地萎缩、城市大气污染严重等生态环境问题。

面对北方地区的生态环境问题，国家“十三五”规划纲要明确提出要着手实施山水林田湖生态工程。其中的许多生态工程均与长城经济带密切相关。（1）在国家生态安全屏障保护修复方面，提出要推进黄土高原、大小兴安岭和长白山、京津冀水源涵养区、内蒙古高原、河西走廊、塔里木河流域等关系国家生态核心地区生态修复治理；支持甘肃生态安全屏障综合示范区建设。（2）在国土绿化行动方面，提出要加强“三北”防护林体系的建设。（3）在防沙治沙和水土流失综合治理方面，提出要实施北方防沙带、黄土高原区、东北黑土区等重点区域的水土流失综合防治。继续实施京津风沙源治理二期工程。

上述生态工程无疑会大大改善长城经济带的生态环境状况。但是，生态环境问题的根源仍然来自于人口增长、经济发展所带来的压力。如果长城经济带中的部分省（区、市）仍然延续过去粗放式、掠夺式的资源开发方式，依靠自然资源的大量投入来换取经济的增长，那么其生态环境问题不可能得到彻底的解决。在长城经济带的建设和发展过程中，其核心要素是长城这一历史文化要素，并非自然资源要素。这就决定了长城经济带未来的主导产业将是旅游业、现代服务业等产业。这些产业对资源的消耗较小，对生态环境的破坏也比较少。因此，通过长城经济带的建设和发展，有助于缓解当地的生态环境压力，构建我国北部的生态屏障。

（五）民族团结视角：少数民族地区发展的要求

少数民族是中华民族的重要组成部分。党和政府一直坚持民族平等、团结和共同繁荣的民族政策。民族平等是指各民族不论人口多少，经济社会发展程度的高低，风俗习惯和宗教信仰的异同，都是中华民族大家庭中的平等一员，具有同等的地位，反对一切形式的民族压迫和民族歧视。民族团结是指各民族在社会生活和交往中平等相待、友好相处、互相尊重、互相帮助。各民族共同繁荣，是解决民族问题的根本出发点和最终归宿，是促进各民族真正平等的保障。

随着中国改革开放的不断深入，国家加大了对少数民族地区的投资力度，制定了一大批帮助少数民族发展的政策措施。自1990年起，国家设立了“少数民族贫困地区温饱基金”，重点扶持141个少数民族贫困县。1994年，中国建立了第一批“民族自治地方改革开放试验区”。1999年，国家实施了旨在振兴边境、富裕边民的兴边富民行动。2000年，国务院西部地区开发领导小组开始部署实施西部大开发的重点工作。自

1995年起，中国开始对民族地区进行定点扶贫和对口支援。20世纪90年代，国家民委开始重视扶持人口较少民族发展问题；2005年，国务院批准实施了《扶持人口较少民族发展专项建设规划（2006—2010）》。上述主要针对少数民族的帮扶政策措施，有效地推动了少数民族地区经济的发展，取得了显著的成效。但是，受自然、历史、人口分布等各方面因素的影响，与全国其他地区相比，民族地区的社会经济发展水平仍然比较低下（魏后凯等，2012）。为此，在《国民经济和社会发展第十三个五年规划纲要》中也明确提出，要“把加快少数民族和民族地区发展摆到更加突出的战略位置，加大财政投入和金融支持，改善基础设施条件，提高基本公共服务能力。支持民族地区发展优势产业和特色经济”。

长城经济带所处的北方地区历来是多民族杂居的地方。《中国统计年鉴（2013）》中的数据显示，2012年，长城经济带中共有3019.97万的少数民族人口，占全国少数民族人口总数的33.54%。长城经济带中的许多省份都分布着数量众多的少数民族。如青海省分布有藏族、回族、土族、撒拉族和蒙古族等少数民族，少数民族人口占自治地方总人口的比重高达65.07%；新疆维吾尔自治区内分布着维吾尔、哈萨克、回、蒙古、柯尔克孜、锡伯、塔吉克、乌兹别克、满、塔塔尔等少数民族，少数民族人口所占比重达62.05%；甘肃省内分布着回、藏、东乡、土、裕固、满、保安、蒙古、撒拉等少数民族，少数民族人口所占比重达58.99%。长城经济带的提出和建设能够有效地推动区域内少数民族的经济发展，提高少数民族人口的生活水平，实现各民族的共同繁荣。

二、可行性分析

（一）国家宏观战略层面

新中国成立后，随着社会经济的不断发展变化，我国的区域发展战略也经历了多次调整。1960—1978年的中西部三线建设时期，国家实施的是重点发展内地区域的区域均衡发展战略；1978—1990年，国家实施了优先发展东部地区的区域非均衡发展战略；1990—2000年，国家再次推进并加快了中西部地区对外开放的步伐，着力推行东中西联动发展的区域非均衡协调发展战略；2000年以来，中央政府继鼓励东部地区率先发展之后，又逐步推进了实施西部大开发（2000年）、振兴东北老工业基地（2003年）、促进中部地区崛起等重大战略决策（2006年），基本形成了四大板块协调发展的新格局（邢丽霞等，2012）。“十三五”以来，我国的区域发展战略可以概括为“一带一路”建设引领下的“4+4+4”战略（刘俊峰，2016）。第一个“4”是指东部、中部、西部、东北这四大地域板块，其发展战略是东部率先发展、中部崛起、西部大开发和东北振兴；第二个“4”是指国家将重点援助的四类区域，即革命老区、民族地区、边疆地区和贫困地区；第三个“4”是指国家尺度上的四类主体功能区，即承载人口和经济大规模集聚的城市化地区、保障粮食安全的农业主产区、建立生态安全屏障的生态功能区、自然和文化遗产保护地（樊杰，2016）。

在国家层面上，开展长城经济带的建设与国家的区域宏观发展战略是高度吻合的。首先，长城经济带与丝绸之路经济带在地域上相连，在文化上相通。长城经济带的提出和建设，能够为“一带一路”倡议的顺利实施提供有力的支撑。其次，长城经济带横跨东部、中部、西部、东北这四大地域板块。长城经济带的提出和建设，能够为区域之间的分工与协作提供重要的平台。再次，长城经济带也覆盖了国家将重点援助的革命老区、民族地区、边疆地区和贫困地区这四类区域。长城经济带的建设，无疑将促进上述地区社会经济的发展。最后，长城经济带也囊括了国家尺度上的四类主体功能区。如京津地区是全国主要的城市化地区；东北平原主产区、河套灌区主产区等是国家层次的农业主产区；北方防沙带、东北森林带是国家重点建设的生态安全屏障；北京、甘肃、新疆等地拥有丰富的自然和文化遗产。综上所述，长城经济带的提出和建设与我国未来的区域发展战略是高度吻合的，在国家战略层面是切实可行的。

（二）区域发展层面

在区域层面，长城经济带中涉及的地区也已经开展了许多区域协同发展的尝试，目前已经形成了许多的经济地域单元。

1. 东北地区

东北地区目前已经形成的经济带主要包括：（1）辽宁沿海经济带。辽宁沿海经济带以之前的“五点一线经济带”发展规划为核心，囊括了大连、营口、锦州、丹东、盘锦、葫芦岛等一系列的沿海城市。该经济带地处环渤海地区重要位置和东北亚经济圈关键地带，它的发展对于振兴东北老工业基地，完善我国沿海经济布局具有重要战略意义。（2）长吉图经济区。包括吉林省长春、吉林、延边、松原的部分地区。该经济区将构建以长春为中心，以长春、吉林为主体，以延龙图（延吉、龙井、图们）为对外开放前沿，以珲春为对外开放窗口，以交通走廊为轴线的空间开发格局。（3）沈阳经济区。沈阳经济区以沈阳为中心，辐射鞍山、抚顺、本溪、营口、阜新等城市，形成联系紧密的区域经济共同体。（4）哈大齐工业走廊。是指由黑龙江省的省会哈尔滨市经大庆市到齐齐哈尔市，规划建设用地总面积为837.1平方千米的新型工业经济园区。（5）东部经济带。2012年，在第四届东北东部（12+2）区域合作圆桌会议上，东北各省的大连市、丹东市、本溪市、吉林市、牡丹江市、佳木斯市等14座城市，将通过加强区域联合和对外开放，打造出东北地区一条新的经济增长带。

2. 京津冀地区

在国家的十三五规划中，京津冀协同发展已经上升到国家战略层次。京津冀地区未来将着力构建“一核双城三轴四区多节点”的空间发展格局。北京市将重点发展知识经济、绿色经济、服务经济，加快构建高精尖产业结构。天津市将优化发展先进制造业、战略性新兴产业和现代服务业，建设全国的先进制造研发基地和金融创新运营示范区。河北省则将积极承接北京市的非首都功能转移和京津科技成果转化，重点打造全国现代商贸物流重要基地、新型工业化基地和产业转型升级试验区。

3. 中原地区

早在1985年，中原地区的晋、冀、鲁、豫四个省的13个市就联合成立了中原经济区。2012年11月，国务院正式批复了《中原经济区规划》。中原经济区是以郑汴洛都市区为核心、中原城市群为支撑、涵盖河南全省延及周边地区的经济区域，地理位置重要、交通发达、市场潜力巨大、文化底蕴深厚，在全国改革发展大局中具有重要战略地位。中原经济区范围包括河南18个地级市，10个省直管县市及山东、河北、安徽、山西12个地级市和3个区和县，总面积约28.9万平方千米。

4. 西北地区

西北地区目前已经形成的经济带主要包括：（1）丝绸之路经济带。西北诸省是丝绸之路经济带的关键区域。随着丝绸之路经济带建设的日渐深入，西北诸省对于自身的定位也逐渐明确。陕西提出建设丝绸之路经济带的新起点，甘肃则提出“黄金段”，宁夏、青海都提出“战略支点”，而新疆则是要建设“核心区”。（2）关中—天水经济区。2009年，经国务院批复通过成立了关中—天水经济区，其范围包括陕西省的关中平原地区及甘肃省天水市，共六市一区（杨凌示范区）。经济区依托陇海铁路（欧亚大陆桥）和连霍高速公路，着力打造中国西部发达的城市群和产业集聚带。（3）兰州—西宁经济区。兰西经济区是指以兰州市、西宁市为中心，主要包括兰州市、西宁市、白银市、定西市、临夏州、海东市等地的经济地区（地带）。未来将着力建设国家循环经济发展示范区。（4）呼包银榆经济区。呼包银榆经济区于2012年正式获得国务院批复成立，将着力解决资源型城市的转型发展，以及综合能源基地建设等问题。其范围包括呼和浩特市、包头市、鄂尔多斯市、银川市、榆林市等13个地级市。（5）兰州—白银经济区。2012年，甘肃省印发了《兰州—白银经济区发展规划》。提出要着力建设兰州新区和白银工业集中区，打造区域合作平台，把兰白经济区建设成为带动全省跨越式发展的核心区、支撑西部地区加快发展的重要增长极。

综上，长城经济带中的各大区域板块已经开展了如火如荼的区域合作发展工作，这为长城经济带的建设和发展提供了坚实的区域合作与协调发展的基础。因此，从区域发展层面上看，长城经济带的提出和建设是可行的。

（三）发展轴的层面

长城经济带的核心要素是长城。长城是中国古代的军事防御工程，其修筑的历史可上溯到西周时期。1961年3月4日，长城被国务院公布为第一批全国重点文物保护单位。1987年12月，长城又成为中国第一批被联合国教科文组织批准列入《世界遗产名录》的世界文化遗产。在当代，长城的影响早已远远超出了军事领域，成为中华民族的骄傲与象征。在全世界，长城也有着巨大的影响力。中国的万里长城与埃及的金字塔、意大利的罗马竞技场、希腊的奥林匹亚宙斯神像等齐名，是这个世界上最伟大的人工建筑景观。拥有中古世界七大奇迹、世界十大文化遗产等多种荣誉。

无论在古代或现代，中国或世界，长城都具有崇高的地位。在整个世界范围内，它都是独一无二、无法复制和替代的。发展轴是经济带的核心要素，发展轴的层次也在很大程度上决定了经济带的层次。目前，中国最重要的经济带包括丝绸之路经济带、长江经济带和东部沿海经济带，其核心发展轴分别是丝绸之路、长江和东部海岸线。与这些发展轴相比，长城的独特性和地位毫不逊色。正是由于长城极强的独特性和极高的地位，使得长城经济带的发展具有先天的优势。因此，从发展轴的特点和优势上讲，长城经济带的提出和建设也是完全可行的。

（四）基础设施建设层面

线状基础设施能够实现物质、人口、信息等的交流，是经济带的重要组成部分。目前，长城经济带内已经建成了交通、通信、信息等基础设施网络，为经济带的发展奠定了坚实的基础。

以交通为例，目前长城经济带内已经建成了连接哈尔滨和大连的哈大高速铁路，连接河南、陕西、甘肃等省份的徐兰高铁，连接北京、天津的京津城际高速铁路，连接北京、河北省、辽宁省、吉林省、黑龙江省的京哈高铁，连接新疆、青海、甘肃的兰新高铁等。在将来，为了进一步推动“一带一路”倡议，我国还将加快构建横贯东西、纵贯南北、内畅外通的综合运输大通道，加强进出疆、出入藏通道建设，构建西北、西南、东北对外交通走廊（图3-23）。这些交通干道的建设，无疑将为长城经济带的建设和发展提供有力的支撑。

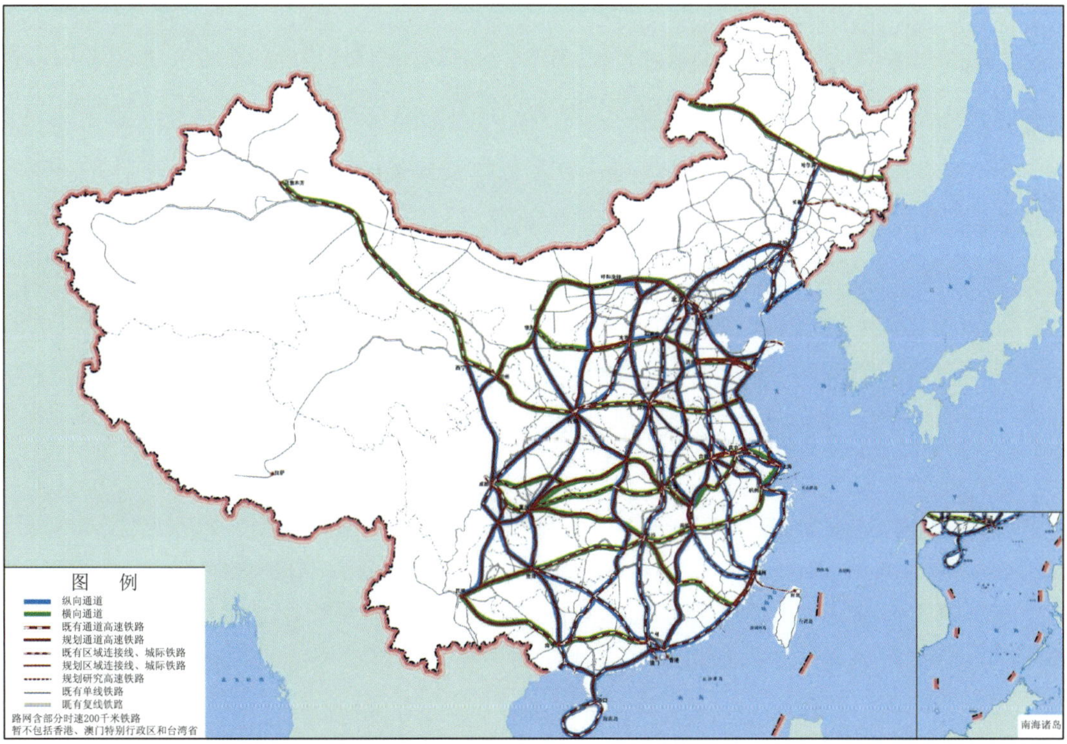

图3-23　中长期高速铁路网规划示意图（2030年）（新华社，2016）

另外，在十三五期间，国家还将统筹推进煤电油气等多种能源输送方式的发展，加快构建多能互补、外通内畅、安全可靠的现代能源储运网络。加强跨区域骨干能源输送网络建设，建成蒙西－华中北煤南运战略通道，优化建设电网主网架和跨区域输电通道。加快构建高速、移动、安全、泛在的新一代信息基础设施，推进信息网络技术广泛运用，形成万物互联、人机交互、天地一体的网络空间。这些基础设施的建设也将为长城经济带的发展提供保障。因此，在线性基础设施建设方面，长城经济带的建设也是可行的。

第四章　长城经济带的理论基础

长城经济带的理论来源主要包括三个方面。（1）区位理论。经济带得以形成的根本原因，仍然是发展轴具有较好的经济区位，从而能够在区域经济系统脱颖而出，获得更多的发展机会和空间。区位理论主要包括三个部分：农业区位论、工业区位论和中心地理论。农业区位论对农业经济带的形成与发展具有重要的指导意义；工业区位论则对工业经济带的产业布局有重要的影响；中心地理论则能够为经济带的城镇体系布局提供理论依据。（2）区域发展理论。在经济带的形成与发展过程当中，区域空间结构和区域产业结构都将发生很大的变化。如何确定区域发展过程中的重点区域和主导产业，如何进行区域空间结构/产业结构的布局和调整，如何使区域空间结构和区域产业结构能够相互协调，这些都需要区域发展理论的指导。具体而言，与经济带密切相关的区域发展理论包括增长极理论、生长轴理论、大都市带理论、点轴系统理论、中心—外围理论和梯度转移理论。（3）产业经济理论。经济带发展的核心是产业的发展。而各个产业的发展，必然需要产业经济理论的指导。与经济带发展密切相关的产业经济理论主要包括产业结构演化理论、产业分工理论和产业集群理论。

长城经济带的相关理论基础如图4-1所示。

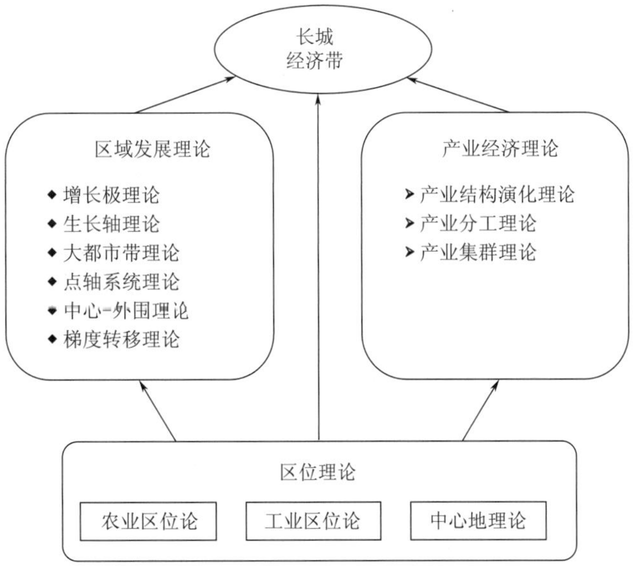

图4-1　长城经济带的相关理论基础

第一节 区位理论

一、农业区位论

19世纪初，普鲁士的农业制度改革导致了独立的农业企业家和自由农民的大量出现，进而形成了农业企业式经营。在此背景下，约翰·冯·杜能（Johan Heinrich von Thunen）于1826年出版了《孤立国同农业和国民经济之关系》，首次系统地阐述了农业区位理论的思想，试图解释企业型农业时代的农业生产方式问题（杜能，1986）。

为了更加明确地分析农业生产方式的地域配置原则，杜能对于其假定的孤立国设定了以下前提：

（1）在肥沃的平原中央只有一个城市；

（2）马车是农业生产中唯一的交通工具，不存在可用于航运的河流；

（3）平原的土质条件是一致的，任何地点都可以耕作且收成相同；

（4）距离城市80千米之外是荒野，并与其他地区隔绝；

（5）人工产品的供应只能依赖于中央城市；城市的食物供给则只来源于周围的平原；

（6）矿山和食盐坑都位于城市附近。

在此基础上，杜能给出了的地租收入的计算公式：

$$R=PQ-CQ-KtQ=(P-C-Kt)Q \tag{4-1}$$

式中，R为地租收入；P为农产品的市场价格；C为单位农产品的生产成本；Q为农产品的生产总量（等同于销售总量）；K为生产地距城市（市场）的距离；t为农产品的运费率。

根据该公式，即可计算每种作物的地租曲线。由于企业经营型农业的生产目的是追求地租收入的最大化，因而农场主必然会选择地租收入最大的农作物进行生产。通过一系列的计算，杜能得出了农业土地利用的杜能圈结构（图4-2）。

杜能所提出的农业区位论具有重要的意义。（1）农业地理学意义：揭示了即使在同样的自然条件下也能够产生农业的空间分异现象。这种空间分异来源于生产区位与消费区位之间的距离，由此带来各种农业生产方式在空间上呈现出同心圆的结构。（2）空间区位学意义：第一次从理论上系统地阐明了空间摩擦对人类经济活动的影响，其核心原理不仅可用来说明农业的土地利用方式，对于解释其他类型的土地利用问题同样有效，对后续区位学研究也有着重要的影响。（3）方法学意义。杜能在研究过程中采用了科学抽象法，并且首次将数学方法引入经济研究，对现代经济学的研究产生了重要影响（李小建，2006）。

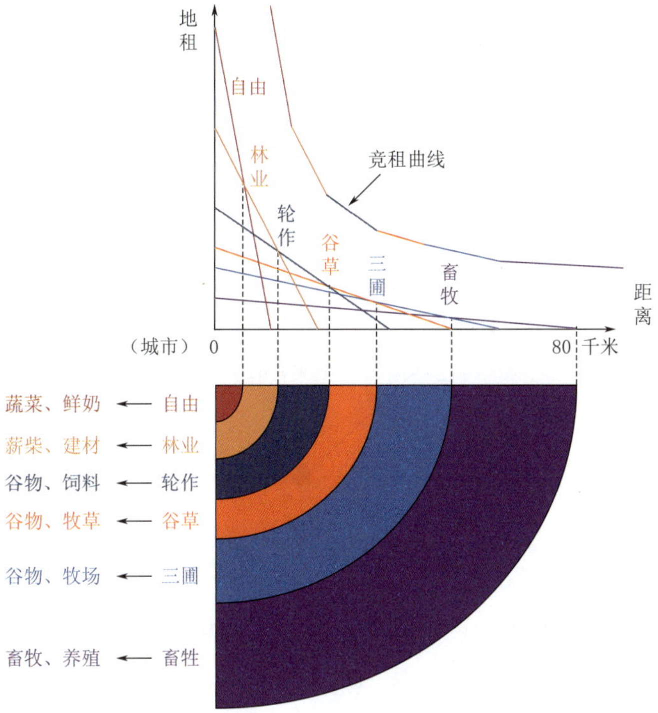

图4-2　杜能圈形成机制与圈层结构示意图

二、工业区位论

在德国产业革命之后，近代工业有了较快发展，对人口、产业、城市的分布产生了巨大的影响。阿尔弗雷德·韦伯（Alfred Weber）是德国经济学家，在1909年，他出版了《工业区位论》一书，从而创立了工业区位理论（韦伯，1997）。

与杜能的农业区位论一样，韦伯的工业区位理论也是建立一些基本假定条件之上：（1）已知原材料供应地的地理分布；（2）已知工业产品的消费地与规模；（3）已知劳动力的分布地点，劳动力不能移动。各地的劳动力成本是固定不变的，而且供给数量也是无限的。

在上述假定条件之下，韦伯提出了其理论的核心观点。

（1）运费指向论。假定区域间不存在运费以外的成本差异，仅由运费影响工业的区位选择，形成工业分布的基本空间格局。在生产过程不可分割、消费地和局地原料产地都只有一个的前提下，将产生最小运费为目标的区位指向。其区位选择可以通过区位三角形计算得出（图4-3）。

（2）运费指向基础上的劳动力成本指向论。将劳动力成本作为考察的对象，分析其对由运费所决定的基本工业区位格局的影响，即考察运费与劳动力成本合计为最小时的区位。它使运费指向所决定的基本工业区位格局发生第一次偏移。而只有在节约的劳动力成本大于由此增加的运费时，工业区位才会由运费指向转为劳动力成本指向（图4-4）。

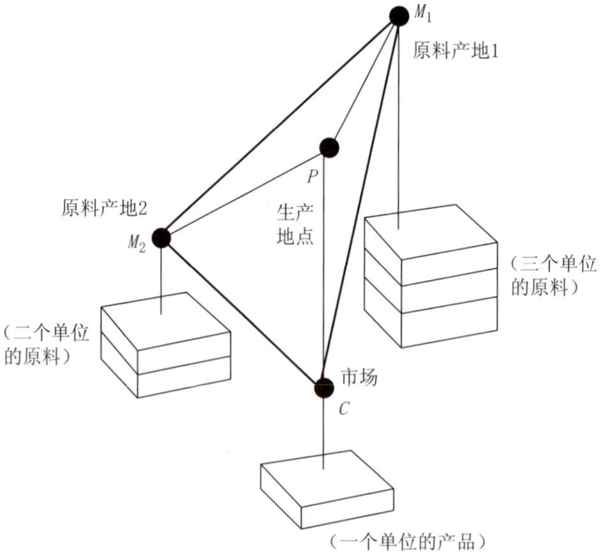

图4-3　基于范力农构架（Varignon Frame）的区位三角形

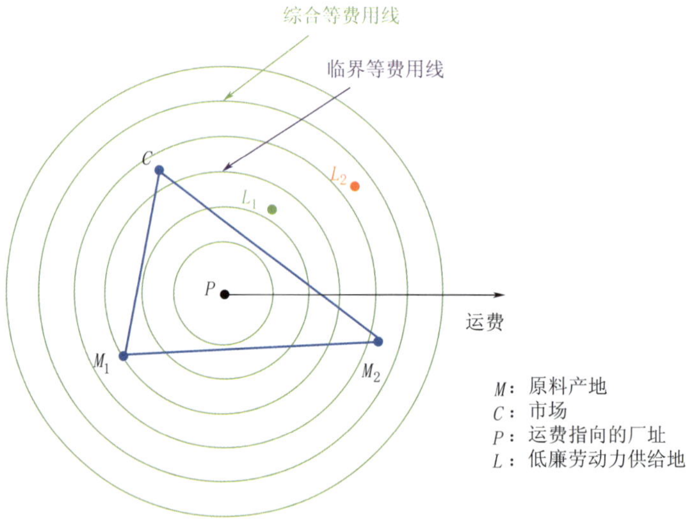

图4-4　劳动力成本最低区位的图解

（3）运费指向和劳动力指向基础上的集聚指向论（图4-5）。将集聚与分散因子作为考察对象，考察集聚与分散因子对由运费指向与劳动力指向所决定的工业区位格局的影响，使得运费指向与劳动力指向所决定的基本工业区位格局再次偏移。只有当集聚节约额大于因运费指向（或劳动力成本指向）带来的生产费用节约额时，才会产生集聚。

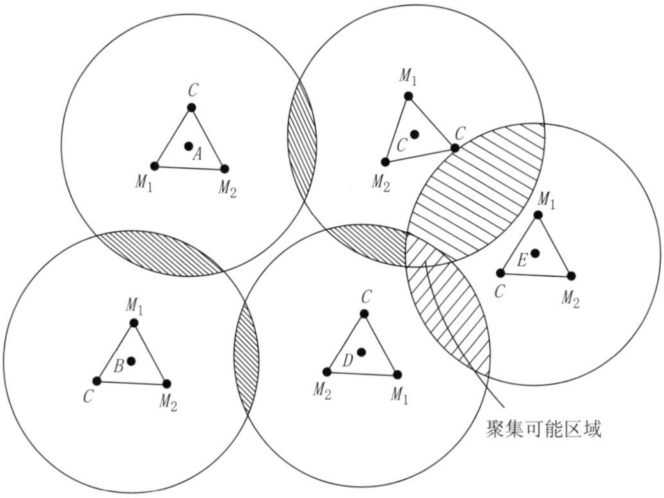

图4-5　集聚指向的图解

韦伯首次将抽象和演绎的方法运用于工业区位研究中，建立了完善的工业区位理论体系。他所提出的最小费用区位原则对后世学者的影响至深，许多理论仅仅是在他基础上的修补而已。同时，韦伯的理论并不仅限于在工业布局方面的应用，对其他产业布局也具有指导意义。其中，韦伯的指向理论已经超越了原本的工业区位范畴，而发展成为经济区位布局的一般理论。

三、中心地理论

进入20世纪，资本主义经济的高度发展，使得城市逐渐在社会经济中占据了主导地位，成为工业、商业和服务业的集聚点。因此，学者们对城市研究的关注也越来越多，关于城市的社会和经济行为，城市的形态、空间分布和规模等级等相关研究不断涌现。1932年，德国地理学家克里斯塔勒在其重要著作《德国南部的中心地原理》中正式提出了中心地理论（克里斯塔勒，2010）。

克里斯塔勒认为，中心地的空间分布形态主要受市场因素、交通因素和行政因素等三个要素的影响和制约，进而形成不同的中心地系统空间模型。据此，中心地理论的主要内容包括市场、交通和行政三大原则。

（1）市场原则。市场原则是中心地系统模型建立的基础。在一些前提条件下，克里斯塔勒通过严格的数学推导，得出了市场原则下的中心地系统（图4-6）。

市场原则下的中心地系统具有以下特点：（1）中心地具有等级性，且各个级别的中心地与其中心职能相对应；（2）一般而言，三个中心地所构成的三角形的重心是下一级中心地布局的区位点；（3）各等级中心地的市场区域面积和数量关系呈几何级数变化。如对于各个等级的中心地，其市场区域面积的比例关系为：1∶3∶9∶27∶81∶…

（2）交通原则。交通原则考虑了交通线对中心地系统的影响。如果在同一级别的

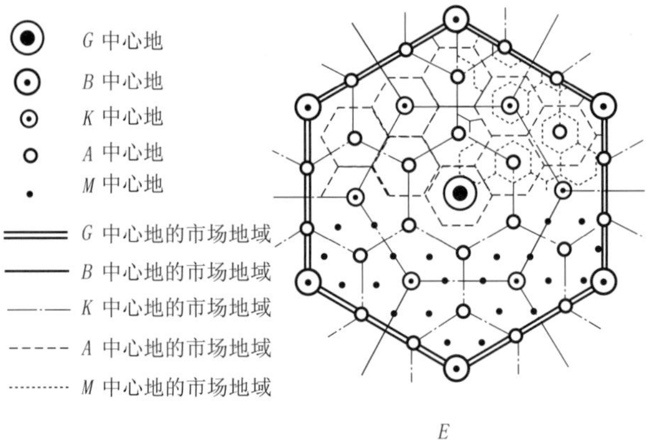

图4-6　市场原则下的中心地系统

中心地之间建一条交通线，那么在这条交通线上就会布局了比它等级低的所有中心地。图4-7展示了交通原则下的中心地系统。

（3）行政原则。行政原则考虑了行政管理因素对中心地系统的影响。在进行中心地区域划分时，尽量不把低级中心地区域分割开，而使它完整地从属于一个高级中心地区域。图4-8展示了行政原则下的中心地系统。

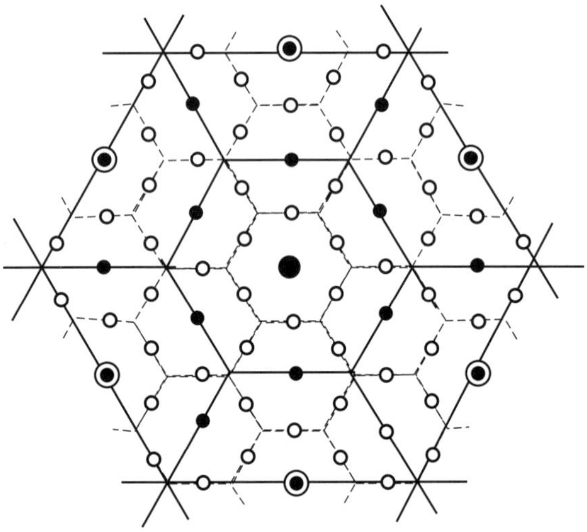

图4-7　交通原则下的中心地系统

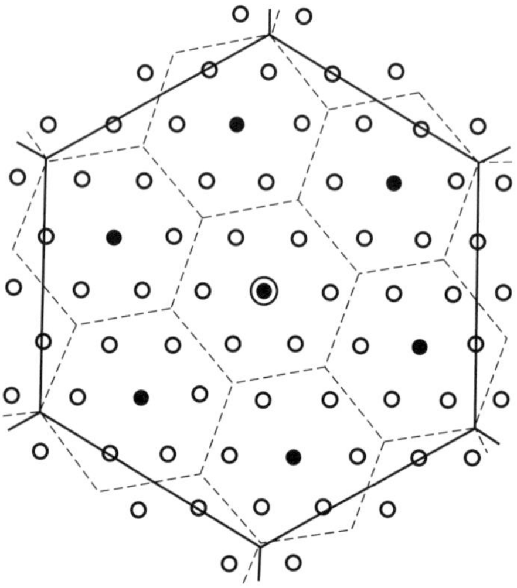

图4-8　行政原则下的中心地系统

中心地理论直接推动了地理学由传统的区域描述逐渐走向了对空间规律和法则的探讨，是现代地理学发展的基础。中心地理论也是城市地理学和商业地理学的理论基础。它对于后面的城市等级划分、城市社会和经济空间模型、城市与腹地的相互作用、城市的区位、职能和规模、零售业和服务业区位论等方面的研究有重要影响。同时，中心地理论是区域经济学研究的理论基础，它对区域结构、区域规划等研究也有着重要的影响。

第二节　区域经济发展理论

一、增长极理论

1950年，法国经济学家弗朗索瓦·佩鲁（François Perroux）在《经济空间:理论与应用》一文中首次提出了增长极的概念（Perroux，1950），并在1955年所著的《略论增长极概念》一书中，进一步完善了增长极理论的框架体系。他认为，增长并非同时出现在所有地方，而是以不同的强度首先出现在一些增长点或增长极上，然后通过不同的渠道和方式向外扩散，进而对整个经济产生不同的终极影响（李仁贵，2006）。他甚至断言，一旦增长极概念被人们所接受，那么国民经济史及其发展理论必须彻底重新考虑。增长极的概念提出后，受到了学术界的广泛关注。布代维尔、缪尔达尔、赫希曼、弗里德曼等人对这一概念进行了修正和完善，并最终形成了区域增长极理论（图4-9）。

对于增长极的概念，佩鲁认为，创新总倾向于集中在一些特殊的企业，即领头产业。它们的增长速度高于其他产业，也高于国民生产总值的增长速度，是经济发展的主要动力。佩鲁将这些领头产业称之为增长诱导单元（growth-inducing unit）。这种经济单元可以创造自己的决策和运行空间，建立具有推进效应的中心。当它们增加其产出时，能够带动其他产业的产出也出现增长。这种活动单元就是增长极。后来的学者又对增长极的概念进行了扩展，将产业集群、城市中心，或其他地理单元等纳入增长极的范畴中。

增长极的主要运行机制包括支配效应、乘数效应、极化与扩散效应等。增长极正是通过这些机制来组织和协调各种区域经济活动。（1）支配效应。支配效应是指一个单位对另一个单位施加的不可逆转或部分不可逆转的影响。一般来说，增长极中的推动性单位大都能通过与其他经济单位间的商品供求关系，或者生产要素的流动对这些经济单位产生支配影响。简单地讲，就是周边区域的经济活动会随着增长极经济活动的变化而变化。（2）乘数效应。乘数效应是指，增长极的影响力量会带动其他相关产业的发展，从而在就业、生产和经济效益等方面表现出更大的增长。在带动过程中，受循环积累因果机制的影响（赫希曼，1991），增长极对周围地区经济增长的带动作用会不断地得到强化和放大，其影响的范围和程度也随之增大。（3）极化效应。极化效应是指迅速增长的推动性产业不断吸引和拉动其他经济活动和要素向自身聚集，从而加快增长极自身的成长。极化效应强化了增长极在资源、技术、劳动力、资金等方面的优势，加剧了区域经济的不平衡状态。（4）扩散效应。扩散效应是指增长极在一系列联动机制的作用下，不断地向周围地区输出生产要素和经济活动，从而推动周围地区的经济发展。扩散效应有助于周围不发达地区逐步缩小自身与发达地区的差距，从而实现区域经济的均衡发展。

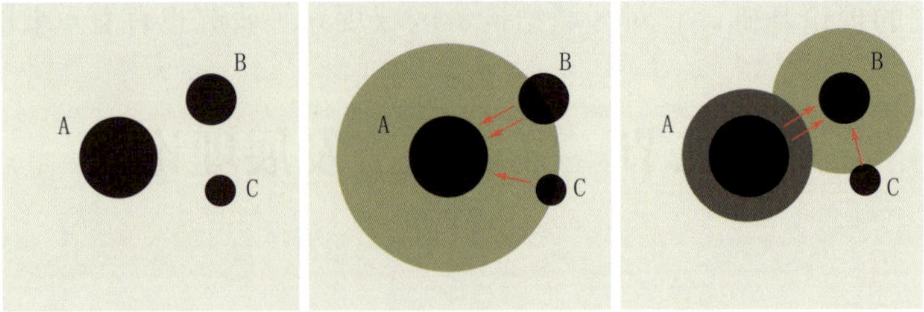

图4-9 增长极理论示意图（吴琪，2014）

增长极理论在20世纪60年代有了长足的发展。因此急于改变这种状况的发达国家以及一些发展中国家纷纷将这一理论付诸实践。增长极理论被用于解决各种不同的区域发展与规划问题，尤其是被应用于各种落后地区和各个等级的城市体系中（李仁贵，2006）。但是，到了70年代末，由于很多案例的应用效果未达到预期，增长极理论受到了冷落。自80年代末以来，随着产业集群理论、新经济地理学理论的诞生和发展，增长极理论又逐渐受到了关注。在我国广为应用的点轴模式、发展轴（带）模式中明显可以看到增长极理论的痕迹。

二、生长轴理论

20世纪60年代初，德国学者沃纳·松巴特（Werner Sombart）等人将交通运输和区域经济发展联系起来，提出了生长轴理论（growth axis theory）。该理论认为，铁路、公路等重要交通干线的建设能够有效地联结中心城市，降低运输费用，形成新的有利区位，进而对区域经济的发展产生十分明显的作用与影响。

该理论指出，在区域经济的发展过程中，新交通干线的建设改变了沿线的交通条件，形成了新的区位优势。这样的区位优势将对周边的产业和劳动力产生吸引力，促使产业和人口向交通干线集聚，从而逐渐形成新的工业区和居民点。同时，在各条交通线路的相交点将会产生交通枢纽，这些交通枢纽随着人口的不断发展，将逐渐形成城镇。随着新的产业带和城镇的形成，交通沿线的投资环境也将不断提升，又将吸引新的资金、人口和产业，最终形成一条以交通干线为发展轴的繁荣经济带。另外，法国经济学家佩鲁认为，发展轴是多个发展极的有机结合。发展轴的出现和扩张受益于自然和非自然的交通通信系统轴的作用。交通运输在现有的发展极之间建立了联系，在一定的条件下，交通轴线就具备了发展轴的功能（谢景武，2004）。

三、大都市带理论

1957年，法国学者戈特曼（Jean Gottmann）通过对美国东部沿海地带的考察，正式提出了大都市带（megalopolis）的概念（Gottmann，1957）。在考察中，戈特曼发现，在美国的东部沿海地带，北起波士顿，南至华盛顿，沿线汇聚了纽约、费城、华盛顿、巴尔的摩、普罗维登斯、哈特福德、纽尔文等众多的大城市。这些大城市成长迅速，相互之间的联系非常紧密，产业集聚也达到了巨大的规模。因此，他认为这样的空间地理单元具有自身的特殊性，因而给它起了一个新名字，称为大都市带（大城市连绵区）。

戈特曼运用了两个指标来界定大都市带（megalopolis）这一概念：总人口规模和人口分布密度。戈特曼认为，首先，大都市带的总人口规模不应低于2500万人；其次，大都市带的人口密度不应低于250人/平方千米，核心区的人口密度应该更高（Gottmann，1961）。此外，戈特曼还指出，大都市带还应具有高度稠密的城镇基础设施，以及高效率的网络流通体系。随着城市化的进程不断加快，城市将会沿着主要交通干道不断延伸。随着城市交通体系越来越发达，大城市本身就会不断演化为一个巨大的社会经济组合体。大城市周边的城市群体则将形成一个连续性很强的，以内部作用为主的多中心云状结构（杨凤等，2007）。

大都市带既是科技发展、规模经济以及产业集聚和扩散的结果，也是交通运输、信息传输等基础设施高度发达的产物。大都市带是国家经济的核心和精华所在，对国家的经济和社会生活有着重大影响，是城市化的更高阶段。戈特曼认为，这种大都市带以后将在世界各地陆续出现，进而重塑全球经济地理的新格局。事实上，目前全球已经出现了许多类似的都市带，如日本东海道太平洋沿岸大都市带、欧洲西北部大都市带、美国五大湖沿岸大都市带，以及中国长江三角洲大都市带等。

四、点轴系统理论

1984年，陆大道研究员以克里斯塔勒的中心地理论、赫格斯特兰的空间扩散理论、佩鲁的增长极理论为基础，通过对宏观区域发展战略的深入研究，提出了点—轴渐进式扩散理论（陆大道，2002）。

（1）基本概念。点—轴理论中的“点”是指各级中心地，亦即各级中心城镇。它们是各级区域的集聚点，也是带动各级区域发展的增长极。“轴”是指在一定的方向上，通过连接若干个不同级别的中心城镇而形成的人口和产业密集带。由于轴线及其周边地区具有较强的经济实力和较大的开发潜力，因此又可将其称为开发轴线或发展轴线。这种发展轴线一般是指交通干线、能源输送线、水源线及通信干线等重要的线状基础设施沿线地带（图4 10）。

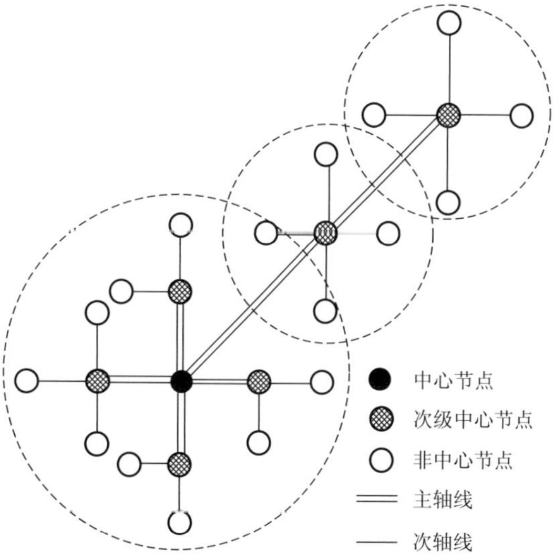

图4-10　点轴系统空间结构示意图（郝雪等，2011）

（2）空间结构。在点—轴理论中，各经济客体大都在点上集聚，并通过线状基础设施来形成的一个有机空间结构体系。点轴理论是一种非均衡区域开发理论，它强调的是社会经济要素在空间上的组织形态，以及由“点”到“点—轴”，再到“点—轴—集聚区”这样一个空间扩散模式。

（3）形成过程。根据该理论，点—轴空间结构的形成主要包括四个阶段。第一阶段：在生产力水平低下、社会经济发展极端缓慢的阶段，生产力是均匀分布的（图4-11a）。第二阶段：在工业化初期阶段，随着矿产资源的开发和商品经济的发展，出现了一些工矿居民点或城镇。为了适应社会经济联系的需要，在这些工矿居民点或城镇之间建设了交通线（图4-11b）。第三阶段：在集聚效应的作用下，资源、劳动力、资金等生产要素继续向*A*，*B*两点集中；同时，在这两个点之间建立了更多的基础设施，使之变成了由交通线、能源供应线和电信线等组成的线状基础设施束，形成了发展轴线。在发展轴线附近，开始出现*C*，*D*，*E*，*F*，*G*等新的集聚点（图4-11c）。第四阶段：随着区域经济的进一步发展，*A*，*B*点形成更大程度的集聚；大量的人口和经济单元往发展轴线集中，进而成为一个大的密集产业带。同时，*C*，*D*，*E*，*F*，*G*，*M*，*N*则成为新的集聚中心，并带动了二级发展轴线的出现。如此发展下去，随着生产力地域组织的进一步完善，点轴空间结构系统也逐步形成（图4-11d）。

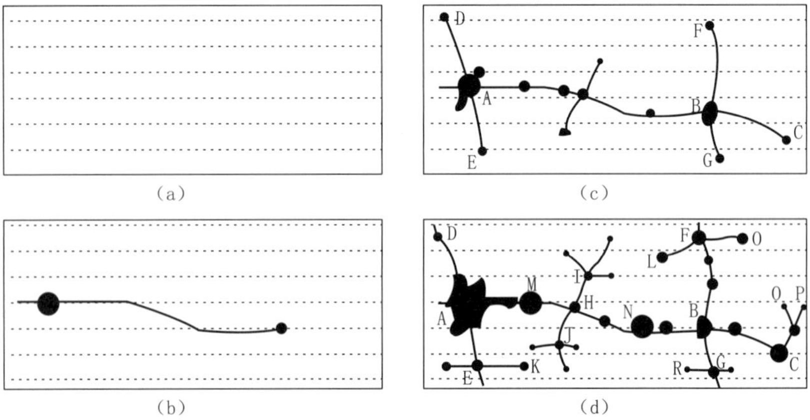

图4-11　“点—轴空间结构”系统的形成过程模式（陆大道，1995）

五、中心—外围理论

在20世纪60—70年代，不少学者都使用了“中心”和“外围”这两个概念来分析世界上发达国家与不发达国家的经济贸易格局，并提出了许多解决它们之间不平等关系的政策设想。1966年，美国学者弗里德曼（J.R.Friedman）将这两个概念引入区域经济的研究当中，并为其融入了明确的空间关系概念，从而形成了用于解释区域之间经济发展关系和空间模式的中心—外围理论（Friedmann，1966）。

弗里德曼认为，在资源禀赋、市场、区位等多种因素的影响下，总是会有个别区域会在众多区域之中脱颖而出，率先发展起来，从而成为“中心”区域。而其他的区域则会因为发展较为缓慢而成为“外围”区域。“中心”区域与“外围”区域之间存在着不平等的发展关系。从总体上看，“中心”区域居于统治地位，而“外围”区域则在发展上依赖于“中心”区域。这种关系产生的原因主要包括：（1）经济地位的差异。中心区域与外围区域之间的贸易是不平等的，中心区域掌握着经济关系的主动权和话语权。（2）技术优势。中心区域往往集中了各产业的高新技术和创新，可以通过技术优势从外围区域获取高额的利润。（3）政策优势。中心区域可以通过经济优势和技术优势，推行有利于中心区域的经济和贸易政策，使得外围区域的资金、资源、劳动力等生产要素继续向中心区域流动，从而强化自身的优势。因此，在中心区域与外围区域之间的不平等发展格局之下，外围区域的自发性发展过程往往是困难重重。

通过进一步的研究，弗里德曼认为，主导效应、信息效应、心理效应、现代化效应、连接效应和生产效应这六大自我强化和反馈效应也支持了中心区域的成长（李小建，2006）。（1）主导效应。主导效应就是指中心区域的发展带来了强大的吸引力，进而使得外围区域的自然、人文和资本资源向中心区域的转移。（2）信息效应。是指中心区域在更完善的交通、通信等基础设施的帮助之下，内部联系更为密切，社会分工与合作更为广泛和深入，信息优势愈加明显。（3）心理效应。心理效应是指在中心区域中，创新的氛围更为浓厚，一个创新的成功将对更多后续的创新产生刺激作用。（4）现代化效应。现代化效应是指在中心区域，为了适应创新而产生的社会价值观念和行为方式的转变。这种转变对于经济的发展也是一种潜在的助力。（5）连接效应。连接效应是指在创新过程中，常常会出现的由一个创新而引发后续若干个新的创新的现象。（6）生产效应。生产效应是指为创新而提供有吸引力的结构支持，包括经济规模的增长和专业化的发展。在这些自我强化效应的作用下，中心区域不断地成长，而外围的发展将处于不利地位。最终呈现出“强者越强”的马太效应。

六、梯度转移理论

梯度推移理论最早来源于美国学者弗农·拉坦（Vernon Ruttan）等人创立的工业生产生命周期阶段论（Ruttan，1966）。

拉坦的理论认为，各种工业部门和工业产品和生物一样，在发展过程中必须经历产生期、成长期、成熟期和衰退期四个阶段。无论在世界范围内，还是在一国范围内，经济技术的发展在空间上的分布都是非均衡的，这客观上已经形成了一种经济技术梯度。在生产力发展过程中的空间推移，往往是从高梯度区向低梯度区推移。如果一个区域的主导产业处于产生期、成长期，经济增长迅速，发展前景广阔，那么该区域就将成为高梯度区。与之相反，处于成熟期或衰退期的产业部门，则更适合布局在技术、资金和劳动力素质较为有限的欠发达区域，从而成为低梯度地区。随着各种技术创新活动而诞生的新产业、新技术、新方法、新理念等多是发源于高梯度地区，其后会随着社会经济的不断发展，逐渐由高梯度地区向低梯度地区转移（图4-12）。

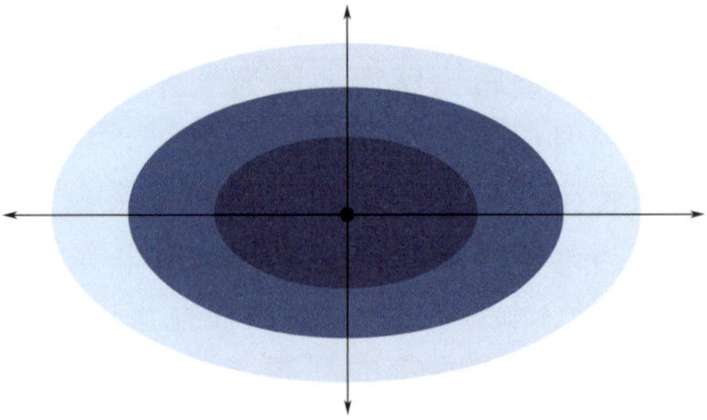

图4-12　梯度转移示意图

拉担认为，梯度转移的出现需要两个前提条件：（1）各区域之间存在经济与技术发展的区域梯度差异。事实上，由于资源禀赋、区位条件、环境状况等的区域分异，区域之间总是存在着不同程度的经济、技术发展水平的梯度差异。（2）区域之间存在产业和技术由高梯度区向低梯度区转移的趋势。一般而言，当高梯度区域的产业发展到成熟期或衰退期时，相关技术也已经变得成熟和稳定，易于掌握，产品生产也已经进入了标准化生产阶段。产业类型也已经由技术密集型逐步变为了劳动密集型，单位利润逐渐降低。因此，这类产业逐渐难以在地租高昂、竞争激烈的高梯度区生存。当它们受到了低梯度区域低地价、低工资水平、低原材料价格和税收优惠的吸引时，便会很自然地向低梯度地区进行转移（刘碧，2010）。

在实践方面，早在“七五”时期，我国就实行了梯度开发战略。在梯度转移理论的引导下，中国被划分为东部、中部、西部三大经济地带。在开发次序上，主要遵循了东—中—西的顺序进行开发建设，即让东部先行发展；随后再根据梯度转移理论，逐步带动中、西部的发展。在这样的开发思路下，我国的东部地区固然得到了发展；但是，迟迟未出现大规模的产业梯度转移，使我国的区域经济差异问题日益凸显（胡宇辰，2007）。

第三节　产业经济理论

一、产业结构演化理论

随着区域经济的发展，区域产业结构也处于不断的变化之中。目前已经提出了许多的理论，试图解释区域产业结构变化的方向、方式和途径。下面将简要介绍几种较有影响的理论。

（一）配第—克拉克定理

1940年，克拉克（Colin Clark）基于威廉·配第（William Petty）的研究，通过对40多个国家和地区不同时期三次产业的劳动投入产出资料的整理和归纳，首次提出了配第—克拉克定理（Clark，1940）。

该理论认为，由于农业的生产周期较长，农业生产技术的进步也比工业要困难得多，导致劳动力的收入增长也较为缓慢。因此，当社会经济发展到一定程度时，对农业的投资就会出现报酬递减的情况。但是，工业和服务业的技术进步要比农业迅速得多，对它们的投资常常处于报酬递增的情况，因而劳动力的收入水平也更高。因此，随着社会经济的发展，劳动力将逐步从第一产业向第二产业转移；当人均国民收入水平进一步提高时，劳动力就会向第三产业转移。这样，劳动力在产业之间的分布状况就会变为：第一产业的劳动力减少，第二和第三产业的劳动力将逐步增加（李小建，2006）。

出现上述现象的根本原因在于，在经济发展的过程中，各产业之间总会出现收入差异。在市场机制的作用下，劳动力总是会流向高收入的产业。当一个区域的人均国民收入水平越高，那么其农业劳动力在全部劳动力中所占的比重就越小，而第二产业和第三产业的劳动力比重就越大。事实上，许多区域的统计数据也证实了这一趋势（图4-13）。

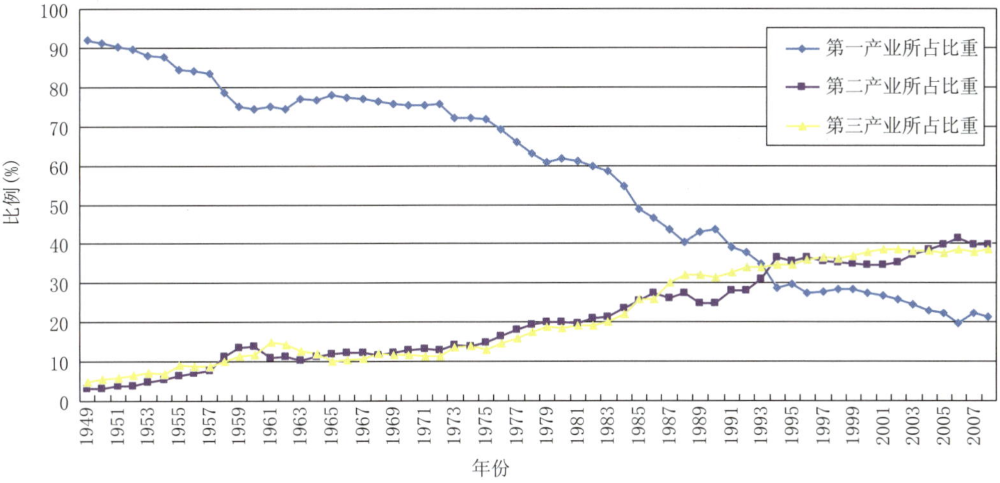

图4-13　湛江市历年产业结构变化态势（1949—2008年）

（二）工业化阶段理论

美国经济学家霍利斯·钱纳里（Hollis B. Chenery）利用二战后部分发展中国家在1960—1980年的历史资料，建立了多国模型，提出了工业化阶段理论。他根据人均国内生产总值这一指标，将不发达经济到成熟工业经济的整个变化过程划分为三个阶段六个时期（表4-1）（钱纳里，1989）。产业结构的转化推动着低阶发展阶段向更高阶发展阶段的跃进。

第一个阶段是指初级产品生产阶段。在这一阶段，其产业以初级产业为主。所谓初级产业，是指在经济发展初期对经济发展起主要作用的制造业部门。如食品、纺织、皮革等初级制造业。初级产品生产阶段又可划分为两个时期。

时期一：不发达经济时期。在这段时期，其产业结构以农业为主，没有或极少有现代工业，生产力的水平很低。

时期二：工业化初期。在这段时期，产业结构逐渐由以农业为主的传统结构逐步向以现代工业为主的工业化结构转变。其工业主要包括食品、纺织、采掘、烟草等初级产品的生产为主，劳动密集型的产业特征非常明显。

第二个阶段是指工业化阶段。在这一阶段，其产业以中期产业为主。中期产业是指在经济发展中期对经济发展起主要作用的制造业部门。包括橡胶制品、石油、化工、木材加工、煤炭等部门。工业化阶段也被划分为两个时期。

时期三：工业化中期。在这段时期，制造业内部由轻型工业逐渐转向重型工业，非农业劳动力开始占主体地位，第三产业开始迅速发展。重化工业的大规模发展是支持区域经济高速增长的关键因素，因而本时期也被称之为的重化工业阶段，资本密集型的产业特征比较明显。

时期四：工业化后期。在这段时期，在农业、工业协调发展的同时，第三产业开始由平稳增长转入持续高速增长，并成为区域经济增长的主要力量。这一时期快速发展的产业主要是金融、广告、信息、咨询服务等新兴服务业。

第三个阶段是指发达经济阶段。在这一阶段，其产业以后期产业为主。后期产业是指在经济发展后期起主要作用的制造业部门。主要包括服装、日用品、印刷出版、金属制品和机械制造等。发达经济阶段也被划分为两个时期。

时期五：后工业化时期。在这段时期，制造业的内部产业结构逐渐由资本密集型产业向技术密集型产业转换。同时，高档耐用消费品被推广普及。

时期六：现代化时期。在这段时期，第三产业开始分化，知识密集型产业逐渐从服务业中分离出来，并占据了主导地位。人们的消费选择表现出多样化和个性化的趋势。

表4-1　钱纳里的工业化划分阶段标准（张美云，2012）

时期	人均国内生产总值变动范围				发展阶段
	1964年（美元）	1970年（美元）	1982年（美元）	1996年（美元）	
1	100～200	140～280	364～728	620～1240	初级产品生产阶段
2	200～400	280～560	728～1456	1240～2480	工业化阶段
3	400～800	560～1120	1456～2912	2480～4960	
4	800～1500	1120～2100	2912～5460	4960～9300	

续表

时期	人均国内生产总值变动范围				发展阶段
	1964年（美元）	1970年（美元）	1982年（美元）	1996年（美元）	
5	1500～2400	2100～3360	5460～8736	9300～14880	发达经济阶段
6	2400～3600	3360～5040	8736～13104	14880～22320	

（三）产业生命周期理论

1966年，雷蒙德·弗农（Raymond Vernon）提出了产品生命周期（product life cycle）（Vernon，1966）。在此基础之上，1982年，Gort和Klepper通过对46个产品的长时间序列数据进行了分析，建立了产业经济学意义上的第一个产业生命周期模型（Gort et al.，1982）。产业生命周期理论认为，产业生命周期是指从产业的出现到完全退出社会经济活动所经历的时间，它是每个产业都必然会经历的一个由成长到衰退的演变过程，一般可分为初创阶段、成长阶段、成熟阶段和衰退阶段四个阶段（表4-2）。

（1）初创阶段。在这一阶段，新产业刚刚诞生，只有为数不多的创业公司存在，企业进入壁垒较低。初创阶段行业的产品研究开发费用较高，而产品市场需求狭小，销售收入也较低。因此，这些创业公司可能不但没有盈利，反而普遍亏损；创业公司面临很大的投资风险。这一时期的产业又被称为先导产业或朝阳产业。

（2）成长阶段。在这一阶段，新产业的产品经过广泛宣传和消费者的试用，逐渐赢得了大众的欢迎或喜好，市场增长率很高，需求高速增长，技术渐趋定型。由于市场前景良好，投资于新产业的厂商也大量增加，企业的进入壁垒提高。一些拥有一定市场营销和财务力量的企业开始逐渐主导市场。这一时期的产业又被称为主导产业。

（3）成熟阶段。在这一时期里，由于技术已经成熟，行业特点、行业竞争状况及用户特点非常清楚和稳定，市场和需求的增长率陷于停滞，从而导致行业盈利能力下降，其利润主要依靠产品的销售数量。在竞争中生存下来的少数大厂商垄断了整个行业的市场，每个厂商都占有一定比例的市场份额，行业的进入壁垒很高。这一时期的产业又被称为支柱产业。

（4）衰退阶段。在这一时期里，由于新产品和大量替代品的出现，原产业的市场需求开始逐渐减少，产品的销售量也开始下降，某些厂商开始向其他更有利可图的产业转移资金。当正常利润无法维持或现有投资折旧完毕后，整个产业便逐渐解体了。这一时期的产业又被称为夕阳产业或衰退产业。

从区域发展的角度而言，可以根据产业生命周期理论，掌握各类产业的发展规律，并针对每个阶段的特征进行产业规划，才能做出正确的产业战略和区域战略，推动区域经济的发展。

表4-2 基于产业生命周期理论的区域发展模式

项目	先导产业	主导产业	支柱产业	夕阳产业
规模	小	较大	大	由大到小
速度	不一定快于GDP	明显快于GDP	初期略快于GDP，后期略慢于GDP	明显慢于GDP
效益	不一定好	较好→很好	很好→一般	差
当前地位	低	较高	高	由高到低
未来影响	逐渐增大	越来越大	大而稳，后期开始减小	逐渐减小
政策取向	政府大力扶持；制定优惠政策；给予资金扶持	依靠社会力量建设；政府的作用主要是引导、服务，发展配套产业和相关产业	自我积累、自我发展。政府的作用是适当提供技术援助，及时更新换代以延长黄金时间	鼓励转移；适当促退，但要解决好有关的社会问题，如失业后的再就业安排、最低生活保障等

（四）雁行形态说

20世纪30年代，日本经济学家赤松要提出了雁行形态理论（wild-Geese-flying pattern）（Korhonen，1994）。他指出，在产业发展过程中，在后进国家赶超先进国家时，产业结构的变化呈现出“进口—国内生产—出口” 的相继交替循环发展模式，这样的变化过程在图形上很像三只大雁在飞翔，故称之为“雁行形态说”（图4-14）。第二次世界大战后，东亚经历了一个经济的持续高速增长期，于是世界各国的学者纷纷用雁行形态理论来解读日本等国的工业成长模式。

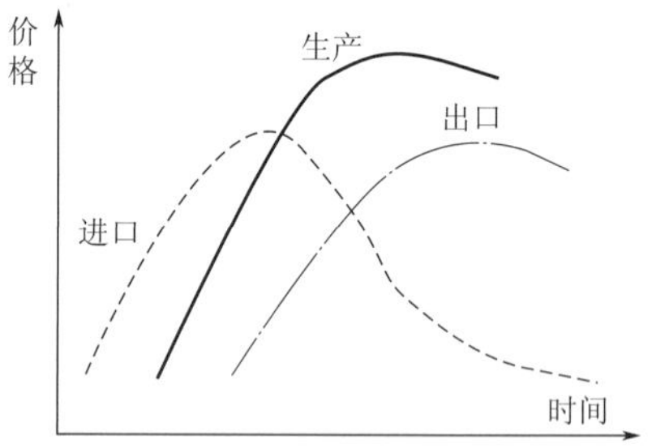

图4-14 雁行形态理论的基本形态（车维汉，2004）

雁行形态理论提出了后进国家参与国际分工，改变和提升产业结构的三个阶段（三只雁）。（1）第一阶段（第一只雁）是国外产品大量进口所引起的进口浪潮。发达国家率先进行某项产品技术的研发生产，而后发工业国只能依赖进口，此时，国内市场主要由进口商品所占据。（2）第二阶段（第二只雁）是进口刺激国内市场而引发的国内生产浪潮。通过引进技术，后发工业国逐步具备了生产条件，开始自己生产商品，实现进口替代。（3）第三阶段（第三只雁）是国内生产发展所引起的出口浪潮。通过对引进技术的消化、吸收和创新，后发工业国形成了规模经济，增强了本国产品的竞争优势，得以出口国外，从而形成以该产品为主导的出口结构和生产结构（董洁等，2009）。

除了上述基本形态之外，赤松还提出了两个引申形态。引申形态A用于表述在“进口—生产—出口”的基础上，产业结构的循环上升和高度化的态势（图4-15）；引申形态B则用于表述该模式在国与国之间逐个传导的态势，即生产的国际传导（图4-16）。

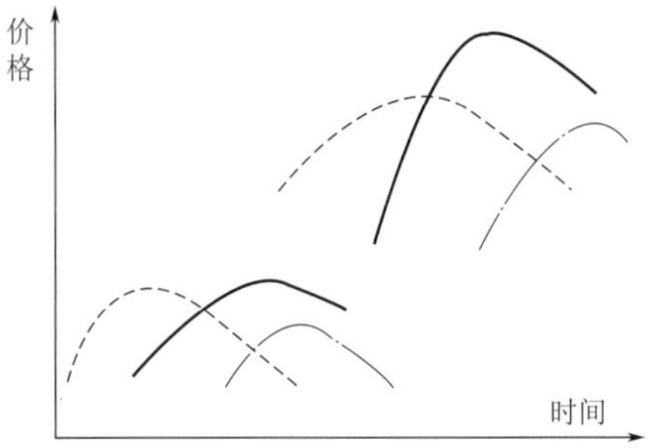

图4-15　雁行形态理论的引申形态A
（车维汉，2004）

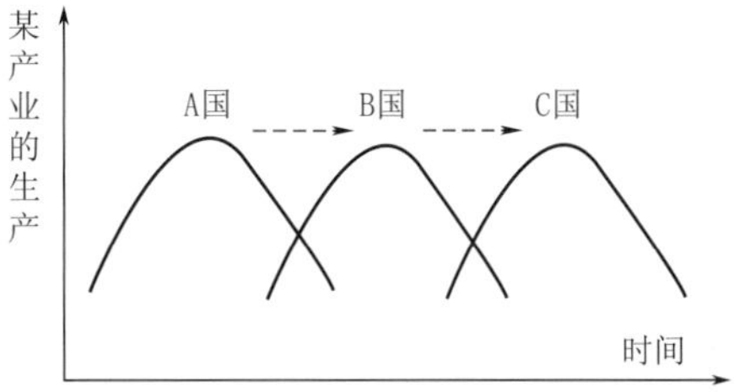

图4-16　雁行形态理论的引申形态B
（车维汉，2004）

二、产业分工理论

产业分工是指在产业的整个生产流程中，由多个生产经营主体来分别承担各自的生产任务，完成某个生产环节，从而实现最终产品的生产。分工是人类社会经济发展过程中一种固有的现象，正是在分工的基础才产生了合作。分工与合作对社会生产力的发展起到了巨大的推动作用。

随着人类社会分工合作的不断深化，分工的思想也不断发展。如亚当·斯密的绝对成本学说、大卫·李嘉图的比较成本说、赫克歇尔—俄林的要素禀赋学说、新贸易理论等。随着当代社会经济的发展，各种产业分工理论也层出不穷，逐渐形成了以经济学的分工理论为骨架，结合了社会学、政治学等理论思想的复杂的分工理论体系（宁越敏等，2011）。产业分工的优势主要表现在以下几个方面（王瑛，2006）。

（1）产业分工能够充分发挥区域的比较优势。每个区域的资源禀赋是不一样的，如有的国家劳动力资源比较丰富，而资本较为缺乏；而其他国家的情况可能与之相反。所以，如果各个国家尽量利用自身比较丰富的要素来生产相应的商品，就能获得比较优势。对于自身生产不具有优势的商品，可以利用国际贸易来解决。这样，既发挥了各自的比较优势，又满足了相互的需求，有利于提高各区域的经济发展水平。

（2）产业分工能够使资源得到优化配置。在市场经济中，资源的价格主要取决于其稀缺程度。通过产业的分工，可以在一定程度上互通有无，使资源得到更加合理的配置和使用。

（3）产业分工有助于实现规模经济。一方面，本区域的产业可以通过国际贸易来扩大其市场占有率，从而促进其生产规模的扩大，形成规模经济优势。另一方面，对一些生产工序复杂、技术水平较高的产业而言，通过国际采购的方式，将部分零部件的生产分解到其他的国家和地区，不仅有助于降低生产成本，还能够使自己专注于核心部件的生产，从而扩大产业规模，获得规模经济。

（4）产业分工有助于增加收益。产业分工越细，则专业化程度越高；产业链越长，则分工的网络性就越强，由此产生的经济收益也越大。随着经济的发展，产业分工的形式也越来越多，如外包、特许连锁、贴牌生产等，这使得许多规模较小的企业也可以方便地加入分工，充分发挥其专业化生产的特色。

三、产业集群理论

1990年，美国学者迈克尔·波特（Michael E.Porter）出版了《国家竞争优势》一书，首次提出了产业集群的概念（杨飞虎，2007）。他认为，产业集群是那些在特定领域内既竞争又合作的公司、专业化供应商和服务商、相关产业的企业和有联系的机构（如大学、贸易协会等）的地理集中或所形成的地理集聚体（Porter，2000）。产业集群理论提出之后，引发了学术界和政府的广泛关注。许多国家和地区都把培育产业集群，促进产业集群的发展作为提高其经济发展竞争力的重要手段。联合国、世界银行等国际机构也在积极地推动产业集群理论在发展中国家的应用（王缉慈，2004）。

产业集群的发展方式主要有以下一些优势（李小建，2006）。

（1）有助于获取外部规模经济和外部范围经济。首先，企业在空间上的集聚能够有利于开展分工与合作，促进知识和技术的传播与学习，从而使众多的中小企业也能够通过外部合作而获得规模经济。其次，产业的集聚使得企业的数量不断增加。企业之间不断建立的垂直或者水平联系能够扩大产业集群的生产范围，使得中小企业能够就近拓展业务，增加发展机会，从而获得外部范围经济。

（2）有助于降低交易费用。根据交易费用理论，企业在空间上的集聚使得交易的对象和空间范围变得相对稳定，有利于减少企业经营活动的不确定性。同时，众多中小企业的集聚增加了本地市场的参与者数量，也有利于市场机制发挥作用，促使产业分工的不断深化，进而使得企业集聚的规模又将进一步扩大。

（3）有助于促进创新的产生。企业在空间上的集聚，一方面，使得众多的中小企业、中介机构、研发机构、教育培训机构、消费者等集聚在一起，为企业的创新提供了良好的环境条件，有利于专门化知识的积累和传播，从而有利于企业的创新。另一方面，在产业集群内，企业之间激烈的竞争也为创新的产生提供了外在动力。创新成功而产生的财富示范效应，也会引导越来越多的企业加入创新的行列。

（4）具有良好的企业进入/退出机制。根据产业组织理论，在产业集群中，劳动力市场、基础设施、中介服务、市场需求等要素都比较丰富和完备，使得创建一个企业相对容易和方便。另外，在产业集群中，金融、产权交易、市场管理等方面的机构比较健全，使得企业的退出也比较方便。因此，在产业集群中，企业的进入和退出壁垒都较低，有利于产业集群的发育和成长。

第五章　长城经济带研究的方法体系

长城经济带研究的方法体系大致可分为方法论和具体研究方法这两大部分。

所谓方法论，就是指人们认识世界、改造世界的根本方法。即人们用什么样的方式或方法来观察事物，处理问题。从科学研究的角度上讲，方法论又指在某个具体学科中所采用的研究方式、方法的综合（李帆等，2006）。在现代科学中，最有代表性的方法论当属由系统论、控制论和信息论组成的“老三论”，以及由耗散结构论、协同论、突变论所组成的“新三论”（顾新华等，1987）。上述经典方法论，对长城经济带的建设有着重要的指导作用。

在地理学领域，长城经济带研究主要从属于经济地理学和区域地理学中。因此，在长城经济带研究的具体方法中，区域规划方法就处于比较中心的位置。同时，在经济带这样的经济地域系统中，主要涵盖了产业、人口、城市和生态环境等子系统，因此，长城经济带的研究还涉及上述四个子系统的研究方法。

综上所述，长城经济带研究的方法体系如图5-1所示。

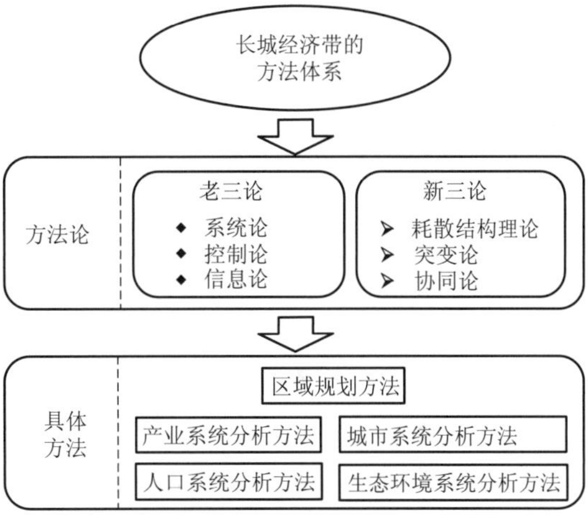

图5-1　长城经济带研究的方法体系

第一节　方法论

一、老三论

（一）系统论

1945年，美籍奥地利科学家贝塔朗菲（Ludwig von Bertalanffy）在《德国哲学周刊》发表了“关于普通系统论”，正式创立了系统论（常绍舜，2011）。其主要思想包括以下几点。

（1）基本定义。一般而言，系统是指由若干要素以一定结构形式联结而成的，具有某种特定功能的有机整体。所有系统都具有整体性、动态性、开放性、自组织性、复杂性、等级结构性等基本特征。系统论则是研究系统的一般模式，结构和规律的理论。

（2）核心思想。系统论的核心思想是系统的整体观念。贝塔朗菲认为，系统并不是各个部分的机械组合或简单相加，它是一个有机的整体。系统的整体功能是各要素在孤立状态下无法实现的。同时，系统中的各个要素也不是孤立地存在着。每个要素在系统中都处于一定的位置，发挥特定的作用。各要素之间的相互关联，构成了一个密不可分的整体。

（3）基本分析思路。系统论的基本分析思路，就是把所研究和处理的对象当作一个整体或系统来考察。通过分析系统的结构和功能，研究系统、要素、环境三者的相互关系和变化规律，提出适用于一切综合系统或子系统的模式、原则和规律（顾新华等，1987）。

从系统论的角度上看，长城经济带无疑也是一个系统，它包含着自然环境条件、人口、城市群、产业组织、基础设施等各种要素。以长城资源为核心，通过各种要素的优化配置，能够更好地发挥出系统的整体功能，实现单个要素无法实现的发展目标。

（二）控制论

1948年，诺伯特·维纳（Norbert Wiener）出版了著名的《控制论：或关于在动物和机器中控制和通信的科学》一书，正式提出了控制论。维纳认为，控制论是一门研究动态系统在变化的环境条件下，如何保持平衡状态或稳定状态的科学。

经过六十多年的发展与完善，控制论已经形成了一套基本的思维方法（图5-2）。（1）确定预期目标。在确定控制活动的预期目标时，应分析控制对象的结构、功能，以及控制活动的实际效果等方面的不确定性，将预期目标确定为一个有正、有负的区间值，为控制者留下调整的余地。（2）选择控制机构。选择或建立一个控制机构，通过其控制功能，使受控对象产生出控制者所需要的功能，实现预期目标。这个控制机构必须既能实现控制者的预期目标，又适合于控制对象的活动性征。（3）控制机制。将控制对象视为一个有组织的整体，通过人为地不断改变控制机构对其输入的各种作用与影响，观察其输出结果的变化，分析输入与输出之间的关联性，努力使其输出逐渐达到乃至最终实现预期目标。（4）反馈机制。为了实现有效的控制，需要建立起一条通畅、稳定的反馈通道，以便于控制者随时随地了解受控对象的真实状态和过程，进而调整控制机构对受控对象的作用因素、作用方式、作用程度等，促使受控对象发挥出预期的功能。

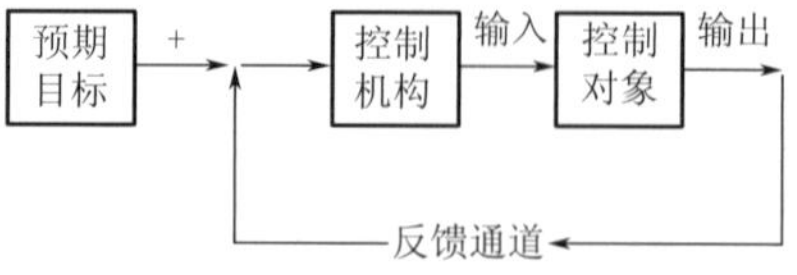

图5-2　控制论的基本思维过程
（张锋，2008）

长城经济带的形成与发展过程也非常需要控制论的指导。如果任由长城经济带中各个城市、各种产业、各类基础设施的自由流动和自行发展，长城经济带的成长过程很可能会非常缓慢，且往往会出现各种经济、社会和环境问题。而通过一些政策措施、规划等的宏观指导，能够更好地引导长城经济带中各种生产要素的合理流动与优化配置，提高长城经济带的生产效率，最终实现长城经济带的建设目标。

（三）信息论

1948年，克劳德·艾尔伍德·香农（Claude Elwood Shannon）在《贝尔系统技术学报》上发表了论文《A Mathematical Theory of Communication》，标志着信息论的诞生。信息论以通信系统模型为研究对象，以概率论和数理统计为主要研究工具，从量的方面描述了信息的传输和提取等问题。随着研究的深入，信息论的研究和应用领域扩大到机器、生物和社会等系统，逐渐发展成为一门利用数学方法来研究如何计量、提取、变换、传递、存储和控制各种系统信息的科学（顾新华等，1987）。

熵（entropy）是信息论的一个重要特征。熵原本是波尔兹曼在热力学第二定律中引入的概念，它可以被理解为分子运动的混乱度。香农首次将熵的概念引入信息论中，用以度量体系的混乱程度。香农证明了熵与信息内容的不确定程度之间有等价关系，并提出了信息熵的计算公式。

$$H(U)=-\sum_{i=1}^{n}P_i\log P_i \tag{5-1}$$

式中，$H(U)$是指信息熵，对数一般取2为底，单位为比特。P_i是指信源符号的n种取值（U_1，…，U_i，…，U_n）所对应概率（P_1，…，P_i，…，P_n）。

在长城经济带的形成与发展过程中，信息论也起着重要的作用。随着社会经济的发展，长城经济带的经济活动规模也将不断扩大，分工协作关系愈加发达，经济信息量与日俱增。经济信息对于经济活动的计划、管理、预测、决策等环节的作用越来越大，而人们对经济信息的可靠性、准确性、及时性等的要求也越来越高。从信息论的角度来看，熵是反映系统的不确定性的数量指标；经济信息的作用则是消除经济系统中的不确定性。因此，在长城经济带的建设过程中，需要不断加强对经济信息的记录、存储、传递、加工、处理等工作。在扩大经济信息的数量、提高经济信息的质量的同时，还要加强对经济信息流的组织和管理，形成囊括国家、部门、地区和企业等节点的信息资源共享网络，从而不断推动长城经济带的发展。

二、新三论

（一）耗散结构理论

1969年，比利时学者普利高津（Ilya Prigogine） 在一次理论物理学和生物学的国际会议上作了题为《结构、耗散和生命》的报告，正式提出了耗散结构理论。

耗散结构理论主要研究一个系统由混沌向有序转化的机理、条件和规律。该理论认为，一个远离平衡态的非线性的开放系统，通过不断地与外界进行物质和能量的交换。当系统内部某个参量的变化达到特定的阈值时，系统将通过涨落而发生突变（即非平衡相变），使得系统由原来的混沌无序状态转变为一种在时间上、空间上或功能上的稳定有序结构。由于需要不断地与外界进行物质或能量的交换才能维持这种结构，因此，这种新形成的稳定有序结构就被称为“耗散结构”（dissipative structure）（陈奎宁，1987）。

通常情况下，一个系统要形成耗散结构至少需要满足四个条件。（1）该系统必须是一个开放系统，可以与外界进行物质与能量的交换。（2）该系统内部的各要素之间存在着非线性的相互作用关系，并能产生协同作用和相干效应。（3）该系统必须远离平衡态。非平衡态能够展现隐藏于非线性之中的潜力，使得物质具有高度的灵敏性，并能演化出多种多样的自组织状态。（4）系统通过随机的涨落来实现从无序向有序的演化。涨落是形成新结构的杠杆。系统内的涨落将通过非线性作用而不断放大，进而形成巨涨落（孙飞等，2004）。

在长城经济带的形成与发展过程中，耗散结构理论也起着重要的作用。在长城经济带形成的初期，区域内部的经济发展极不均衡，并未形成稳定有序的区域经济系统。根据耗散结构理论，在长城经济带的发展过程中，首先，需要保持自身的开放性，加强与区域外部的经济交流与合作；其次，加强长城经济带内部各组成要素之间的联系，包括城市间的联系、产业联系、社会文化联系等；再次，充分利用长城经济带内目前的非平衡状态，通过竞争与合作，激发欠发达区域的发展活力，推动发达地区的进一步发展。最后，通过人力资本的积累，科技创新活动的推动等，发挥经济系统中的乘数效应、循环累积效应、联动效应等涨落机制，不断推动向更高级的稳定有序结构演化。

（二）突变论

1972年，法国数学家勒内·托姆（René Thom）出版了《结构稳定性和形态发生学》一书，标志了突变论的诞生。托姆运用拓扑、尖点理论等数学工具，从系统的结构稳定性出发，逐步推导出系统渐变和突变的条件，归纳了在不同控制参数下的各类突变模型，通过描述系统在临界点的状态来研究非连续性突然变化的基本规律（陈奎宁，1987）。

突变理论研究的是系统从一种稳定组态跃迁到另一种稳定组态的现象和规律。突变理论指出，自然界或人类社会中任何一种运动状态，都有稳定态和非稳定态之分。在外界的微小扰动下仍然能够保持原来状态的即是稳定态；而一旦受到偶然的微小干扰就会迅速地离开原来状态的则是非稳定态。稳定态与非稳定态之间往往是交错发生的。非线性系统从某一个稳定态到另一个稳定态的转化，往往是通过突变的形式发生的。当控制参数不多于4个时，共有七种不同的突变类型：折叠型突变（fold catastrophe）、尖点型突变（cusp catastrophe）、蝴蝶型突变（butterfly catastrophe）、燕尾型突变（swallowtail catastrophe）、椭圆型脐点（elliptic umbilic）、双曲型脐点（hyperbolic umbilic）和抛物型脐点（parabolic umbilic）。对这些突变类型，我们可以求出其势函数、分支集和平衡曲面的方程，画出它们的数学模型图。根据这些数学模型，我们就能够比较方便地分析系统在突变临界点附近的状态，提出相应的对策措施。

在长城经济带的形成与发展过程中，突变理论也具有重要的指导作用。长城经济带也是一个复杂的非线性系统，它一直处于不断的发展演化过程中。在其演化过程中，我们需要借助突变理论，提前判断其发生突变的临界点及其影响因素。在此基础上，一方面，我们既可以通过一些对策措施，推动长城经济带发生较为有利的突变，如经济总量的快速增长、产业结构的转型升级等；另一方面，我们也可以利用一些措施，避免一些不利的突变，如生态环境的严重破坏、市场的暴跌等。

（三）协同论

1971年，联邦德国物理学家哈肯（Hermann Haken）提出了协同的概念；1976年，他发表了《协同学导论》，系统地论述了协同理论（哈肯，2001）。协同论主要研究在与外界进行着物质或能量交换的情况下，远离平衡态的开放系统如何通过自己内部的协同作用，自发地出现时间、空间和功能上的稳定有序结构。

协同理论主要由三个方面的内容组成。（1）协同效应。协同效应是指开放的复杂系统中，大量子系统相互作用而产生的整体效应。无论是自然系统，还是社会经济系统，均存在着协同作用。当系统受到外来能量的影响，或系统内部物质的聚集态达到某种临界值时，复杂系统的各个子系统之间就会产生协同作用。这种协同作用能使系统在到达临界点时发生质变，进而产生协同效应，促使系统从无序变为有序，从混沌中产生某种稳定的结构。（2）伺服原理。伺服原理是指快变量服从慢变量，序参量支配子系统行为的现象。当系统接近不稳定点或临界点的时候，系统的结构通常由少数几个集体变量（序参量）决定；系统其他变量的行为也由这些序参量支配或规定。（3）自组织原理。自组织是指系统在没有外部指令的情况下，系统内部的各个子系统能够自动的按照某种规则形成一定的结构或功能（白列湖，2007）。

在长城经济带的形成与发展过程中，协同理论也具有重要的指导作用。长城经济带是一个区域经济系统，具有开放性、非平衡性、非线性等特征。运用协同理论的协同效应、伺服原理和自组织原理，可以为长城经济带的建设和发展提供理论基础。（1）首先，当长城经济带受到外界因素的影响时，其子系统将产生协同效应，从而实现经济发展方式的重构，出现经济突变。这里的外部力量可以是经济政策、高新技术创新、基础设施建设等外部控制变量；经济突变是指经济系统向高速度、高结构、高效益的积极变化。（2）其次，在长城经济带的自组织演化过程中，也存在快变量和慢变量。如资本投入、新技术引进等主要来自于外部的变量属于快变量；而制度创新、地域文化等属于主要由自身形成的变量为慢变量。只有在慢变量的主导下和快变量的影响下形成序参量，才能真正促进经济的腾飞。（3）最后，根据自组织原理，长城经济带能够依靠内部子系统间的协同作用来形成新的有序结构。通过内部要素的不断积累和酝酿，形成内生增长机制，长城经济带也能够实现经济上的突变和飞跃。

第二节 具体方法

一、区域规划方法

（一）区域规划的一般步骤

区域规划是指在一定时间和空间范围内，对区域未来的经济社会发展和建设所做出的总体部署。在我国，区域规划实质是由大规模资源开发和产业基地建设所提出的综合布局问题（毛汉英，2005）。在长城经济带的建设过程中，也需要利用区域规划方法，来明确经济带的宏观发展战略。

一般而言，区域规划可以分为以下几个步骤（图5-3）。

（1）明确基本问题。在正式开展规划工作以前，首先，需要明确规划的性质和要求。其次，需要明确规划区域的边界和规划的基本内容。最后，需要明确规划的总目标。上述基本问题的确定是搞好区域规划的前提。

（2）确定评价指标体系。根据区域规划的性质、目标和要求，确定一系列的区域规划优劣的评价标准。如规划目标的先进性、规划目标的可行性、信息资料的可靠性、规划方法的科学性等。

（3）区域系统分析。深入分析规划区域内各组成要素，以及各子系统之间的相互关系，探讨区域与周围环境之间的联系。具体而言，区域系统分析包括历史演化过程分析、现实状况分析和未来发展趋势的预测三大部分。区域系统分析的主要目的在于确定区域内各类资源和产业的优势与劣势，明确区域经济社会发展的主要制约因素，发现区域经济系统的演化规律，找出有效的调控措施。

（4）获取初步规划方案。在全面的系统分析之后，即可根据区域规划的性质和要求来设计多个备选的规划设计方案。各个备选方案均应包括总目标、发展路径、重点项目、投入产出分析等部分。

（5）确定规划方案的评价标准。建立一套评价指标体系，用于对各个初步规划方案的比较。总体上看，评价的标准主要包括满意度和可行性两个方面。

（6）规划方案的比较和评价。利用前面建立的评价标准，对各个备选的规划方案进行综合评价。从多个备选方案中选择一个或两个经济上合算、技术上可行、社会上认可的方案作为最终规划方案。如果达不到上述要求，则需要对规划方案进行修改。

（7）规划方案的确定。选择好最终规划方案后，即可进行规划方案的最终撰写和定稿工作。最终的规划方案既能使决策部门快速准确地了解规划的基本内容，也要使得社会各界易于接受。

（8）规划的落实与实施。规划确定后，应根据实际需要和现实可能性，将总体目标和规划重点分解到不同的地域和产业部门，提出规划方案的实施要点和保障措施。

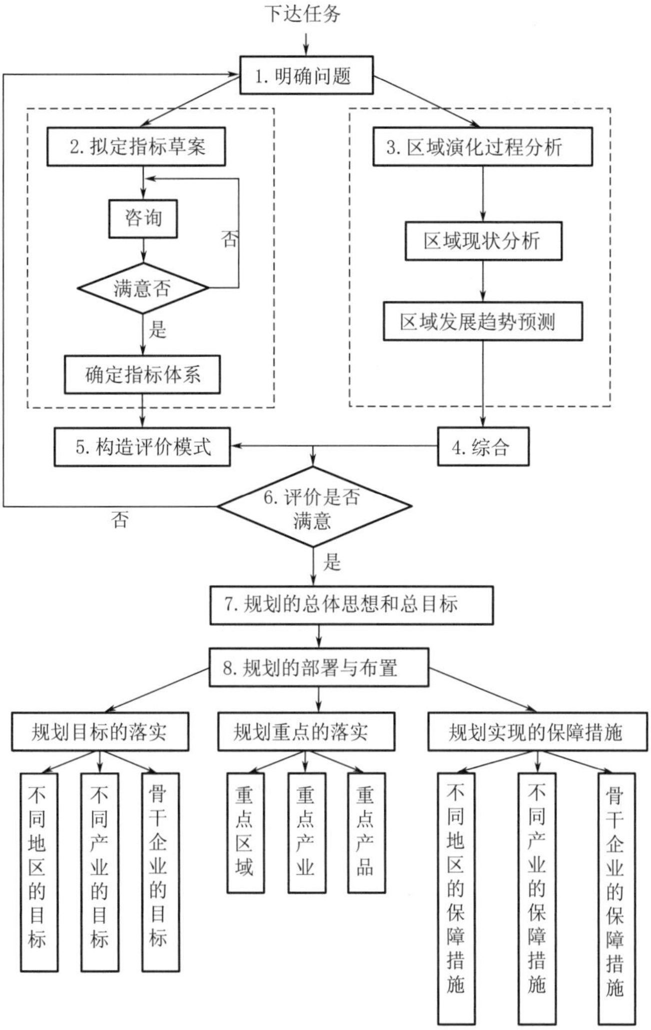

图5-3　区域规划的一般步骤（陈才，2001）

（二）区域规划中常用的方法

1. 区域评价方法

区域评价工作是区域规划的重要基础。通过区域评价，能够使规划者掌握规划区域的基本情况，进而制定合理的规划方案。视规划目的的不同，区域评价包括区域综合实力评价、区域发展潜力评价、区域竞争力评价等多个类型。总体而言，此类的评价多是根据评价目的，构建评价指标体系，进而获取最终的评价结果。一般而言，区域评价主要包括以下步骤。

（1）评价指标的选取

评价指标的选取通常是根据研究的目的，遵循系统完备性、动态发展性、可比可量性、可操作性等原则，选择相应的指标，示例见表5-1。

表5-1 辽宁区域发展能力评价指标体系（邢青，2016）

目标层	准则层	指标层	性质
区域发展能力	科技创新能力	科技支出占地方财政支出比重（X_1）	正指标
		人均科技经费支出（X_2）	正指标
		科技经费占GDP比重（X_3）	正指标
		每万人在校大学生数（X_4）	正指标
		每万人专任教师数（X_5）	正指标
	要素集聚能力	人均GDP（X_6）	正指标
		人均固定资产投资（X_7）	正指标
		人均社会消费品零售总额（X_8）	正指标
		人均地方财政收入（X_9）	正指标
		人均邮电业务量（X_{10}）	正指标
		人均全年用电量（X_{11}）	正指标
		人均公路客运量（X_{12}）	正指标
	持续发展能力	建城区绿化覆盖率（X_{13}）	正指标
		人均园林绿化面积（X_{14}）	正指标
		废水排放密度（废水排放量/GDP）（X_{15}）	逆指标
		废气排放密度（废气排放量/GDP）（X_{16}）	逆指标
		固体废物密度（固体废物排放量/GDP）（X_{17}）	逆指标

（2）基础数据的处理

由于指标所反映的对象千差万别，其采用的量纲也各不相同。因此，指标之间往往缺乏可比性。同时，由于性质不同和量纲不同，往往使得各项指标的绝对值相差较大。此时，如果直接使用原始指标值进行分析，无疑会突出绝对值较高的指标在综合评价中的作用，而削弱绝对值较低的指标的作用，导致难以准确地揭示社会经济状况，更谈不上利用其进行分析和评价。因此，在使用基础数据之前，必须对其进行无量纲化处理。

数据的无量纲化处理是指通过简单的数学变换，来消除量纲不同对各指标的影响。常用的处理方法包括直线型无量纲化、折线型无量纲化、曲线型无量纲化等。现在主要介绍两种运用比较广泛的无量纲化方法：标准差标准化和极值标准化方法。

标准差标准化的处理过程如下。

设有n个样品，每个样品观测m个指标，将原始数据写成矩阵

$$\boldsymbol{X}=\begin{bmatrix} X_{11} & X_{12} & \cdots & X_{1m} \\ X_{21} & X_{22} & \cdots & X_{2m} \\ \vdots & \vdots & \cdots & \vdots \\ X_{n1} & X_{n2} & \cdots & X_{nm} \end{bmatrix} \tag{5-2}$$

然后对基础数据进行逻辑检查，剔除异常值，在此基础上利用下式进行标准差标准化。

$$X_{ij}'=\frac{X_{ij}-\overline{X_i}}{S_i}\quad(i=1,2,\cdots,m) \tag{5-3}$$

式中，$\overline{X_i}=\frac{\sum_{i=1}^{n}X_{ij}}{n}$，$S_i=\sqrt{\frac{\sum_{i=1}^{n}(X_{ij}-\overline{X_i})^2}{n-1}}$（$n$为样品数，$m$为指标数）。

相似系数矩阵的计算公式如下。

$$R_{ij}=\sum(X_{ki}''\times X_{kj}'')\quad(i,j=1,2,\cdots,n;k=1,2,\cdots,m) \tag{5-4}$$

$$X_{ij}''=\frac{X_{ij}'}{\sqrt{\sum_{i=1}^{m}(X_{ij}')^2}}\quad(i,j=1,2,\cdots,n) \tag{5-5}$$

极值标准化的处理过程如下。

同样，设有n个样品，每个样品观测m个指标，将原始数据写成矩阵

$$X=\begin{bmatrix}X_{11} & X_{12} & \cdots & X_{1m}\\ X_{21} & X_{22} & \cdots & X_{2m}\\ \vdots & \vdots & \cdots & \vdots\\ X_{n1} & X_{n2} & \cdots & X_{nm}\end{bmatrix} \tag{5-6}$$

对基础数据进行逻辑检查，剔除异常值。按下式对各个指标值进行处理。得到全新的矩阵X'。另外，由于影响因子中既有正向因子，又有逆向因子，因而还需要对基础数据进行同趋化处理。基于此，对于正向影响因子，采用下式进行标准化处理，即

$$X_{ij}'=\begin{cases}100 & X_{j\max}\leqslant X_{ij}\\ 100\times\dfrac{X_{ij}-X_{j\min}}{X_{j\max}-X_{j\min}} & X_{j\min}\leqslant X_{ij}\leqslant X_{j\max}\\ 0 & X_{ij}\leqslant X_{j\min}\end{cases} \tag{5-7}$$

对于负向影响因子，采用下式进行处理，即

$$X_{ij}'=\begin{cases}100 & X_{ij}\leqslant X_{j\min}\\ 100\times\dfrac{X_{j\max}-X_{ij}}{X_{j\max}-X_{j\min}} & X_{j\min}\leqslant X_{ij}\leqslant X_{j\max}\\ 0 & X_{j\max}\leqslant X_{ij}\end{cases} \tag{5-8}$$

其中，X_{ij}为第i个位置第j个影响因子的值，$X_{j\max}$和$X_{j\min}$表示第j个影响因子中的最大值、最小值；X_{ij}'为消除量纲影响后的第i个位置第j个影响因子的值。

（3）指标权重的获取

在多指标的综合评价中，指标权重的确定是一项重要的内容。当前的权重确定方法大致可以分为两种：一是主观赋权法。如德尔菲法、层次分析（AHP）法等；二是客观赋

权法。如因子分析法、熵权法等。主观赋权法主要是通过专家的知识和经验来判断各指标的重要程度，比较容易受到个人意愿偏好的影响。客观赋权法则主要是根据各指标值的统计分布规律，以及信息传递量的大小来确定权重，并不能反映各指标在现实意义上的重要性。由于主客观赋权法各有其优劣势，也可以将定性判断与定量分析结合起来，为各指标赋予综合权重。例如，以层次分析法和熵权法为基础的指标权重获取方法如下。

首先，通过专家咨询法获取各指标间的成对模糊判断矩阵；其次，利用层次分析法构造指标判断矩阵，并通过归一化处理将其改造为标准矩阵；最后，运用熵技术对AHP法确定的权重系数进行修正，增加赋权结果的信息量，提高其可信度。其具体计算公式如下。

$$a_j=v_jp_j/(\sum_{j=i}^{n}v_jp_j),\ v_j=(1-\lambda_j)/\sum_{j=1}^{n}(1-\lambda_j),\ \lambda_j=-\frac{\sum_{i=1}^{n}r_{ij}\ln r_{ij}}{\ln(n)} \tag{5-9}$$

式中，a_j为采用熵技术支持下的AHP法求出的指标权重，P_j为采用AHP法求出的指标权重，v_j为信息权重，λ_j为输出的熵值，r_{ij}为采用AHP法构造的判断矩阵经归一化处理后的标准矩阵值。

（4）评价结果的获取

得到各评价对象的评价指标指及其权重之后，即可计算每个评价对象的综合指数。根据这些评价结果，即可进行GIS空间表达等后续的处理和分析（图5-4）。

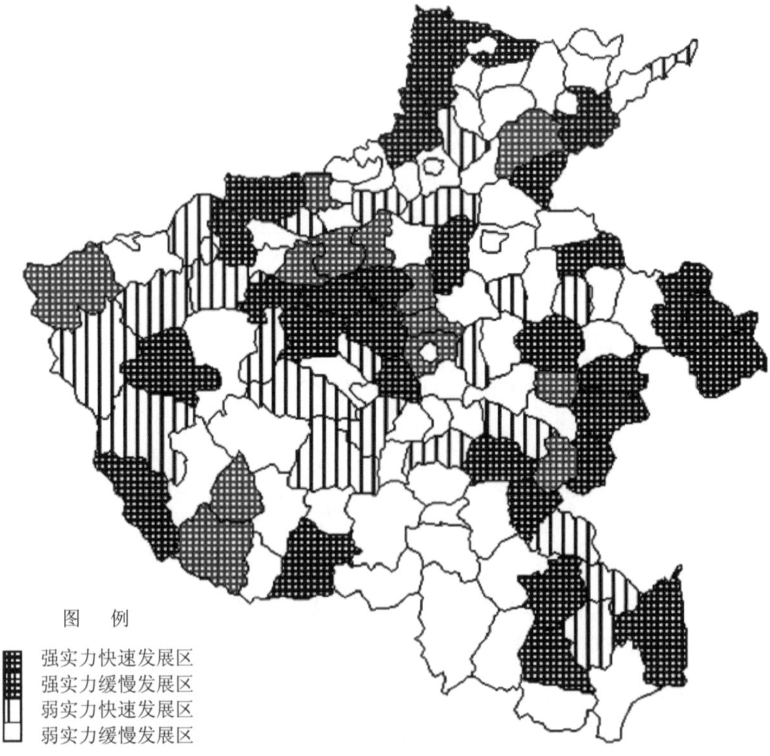

图5-4　河南省县域综合实力的空间格局（崔彩辉等，2015）

2. 区域发展预测

预测，即用已知的信息去估计和推断事物未来的发展趋势或结果。区域发展预测是对与区域发展密切相关的各种经济指标未来变化趋势的测定。区域发展预测在区域规划中占据着重要的位置，是进行区域决策的基础。

社会经济预测方法大致可以分为两类。一是定性预测法。定性预测法是指在历史和现实数据很少或完全没有的情况下，根据决策者的主观经验和感觉对未来的发展趋势进行预测。包括专家预测法、决策树法、市场调查法、主观概率法等。二是定量预测法。定量预测方法是指通过对历史和现实的数据或信息进行收集、分析、加工和处理后，使用现代数学方法和模型来预测未来发展趋势的一种方法。定量预测方法主要包括时间序列预测法、回归预测法、经济计量模型法、模糊数学预测法、神经网络预测法等。下面将简要介绍一些常见的预测模型。

（1）时序回归预测法

回归分析是一种应用极为广泛的数量分析方法，主要用于分析事物之间的统计关系。利用回归模型，可以分析各变量之间的数量变化规律，进而通过回归方程的形式量化这种关系，以帮助人们准确把握变量受其他变量影响的程度，从而为控制和预测提供科学依据（图5-5）。

回归分析又可分为单因素回归分析和多元线性回归分析。单因素回归分析只能分析单因素对预测对象的影响。多元线性回归分析是指在线性相关条件下，研究两个和两个以上自变量对一个因变量的数量变化关系的分析方法。表现这一数量关系的数学公式，被称为多元线性回归模型。在经济预测中，人们把预测对象作为因变量，把与预测对象密切相关的一些因素作为自变量。根据二者的历史统计数据，建立回归模型，进而利用回归模型来预测因变量的变化趋势。

假定因变量Y与p个自变量X_1，X_2，…，X_p之间的回归关系可以用线性函数来近似反映。多元线性总体回归模型的一般形式如下。

$$Y=\beta_0+\beta_1X_1+\beta_2X_2+\cdots+\beta_pX_p+\varepsilon \tag{5-10}$$

式中，ε是随机扰动项；β_1，β_2，…，β_p是总体回归参数。β_j表示在其他自变量保持不变的情况下，自变量X_j变动一个单位所引起的因变量Y平均变动的单位数，因而又称为偏回归参数。

多元线性预测模型的形式和计算过程相对简单，应用较为方便。该模型避免了单因素预测的局限性，充分考虑了预测对象的多种重要影响因素。

（2）灰色模型预测法

灰色系统（grey system）理论是由我国的邓聚龙教授在20世纪80年代初创立的。该理论将信息完全明确的系统定义为白色系统；将信息完全不明确的系统定义为黑色系统；将信息部分明确、部分不明确的系统定义为灰色系统（邓聚龙，2002）。由于在现实世界中，经济、社会、生态环境等许多领域均存在着信息不完全的情况，因此，灰色系统理论一经提出后，就得到了广泛的关注和应用。

灰色预测法是应用灰色模型GM（1，1），对灰色系统进行分析、建模、预测的方法。它具有原理简单、所需样本少、计算方便、预测精度高和易于检验等优点；但是，

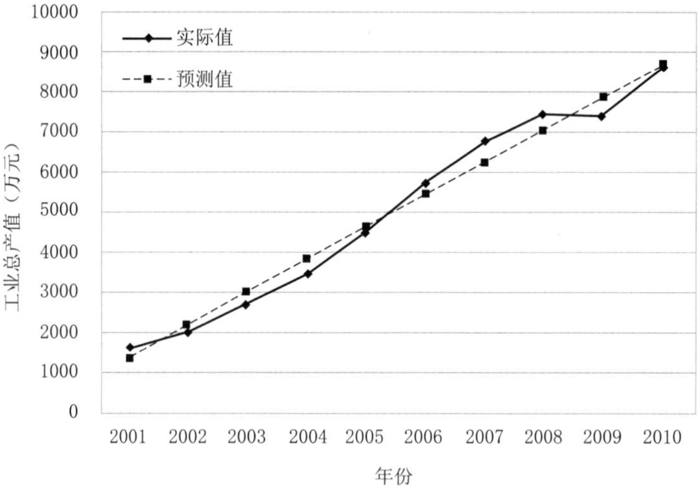

图5-5 基于回归预测法的杭州市工业总产值预测

灰色预测方法也存在着一定的缺陷，一般不宜用于中长期预测（张军，2008）。其建立的步骤如下（段锋等，2008）。

设有k个因素，形成一组原始非负样本序列

$$x^{(0)}=\{x^{(0)}(1), x^{(0)}(2), \cdots, x^{(0)}(k)\} \quad (5-11)$$

首先，会进行原始数据的预处理。对序列$\{x^{(0)}(k)\}$进行一阶累加生成，即1-AGO，得到下式。

$$x^{(1)}(M)=\sum_{i=1}^{M}x^{(0)}(t) \quad (5-12)$$

由此，可得到一个新的数列

$$x^{(1)}(k)=\{x^{(1)}(1), x^{(1)}(2), \cdots, x^{(1)}(k)\} \quad (5-13)$$

据此，可建立关于$x^{(1)}(k)$的一阶线性白化微分方程

$$\frac{\mathrm{d}x^{(1)}}{\mathrm{d}t}+ax^{(1)}=u \quad (5-14)$$

利用最小二乘法，可以求解式中的参数a，u为

$$\hat{a}=\begin{bmatrix}a\\u\end{bmatrix}=(B^TB)^{-1}B^TY_N \quad (5-15)$$

其中，B的计算公式为

$$B=\begin{cases}-\frac{1}{2}(X^{(1)}(1)+X^{(1)}(2)) & 1\\ -\frac{1}{2}(X^{(1)}(2)+X^{(1)}(3)) & 1\\ \vdots & \vdots\\ -\frac{1}{2}(X^{(1)}(n-1)+X^{(1)}(n)) & 1\end{cases}, Y_N=[X^{(0)}(2), X^{(0)}(3), \cdots, X^{(0)}(n)]^T \quad (5-16)$$

由此可得x（1）的灰色预测GM（1，1）模型为

$$\hat{x}^{(1)}(k+1)=\left[X^{(0)}(1)-\frac{a}{u}\right]e^{-a}k+\frac{a}{u},\ k=1,2,3,\cdots,n \tag{5-17}$$

其实际预测值可通过下式计算得出

$$\hat{x}^{(0)}(k+1)=\hat{x}^{(1)}(k+1)-\hat{x}^{(1)}(k),\ k=0,1,2,\cdots,n \tag{5-18}$$

最后，为确保所建立的GM（1，1）模型有较高的预测精度，还需要对模型进行检验。对于GM（1，1）模型，通常采用平均相对误差检验法；而对于多因素的灰色预测模型，通常采用F检验法，取其显著水平为0.01（陈相东等，2012）。

（3）神经网络预测法

1986年，鲁梅哈特（Rumelhart）和麦克雷伦德（McCelland）等人提出了误差反向传播算法，即BP（back propagation）神经网络模型。BP神经网络是一种按误差逆传播算法训练的多层前馈网络，是目前应用最为广泛的神经网络模型。研究证明，只要隐含层的节点数足够多，三层神经网络就具有模拟任意复杂的非线性映射的能力。由于神经网络模型具有结构简单，可操作性强，具有较好的自学习和自适应能力，能模拟任意非线性的输入和输出关系等优点，现已被广泛用于模式识别、智能控制、预测、函数拟合、系统仿真等领域（杨娟丽等，2013）。

BP神经网络是一种具有两层及以上的阶层型神经网络（图5-6），其层间的神经元实现了全连接。即上下层的每个神经元都实现了连接，但层内的各神经元之间无连接。典型的BP神经网络是三层前馈阶层网，包括输入层、隐含层和输出层（欧邦才，2004）。

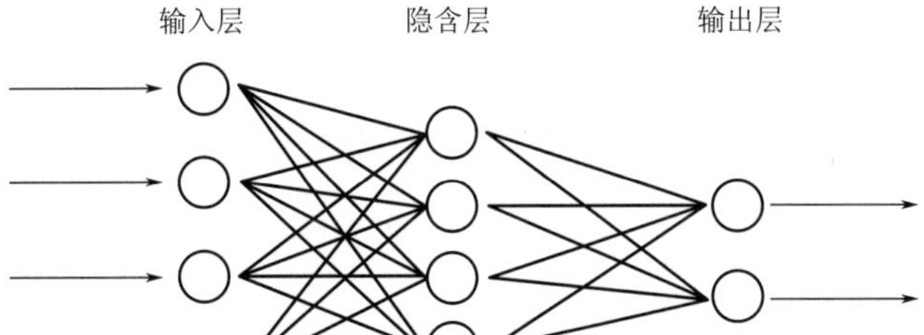

图5-6 BP神经网络模型结构（郭杰等，2009）

BP神经网络的学习由四个过程组成。首先是模式顺传播过程。即输入模式由输入层经中间层向输出层的过程。其次是误差逆传播过程。即网络的希望输出与网络实际输出之差的误差信号，由输出层经中间层向输入层逐层修正连接权的过程。再次是记忆训练过程。即在模式顺传播与误差逆传播之间反复交替进行的训练过程。最后是学习收敛过程。即神经网络的全局误差趋向于极小值的收敛过程。其学习步骤具体如下（欧邦才，

2004）。

设输入向量为$A^K=(a_1^k, a_2^k, \cdots, a_n^k)$；希望的输出向量则为$Y^K=(y_1^k, y_2^k, \cdots, y_n^k)$；中间层单元的输入向量为$S^K=(s_1^k, s_2^k, \cdots, s_n^k)$；输出向量则为$B^K=(b_1^k, b_2^k, \cdots, b_n^k)$；输出层单元的输入向量为$L^K=(l_1^k, l_2^k, \cdots, l_n^k)$；输出向量则为$C^K=(c_1^k, c_2^k, \cdots, c_n^k)$；输入层至中间层的连接权为$\{w_{ij}\}$，$i=1, 2, \cdots, n$；$j=1, 2, \cdots, p$；中间层至输出层的连接权为$\{v_{jt}\}$，$j=1, 2, \cdots, p$；$t=1, 2, \cdots, q$；中间层各单元的输出阈值$\{\theta_j\}$，$j=1, 2, \cdots, p$；输出层各单元的输出阈值为$\{r_t\}$，$t=1, 2, \cdots, q$；$k=1, 2, \cdots, m$。

BP神经网络的具体算法如下。

首先，进行数值和阈值的初始化。为各连接权$\{w_{ij}\}$，$\{v_{jt}\}$及阈值$\{\theta_j\}$，$\{r_t\}$赋予（-1，+1）间的随机值。

其次，给定输入向量$A^K=(a_1^k, a_2^k, \cdots, a_n^k)$；以及希望的输出向量$Y^K=(y_1^k, y_2^k, \cdots, y_n^k)$。

再次，计算神经网络的前向传播信号。对于三层网络而言，输入—隐含层的输出信号为

$$b_j^k=f\left[\sum w_{ij}a_i^k-\theta_j\right], j=1, 2, \cdots, p \quad (5\text{-}19)$$

隐含层—输出层和输入层的输出信号则为

$$c_t^k=f\left[\sum v_{jt}b_j^k-r_t\right], t=1, 2, \cdots, q \quad (5\text{-}20)$$

网络的响应函数为

$$f(x)=\frac{1}{1+e^{-x}} \quad (5\text{-}21)$$

接下来，将进行权值的修正。从输出层开始，将误差信号沿神经连接通道进行反向传播，以修正权值，即

$$v_{jt}(N+1)=v_{jt}(N)+\alpha d_t^k b_j^k \quad (5\text{-}22)$$

$$w_{ij}(N+1)=w_{ij}(N)+\beta e_j^k a_i^k \quad (5\text{-}23)$$

$$v_t(N+1)=v_t(N)-\alpha d_t^k \quad (5\text{-}24)$$

$$\theta_j(N+1)=\theta_j(N)-\beta e_j^k \quad (5\text{-}25)$$

式中，$0<\alpha, \beta<1$，为学习系数。输出层各单元的一般误差为

$$d_t^k=(y_j^k-c_t^k)c_t^k(1-c_t^k), \quad t=1, 2, \cdots, q \quad (5\text{-}26)$$

中间层各单元的一般误差则为

$$e_j^k=\left(\sum\nolimits_{t=1}^{q} d_t^k vjt\right)b_j^k(1-b_j^k), \quad j=1, 2, \cdots, p \quad (5\text{-}27)$$

最后，当神经网络进行学习训练，直至其误差达到精度要求时，神经网络的学习过程就宣告结束。此时，则认为神经网络获得了一组最佳权值，即预测模型的参数。根据

这些参数，即可进行后续的预测。

3. 区域决策方法

决策是指在占有一定信息和经验的基础之上，借助一定的工具、技巧和方法，对影响目标实现的诸多因素进行总体分析、计算和判断选优后，对未来开展何种行动做出决定的过程。一般而言，决策方法可以划分为定性决策方法和定量决策方法两大类。定性决策方法是指利用决策者或决策小组的知识或经验，通过主观判断来做出决定的方法。主要包括头脑风暴法、名义小组技术、德尔菲法等。定量决策方法是指通过一些数据方法和模型，对各种行动的可能结果进行量化分析，进而进行决策的方法。定量决策方法又可分为确定型决策方法、不确定型决策方法和风险型决策方法三大类。

（1）确定型决策方法

确定型决策是指制定决策时的理想状态是具有确定性，即由于每一个方案的结果都是已知的，管理者能够根据已知信息做出理想而精确的决策。确定型决策的方法一般有判断选择法、盈亏平衡法、边际利润法等。下面将以盈亏平衡法为例，对确定型决策方法进行介绍。

盈亏平衡分析法又称量本利分析法。它主要用于研究生产、经营一种产品达到不盈不亏时的产量或收入的决策问题。这个不盈不亏的平衡点就被称为盈亏平衡点。显然，当生产量或销售量低于这个量时，企业将会发生亏损；而当生产量或销售量超过这个量时，企业则会获得盈利。如图5-7所示，随着产量的增加，总生产成本与销售额也将随着增加。当产量到达平衡点A时，总成本将等于销售额。此时，企业的成本等于收入，不盈利也不亏损。此点所对应的产量Q即为平衡点产量；销售额R即为平衡点销售额。同时，经营空间也以A点为界，形成亏损和盈利两个区域。

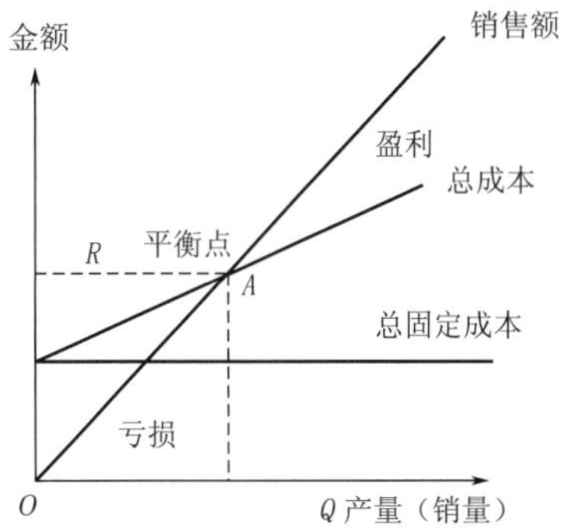

图5-7　盈亏平衡分析模型

（2）不确定型决策方法

不确定型决策是指决策者将在状态和信息不确定的条件下进行决策。在这种情况下，决策者不知道存在多少种自然状态，也不知道每种自然状态发生的概率是多少。常见的不确定型决策方法有小中取大法、大中取大法和最小最大后悔值法等。

小中取大法。此法又称为悲观决策法。如果决策者对未来持悲观的态度，认为未来将会出现最差的自然状态。不论采用哪种行动方案，都只能获取该方案的最小收益。因此，在进行决策时，首先，决策者计算各方案在不同自然状态下的收益；其次，找出各方案所带来的最小收益，即在最差自然状态下的收益；最后，将各方案的最小收益进行比较，从中选取收益最大的方案作为选择方案。

大中取大法。此法又称为乐观决策法。如果决策者对未来持乐观的态度，认为未来将会出现最好的自然状态。不论采用哪种行动方案，都能获取该方案的最大收益。因此，在进行决策时，首先，决策者计算各方案在不同自然状态下的收益；其次，找出各方案所带来的最大收益，即在最好自然状态下的收益；最后，将各方案的最大收益进行比较，从中选取收益最大的方案作为选择方案。

后悔值法。此方法又称为大中取小法。如果决策者不了解未来的变化情况，那么就会出现因为选错了方案而后悔的情况。为了避免决策失误而造成较大的后悔，遭受较大的损失，那么，就应该选择后悔值最小的方案作为决策方案。后悔值是指在某一自然状态下的最大收益值与各方案收益值之差。按照后悔值法进行决策时，首先，要计算各方案在某一种自然状态下的后悔值；其次，计算出每一种方案的最大后悔值；最后，从各方案的最大后悔值中选取后悔值最小的方案为最优方案。

（3）风险型决策方法

风险型决策也被称随机决策。在进行这类决策时，存在着多种自然状态。决策者并不知道将会发生哪种自然状态，但是知道有多少种自然状态，以及每种自然状态发生的概率。在风险型决策过程中，一般使用决策树方法来辅助决策。

在决策树方法中，方框称为决策点，表示将做出的决策。由决策点引出的直线被称为方案枝，每一根枝条代表一个可供选择的备选方案。以圆圈表示状态点，它代表选择某个一方案后可能出现的情况及其后果。由状态点引出的直线称为概率枝，每一枝条代表一种自然状态。概率枝将简要地说明自然状态的内容，其出现的概率，以及该方案在该自然状态下的损益值。在决策树图中，未被选中的方案可以用“剪断”的符号来表示。决策树方法的示意图如图5-8所示。

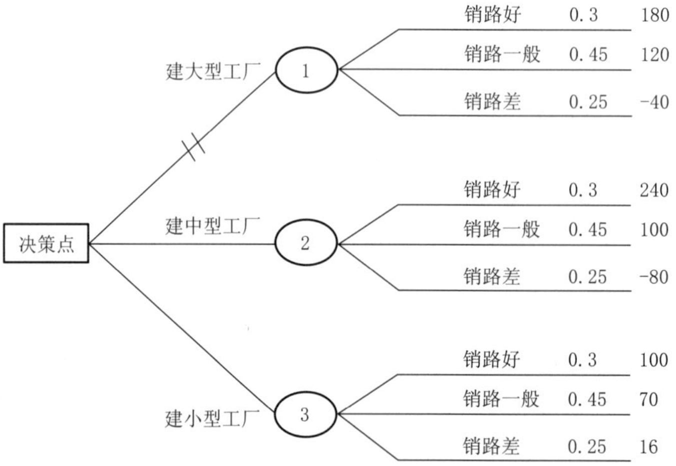

图5-8　决策树示意图

决策树方法通常包括以下几个步骤：首先，应根据决策备选方案的数量和对未来环境状态的了解，初步绘制出决策树图。其次是计算各个方案的期望收益值。即用该方案在各种自然状态下的损益值分别乘以各种自然状态出现的概率，然后将各状态枝的期望收益值加总，即可求出每个方案的期望收益值。最后，将每个方案的期望收益值减去实施该方案所需要的投资额，比较各种方案的净收益后，即可选出经济效益最佳的方案。

二、产业系统分析方法

（一）产业选择

产业是经济带发展中的核心问题。在区域经济发展中，如何选择合适的主导产业和战略性新兴产业，直接关系到经济带的发展前景。在产业选择方法的研究可以主要分为两类，一是以定性判断为主，确定主导产业的选择基准；二是以定量分析为主，提出各种产业选择模型。

1. 产业选择基准

在不同的历史时期，不同的社会背景和生产组织方式之下，学者们所提出的区域主导产业选择基准也各不相同。随着科技的进步，区域联系的日益紧密，以及生态环境问题的日益凸显，地理学者对区域研究的重点和研究范式有了明显的变化。而在不同的区域研究范式的指导下，主导产业选择基准也会有明显的不同。

国外主导产业的选择基准研究多是建立在整个国民经济的基础之上的。他们认为，主导产业应该是那些扩散效应较强、需求收入弹性高、生产率上升较快、技术要素密集、产业关联度高、带动性强、比较优势明显的产业（表5-2）。比较有代表性的产业选择基准包括罗斯托基准、赫希曼基准、筱原两基准等。

表5-2　国外主导产业选择基准及其评价指标体系研究进展（李新等，2008）

序号	评价基准	评价指标体系	代表人物
1	罗斯托基准	产业扩散效应	罗斯托，20世纪50年代初
2	筱原两基准（需求收入弹性基准、生产率上升率基准）	需求收入弹性系数、全要素生产率上升率	筱原三代平，1957年
3	产业关联基准	感应度系数、影响力系数	艾伯特·郝希曼，1958年
4	动态比较优势基准	比较优势系数、资源密集度	李嘉图、郝克歇尔和俄林
5	过密环境基准、劳动内容基准	能耗和排放治理的综合指数、就业增长指数	日本产业结构审议会，1971年

国内主导产业选择基准研究起步于20世纪80年代（秦耀辰等，2009），学者们既开展了国家层面的主导产业选择研究，也探讨了区域层面的主导产业选择问题。由于国内地理学者有许多区域应用的机会，因此在区域主导产业的选择基准研究上不断丰富和进步（表5-3）。主要表现为选择基准的逐步补充、选择指标的不断更新、指标体系的区域差异性不断增强。

表5-3 国内有代表性的区域主导产业选择基准及其评价指标体系（黄春分等，2014）

基准类型	基准构成	评价指标体系	主要研究者
三基准	生产率上升率基准，收入弹性基准，产业关联度基准	全要素生产率增长率，产业关联度，需求收入弹性系数	许秋星
四基准	需求弹性基准，生产率上升率基准，比较优势基准，产业关联基准	全要素生产率上升率，比较集中率系数、比较输出率系数、比较生产率系数、比较利税率系数、比较优势系数，感应度系数、影响力系数	黄继忠
五基准	产业规模基准，经济效益基准，增长速度基准，比较优势基准，技术水平基准	工业总产值规模、工业增加值规模、固定资产规模、就业规模、利税规模，工业增加值效益率、员工生产效率、总产值利税率、资本利税率，工业总产值增长率、工业增加值增长率，区位商、比较市场占有率，技术水平系数	惠长虹等
六基准	产业关联基准，区域比较优势基准，增长潜力基准，可持续发展基准，就业功能基准，技术进步基准	产业关联度，区位商，需求收入弹性，成本费用利润率，就业综合指数，技术进步率	赵波，张秀利等
补充基准	产业创新基准，产业风险基准，创业环境基准	技术进步贡献率、科技人力投入、科技经费投入、新产品产值、高学历人员比重，技术风险因素、市场风险因素、财务风险因素，在孵企业比例、在孵企业总收入比重、海外回国创业人数比例、国内扶持产业人数比例	王敏晰，李新

近期，唐常春结合我国的主体功能区建设背景，参考了波特钻石模型的研究思路，构建了一套重点产业环节选择的水晶模型。认为重点产业环节的选择主要包含主体功能区建设、市场需求、技术经济、生产要素供给、产业基础、产业关联、政府和全球化八大主要影响要素，进而提出了相应的八大选择基准（唐常春，2010）。

2. 产业选择方法

随着人们对区域发展的认识不断深化，区域产业选择方法也在不断地丰富和改进。比较常用的产业选择方法包括区位熵法、偏离—份额分析法（SSM）、投入产出法、层次分析法、聚类分析法等（表5-4）。

表5-4 区域产业选择的主要方法（秦耀辰等，2009）

代表模型	简单描述
区位熵法	方便地分析现有产业形成的区域比较优势
投入产出法	以物质流的形式分析各部门之间投入产出的依存关系
SSM	动态综合反映区域产业的现状基础和发展趋势
DEA	根据产业的输入输出数据来评价产业运行效率，科学客观，操作性强
钻石理论基准法	同时考虑区域的比较优势和竞争优势
主成分分析法	集中了原变量的大部分信息，通过综合得分来客观地评价分析对象

续表

代表模型	简单描述
因子分析法	对原变量进行重组后的公因子具有更强的解释力
聚类分析法	根据变量的域间相似性逐步归群成类
层次分析法	建立层次模型，构造判断矩阵，确定指标值大的为区域主导产业
加权求总法	充分体现了主导产业的多属性、多功能、多层次等复杂特点
模糊分析法	能够从多层次、多角度处理复杂事物
灰色关联分析法	使指标间的灰化关系更加清晰化，找出主要影响因素
BP神经网络法	有自适应能力，能够客观处理复杂指标间的非线性关系

（1）区位熵法

区位熵是由哈盖特（P. Haggett）首先提出的，现在已经成为评价区域优势产业的基本分析方法。区位熵又称专业化率，它能够反映某一产业部门的专业化程度，以及某一区域的产业在更高层次区域中的地位和作用。通过计算某一区域产业的区位熵，可以找出该区域在全国具有一定地位的优势产业。区位熵的计算公式如下（张会新等，2009）。

$$LQ_{ij}=\frac{x_{ij}/\sum_{i}^{n}x_{ij}}{\sum_{j}^{m}x_{ij}/\sum_{i}^{n}\sum_{j}^{m}x_{ij}} \tag{5-28}$$

式中，LQ_{ij}是指第j个地区，第i个产业的区位熵；x_{ij}表示第j个地区的第i产业的产业指标，如工业增加值、就业人数、销售收入等。

区位熵的计算结果为一个数值。其值越大，则该产业的专业化率也越高，其比较优势也更强。在省域尺度上，当$LQ_{ij}>1$时，则表明j省的i产业在全国层面具有比较优势，显示出该产业在全国具有较强的竞争力；当$LQ_{ij}=1$时，则表明j省的i产业在全国处于平均水平上，比较优势并不明显；而当$LQ_{ij}<1$时，则表明j省的i产业在全国处于劣势，其竞争力较弱。

该方法操作简单，计算量较小，含义明确，因而得到了广泛的应用（姚文捷，2015；刘慧等，2016）。但是，该方法仅考虑了一个指标的影响。当区域内两个或多个产业的区位熵比较接近时，就很难判断哪一个产业对区域产业优势的形成具有更大的贡献。因此，区位熵往往只能用于区域优势产业的初步判断和选择。

（2）偏离—份额分析法

偏离—份额分析法（shift-share method，SSM）是由美国学者邓恩（Dunn）、佩罗夫（Perloff）等人提出的（Hoppes，1991）。

偏离—份额分析法（SSM）将区域经济发展视为一个动态变化的过程。它将研究区域所在的大区域的产业发展作为参照对象，把本区域的经济总量在某一时期的变动分解为份额偏离、结构偏离和竞争力偏离三个基本分量。根据这三个分量来分析区域经济的增长与衰退状况，评价本区域产业结构的优劣程度，判断本区域各产业的竞争力，进而找出本区域具有相对竞争优势的产业，为区域产业发展提供科学依据。与其他方法相比，偏离—份额分析法具有较强的综合性和动态性，能够较好地揭示区域产业部门结构变化的原因，确定区域产业发展的主导方向。其基本计算过程如下（卓玉国等，2012）。

假设研究区域在经历了时段［0，t］之后，其经济总量和产业结构均发生了一定的变化。将区域产业划分为n个产业部门，以$b_{ij,0}$和$b_{ij,t}$（j=1，2，…，n）来分别表示第i个区域第j个产业部门在初始年（0）和截止年（t）的经济规模；以$b_{i,0}$和$b_{i,t}$（i=1，2，…，n）来表示第i个区域在初始年（0）和截止年（t）的经济规模；以$B_{j,0}$和$B_{j,t}$表示标准区第j个产业部门在初始年（0）和截止年（t）的经济规模； 以B_0和B_t表示标准区在初始年（0）和截止年（t）的经济总规模。则可计算出：

第i个区域第j个产业部门的变化率r_{ij}

$$r_{ij}=(b_{ij,t}-b_{ij,0})/b_{ij,0}\ (j=1, 2, \cdots, n) \tag{5-29}$$

标准区第j个产业部门的变化率R_j

$$R_j=(B_{j,t}-B_{j,0})/B_{j,0}\ (j=1, 2, \cdots, n) \tag{5-30}$$

产业规模的标准化处理。根据标准区各个产业部门所占的比重，将第i个区域各个产业部门的经济规模进行标准化。

$$b_{ij}'=(b_{ij,0}\times B_{j,0})/B_0\ (j=1, 2, \cdots, n) \tag{5-31}$$

因此，可以将第i个区域第j个产业部门在时间段［0，t］的经济增长量G_{ij}分解为份额偏离分量N_{ij}、结构偏离分量P_{ij}和竞争力偏离分量D_{ij}。其计算公式为

$$G_{ij}=N_{ij}+P_{ij}+D_{ij} \tag{5-32}$$

$$N_{ij}=b_{ij}'\times R_j \tag{5-33}$$

$$P_{ij}=(b_{ij,0}-b_{ij}')\times R_j \tag{5-34}$$

$$D_{ij}=(r_{ij}-R_j)\times b_{ij,0} \tag{5-35}$$

$$PD_{ij}=P_{ij}+D_{ij} \tag{5-36}$$

式中，份额偏离分量N_{ij}是指第i个区域中标准化后的产业部门j按照标准区的平均增长率发展后所产生的变化量。以此分量作为产业选择基准，代表了区域产业部门的经济发展趋势。如果该值为正，则说明产业部门j在第i个区域中具有较好的发展前景。

结构偏离分量P_{ij}是指，假设研究区域与标准区具有相同的增长速度，研究区域与标准区由于产业比例的差异而引起的第i个区域第j产业部门的增长相对于标准区的标准所产生的偏差。以此分量作为产业选择基准，则代表了区域产业部门的产业结构基础。如果该值为正，则说明产业部门j在第i个区域中具有较好的产业结构基础。

竞争力偏离分量D_{ij}指由于第i个区域第j产业部门的增长速度与标准区相应产业部门增长速度的差异而引起的偏差。以此分量作为产业选择基准，则代表了区域产业部门的相对竞争力。如果该值为正，则说明第i个区域中的j产业部门的增长速度要高于标准区

的相应产业部门，具有较强的竞争力（图5-9）。

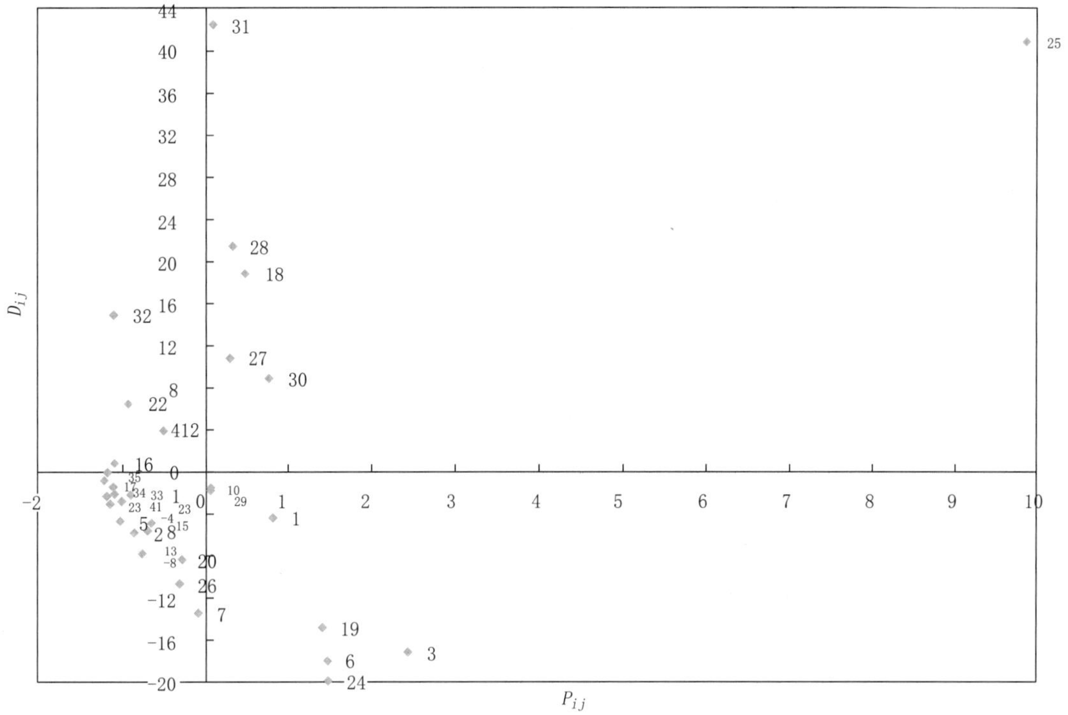

图5-9　2005—2010年河北省产业部门偏离分量图

（3）模糊聚类法

无论是在自然科学中，还是在社会科学研究中，都存在着许多定义不很严格或者说比较模糊的概念。即对于事物是否具有某种性态，以及是否属于某个类别等问题，具有亦此亦彼性或中介过渡性等性质，导致很难做出非此即彼的明确结论。在传统的集合论框架下，很难处理这些比较模糊的概念，从而催生了模糊数学这一科学分支，以便于更好地描述和处理现实世界中的各种模糊性数量关系（Chen et al.，2001）。1965年，模糊数学由美国加利福尼亚大学的自动控制专家Lotfi Zadeh教授所创立。他在论文《Fuzzy Set》中，首次引入了隶属函数的概念，用于描述中间过渡问题（Mamdani，1988）。经过多年的发展和完善，模糊数学在理论上不断成熟，在各个领域得到了广泛的应用。

模糊聚类与灰色聚类之间既有相似性，也有差异性。灰色聚类法主要是利用白化权函数进行样本的分类，而模糊聚类法则依据隶属函数，通过迭代算法来搜寻样本数据集中具有较高隶属度的样本簇。相较于灰色聚类法，模糊聚类法更加侧重于反映各样本数据间的贴近程度。模糊聚类法的具体计算步骤如下（赵亚莉等，2009）。

第一，构建指标体系

设有n个待分类的产业，m个评价指标。根据评价目标构建产业类型划分的评价指标体系，获取相应的评价指标值，构成原始数据矩阵X。

$$\boldsymbol{X}=\begin{bmatrix} X_{11} & X_{12} & \cdots & X_{1m} \\ X_{21} & X_{22} & \cdots & X_{2m} \\ \vdots & \vdots & \cdots & \vdots \\ X_{n1} & X_{n2} & \cdots & X_{nm} \end{bmatrix} \tag{5-37}$$

第二，进行原始数据的预处理。

为了满足模糊矩阵的计算要求，必须对原始数据矩阵进行预处理。通常需要进行如下两种变换。

首先，利用下式进行平移－标准差变换：

$$x_{ik}^{'}=\frac{x_{ik}-\bar{x}_k}{\sigma_k}\ (i=1, 2, \cdots, n; k=1, 2, \cdots, m) \tag{5-38}$$

式中，$\bar{x}_k$为第n个产业第k个指标的平均值；σ_k为第n个产业第k个指标的均方差。其计算公式分别为：$\bar{x}_k=\frac{1}{n}\sum_{i=1}^{n}x_{ik}$，$\sigma_k=\sqrt{\frac{1}{n}\sum_{i=1}^{n}(x_{ik}-\bar{x}_k)^2}$。数据变换后，每个变量的均值为0，标准差为1，且消除了量纲的影响。

其次，可利用下式进行平移－差变换：

$$x_{ik}^{''}=\frac{x_{ik}^{'}-\min\limits_{1\leqslant i\leqslant n}\{x_{ik}^{'}\}}{\max\limits_{1\leqslant i\leqslant n}\{x_{ik}^{'}\}-\min\limits_{1\leqslant i\leqslant n}\{x_{ik}^{'}\}}\ (i=1, 2, \cdots, n; k=1, 2, \cdots, m) \tag{5-39}$$

通过上述变换，不但消除了各指标值量纲的影响，还将各指标值一一映射到［0，1］区间内，从而获得了标准矩阵。

第三，建立模糊相似矩阵R。

设论域$U=\{x_1, x_2, \cdots, x_n\}$，评价矩阵$x_i=\{x_{i1}, x_{i2}, \cdots, x_{in}\}$，则可根据一定的方法来计算分类对象间的相似系数$r_{ij}$，建立论域$U$中的模糊相似关系矩阵$\boldsymbol{R}$。$r_{ij}$的计算方法主要有以下几种（谌红，1994）。

数量积法：

$$r_{ij}=\begin{cases} 1 & i=j; \\ \frac{1}{M}\sum_{k=1}^{m}x_{ik}\cdot x_{jk} & i\neq j; \end{cases} \tag{5-40}$$

其中，$M=\max\limits_{i\neq j}\left(\sum_{k=1}^{m}x_{ik}\cdot x_{jk}\right)$。显然，$|r_{ij}|\in[0, 1]$。

夹角余弦法：

$$r_{ij}=\frac{\sum_{k=1}^{m}x_{ik}\cdot x_{jk}}{\sqrt{\sum_{k=1}^{m}x_{ik}^2}\cdot\sqrt{\sum_{k=1}^{m}x_{jk}^2}} \tag{5-41}$$

最大最小法：

$$r_{ij}=\frac{\sum_{k=1}^{m}(x_{ik}\wedge x_{jk})}{\sum_{k=1}^{m}(x_{ik}\vee x_{jk})} \tag{5-42}$$

切比雪夫距离法：

$$d(x_i, x_j)=\bigvee_{k=1}^{m}|x_{ik}-x_{jk}| \tag{5-43}$$

第四，建立模糊等价矩阵。

前面建立的模糊相似矩阵通常只具有自反性和对称性，并不具备传递性。为了满足产业分类的需要，还需要将模糊相似矩阵R改造为模糊等价矩阵R^*。一般可通过传递闭包法进行R的改造。计算方法如下。

首先，利用平方法对矩阵R进行自乘改造，即先将R自乘改造为R^2，再自乘得R^4。如此继续下去，经过有限次运算后，将存在k使得$R^{2k}=R^k=R^*$。这一过程可以直观地表达为：$R\rightarrow R^2\rightarrow R^4\rightarrow R^8\rightarrow\cdots\rightarrow R^{2k}$。此时，改造后的$R^*$满足了传递性，成为一个模糊等价关系矩阵。

第五，聚类动态分析。

根据前文建立的模糊等价矩阵R^*，利用“λ－水平截集法”，给定不同置信水平的1，即可按下式求取矩阵R^*_λ：

$$r^*_{ij}(\lambda)=\begin{cases}0, 当r_{ij}<\lambda\\1, 当r_{ij}\geqslant\lambda\end{cases} \tag{5-44}$$

每取一个λ值，即对矩阵R^*中的元素进行一次代换，从而获取不同的模糊截距阵。当λ=1时，每个产业自成一类。随着λ值的降低，产业将由细到粗逐渐归并，最后即可得到动态聚类谱系图（表5-5）。

表5-5　产业模糊聚类结果（田雅娟等，2014）

类型	国家需求	地方需求	现实实力	所含行业
1	高	高	高	通用设备制造业、交通运输设备制造业、电气机械及器材制造业、黑色金属矿采选业、金属制品业
2	高	高	低	纺织服装鞋帽制造业、皮革毛皮羽毛（绒）及其制品业、通信设备计算机及其他电子设备制造业
3	高	低	低	木材加工及木竹藤棕草制品业、家具制造业、化学纤维制造业、文教体育用品制造业、工艺品及其他制造业、烟草制品业、废弃资源和废旧材料回收加工业、燃气生产和供应业、水的生产和供应业、电力、热力的生产和供应业、印刷业和记录媒介的复制、仪器仪表及文化、办公用机械制造业
4	低	高	高	食品制造业、农副食品加工业、饮料制造业、化学原料及化学制品制造业、橡胶制品业、塑料制品业、金属冶炼及压延加工业、石油和天然气开采业、专用设备制造业、煤炭开采和洗选业、纺织业、石油加工、炼焦及核燃料加工业、非金属矿物制品业、黑色金属冶炼及压延加工业
5	低	低	低	造纸及纸制品业、金属矿采选业

（二）产业结构分析方法

区域产业结构就是指区域经济中各类产业之间的内在联系和比例关系（陈栋生，1993）。通过对区域产业结构的分析，可使决策者掌握区域产业结构变动的方向和程度，把握产业结构的发展特征。

进行产业的分类是开展产业结构分析的前提。目前，已经提出了三次产业分类法、产业功能分类法和要素集约度产业分类法等多种产业分类方法。但是，应用最为广泛的仍然是克拉克（C.G.Clark）所提出的三次产业分类法。根据该方法，所有的国民经济活动被划分为第一次产业、第二次产业和第三次产业。在我国，第一产业是农业，主要包括种植业、林业、牧业和渔业等；第二产业为工业（包括采掘业，制造业，电力、煤气、水的生产和供应业）和建筑业。第三产业是指除第一、第二产业以外的其他各业。第三产业可细分为四个部分，即流通部门（交通运输、仓储及邮电通信业、批发和零售贸易、餐饮业等）；生产和生活服务部门（金融、保险业、地质勘查业、水利管理业、房地产业、社会服务业等）；科教文卫部门（教育、文化艺术及广播电影电视业，卫生、体育和社会福利业，科学研究业等）；社会公共服务部门（国家机关、政党机关和社会团体以及军队、警察等）。

1. 产业结构变动分析法

常见的产业结构变动分析方法包括产业结构变动度、产业结构熵、Moore指数和产业结构超前系数等（范金，2004）。通过这些方法，可以比较方便地掌握区域产业结构变动的程度。

（1）产业结构变动度

产业结构变动度能够反映某一产业的结构变动程度及变动方向，其计算公式如下。

$$K_i=[(q_{i1}-q_{i0})/q_{i0}]\times 100\% \qquad (5\text{-}45)$$

式中，K_i为第i产业部门的产业结构变动度；q_{i0}为基期的产业构成比；q_{i1}为报告期的产业构成比。当K_i为负值时，表示第i产业所占的份额下降；反之，则说明份额上升。

（2）产业结构熵

根据信息理论中干扰度的概念，可以将产业构成的变化视为产业结构的干扰因素。进而通过计算产业结构熵，来综合反映产业结构变化程度的大小。其计算公式如下。

$$E_{it}=\sum_{i=1}^{n}w_{it}\ln(1/w_{it}) \qquad (5\text{-}46)$$

式中，E_{it}为第i产业在t时期的产业结构熵；w_{it}为第i产业在t时期所占的比重；n为产业部门的个数。

一般而言，由于计算得出的产业结构熵值的波动性较小，难以反映各产业在数量上的变动关系。但是，产业结构熵能够很好地反映产业结构的整体变动趋势。如果各产业的结构比例非常均衡，产业结构熵的值就会越大；反之，则越小。而产业结构熵的值越大，就说明区域产业结构的发展形态愈趋向于多元化；反之，产业结构熵的值越小，则说明区域产业结构的发展形态愈趋向于专业化。

（3）Moore指数

整个国民经济可以分为n个产业。根据空间向量测定原理，如果我们将每一个产业都当成空间中的一个向量，那么这n个产业就可以构成一组n维空间向量。当某一产业在国民经济中的份额发生变化时，它与其他产业向量的夹角就会发生相应的变化。将所有的变化累计起来，就可以得到整个国民经济系统中各产业的结构变化情况，即Moore指数。Moore指数的计算公式如下。

$$M_t=\sum_{i=1}^{n}W_{i,t}/\left[\sum_{i=1}^{n}W_{i,t}^2\right]^{1/2}\times\left[\sum_{i=1}^{n}W_{i,t+1}^2\right]^{1/2} \quad (5-47)$$

式中，M_t表示Moore指数；$W_{i,t}$表示第i产业在t时期所占的比重；$W_{i,t+1}$表示第i产业在$t+1$时期所占的比重。

2. 产业结构比较分析法

常见的产业结构比较分析方法包括产业结构相似系数和霍夫曼系数等（范金，2004）。通过这些方法，可以比较方便地比较不同区域产业结构的异同。

（1）产业结构相似系数

利用产业结构相似系数，可以反映不同国家或地区间同种产业结构的相近程度。其计算公式如下。

$$S_{ij}=\sum_{i=1}^{n}X_{ik}X_{jk}/\left[\sum_{k=1}^{n}X_{ik}^2X_{jk}^2\right]^{1/2} \quad (5-48)$$

式中，S_{ij}表示区域i和区域j的产业结构的相似系数；X_{ik}表示k产业部门在区域i的产业结构中所占的比重；X_{jk}表示k产业部门在区域j的产业结构中所占的比重。

（2）霍夫曼系数

霍夫曼系数是霍夫曼（W. G. Hoffmann）在1931年提出的，用于揭示一个国家或区域在工业化进程中工业结构的演变规律。通过霍夫曼系数的计算和比较，可以分析不同区域的工业化进程（表5-6）。其计算公式如下。

$$H_k=P_m/P_n \quad (5-49)$$

式中，H_k表示区域k的霍夫曼系数；P_m表示区域k的消费资料工业净产值；P_n表示区域k的资本资料工业净产值。如果一个区域的霍夫曼系数呈现出不断降低的趋势，则表明该区域的工业化程度在不断加强，重工业化程度不断提高。

表5-6　工业化进程的四个阶段（范金，2004）

工业化阶段	霍夫曼比例
第一阶段	5（±1）
第二阶段	2.5（±1）
第三阶段	1（±1）
第四阶段	1以下

注：该比例值后面括号里的数字，表明做判断时所允许的误差。

3. 产业结构效益分析法

常见的产业结构效益分析方法包括比较劳动生产率、技术进步率、出口竞争力指数等（何天祥等，2004）。通过这些方法，可以比较方便地比较不同区域产业结构的经济效益。

（1）比较劳动生产率

比较劳动生产率是指一个区域中，不同产业所创造的国民收入份额与所投入的劳动力份额之间的比例关系。其计算公式如下。

$$B_i=P_{inc}/P_{lab} \tag{5-50}$$

式中，B_i代表区域中i产业的比较劳动生产率；P_{inc}表示i产业在区域国民收入中所占的比例；P_{lab}表示i产业在区域劳动力总量中所占的比例。

一般认为，结构效益高的产业结构应该是各产业的比较劳动生产率接近1（郭亚帆，2012）。按三次产业分类法，则可以构建比较劳动生产率差异指数S。

$$S=\sqrt{\frac{(B_1-1)^2+(B_2-1)^2+(B_3-1)^2}{3}} \tag{5-51}$$

式中，S代表区域产业结构的比较劳动生产率差异指数；B_1，B_2和B_3分别代表区域中三次产业的比较劳动生产率。一般而言，经济越发达的国家或地区，其第一次产业与第二、三次产业的比较劳动生产率的差距越小。

（2）技术进步率

在现代社会中，技术进步是导致区域产业结构向高度化和高附加价值化方向演化的主要原因。技术创新对产业的发展前景也起着越来越重要的影响。因此，产业技术进步率也就成为衡量产业结构效益的重要标志。在产业结构分析中，通常使用全要素生产率（total factor productivity，TFP）来代表技术进步率。全要素生产率一般含义是指各类资源（包括人力、物力、财力）通过开发利用，转换为产出的效率，即总产量与全部要素投入量之比。全要素生产率有多种计算方法，下面将简单介绍索洛残差法的计算过程。

索洛残差法最早是由罗伯特·索洛（Robert Merton Solow）提出的，其基本思路是在估算出总量生产函数之后，利用产出增长率扣除各投入要素增长率后的残差来测算全要素生产率的增长。总量生产函数的计算公式为

$$Y_t=\Omega(t)F(X_{nt}) \tag{5-52}$$

式中，Y_t为产出；X_{nt}为第n种投入要素；$\Omega(t)$为希克斯中性技术系数，即技术进步不会影响投入要素之间的边际替代率。

$$TFPt=\Omega(t)=Y_t/F(X_{nt})=Y_t/(K\hat{}\alpha)(L\hat{}\beta) \tag{5-53}$$

式中，TFP_t为全要素生产率；$F(X_{nt})=(K\hat{}\alpha)(L\hat{}\beta)$为要素投入函数。其中，资本存量需要通过下式测算。

$$K_t=I_t/P_t+(1-\delta_t)K_{t-1} \tag{5-54}$$

式中，K_t为t年的实际资本存量；K_{t-1}为t-1年的实际资本存量；P_t为固定资产投资价格指数；I_t为t年的名义投资；δ_t为t年的固定资产折旧率。在确定了资本存量的初始值和实

际净投资后，便可计算出各年的实际资本存量，估计出平均资本产出份额α和平均劳动力产出份额β，最终得到全要素生产率增长率。

（3）出口竞争力指数

出口商品竞争力指数主要用于衡量某一产业的产品在国际贸易中所处的地位。该指数较为全面地反映了该产业在附加价值程度、加工深浅度、技术密集度等方面的情况，是一个比较重要的产业结构效益分析指标。其计算公式如下。

$$R_{ij}=\frac{x_{ij}/\sum_{i=1}^{m}x_{ij}}{\sum_{j=1}^{n}x_{ij}/\sum_{i=1}^{m}\sum_{j=1}^{n}x_{ij}} \tag{5-55}$$

式中，R_{ij}代表第i区域第j产品的出口竞争力指数；X_{ij}为第i区域第j产品的出口值；$i=1，2，\cdots，m$；$j=1，2，\cdots，n$。如果第i区域第j产品的出口商品贸易额中所占比例较大，则R_{ij}的值也越大。当R_{ij}的值＞1时，则表明该项商品的外销竞争力强；反之，则外销竞争力较弱（范金，2004）。

（三）产业关联分析方法

产业关联是指在经济活动中，各产业之间所存在的广泛、复杂和密切的技术经济联系。产业关联分析就是对国民经济中各产业部门之间的技术经济联系与联系方式进行分析，探讨各产业之间的数量和比例关系。产业关联分析主要是利用美国经济学家里昂惕夫（W. Leontief）提出的投入产出法进行分析。

1. 投入产出表

投入产出表是投入产出分析法的核心内容，主要用于反映一定时期内，各产业部门之间的相互联系和平衡比例关系。根据计量单位的不同，投入产出表可以分为实物表和价值表；根据计算范围的不同，可分为全国表、地区表、部门表和联合企业表等；根据模型特性的不同，又可分为静态表和动态表。本部分仅简单介绍静态的价值型宏观投入产出表。其基本格式如表5-7所示。

表5-7　简化的全国价值型投入产出表（范金，2004）

产出 投入		中间需求							最终需求				总需求（总产品）
		1	2	3	4	5	…	小计	投资	消费	净出口	小计	
中间投入	部门1	x_{11}	x_{12}	…	…	…		$\sum x_{1j}$				f_1	q_1
	部门2	x_{21}	x_{22}					$\sum x_{2j}$				f_2	q_2
	部门3	…	…					…					…
	部门4	…	…					…					…
	部门5												
	…												
	小计	$\sum x_{i1}$	$\sum x_{i2}$	…	…	…		$\sum x_{ij}$				$\sum f_i$	$\sum q_i$

续表

产出 投入		中间需求							最终需求				总需求（总产品）
		1	2	3	4	5	…	小计	投资	消费	净出口	小计	
附加价值	折旧	D_1	D_2	…	…			ΣD_j					
	劳动报酬	V_1	V_2	…	…			ΣV_j					
	社会纯收入	N_1	N_2	…	…			ΣN_j					
	小计	$D_1+V_1+N_1$	$D_2+V_2+N_2$					$\Sigma(D_j+V_j+N_j)$					
总供给（总产量）		q_1	q_2	…	…			Σq_j					

从表5-7可以看出，投入产出表是一张纵横交叉的矩阵平衡表格，主要由三大象限组成。

第Ⅰ象限主要用于反映各产业部门的生产技术联系，即产业部门间互相分配，互相消耗中间产品的情况，故又称为中间产品象限。第Ⅰ象限是投入产出表的核心部分。通过该象限的有关数据，可以计算各部门的直接消耗系数，进而得出完全消耗系数。从而反映各产业部门之间的生产技术联系，也可反映一定时期内一个区域在社会再生产过程中，各产业之间相互提供中间产品的相互依存和交易关系。

第Ⅱ象限主要用于反映各产业部门产品的最终使用量，故而又称为最终使用象限。从水平方向看，该象限表明了各产业部门的产品作为最终产品的使用去向；从垂直方向看，则表明不同类型的最终使用的规模及其实物构成。因此，该象限反映的主要是产业部门间的社会经济联系。

第Ⅲ象限主要用于反映国民收入的初次分配，因而又被称为增加值象限或初次投入象限。该象限的主栏是增加值构成，宾栏则是各产业部门。主宾栏结合，能够反映出增加值是由哪一个产业部门提供的，以及各部门所提供的增加值之构成。

2. 投入产出指标

完整的国民经济价值型投入产出表包括中间使用、最终使用、中间投入和增加值四个部分。根据投入产出表，可以计算一些常用的投入产出指标，进而对区域内的产业关联情况进行分析。一般而言，投入产出模型主要包括以下几个计算指标（姚星等，2012；楚明钦，2013）。

（1）中间需求率

中间需求率是指国民经济的各产业对第i产业的中间需求量之和与第i产业的总需求之比。该指标主要反映了在各产业部门的总产品中，有多少产品属于中间产品，即其产品将会作为其他各产业的原材料。某一特定产业的中间需求率越高，则表明该产业越具有中间产品的性质。如果不考虑进出口贸易时，任何产品不是作为中间产品，就将是作为最终产品。此时的中间需求率加上最终需求率即等于1。中间需求率的计算公式如下。

$$D_i=\frac{\sum_{j=1}^{n} x_{ij}}{\sum_{j=1}^{n} x_{ij}+Y_i},\ i=1,2,\cdots,n \qquad (5\text{-}56)$$

式中，D_i表示第i产业的中间需求率，x_{ij}为国民经济中的j产业对第i产业产品的中间需求量；Y_i为第i产业的最终需求量。中间需求率越大，说明该产业产品被其他行业的需求越多。

（2）中间投入率

中间投入率是指第j产业在生产过程中所需要的国民经济其他产业的中间投入之和，与该产业需要的总投入的比值。该指标主要反映了该产业对国民经济其他产业的依赖程度。中间投入率的计算公式如下。

$$T_i=\frac{\sum_{i=1}^{n} x_{ij}}{\sum_{i=1}^{n} x_{ij}+Z_i},\ i=1,\ 2,\ \cdots,\ n \tag{5-57}$$

式中，T_i表示第i产业的中间投入率，x_{ij}表示第i产业在生产过程中需要的第j产业的投入；Z_i表示第i产业的增加值。产业的中间投入率越大，则说明该行业在生产过程中使用的中间投入越多。

（3）影响力系数

影响力系数是指当第i产业增加一个单位的投入时，对国民经济中其他产业的中间投入所产生的波及影响程度。影响力系数也被称为后向关联系数，其计算公式如下。

$$E_j=\frac{\sum_{i=1}^{n} b_{ij}}{\frac{1}{n}\sum_{j=1}^{n}\sum_{i=1}^{n} b_{ij}},\ i,\ j=1,\ 2,\ \cdots,\ n \tag{5-58}$$

式中，E_j为第j产业对其他产业的影响力系数；b_{ij}为里昂惕夫逆矩阵（$I-A$）-1中第i行第j列的系数。当一个产业的影响力系数大于1时，则表明该产业的影响力在全部产业中居于平均水平以上。产业的影响力系数越大，表明该产业对其他产业的带动作用越强。

（4）感应度系数

感应度系数是指当国民经济的各产业部门每增加一个单位的最终使用量时，第i产业部门由此而感受到的需求程度。即该产业部门为其他产业部门生产而提供的产出量。感应度系数也被称为前向关联系数。其计算公式如下。

$$S_j=\frac{\sum_{i=1}^{n} B_{ij}}{\frac{1}{n}\sum_{i=1}^{n}\sum_{j=1}^{n} B_{ij}},\ i,\ j=1,\ 2,\ \cdots,\ n \tag{5-59}$$

式中，S_j为第i产业部门受其他产业部门影响的感应度系数，B_{ij}为里昂惕夫逆矩阵（$I-A$）$^{-1}$中第i行第j列的系数。当第i产业的感应度系数大于1时，表明当国民经济的各产业部门每增加一个单位的最终使用量时，第i产业部门由此而感受到的需求程度大于社会平均值。若将各产业按照感应度系数的大小进行排序，那么，排在前面的产业就属于区域的瓶颈产业。加快瓶颈产业的发展可以有效地推动区域经济的协调发展。

三、人口系统分析方法

人口是社会经济活动的主体。人口的发展变化与迁移趋势对长城经济带社会经济的发展具有重要的影响。

（一）人口规模

1. 人口预测

人口预测是指以区域范围内的现有人口现状为基础，结合对未来人口发展趋势的宏观控制要求和假定条件，计算得出区域未来人口数据的技术方法（杨丽霞等，2006）。人口数量的多少将直接影响到经济带的经济社会发展、资源利用和生态环境状况。准确的人口预测是制定国民经济计划和区域发展战略规划的基本依据。人口预测的方法很多，下面将简单介绍几种常见的人口预测方法。

（1）马尔萨斯人口模型

马尔萨斯人口模型是由托马斯·罗伯特·马尔萨斯（Thomas Robert Malthus）于1798年提出的。马尔萨斯认为，在一般情况下，人口增长率是一个常数。即随着时间的增加，人口总量将按指数规律无限增长。因此，可以采用指数增长函数进行人口的预测。其人口预测公式如下（杨丽霞等，2006）。

$$Y_t=x_0(1+r)^t \tag{5-60}$$

式中，Y_t为该区域t年之后的人口数；x_0为区域初始年的人口数；r为人口的年增长率；t为人口预测年限。

根据区域已有的历史人口数据，利用最小二乘法（OLS）进行线性回归运算即可求出模型的参数x_0和r，进而实现人口的预测分析。

（2）Logistic人口增长模型

马尔萨斯的人口预测模型在中短期的人口预测中是比较合适的。但是，从长远来看，人口的增长必将受到环境的约束，人口数量也不可能无限增长下去。因此，有学者在马尔萨斯的人口预测模型中增加了一个资源环境约束因子，从而形成了Logistic人口阻滞增长模型。其计算公式如下。

$$P_t=\frac{k}{1+e^{(a+bt)}}+\varepsilon \tag{5-61}$$

式中，P_t为第t年的总人口数；t为预测的时间；k，a和b均为模型参数，可利用历史数据进行拟合计算得到；ε为随机误差。

（3）宋健人口发展模型

“人口发展模型”是我国学者宋健等人提出的人口预测模型。该预测模型具有对预测变量的设置更为合理、对预测参数因素的考虑更为周密、操作简单方便、易于应用推广等优点，因而在国内外得到了较为广泛的应用（蒋远营等，2011）。其计算过程如下。

$$B(t)=TFR_{(t)}\sum_{x=a_1}^{a^2}P^F_{x(t)}\times H_x(t) \tag{5-62}$$

$$\begin{cases}P_{0(t+1)}=S_{00}\times\delta(t)\times B(t)\times g_{00}(t)\\ P_1(t+1)=P_0(t)\times S_0+g_0(t)\\ P_2(t+1)=P_1(t)\times S_1+g_1(t)\\ \cdots\\ P_{w-1}(t+1)=P_{w-2}(t)\times S_{w-2}+g_{w-2}(t)\end{cases} \tag{5-63}$$

式中，$B(t)$为出生人口数量；$TFR(t)$为总和生育率；n为可调整参数；a_1为育龄妇女的最低生育年龄，通常设为15岁；$P_{x+1}(t+1)$为在预测年度时$x+1$岁的人口数量；$P_x(t)$为在预测基准年时x岁的实际人口数；S_{00}为出生当年的人口存活率；S_x为人口在x岁时的存活率；$g_{00}(t)$为出生当年的净迁移人数；$gx(t)$为x岁的净迁移人数。

2. 人口承载力分析

随着人类社会经济的不断发展，全球人口也呈现出非常明显的高速增长态势，给全球的资源和生态环境带来了巨大的压力。因此，人口承载力从诞生之日起，就得到了政府和社会的广泛关注。根据联合国教科文组织的定义，人口承载力是指某个特定区域在可以预见的时期内，利用该区域的自然资源、智力、技术等条件，在保证符合社会文化准则的物质生活水平条件下，所能够持续供养的人口数量（张英飒，2008）。目前已经提出了许多人口承载力的计算方法。总体上看，可以将这些方法大致划分为两大类：直接测算法和间接测算法（张燕等，2013）。

直接测算法是指直接根据人口承载力的影响因子来测算区域人口承载力的方法。根据人口承载力计算模型中影响因子的数量，又可将直接测算法细分为单因子测算法和多目标测算法。（1）单因子测算法。单因子测算法是指计算区域系统中某个因素的人口承载力大小。如金荻采用多元回归分析法，分析了人均需水量与用水总量、水资源产出率、万元工业增加值用水量和农田灌溉亩均用水量等因素之间的关系，建立了预测模型，计算出嘉峪关市的水资源人口承载力（金荻，2015）。张贵军等人运用一元线性回归法和GM（1，1）灰色预测模型法，预测了石家庄市的耕地面积和人口数量，进而计算了该区域的耕地资源人口承载能力（张贵军等，2013）。（2）多目标测算法。多目标测算法是指通过对区域系统中各种影响因素的综合考虑来计算区域综合人口承载力的大小。如汪志红等人基于马尔萨斯的人口增长模型，从概率的角度构建了一套人口承载力动态综合测度模型（汪志红等，2016）。师翠英等人利用可能—满意度方法，从目标实现的可能度和满意度这两个角度出发，构建了人口承载力的可能—满意度函数，测算了天津市人口的最优规模（师翠英等，2016）。

间接测算法是指通过区域人口密度或区域适度人口规模来测算区域人口承载力的方法。如陈仲常等人利用适度人口指标考察了我国各省（区、市）的经济人口承载容量和资源环境人口承载容量，进而建立了一套人口承载力预警系统（陈仲常等，2011）。

Zheng利用盈余函数非线性模型（surplus function），引入家庭可支配收入总额、工业产出水平、家庭总开支、劳动力工资等变量，检验了城市在不同阶段的适度人口规模（Zheng，2007）。

（二）人口结构

人口结构是指在一定地区、一定时点的人口总体内部，根据性别、年龄等各种不同质的规定性进行划分而得出的数量比例关系。人口结构分析主要包括性别结构分析、年龄结构分析等内容。

1. 性别结构

性别是人最基本、最明显，也是最恒定的特征之一。性别结构是指一个国家或地区两性人口数量的比例关系，它是衡量一个社会人口状况的重要内容（张善余，2013）。性别结构主要通过性别比这一指标来分析。性别比是指每100位女性所对应的男性数目。其计算公式如下。

$$性别比=\frac{男性人口数}{女性人口数}\times 100 \tag{5-64}$$

一个区域的性别比大于100，则意味着该区域中的男性人数多于女性。一般而言，出生婴儿性别比为105左右。

2. 年龄结构

一个国家或地区人口的年龄结构是指总人口中不同年龄组人口的数量比例关系。度量和分析人口年龄结构的指标主要包括以下几类。

（1）人口比重。人口比重是指特定年龄组人口数占总人口的比重，主要包括少年儿童比重、老年人口比重等分析指标。其计算公式如下。

$$少年儿童比重=\frac{0\sim 14\text{ 岁人口数}}{总人口数}\times 100\% \tag{5-65}$$

$$老年人口比重=\frac{\geqslant 65\text{ 岁人口数}}{总人口数}\times 100\% \tag{5-66}$$

（2）老少比。老少比也是反映一个国家或地区人口年龄结构的重要指标。老少比越高，则说明该区域的人口老龄化趋势越严重。老少比的计算公式如下。

$$老年比=\frac{\geqslant 65\text{ 岁人口数}}{0\sim 14\text{ 岁人口数}}\times 100\% \tag{5-67}$$

（3）抚养比。抚养比是指非劳动力人口数与劳动力人口数之间的比值。抚养比是衡量劳动力人口负担的重要指标。抚养比又可细分为少年儿童抚养比、老年抚养比、总抚养比三个子指标。其计算公式如下。

$$少年儿童抚养比=\frac{0\sim 14\text{ 岁人口数}}{15\sim 64\text{ 岁人口数}}\times 100\% \tag{5-68}$$

$$老年抚养比=\frac{\geq 65岁人口数}{15\sim 64岁人口数}\times 100\% \quad (5\text{-}69)$$

$$总抚养比=少年儿童抚养比+老年抚养比 \quad (5\text{-}70)$$

抚养比越大，则表明每个劳动力人口所承担的抚养人数就越多，劳动力的抚养负担就越严重。一个区域的老龄人口抚养比越高，则表明该区域的人口老龄化趋势越严重。

（三）人口分布

人口分布是指人口在一定时间范围内的空间存在形式和分布状况。人口分布既包括区域总人口的分布状况，也包括某些特定人口（如城市人口、民族人口）、特定人口组分（如年龄、性别等）的分布。区域人口分布状况既是区域自然、社会、经济和历史状况的综合反映，也会对区域自然环境和社会经济发展产生重要影响。可利用如下指标来衡量区域的人口分布状况。

1. 人口密度、广狭度和接近度

（1）人口密度

人口密度是指某区域内单位土地面积上的人口数量，主要用于衡量世界各地人口的密集程度，通常以每平方千米或每公顷内的常住人口为计算单位。其计算公式如下。

$$D=\frac{P}{S} \quad (5\text{-}71)$$

式中，D为人口密度，P为人口数量，S为土地面积。

人口密度是衡量人口空间分布的重要指标。一般而言，人口密度可以划分为四个等级：第一级为人口密集区，指人口密度大于100人/平方千米的区域。如韩国、日本、中国香港等地。第二级为人口中等区，指人口密度为25～100人/平方千米的区域。如美国、埃及等地。第三级为人口稀少区，指人口密度为1～25人/平方千米的区域。如加拿大、俄罗斯等地。第四级为人口极稀区，指人口密度小于1人/平方千米的区域。如格陵兰岛、南极等地。

为了将人口密度同区域的自然资源和社会经济更加紧密地联系起来，人们又对人口密度指标进行了细分，提出了农业人口密度、比较人口密度、经济人口密度等指标。其中，农业人口密度是指单位面积上的平均农业人口数；比较人口密度是指单位农用土地上的平均人口数；经济人口密度是指各种自然、社会、经济资源与人口的比指，如人均水资源量、人均国民生产总值、人均收入、人均工农业产品产量等。

（2）广狭度

广狭度是指某区域内人均占有土地面积的大小。广狭度是人口密度的倒数，通常以平方米/人或公顷/人为计算单位。其计算公式如下。

$$F=\frac{S}{P} \quad (5\text{-}72)$$

式中，F为广狭度，S为土地面积，P为人口数量。

（3）接近度

假设区域内人口呈等距离分布，则可将以单位面积计量的广狭度转换成以距离计量的接近度。

假设人口呈正方形分布，则接近度H_1的计算公式如下。

$$H_1=\sqrt{F} \tag{5-73}$$

式中，H_1为接近度，F为广狭度。

假设人口呈六方形分布，则接近度H_2的计算公式如下。

$$H_2=1.07457\sqrt{F} \tag{5-74}$$

式中，H_2为接近度，F为广狭度。

综合使用人口密度、广狭度和接近度等指标，则可以简单清晰地反映出区域之间人口分布的差异。

2. 不均衡指数、集中指数和再分布指数

利用不均衡指数、集中指数和再分布指数这三个指标，可以方便地分析区域人口分布是否均衡。

（1）不均衡指数。不均衡指数的计算公式如下。

$$U=\sqrt{\frac{\sum_{i=1}^{n}\left[\sqrt{2}/2(x_i-y_i)\right]^2}{n}} \tag{5-75}$$

式中，U为不均衡指数；n为地域数量；x为各地域占总人口的比重；y为各地域占土地总面积的比重。不均衡指数的值越小，则表明人口分布越均衡；反之，则越不均衡。图5-10是中国人口分布不均衡指数的变化趋势。

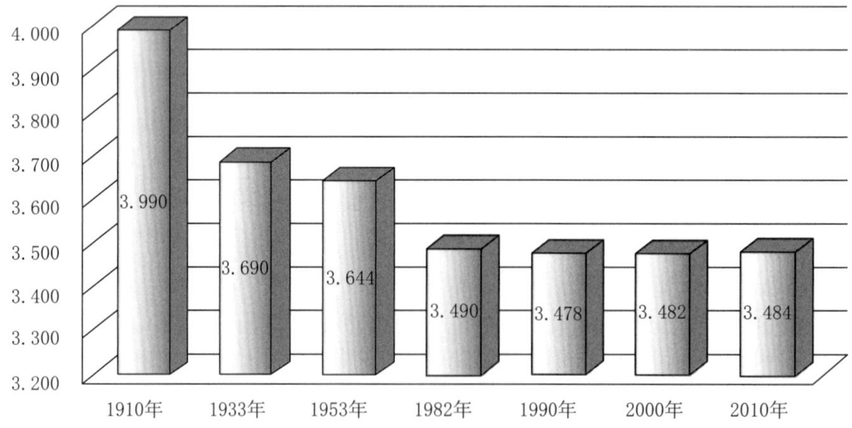

图5-10 中国人口分布不均衡指数的变化趋势（张善余，2013）

（2）集中指数。集中指数的计算原理来源于著名的洛伦兹曲线，即频率累积曲线。集中指数是一个研究人口分布状况的常见方法，其计算公式如下。

$$C=\frac{1}{2}\sum_{i=1}^{n}\left|x_i-y_i\right| \tag{5-76}$$

式中，C为集中指数；n为地域数量；x为各地域占总人口的比重；y为各地域占土地总面积的比重。集中指数的值越小，则表明人口分布越均衡；反之，则越不均衡。

（3）再分布指数。人口的地域分布是不断变化的，这一演化过程一般称为人口再分布。人口的再分布通常会受到自然增长和人口迁移流动的双重影响。人口的再分布状况通常可以用再分布指数来衡量，其计算公式如下。

$$R=\frac{1}{2}\sum_{i=1}^{n}\left|y_{i,t+m}-y_{i,t}\right| \tag{5-77}$$

式中，R为再分布指数；n为地域数量；$y_{i,t}$为各地域在t时占总人口的比重；$y_{i,t+m}$即为各地域在$t+m$时占总人口的比重。再分布指数的值越大，则说明区域人口的自然增长速度越快或人口的迁移流动比较频繁。

3. 人口分布重心

假设某区域内每个居民的重量都相等，则在该地域全部空间平面上力矩达到平衡的点就是人口分布重心。其计算公式如下。

$$x'=\frac{\sum_{i=1}^{n}p_i x_i}{\sum_{i=1}^{n}p_i};\ y'=\frac{\sum_{i=1}^{n}p_i y_i}{\sum_{i=1}^{n}p_i} \tag{5-78}$$

式中，x'和y'为某区域人口分布重心的坐标，通常指经度和纬度；n为该区域内子区域的数量；p_i是指这些子区域的人口数，x_i和y_i是指这些子区域人口分布重心的坐标。

区域人口分布重心及其变化轨迹可以反映区域的人口分布状况及其变化趋势。通过区域人口分布重心与各类资源分布重心的分析和比较，有助于人们理解人口与资源分布的关系，以及人口与自然生态环境的协调性。

（四）人口迁移分析

人口迁移是指人口在两个地区之间的地理流动或者空间流动。这种流动通常会涉及永久性居住地由迁出地到迁入地的变化。这种人口迁移被称为永久性迁移，它不同于其他形式的、不涉及永久性居住地变化的人口移动。根据这个概念，人口迁移具有两个重要的属性：一是时间属性，即只有那些居住地发生永久性变化的运动才能称为人口迁移；二是空间属性，即人口迁移必须迁出原居住地一定的距离。这个空间距离通常是以是否跨越行政界线为判断依据。经典的人口迁移模型主要包括推拉模型、成本 收益模型、两部门模型、托达罗模型等。

1. 推拉模型

推拉模型是解释农村劳动力流动的经典模型。推拉理论最早可追溯到英国学者拉文斯坦（E.G.Ravenstein）提出的人口迁移七大法则。博格（D.J.Burge）则首次提出了人口迁移的推拉模型。博格认为，人口迁移是由于迁出地的推力和迁入地的拉力共同作用的结果。人口流动的根本目的在于改善其自身的生活条件。迁出地的不利生活条件是人口流动的推力，而迁入地的诸多有利于改善人们生活条件的因素就是人口流动的拉力。人口流动的出现是迁出地推力和迁入地拉力共同作用的结果。推拉模型隐含着两项假设：一是假设人口的流动是人的理性选择；二是假设流动者对迁出地及迁入地的信息有比较深入的了解（金沙，2009）。

基于推拉理论，学者们提出了许多人口迁移的量化模型。1946年，美国社会学家齐普夫（Zipf）将万有引力定律引入推拉模型中，提出了人口迁移的引力模型（Zipf，1946）。齐普夫认为，两地之间迁移人口与两地人口规模成正比，与两地之间距离成反比。其计算公式为

$$M_{ij}=k\times\frac{P_iP_j}{(D_{ij})^{\alpha}} \tag{5-79}$$

式中，M_{ij}为i地与j地之间的人口迁移量，P_i，P_j分别为两地的人口规模，D_{ij}为i，j两地之间的距离，k为常数，α为距离衰减系数。该模型的优点是将阻碍两地之间人口迁移的因素尽量地简化，从而使区域间的人口迁移分析真正从定性描述转为了定量分析。

2. 成本-收益模型

1962年，美国芝加哥经济学派的著名经济学家舒尔茨（Theodore W.Schultz）首次提出了人口迁移活动的成本—收益理论（Pasour，2013）。舒尔茨认为，迁移是人们追求更大经济收益的行为决策过程。迁移者通过对迁移的成本和收益进行比较，当他们认为迁移带来的预期收益大于预期成本时，就会进行迁移活动。其中，迁移的成本包括货币成本和非货币成本。货币成本主要包括迁移费用和迁移时因失业而减少的收入。非货币成本主要包括迁移的时间成本、心理成本等。同样，迁移的收益也包括货币收益和非货币收益。货币收入包括收入的增加；非货币收入包括社会关系的改善、心理的满足等。后来，夏斯达（L.A.Sjaastad）对成本—收益理论进行了量化，从而建立了成本—收益模型（Sjaastad，1962）。

$$PV=\left(\frac{L_j-L_i}{r_{di}}\right)-G_{ij} \tag{5-80}$$

式中，PV是指迁移者获得的净收益；L_j是指迁移者在迁入地获得的实际收入；L_i是指迁移者在迁出地获得的实际收入；r_{di}是指迁移者在迁移之后，将收益转换为迁出地现实收入的贴现率；G_{ij}是指迁移者从i地迁移到j地所花费的迁移费用。如果PV为正值，则表示迁移后的总收益大于迁出地实际收入和迁移成本之和。此时迁移者才会选择迁移，否则人们就不会迁移。

该模型提出之后，有许多学者根据当地的实际情况，提出了相应的成本—收益计算方法。我国也有学者建立了农业人口向城市迁移的成本—收益计算模型（表5-8）。认为总成本包括城市生活成本、住房成本、城市基础设施成本、社会保障成本、义务教育成本、成人教育培训成本和机会成本等；总收益包括农业转移人口的收入、对政府财政收入的贡献以及对企业利润的贡献。总收益则主要包括农业迁移者的收入、迁移者对政府财政收入的贡献以及迁移者对企业利润的贡献。

表5-8 农业转移人口市民化成本分类表（周春山等，2015）

序号	需求层次	相应的内容及成本	市民化的内涵	本研究选取的成本
1	生理需求	衣、食、住、行等	人们在行为和生活方式上的改变	城市基础设施成本C_1、城市生活成本C_2、住房成本C_3
2	安全需求	生命财产、安全、劳动权利、医疗服务等社会保障的需求及其成本	增加社会权利和社会保障	社会保障成本C_4
3	情感和归属需求	背井离乡所导致的归属感缺乏	由城市边缘人向真正的城市建设者转变	—
4	尊重需求	对农业转移人口存在观念上的偏见和行为上的歧视	社会地位的提高，心理上的转变	—
5	自我实现	职业教育培训	日益与城市生活相融合	教育成本C_5

3. 两部门模型

1954年，美国经济学家威廉·阿瑟·刘易斯（William Arthur Lewis）发表了《劳动无限供给下的经济发展》一文，提出了两部门模型（two-sector model）（Cumper，1963）。刘易斯认为，发展中国家的经济通常由两个不同的经济部门组成：传统部门和现代部门。传统部门主要是指自给自足的农业及简单的、零星的商业、服务业。这些产业部门具有劳动生产率很低，边际劳动生产率接近于零，非熟练劳动力的工资很低，存在大量的隐蔽性失业等特点。现代部门则是指技术比较先进的工矿业、建筑业、近代商业等。这些产业部门具有容纳的就业人员较少、劳动生产率较高、工资水平较高等特点。刘易斯将其称之为发展中国家的二元经济结构。在二元经济结构中，现代产业部门的工资要高于传统产业部门，这将诱使农业剩余人口向城市的工商业部门转移。农业劳动力的进入有利于城市工商业部门的发展，从而吸引更多的农业剩余人口进入城市工商业部门。当农村的剩余劳动力逐渐消失，传统部门和现代部门的劳动生产率和边际生产率基本一致，劳动力工资水平也较为一致时，国民经济中的二元结构也就消失了。按照刘易斯的两部门模型，在区域经济的发展过程中，必然会出现农业剩余人口向非农产业转移的现象。只有农业剩余人口向非农产业的转移，才会推动现代工业和服务业的发展，也能使农业生产实现规模化和现代化，最终实现从二元经济结构向一元经济结构的转化。

费景汉（John C.H.Fei）和古斯塔夫·拉尼斯（Gustav Ranis）认为，刘易斯提出的两部门模型主要有两点缺陷：一是没有足够重视农业在促进工业增长中的作用；二是没有注意到农业剩余产品的出现是农业劳动力向工业流动的前提条件。因此，1961年，他们对刘易斯的两部门模型进行了改进。将农业劳动力向工业的流动过程划分为三个阶段（Fei et al.，1971）。第一阶段与刘易斯的两部门模型是一致的，即农业中劳动生产率等于零的那部分劳动力的流出。第二阶段是农业中边际劳动生产率低于农业部门平均产量的劳动力向工业部门的流动。此时，农业劳动力的边际产量为正值，他们向工业部门的转移导致了农业部门的萎缩，使得农产品的供给出现短缺，工农业产品间的贸易条件开始变得有利于农业，工业部门劳动力的工资开始上涨。第三阶段是农业已经完成了从传统农业向现代农业的转变。此时，农业和工业的劳动力工资都由其边际生产力决定，产业之间的劳动力流动完全取决于各自边际生产力的变动。

4. 托达罗人口迁移模型

1970年，美国发展经济学家托达罗（Michacl P. Todro）和哈里斯（J.R.Harris）提出了著名的Harris-Todaro城乡人口迁移模型（Harris et al.，1970）。托达罗等人认为，农村人口向城市迁移的主要驱动力是城乡间预期收入水平的差异。在发展中国家，农村人口向城市的流动主要取决于两个关键因素：一是城乡二元经济结构所带来的收入差异；二是迁移者在城市中就业的概率。城市预期收入与农村收入的差异越大，则农村人口流动的动力就越强，流动人口就越多。其数学模型如下。

$$\frac{S'}{S}(t)=F\left[\frac{Y_u(t)-Y_R(t)}{Y_R(t)}\right],\ F'>0 \tag{5-81}$$

式中，S' 表示农村流入城市的净劳动力数量；S表示城市原有的劳动力数量；$Y_u(t)$ 表示在t时段中，一个非熟练农村劳动力在城市务工可获得收入的折现值；$Y_R(t)$ 表示在t时段中，一个农村劳动力在农村的预期收入的折现值。该公式表明，农村向城市迁移的劳动力数量是城乡预期收入差异比率的函数。

若$V(0)$表示迁移者在一定时期内城乡预期收入差异的净贴现值，则劳动力流动量可用下式来表达。

$$M=F[V(0)],\ F'>0 \tag{5-82}$$

$$V(0)=\int_{t=0}^{n}[p(t)Y_u(t)e^{-rt}-Y_r(t)e^{-rt}]dt-C(0) \tag{5-83}$$

式中，$Y_u(t)$ 表示在t时段内城市劳动力的工资率；$Y_r(t)$ 表示在t时段内农村劳动力的工资率；r表示贴现率；$p(t)$ 表示劳动力流动时段内的就业率；$C(0)$ 表示劳动力流动的成本。当$V(0)$ 的值为正时，农村劳动力就会做出由农村向城市迁移的决定；反之，劳动力就会选择留在农村。

四、城市系统分析方法

（一）城市功能分析

城市功能也被称为城市职能，是指城市在一定地域范围内的经济、政治、社会、文化活动中所具有的能力和作用。一般而言，每个城市都具有多种功能；城市的各种结构性因素决定了城市功能的类型和强弱程度。

1. 城市功能分类方法

城市通常都具有生产功能、服务功能、管理功能、协调功能、集散功能、创新功能等多种功能。城市功能分类就是根据各个城市主导功能在类型和数量等级上的差异性，将这些城市划分为不同的类型。常见的城市功能分类方法主要有城市经济基础法、纳尔逊统计分析法等。

（1）纳尔逊统计分析法

1955年，纳尔逊（H. J. Nelson）提出了一套基于统计分析指标的城市功能分类方法（Nelson，1955）。该方法通过计算各个城镇各类经济活动的算术平均值、标准差等统计指标，来确定各城市所承担的主导职能（表5-9）。该方法提出之后，对美国的城市功能分类产生了十分深远的影响。该方法的基本计算步骤如下。

首先，根据国情普查的数据，按照一定的标准将所有行业归并成若干种经济活动，以此作为城市功能类别划分的基础。其次，分别计算所有城镇在上述若干种经济活动中的劳动力结构百分比，绘制各种经济活动部门劳动力百分比的频率分布曲线。再次，计算所有城镇中每种经济活动的劳动力百分比的算术平均值（*M*）和标准差（*S. D*）。如果某种经济活动的劳动力百分比高于平均值加一个标准差，则将其作为城镇主导职能。最后，按照上述标准对城市进行功能分类，并用代号表示各种城市功能类型。

表5-9　美国城镇九种活动的职工平均比重和标准差（许学强等，2009）

项目	制造业	零售业	专门服务业	交通运输业	个人服务业	公共行政	批发业	金融保险不动产	矿业
平均值（*M*）	27.07	19.23	11.09	7.12	6.2	4.58	3.85	3.19	1.62
标准差（*S.D*）	16.04	3.63	5.89	4.58	2.07	3.48	2.14	1.25	5.01
M+1*S.D*	43.11	22.86	16.98	11.7	8.27	8.06	5.99	4.44	7.63
M+2*S.D*	59.15	26.47	22.87	16.28	10.34	12.54	8.13	5.69	12.64
M+3*S.D*	75.26	30.12	28.16	20.86	12.41	16.02	10.27	6.94	17.65

纳尔逊统计分析方法的城市功能分类建立在比较客观和统一的数理统计分析的基础上。按照该方法，一个城市可以具有几个主导职能，和现实情况比较符合。同时，根据这些统计指标，还可以反映城市主导职能的专门化程度。因此，该方法提出之后，得到了比较广泛的应用。

（2）城市经济基础法

1964年，麦克斯韦尔（J. W. Maxwell）提出了一种新的城市功能分类方法。其基本计算过程如下：首先，利用厄尔曼（E. L. Ullman）和达西（M. F. Dacey）提出的最小需要量法，计算出每个城市各个经济部门劳动力的最小需要量；其次，在总劳动力结构中扣除城市的非基本劳动力，从而得到每个城市基本活动部分的劳动力结构；再次，基于上述数据，分别计算各个城市的优势职能、突出职能和专业化指数，以此分析城市的功能特点。其中，城市的优势职能主要根据城市基本劳动力结构中比重最大的产业部门来确定。城市的突出职能通过各产业平均劳动力比重加标准差的方法来分析。城市的专业化指数则通过厄尔曼和达西建立的专业化指数来计算。其计算方法如下。

$$S=\sum_{i=1}^{n}\left[\frac{(P_i-M_i)^2}{M_i}\right]\div\frac{(\Sigma P_i-\Sigma M_i)^2}{\Sigma M_i} \quad (5-84)$$

式中，i为各经济活动部门；P_i为i部门劳动力在劳动力总量中所占的百分比；M_i为i部门的最小需要量。

2. 城市功能网络分析

随着生产力水平的不断提高，城市间的功能联系越来越密切。在城市之间功能互补的前提下，各种功能要素通过不同的联系通道相互作用，形成了城市间的各种功能联系。这些功能联系在区域空间的有机叠加，最终形成了城市功能网络。利用城市功能网络分析法，可以分析区域内城市功能联系的时序演化历程和空间特征，从而为城市之间的协调发展提供科学依据。

城市功能网络分析主要包括两个步骤。首先，计算城市各产业部门在本区域中的区位熵。其计算公式如下。

$$LQ_{ik}=\frac{E_{ik}/E_i}{E_k/E} \quad (5-85)$$

式中，LQ_{ik}表示第i个城市的k产业部门在区域中的区位熵，E_{ik}表示k产业部门在第i个城市的就业人数；E_i表示第i个城市总的就业人数，E_k表示k产业部门在区域中的总就业人数，E表示区域内所有产业部门的总就业人数。一般认为，LQ_{ik}的值越大，则表明第i个城市的k产业部门在区域中的优势越大。

其次，计算城市间的功能互补系数（FCI_{ij}）。为了更好地分析城市间综合职能的差异，可以城市间每个产业部门区位熵之差的绝对值之和作为这两个城市间的功能互补系数（FCI_{ij}），其计算公式如下。

$$FCI_{ij}=\sum_{k=1}^{n}|LQ_{ik}-LQ_{jk}| \quad (5-86)$$

式中，i，j代表区域内的两个城市，FCI_{ij}代表城市i和城市j的功能互补系数，k代表每个城市的某个行业部门，n代表每个城市的行业部门数量。FCI_{ij}的值越大，则表明城市间的功能联系越紧密。

最后，通过计算不同历史时期区域内各个城市间的城市功能互补指数，即可获得区域内的城市功能网络图（图5-11），分析区域内城市功能联系的时序演化历程和空间特征。

（二）城市空间结构

1. 分形理论

1967年，美籍数学家曼德博特（Benoit B.Mandelbrot）在《Science》杂志上发表了著名的《英国的海岸线有多长？统计自相似和分数维度》一文，首次提出了分形理论（Mandelbrot，1967）。分形理论的最基本特点是用分数维度的视角和数学方法来描述和研究客观事物。利用分形理论，人们能够更有效地揭示复杂的自然和社会现象中所隐藏的规律性、层次性及标度不变性特征，被广泛应用于物理学、化学、生物学、地理学、信息学等领域。

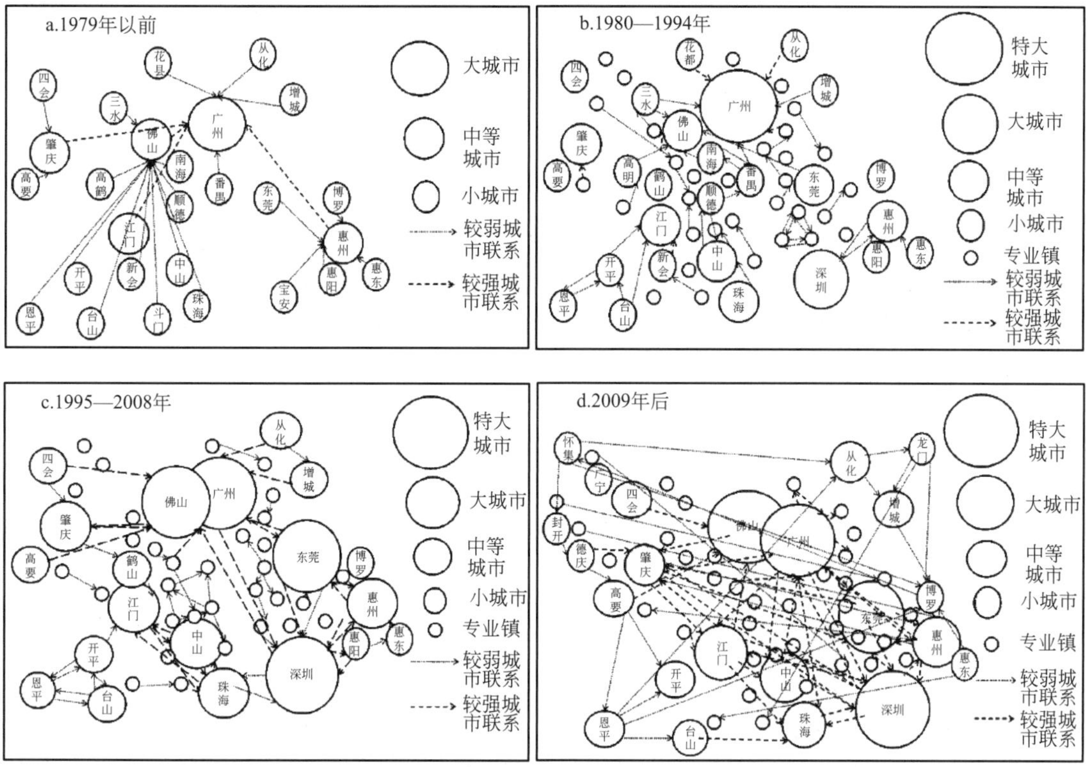

图5-11　珠三角的城市功能联系网络（刘涛等，2015）

分形就是指整体中的各组成部分以某种方式与整体相似的集合形态；或者是指在某种物体在很宽的尺度范围内，无特征尺度却有自相似性和自仿射的一种现象。分形的特征量是分形维数，简称分维（fractal dimension）（朱晓华等，2000）。分形是大自然的优化结构，分形体往往能够最有效地占据空间。而区域中城镇的空间分布具有无标度性，表现出统计分形的特征（陈涛等，1994）。在我国的城市地理学研究中，大量使用了分形理论，并取得了丰硕的研究成果。对城镇体系空间结构的分形分析方法主要有三种分形：聚集维数、网格维数和空间关联维数（刘继生等，1999）。

（1）聚集维数

城镇体系的聚集维数主要反映了城镇空间分布结构所具有的从中心城市向周围腹地的密度衰减特征。假定城镇体系中的各种要素按照某种自相似规则，围绕中心城市呈凝聚态分布，且分形体是沿各方向均匀变化的。那么，可以借助几何测度关系来确定一定半径范围内的城镇数目$N(r)$与相应半径（r）的关系。可用下式表示。

$$N(r) \propto r^{D_f} \tag{5-87}$$

式中，r为半径；$N(r)$为半径范围内的城镇数目；D_f即为分维。研究表明，上述假设是成立的。因此，可以利用回转半径法来测算城镇体系空间聚集的分维数。考虑到半径r

的单位取值将会影响到分维的数值，则须将其转化为平均半径（陈涛，1995）。平均半径的定义为

$$R_S \equiv \langle \left(\frac{1}{S} \sum_{i=1}^{S} r_i^2 \right)^{1/2} \rangle \tag{5-88}$$

则有分维关系。

$$R_S \propto S^{1/D} \tag{5-89}$$

式中，R_S为平均半径；r_i为第i个城镇到中心城市的欧氏距离；S为城镇数；符号$\langle\cdots\rangle$表示平均；D表示分维。由于这里的D反映的是城镇围绕中心城市随机聚集的空间特征，故称之为聚集维数。

（2）网格维数

网格维数主要用于反映区域中城镇空间分布的均衡性。如果对区域进行网格化处理，侧重考察被城镇所占据的网格数量$N(X)$。显然，$N(X)$的值将随网格尺寸X的变化而变化。如果城镇的空间分布具有无标度性，则应有

$$N(\lambda X) \propto \lambda^{-T} N(X) \tag{5-90}$$

$$N(X) \propto X^{-T} \tag{5-91}$$

根据Hausdorff维数公式可知，$T=D_0$即为分维。假设城市体系是均匀的分形体，不考虑各个网格中的城镇数的差别。设网格的行号为i，列号为j，则网格中的各城镇可用N_{ij}来表示；区域中所有城镇的总数为N，则可近似地定义概率为$P_{ij}=N_{ij}/N$，于是有信息量

$$I(X)=-\sum_{i=1}^{k}\sum_{j=1}^{k} P_{ij}(X) \ln P_{ij}(X) \tag{5-92}$$

式中，$K=1/X$，表示区域中各边的分段数目。如果城镇体系是分形的，则有

$$I(X)=I_0-D_1 \ln X \tag{5-93}$$

式中，I_0为常数；D_1为分维。据此，则可以引导出广义维，进而得到多分维谱D_q。由于上述维数都是基于区域城镇体系的网格化进行测算的，故将其统称为网格维数。网格维数的值位于0～2。当$D=0$时，表示所有的城镇集中于一点，即区域中只有一个城市。当然，这种情况在现实中几乎是不会出现的。当$D=d=2$时，则表示区域中的城镇是完全均匀分布的。标准的中心地模型就属于这种情况。

（3）关联维数

关联维数主要用于反映城镇体系要素分布的空间相关性。将城镇体系的空间关联函数定义为

$$C(r)=\frac{1}{N^2}\sum_{i=1}^{N}\sum_{j=1}^{n} \theta(r-d_{ij})\text{；}(i \neq j) \tag{5-94}$$

式中，r为码尺（yardstick）；d_{ij}为城镇i和城镇j的欧氏距离；θ为Heaviside函数，具有如下性质。

$$\theta(r-d_{ij})=\begin{cases}1, 当d_{ij}\leq r时\\0, 当d_{ij}>r时\end{cases} \tag{5-95}$$

如果城镇体系的空间分布是分形的，则应具有标度不变性，即有

$$C(\lambda r)\propto\lambda^{T}C(r) \tag{5-96}$$

$$C(r)\propto r^{T} \tag{5-97}$$

式中，$T=D$，即是分维。可将其称之为空间关联维数。

从空间分布的角度上看，空间关联维数与网格维数的含义比较接近，都是反映城镇体系空间分布的均衡性。空间关联维数的取值范围为0～2；当D趋向于0时，表明城镇的空间分布高度集中于中心城市；当D趋向于2时，则表示城镇体系的空间分布很均匀。另外，空间关联维数还可以反映城镇体系中各城镇之间的通达性，进而获知城镇之间的关联性。

2. 空间自相关

托布勒（Waldo Tobler）曾提出了地理学第一定律：任何东西与别的东西之间都是相互关联。但是，近处的东西比远处的东西的相关性更强（Westlund，2013）。空间自相关（spatial autocorrelation）正是基于这一定律而提出的。所谓空间自相关，是指一些变量在同一个分布区内的观测数据之间存在着潜在的相互依赖性。由于受空间相互作用和空间扩散的影响，地理现象或地理信息之间很可能是不再相互独立，而是相关的。空间自相关分析的目的就是用于确定某一变量是否在空间上相关，其相关程度如何。在城镇体系空间结构的研究中，利用空间自相关分析，可以更加直观地反映出城镇体系的空间关联情况。一般而言，空间自相关分析又可分为全局空间自相关和局部空间自相关这两大类（杨国安等，2004）。

（1）全局空间自相关

全局空间自相关分析主要用于描述城镇体系的整体分布状况，判断城镇体系在空间上是否存在集聚特征。但是，全局空间自相关分析并不能确切地指出在哪些地区出现了集聚。全局空间自相关的计算公式如下。

$$I_g=n\times\frac{\sum_{i=1}^{n}\sum_{j=1}^{n}W_{ij}(x_i-\bar{x})(x_j-\bar{x})}{(\sum_{i=1}^{n}\sum_{j=1}^{n}W_{ij})\sum_{i=1}^{n}(x_i-\bar{x})^2};\quad i, j=1, 2, \cdots, n \tag{5-98}$$

式中，I_g为全局统计量；n代表区域数量；X_i和X_j分别代表区域i和区域j的城镇数量；W_{ij}是空间相邻矩阵中第i行第j列的值，当区域i和区域j相邻时其值为1，否则其值为0；$\bar{x}$是指所有区域中城市数量的平均值。

Moran's I的期望值为$E(I)$，其计算公式为

$$E(I)=-\frac{1}{n-1} \tag{5-99}$$

当I_g的值大于$E(I)$时，表示城镇体系存在正的空间自相关；当I_g的值小于$E(I)$时，表示城镇体系存在负的空间自相关；当I_g的值等于$E(I)$时，则表示城镇体系不存

在空间自相关。

（2）局部空间自相关

全局空间自相关值只能反映在一定的区域范围内是否存在空间自相关，却无法指出区域中不同位置之间的空间关联模式。局部空间自相关分析则能解决这个问题。局部空间自相关的计算公式如下。

$$I_1=Z_i\sum_{i\neq j}^{n}W_{ij}Z_i \qquad (5\text{-}100)$$

式中，I_1为局部统计量；n代表区域数量；Z_i和Z_j为对原始观测值进行了标准化处理后的值。W_{ij}是空间相邻矩阵中第i行第j列的值，当区域i和区域j相邻时其值为1，否则其值为0。

根据前文计算所得的局部统计量，即可绘制Moran散点图。Moran散点图通常以研究变量的空间滞后做垂直轴，用研究变量做水平轴。散点图共分为四个象限(表5-10)。第Ⅰ象限表示本区域的值为高值，而相邻区域的值也为高值；第Ⅱ象限表示本区域的值为低值，而相邻区域的值为高值；第Ⅲ象限表示本区域的值为低值，而相邻区域的值也为低值；第Ⅳ象限表示本区域的值为高值，而相邻区域的值为高值。通过这些值，可以判断出城镇体系中各城市之间的空间差异。

表5-10　Moran散点图的分象限解释（杨国安等，2004）

散点图象限	局部自相关	解释	类型
Ⅰ	正值	本区为高值；相邻区为高值	H-H
Ⅱ	负值	本区为低值；相邻区为高值	L-H
Ⅲ	正值	本区为低值；相邻区为低值	L-L
Ⅳ	负值	本区为高值；相邻区为低值	H-L

3. 空间相互作用模型

任何城市都不可能孤立地存在。为了保障城市中各种生产、生活活动的正常运行，城乡之间、城市之间总是不断地进行着物质、能量、信息和人员的交流与交换。这些交流与交换被统称为空间相互作用（spatial interaction）。通过城市间的各种空间相互作用，才把空间上分离的各个城市和乡村结合为一个有机的整体。

城市空间相互作用理论是城市地理学的重要基础理论。开展城市空间相互作用模型的研究，不仅可以为城市规划、城市经济区的划分，以及行政区划的调整等工作提供理论基础（戴特奇等，2005），还能用于商店选址、物流分析、市场影响力分析等领域（闫卫阳等，2009）。比较经典的空间相互作用模型主要包括引力模型、潜力模型、断裂点模型等。

（1）引力模型

在长期的研究过程中，人们发现经济主体之间的空间相互作用具有随距离衰减的形式。因此，赖利（W. J. Reilly）等学者引入了牛顿万有引力公式，提出了零售引力法则。赖利认为，一个城市从周边城镇吸引到的零售业顾客的数量与该城市的人口规模成正比，与两地间的距离成反比。据此，赖利构建了著名的引力模型。

从图5-12看出，假设在城市A和城市B之间存在着一个等级相对较低的城市C。A，B两个城市由城市C吸引而来的零售额的比率与两个城市的人口规模成正比，与到城市C的距离比的平方成反比。其计算公式如下。

$$\frac{B_a}{B_b}=\frac{P_a}{P_b}\left(\frac{D_b}{D_a}\right)^2 \tag{5-101}$$

式中，B_a表示城市A由城市C吸引来的零售额；B_b表示城市B由城市C吸引来的零售额；P_a，P_b分别表示城市A和城市B的人口；D_a，D_b分别表示城市A和城市B与城市C的距离。

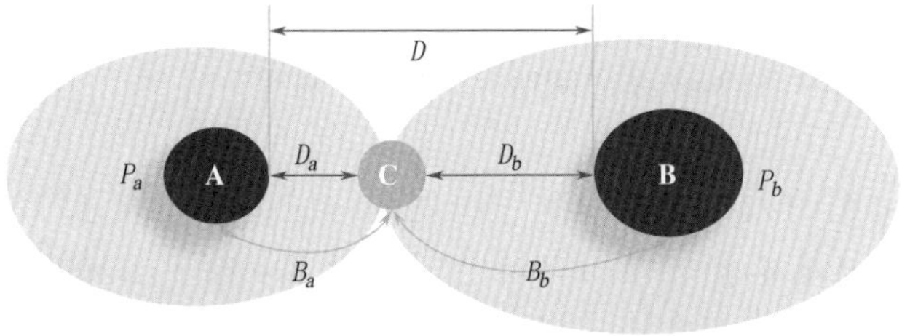

图5-12　零售业引力模型示意图

（2）断裂点模型

康弗斯（P.D.Converse）进一步发展了赖利引力模型，进而提出了断裂点（breaking point）的概念。康弗斯认为，城市的吸引范围是由城市的规模和相邻城市间的距离决定的。一个城市对周边区域的吸引力，与它的规模成正比，与它的距离的平方成反比。相邻两个城市的吸引力所达到的平衡点即为断裂点（范强等，2014）。断裂点的计算公式如下。

$$d_A=\frac{D_{AB}}{1+\sqrt{P_B/P_A}} \tag{5-102}$$

式中，d_A，d_B分别为断裂点到城市A和城市B的距离，D_{AB}为两个城市之间的直线距离，P_B，P_A分别为城市A和城市B的人口。由此公式可知，从断裂点到两个城市的距离之比等于两个城市的人口规模的平方根之比，即

$$d_A/d_B=\sqrt{P_A/P_B} \tag{5-103}$$

康弗斯的断裂点模型是对赖利引力模型的重要改进，常被用于确定城市的空间影响范围和城市经济区的划分。

（3）潜能模型

1959年汉森（Walter G.Hansen）最早提出了通达性（accessibility）的概念（Hansen，1959）。通达性也被称为可达性、易达性，是指空间相互作用机会的潜力大小（Martellato et al.，1998），即两个区域之间社会经济交往的便利程度，通常用时空距离、运输费用等指标来衡量。

通达性的具体度量方法主要是重力度量法。用重力度量法计算所得到的通达性通常称为潜能或潜力，即一个区域的通达性是它所在的地域系统中所有其他地理实体施加的作用力的总和。潜能模型的计算公式如下（闫卫阳等，2009）。

$$I_i=\sum_{j=1}^{n} I_{ij}=\sum_{j=1}^{n}\frac{P_iP_j}{D_{ij}^b}+\frac{P_iP_i}{D_{ii}^b} \tag{5-104}$$

式中，I_i表示城市i的潜能；I_{ij}表示城市i和城市j的相互作用量；W_i，W_j是经验确定的权数；P_i和P_j分别表示城市i和城市j的人口规模，D_{ij}为两个城市间的距离；b为测量距离摩擦作用的指数。D_{ii}有时采用城市i与离它最近的城市间距离的一半，也可以用城市i面积的平均半径。

潜能反映了该城市在整个城镇体系中的集聚能力，即它在空间上的吸引力。利用潜能模型的计算结果，即可方便地比较区域中各个城镇吸引力的大小、发展的优劣势，模拟交通基础设施的改善对各个城镇空间吸引力的影响等。

（4）场强分析

各个城镇影响范围的大小也是编制区域规划、城市发展规划等的重要依据。假设城镇所在的区域为均质区域，则可借用物理学中的概念，将中心城市的吸引范围称为城市影响力的力场，其影响力的大小则可称之为场强。通过场强分析，能够研究各个城镇在社会经济活动中的扩散效应。场强分析的基本过程如下（魏伟等，2012）。

将中心城镇i的综合规模作为该城镇场强的评价指标，则城镇i作用于区域内任一点k的场强F_{ik}可由下式计算。

$$F_{ik}=P_i/D_{ik}^{\ 2} \tag{5-105}$$

式中，F_{ik}为城镇i作用于k点的场强；P_i为城镇i的综合规模；D_{ik}为城镇i到k点的距离。

传统的场强模型假设研究区域是均质的。但是，在实际环境中，中心城镇对周边区域的辐射既可能会因为地形、道路状况、行政辖区等因素的障碍而快速地衰减，也会因为快速交通干道等基础设施的建设而迅速增强。因此，城镇对区域内不同的点的辐射强度是不同的。据此，许多学者提出了传输阻力加权的思路，用于改进传统的场强模型。即根据一定的标准，生成整个研究区域的阻力表面，进而计算中心城镇到每个点的加权阻力；再通过成本加权的距离分析，分别计算各点到达中心城镇的最小阻力距离。并用这个最小阻力距离代替传统场强模型中的距离D_{ik}。k点的加权阻力距离C_k的计算公式如下（魏伟等，2012）。

$$C_k=\sum_{j=1}^{n} W_jA_{jk} \tag{5-106}$$

式中，A_{jk}为k点第j个阻力因子的阻力值；W_j为第j个因子的权重；n为影响因子的数量。

4．社会网络分析模型

社会网络分析（social network analysis）是社会学家根据数学方法、图论等分析工具而提出的一种定量分析方法，主要用于描述和测量行动者之间的关系，以及伴随这些关系而出现的信息、资源、能量等的流动路径。1954年，人类学家Barnes在分析挪威某个渔村的社会结构时，首次提出了“社会网络”的概念（Barnes，1954）。

近年来，随着图论、概率论、几何学以及计算机仿真模拟技术的不断发展和完善，社会网络分析受到了越来越多的关注，被广泛应用于经济学、管理学、地理学等领域。在城市地理学领域，学者们多是利用社会网络分析模型来探讨城市间的空间相互作用关系（Helsley et al.，2014），以及城市群的空间网络结构与空间合作路径（王圣云等，2015）等问题。社会网络分析主要包括以下几个部分。

（1）基本网络要素

从本质上讲，网络是指某种关联。一个社会网络就代表着一种社会结构关系。因此，在进行社会网络分析之前，首先需要界定各种基本网络要素。在城市地理学研究中，各个城市可以视为社会网络中的各个节点；城市之间的空间相互作用关系可以视为各个节点之间的关联。如城市之间的信息交流、经济联系、人口流动等。这些城市间的各种联系可以利用引力模型、指数模型等来测算。

（2）网络密度

网络密度是社会网络分析中常用的测度指标，主要用于表征社会网络中各节点之间联系的密切程度。在计算过程中，网络密度是指实际存在的联系总量与理论存在的联系总量之比，即可能存在的联系总量的平均数（袁培等，2016）。其计算公式如下。

$$D=\frac{L}{n(n-1)} \tag{5-107}$$

式中，D为各城市之间的网络密度，其取值范围为［0，1］；L为城市社会网络的连接线条数；n为城市社会网络中的节点数。城市社会网络的网络密度值越大，则表明网络中主要城市节点之间的联系越紧密，城市网络的整体发育程度越高，网络中资源与信息的传递也越流畅。

（3）中心性分析

个人或单个团体组织在其社会网络中具有怎样的权力，居于怎样的中心地位，一直是社会网络分析者们最早探讨的内容之一。中心性分析主要包括中心度和中心势两大部分。城市的中心度（centrality）是指网络中各个城市处于网络中心的程度，即该城市在社会网络中的重要性程度。因此，一个城市社会网络中有多少个城市，就有多少个城市的中心度。中心势（centralization）是指整个城市社会网络的集中趋势，主要表征整个网络中各个城市的差异性程度。因此，一个城市社会网络只有一个中心势。

点度中心度通常又可分为绝对点度中心度和相对点度中心度。绝对点度中心度的计算公式如下。

$$C_D(n_i)=\sum_{j=1}^{n} w_{ij} \tag{5-108}$$

式中，$C_D(n_i)$为绝对点度中心度，w_{ij}为城市间的联系强度。由于绝对点度中心度存在着较大的缺陷，即只能在同一规模的城市之间进行中心度的比较。因此，学者们又提出了相对点度中心度的概念。相对点度中心度是指绝对点度中心度与网络中可能最大的度数之比，其计算公式如下。

$$C_D'(n_i)=\frac{C_D(n_i)}{n-1} \tag{5-109}$$

式中，$C_D'(n_i)$为相对点度中心度，n为城市社会网络的城市数量。

同时，由于在有向网络中存在着物质、信息和能量的流动方向，点度中心度又可分为点出度和点入度。其中，一个城市的点出度表示该城市节点流向其他城市节点的联系总量；而点入度则是指其他城市节点流向该城市节点的联系总量。点出度和点入度的计算公式分别如下。

$$C_{D(n_i)}^{\text{out}}=\sum_{j=1}^{n}w_{ij} \tag{5-110}$$

$$C_{D(n_i)}^{\text{in}}=\sum_{j=1}^{n}w_{ji} \tag{5-111}$$

式中，$C_{D(n_i)}^{\text{out}}$代表点出度，$C_{D(n_i)}^{\text{in}}$代表点入度。

点度中心势是对城市社会网络整体集聚程度的测量（图5-13）。其计算思路是：首先，找到城市社会网络中最大的点度中心度；其次，计算该点度中心度与网络中其他城市的点度中心度值的差值；最后，将这些差值的总和除以各个差值总和的最大可能值，即为该城市社会网络的点度中心势。其具体计算公式如下。

$$C=\frac{\sum_{i=1}^{n}(C_{\max}-c_i)}{\max\left[\sum_{i=1}^{n}(C_{\max}-c_i)\right]} \tag{5-112}$$

式中，C为点度中心势；$c_{\max}$为城市社会网络中最大的点度中心度；c_i为城市i的点度中心度。

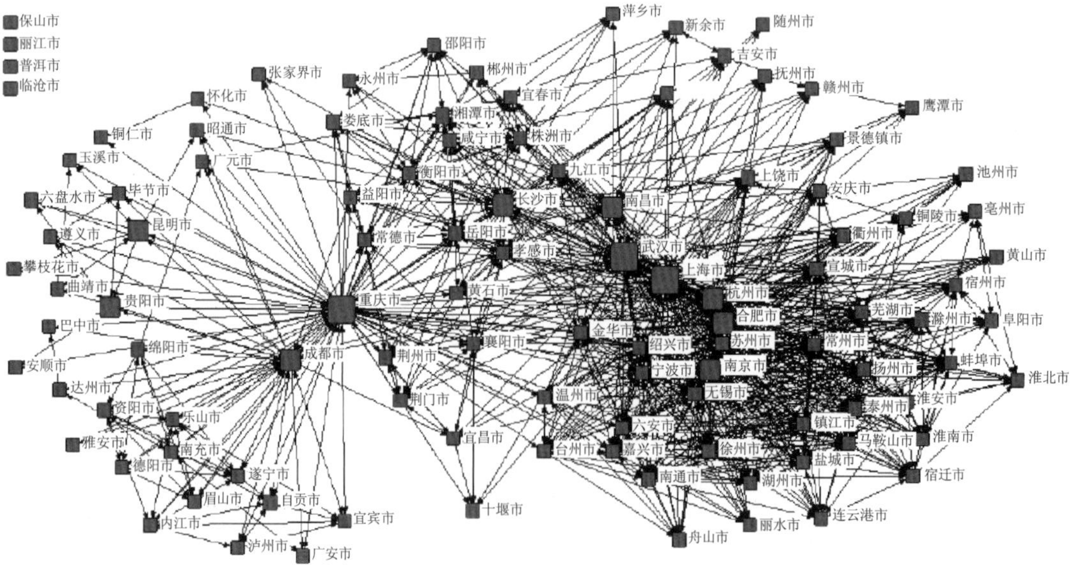

图5-13　长江经济带城际经济联系网络空间结构（王圣云等，2015）

（4）凝聚子群分析

凝聚子群是指在网络中某些行动者之间的关系特别紧密，以至于形成了一个次级团体，这样的团体就被称为凝聚子群。凝聚子群分析着重分析一个网络中存在着多少个凝聚子群，凝聚子群的内部成员之间、子群之间、不同子群成员之间关系的特点是什么。对于城市社会网络而言，凝聚子群分析是进行城市群分析的天然工具。通过凝聚子群分析，可以分析城市社会网络中是否存在联系密切的城市群，探讨各城市群、各城市之间的互动关系。

根据理论思想和计算方法的不同，存在着不同类型的凝聚子群定义及分析方法。在具体的分析过程中，可通过Ucinet 6等软件来选择和实现（图5-14）。

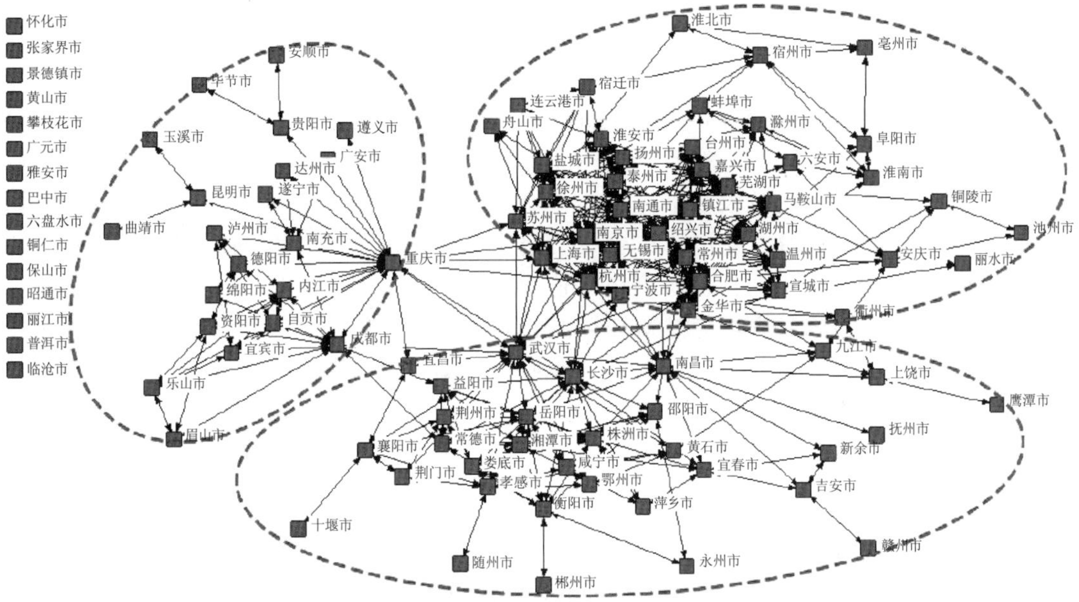

图5-14　长江经济带城市小群体空间格局（王圣云等，2015）

（5）核心—边缘结构分析

核心—边缘（core-periphery）结构分析主要用于探讨社会网络中哪些节点处于核心地位，哪些节点处于边缘地位。在城市社会网络中，可以通过核心—边缘结构分析，分析哪些城市与其他城市的相互作用强度较大，是经济带中的核心节点；哪些城市与其他城市的相互作用强度较小，是经济带中散落在外的边缘节点。

城市社会网络的核心—边缘结构又可划分为离散型和连续型两大类（刘军，2004）。目前，应用较多的是Borgatti在1999年提出的连续型核心—边缘结构分析模型。在该模型中，每个网络节点都有各自的核心度。其计算公式如下（Borgatti et al.，2000）。

$$P_{max}=\sum a_{ij}b_{ij} \tag{5-113}$$

$$b_{ij}=\varepsilon_i \times c_j \tag{5-114}$$

式中，a_{ij}为城市社会网络的原始邻接矩阵中的联系；b_{ij}代表一种理想模式矩阵；c_j是城市j的核心度，是一个非负向量。当$b_{ij}=a_{ij}$时，P值达到最大，此时的城市社会网络就呈现为核心—边缘结构。核心度较高的城市节点，在理想模式矩阵中的值也较高，位于矩阵中的中心位置；核心度较低的城市节点，在理想模式矩阵中的值也较低，位于城市网络的边缘地带。

从本质上讲，核心度也属于中心度的一种。中心度较高的城市节点不一定具有较高的核心度；而核心度较高的城市节点一定具有高的中心度（Borgatti et al., 2000）。

（三）城市体系分析

1. 城市首位律

1939年，马克·杰斐逊（M. Jefferson）对51个国家排名前三位城市的规模和比例关系进行了分析。研究发现，就人口规模而言，有28个国家的最大城市是第二大城市的两倍以上，有18个国家的最大城市是第二大城市的三倍以上。杰斐逊把这种吸引了全国大部分人口，在全国政治、经济、社会、文化生活中占有显著优势的城市定义为首位城市（primate city），进而提出了城市首位律（law of the primate city），用于概括一个国家或地区的城市规模分布规律（Jefferson，1939）。杰斐逊认为，在城市发展的初期，一个国家中所产生的规模最大的城市，通常是以经济机会的中心而出现。这样的城市往往都具有强大的持续发展的动力，不断吸引全国其他地区的人口、资源、经济活动等的集聚，逐渐成为国家和民族的象征。在很多情况下，它会成为国家的首都和首位城市。

首位度是指首位城市与第二位城市的人口规模之比。首位度是对城市首位律的量化分析，它在一定程度上代表了全国城镇体系中的城市发展要素在首位城市的集中程度。其计算公式如下。

$$S=P_1/P_2 \tag{5-115}$$

式中，S是指首位度，P_1是指首位城市的人口规模；P_2是指第二大城市的人口规模。

这里的首位度仅仅是根据两个城市的数据计算而来，难免会出现以偏概全的情况。因此，在后来的研究中，学者们又提出了4城市指数（S_4）和11城市指数（S_{11}），其计算公式分别如下。

$$S_4=P_1/(P_2+P_3+P_4) \tag{5-116}$$

$$S_{11}=2P_1/(P_2+P_3+\cdots+P_{11}) \tag{5-117}$$

式中，P_1，P_2，…，P_{11}是指把全国所有的城市按规模从大到小排列后，相应位序城市的人口规模（许学强等，2009）。

2. 位序–规模律

1913年，奥尔巴克（F. Auerbach）发现，在一个城镇体系中，城镇规模的大小与城镇规模的位序数之间存在着一定的关系。1949年，齐普夫（George Kingsley Zipf）进一步明确了二者之间的函数关系，提出了位序-规模律（rank-size rule）（Nishiyama et al.，2008）。他认为，在经济发达的国家里，一个城市体系中的城市规模分布可用下式表达（许学强等，2009）。

$$P_r=P_1/R \tag{5-118}$$

式中，P_r是第R位城市的人口规模；P_1是最大城市的人口规模；R是P_r城市所在的位序。

根据该法则，在理想状态下，一个国家的第二位城市的人口规模是最大城市人口规模的一半；第三位城市的人口规模是最大城市人口规模的1/3；依次可得所有位序城市的人口规模。在双对数坐标图上，所有城市位序—规模分布的图解点将成为一条直线（图5-15）。

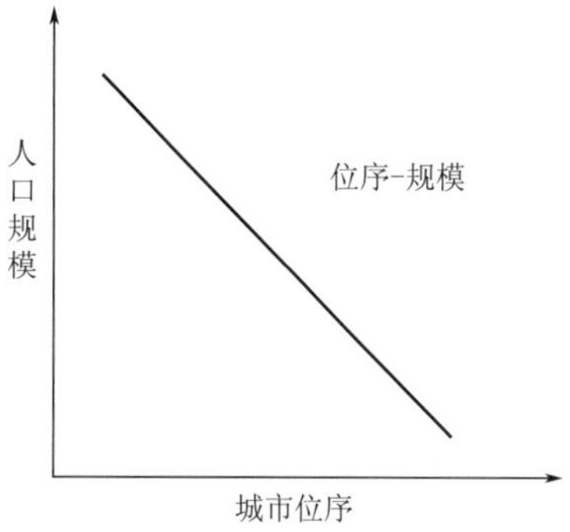

图5-15　城市位序—规模分布示意图

齐普夫的城市位序—规模律反映的只是一种理想状态，现在广泛使用的多是一般化的罗特卡模式。其计算公式如下。

$$P_i=P_1\times R_i^{-q} \tag{5-119}$$

式中，P_i是指第i位城市的人口规模；P_1是指最大城市的人口规模；R_i是指第i位城市的位序；q是常数。

当q=1时，城镇体系的规模分布表现为有序的规则分布，即为齐普夫所提出的理想状态。当$q>1$时，城镇体系的规模分布表现为首位型分布，即城市的首位度较高，大城市的发展较为突出，中小城市的发育不良。当$q<1$时，城镇体系的规模分布表现为过渡型分布，即大城市的首位作用较弱，高位次城市的发展不很突出，中小城市的发育较好。

如果计算同一个国家历年的城市位序—规模分布，则可以分析城市体系的演化态势。当q值变大时，说明城市规模的分布趋于集中；反之则说明趋于分散。在极端的情况下，$q\rightarrow 0$意味着区域内所有的城市都具有相同的人口规模；而$q\rightarrow\infty$则意味着区域内只有一座城市。

3. 规模分布密度

城镇体系的规模分布受自然、社会、经济等多种因素的影响，并不一定符合某种特定参数的分布函数。而一些非参数方法可以用来估计城市规模分布的密度函数，获取城市规模分布曲线，分析城市规模分布的位置、延展性以及形状特征等，进而得到城市规模整体分布状况的直观描述。

核密度估计法（kernel density estimation）是一种常见的非参数估计方法，多用来模拟城市规模分布的密度。核密度估计的基本思路是，对于一组采样数据，把数据的值域分为若干相等的区间，则所有样本数据就会按照区间分为若干个组。每组数据的个数和总参数个数的比率就是每个区间的概率值。相对于常见的直方图法，核密度估计多了一个核函数，用于样本数据的平滑。具体而言，假定城市规模分布的核密度函数为

$f(x)$，则在任意城市规模水平x上的核密度估计公式为

$$f(x)=\frac{1}{nh}\sum_{i=1}^{n}K\left(\frac{x-x_i}{h}\right) \tag{5-120}$$

式中，K为某种形式的核函数，主要用于样本数据的局部平滑。常见的核函数包括均匀核函数、三角核函数、伽马核函数和高斯核函数；h为平滑半径，又称带宽；n为城市数量。利用上述公式，可以计算出某个城市在给定的规模级别上出现的概率（李乐乐，2014）。

五、生态环境系统分析方法

（一）生态足迹模型

1992年，加拿大学者威廉·里瑟（Willian E.Rees）提出了生态足迹（ecological footprint）的概念（Rees，1992）。生态足迹是指在一定的技术条件下，支撑一个区域内一定数量人口的自然资源消费，以及吸纳和转化其所产生的废弃物所需要的生物生产性土地面积。里瑟形象地将生态足迹比喻为“一只承载着人类所创造的城市、工厂、农田……的巨脚踏在地球上留下的脚印”（Wackernagel et al.，1996）。根据生产力大小差异，里瑟又进一步将地球表面的生物生产性土地划分六大类：耕地、草地、森林、化石能源用地、建筑用地和海洋（景跃军等，2008）。

1. 基本假设

生态足迹的计算是建立在一系列的假设上的。2002年，Wackernagel等人总结了计算全球生态足迹的六个基本假设：①人类社会所消费的大部分自然资源，以及生产生活中所产生的废弃物数量都是可以跟踪和估算的；②人类所消耗的自然资源和所产生的废弃物可以通过一定的方式统一换算成生物生产性土地面积；③各类生物生产性土地面积可以折算成统一的单位，即全球公顷。假定全球公顷土地的生物生产能力等于当年全球土地的平均生产力；④假设上述六类生物生产性土地的用途是互相排斥的，它们之间的总和即为人类的总消费需求；⑤自然生态系统所提供的生态系统服务也可以用生物生产性土地面积来计量；⑥在一定的范围内，生态足迹可以大于生物承载力，即出现生态赤字（Wackernagel et al.，2002）。

2. 基本计算过程

（1）生态足迹的计算

生态足迹的计算公式如下（向秀容等，2016）。

$$ef=\sum_{j=1}^{6}w_j\times A_i=\sum_{j=1}^{6}\left(w_j\sum\frac{c_j}{p_j}\times y_j\right) \tag{5-121}$$

$$EF=N\times ef \tag{5-122}$$

式中，ef为人均生态足迹；j为生物生产性土地的类型；i为资源消费科目的种类；y_j为

产量因子；w_j为均衡因子；A_i为消费科目i的生物生产性土地面积；c_j为消费科目i的人均消费量；p_j为消费科目i的当地单位面积产量；EF为该区域的总生态足迹；N为区域内的人口数量。

其中，均衡因子是一个换算参数，用于进行各类生物生产性土地面积的统一汇总计算。生态足迹模型中设定的耕地、草地等六类生物生产性土地的生态生产力具有明显的差异，故而需要设置均衡因子，将不同类型的生物生产性土地面积换算为具有相同生物生产力的土地面积，以汇总生态足迹和生态承载力。均衡因子的计算公式为

$$r_j=d_j/D \quad (j=1, 2, \cdots, 6) \tag{5-123}$$

式中，r_j为第j类土地的均衡因子；d_j为全球第j类生物生产性土地的平均生态生产力；D为全球所有生物生产性土地的平均生态生产力。2010年，世界自然基金会（WWF）所采用的均衡因子如表5-11所示（谭伟文等，2012）。

表5-11　各种生物生产性土地的均衡因子

生物生产性土地类型	均衡因子
耕地	2.51
草地	0.46
森林	1.26
水域	0.37
建筑用地	2.51
化石能源用地	0.31

注：该模型假设建筑用地占用了农业用地，因而建筑用地和耕地具有相同的均衡因子。

产量因子也是一个换算参数，用于进行全球各个地区土地生产力的差异。在现实中，由于在不同国家或地区中，各类生物生产性土地的生态生产能力存在着很大差异，不宜直接进行汇总和比较。因此，在计算过程中，需要将不同国家或地区的各类生物生产性土地面积换算为全球平均生产力的土地面积。产量因子的计算公式为

$$y_{jk}=q_{jk}/Q_j \quad (j=1, 2, \cdots, 6) \tag{5-124}$$

式中，y_{jk}是指第k区域第j类生物生产性土地的产量因子；q_{jk}是指第k区域第j类生物生产性土地的平均生产力；Q_j是指全球第j类生物生产性土地的平均生产力。

（2）生态承载力的计算

生态承载力指在不损害该区域生态环境本底的前提下，一个区域所能承载的人类最大负荷量。生态承载力的计算公式如下（赵先贵等，2005）。

$$EC=\sum_{j=1}^{6} w_j \times y \times A \tag{5-125}$$

$$ec=EC/N \tag{5-126}$$

式中，EC为该区域的总生态供给；ec为人均生态供给；w_j为第j类生物生产性土地的均衡因子；y为该区域的产量因子；A为该区域的生物生产性土地面积；N为该区域的人口数量。需要注意的是，该计算结果还需要扣除12%的生物生产性土地面积，作为生物多样性保护用地。

（3）生态赤字/盈余的计算

在计算出一个区域的生态足迹和生态承载力之后，即可通过对二者的比较，判断出该区域所处的状况。当该区域的生态足迹大于其生态承载力时，则表明该区域出现了生态赤字。生态赤字越高，说明该区域的生态环境压力越大；反之，则表明该区域存在生态盈余，生态环境状况良好。

3. 模型的改进与拓展

近年来，Niccolucci等人将自然资源存量的概念引入生态足迹模型中，以圆柱体的体积来表征区域的生态足迹，将原有的生态足迹/生态承载力二维模型拓展到三维模型的立体分析，从而建立了三维生态足迹模型（Niccolucci et al.，2009；Niccolucci et al.，2011）。该模型引入了足迹深度和足迹广度这两个新的指标，用以解释人类对自然资源流量和自然资源存量的占用情况。当自然资源流量不能满足人类的消耗时，额外的资源消耗就将来自于自然资源存量。生态足迹模型的拓展过程如图5-16所示（靳相木等，2017）。

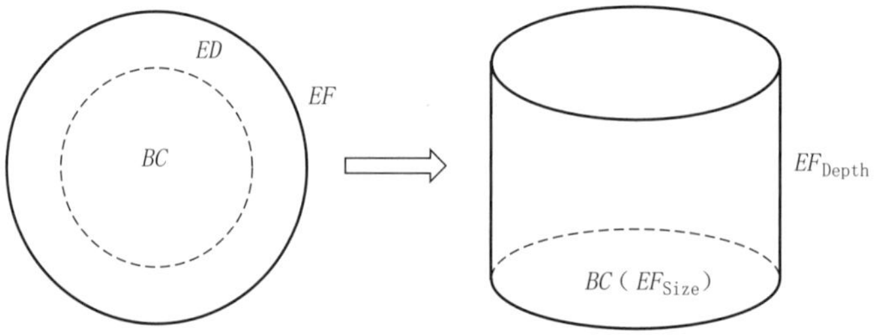

图5-16　生态足迹模型由二维向三维的演变

在三维生态足迹模型中，存在以下关系。

$$EF=BC+ED \quad (5\text{-}127)$$

$$0<EF_{Size}\leqslant BC \quad (5\text{-}128)$$

$$EF=EF_{Size}\times EF_{Depth} \quad (5\text{-}129)$$

$$EF_{Depth}=1+(EF-BC)/BC \quad (5\text{-}130)$$

式中，EF为区域的生态足迹；BC为该区域所能提供的生物生产性土地的面积；ED为该区域的生态赤字。EF_{Size}为该区域的足迹广度，EF_{Depth}为该区域的足迹深度。

在三维生态足迹模型中，（1）当区域的生态足迹小于其生态承载能力时，就以足迹广度来表征人类活动对自然资源流量的占用程度。此时的足迹广度就等于生态足迹；（2）当区域的生态足迹大于其生态承载力时，就需要引入足迹深度指标来表征人类活动对区域内自然资源存量的占用程度。此时，足迹深度就等于生态足迹与生态承载力之比。足迹深度的含义，就是指为了满足该区域目前社会经济发展的需求，当地的生态系统需要多少年才能再生产出该区域1年中所消耗的资源量。从这个角度上讲，足迹深度就是一个从时间尺度上反映区域生态压力的指标（靳相木等，2017）。

（二）生态系统服务价值评估

生态系统服务（ecological services）是指人类通过生态系统的结构、过程和功能直接或间接得到的生命支持产品和服务（谢高地等，2015）。生态系统服务价值评估是开展生态环境评价、生态功能区划、环境经济核算和生态补偿决策等工作的重要依据。1997年，Daily（1997）和Costanza等（1997）的研究成果把生态系统服务价值评估的研究推向了一个新的高潮，相关研究成果层出不穷。

目前，生态系统服务价值评估方法大致可以分为两类：一是当量因子法，即基于单位面积的价值当量因子来核算其总价值的方法（谢高地等，2015）；二是功能价值法，即基于单位生态系统服务功能来核算其总价值的方法。

1. 当量因子法

当量因子法是在划分生态系统服务类型的基础之上，根据可量化的标准来构建单位土地面积上各类生态系统服务的价值当量，进而结合各类生态系统的土地面积进行生态系统服务价值总量的评估。该方法较为直观易用，所需输入数据较少，特别适合于区域和全球尺度的生态系统服务价值评估（Costanza et al.，2014）。其基本评估过程如下。

（1）确定标准当量

标准当量是指一个标准单位生态系统服务价值当量因子的价值量。通常用区域内单位面积农田生态系统的年平均粮食产量的经济价值来表示。确定好标准当量后，即可根据专家知识，确定其他生态系统服务的当量因子，用于表征和量化各个生态系统类型对生态服务功能的潜在贡献能力。标准当量的计算公式如下。

$$D=\sum_{i=1}^{n} S_i \times F_i \tag{5-131}$$

式中，D代表一个标准当量因子的生态系统服务价值量（元/公顷）；S_i代表该区域内第i种粮食作物的播种面积占所有n种作物播种总面积的百分比（%）；F_i代表该区域内当年第i种粮食作物的单位面积平均净利润（元/公顷）。

（2）划分生态系统服务的类型

目前，学术界已经提出了多种生态系统服务的类型划分方案。其中，由联合国发起的千年生态系统评估（Millennium Ecosystem Assessment）项目所提出的生态系统服务分类方案得到了许多学者的认可。在该分类方案中，生态系统服务共被划分为供给服务、调节服务、支持服务和文化服务四大类；涵盖了食物生产、原料生产、水资源供给、气候调节、气体调节、水文调节、净化环境、土壤保持、生物多样性、维持养分循环和美学景观等11个生态系统服务细类（赵士洞等，2006）。

（3）确定基础当量

基础当量是指各个类型生态系统在单位面积上的各类生态系统服务的年均价值当量。基础当量的确定是构建动态当量表的前提和基础（表5-12）。通过动态当量表，可以有效地表征生态系统服务价值的区域空间差异和时间动态变化。在具体计算过程中，可以根据各类统计、观测数据，运用专家经验法、CASA模型等来综合确定。

表5-12　单位面积生态系统服务价值的基础当量（谢高地等，2015）

生态系统分类		供给服务			调节服务				支持服务			文化服务
一级分类	二级分类	食物生产	原料生产	水资源供给	气体调节	气候调节	净化环境	水文调节	土壤保持	维持养分循环	生物多样性	美学景观
农田	旱地	0.85	0.40	0.02	0.67	0.36	0.10	0.27	1.03	0.12	0.13	0.06
	水田	1.36	0.09	-2.63	1.11	0.57	0.17	2.72	0.01	0.19	0.21	0.09
森林	针叶	0.22	0.52	0.27	1.70	5.07	1.49	3.34	2.06	0.16	1.88	0.82
	针阔混交	0.31	0.71	0.37	2.35	7.03	1.99	3.51	2.86	0.22	2.60	1.14
	阔叶	0.29	0.66	0.34	2.17	6.50	1.93	4.74	2.65	0.20	2.41	1.06
	灌木	0.19	0.43	0.22	1.41	4.23	1.28	3.35	1.72	0.13	1.57	0.69
草地	草原	0.10	0.14	0.08	0.51	1.34	0.44	0.98	0.62	0.05	0.56	0.25
	灌草丛	0.38	0.56	0.31	1.97	5.21	1.72	3.82	2.40	0.18	2.18	0.96
	草甸	0.22	0.33	0.18	1.14	3.02	1.00	2.21	1.39	0.11	1.27	0.56
湿地	湿地	0.51	0.50	2.59	1.90	3.60	3.60	24.23	2.31	0.18	7.87	4.73
荒漠	荒漠	0.01	0.03	0.02	0.11	0.10	0.31	0.21	0.13	0.01	0.12	0.05
	裸地	0.00	0.00	0.00	0.02	0.00	0.10	0.03	0.02	0.00	0.02	0.01
水域	水系	0.80	0.23	8.29	0.77	2.29	5.55	102.24	0.93	0.07	2.55	1.89
	冰川积雪	0.00	0.00	2.16	0.18	0.54	0.16	7.13	0.00	0.00	0.01	0.09

（4）构建动态当量表

由于生态系统的内部结构与外部形态一直是不断变化的，因而其所提供的生态系统服务及其价值量也应该是不断变化的。研究发现，生态系统服务与生物量、降水量、地形坡度等因素的关系比较密切；因而可以根据上述因素，结合生态系统服务价值的基础当量，构建生态系统服务的时空动态变化价值当量表。其具体计算公式如下（谢高地等，2015）。

$$F_{nij}=\begin{cases} R_{ij}\times F_{n1} \\ R_{ij}\times F_{n2} \\ S_{ij}\times F_{n3} \end{cases} \tag{5-132}$$

式中，F_{nij}是指某生态系统在第i区域第j月第n类生态系统服务的单位面积价值当量因子；F_n是指该生态系统第n类生态系统服务价值的当量因子；P_{ij}是指该类生态系统在第i区域第j月的净初级生产力时空调节因子；R_{ij}是指该生态系统在第i区域第j月的降水时空调节因子；S_{ij}是指该生态系统在第i区域第j月的土壤保持时空调节因子；n_1表示该生态系统服务为食物生产、原材料生产、气候调节、气体调节、净化环境、维持生物多样性、维持养分循环和提供美学景观等8类生态系统服务中的某一类；n_2表示该生态系统服务为水资源供给或者水文调节服务功能；n_3表示该生态系统服务为土壤保持服务功能。

（5）计算生态系统服务价值

根据上述参数，即可计算某区域的生态系统服务价值。其计算公式为

$$ESV=\sum_{k=1}^{n} A_k \times F_k \quad (5\text{-}133)$$

式中，ESV为该区域的生态系统服务价值总量；A_k是指该区域第k种土地利用类型的面积；F_k为第k种土地利用类型的单位面积价值当量因子。

2. 功能价值法

功能价值法主要是通过建立单一生态系统服务功能与局部生态环境变量之间的生产方程来模拟区域范围内的生态系统服务功能，进而根据生态系统服务功能量的多少和功能量的单位价格来计算区域内的生态系统服务总价值（谢高地等，2015）。根据生态系统和自然资本的市场发育程度，功能价值法又可划分为三大类（表5-13）。（1）直接市场法。此类方法主要应用于具有实际市场的生态系统产品和服务，根据以市场价格来估算生态系统服务的经济价值。主要包括市场价值法、费用支出法、人力资本法等。（2）替代市场法。此类方法主要应用于尚未形成直接的市场价格，但是这些服务的替代品已经形成了较为成熟的市场价格的生态系统服务。主要包括旅行费用法、享乐价格法、恢复和防护费用法、替代成本法、机会成本法等。（3）模拟市场法。对于没有实际市场价格的生态系统服务，可以通过构造假想市场来估算该生态系统服务的价值。主要包括意愿调查法等。

表5-13　生态系统服务功能价值评估法的比较（刘玉龙等，2005）

分类	评估方法	优点	缺点
直接市场法	费用支出法	生态环境价值可以得到较为粗略的量化	各类费用的统计不够全面合理，不能真实反映游憩地的实际游憩价值
	市场价值法	评估结果比较客观，争议较少，可信度较高	必须拥有足够、全面的数据
	人力资本法	可以对难以量化的生命价值进行量化	违背伦理道德，效益归属问题以及理论上尚存在缺陷
替代市场法	旅行费用法	可以核算游憩生态系统的使用价值，也可以评价无市场价格的生态环境价值	不能核算生态系统的非使用价值
	享乐价格法	通过侧面的比较分析估算出生态环境的价值	主观性较强，受其他因素的影响较大
	机会成本法	比较客观全面地体现了资源系统的生态价值，可信度较高	待评估的资源必须具有稀缺性

续表

分类	评估方法	优点	缺点
替代市场法	恢复和防护费用法	可通过生态恢复费用或防护费用来量化生态环境的价值	评估结果为最低的生态环境价值
	影子工程法	可以将难以直接估算的生态价值用替代工程表示出来	替代工程具有非唯一性。各种替代工程的时间、空间性差异较大
模拟市场法	条件价值法	适用于缺乏实际市场和替代市场的生态系统产品价值评估，能评价各种生态系统服务功能的经济价值，适宜于以非实用价值为主的独特景观和文物古迹等的价值评价	调查结果的准确与否在很大程度上依赖于调查方案的设计和被调查对象的个体因素，导致评估结果容易出现重大的偏差

（三）景观格局分析方法

景观生态学（landscape ecology）是研究一定的区域范围内，景观单元的类型组成，空间配置及其与生态学过程之间的相互作用的综合性学科。其研究的核心是景观的空间格局、生态学过程与尺度之间的相互作用（邬建国，2007）。随着景观生态学的不断发展，各种景观生态学的数量方法也广泛应用于区域生态建设（肖笃宁等，2004）、城市生态规划（张林英等，2005）、城市群生态网络构建与优化（尹海伟等，2011）等领域。

景观格局数量研究方法主要包括三大类：一是主要用于景观组分特征分析的景观空间格局指数；二是主要用于景观整体分析的景观格局分析模型；三是主要用于模拟景观格局动态变化的景观模拟模型（傅伯杰，2011）。

1. 景观格局指数

景观格局通常是指景观的空间结构特征，主要包括景观单元的类型、形状、大小、数量和空间组合等。一定区域范围内的景观格局及其动态变化是在自然和人为等多种因素的相互作用下产生的，反映了该区域范围内生态环境的综合特征。

各种景观格局指数是对景观格局的量化表达。通过对各种景观格局指数的计算，不但可以对各种景观格局进行定量的描述，探讨其生态学意义；还可以对不同的景观进行多角度的比较，分析它们在结构、功能和生态过程中的异同。景观格局指数通常可分为景观单元特征指数和景观异质性指数两大部分。景观单元特征指数是指主要用于描述景观单元的面积、周长和斑块数等特征的指数；景观异质性指数则是指从整体上定量描述景观格局的指数，主要包括景观多样性指数、景观镶嵌度指数、景观距离指数和景观破碎化指数等。

（1）景观单元特征指数

①斑块面积（*CA*）

斑块面积（*CA*）是指某一斑块类型中所有斑块的面积之和，即某斑块类型的总面积。该指标具有很重要的生态意义，其值的大小制约着以此类型斑块作为聚居地的物种的丰度、数量、食物链及其次生种的繁殖等；同时，不同类型斑块面积的大小能够反映出其间物种、能量和养分等信息流的差异。斑块面积（*CA*）的计算公式如下。

$$CA=\sum_{j=1}^{n} a_{ij} \tag{5-134}$$

式中，a_i是指第i类斑块的总面积。*CA*的单位通常为公顷；$CA>0$。

②斑块个数（*NP*）

斑块个数（*NP*）是指景观中某一斑块类型的斑块总个数。该指标经常被用来描述整个景观的异质性。它对许多的生态过程都有影响，如可以决定景观中各种物种的空间分布特征；改变物种间相互作用和协同共生的稳定性等。另外，斑块个数对景观中各种干扰的蔓延程度有重要的影响；其值的大小与景观破碎度也有很好的正相关性。

③面积加权的平均形状因子（*AWMSI*）

面积加权的平均形状因子是度量景观空间格局复杂性的重要指标，它对许多生态过程都有影响。如斑块的形状会影响到动物的迁移、觅食等活动，也会影响到植物的种植与生产效率；另外，对于自然斑块或自然景观的形状分析还有助于分析景观的边缘效应。

在斑块级别上，该指标等于某斑块类型中各个斑块的周长与面积比乘以各自的面积权重之后的和；在景观级别上等于各斑块类型的平均形状因子乘以类型斑块面积占景观面积的权重之后的和。当$AWMSI=1$时，表明所有的斑块形状为最简单的方形；*AWMSI*的值越大，则说明斑块形状越复杂。

④平均斑块分维数（*FRAC_MN*）

平均斑块分维数（*FRAC_MN*）主要用于反映景观内斑块形状的复杂性程度。其值越大，则说明斑块形状越复杂。平均斑块分维数（*FRAC_MN*）的计算公式如下。

$$FRAC\_MN=\frac{FRAC}{n_i}=\frac{2\ln(0.25P_{ij})/\ln a_{ij}}{n_i} \tag{5-135}$$

式中，P_{ij}代表第i类第j个斑块的周长；a_{ij}代表第i类第j个斑块的面积；n_i为景观中第i类斑块的总数量。

（2）景观异质性指数

①景观多样性指数（*SHDI*）

景观多样性指数（*SHDI*）是一个基于信息理论的测量指数，对景观中各斑块类型的非均衡分布状况较为敏感，在生态学中应用很广泛。当*SHDI*等于0时，表明整个景观仅由一个斑块组成；*SHDI*的值越大，则说明景观中的斑块类型越多，或是各斑块类型在景观中呈均衡化趋势分布。景观多样性指数（*SHDI*）的计算公式如下。

$$SHDI=-\sum_{i=1}^{n}(P_i)(\log_2 P_i) \tag{5-136}$$

式中，*SHDI*为多样性指数；P_i为景观类型i所占面积的比例；n为景观类型的数量。

②蔓延度指数（*CONTAG*）

蔓延度指数主要用于描述景观中斑块类型的团聚程度或延展趋势。蔓延度指数的值较大，则表明景观中的优势斑块类型形成了良好的连接；反之，则表明景观主要呈现为多种要素的散布格局，景观的破碎化程度较高。一般而言，蔓延度指数与边缘密度呈负相关关系，与优势度和多样性指数高度相关。蔓延度指数（*CONTAG*）的计算公式如下。

$$CONTAG=\left[1+\frac{\sum_{i=1}^{m}\sum_{k=1}^{m}\left[(P)_i\left(g_{ik}\Big/\sum_{k=1}^{m}g_{ik}\right)\right]\left[\ln p_i\left(g_{ik}\Big/\sum_{k=1}^{m}g_{ik}\right)\right]}{}\right] \quad (5\text{-}137)$$

式中，P_i表示第i类型的斑块所占面积的百分比；g_{ik}表示第i类型和第k类型斑块毗邻的数目；m表示景观中斑块类型的总数目。

③景观破碎度

景观破碎度主要用于表征景观被分割的破碎程度，反映景观空间结构的复杂性。该指标也在一定程度上反映了人类对景观的干扰程度。景观破碎度的计算公式如下。

$$C_i=N_i/A_i \quad (5\text{-}138)$$

式中，C_i为景观类型i的破碎度，N_i为景观类型i的斑块数量，A_i为景观类型i的总面积。

2. 景观格局分析模型

景观格局分析的主要内容包括景观的空间异质性、景观斑块的空间相关性、景观格局的趋向性和空间梯度、景观格局的等级结构、景观格局与景观过程的相互关系等。在该领域应用比较广泛的模型包括空间自相关分析、小波分析、地统计分析、波谱分析、聚块方差分析、趋势面分析、亲和度分析等。

（1）地统计分析

地统计学是统计学一个新的分支。由于它最先是在地质学、采矿学等地学相关学科中逐步应用和发展起来的，因而被命名为地统计学。现在，地统计学的基本方法已经广泛应用于各种自然现象的空间格局分析，成为一种研究空间变异的有效方法（傅伯杰，2011）。

目前，地统计学已经成为空间统计学的核心领域，其研究的主要内容包括区域化变量的变异函数模型、克里格估计、随机模拟等三大方面（秦昆，2010）。近年来，地统计学开始在景观生态学研究中得到了较为广泛的应用，主要用于描述和解释景观格局的空间相关性，建立空间格局的预测性模型，进行空间数据的插值、估计和设计抽样方法等。涉及的主要方法包括变异矩、相关矩、半方差分析、空间局部插值、探索性数据分析等。

（2）小波分析

小波分析是当前应用数学和工程学科中一个迅速发展的新领域。1974年，法国工程师J. Morlet首先提出了小波变换的概念（Grossmann et al.，1987）。与Fourier变换相比，小波变换是空间（时间）和频率的局部变换。通过伸缩和平移等运算功能，小波变换能够对函数或信号进行多尺度的细化分析，解决了许多Fourier变换不能解决的困难问题。

在景观格局研究中，通常会使用多种遥感影像作为数据源。在数字图像的处理过程中，通常可利用离散二进制小波来对遥感影像进行多频道、多分辨率的分析，通过分解原始遥感影像上的结构信息，计算一定的分解尺度下各个通道中相应像元小波系数的小波方差。以尺度和小波方差做图，则可反映出不同尺度上的图像结构特征，进而获得该景观格局的特征尺度。特定尺度上的小波方差越大，则表示该尺度上的结构信息越丰富，是该景观格局的主要特征尺度。研究表明，小波分析不受所分析数据统计的平稳假设的约束，在解释多尺度和多方向的景观结构上具有明显的优势（孙丹峰，2003）。

（3）趋势面分析

趋势面分析（trend surface analysis）是利用数学曲面模型来模拟各种地理系统要素在地表空间上的分布及变化趋势的数学方法。趋势面分析最早应用于地质学的研究中，现在已经广泛应用于几乎所有空间数据的数量分析中（傅伯杰，2011）。

一般而言，在大尺度上，景观将主要受到降水、气温、土壤性质等宏观环境因子的控制，其分布格局往往也由此产生出某种比较稳定的趋势或规律性。但是，在小尺度上，景观单元也会受到地理位置、植被等局地环境因子的影响，从而破坏了规律性的宏观分布格局。在某些复杂的景观格局中，局地环境因子的影响较大，甚至能够对宏观趋势带来很大的干扰，导致难以辨识大尺度的总体趋势。趋势面是一种抽象的数学曲面，它能够有效地过滤掉一些局域随机因素的影响，从而使得某种要素的空间分布规律明显化。

趋势面分析法最常用的计算方法是多项式回归模型。趋势面本身可以被看作一个多项式函数。一般而言，趋势面多项式的次数越高，则其拟合程度也就越高。同时，由于趋势面分析法是多元统计分析方法中的一种，因而可以很方便地应用于多变量、多样本的海量数据处理中（王江萍等，2009）。样本数据越多，则其拟合程度也就越高，与要素的真实分布就越接近。

3. 景观模拟模型

景观模拟模型是理解和建立景观结构、功能和过程之间的相互关系，预测景观未来变化趋势的有效工具。利用景观模拟模型，人们可以模拟出特定参数下景观生态系统的结构、功能或过程，分析不同参数条件下系统状态的响应，从而为景观决策和管理提供急需的信息和证据。常见的景观模拟模型有元胞自动机、马尔柯夫链模型、林窗模型等。

（1）元胞自动机

元胞自动机（CA）是一时间和空间离散的动力系统模型。它是由数学家冯·诺依曼（John von Neumann）在20世纪50年代提出的。一个简单的CA模型由栅格网络、元胞状态、邻域规则和转换方程组成。转换规则既可以是确定的，也可以是随机的。其基本定义如下（何东进等，2012）。

$$A^{s}_{t+1}=f\ (A^{s-r}_{t},\ \ldots,A^{s}_{t},\ A^{s+r}_{t}) \tag{5-139}$$

式中，A^{s}_{t}表示元胞s在t时刻的状态；r是元胞s与相邻元胞的距离；f是转移规则。

散布在规则网格中的每一个元胞都处于有限的离散状态，遵循同样的转移规则，依据确定的邻域规则进行同步更新。大量元胞通过简单的相互作用，可以形成精密而复杂的系统演化。

（2）空间马尔柯夫链模型

空间马尔柯夫链模型是一种常用的景观空间动态模型，常被景观生态学家用于模拟土地利用格局的动态变化。空间马尔柯夫链模型通常假设各个景观斑块的转移概率不随时间改变，而且其转移概率仅与该景观斑块前一个时间点的状态有关。在具体计算过程中，该模型用转移矩阵来模拟景观斑块从一种类型向另一种类型转化的动态规律。空间马尔柯夫链模型的基本公式如下（常成等，2010）。

$$A\ (t+1)\ =A\ (t)\ \times P \tag{5-140}$$

式中，$A\ (t)$ 为各景观斑块在时刻t的状态矩阵；$A\ (t+1)$ 为各景观斑块在t+1时刻的状态矩阵；P为景观斑块的转移矩阵。

空间马尔柯夫链模型在计算转移概率时并不考虑空间格局本身对转移概率的影响，反映的是景观变化的总概率。因此，该模型可以比较准确地预测某些斑块类型的变化面积比例。但是，其预测结果在空间格局上的误差通常比较大（何东进等，2012）。

（四）绿色国民经济核算

绿色国民经济核算的主要目的是在原有的国民经济核算体系基础之上，将资源环境因素纳入其中，通过描述经济系统与资源环境系统之间的相互影响关系，提供更加全面和系统的核算数据，从而为国家或区域的可持续发展的分析、决策和评价提供依据。绿色国民经济核算体系就是为了开展绿色国民经济核算而确定的一套理论方法。绿色国民经济核算通常包括自然资源核算与环境核算，其中环境核算又由环境污染核算和生态破坏核算组成。

1. 国外的绿色国民经济核算

早在1972年，美国经济学家诺德豪斯（William D.Nordhaus）和托宾（James Tobin）就提出应该修改国民经济核算体系，在核算过程中减去污染所造成的损害（Bartelmus，2003）。后来，多个国家和国际组织建立了各自的绿色国民经济核算体系，如联合国建立的综合环境与经济核算体系（SEEA）、欧盟统计局建立的欧洲环境经济信息收集体系（SERIEE）、菲律宾提出的环境与自然资源核算计划（ENRAP），以及荷兰统计局建立的包括环境账户的国民经济核算矩阵体系（NAMEA）。其中，联合国统计局建立的SEEA体系影响最为广泛，被联合国、欧盟、国际货币基金组织、世界银行和经济合作与发展组织等五大国际组织接受（朱启贵等，2006）。

2003年发布的SEEA体系主要由四个部分组成：（1）流量账户。流量账户包括实物流量账户和混合型流量账户，主要用于分析资源和环境利用过程中产生的实物流量，并将其与经济生产过程中的实物和货币信息关联起来。流量账户只考虑与原料和能源流量等相关的实物数据，并尽可能地使用传统的国民经济核算体系（SNA）对其进行定义、分类和整理。（2）环境保护支出和环境市场交易账户。该账户主要用于对现行的国民经济核算体系（SNA）进行拆解，以便于找出与环境直接相关的货币交易。包括环境保护活动、自然资源管理与利用活动、减灾活动等的相关支出，以及生态补偿、环境税、环境补贴项目等。（3）资产账户。资产账户主要用于了解各种环境资源在核算期间的存量及其变动情况，包括实物和货币资产账户。该账户主要记录了自然资源、土地与生态系统这三类自然资本。（4）环境调整总账户。该账户主要用于探讨如何对现行的国民经济核算体系进行调整，以更好地分析经济体对环境的影响。

2. 国内的绿色国民经济核算

2004年3月，国家环境保护总局和国家统计局启动了《中国绿色国民经济核算研究》项目，完成了《中国绿色国民经济核算研究报告（2004）》。

2004年的绿色国民经济核算内容主要由三部分组成。（1）环境实物量核算。该部分主要是运用实物单位来建立不同层次的实物量账户，用于描述与经济活动相对应的各类污染物的产生量、处理量、排放量等。在核算中，将污染物分为水污染、大气污染和固体废物实物量三类进行计算。（2）环境价值量核算。该部分在实物量核算的基础上，运用治理成本法和污染损失法这两种方法来估算各种污染排放造成的环境退化价值损失。（3）经环境调整的GDP核算。该部分把经济活动的环境成本从GDP中予以扣除，并进行相应的调整，从而得出一组以“经环境调整的国内产出”为中心的综合性指标。其中，环境成本包括环境退化成本和生态破坏成本（王金南等，2006）。

事实上，《中国绿色国民经济核算研究报告（2004）》并不是完整意义上的绿色GDP核算。该报告仅仅涉及了环境核算的部分内容，并没有包含资源核算。另外，报告中的环境核算也是不完整的。如环境保护的投入产出核算、生态破坏损失核算均未被纳入、室内空气污染损失、地下水污染损失、土壤污染损失等多项环境污染损失也并没有核算在内。

（五）能值分析法

能值分析法是由美国生态学家奥德姆（Howard Thomas Odum）创立的（Campbell, 2016）。能值（emergy）是指一种流动或储存的能量中所包含的另一种类别能量的数量（蓝盛芳等，2001）。所谓能值分析，就是以能值为基准，通过一定的转换规则，将生态经济系统中不同种类、不可比较的能量统一换算为能值，并对生态经济系统的结构功能特征和生态经济效益进行量化分析，判断系统的可持续发展状况。由于各种自然资源、产品或劳务的能量均是直接或间接地来自于太阳能，因而通常对将太阳能值作为统一的计量标准，以此来衡量各类能量的真实价值及其对生态经济系统的贡献（李苏，2010）。能值分析的基本步骤如下（蓝盛芳等，2001）。

（1）资料收集。根据研究对象的特点，全面收集相关的资源环境、地理条件和社会经济等各种调查资料和统计数据。

（2）绘制能量系统图。根据Odum提出的能量系统语言，绘制研究对象的能量系统图，分析生态经济系统的主要组分及其相互关系。

（3）编制能值分析表。根据前期收集的数据和资料，分析生态经济系统的主要物质流、能量流和经济流。同时，根据各类资源的能值转换率，将这些不同类型的物质流、能量流和经济流统一换算为能值单位（sej）。在此基础上，编制各种能值分析表，评价各类物质流、能量流和经济流在生态经济系统中的地位和贡献。

（4）构建能值综合结构图。以能值为单位，构建生态经济系统的能值综合结构图，对生态经济系统及其子系统的能值流进行综合分析。

（5）建立能值指标体系（表5-14）。基于能值分析表和系统能值综合结构图，选取和计算出各种能值指标，建立能值指标体系，分析生态经济系统的各方面状态，明确影响生态经济系统发展的关键因子。

表5-14　常见的生态经济系统能值评价指标体系（李俊莉等，2013）

序号	能值指标	计算公式	含义
1	可更新资源能值	*R*	系统自有的能值财富
2	不可更新资源能值	*N*	系统自有的能值财富
3	输入能值	*I*	输入的资源、产品等财富
4	输出能值	*O*	输出的资源、产品等财富
5	废弃物能值	*W*	系统排放的废弃物的能值
6	总能值	*U=R+N+I*	系统拥有的总能值财富
7	能值货币比	*EDR=U/GDP*	系统的经济现代化程度
8	人均能值	*EPP=U/*人口	人民生活水平的高低
9	能值密度	*EPA=U/*面积	能值的集约度和强度
10	能值自给率	*ESR=*（*N+R*）*/U*	系统的自我支撑能力
11	能值投资率	*EIR=I/*（*N+R*）	系统的经济发展和环境负载程度
12	可更新资源能值比	*RER=R/U*	系统可利用的环境能值潜力
13	不可更新资源能值比	NER=N/U	系统资源的利用对环境的压力
14	能值产出率	*EYR=*（*R+N+I*）*/I*	系统的经济效率
15	资源产出率	*REYR=*（*R+N+I*）*/N*	系统产出对经济贡献的大小
16	资源循环利用率	*RRR*	资源及废弃物的综合利用情况
17	环境负荷率	*ELR=*（*U-R*）*/R*	系统各类活动对环境的压力
18	废弃物能值比	*EWR=W/U*	系统的废弃物排放对环境的压力
19	人口承载量	*PCC=8×*（*R/U*）*×P*	目前环境水准下可容纳的人口总量

续表

序号	能值指标	计算公式	含义
20	可持续发展指数	$ESI=EYR/ELR$	系统的可持续发展状况
21	改进的可持续发展指数	$SDI=ESI\times(I/O)$	系统可持续发展性能的综合状况
22	循环经济能值指数	$EREI=ESI\times RRR$	循环经济的发展状况
23	生态效率指数	$UEI=EYR\times(1-W/U)^2\times(1-N/U)^2$	资源、环境及经济的协调发展状况

（6）系统模拟。利用各种能量系统动态模拟方法，对影响生态经济系统发展的关键因子进行模拟，评估和预测生态经济系统的发展态势。

（7）系统发展策略。根据能值指标分析和系统评价和模拟的结果，提出未来发展中可行的管理措施和生态经济发展策略，促进生态经济系统的良性循环和可持续发展。

经过多年的发展，能值分析已经形成了比较完整的理论和方法体系，为各类生态经济系统提供了一系列的系统可持续性分析与评价的指标体系，现已广泛应用于农业生态系统（张伟等，2012）、工业生态系统（何秋香等，2010）、旅游生态系统（王楠楠等，2013）、区域可持续发展（张书凤等，2007）、城市新陈代谢分析（宋涛等，2015）等多个领域。与传统的经济学和能量分析方法相比，能值分析方法的优点主要体现在以下几个方面（付晓等，2004）：（1）能值分析为经济系统和生态系统的联合分析提供了一个统一的平台；（2）能值分析提供了一种以生态为中心的评价方法，弥补了现实货币无法客观地评价非市场性输入的缺陷；（3）能值分析具有坚实的理论基础，既具备了科学上的合理性，兼具了热力学方法的严密性；（4）能值分析均以能值为统一的量纲，使得人们可以在一个统一的平台上比较所有不同类型的资源和能量；（5）能值分析法给出了系统发展过程中的环境贡献与资源利用可持续性的信息，为许多与环境相关的决策方提供了一个更加全面的分析方案。

第六章　长城经济带的建设路径

第一节　总体思路与建设目标

一、指导思想

高举中国特色社会主义伟大旗帜，全面贯彻党的十九大精神，以马克思列宁主义、毛泽东思想、邓小平理论、“三个代表”重要思想、科学发展观和习近平新时代中国特色社会主义思想为指导，坚持“四个全面”的战略布局，坚持发展是第一要务，牢固树立和贯彻落实创新、协调、绿色、开放、共享的发展理念，以提高发展质量和效益为中心，积极配合丝绸之路经济带的建设进程，着力整合长城资源，着力保护生态环境，着力优化空间布局，着力提高自主创新能力，着力改善民生，努力实现长城经济带的科学发展、和谐发展、创新发展、一体化发展，在促进全国区域协调发展以及对外开放全局中发挥重要作用。

二、基本原则

（一）统筹规划、协同发展

坚持统筹规划，促进长城区域的协同发展。打破行政区划界限，实行区域发展统一规划、重要资源统一管理、重大建设统一指导，科学高效一体化开发，促进生产要素合理配置，推动区域优势互补、良性互动、错位发展。以长城资源为核心，打造特色区域品牌，共创发展新优势。

（二）转型升级、创新发展

依托长城经济带的资源条件、产业基础和沿边优势，以市场为导向，以创新为动力，以长城资源为特色，积极推进产业转型升级，优化区域经济结构，着力打造特色突出、竞争力强的产业集群，培育现代产业体系，提升区域的整体竞争力。

（三）生态优先、绿色发展

根据各区域的主体功能定位，以环境承载力为依据，优化国土开发格局，构建生态保护红线体系，提高资源利用效率，着力发展循环经济，促进经济发展与生态环境相协调，走出一条绿色、低碳、可持续发展的道路，大力建设资源节约型、环境友好型社会。

（四）深化合作、开放发展

以“一带一路”倡议为指导，充分利用沿边优势，在思想观念、管理体制、运行机制等各环节加快与国际通行规则接轨，深化与俄罗斯、中亚国家的合作，拓展对外开放广度和深度；加强与国内各地区的全面对接和交流合作，积极承接国内外产业集群式转移，统筹国内区域经济一体化与国际区域经济合作，培育区域经济竞争与合作的新优势。

（五）以人为本、和谐发展

加快发展社会事业，着力保障和改善民生，扩大公共服务，完善社会管理；加大对革命老区、民族地区、边疆地区、集中连片贫困地区的支持力度，促进区域协调发展，实现共同富裕；加快培育现代城镇体系，促进城乡协调发展；加强社会治理基础制度建设，构建全民共建共享的社会治理格局，建设和谐社会。

三、战略定位

长城经济带横跨我国的东中西部，资源、环境、交通、产业基础等发展条件差异较大，地区间发展差距明显。长城经济带将围绕生态优先、协同发展的理念，以“一带一路”倡议为指引，以北京、天津两个特大城市为核心，以济南、太原、石家庄、郑州、西安、兰州、长春、沈阳、哈尔滨、呼和浩特、乌鲁木齐等中心城市为依托，发挥东中西部地区的比较优势，用好沿边沿海的区位资源，统筹开发利用各类长城资源，将长城经济带建设成为东中西部协同发展的联动示范带，全国绿色转型升级的特色发展带，一带一路建设的战略支撑带，生态文明建设的创新试验带，民族社会文化的团结交流带。

四、发展目标

到2020年，（1）在区域协调发展方面，长城经济带应基本建立协调统一、运行高效的区域管理和协调体制，完成长城经济带区域发展总体发展规划，区域一体化发展水平明显提升，发展的统筹度和整体性、协调性、可持续性进一步增强；（2）在经济发展方面，长城经济带应围绕长城资源的保护与开发，基本建立以旅游业、文化创意产业、现代服务业为主导的现代产业体系，区域内的产业分工合作更趋紧密，产业结构进一步优化，综合竞争力和自主创新能力显著提升；（3）在生态环境方面，生态环境保护体制机制得到进一步完善，能源、资源的开发利用效率得到明显提高，主要污染物排放总量明显减少，主体功能区布局和生态安全屏障基本形成。（4）在开放与合作方面，与俄罗斯、中亚等国家和地区的合作不断得以深化和拓展，开放型经济水平显著提高，基本形成与“一带一路”建设深度融合的全方位对外开放新格局，国际竞争能力显著增强；（5）在社会文化发展方面，人民生活水平明显改善，基本公共服务均等化水平明显提升；革命老区、民族地区、边疆地区、集中连片贫困地区得以全面脱贫，民族团结成果更加巩固，全面建成小康社会。

展望2030年，长城经济带的综合实力将显著增强，东中西部一体化发展格局全面形成，创新型现代产业体系全面建立，北方生态安全屏障全面建成，民族关系更加和谐，人民生活更加幸福，边疆繁荣更加巩固，在全国社会经济发展中发挥更加重要的示范引领和战略支撑作用。

第二节　区域空间布局

长城经济带的空间布局主要呈现为一心、一环、两翼、多点的V字形空间发展结构（图6-1）。其中，一心是指由北京市和天津市组成的经济带增长轴心；一环是指由围绕发展轴心的河南、河北、山东、山西四个中原省份所组成的经济核心圈；两翼是指由发展轴心、经济核心圈沿交通干线，分别向东北方向和西方延伸拓展而形成的两条发展轴线；多点是指区域内除省会城市以外的多个次级中心城市，它们将对长城经济带的发展起到重要的支撑作用。

一、一心

一心是指由北京市和天津市组成的经济带增长轴心。北京市和天津市是长城经济带中仅有的两个超大城市，其经济发达程度明显高于区内其他城市。因此，在长城经济带中，这两个城市是区域经济增长的动力和引擎。在经济带今后的建设过程中，应进一步强化北京和天津的辐射带动作用。通过北京市和天津市的功能疏解与产业转型升级，加快知识经济、服务经济、绿色经济的发展，逐渐成为引领长城经济带的开放发展，辐射带动东北、西部地区发展的战略高地。

二、一环

一环是指由围绕发展轴心的河南、河北、山东、山西四个中原省份所组成的经济核心圈。这四个省份位于中原地区，其经济发展水平在长城经济带中处于较高的水平。2015年，山东、河南、河北的地区生产总值在长城经济带中分列前三位。在经济带今后的建设过程中，该区域应充分利用其在长城经济带中东引西联的区位优势，加快建设现代立体交通体系和现代物流体系，加快推动产业升级，打造全球先进制造业基地，培育和壮大环京津都市圈增长极。

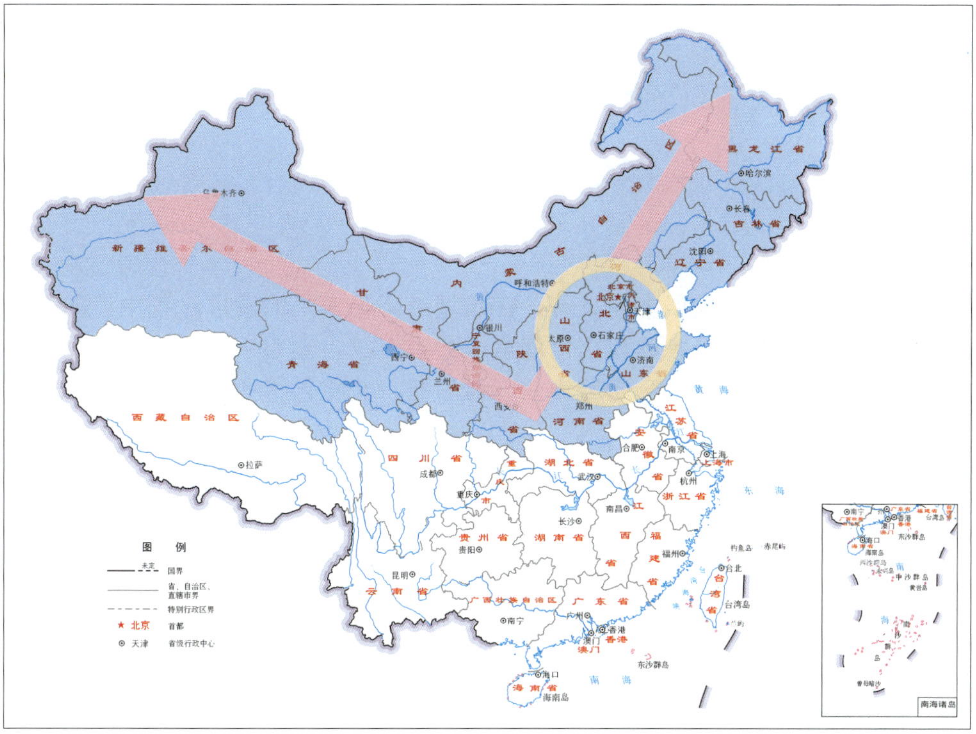

图6-1　长城经济带的V字形空间发展结构

三、西翼

长城经济带的西翼主要由新疆、甘肃、宁夏、青海、陕西和内蒙古西部组成，属于我国的西部地区。在长城经济带今后的建设过程中，应依托自身的区位优势，充分发挥“一带一路”建设的带动作用，加快内外联通通道和区域性枢纽建设，努力提高基础设施水平，明显改善落后边远地区对外通行条件。同时，依托已建成的兰新线等交通干道，积极引进和发展现代产业，构建绿色化现代产业新体系。

四、东翼

长城经济带的东翼主要由黑龙江、吉林、辽宁、内蒙古东部组成，属于我国的东北地区。在长城经济带今后的建设过程中，应支持技术和产业创新中心的建设，积极推动产业结构的转型升级。同时，充分利用自身沿海沿边的区位优势，加快建设面向俄日韩等国家的合作平台，发展外向型经济，提高对外开放水平。

第三节　建设内容

一、产业发展

产业是经济带形成和发展中的灵魂。在长城经济带未来的发展过程中，应努力形成以旅游业为核心，以现代服务业和文化创意产业为支撑，涵盖生态农业、食品加工业、餐饮业、零售业、健康产业、交通运输业、通信业、文化艺术业、体育休闲产业等产业的现代产业体系（图6-2）。

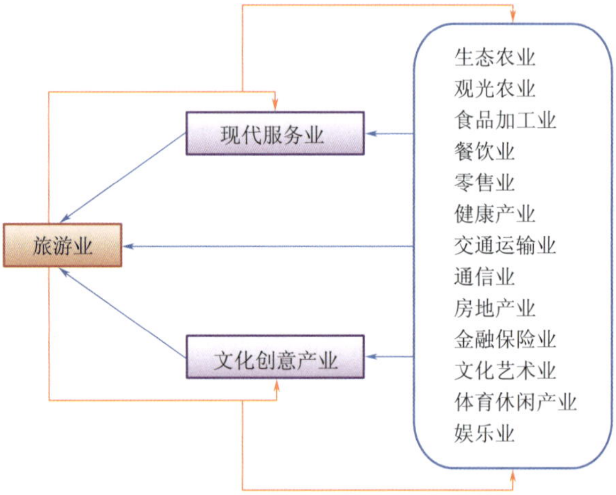

图6-2　长城经济带的产业体系

（一）旅游业

以发展长城旅游为主线，加快长城地区各类旅游资源的整合，形成以长城旅游为龙头，农业旅游、乡村旅游、生态旅游和休闲度假旅游多点支撑的旅游产业发展新格局。在建设过程中，首先，应充分利用长城的金字招牌，重点培育以长城为主体的风景名胜区和以长城为依托的自然风景区，打响区域旅游的知名度；其次，围绕长城旅游产品，合理布置乡村旅游、农业旅游、生态旅游、休闲度假旅游、民俗风情旅游等旅游产品，带动区域旅游产业的发展；再次，通过旅游业的发展，带动现代服务业、文化产业、农产品加工业等相关产业的发展，推动区域经济的发展；最后，在大旅游产业的发展和带动下，加快区域基础设施的建设，增加当地居民的收入，提高人民的生活水平。

（二）文化创意产业

以长城资源为核心，深入挖掘长城的历史文化底蕴，加快对区域内非物质文化产业的培育，大力发展现代文化产业。在长城经济带的发展过程中，要大力支持现代传媒、数字出版、动漫游戏等文化产业的发展，推动文化业态创新，促进文化与科技、信息、旅游、体育、金融等产业融合发展，打造一批有鲜明特色的长城文化基地。

（三）现代服务业

充分利用长城旅游的品牌和带动作用，积极发展现代服务业。在长城经济带的发展过程中，应优先发展生产性服务业，提升研发设计、金融保险、节能环保、电子商务、融资租赁、服务外包、商务咨询、售后服务、人力资源等服务业的质量和水平；大力发展教育培训、文化体育、健康养老家政等生活性服务业，推动各类服务业向精细化和高品质的方向转变。

二、城镇化体系

未来，长城经济带将着力建设“1+6+4”的城市空间体系（图6-3）。其中，1是指一个世界级城市群，即京津冀城市群；6是指六个国家级城市群，即山东半岛城市群、哈长城市群、中原城市群、辽中南城市群、关中城市群和天山北坡城市群；4是指四个

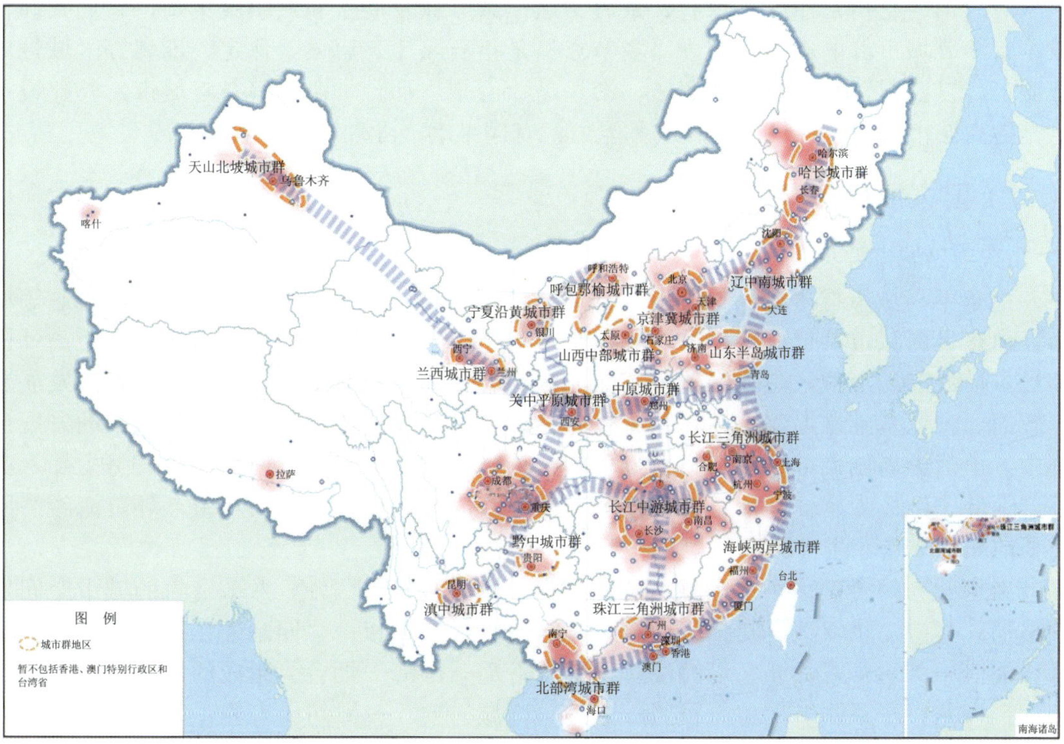

图6-3　城市群空间分布示意图（新华社，2016）

区域级城市群，即晋中城市群、呼包鄂榆城市群、兰西城市群和宁夏沿黄城市群。

（一）世界级城市群

京津冀城市群主要包括北京、天津、石家庄、唐山、秦皇岛、保定、廊坊、承德、沧州、张家口等城市。京津冀城市群的区域面积占全国的2.3%，人口占全国的7.23%。在未来的发展中，京津冀城市群将以有序疏解北京非首都功能、解决大城市病为基本的出发点，根据现代产业分工协作的要求，立足各城市的比较优势，以资源环境承载能力为基础，以优化区域分工和产业布局为重点，以各类资源要素的空间统筹规划利用为主线，着力调整区域的经济结构和空间结构，构建现代化的立体交通网络系统，扩大生态环境容量，推动公共服务的共建共享，加快市场一体化进程，努力形成目标同向、措施一体、优势互补、互利共赢的协同发展新格局，将京津冀城市群建设成为以首都为核心的世界级城市群。

在空间布局上，京津冀城市群将着重打造“一核、双城、三轴、多节点”的网络型空间格局。其中，“一核”是指北京市。有序疏解北京的非首都功能，优化提升首都核心功能，解决北京的大城市病将是实现京津冀城市群协同有序发展的首要任务。“双城”是指北京和天津。未来将进一步强化京津联动，全方位拓展合作的广度和深度，共同发挥北京和天津的高端引领和辐射带动作用，使之成为长城经济带协同发展的主要引擎。“三轴”是指京津、京保石、京唐秦这三条产业发展带和城镇聚集轴，它们共同构成了京津冀城市群的主体框架。“多节点”是指石家庄、唐山、保定、邯郸等区域性中心城市，以及张家口、承德、廊坊、秦皇岛、沧州、邢台、衡水等节点城市，其建设重点是提高城市的综合承载能力和服务能力，有序推动产业和人口的集聚。

（二）国家级城市群

1. 山东半岛城市群

山东半岛城市群主要包括济南、青岛、烟台、淄博、潍坊、东营、威海、日照等城市。山东半岛城市群位于环渤海区域，是黄河中下游广大腹地的出海口，也是距离韩国和日本最近的城市群，是我国参与东北亚区域合作的前沿阵地。该城市群的经济发展水平较高，产业基础雄厚，城镇体系比较完善，综合交通网络比较发达。在未来的发展过程中，山东半岛城市群将依托自身显著的区位优势，大力发展外向型经济，努力加入国际产业分工，成为全球城市体系和全球产品生产服务供应链的重要环节，环黄海经济圈重要的先进制造业生产服务基地之一。

在空间布局上，山东半岛城市群将重点打造“双核、四轴、八节点”的城市空间发展格局。其中，“双核”是指济南和青岛这两大核心城市；“四轴”包括由胶济线（济南—淄博—潍坊—青岛）、沿海线（日照—青岛—威海—烟台）组成的发展主轴；以及由烟台—龙口—莱州—潍坊、日照—五莲—诸城—安丘—潍坊—寿光—东营组成的发展次轴；“八节点”则是指青岛、济南、烟台、淄博、潍坊、东营、日照、威海等8大城市区中心城市。

2. 哈长城市群

哈长城市群主要包括黑龙江省的哈尔滨市、大庆市、齐齐哈尔市、绥化市、牡丹江市，以及吉林省的长春市、吉林市、四平市、辽源市、松原市、延边朝鲜族自治州。哈长城市群是全国重要的老工业基地和最大的商品粮基地，也是东北地区对外开放的重要门户。在未来的发展过程中，哈长城市群应紧紧抓住“一带一路”倡议和新一轮东北地区老工业基地振兴战略的机遇，着力转变城市发展方式，统筹规划空间、规模、产业三大结构，实现基础设施互联互通和产业的协作发展，不断提升城市的环境质量和人民生活质量，将哈长城市群建设成为东北老工业基地振兴发展的重要增长极和北方对外开放的重要门户，形成经济实力明显增强、功能完备、布局合理的城镇体系和城乡区域协调发展格局。

在空间布局上，哈长城市群将重点打造“双核、一轴、两带”的城市空间发展格局。其中，“双核”是指哈尔滨、长春这两大核心城市；应进一步增强两大核心城市的集聚和辐射能力，引领和带动周边地区的产业转移和要素流动，促进区域协同发展。“一轴”是指哈大交通轴线。通过哈长发展主轴，推动沿线城镇、产业和人口集聚，建成具有较强竞争力的城市发展轴和产业集聚带。“两带”是指“哈大齐牡”发展带和“长吉图”发展带。通过双核一轴两带的联动与协作，逐步形成核心驱动、轴带连通、节点支撑的网络化区域发展格局。

3. 中原城市群

中原城市群地跨河南、河北、山西、安徽、山东五省，包括郑州、洛阳、开封、南阳、安阳、商丘、新乡、平顶山、许昌、焦作、周口、信阳、驻马店、鹤壁、濮阳、漯河、三门峡、济源、长治、晋城、运城、邯郸、邢台、聊城、菏泽、宿州、淮北、阜阳、亳州、蚌埠等30个城市。中原城市群是中部地区承接东部地区产业转移和西部资源输出的枢纽区域，也是参与国内外竞争，促进中部崛起的核心增长极。在中原城市群的建设过程中，应紧紧围绕“一带一路”、中部地区崛起和新型城镇化等国家战略，大力推进基础设施互联互通，不断深化产业体系分工合作，强化生态环境的同治共保，推动城乡统筹协调发展，形成网络化、开放性、一体化的区域发展新格局。

在空间布局上，中原城市群将重点打造“一核、四轴、四区”的城市空间发展格局。其中，“一核”是指城市群将以郑州大都市区为核心；“四轴”是指陇海铁路发展轴、京广铁路发展轴、郑济—郑万高铁发展轴和郑太—郑合高铁发展轴；“四区”是指东部承接产业转移示范区、西部转型创新发展示范区、南部高效生态经济示范区和北部协同发展示范区。

4. 辽中南城市群

辽中南城市群主要包括沈阳、大连、鞍山、抚顺、本溪、丹东、辽阳、营口、盘锦等城市。该地区工业化发展历史悠久，工业体系完善，城市高度密集，是中国重型装备制造中心。在辽中南城市群的建设过程中，应紧紧抓住新一轮东北地区老工业基地振兴战略的机遇，围绕《中国制造2025》中提出的制造强国战略，积极推动城市间的产业互补协作和转移承接，加快发展优势产业和战略性新兴产业，改造提升传统产业，形成支撑新一轮东北振兴发展的重要产业集聚区。

在空间布局上，辽中南城市群将重点打造“双核、五带、多节点”的城市空间发展格局。其中，“双核”是指沈阳、大连这两大核心城市；通过两大核心城市的带动力，引领和带动周边地区的发展。“五带”是指依托长大、沈丹、沈山、沈吉和沈承这五条交通干道而形成的发展轴线。“多节点”则是指鞍山、抚顺、本溪、丹东、营口、盘锦等多个节点城市。

5. 关中城市群

关中城市群主要包括西安、咸阳、杨凌、宝鸡、渭南、铜川、商洛、天水等城市。关中城市群是陕西人口最密集地区，经济发达，文化繁荣。在关中城市群的建设过程中，应合理开发利用各类历史文化资源，加快文化旅游和现代服务业的发展；把节约、利用保护土地和水资源摆在突出位置，积极开展重点基础设施和生态环保工程项目的建设；加快交通、通信、信息等基础设施建设，推进区域一体化发展进程，把关中城市群建设成为综合实力较强、地方特色突出的现代化城市群。

在空间布局上，关中城市群将重点打造“一轴、一环、三走廊”的城市空间发展格局。其中，“一轴”是指陇海铁路陕西段沿线的城镇带，主要包括渭南、西安、咸阳、兴平、杨凌、宝鸡等城市；“一环”是指关中公路环线周边的城镇，主要包括长安、户县、周至、扶风、渭南、蓝田等区县；“三走廊”分别是指渭南—韩城走廊、咸阳—铜川和彬长旬（彬县、长武、旬邑）地区走廊。

6. 天山北坡城市群

天山北坡经济带位于新疆准噶尔盆地南缘天山北坡的中段，主要包括乌鲁木齐市、昌吉市、米东区、阜康市、石河子市、乌苏市、奎屯市、克拉玛依市等城市。天山北坡经济带是新疆最为发达的核心区域，它的土地面积仅占新疆的5.7%，却集中了全疆83%的重工业和62%的轻工业，城镇、交通、能源等发展基础较好。在天山北坡城市群的建设过程中，将着重打造以乌鲁木齐为核心，以区域性中心城市为支撑，以中小城市为主体的城镇体系，加快引导人口和产业的聚集，形成若干都市化程度较高的绿洲城镇组群和城市地区。

在空间布局上，天山北坡经济带将重点打造“一核、一轴、四区”的城市空间发展格局。其中，“一核”是指乌鲁木齐这一核心城市；“一轴”是指依托北疆铁路形成的区域发展轴线；“四区”是指乌鲁木齐城市群、克奎乌—博州、伊犁河谷和哈密等四个发展片区。

（三）区域级城市群

此外，长城经济带中还将培育四个区域级城市群。

（1）晋中城市群。晋中城市群位于山西省的中部，是一个以山西省太原市为中心，以晋中盆地密集的城镇为主体的城市群，主要包括太原、晋中等城市。

（2）呼包鄂榆城市群。呼包鄂榆城市群位于包昆通道纵轴的北端，包括内蒙古自治区的呼和浩特、包头、鄂尔多斯，以及陕西省榆林市的部分地区。该区域是沟通华北和西北的重要枢纽，拥有十分丰富的煤炭、天然气、太阳能等资源，是全国经济发展格局中的新兴区域。

（3）兰西城市群。兰西城市群是指以兰州市和西宁市为中心，主要包括甘肃省和青海省27地州市的城市群。该区域内自然资源丰富，农业条件较好，工业和交通也有相当基础。

（4）宁夏沿黄城市群。宁夏沿黄城市群是指宁夏境内沿黄河分布的银川、石嘴山、吴忠、中卫、灵武、贺兰等10个城市所组成的城市群。该区域是宁夏经济最为发达的区域。它以43%的国土面积，集中了宁夏全区90%的城镇人口，创造了90%以上的GDP。

三、基础设施建设

安全高效、智能绿色、互联互通的现代基础设施网络是推动长城经济带社会经济发展的基础和必备条件。长城经济带的基础设施建设主要包括以下内容。

（一）交通运输设施建设

着力构建现代综合交通运输体系。（1）运输通道网络建设。加快构建横贯东西、内通外联的交通运输大通道，推进高速铁路网的建设，进一步完善国家高速公路网络，增强枢纽机场和干支线机场的功能。（2）城际交通设施建设。在主要城市群地区大力发展城际铁路等的建设，构建多层次的轨道交通骨干网络，高效衔接大中小城市和城镇。（3）加强综合交通枢纽的建设。加快中心城市和沿边口岸综合交通枢纽的建设，提升枢纽内外的辐射能力。完善交通枢纽的综合服务功能，强化客运的零距离换乘和货运的无缝化衔接，实现各种运输方式的协调，提升交通物流整体效率。

（二）网络通信设施建设

加快新一代信息基础设施的建设，形成万物互联、人机交互、天地一体的网络空间。（1）通信网络建设。提升通信网络的高速传送、灵活调度和智能适配能力，构建现代化通信骨干网络。优化国际通信网络布局，建设畅通便捷的国际通信设施。（2）宽带网络建设。加快第四代移动通信网络建设，完善边远山区、牧区等的网络覆盖。加快空间互联网的部署，实现空间与地面设施互联互通。进一步普及高速无线宽带网络。

（三）能源基础设施建设

建设清洁低碳、安全高效的现代能源体系。（1）能源开采与利用设施。推进西部地区的国家综合能源基地建设，进行大型煤炭基地绿色化开采和改造，鼓励煤炭资源的清洁高效利用。继续推进风电、光热和光伏发电设施的建设。加快传统炼油产业的转型升级，进一步拓展生物燃料等新的清洁油品来源。（2）能源储运设施建设。统筹推进煤电油气等多种能源输送方式的发展，加强能源储备和调峰设施建设，构建多能互补、外通内畅、安全可靠的能源储运网络。加强跨区域的能源输送骨干网络建设，加快陆路进口油气战略通道的建设。

四、资源环境保障

（一）资源节约集约利用

转变资源利用方式，实现资源的节约集约循环利用。（1）水资源。长城经济带所在的北方地区大多是水资源较为缺乏的区域。在长城经济带的建设过程中，应加快农业、工业、城镇的节水改造，对水资源短缺地区实行更严格的产业准入和用水额度控制。加快水资源循环再生利用工程的建设，大力推广节水技术和产品，全面推进节水型社会的建设。（2）土地资源。加强耕地资源的保护，推进低丘缓坡土地的开发利用；严格控制新城新区和开发区的无序扩张，大力推进城镇低效用地的再开发，鼓励建设用地的多功能开发和立体综合开发利用。（3）能源消费。大力推进工业、交通运输、建筑、公共机构等领域的节能行动；积极开发和推广节能技术和产品，实施全民节能行动计划；推进能源的综合梯级利用。（4）矿产资源。积极推进绿色矿山和绿色矿业发展示范区的建设；开展矿产资源节约与综合利用示范工程，提高矿产资源开采率、选矿回收率和综合利用率。

（二）生态保护与修复

加强生态保护与修复，构筑北方生态安全屏障。（1）生态保护。积极开展林业重点工程的建设，完善天然林的保护制度，保护培育森林生态系统；适度扩大退耕还林还草，保护治理草原生态系统；积极保护荒漠生态系统，加快对风沙源区的治理；开展重要河湖与湿地生态系统的保护工作。（2）生态修复。加强对三江源、水源涵养区、生态脆弱区等重点区域的生态修复；加强对受损生态系统的监测与恢复；逐步对居住在自然保护区核心区与缓冲区中的居民实施生态移民。（3）生态建设。加快城乡绿道、风景名胜区、郊野公园等城乡生态基础设施的建设；提升绿地、公园等生态公共服务的供给能力。

（三）环境综合治理

构建环境治理体系，改善环境质量。（1）污染防治。严格制定城市空气质量的控制计划，加大重点地区细颗粒物污染的治理力度；推进水功能区的分区管理，严格保护好饮用水水源，开展重点流域的综合治理；实施土壤污染的分类分级防治，优先保护农用地的土壤环境质量安全。（2）污染物排放控制。完善污染物排放的标准体系，加强对重点产业污染源的监督性监测，有序搬迁、改造或依法关闭城市建成区内的污染严重企业；积极开展清洁能源替代工程，对重点行业实施清洁生产的改造。（3）环境基础设施建设。加快城镇垃圾处理设施的建设，推进城镇污水处理设施的建设和改造，实现城镇生活污水、垃圾处理设施的全覆盖和稳定运行。建立统一完善的实时在线环境监测系统，严密防控环境风险。（4）环境治理制度。落实地方政府的环境治理责任，建立环境质量的目标责任制和评价考核机制；推行全流域，跨区域的环境污染联防联控和城乡协同治理模式，实现多污染物综合防治和统一监管；建立和完善企业排放许可制，排污权有偿使用和交易制度。

五、社会服务

（一）推进扶贫攻坚工作

切实提高扶贫实效，提高农村贫困人口的生活水平。（1）创新扶贫开发方式。根据贫困人口的实际致贫原因和脱贫需求，选择采用发展特色产业、转移就业、生态保护扶贫、易地扶贫搬迁、教育培训、开展医疗保险和医疗救助等多种扶贫措施进行帮扶；积极探索资产收益扶持制度，通过土地托管、农村土地经营权入股、扶持资金入股等方式，让贫困人口分享资产收益。（2）健全扶贫工作机制。针对贫困户的精准识别、建档立卡、脱贫认定、贫困人口动态统计监测、扶贫工作绩效的社会监督、扶贫成效评估等环节，探讨合适的工作机制与实施办法。

（二）扶持特殊地区发展

加大对民族地区、革命老区、边疆地区和集中连片贫困地区的支持力度，推动社会经济的快速发展。（1）产业发展支持。通过制定各类优惠政策，支持上述区域发展具有浓郁地方特色的生态农业、健康养生产业、文化产业等，增强造血功能；通过产业转移等措施，引导和鼓励当地产业的发展。（2）基础设施建设。根据当地的实际情况，切实解决上述地区的通路、通水、通电、通网络等问题。加快上述地区交通运输通道，水利设施，网络通信设施的建设，全面改善贫困村的生产生活条件。（3）人才支持计划。通过对上述地区的教育支持计划，人才吸引计划等的开展，建设政策高地，促进人才的回流和集聚，为当地的发展提供坚实的智力支持。

（三）增加公共服务供给

坚持公共服务供给的普惠性、保基本、均等化和可持续，提高公共服务共建能力和共享水平。（1）基本公共服务。现阶段，我国的基本公共服务主要包括义务教育、公共卫生和基本医疗、基本社会保障、公共就业服务等内容。在建设过程中，应健全基层公共服务网络，加强公共资源整合，提高管理效率，完善基本公共服务体系，实现基本公共服务的均等化。（2）非基本公共服务。积极推动养老、保健、文化、体育等非基本公共服务的发展，丰富服务产品，提高服务质量，满足居民多样化的服务需求。

（四）丰富文化产品和服务

深入挖掘当地的历史文化内涵，推进文化事业和文化产业的发展。（1）大力扶持民族文化、边疆文化等优秀文化作品的创作和生产，鼓励各种文化产品内容和形式创新。（2）进一步完善当地的公共文化设施网络，加强城乡基层文化服务能力的建设。（3）加快发展数字出版、移动多媒体、动漫游戏等新兴的现代文化产业，推动影视制作、工艺美术、出版发行等传统产业的转型升级。大力发展创意文化产业，促进文化产业与旅游、科技、信息、体育、金融等产业的融合发展。

六、开放与合作

（一）国际层面

在“一带一路”倡议的指导下，利用长城经济带沿边沿海的区位优势，统筹国际国内资源，积极参与国际分工与协作，开创对外开放的新局面。（1）合作机制的构建。充分利用与整合现有的上海合作组织（SCO）、亚太经合组织（APEC）、中亚区域经济合作（CAREC）等现有多边合作机制，不断创新合作方式，拓展合作领域，提高合作水平，为不断扩大与中亚、俄罗斯、日本、韩国、欧盟等国家和地区的交流与合作创造条件。（2）产业分工与协作。根据优势互补、互利共赢的原则，积极参与全球产业分工。通过大力发展海外工程承包、金融保险、信息技术、国际运输等国际服务，有序承接国际服务业转移，推动区域内现代服务业的快速发展。（3）发展对外贸易。巩固和扩大传统贸易，大力发展生产性服务贸易。通过不断拓宽贸易领域，优化贸易结构，挖掘对外贸易新增长点。创新贸易方式，发展跨境电子商务等新兴的商业贸易业态。（4）加大相互投资力度。积极引进国际资金和先进技术，提升外资综合利用水平。鼓励金融机构和企业扩大对外投资力度，深度融入全球产业链、价值链和物流链。

（二）国家层面

积极争取国家政策的支持，努力将长城经济带的建设上升到国家战略层面。在长城经济带的建设过程中，首先，应通过国家层面完成顶层设计，实现各类资源、产业、生态环境、基础设施建设等的统筹规划与组织协调。在此基础之上，在长城经济带开发领导小组的指导下，切实打破行政区划束缚，实现区域开发的综合决策，统一部署长城经济带建设中的重大事项，指导和协调各地区和各部门的建设行动。其次，应在国家层面上，将长城经济带的建设与“一带一路”建设、西部大开发、京津冀协同发展战略、长江经济带建设等国家重大发展战略进行协调与整合，避免相互之间的冲突或重复。

（三）地区层面

创新区域合作机制，加强区域间的交流与协作。（1）市场竞争机制。在区域间确定一个统一、合理的市场竞争规则，保证各市场主体能够进行充分、公平的市场竞争，从而推动资源的有效配置，实现区域经济的一体化。（2）产业协作机制。各区域根据自身的比较优势和核心竞争力，确定各自的主导产业。同时，通过区域间的合理竞争，实现区域产业的整合，最终形成以分工协作为基础的区域性产业网络。（3）互助机制。通过在区域间发展“飞地经济”、共建园区等合作平台等措施，建立区域间互利共赢、共同发展的互助机制。（4）共建共享机制。建立区域间基础设施建设的共建共享机制，加强区域间交通、港口、通信等基础设施的统筹与管理，推动区域间基础设施的一体化。（5）利益平衡机制。通过建立健全生态保护补偿，资源开发补偿等区域间的利益平衡机制，消除不发达地区在追赶发展过程的先天性障碍，缩小因区域主体功能差异而造成的发展差距，最终实现区域整体利益的最大化和可持续发展。

第二篇

实践篇

——以大同长城为例

第七章　巍峨工程历史沿革

第一节　修筑长城的诸多原因

中原王朝修筑长城，目的就是稳固北疆，既防止北方草原民族闯进来，也控制中原人口闯出去而造成人口流失。但北方草原游牧民族则千方百计要越过长城进犯中原，小则烧杀抢掠，大则图谋江山。不过中原王朝也常常派出军队出塞开疆，扩大版图，对草原汗国实行军事打击。

世界上有许多古国修筑过战防工事或边墙，但真正大规模地修筑长城，只有两个文明古国有过：一个是欧亚大陆西端的罗马，另一个则是欧亚大陆东端的中华帝国。然而，罗马人修筑长城是短期行为，而中华帝国则是长期行为，中华帝国却在许多朝代都不遗余力地修筑长城，这是由诸多因素促成的。

一、民族因素和地理环境因素

无论是古罗马帝国修筑的长城，还是中华帝国修筑的长城，都筑在了国土的边疆或边塞，都是为了防范北方民族入侵，或保护防止北方民族征服抢走土地。

古罗马面对形形色色的北方民族组织起强大的罗马军团予以抵御，而这些北方民族是高卢人、日耳曼人、凯尔特人、斯拉夫人和斯基泰人等。这些北方民族身材高大、孔武有力，但除斯基泰人外他们的骑兵并不多，不同民族间也很难结成联盟，敌手的战斗力不甚强大。

从地理形势看，罗马本土三面环海、高耸的阿尔卑斯山脉与高加索山脉属天然屏障，山的北面横贯着多瑙河、莱茵河等河流，意大利半岛的防御地形占尽天时地利，只要能控制好北部的重要山口就足以做到万无一失的防范。

中国长城几乎在北纬45°线，恰好与400毫米降水量线大致重合。400毫米的降水量就达到了农耕的硬性条件，这就意味着农耕文明与草原文明在这条线上形成分野，也形成中原王朝与草原民族的天然隔界。

北亚草原气候严酷，天灾频繁，生存竞争规则不同于中原文明。北方草原民族的多个部落以四海为家，其繁衍生存的原则和条件是逐水草而居。草原民族没有明确的领土概念，如果草原风调雨顺尚可安定，假如遭受雪灾或旱灾，就要争夺草场牲畜、财产和人丁，发生厮杀抢掠，波及的地域往往是中原内地，而且每隔一个历史时期便能杀出一位一统草原的大可汗，必将引领全体铁骑对温暖富庶的中原进行劫掠和征战，甚至一统草原与中原。

北方草原游牧民族语言不尽相同，甚至种族也不同，然而，一旦他们臣服在某位可汗麾下，就以这位可汗部落之名出征四方，威慑其他民族和地区。草原民族看起来像一个整体。

强大的匈奴、鲜卑、突厥和成吉思汗军团，就是由草原上许多部落形成联盟而组成的整体。每当他们携家眷迁徙他乡，马上就另有新的其他草原部落填补其草场，周而复始重复着南迁的宿命。

古代北方草原民族向来有尚武习俗，几乎每个青壮男子都是箭法娴熟、体格健壮的骑士，一旦进攻，汹涌如潮，所向披靡，锐不可当。撤退时又飘忽不定，去无踪影。这样的民族便成了定居民族，尤其是农耕民族的大克星。冷兵器时代，几乎无人能彻底降伏这一支又一支可怕的力量。

数千年来，中原汉民族与北方草原这些剽悍的马背民族为邻，与其相接的一线就是北纬45°线，彼此相互纷争打斗的地点就是无遮无拦的草原和丘陵，进攻之焦点就是沿这条线的河谷隘口。山河险阻之地似乎所占比例不大，战线十分清晰。与胡虏共处一地，无寸山尺水之隔，欲想维持中原王朝的安宁，能叫臣民安居乐业，就得想出恰当的办法，于是因势利导垒墙修筑长城，这应是最好防范措施，以此弥补防御地理地形的先天不足，应对北方草原骑兵军团的突袭，以及不良气候所带来的天灾兵祸。

二、经济与文化因素

西方罗马帝国的经济制度与东方的中华帝国有别，罗马帝国经济的相当部分依赖于对境外殖民地的掠夺、经营、税收、贸易和海上运输，而且一直延续下来。因为有这种需求，罗马帝国便常常采取军事上征服的手段。和平时期，商业贸易需要自由穿越边境，只要在关卡履行交纳税费的义务就相安无事，边界并非不可逾越。

早期的罗马极速扩张，以强势军事征服欧洲、非洲和亚洲其他民族，占有绝对压迫地位，其奴隶制度的统治亦造就了境内不同民族混居状况。因为奴隶主对奴隶是可以随意占有和买卖的。后期罗马威力式微，军队常由其他民族的雇佣军组成，以致皇帝和执政官或许就是外族人，整个社会的民族关系多元化，错综复杂，我中有你，你中有我，与较单一纯粹的中国古代社会有着很大区别。

然而，中国古代是典型的中央集权制农业社会，如果不保障每年仅有的一两次收获，整个国家将陷入灾荒绝境。因此，地界与秩序的稳定是首先要考虑的问题，也是至关重要的问题，因为稳定才有税收，稳定才能有绝对统治权，对于社稷而言，修筑长城以稳定边界则更显重要。

对重要商业领域，中国专制王朝历来都要实施垄断经营，如盐铁业等。修筑了长城，就有了控制国际贸易举措的设施条件，有了这道墙，既能保障中原王朝皇家的商业利益，又能严禁武器和铜铁战略物资转移出口。再者，以贸易为武器借口，还能制服和驯服草原汗王。因为草原最需要的是铁锅、盐、茶叶、布帛和针线等生活必需品。

古罗马统治下的欧洲诸民族，共用拉丁字母，这便使得罗马文明的交融扩散比较容易，欧洲各民族从蒙昧中被唤醒。后来基督教在欧洲传播开来，教化了全体子民，尽管东西罗马帝国崩溃后形成了诸多王国，但欧洲却拥有一个松散而共同的文化，宗教和教宗，随时会组织起来，结成联盟。尤其是希腊、罗马的城邦制度孕育出民主与平民思想的萌芽，一定程度上制衡了独裁主义的泛滥。

中世纪的欧洲崇尚骑士精神，民族主义国家的概念比较含混，文明与野蛮的界限也比较模糊，各民族与各王国的疆域错综复杂，教皇与世俗君主的权威双元化，战争往往表现在统治阶级的利益纷争上，但规模与烈度有限，或许这是没有续筑欧洲长城的一个原因。

中国帝王专制社会体制是内敛的大一统王朝，礼教文化推崇君权至上，图形表意的汉字和文言文的复杂难学；严密的官僚体制与奔放的草原风俗相去甚远，形成鲜明比对。然而，中原文化与草原文化虽然存在一定的隔阂，却容易向农耕文明辐射，哪怕他们讲着完全不同的语言，如日本、朝鲜和越南等，均可接受。

长城将中原文明与草原文明隔开，看起来双边的生产方式不同，文化传统不同，语言不同，彼此沟通存在着一定的障碍；但长城两侧的人种相同，遗传基因的因素往往使他们彼此互为一家，历史上就一直有“胡汉一家”的说法。草原民族也同样把龙文化看作是与汉民族共同的图腾，把炎黄看作是共同的祖先。虽然如此，中原王朝对草原游牧民族侵袭的破坏力也丝毫不可忽视，因而修筑长城自在情理之中。但是，一旦游牧民族跨越或接近长城，不知不觉间就改变了自己的生活方式，被高度发达的中华文明迅速同化。

我们并不知晓当年匈奴、突厥和蒙古人对中原王朝修筑长城的看法，也很难猜度当今海外游客对长城的真实观感。纵观历史，中原王朝真的能指望一道泥土或砖石结构的长墙挡住草原游牧民族的大规模进犯或移民吗，显然有时能，有时还真的不能。不过，有一条规律：凡中原政局混乱，草原游牧民族便会大量越过长城问鼎中原移居落住，文明昌盛的唐朝就是民族融合的产物，草原民族的狂野之力与浩荡之气与中原的诸子儒雅结合一起，脱胎派生一个高贵强盛的中华帝国；蒙古人的征战更是直接打开了人们的视野，间接促进了海外地理大发现与近代资本主义的兴起。

三、人类社会与生存的特殊因素

当人类的繁衍与发展作用于地球地理环境的过程中，便有了人类文明史。而地理环境气候又决定着人类的生存命运。其中也包括人与自然灾害和人类战争的抗衡，或许就在这种抗衡过程中，逐渐形成了民族与国家，用马克思主义的学说观点解释，国家便是阶级斗争的产物。但国家形成的因素除了阶级斗争的主要因素外，往往还有地形地貌、地理环境、文化习俗与气候的因素。结论便是：人类社会的发展过程中，有什么样的地理环境，便会有什么样的历史文明，各个不同种族的人类命运的生存与发展就根植于各种特殊的地理环境和地形地貌的位置中。

但人类生存也是有选择的迁徙的，历史文化也是不断传播不断发展的，这其中，地理环境与气候变化影响着人们的迁徙动态心理；河流同样起着人类迁徙和文化传播的载体作用。人类文明是随着河流的流动而向前推进的；反之亦然，地球上的地理环境与气候始终伴随着人类的迁徙运动和文化传播走向。与此同时，人们选择环境还包括筑城，筑城向来考虑的是河流水域这个生存的基本要素，也考虑能否安全生存。人类繁衍生息，从聚落到部落，再到村落，最终的集聚形成城市。城市是人类生存的最大的聚集地，是政治、经济、文化的中心，是历史文化的容器。

就中华民族而言，地大物博，尚有5000年的文明史（如果按红山文化续接应为6000年），在世界范围内尚属灿烂文明。但仔细观察分析，中华文明史的形成与国土面积的控制，同中国的地形水系密不可分。

从北边观察，从东往西，有大兴安岭并南端的燕山山脉，向西有阴山山脉、贺兰山脉、天山山脉、阿尔泰山脉、帕米尔高原；折转连接的是昆仑山、巴颜喀拉山、喜马拉雅山、横断山；一直到武夷山，延伸到海南岛便是汪洋大海。

背靠昆仑山面向东，两边的大山像夹着一条大沟而形成三级台地，整个地形就像一个人靠背椅子，两个扶手把三级台地圈了起来。历史上无论是中原民族还是草原民族和其他少数民族，就在这个圈子里繁衍生存，就在这个圈子里打斗纷争。在冷兵器时代，外边的民族势力闯不进来，而这个圈子里的人也突不出去，包括秦始皇也没这个本事。后来虽然有了丝绸之路，那只能是一条细窄的通道，只要堵住关卡，便又成为封闭。在这个大环境中，各民族之间相互纷争打斗，只能说是民族内部矛盾。大同就是纷争打斗最敏感的地域，这应归拢为人类历史特殊地理环境决定论。在这个特殊大环境中，山环水绕，山为屏障，水为生命之源，山连绵不绝，想绝也绝不开；黄河、长江、珠江三条大河和北方草原养育着中华民族。因为有山作屏障，外族过不来，就考虑到了海岸线上的门户，于是在近代开始是甲午战争，随之而来的是鸦片战争。海上有了决口，封闭最终被打破。

就地理科学与气候学而言，北纬45°线和400毫米的降雨量线将农耕文明与游牧文明隔开，而大同就在这条线上。受环境气候条件的制约，民族矛盾在这条线上集聚，有了不断的纷争打斗。草原民族要突围进来，中原王朝便调遣大江南北的骁勇战将奋力抵御，于是就形成两股强势力量在这条线上的对峙碰撞，修筑隔离墙一万里长城在所难免。然而奇怪的是，在古代没有世界地图与中国地图的参照下，竟然把长城东头的山海关与西头的嘉峪关均修在了北纬45°线上，而中间的长城在这条线上上下波动。看来400毫米的等降水量线是农耕文明最硬性的条件要求。

北边的这条线并不是形成华夏的决定因素，但大中华的形成与这条线有着至关重要的关系。其中，大同起着决定性的作用。

这条线南边称华夏，北边称北方民族；南边称中原，北边称北方，当中原与北方统一后，形成多元一体的中华民族。多元一体的文化起源于多元，主要是草原文化与农耕文化合在了一起。因而，多元的最后才是一体。直到现在，中国的社会似乎以汉族为整体，但汉族并不是唯一，绝大多数时期汉族只占中原一小块地方，而少数民族却在周边占据了很大的版图。

为何少数民族会在周边占据很大的版图？这便有了中原与边疆之说。即，没有中原哪会有边疆。反之亦然，没有边疆哪来的中原。中原与边疆相辅相成，是相对而言。不过，中原被边疆所包围似乎是有界线的，而边疆似乎是无界线的，边疆民族最终发展到欧亚大陆带。所以，北方民族给中华民族贡献最大的是扩大了版图。多元一体化组合的因素，气候与环境起着至关重要的作用。寒冷是人类生存的障碍，而向往水草丰盛的南方，历来是北方草原民族的梦想。从古到今，中原历来都是北方草原民族进犯的地方。如果我们从张家口向北，700多千米几乎是荒无人烟的戈壁，过了二连浩特再向北，现在蒙古国的境内还有500多千米的戈壁。在这样的荒漠，不可能有草原民族生存的空间。草原民族的生存原则是逐水草而居，向往有水有草的地方。然而，即便有水有草，一旦遭遇干旱或突如其来的寒流，生存仍然遇到困难，因而冲破阻碍南迁是必然的现象。

在中国古代史上，连绵不绝的二十四史，几乎全是北方民族入主中原，从商朝的甲骨文里，从汉代抵抗匈奴攻打鲜卑的记述里。历史都没能阻挡住北方民族入主中原的进攻，包括后来辽金的契丹、西夏的羌族、元代的蒙古族、清朝的满族都入主了中原，或者说占据中华民族的半壁江山。当然元朝和清朝全占了，还扩张了不少地方，这对中华民族后来的形成是不可否认的事实。

有了北纬45°线，线上400毫米的等降水量以及沿这条线修筑的长城，并非把中华民族所分割，而恰恰是起到了黏合的作用，起到了桥梁纽带的作用，是中华民族一统的过渡带。

长城是中国民族的脊梁，是中华民族的历史长卷，也是中华民族的历史丰碑。长城挑起了北方草原与华夏农耕两个文明。但中国也因长城形成了多个朝代的南北朝。有匈奴南北朝、魏晋南北朝、辽金与宋的南北朝；明朝时期也是南北朝，以长城为线，明王朝与新北元的南北朝。

草原民族与汉民族不断的融合，农耕文明与草原文明的相互交流，应有一定的方式和规则，有媒介从中起作用。而大同起到了这个作用，大同堪称民族融合之都，而这个融合之都的缓冲条件便是历代修筑的长城。

第二节　长城的定义与组成元素

根据国家文物局发布数据，中国历代长城总长为21196千米。山西历代长城总数据为3500千米；大同历代长城总数据为524千米。从中可见大同长城所占比例。称军事战略重镇名副其实。那么我们研究长城，长城究竟是如何定义的呢？长城又是由哪些元素组成的呢？

一、长城的定义

长城是人工修筑的以土、石、砖为墙体的连续性高墙，是古代中国在不同时期为抵御北方游牧部落修筑的规模浩大的军事工程的统称，长城也是中国修建时间最长、工程量最大的一项古代军事防御工程。长城东西绵延上万里，因此被称作万里长城。

长城除了它的防御功能外，又是促进北疆经济开发的生命线，是联合统一草原多民族的纽带和桥梁，是中华民族的脊梁，长城挑起了中华民族的中原农耕与草原游牧两个文明。由于长城在中国历史上的特殊作用，它已成为中华民族聪明智慧、艰苦勤奋、坚韧刚毅和充满向心力凝聚力的精神象征，体现了中国古代劳动人民的智慧和创造力。

二、长城的组成元素

真正长城组成的含意，不仅仅是一道连续性的高墙，而是由多种元素所组成，包括长城墙体上的建筑设施和长城的附属设施。

长城的组成元素有26种，包括关、关城、瓮城、月城、城垛、马面、暖铺、空心敌台、睥睨、雉堞、女墙、横墙、马道、城楼、敌楼、战棚、敌团、堞楼、角楼、水门、水关、排水沟、吐水嘴、暗门、警门；长城的附属设施元素包括烽燧、天田、羊马墙、陷马坑、城堡、驿传、加工场。

这种体积庞大的古代军事建筑工程，又是由长城本体和附属设施两大部分构成，但每一部分又由许多建筑实体所组成。

（一）长城本体建筑设施

所谓长城本体，就是长城的墙体，以及在长城墙体上修筑的各种军防设施。古代的“城”与“墙”同义，都是指墙体而言，故而“城”“墙”常常重叠连用，于是城墙成为人们常用的词语。其实，长城实际上就是长墙，是连续不断的墙垣，长城之名即由墙垣绵长而来。

既然被称作长城，一般绵长的距离都很长，或数百千米，或数千千米。因而，长城沿线地形地貌千变万化，是不尽相同的，有的地段是不利于敌人前进的高山峻岭，有的地段是便于骑兵飞驰的河川旷野。北方游牧民族的骑兵进犯往往选择最宜突破的交通要道。处于这种情况，在修筑长城过程中，往往会在要害之处增修长城墙体，成为长城的支线或复线。与长城主干相连接，称作长城支线；而不与长城主干相连接与主干相平等的墙体，称作长城复线。长城的支线或复线，最早出现在战国时期，在后来的朝代修筑长城中一起沿用。也往往会被称作“大边”或“次边”“小边”；或称作“外长城”与“内长城”。

出于军事防御需要，长城墙体必须有一定的高度。但从边学和建筑学的角度看，墙体的高度又与墙基的宽度有关，与墙体的收分有关，只有二者保持一定的比例关系，方可使墙体坚固耐用，不易倒塌。不过，墙体所使用的不同建筑材料也影响着墙体的质量与高度。

现在，保存下来的土墙体高多在1.5～2米，但战国齐长城的土墙体高达3～4米，秦长城也有高达6～8米的。长城历经数百年到上千年的历史，可见当年修筑长城对其质量要求是很高的。如果按长城修筑原状，长城最高可过10米，最低也在3米以上。当然，也有的土长城因质量差很快被夷为平地的，往往被人们称作“土龙”。

长城分土墙与石墙，历史上受风蚀雨蚀作用的影响，土长城往往容易倒塌而变得低矮；石长城抗拒风蚀水蚀的能力较强而基本能保持原状。战国的齐长城以石墙为主，至今保存完好，高度多在2.5～4米。汉代外长城是在戈壁滩上修筑的，缺乏可以利用的大块石料，只能采用两侧石砌，内部夹沙石的构筑办法，故而大部分坍塌，其残高1.5～2.5米，证明原貌高度也只能在3米。

明长城既有石墙也有土墙，石墙多见于辽东镇、蓟镇，有的石墙后来被改造为砖包石墙，抗御自然破坏的能力更强，在没有遭到人为破坏的地方，至今仍显高大雄伟。如北京的居庸关、八达岭，河北的金山岭等长城。

大同镇长城多为土长城，长城墙体夹带马面墩台，起加固、瞭望、传讯多重作用。现在残高仍有5米的墙段，证明原貌多在8米，就戚继光、谭伦所修建在关口上的空心敌台而言，高度有达到17米的（例如左云镇宁空心敌台），证明墙体高度应在10米左右。

古代游牧民族骑兵的威力，在于快速突击。骑兵一旦下马步行，其威力顿丧。北方游牧民族的战马，属于本地训练的良种马，被称作突厥马或蒙古马，其特点是个头不大，体形不长，但能忍饥耐渴，持久力强，能够快速奔跑跨越障碍物，故而成为北方游牧民族的理想战马。为抵御北方游牧民族修筑长城也包含了抵御这种马的因素，只要修筑2米高以上的墙体，即可阻拦这种马的跳越；如果墙体高度达到3.5米，马上的骑兵也就难以攀登长城了，除非具有云梯之类的攻城装备。不过有时候还得使用云梯跨越长城。攻城云梯大约在唐宋以后才出现的，因而唐宋以后的长城普遍增高，明长城的高度要比战国、秦汉长城高出了许多。墙体增高就得考虑其坚固性与稳定性，于是长城墙体随着升高而收分减少了宽度，即自墙基起筑，往上逐渐内收，内侧壁收分较大，形成外壁徒立、内壁斜缓、断面成梯形的墙体。

长城墙体是御敌的主体，虽然有多种设施和附属设施组成元素，但基本由关隘、城墙与楼台、烽火台这三大部分组成。可细化为诸多元素。

（1）关隘：整个关隘构造，一般由关口的方形或多边形城墙、城门、城门楼、瓮城组成，有的还设有罗城和护城河。

（2）城墙：长城城墙一般都很坚固，内外檐墙多用巨砖、条石等包砌，内填黄土、碎石，高度在10米上下，这不仅使攻城的敌人难于攀登，而且可以给人望而生畏的感觉。城墙顶上都有四马并骑的宽度，即有四五米宽，以便作战时部队机动和运送粮草兵器等。城墙还有上下城墙的马道和梯道，在城墙的外檐上筑有瞭望和射击的垛口，在内檐墙上筑有女墙（宇墙），起保护人马不至于从墙顶跌落下来的作用。

（3）城门：城门是平时进出关口的通道，战时是反击敌人的出口，早期多用木过梁，元朝以后均改用砖或石块砌成拱券形门洞。为了增加稳固性，城门附近的一段台基多采用条石砌筑，不少城门上均镌刻着门的名称，门洞内装巨大双扇木门，木门外包铁皮，用巨钉嵌镶，门内侧装饰有门栓及锁环，有的还装有机关。城门是城防中的薄弱环节，常常在城门口设置瓮城或小城以作护卫，小城又被称作罗城或月城。

（4）城门楼：城门上方均筑有城门楼，它是战斗的观察所和指挥所，也是战斗据点。城门楼多为一层、二层或三层的木结构及砖木结构的建筑物，其屋顶多为方形城楼，并且对整个建筑物内外用油漆彩绘装饰，这样就使整个城门楼不仅具有丰富多彩的艺术形象，而且也增添了它尊严威武的气魄，以适应战斗的功能和完美的要求。

（5）水关：长城在于溪流、河谷相交处，为达到水流通过和防御目的而设计的种种通道式结构，比较著名的有九门口长城、八达岭水关、黄崖关长城水门等。

（6）护城河（壕堑）：利用地形挖成深沟灌水代替城墙，一般在城关的四周均有护城河，它是在筑城挖掘土方时形成的，后来再引入河水，形成了关城的又一道防线。在山海关城外就有一道深约二丈*，宽五丈的护城河，迫使敌人必须涉水过河才能到达城下，增加了攻城的难度，给守卫在城墙上的士兵创造了射杀敌人的有利时机。

（7）城台：在长城城墙上每隔二三百米就有一座高出城墙顶面一米左右的台子，外墙上砌有垛口，称城台。城台又根据用途分三种：墙台、敌台（敌楼）和战台。

（8）烽火台：烽火台的形式是一个独立的高台子，台子上有守望房屋和燃烟放火的设备，台子下面有士卒居住守卫的房屋、羊马圈（羊马墙）和仓库等建筑。烽火台之间距离根据地形，通常选择易于相互瞭望的高岗、丘阜之上建立。

（9）关与关城：在长城墙体上，尤其在要冲处，修筑长城时，必须留有可以出入的豁口；而这种豁口不能只设有城门或关门而已，相应还建筑一座具有各种军防设施的城堡，这种城堡被称作关或关城，是在修筑墙体时一同构建的。关与关城其规模的大小根据地形视其重要性而定。在极冲隘口，均围绕关口墩台或空心敌台修筑一座关城，以便驻军防守。关城门洞，也被称作贡门的，蕴含了和平时期边贸的意义。按照古代沿袭习惯。塞上之门、界上之门场称作关，出入关口必须持有官方印章证件，今日管理进出口货物之场所称海关，飞机场的起飞称出港，是继承了这种说法而引申而来。

明代修筑的支线复线长城，支线上的隘口一般被称作口，而复线上的隘口一般被称作关。利用从居庸关分叉的内外长城，双线延伸到河曲合拢。内长城的隘口均被称作关，例如雁门关、平型关、宁武关等；而外长城的隘口均被称作口，例如杀虎口、张家口、宁鲁口、助马口等。

对于关，最著名的应是紫荆关、倒马关和居庸关，合称内三关。紫荆关在河北易县西北，太行山的紫荆岭上，以山上的紫荆树得名。拒马河，在紫荆岭下大折屈，由东西流改为南北流，这里就是古往今来南北往来的交通要道。紫荆关与拒马河有“紫塞金城”之称。自内蒙古凉城，经大同南下的北方民族骑兵，常常取此道侵掠京师，故而被称作保卫京师的重要关隘。倒马关在河北唐县西北部，唐河上游峡谷中，“山路险峭，马为之倒”。战国时期这里为中山国地界，曾置关与此，称鸿上关。汉代南北朝继续沿用，称常三关、铁关，明代改称倒马关。倒马关属太行山区，地势险要，交通不便，只有唐河河谷可以通行，北方民族骑兵亦可从大同，经灵丘，通关而直达定州、保定。一关可以控扼四方之旅，其战略地位的重要性由此可见。

* 1丈≈3.33米，下同。

除内三关外，雁门关、宁武关和偏头关被称作三关镇，实则为山西镇，被称作外三关。偏头、宁武、雁门，自西迤东，三关并列，通向黄河东崖，东抵大同，属山西重镇关口。

雁门关在山西代县西北，以雁门山得名。雁门山又称句注山、西陉山、代山，山势高峻，谷深壁陡，有“天下九塞，句注为其中之一”之说。代县在战国时为赵地，李牧驻此，以防匈奴。汉代筑关于此，后世多沿用不改。隋唐时称西陉关，旋复旧名。明洪武七年（1374年）重建雁门关，长城与关城相接，横断南北交通。

宁武关为今之山西宁武县城，古为楼烦之地，赵国时在此设楼烦关，唐代改称宁武关。明景泰元年（1450年）筑关城，为山西镇副总兵驻地。宁武关在桑乾河上游恢河河谷之中，是控制南北往来之交通要道，北方游牧民族南下，常出此路。东则可以护卫雁门关，西则可以应援偏头关，北可以呼应大同，既可扼守，亦可居中调度，堪称外三关之首。

偏头关即今之偏关县城，以地势东仰西伏而得名。西濒黄河，东依管涔山，是山西西部南北往来要冲。五代时设有偏头寨，元代改称偏头关，明洪武二十三年（1390年）筑关城，以防河套蒙古东进。明弘治十四年，驻河套蒙古军，凭借地势平坦，步步紧逼偏头关，随入侵扰，往来蹂践，百姓无安宁之日，逐在此筑关设防，派军重点把守。

明王朝沿长城大镇有九，大同镇最为要冲，而大同镇之安危均会波及内三关与外三关。故而缀文赘述。

（10）瓮城与月城。城门是城防的要害部位，敌人攻城主要是攻打城门。城门也是薄弱之处，一旦被攻破，敌人便可蜂拥而入，迅占全城。为了加强城门的防御功能，在城门之外往往另筑一座小城，将城门包围起来，而这座小城便被称作瓮城或月城。

瓮城之名来自陶瓮。陶瓮的特点是口径小、腹部大，是盛装粮食、酒水的一种容器。瓮中之物出入比较困难，故有瓮中捉鳖的成语。瓮城将城门外围成一个封闭的空间，一旦敌人冲入，城墙上的设防士兵居高临下，环四周围攻，或用箭或用礮石，犹如关起门来打狗，敌人插翅难逃，束手待毙。

瓮城之门，设计巧妙，通常只为一门，与城门不在一条线上，是在城门的旁侧的瓮城墙上。人们进入瓮城后，须得轨一个90°的直角弯，才能进城，这完全出于军事科学的考虑。由于瓮城门与城门方位不对，又不在一条线上。从瓮城门不能直接看到城门内的军情，使敌人难以侦探到实情，从而可以保证守城的安全。瓮城的平面布局有正方形、长方形和半圆形，也是因地制宜，半圆形的瓮城形如初月，因而又被称作月城。

明长城城关上多有瓮城之设，尤其是八达岭、山海关和嘉峪关，瓮城规模之大，坚固宏伟令世人称奇。而且嘉峪关城设置了东、西两座正方形瓮城，更起到了防守坚固、据险御敌的作用。

（11）城垛、马面与暖铺。城墙墙体外部，每隔一段便要修筑一个平台，可以站立守城士兵，射击冲到城墙墙根底下的敌人。如果遇有骑兵，奔跑速度快，霎时间即可到达城下。这时，站在城墙上的士兵，从正面射击出现了死角，如果站在城墙上侧面射击，便躲开死角，可以有效地杀伤敌人。于是在城墙墙体之外，每隔一定间距构建一个平台，就是出于避免死角的目的。每两个相邻平台的间距，以弓箭有效射程内为准。这种平台也有被称作马面的。马面即马首，马的两眼是从两侧看的，修筑马面是避免城墙射击死角的最好军事设施。所谓暖铺，顾名思义，是在马面上修筑的遮风避雨的设施。

（12）空心敌台。明代将马面称作敌台，御敌应变，相应出现了空心敌台。空心敌台最早见于赫连勃勃的统万城。到了明代，空心马面（敌台）就相当普遍了。空心马面最早见于榆林镇边墙，为巡抚都御史文贵所筑。他曾向朝廷奏上马面式样，并加说明：由于传统的那种墩台容易坍塌损坏废圮，我有了修造砖墩的想法。砖墩为空心，四面设置箭窗，遇有敌兵近前可以直接射杀，他的建议被朝廷批准。开始修建中空的新式墩台。后来在隆庆年间，又由右都御史兼兵部左侍郎谭纶和其下属戚继光继续修筑空心敌台。戚继光在《练兵实纪·敌台解》中，对空心敌台做了说明。

“建空心敌台，尽将通人马冲处堵塞。其制高三四丈不等，周围阔十二丈，有十七八丈不等。凡冲处数十步或一百步一台，缓处或百四五十步或二百余步不等者为一台。两台呼应，以资互援，骑墙而立。造台法：下筑基与边墙平，外出一丈四五有余，内出五尺*有余。中层空豁，四面箭窗。上层建楼檐，环以垛口，内卫战卒，下发火炮，外击敌贼。贼矢不能及，敌骑不敢近。每台百总一名，专管调度攻打，台头副二名，专管台内军器辎重；两防主客军士三五十名不等。今召到南兵一万，分布各台五名十名不等，常年在台，即以为家，经年再不离台入宿人家。以此台上时刻不致乏人，故此数年不虞。遇敌则击斩全捷。五台一把总，十台一千总，节节而制之，官军得以固守无恐。即大举敌贼犯边，攻必难入亦难出。此修险隘之收效最著者也。”

无论是敌台或空心敌台，只能用于明长城，不能用于记述明朝以前的古代长城。出现于明代的敌台，在形制上都是骑墙而建，与此前的马面有所不同。

（13）睥睨、雉堞、女墙、横墙。长城墙体顶部，内外两侧都筑有矮墙，是墙上守卫士兵的安全保护设施，墙体外侧的矮墙，古称短墙，也称睥睨，又作埤垷、俾睨，还称女墙。

明代长城在外侧女墙上，往往留有观测孔，这对士兵而言，便于射击敌人和施放滚木礌石，称作礌石孔。礌石孔多在女墙下部，是与墙顶马道比较接近的地方。

所谓“横墙”，是与长城女墙横列垂直而立的墙体，但也有称障墙或立墙的。

（14）所谓“马道”，最初是指校场（即练兵场）上的跑马道而言，后来被移用了到城墙上，但这种马道并不能跑马，只能供守城上兵守城行走移动，实则是人行道。马道有两种：一种修建于长城城墙的内侧，是一条较长的斜坡道，也有筑成阶梯状的，便于士兵登城或下城，还便于运送军械武器和食物，俗称马道；另一种马道，是在长城墙体顶部，即内外女墙中间的走道，随地势而起伏平缓易行的墙段用方砖铺设，有陡坡的墙段则用青砖铺砌成阶梯状。

（15）所谓城楼，在汉代就有了。城楼又被称作门楼，多为汉、唐遗风。巍峨高大的城楼，是城防中重要军事设施。只有掌握敌兵人马数量、距离和装备情况，才能采取

* 1尺≈0.33米，下同。

正解的应对办法。城或长城的要害处便是城门。在城门的上方，有多层建筑物。古代将二层以上的建筑物称作楼，一直沿用至今。城门上的建筑物多在二层以上，因而被称作城楼。高大多层的城楼使得士兵们站得高望得远，能及时准确地掌握敌情。另外，当敌人逼近城下的时候，高大的城楼距地面较远，减弱了敌箭的杀伤力，成为强弩之末。反之，从城楼向下射箭发石，却有重力势能而增强了杀伤力，以此威慑敌人。

城上之楼并不限于城门之上，在城之四角亦建有楼台，称作角楼。在城墙马面处，有时也设楼台，称作战棚或敌楼。战棚是敌楼的另一种称谓。战棚比较简单，不及城楼高大雄伟。这种战棚或敌楼还被称作堞楼。

敌楼之名，始于南北朝时期，辽宋仍袭用。到了明代，敌楼之名尚在；但明代所称敌楼，多为空心敌台。

（16）战棚，属于木结构建筑，以长木为骨架，横架于女墙之上，以防止敌人的弓箭射击。战棚可以开合，根据战时需要可随时组装拆卸，便于运输，极似今日工地所使用的临时活动房。战棚属于临时性敌楼，用于城楼被摧毁以后的应急补救措施，绝不是永久性建筑物。战棚还被称作敌团，由于结构简单，防敌作用不如固定的敌楼。

（17）排水沟与吐水嘴。明代长城墙体比较宽，墙顶上的马道随地形地貌延伸起伏。夏秋多雨季节，马道低洼处往往会有积水。如果久不排除就会渗入墙体之中，损坏墙体，引起砖石崩落。为之必须采取排水措施，这便有了排水沟。排水沟设置女墙之旁，然后通过排水嘴排出墙外。这种排水嘴俗称吐水嘴，往往用石雕成龙嘴形状。传说龙治水，可以避免城墙上的水患。

为了防止积水被排出之后危害墙体根基，在吐水嘴的下方还要修筑散水设施。通常是以砖、石铺成斜坡面，使吐水嘴吐出之水很快流掉，不至于积水成灾。

（18）水门、水关、水窦。长城绵延要经过许多山涧河岩。山涧河岩之水对长城墙体，尤其是季节性洪水，构成巨大威胁，如果不加以疏导便会冲毁长城。于是，便在长城墙体下方构筑了流水通道，称作水门或机关水窦。由于山涧河岩大小不同，山的高低水量也不相等；因而，对于水门的构造也不尽相同，但所筑水洞必须经久耐用。水门大多用大条石构筑，既经得住长城墙体的重压，又能够耐得住水流的冲刷。

（19）暗门、警门。长城墙体绵长。如果只凭关门或关城出入兵马，会影响战事贻误战机。于是，在长城墙体上又设立了许多狭小的便门，且被称作暗门，亦称闇门。“暗”“闇”音同义同，只是写法不同而已。出于满足军事的需要，暗门设置的比较隐蔽，不易被敌人发现，避免敌人作为攻城的突破口。暗门的设置，因战时紧急之时出兵使用，故而又被称作警门。

（二）长城附属设施元素

长城附属设施元素包括烽燧、城堡、天田、羊马墙、榆塞、陷马坑、壕堑、加工厂等。这些设施，看起来在空间上不与长城墙体相连接。但从军事防御角度看，却与长城有着密切的联系，具有一定的辅助功能，与长城构成了复杂而严密的科学防御体系。这些元素，既有各自的独立防御功能，又与其他元素遥相呼应，密切配合，互为依存，是不可或缺的长城军事防御体系的组成部分。一些研究边防体系的专家，便把三位一体的烽燧、城堡、长城称作塞上一绝。

1. 烽燧

中国的长城万里长，伴随长城的便是古城堡、烽火台。尤其是那一座座烽火台，斑驳沧桑、执著固守、毅然挺立，衬托着万里长城特殊的景致，用它那敦厚、坚实、高大的形体表述着长城一线曾经有过的边塞历史文化。形成一种厚重而饱满的沧桑生态。

烽火台是组成长城的重要元素，传递给人们一种以边塞历史文化遗迹为内容的特殊信号符号。

概念与称谓。烽火台是用土、砖或石头构筑的高台群墩，多数实心，少数空心，按序线性排列，置于长城内外高地、山头或驿道旁，相邻的前后左右墩台在目力相瞩范围内，是中国古代主要用来从边境向内地传达战争警报的重要通信设施。

烽火台最早称烽燧，“有寇即燃火举之，以相告，曰烽；又多积薪，寇至即燔之，望其烟，曰燧。昼则燔燧，夜乃举烽”（《后汉书·光武帝纪》卷一）。据《辞海》解释，夜里点的火叫烽，白天放的烟叫燧。烟易见于白昼，故昼燔燧，火易见于夜晚，故夜晚举烽。

烽燧是战争的产物。当时“边方备警急，作高土台，台上作桔槔。桔槔头有兜零，以薪草置其中，常低之，有寇即燃火举之，以相告，曰烽。又多积薪，寇至即燔之，望其烟，曰燧。昼则燔燧，夜乃举烽”（《后汉书·光武帝纪》卷一）。

烽火台的种类很多，分圆形、方形、空心。圆形基本属汉代，而方形多属明代。就其圆形，唐代杜佑《通典·兵典·拒守法》有详细记载：“烽台，于高山四顾险要之处置之。无山亦弧回平地置。下筑羊马墙，高下任便，常以三五为准。太高五丈，下阔二丈，上阔一丈。形圆，上建圆屋覆之，屋径阔一丈六尺。一面挑出三尺，以板为上覆。下栈屋上置突灶三所。台下亦置三所并以石灰饰其表里，复置柴笼三所，流火绳三条，在台侧近上下，用屈膝梯上收下乘。屋四壁开觑贼孔，及安火筒，置旗一口、鼓一面、弩两张，抛石、垒木、停水瓮、干粮、麻蕴、火钻、火箭、艾蒿、狼粪、牛粪。每晨有夜平安举一火，闻警因举二火，见烟尘举三火，见贼烧柴笼，每晨及夜平安火不来，即烽子为贼所捉。一烽六人，五人烽子，递如更刻，观视动静。一人烽率，知文书符堞，传堞。”

从杜佑的记述中，证明圆形烽燧属于汉代，然而，根据夯土层观测，明代也有圆形的（明代烽堠夯土为15～20厘米）。这是因为明代固边修筑烽燧，或许就在汉代烽燧遗迹基础上加高，为的是修旧利废，省工省料。

沿长城烽火台不仅数量多、种类多，反映的内容也丰富，其形状也各异。有圆形的、方形的，有圆锥体的、附斗式的，有空心的、实心的，有砖砌的、裸土的，等等，不一而足。一些大型烽火台甚至还有辅助设施，建有高大的坞墙、站台、营房、库房和旅舍。

无论是史料记载，还是民间口耳相传，烽火台只是一种通俗称谓和普遍概念。如果详细收集，烽火台有着多种的称谓。如烽、燧、亭、障、烽燧、亭障、候望台、传烽、行烽、边墩、边冲台、火路墩、接火墩、接火台、烟墩、烟岗、烽烟、马面、腹里接火墩、烟台、烽堠、烽台、墩台、狼烟台、狼烟墩、望火台、骑墙墩、旗墩、燧亭、边台、敌楼、敌台、箭楼、塞上亭、建橹候望、烽表、举烽、塞障、亭燧、列亭、列燧等40多种。

（1）烽火台有着悠久的历史

《史记》记载，西周最后一个皇帝周幽王好色，宠爱褒姒。褒姒不爱笑。为了逗褒姒发笑，周幽王想出了一个办法，就点燃了镐京的烽燧，把战鼓擂得震天响。按当时的律令，只有敌人前来侵犯，才能举烽燧报警。各路诸侯看到都城举烽燧，都以为有敌人来犯，赶紧带兵前来救援。“诸侯悉至，至而无寇，褒姒乃大笑。”后来犬戎真的来侵犯，周幽王慌了神，又下令点燃烽燧，各路诸侯都误认为周幽王又在搞恶作剧，戏弄诸侯，谁也不肯前来援助驱敌，“兵莫至，遂杀幽王于骊山下。”于是，西周被犬戎吞灭，该年为公元前771年，距今已2700余年，说明当时烽燧已用于报警通信。根据“烽火戏诸侯”的推断，烽燧在殷商之末或西周之初就有了，起码有3000多年的历史。

到了战国时期，报警烽燧系统更为发达，使用亦普遍。几乎各国边境都设有烽燧。《史记·魏公子传》载：“公子（无忌）与魏王博，而北境传举烽，言赵寇至，且入界。”反映了当时边境烽燧报警的大致情况。又据《秦新郪虎符》记载，当烽燧报警时，军事长官“虽毋会符，”也可以调动军队。

战国时期的烽燧报警并不局限于边境，在内地守城时也多有使用。如《墨子·号令》记载：“与城上烽燧相望，昼则举烽，夜则举火。”可见烽燧应用于守城。《墨子·杂说》还记载当时曾借助于烽燧的多少来表示军情的紧急程度。

战国时期各国还修筑了叫亭、障的烽火台，现在称汉亭障，用于军事上的守望、警戒。如《韩非子·内储说上》“秦有小亭临境”，这就是秦抵临魏境的守望小亭。秦始皇三十二年（公元前215年），“筑亭障以逐戎人，徙谪，实之初县。”

有关汉代的烽火台，出自长沙马王堆三号汉墓的《驻军图》就有所表明。汉初，在与南越国接壤的边郡即有烽台之设。汉武帝开发西南夷地区时，巴蜀与西南夷的边界上亦置有烽燧。《史记·司马相如列传》记载：“告巴蜀太守：蛮夷自擅不讨之日久矣，时侵犯边境……夫边郡之士，闻烽举燧焗，皆摄弓而驰，荷兵而走，流汗相属，唯恐居后。”但自汉兴以来，烽燧的分布就集中在与匈奴邻境的北方边郡，后来则又沿长城扩大到西北和东北地区。《汉书.赵充国传》曾载其奏书曰：“窃见北边自敦煌至辽东万一千五百余里，乘塞燧有吏卒数千人虏数大众攻之而不能害。”西汉之时，有关烽燧的记载也多，《汉书·张骞传》载：“击破姑师，虏楼兰王，列亭障至玉门关。”《汉书·匈奴传》载，“建塞徼，起亭燧”，“前以罢外城、省亭燧，今裁（才）足以候望通烽火而已。”当时防匈奴南犯，在北疆边塞修筑了不少亭燧或亭障一类的军事设施。近代，在西北地区长城沿线曾发现许多汉代烽燧遗迹、遗物，并出土了大批反映当时烽燧制度的简文。

东汉之初，经过长期战乱，边塞的“鄣塞破坏，亭队（燧）绝灭”（《史记·秦始皇本纪》卷六）。当时，尽管汉武帝刘秀实行保守的边防政策，但对边防的修复工作仍在进行之中。如建武十二年（36年），遣杜茂“将众郡施（驰）刑屯北边，筑亭候，修烽燧”（《后汉书·汉武帝纪》卷一下）。建武十三年（37年），“诏（王）霸将驰刑徒六千余人，与杜茂沿飞狐道堆石布土，筑起亭障，自代至平城三百余里”（《后汉书·王霸传》卷二十）。建武十四年，马武“屯常山、中山以备北边……又代骠骑大将军杜茂治障塞，自西河至渭桥，河上至安邑，太原至井陉，中山至邺，皆筑堡壁，起烽燧，十里一候”（《后汉书·马成传》卷二十二）。建武二十一年（45年），“遣中郎将马援、谒者分筑烽燧，保壁稍兴”（《后汉书·郡国五》志第二十三）。由于当时采取这一系列措施，故西北边塞的防御体系基本上得到恢复。自汉武帝之后，边境战事频繁，对亭燧也时有修筑，如顺帝永建元年（126年），“诏幽、并、凉州刺史……严敕障塞缮设屯备”（《后汉书·顺帝纪》卷六）。

明代，应是修筑烽火台最兴盛的朝代。当明王朝将蒙元势力赶到草原后，形成边境对峙，为了防止元朝复辟势力南下，开始在北部修筑长城与敌台，现留下遗迹甚多。明王朝增修边墙亦增筑墩台，多发生在嘉靖年间。兵部尚书翁万达认为：“山川之险，险与彼共。垣堑之险，险为我专。百人之堡，非千人不能攻，以有垣堑可凭也。修边之役，必当再举”（《明史·翁万达传》卷一百九十八）。翁万达从嘉靖二十一年（1546年）二月，到嘉靖二十八年（1549年）四月，前后共奏请朝廷修筑烽堠363所。

（2）烽燧的管理

烽火台形状各异、种类较多、称谓不同。但共同的作用是“谨候望，通烽火。”窥伺塞外敌情，侦探敌方动静，举火为号，以烽示警，传达号令。

在汉代，烽火台为边塞的候望系统，是以烽燧及其戍戎为主的边防侦察报警体系，也是汉代边塞防御重要组成部分。

候望、烽火、烽表、举烽诸词，首见于《墨子》一书。《汉旧仪》云：“边郡太守各将万骑，引障塞烽火追虏。”据此，边塞候望系统的最高长官，是边郡的太守，侦察敌情并举烽报警，是边郡地方长官防务的责任。由于太守职高繁重，而直接负责候望系统的长官，是佑助太守掌武事的郡都尉和部都尉。都尉有候、千长，司马军属官，其所在称城。

作为都尉属官之一的候，包括军候、斥候、关候，是都尉之下置于塞上警戒防御的一级机构。由于所处位置及任务不同，都尉之下所设候官的数目也不等。候秩比六百石，总领约百里边塞的守望诸事，其下有丞、令史、尉史、候长、士吏等属史。候官义指挥官属，候官所在称障。

汉制，“近塞郡皆置尉，百里一人”，西汉称“塞尉”，秩百石，是候之属吏，位在士吏、候长之上。西汉一般以候官名塞，如居延都尉府所属甲渠候官名为“甲渠塞”或“甲渠候官塞”。每一候官治一塞，下置若干候长，候长官属称部。候长负责若干烽燧，同时候官士吏分驻各部协助候长，一塞的所置部之多少因候塞的地位不同而各异，如甲渠候官塞地处居延中枢，故下置28个部，而与之辖区相连的肩水都尉治下的广地候却只见3个部。

部下置烽燧，当时烽燧可与亭、燧互称，在一定场合，可称作亭障、列亭、列燧。

烽燧是候望系统最基层的单位，因位置或任务不同，烽燧大小不一，人数各异，最小者只有一二人，最大者则近三十人。

候望系统属于边防军系列，不同于兵书野战部队编制，而是兼有地方行政的某些特征。为有效地实现“候望”，在亭燧戍所设有各种观察装置和侦迹设施。平时谨慎迹候，战时举烽报警，为塞防之耳目。

（3）烽火品约

“烽火品约”乃汉简之文，是西汉时期关于烽火的品种、品数及其施放的法律规定，它是边塞烽燧举烽报警的准则。除了中央政府颁布有关举烽的律令章程之外，各边郡都有自己的烽火品约，而个边郡的都尉府又在郡级烽火品约规定的指导下，结合本防区的实际情况，把烽火传递的路线及所辖不同候塞一一注明，从而形成了都尉府的烽火品约（程喜霖，1990）。

据汉简所示，西汉时期居延塞的烽火信号分为烽、表、烟、苣火和积薪五类。

烽为白昼使用的信号，其初义大概是草薪燃火为报警信号。汉边塞之烽有布烽和草烽两种：布烽是以缯布、布或绢制作，即在一种被称为“垫”得框架四周蒙上布帛而成；草烽即用草编成一笼形物（兜零）作为烽号。两种烽皆分赤、白两色，布烽不可燃，草烽可燃，置于竖在堠坞的烽架之上，遇到警报则举布烽或燃草烽。按照置烽的位置，又分堠（坞）、上烽、旁烽、地烽（皆在坞旁地上）。

表是以布帛蒙在一长方形木架上，其形制如桔槔。表是布烽的一种，以大小不一分大表、小表，置所不一分坞上表、地表，又以用途不同分为亡人赤表、兰入表和诟表。所谓“亡人赤表”是以赤色的表告示烽塞警戒追索逃人；“兰入表”用于敌寇侵犯塞防之时；“诟表”是对烽火滞苗失误的督责信号，表用于白昼。

烟是烽燧白昼与烽、表相配合的烽号。烽燧备有施烟灶，灶在台下，烟囱高出台上堠顶女墙。报警时在灶膛内点燃柴草、粪，烟火，烟囱火光冲天，远远得以望见。汉代施烟多是灶与积薪并举，尤其是在军情紧急之时，多以点燃积薪施烟，其效果甚佳。

苣火是夜间使用的信号，简称火。因其形制、作用不同，苣分大苣、小苣、程苣、角火苣，但都统称烽苣或苣。苣，一般都用芦苇制成。苣火通常是由燧卒手执燃举，或竖于堠顶燃举，还可以置于兜零中燃举。

积薪是烽燧煸燃积薪以浓烟或列火表示的一种烽号，昼夜皆可用。积薪有大小之别，一般大积薪白昼施烟，小积薪夜间放火。凡积薪一般皆置于距烽燧10米以外，但也有特殊地段，像敦煌汉烽积薪距烽台为50～100米。积薪与烽燧线呈垂直排列，以便候望应和。

上述五类烽火信号并非各自孤立使用，而是根据敌情组合使用。依据敌人的多寡及远近，可把敌情分为几种。敌情品级不同，烽火的组合品级也就不同，烽号的举放次第及次数也随之而变。例如，敌号1000人以上入塞或500～2000人攻亭障为第三品级，烽火组合为烽与积薪和苣火与积薪，其举放为昼三烽、燔二积薪、夜三苣火、燔二积薪。在都尉府的烽火品级中，依敌入侵方位又制定了一些特殊信号，并规定了不同的举烽方法。

由于烽火传递只依靠燧卒的肉眼观察信号，如遇阴晦风雨，警烽便难以传递，便会发生举烽失误的情况。对此，则采取了遣驿骑驰急告或传檄等措施给予补救。

边塞烽火的传递不仅是定向的，而且也是有次序的，多以前沿始发烽燧而向后一烽接一烽传递，直至本塞应和，再由所属塞将警烽传到都尉府。这种传递，总是从北向南，因为敌人犯塞由北边而来，逐次向南传递直至部、塞、都尉府，都尉府再把警烽通过火路墩传至郡。

长城经过的中东部地区人烟稠密，堡垒的间距较短，往往辅以飞马传信来补充详细军情。西部地区辽阔，人力有所不逮，而采用了连墩，即五至十多墩编组，发布组合编码的复杂信号。宋《武经总要》对烽制有较详细的记载，明代基本调经一脉相承。如明成化二年（1466年）规定：“领边堠举放烽炮，若见贼一二人或百余人，举放一烽一炮，五百人二烽二炮，千人以上三烽三炮，五千以上四烽四炮，万人以上五烽五炮”。

由于烽火关联紧急军情，所以烽火台接力报警信号所传递的信息包含了入侵者的大致数量、方位与危机程度。烽燧信号互动系统传播速度不仅要求准确，而且还必须迅速。根据史料记载测算，烽火运作的速度每昼夜600～700千米。唐《烽式》规定“一昼夜须行二千里”。还有明中后期的记载：烽火信号可在三个时辰内传遍800千米蓟镇。

（4）对部分烽火台的解读

①汉亭障

我国古代烽燧遗址，以汉代和明代居多，汉代烽燧遗址主要分布在西北地区，由于气候干旱、居民稀少，许多烽燧遗址得以保存下来。称“汉亭障”或“亭燧”。“亭”为乡亭之引申，汉有“十里一亭”之制。所谓“燧”“鐆”，《说文》曰：“燧，塞上亭，守烽火者也。”“亭”有时和“障”相连，称为“亭障”。汉亭障属大型烽火台，除瞭望报警外，还兼备了障城、驿站、行政管理与司法助民的功能。战时俨然是拒敌的堡垒，和平年代可为行旅、驿卒提供休息场所和给养，接待朝廷命官和草原汗王遣来的使节。

②烟岗

烟岗是俗称，顾名思义是空腹空心的，就像一个大烟囱。正确的称呼应是“腹里接火墩”，是诸多烽火台中的一种，一种具有特殊功能的烽火台。

烟岗属明代修筑，做工精细，虽然空心，但历经五百年风吹雨淋，坚固不倒。据说，修筑烟岗采取了特殊的工艺，用土通过蒸或炒高温加工，杀死了土里的微生物和所夹草木的种子，在用熬稠的小米粥或黄米粥搅拌夯实垒筑，其黏度增加了黏合力。所以烟岗较之其他种类的烽火台坚固耐久、不易剥蚀。烟岗主要修筑在塞口或关隘。

烟岗高耸高台或山岗，并不孤立存在，烟岗下有羊马墙和站房，是驻兵执勤警务的附属设施。烟岗还有通向塞口的马道，塞口一旦发现敌人冲入，就会有士兵骑马沿马道疾驰而至，告其迅速点火。

③空心敌台

空心敌台修筑于明代。隆庆元年（1567年）八月，明廷召谭纶、戚继光升任相继入京加强设防，主要是修筑敌台和边墙。隆庆三年（1569）正月，议筑空心敌台。谭纶认为，长城防线绵长，守备单薄，鞑靼往往以数十人在人们预想不到的地域攀援而入。守墙军见鞑靼进入，不看人数多少，往往望风而逃，全线崩溃，使鞑靼可以长驱直入，随意拆墙，大规模内犯。如果加宽边墙，两面皆设垛口，隔七八十垛穿一小门，人能曲折而上；修筑墩台，缓者百步，冲者50步或30步建台一座，内可容50人。修筑这样的敌台，无战事士兵可住在上面瞭望，有警时士兵可击聚攻之虏，更便于发挥弗郎机、鸟铳等火器的威力，迫使敌人的冷兵器无威力，守兵有险可峙。

修筑事宜确定后，由戚继光主持。戚继光亲自沿长城查看地形，制定建台规则，组织人力修筑。在他的《练兵实纪》中有详细记载："庚戌之变后，朝廷对京北蓟镇的防备更加重视，增兵益饷，增修边墙和敌台。将通人马冲处堵塞。其制高三四丈不等，周围阔十二丈，有十七八丈不等。凡冲处数十步或一百步一台，缓处或百四五十步或二百余步不等者为一台。两台呼应，以资互援，骑墙而立。造台法：下筑基与边墙平，外出一丈四五余，内出五尺有余。中层空豁，四面箭窗。上层建楼檐，还以垛口，内卫战卒，下发火炮，外击敌贼。贼矢不能入，敌骑不能近，每台百总一名，专管调度攻打；台头副二名，专管台内军器辎重；两防主客军士三五十名不等。今招到南兵一万，分布各台五名十名不等，常年在台，即以为家，经年再不离台入宿人家。以此台上时刻不致乏人，故此数年不虞。遇敌则击斩全捷。五台一把总，十台一千总，节节而制之，官军得以固守无恐。即大举敌贼犯边，攻必难入亦难出。此修险隘之收效最著者也"

谭纶和戚继光原计划修建空心敌台3000座，每座需银50两，明廷批准建筑1200座，发银5万两。到隆庆四年（1570年）二月，在且修且守的情况下，共建敌台472座。隆庆五年（1571年）八月，第一期修台工程又完成1017座，这样长城沿线共修建1489座，台台相应，构成了较严密的长城防线。

第一期修台竣工之后，虽然要冲之处均有敌台，但有的地端敌台尚不足，于是戚继光于万历元年（1573年）二月上疏请增建。经朝廷允许，开始了第二期修建工程。到万历三年（1575年）二月竣工。两期共建台1799座，大大加强了长城的防卫作用。

④火路墩

顾名思义，火路墩是沿路修筑的墩台。当朱元璋将北元残余势力赶到草原后，在军事最具要塞之地的边城——白羊城建立了大同都卫，之后又改山西行都司，是北边长城一线最大的军事集团，曾管辖26个卫所，其守边范围东达居庸关防界，西至河曲老牛湾。如此长线的守边军队，如何才能将所发现和掌握的敌情及时上报，只能靠烽燧传递信息。于是就将卫所与行都司的通道专门修筑了烽火台，这便是火路墩。以此形成传信的网状结构。遇有军事，从边防到卫所，再从卫所到行都司，得以迅速传信。

在宇宙间，以光的传播速度最快，每秒为30万千米。古代人很早就发现了这个科学道理，故而巧妙地利用烟火之光来传递边防军事信息。在没有电话、电台现代科学信息传递军事情报的年代，中央指挥部要及时掌握边防军事信息或情报，既靠驿马的传递，也靠火路墩的传递，但驿马的传递速度远远不如火路墩传递的速度快，因而火路墩是下情上达必需的指挥线和遥感线。

⑤旗墩

旗墩一般是指长城上的骑墙墩。明代火路墩与接火墩修筑密集，基本代表了旗墩的功能，即预警以举旗或挂灯为号。每当敌人来犯或接近边境时，白天举旗夜间挂灯，根据来犯之敌的数量多少，所举旗子或灯笼的数目与颜色也不同。旗信应由汉代举表演变而来。用旗墩传信避免了刮风下雨难以点火传信的缺陷，而且传递的防御面积大，速度也快。为了固定旗杆便于举旗，旗墩上还镶嵌了特制的旗杆石。

⑥修筑在墓冢上的烽堠

在山西左云、右玉境内，除看到沿长城密集的边墩外，还可看到点缀在长城一线星星点点的烽墩，称接火墩，为明代修筑。这些烽墩多修筑在山包、山梁、丘陵、土台等高地上。然而，这些烽墩的下边，有的竟然是墓冢，近几年都被盗墓贼挖了盗洞。为何会有这种特殊的接火墩呢？

北魏前期，拓跋氏族在大同建都近百年，左云、右玉乃属代西畿内之地，有着广阔的土地面积。这个在大同近百年的王朝，修筑陵墓便成了大事。皇帝驾崩，根据鲜卑拓跋氏族的葬俗，陵寝墓冢均选择高地。皇帝占山为陵毫无疑问，代西大地的阴山余脉是最好的风水宝地，于是一世又一世的皇陵选择在山上，而朝廷大臣只能在川界或丘陵高地上选择墓地。

历史跨越900年，朱元璋为防止元朝残余势力复辟，明廷开始在边界线上修筑长城堡寨墩台，按防御力量的走向和对抗规则修建军事设施，除长城沿线密集的墩台外，在长城以内的府城周围选高地修筑接火墩。而一些高地偏偏是封土高大的北魏墓冢，于是这些墓冢便成了基础，接火墩便修筑其上，为的是省工省料，节省开支。

⑦以烽堠命名的村庄

历史上，无论哪种形式的烽堠，都安排士兵守台，少则2人，多则50人。一些重要军事地段的烽堠，多数筑有羊马墙和站房，为的是守台士兵长期居住。后来战事消弭，这些烽堠闲置起来，羊马墙里便住进了居民或移民，居民集聚的多了就形成了村落，村落的名字也许就是这个墩台的称呼。沿长城一线叫墩、台的村落很多，这些村落的名称无疑是根据村中的墩台而叫的。当然，有些被称作墩台的村落，看起来村中并无什么墩台，但村庄的附近肯定有墩台。这样的村庄落成，一方面有附近墩台羊马墙内的居民迁来，一方面是异地移民选择附近墩台作为标志而落住，因而村落的名称也就是附近墩台的名称。

烽燧是在西周出现的，长城是在战国出现的，烽燧比长城早得多。不过长城出现以后，在长城沿线上纷纷修建烽燧，使烽燧得到了极大发展。一些研究长城和边塞文化的专家学者，调查长城往往沿烽燧寻找长城，这不无一定道理。烽燧作为独立的军事通信系统，选地位置自有它的科学道理和奥秘，所以在没有长城的地方也会看到烽燧。

烽燧作为古代军事通信系统设施，已三千余年，给人们留下了深刻的印象，至今人们依然用烽火狼烟作为战争的代名词，也当作新生的革命军事力量来称谓，甚至在文艺作品中时常出现。

明代以前，由于没有比烽燧更先进的通信技术，烽燧制度比较完善，管理得也严格；到了清代以后，因电话、电报、电传从西方传入，烽燧逐渐被这些电讯设备所代替，因而失去了它应有的作用和功能，最终退出了历史的舞台。然而，烽燧毕竟是历史产物，是对历史最形象的说明，也是研究历史和边塞文化的活教材。随着社会的发展，烽燧作为一种历史军事遗存，似乎又赋予了它新的而深刻的内涵；因而人们对它崇敬，也给它赞美。

2. 城堡并九边城堡

沿长城修筑的城堡，是士兵们的营地，是休养生息、养精蓄锐的宿地。养兵千日用兵一时，只有长城上发生了军情战事，驻城士兵便会迅速出动予以抵御。这样的城堡被称作军城，与一般的州县城有所不同。一般州县城是具备行政管理功能的，而军城只用于单纯的军事防守。

出于军事应急的需要，军城或营地接近于长城，或距离长城不远，或按防御体系规划建筑在规定的防线上。军城要比州县驻城规模小一些。到了明代，军城有镇城、路城、堡城之别。规模大小不同。镇城、路城为军事长官所驻之地，但守卫士兵多住在城堡之中，因而城堡数量相对多些。

军城和营地都是屯军的场所，军城是设有围墙的居住地，史书中所谓的城、鄣、坞、堡都是设有围墙的，营地虽然也是屯君的场所，但没有修筑永久性的围墙，或以战车，或以木栅环以四周，以防敌人偷袭。

战国时期沿长城一线军城、营地兼备，面积多在1万平方米左右，最大3万平方米，最小也有500平方米左右的。战国时置塞，军城就建在塞中，有什么样的塞就起名什么城，如武州塞内筑武州城。

汉代边塞军城，常见有城、鄣、坞的称谓。城堡指比较大的军城，是地位比较高的长官之地。与战国时期相近的是，军城也设在塞中，有什么样的塞，便叫什么样的城，如居延塞筑居延城，但军城的规模有所扩大。面积大多在1.5万平方米左右。汉代军城是都尉驻地。

鄣，也写作障。是指小城而言，在史书中常常城鄣连用。鄣与城区别在于地理环境。沿长城一线，有的地段地势平坦，筑城规模可放大；在山谷中的长城沿线筑城，只能视地理环境因地制宜建小城，这种城往往被称作鄣，是中下级军官的驻所。论面积最大为360平方米；论周长近百米。最小鄣城也有50多平方米而周长只有30多米的。汉代有鄣城与烽燧的混合体建筑，称作汉亭鄣。

坞本作邬，也是指小城而言。汉代所筑之坞，多为士兵居住的场所。因为士兵多于将官，坞城往往大于鄣城。面积大的坞城可达2000平方米。相比较鄣城，坞墙低矮单薄。由此反映出了军事长官与士兵的尊卑贵贱。坞是为了保卫鄣城而建，主次分明。作为军事防守设施，坞也有称坞壁的。

坞壁出现在《魏书》里，应是汉坞的沿袭，但规模要大得多，坞壁所占面积几乎抵得上一座大城。北魏太和年间，魏朝建立接近百年，在畿已建立起严密有效的统治；但是，对于中原却一直行羁縻政策，并没有强有力的经济与政治管理手段，特别是基层，几乎处于无政府状态。产生这种状态的社会背景是晋末的战乱而引起的中原社会宗族化。

宗族起源于原始社会末期的父权家长制家庭，秦汉以后原始的家族进一步发展成为封建的宗族组织，人们是通过长幼、亲疏等血缘关系为纽带密切相连在一起的。这种血缘纽带比任何政治关系与经济关系都更加现实，难以割舍。特别在战乱的时候，旧的经济关系都破坏了，但人们的宗法关系和头脑中的宗族观念不但破坏不了，反而更加强化。于是不少宗主族长就利用宗族组织去发挥自己的势力，成为强宗大族，甚至更进一步成为称霸地方的宗主豪强。

当匈奴、鲜卑、羯、氐、羌等少数民族乘永嘉之乱内迁中原立国之时，中原许多汉人就纷纷化为流民向四面八方迁徙，迁徙之际就是以宗族为组织而集体行动的。当他们迁到新的地区，如江南、辽西、河西等地后，仍然习惯于聚族而居。那些留在中原来不及迁徙或者不愿意迁徙的汉人，就凭据山寨或者险要之地修筑高墙厚壁，屯聚自保，这种用于自保的设施被称作坞壁。

每一个坞壁之中基本上就是一姓宗族，少则几百人，多至几千家。人们一起耕种，将收获的粮食储存在坞壁内部，既有约定俗成的用粮规矩，也有自成体系的大小组织。他们还自造武器，随时防御异族骑兵或其他武装的掳掠。一般的坞壁能控制周围几里的地盘，大的坞壁甚至可以控制几十里的范围。而且，邻近的坞壁往往互相勾连，推举其中最大的坞壁主为首领，形成占地方圆数百里的坞壁群，如同一个独立王国。

道武帝攻占中山以后，坞壁立刻成为他进攻的对象，因为每攻占一处坞壁就意味着可以得到一批粮食和俘虏。为此，各地坞壁对魏朝的反抗也很激烈，有不少地区发展成为武装对抗的形式，这种对抗直到明元帝永兴五年（413年）在中原推行宗主督护制以后才逐渐消解。

坞壁内部不仅有首领，还采取军事方面的安全保卫措施。这除了组织起来的士兵枪械外，还修筑一定的防御性的墙体，但绝不是城或长城的规模。所以只能称作坞壁。是另一种形式的军事防御体系。

明代长城沿线上的军城数量最多，远远超过了历史任何一个朝代。明代军城按其级别分为两种：级别高的，规模大的称作城；级别低规模小的称作堡。中国北方地区有许多称作堡的地名，就是从明代遗留下来的。

城、堡、关虽然都是长城沿线的军事设施，往往会听到混合一起的称呼。如城堡、关堡、城关或关城。但这些称呼往往容易造成概念上的混淆，应该是有区别的。城堡是城和堡的混合连称，其实它们是各自独立的军事设施；关堡也是各自独立的，关是修筑在长城之上的军事设施，而堡是与长城墙体分离的军事设施；关城与关堡是同样的道理，城关应是瓮城或月城的别称。

明代长城为了便于防御上的管理分为九镇，也称九边。分别为辽东，蓟州、宣府、大同、太原、宁夏、固原、甘肃九镇。镇设总兵，卫下设所，有千户所、百户所，所驻之地筑城被称作堡。

辽东镇管辖范围包括辽河流域一带，相当于今辽宁省管辖区。辽东镇总兵驻广宁城

（今北镇市）城围6245米。副总兵驻辽阳城。辽东镇有官兵99857人，辽阳城是辽东郡指挥使司驻地。共设25卫，其中辽阳指挥使司被称作都司城，设6卫。

蓟州镇最初设于蓟州（今天津蓟州区），天顺二年（1458年）迁治于三屯营。三屯营在河北省迁西县城西北，地处滦河西岸。沿滦河河岩可以出入燕山，在南北交通上十分重要，古称卢龙道，是古代出塞入塞的必经地之一，自古以来就设防于此。战国时置卢龙塞。曹操北征乌桓，就是走的卢龙道。三屯营因其战略位置重要，应是迁治的主要原因。

蓟州镇有官兵78620人，著名将领戚继光曾出任过蓟州总兵，并修筑三屯营镇城。三屯营是蓟州镇总兵驻地，其副总兵有三：一驻三屯营管辖中路；二建昌营（河北迁安）管辖东路，三驻石匣营（北京密云区）管辖西路。密云城围长2千米。蓟州镇长城沿线上的城堡有60多座，主要分布在北京市和河北省境内。北京门头沟区的沿河城、斋堂城，延庆区的刘斌堡、白河堡，昌平区的白羊口城，怀柔区的黄花城，均为重要的城堡。

宣府镇设治于宣化，今河北省张家口市宣化区。宣府镇接近京师、设立较早，共有官兵70519人，宣府城围长12千米，设七门，后填塞三门，只留四门。宣府镇北有外长城，南有内长城，在长城沿线设置城堡50多座，其中张家口堡建于宣德四年（1429年），城周2千米。今张家口市区就是在张家口堡的基础上发展而来；土木堡在河北省怀来县境内，明成祖永乐初年修筑，城周1千米。正统十四年（1449年）明英宗朱祁镇亲征瓦剌也先，在土木堡被也先所俘虏，史称“土木之变。”因而土木堡名字为世人所知，广为流传。

大同历史悠久，北魏建都，辽、金时为京西大同府，元代为左同路。大同亦是战略要地，军事要塞，是蒙古高原南下中原的必经之地，一直为历代朝廷所重视。明初设大同都卫，洪武五年（1372年）改山西行都指挥使司，驻治左云县白羊城。下设26卫，其中山西行都司设前、中、后、左、右五卫。是年，徐达在大同旧城基础上改筑大同城，城周13里，墙高四丈二尺。改砌砖墙。洪武二十五年（1392年）筑城竣工，山西引都司由白羊城迁治。永乐七年（1409年），弃司设镇，管辖大小城堡72座，马步官兵68577人。

大同镇属九边重镇，守卫谨慎，军事设施相对坚固，一些城堡全位砖包，其城堡的规模也较大，为的是充分发挥其军事防御作用。因明代草原的俺答汗蒙古骑兵不断由此南下，大同镇不仅修筑的城堡多，而且城池高深。

太原镇初称太原五卫镇，后改称山西镇，设于洪武二年（1369年），驻治偏头关。偏头关原先只是一座岩砦，洪武二十三年（1390年）在岩砦之西筑城，城周五里。因城筑岩砦，创之不易，守之更难。为世人所叹。宣德四年（1429年）在此设立总兵。嘉二十一年（1542年）山西镇总兵由偏头关移治宁武关城。宁武关城为成化二年（1466年）修筑，筑于盆地，城周七里。山西镇以偏头关、宁武关、雁门关为防御重点，号称“外三关”。共有大小城堡64座，官兵45110人。在诸多城堡中，除偏头、宁武、雁门三关外，比较重要的城堡还有老营堡、马站堡、老牛湾堡。老牛湾堡西临黄河，拒险构筑，崇祯九年（1636年）兵使卢友竹重新修建，现成为旅游胜地。

榆林镇初称延绥镇，是以延安府、绥德州得名。成化九年（1473年）延绥镇迁治榆林城，故称榆林镇。榆林镇城初建于正统十四年（1451年），成化、弘治、正德年间三次扩建，固有三拓榆阳之说。城周8920米，原设七门，填塞二门，留有五门。榆林城东有驼山，北有孔山，西有榆林溪，以山河为防。清同治二年（1863年）为避流沙之害，将北城墙南移，城周减为6500米，已非原貌。

榆林镇管辖城堡39座，驻有官兵49250人，分东、西路。东路参将驻神木堡，即今之神木县城；西路参将驻定边营，即今之定边县城。

宁夏镇是以驻所置于今银川而得名。银川城亦称宁夏城，既是宁夏镇的驻所，又是庆王朱栴王府所在地，规模较大。宁夏镇的官兵编制变化较大而不稳定。嘉靖十九年（1540年）为32714人，隆庆三年（1569年）增至37837人，其后又增至71693人，崇祯时又减为25167人。是根据边疆军情发展形势或增或减。

宁夏镇共有城堡38座，分布于宁夏镇长城沿线的五路之中。但各路的城堡又多少不同。东路有城堡8座，参将驻花马池城，城周7里；中路有城堡4座，参将驻灵州，即今之灵武县城，城周7里；北路有城堡7座，参将驻平虏城，即今之平罗县城；南路有城堡4座，守备驻邵纲堡；西路有城堡15座，参将驻中卫城。宁夏人烟稀少，在筑城堡时附近尚无居民村落，因而一些城堡只好以筑城人的名字命名。又宁夏城堡大多为土城墙，今被打造的北堡影视城就是土城墙，而只有个别重要城堡的城墙才包砖，这应是宁夏城的特点。

固原镇又名陕西镇，是因镇治固原州得名。固原州原称故原州，今之原州区。景泰元年（1450年）因重修故原州城改称固原州，寓巩固国土之意。固原城原是镇戎军城，明代以原城为内城，又修筑了外城加强防御，城周13里，砖砌城墙。固原镇管辖42城堡，官兵47844人。分为五路。下马房关路驻治下马房关城，城周5里，驻有参将，管辖城堡11座；靖虏路驻治靖虏卫城，今之甘肃靖远县城，城周6里，管辖城堡6座，并住有参将；兰州路驻治兰州城，管辖城堡12座；河州路驻治河州卫城，在今临夏市东北，住有参将，管辖城堡15座；芦塘路驻治芦塘营城，即今之芦山县芦阳镇，驻有参将，管辖城堡3座。

固原镇辖区包括今之宁夏南部固原地区，甘肃省东部的兰州市、白银市、定西地区、甘南州。因此，固原镇长城沿线上的城堡，散布在今之宁夏、甘肃、青海三省区境内，以甘肃省境内数量最多。

甘肃镇驻治张掖城。张掖旧城原是元代甘肃行省治所，城周9里。洪武二十五年（1392年）宋晟在旧城之东修建新城，城周3里。设有4门。甘肃镇管辖72城堡，分属5路：庄浪路参将驻庄浪城，今之永登县城，城周8里，管辖城堡14座；大靖路参将驻大靖营城，今之古浪县大靖镇，城周1224米，设东、西、南三门，管辖城堡4座；凉州路驻武威城，设副总兵，城周11里，所辖城堡20座；镇城张掖直辖城堡19座；肃州路参将驻肃州城，今之酒泉市，城周8里，辖城堡15座。甘肃镇的卫、千户所城，周长多在5～8里，总兵和副总兵所驻之城周长在10里以上。甘肃省之官兵数量根据政治、军事形势而变。嘉靖二十年（1541年）官兵40537人，嘉靖二十六年（1547年）为38064人，隆庆三年（1569年）为47512人，崇祯年间为40548人。

3. 天田、虎落、羊马墙

天田，《辞海》释文："古西北边塞侦查敌人行迹用的沙田"。苏林给《汉书》作注释时称："作虎落于要塞下，以纱布其表，旦视其迹，已知匈奴来人，一名天田"。按照这种解释，就是在边塞重要地区敌人经常出没的地方，在地表上铺上一层松软的沙子，敌人一旦经过此地就会留下人马的足迹，据此判断敌人的数量和来去的方向。

不论是现代或是古代，侦察敌情特别重要。如果事先能够侦察到敌人的足迹，便可以主动采取相应的防御措施，粉碎敌人的进攻而取得胜利。古往今来军事侦察极受重视，军队中的侦察部队、侦察兵、雷达、侦察飞机、侦察卫星便随时代应运而生。古代的天田是战争防御体系中的特有产物。

天田可以追溯到汉代。汉代的天田主要分布在河西和沿长城等地端，受风蚀作用的影响，天田的遗迹大多遭到破坏。20世纪20—30年代，中国与瑞典合作的"西北科学考查团"，在额济纳河（弱水）沿岸的科学考察中，曾发现了天田的遗迹。不过由于当时对天田缺乏认识和了解，在其考察报告中称之为塞墙。

设置天田最基本的要求是将地表整治平坦，撒上细沙，只有这样才会留下人马的足迹。当年修筑天田，漠北地表上多为大大小小的砾石和少量的沙土，将其推移到两侧，形成低矮的土棱子。犹如两道矮墙，又似干河渠，被称作"双重塞墙"，这便是天田的遗迹。有塞墙的地方就有天田。

天田是以土地整治有如田地，却不能用于耕种而得名。在沿明长城内侧的"双重塞墙"的周围，肯定还有类似的天田，只是被历史风雨蚀掉罢了，如果我们仔细考察，也许还会发现这种类似的天田。

在汉简的记载中，天田的内外两侧，还立有木柱，称作柃柱，在木柱之间拉上绳索，称之为悬索。柃柱、悬索被绊倒，这就留下匈奴兵马来犯的证据，并与天田中的人马足迹相互印证，为分析判断敌情提供了更多的信息。柃柱、悬索是天田的附属设施。

设置天田，相应的就有管理措施。根据汉简记事得知，守塞的士兵每日要按照规定的时间检查天田，看是否留下敌人兵马的足迹，柃柱、悬索是否倒了。如果发现了敌人入侵的痕迹，必须加以记录和上报，而且将这种检查称作"日迹"。不仅士兵每天要按时检查天田，候史、候长等下级军官也要轮番值班，检查天田，将所见情形记入档案，汉简称之为"日记簿"。

天田在汉代河西与西边边塞普遍设置，虽然起着留下印迹报知敌情的作用，但不如烽燧、亭障、城郭持久耐用，经过长期自然的和人为的破坏，天田的遗迹就很难找到了。

天田之做法保留到了后世。唐朝人杜佑在《通典》中称之为土河："土河，于贼路横断道，凿阔二丈，深二尺，以细沙散土填平，每日检行扫令净平，人马入境即知足迹多少"。杜佑所述，为我们确认天田找到了佐证。

虎落，《辞海》解释："遮护城堡或营塞的竹篱。《汉书·晁错传》：'要害之处，通川之道，调力城邑，毋下千家，为中州虎落。’王朱谦补注：‘于城内小城之中间以虎落周绕之，故曰中州虎落也。’姜夔《翠楼吟》词：月冷龙沙，尘清虎落”。

虎落，最初是设在山野临时营塞外防止老虎等野兽袭击的一种篱笆栅栏或防护设施，故曰“虎落”（有时在栏边还挖有陷阱）。后来，将其用于军事防御与侦查，尤其在夜间，在一定程度上等于给靠近营塞城堡之敌骑设置了障碍，减缓了进逼营塞与城堡的速度；另一种功能就是早晨通过篱栅被毁坏情况来推断敌来之方向，人马多少及去向等。

羊马墙为何物？《辞海》该条释文为：古时筑于城墙与护城河之间，主要起障碍作用的矮墙。墙上有的还有垛口和开有射孔。既是保护城池的一道屏障物，又可伏兵守御、迟滞和杀伤敌军人马，使敌军难以接近城墙和登城。这便是羊马墙。《辞源》称羊马墙“本为敌人逼近时，城外居民撤退暂时安泊羊马之所，故称”。这应是羊马墙最初得名。

若将羊马墙与马面相比，其防御作用则更显突出。马面是突出于城墙并与城墙同为一体又等高的实心墙台。大凡城堡均有墙台，其作用是专门射击已到城墙根下准备登城之敌。而羊马墙则可有效地阻止敌人靠近城下。

羊马墙在城堡围之遗存今已实属罕见，但在许多烽火台周围却很为常见。因当时的烽火台大都有驻军或士兵守护，有士兵必有军马，有马就有马舍，故在烽火台周围常筑有一圈四五尺高的土墙，内建马舍及士卒住所。屯田时还养牛羊。故将这种墙称作“羊马墙”。

羊马墙又称作羊马城，是历史上的旧称，用今之科学术语，应当称作副墙。即在主墙以外修筑的与主墙相平行的城墙，用以增强主墙的军事防御能力。羊马墙最初出现于城堡的外侧，后来扩大了范围，在长城墙体以外也出现了羊马墙。

羊马墙早在西汉时期就出现了。汉武帝太初三年（公元前102年）为了防御匈奴，曾在今内蒙古巴彦淖尔草原上修建了两条大体是平行走向的长城，被《史记》称作补城，其中潮格旗北部的乌力吉高勒古城形制比较特殊。在它的南墙下，和东西两墙外的南端又加了一道外墙。内外两墙的间隔14米，中间有凹沟的痕迹。其实这就是羊马墙，是历史上最早的羊马墙遗迹。

关于羊马墙的称谓，来源于民间。至迟在唐代，便流行开来，并在许多唐代文献中有所记载。《旧五代史》记载，唐僖宗年间，朱珍奉朱温之命攻打蔡州，从蔡州城西南进攻，先突破羊马墙，结果遇雨班师，其所攻破的羊马墙显然是大城主墙以外的副墙。

唐朝人杜佑撰修的《通典》也多次提到羊马墙，介绍说在城外的四面壕内之上，距离城墙约十步左右修筑了厚六尺高五尺并立女墙的羊马城。还介绍到，在长城沿线高山四顾险绝处所筑之烽台，还有既无山亦无孤迥平地所筑之烽台，在烽台下筑羊马城。像类似的羊马墙，在大同长城沿线，随时都可以见到，但这种所筑羊马墙围着的烽台，都成圆墩形状。应是在汉亭障基础之上，明代又做了砌筑。因为汉代烽台均呈圆形。

由此可见，羊马墙不仅仅是长城的副墙，也是烽台下所筑的围墙，但烽台围墙内是要修建战棚而住人的。

在宋朝人的著作中，有关羊马城的记载就更多了。赵万年在《襄阳守城录》中载："襄阳府城，周围共九里三百四十一步，城外有羊马墙，墙外有水濠。复自羊马墙列，创设鹿角一重。"曾公亮《武经总要》载："壕之内岸筑羊马墙，去大城约十步，凡城上皆有女墙，每十步及马面。"又载："羊马城高可一丈以下，八尺以上，亦偏开一门，与瓮城门相背，若瓮城在左，即羊马城在右也。"陈规《守城录》载："城外脚下去城二丈临壕垠上，宜筑高厚羊马墙，高及一丈，厚及六尺"。又载："羊马城与大城系上下两城相乘用，使敌人虽破羊马墙而无敢入者。故羊马墙比大城虽甚低薄，其捍御坚守之效，不在大城之下也，又羊马墙内所置之兵，正依城下寨，以当伏兵，不知敌人以何术可解"。由此可见，羊马墙不仅在长城沿线和烽台周围修筑，而且在城周亦修筑。城周的羊马墙在城墙与护城壕之间，距城墙很近，且比城墙低矮，是敌人攻城时所遇到的第一道防线，守城士兵以羊马墙为掩护，可以就近打击敌人，削弱敌人的锐气，杀伤敌人的有生力量。

4. 壕堑、榆塞、陷马坑

在明朝正德年间张钦主编的《大同府志》之《大同重修大边碑记》中载："弘治庚申，虏肆寇虐，小边之外，据为牧场，而民庶牛马杀掠无算……工兴于复四月，迄于秋八月……其城之广一丈五尺，高一丈三尺。其延亘，起西洋河，接偏头关，凡九百八十里。其增置斥堠也百，加筑堡寨也六百七十，挑凿坑堑也百万"。

《辞海》在【榆塞】条下注释云："古代北方边塞植榆，故称边塞为'榆塞'。《汉书·韩安国传》：'累石为城，树榆为塞。'骆宾王《送郑少府入辽诗》：'边烽警榆塞，侠客度桑乾'。"

榆树，作为我国北方最常见的树种之一，因其具有根深、耐干旱、易成活、生长快等特点，从古至今一直是平川绿化的优选树种，特别是古代的长城沿线更是植榆尚多，用来保护长城，并故意砍掉其主头，让其长成矮灌木丛。

在长城沿线广植榆，其另一巨大作用是起着与长城同样的障碍作用，用来阻挡敌兵的马队进犯。正因如此，古代北方长城沿线叫"榆塞""榆关""榆林"的地名数不胜数，且重名者不少。杀虎口外和林格尔境呼同公路（呼和浩特至大同）边至今仍有一座榆林城。至于今陕西的榆林县，乃至古代的榆林郡、榆林府、榆林卫，明九边重镇中的榆林镇等均为榆塞之地名遗存。

我国古代沿长城及边塞值榆之历史大概始于秦朝。《辞海》【榆溪塞】条："亦称榆林塞。秦始皇时，蒙恬北取今河套地，树榆为塞，故名。"而享誉中外的山海关早在隋代已筑土关并值榆以护关，成为有名的榆关。唐时为东北重镇，历史上一直以"榆关""临榆关"等名称著，直到明徐达修长城时才改名为"山海关"。

在长城沿线除种榆为塞外，与之相随的另一种作为阻挡敌骑的军事障碍设置便是陷马坑。《辞海》【陷马坑】条目中说，"坑长五尺，宽三尺，深四尺，坑中种植鹿角榆或草苗，上伏草以隐藏其坑，常设于最为要隘险塞处"。明《大同府志》的《大同重修大边记》中的"挑凿坑堑也百万"，就是说挖掘大量的陷马坑，与壕堑其数量当以百万计。在古代特别是要塞处肯定挖有众多的陷马坑，只是由于年代久远，这些陷马坑今日已难寻其迹，而在甘肃嘉峪关则至今仍能见到陷马坑的遗存。

在古代，北方游牧民族长于骑射，骑兵运动速度快，机动性强，这应是它的长处；不过，一旦马失前蹄便会造成伤亡。针对骑兵这一短处弱点，古代“陷马坑”就应运而生。

陷马坑出现很早，汉简中就有记载。其后，历代都利用陷马坑制敌。陷马坑多设于隘口要害的平缓山谷底部，因为这是敌人骑兵入侵时的必经之地。

在唐代杜佑所撰的《通典》中，对陷马坑的记载明确：“陷马坑，长五尺，阔一尺，深三尺。坑中埋鹿角枪、竹签。其坑似亚字相连，状如钩鏁，以草及细尘覆其上。军城、营垒、要路皆设之。”

根据《通典》的记载，陷马坑呈长方形，上面覆有茅草，撒上一层薄土并加以伪装使敌人难辨，且将人马误入不能自拔为宜，其坑内埋设的鹿角枪、竹签是可以致敌人之死伤。陷马坑与猎人捕捉野兽的陷阱十分相似，也许就是受猎人陷阱的启发而用于了军事防御上。另外，在20世纪长城沿线的村落，儿童所玩的一种游戏叫“闪闪窖”应是形制缩小了的陷马坑，是受古代边塞战争的影响而流传下来而成为一种游戏。

到了明代，长城沿线上的陷马坑被广为利用，明朝人直呼陷马坑，或称品字坑。《武备志》载：“陷马坑长五尺，阔三尺，深四尺。坑中植鹿角枪、竹签，二物皆尖，入火令坚。其坑排如‘卜’字，或解枪为之，覆以刍草，或上种草苗，务令敌人不觉。凡敌来路及城门内外皆设之”。又载：“山坡平缓，高下不一坡处，凿品字坑，以限虏马。古北口品字坑二万处。”由此可见，陷马坑亦称“品字坑”。

陷马坑是战争实践中总结出来的对付游牧民族骑兵的军事设施，比较实用有效。敌骑兵如果误入陷马坑地区，慌忙之中不陷此坑便陷彼坑，难逃厄运。而现代战争的防坦克壕，应是陷马坑的翻版，如出一辙。

5. 驿传

古代除了用烽燧传递信息外，还有另一种通信方式，即驿传，略同于今日的邮递。烽燧是以烟火传递军事信息和情报的，驿传则是派信使投递官府文书和相关信息的，其所包括的情报范围要比烽燧宽泛的多。

驿传的出现要比长城早得多。中国长城是在战国初期出现的，而驿传在春秋时期就很盛行了。古代驿传分为三种形式：一是派人徒步送信，称作“徒”。送信的人必须善行而有耐力，亦被称作“行人”，还要善于言语表达与人沟通，因为有时投递的信息属于口信。二是骑马送信，所谓“驿”，就是指骑马而言。三是乘车传递，而这种专用车称“传车”，亦称遽。车马是送信的主要载体，驿传之名就是由此而来。后来便演变为“邮”，因而驿又称作邮传或邮递。今日之邮差或邮递员即来源于此。

驿传属国家或军队组织形式。应是一个网络行为，为了适应驿传的需要，在交通要道上隔一定的距离，一般在十里左右设立一亭。“亭”即停止、停留，送信的人要在这里分拣信件、休息或住宿。秦汉之时，十里一亭，亭设亭长、亭候，亭长的主要职责是捕捉出没在道路上的盗贼和强梁，以保证送信之人平安无事。汉高祖刘邦，在年轻时曾做过亭长。

因驿传是国家行政组织行为，网络通设道四面八方甚至各个角落。在居延出土的汉简中，就有“邮亭”的记载。有收降亭、驿北亭、沙头亭、界亭等地名，均是邮亭驻地。

驿传常常利用烽燧作为停顿之所，故而烽燧又有燧亭之称，汉代的烽燧还被称作“汉亭障”。这在汉简中时有发现。以邮亭传递官府文书，又被称作邮行，汉简中有“居延都尉府以邮行”的记载，说明官府文书是通过邮亭传递的。

明代的驿传系统最为完备，从朝廷到地方均设有管理机构。为了军事的需要，明长城沿线均设有驿传，称作驿站。明代长城沿线驿站。要比前代分布广，数量也多，而且对驿站交通十分重视，设施完备，驿站周围多驻有围墙，犹如城堡，以保障满足驿传马匹粮草的供应和安全。并在驿站沿线还设有用于瞭望的高台，称作路台。路台四周有羊马墙，中建筑有高台，若烽火台。

驿站既传递官府文书，又为军事服务，尤其长城沿线的驿站，更为国家所重视。无论官府还是军事，机密性都很高，在传递过程中必须绝对安全可靠，万无一失。故而保障设施也必须跟得上才行。

6. 加工厂

修筑长城，泥土、石料是构筑的主要材料，需要寻找选择取土场和采石场。在夯打墙体时，需要木夹板，要消耗大量的木材，要选择伐木场；烧砖也是构筑墙体的材料，需要设置砖窑；石灰是古代砌筑砖墙的重要黏合剂，凡是长城砌砖的墙段，还得建石灰窑。挖取石料、加工石条，必须使用铁制工具，需要有铁作坊或铁匠铺。作为修筑长城的这一系统工程，加工厂无疑是不可或缺的附属元素，也是长城的重要附属设施。而且设置地必须靠近长城附近，以便给予即时供应，利于运输。

这些个附属设施，如砖窑，石灰窑、采石场等，即使修筑长城竣工，但这些加工厂并不废弃，而一直沿用；因为建这样的加工厂投资大，弃之可惜，一般转为民用，或许在修缮长城时又为其所用。

三、长城守军

历代长城都是有守军的，守军是长城的护卫力量；长城又是守军的堡垒和依托。只有守军与长城的结合，才能有效地抵御北方游牧民族的进犯。

就明代长城而言，长城守军多是土生土长的戍军及从当地居民中征募的土军，少数是定期轮换的客军（其他卫所的戍军），战况危急时，则差遣其他军镇的部队或京军前来助阵。

明承元制，百姓分民户、军户和工户（匠人）等。民户归户部管理，缴纳赋税和履行劳役；军户归兵部管辖，其军籍是世代传袭的，这些军户定时屯田种地，战时打仗，不得迁徙或转行从事其他职业。明后期，军户逃亡现象日益严重，边防军里的募兵所占比例逐渐增加，明朝军队鼎盛时官兵数量二百多万，长城守军将近百万。

现在长城脚下的村庄，几乎都是由明代守军驻所沿袭下来的名字，如堡、寨、屯、台、墩、边等。而村庄里的村民多数是当年的戍军后裔。长城沿线的中西部地区干旱少雨，土地贫瘠。守卫兵民生活比较清贫单调，然而沿长城战争频繁，百姓与士兵们乐于聚落互助，宗教信仰亦发达。

第三节　中国长城历史沿革

根据历史记载，修建长城超过5000千米的有三个朝代：一是秦始皇时修筑的西起临洮，东至辽东的万里长城；二是汉朝修筑的西起河西走廊，东至辽东的万里长城；三是明代修筑的长城。三个朝代的长城均在1万里以上。这些长城遗址分布在我国的北京、甘肃、宁夏、陕西、山西、内蒙古、河北、新疆、天津、辽宁、黑龙江、湖北、湖南和山东10多个省（自治区、直辖市）。由于年代久远，早期各个朝代的长城大多数残缺不全，保存得比较完整的是明代修筑的长城，所称长城的长度，也就是明长城的长度，总长度为8851.8千米，经过壕堑359.7千米，自然天险2232.5千米。明长城东起辽宁虎山，西至甘肃嘉峪关，从东向西行经10个省（自治区、直辖市）156个县区。

国家文物局2012年6月5日在北京居庸关长城宣布：历经5年的调查认定，中国历代长城总长度21196.18千米，分布于北京、天津、河北、山西、内蒙古、辽宁、吉林、黑龙江、山东、河南、陕西、甘肃、青海等11省（区、市），包括长城墙体、壕堑、单体建筑、关堡和相关设施长城遗产43721处。这是中国首次科学、系统地测量历代长城的总长度。明长城调查数据，是国家文物局于2009年首次公布的。

一、赵长城的修建

那么，中国修筑长城空间起始于何时呢？其实，中国修筑长城从春秋战国时期就开始了。

我国历史上出现最早的长城是楚国的方城，约建于公元前7世纪，位于今湖北至今河南一带。

春秋战国时期，各国诸侯为了防御邻国突然袭击入侵，常常在自己的边境上修筑一些关、塞、亭、障等守备设施，后来又进一步用城墙连接起来，或把大河堤防加以扩建，于是出现了所谓的长城。到战国初期和中期，随着兼并战争的加剧，黄河中下游地区的各主要诸侯国都纷纷筑起互防长城。在战国中后期，由于匈奴、东胡、林胡、楼烦等北方游牧民族的日益强大和南下，秦、赵、燕三国都修筑了规模颇为宏大的边地长城。匈奴本来是我国北方一个古老的少数民族，战国后期强盛起来，匈奴的贵族趁北方燕国和赵国衰落的机会，步步南侵，占领了黄河河套一带大片土地，他们主要集游牧打猎为生，并且依靠来去神速的骑兵掠夺人口财物，破坏农业生产，使边境不得安宁。

秦始皇统一中原后，一方面下令“堕坏城郭，决通川防，夷云险阻”，以得国家的统一，从而全部拆毁了内地的诸侯互防长城；另一方面，出于抵抗匈奴，加强国防的需要，不仅没有拆毁边地长城，而且在上述秦、赵、燕王国边地长城的基础上，进一步大规模地加以修葺，连接和增筑长城，遂出现了我国历史上闻名古今中外的秦代万里长城。

秦代之所以大修万里长城，并不是因为国力虚弱、秦军怯战敌不过匈奴的强大，而是由于古代中原农业经济民族同北方游牧经济民族的矛盾特殊性所致。农业生产需要和平、统一、安定的环境，以利耕耘收获，发展经济和文化；北方游牧民族则逐水草而居，飘忽不定。处于向奴隶制转化阶段的匈奴，其统治集团富有侵扰性和掠夺性，中原则以大军出击，匈奴则远走他遁；大军一撤，扰掠如故。这就是自战国中期以来秦、赵、燕大修边地长城的根本原因。

二、秦代万里长城的修建

秦长城的修建分为前后两个阶段，共12年之久。

第一阶段，秦始皇二十六年至三十二年（前221—前215年）。刚刚平灭六国的秦始皇在国内正紧张地推行一系列改革和巩固国家统一的各项措施；对外，采取的是对匈奴的战略防御方针，重点维修了原秦、赵、燕三国的边地长城，并新筑若干部分，以便其互相连接。由于第一阶段的重点任务是维修旧长城，新筑部分不多，工程量不大，主要是由蒙恬所率部队和沿边郡县军民维修的长城，没有大规模动员全国的人力、物力和财力修筑新的长城。

第二阶段，自秦始皇三十三年至三十七年（前214—前210年）。秦始皇推行国内改革的工作已经完成，边地长城的修缮已基本结束，边防得以巩固，对匈奴作战的各项准备皆已就绪，形势已发生巨大变化，已由战略防御转入战略进攻。

秦始皇从三十二年（前215年）始，蒙恬就大败匈奴军，一举收复河南；次年又渡过黄河，攻占高阙，控制了阳山、北假一带，使秦代的边境向北推进很远。为了巩固新占领的地区，开始了第二阶段的长城修建。

第二阶段修筑长城的任务有两项：一是从今天的甘肃省兰州市，榆中县一带开始，同第一阶段由狄道沿洮水向西北延伸的长城相连，沿黄河而东，直到与原赵国阴山南长城的西端相连，并在沿河岸边修建44座城塞，建立44县，从而加强沿河的防御；二是在高阙、阳山、北假一带重新修复赵武灵王时所建的阴山北长城，并自高阙向西南延伸，直至与流沙（今巴丹吉林沙漠、腾格里沙漠、乌兰布和沙漠的总称）连接；向东与原赵国阴山南长城会合后，于今卓资一带转向东北，逶迤于今内蒙古商都县北，化德县南，河北康保县南，在今内蒙古太仆寺旗一带与原燕国的长城相连。这两项任务都是以新筑为主，包括修复赵武灵王的阴山北长城。由于匈奴的长期破坏，亦和新筑相仿，加之地形复杂，多行于崇山峻岭之中，任务十分艰巨，仅靠蒙恬所率部队和沿边郡县的军民是难以完成的，遂大规模地动用了内地的人力和物力。据估算，当时投入筑长城的部队约50万人，民夫约50万，总人力不下100万。由此可知，秦代劳动人民为了修建万里长城，付出不小的牺牲和巨大的代价。

秦始皇深知自己军事力量强大，能够东灭六国，南平百越，鞭笞天下，威震四海，可一举击败匈奴；但是，击败匈奴却不能征服匈奴和占有匈奴，无法改变其生活条件、环境和习性，也无法根除其飘忽无定、出没无常的侵扰之患。正是从一劳永逸的百年大计出发，秦始皇才决定对匈奴采取积极防御的战略方针，一方面从军事上给匈奴以严厉的打击，一方面大修万里长城，确保边防的巩固和国家的安全。从秦代的历史看，万里长城的作用和意义主要有以下三个方面。

一是化短为长，巩固边防，秦军同匈奴军相比，组织严密、装备精良、训练有素，车、步、骑配合协同，长于大规模集团作战，短于翻山越岭，长途奔袭，分散作战，受地形条件的限制，灵活性和机动性较差，后勤保障亦十分困难。匈奴军则恰恰相反，没有严格的组织纪律，训练亦差，武器装备比较简单而落后，也没有多兵种的配合，但人人习于骑射，勇于战斗，长于奔驰突袭，利则进，不利则退，不羞遁走，因而能灵活机动，出没无常，分散作战，无须后勤保障，而短于攻城克坚。秦代边防有万里长城作屏障，使匈奴骑兵的活动受到限制，化长为短，难以轻易地出入边塞；而秦军则化短为长，守御有余，故终秦之世，未闻有匈奴犯境之大害，这和万里长城的作用是分不开的。

二是保障进攻，巩固胜利。蒙恬能够顺利地击败匈奴，这固然要归因于秦军的强大和作战指导的正确，但和他第一阶段认真维修长城是密切相关的。秦匈边界长约万里，倘无长城屏蔽，秦军处处分兵守卫，就难以集中兵力发动战略进攻；即使能发动进攻，匈奴也可以退此进彼，到处周旋和扰乱。正因为长城有效地巩固了边防，保障了秦军侧翼的安全，蒙恬才得以集中数十万大军，在主要战略方向上发动猛烈进攻，迅速取得胜利，一举收复河南，夺得阴山，给了匈奴以很大的打击。匈奴一则由于军事上吃了败仗，二则由于秦边处处有长城掩护，无隙可乘，遂被迫退往阴山以北。蒙恬取得军事上的胜利，进而又第二阶段大修长城，因而巩固了胜利成果。由此可见，万里长城不仅是防御的重要手段，也是保障进攻、巩固胜利的重要手段。

万里长城不仅保护了中原地区的经济文化免遭匈奴之破坏，而且对边境地区的开发建设做出了巨大的贡献。秦代在长城沿线设置陇西、北地、上郡、九原、云中、雁门、代郡、上谷、渔阳、右北平、辽西、辽东等12郡，有些郡的辖境远出长城之外。这些地区在长城的庇护之下，人民得以安居乐业，土地得到开发，农业生产得到发展，特别是河南地区和黄河沿岸，经秦始皇大批移民和设置44县之后，很快成为新的经济繁荣地区。

三、汉长城的修建

自秦代以后，万里长城又为汉代王朝所经营继承。汉代长城既沿用了前代长城，又修筑了新长城。在中国长城发展史上，有着非常重要的地位和影响。

汉朝初期，匈奴冒顿单于围困韩王信于马邑，迫使他投降匈奴；接着又兵困汉高祖刘邦于平城白登，汉高祖几乎为匈奴所俘虏。几经战乱，汉朝经济力量薄弱，无力修筑长城，只能利用前代长城为防，也以前代长城作为汉匈的界线。

汉武帝时，国势逐渐强盛，对匈奴战略由守势变为攻势，在前代长城的基础上构筑了许多城郭和烽燧，修缮和加强了前代长城的防御能力，并派驻大量戍卒，以监视阻挡匈奴南下。

汉长城较之秦长城有所发展，并筑了外长城，其长度达到了两万里，是历史上修筑长城最长的一个时代。汉朝投入如此人力物力修筑长城，除了军事上的防御之外，还起着开发西域屯田、保护通往中亚交通大道“丝绸之路”的作用。

汉武帝是一个继秦始皇统一之后，把封建专制国家进一步巩固下来的重要人物。他对掠夺成性的匈奴奴隶主早有戒备，并以坚决的回击。元光元年（前134年），汉武帝继位的第七年，就派了卫尉李广为骁骑将军屯云中。元朔年间，匈奴不断入辽西、上谷、渔阳杀掠吏民，武帝命卫青、霍去病统兵大破匈奴。为了有效地阻止匈奴突然袭击，除了抗击之外，还必须修筑长城御敌。当收复了被匈奴侵占的大片土地之后，首先是把秦始皇时所修筑的长城加以修缮。

汉武帝不仅修缮秦长城，而且新筑长城。长城规模的宏大，远超出秦长城之上。武帝所修长城，主要修筑河西走廊的长城。《史记·大宛列传》：“汉始筑，令居以西，初置酒泉郡以通西北国。”这是从元狩中开始从甘肃的永登（古令居）筑长城至酒泉。元狩二年（前121年），武帝令骠骑将军霍去病出陇西，击破匈奴，匈奴的昆邪王杀休屠王，并率四万人来降，武帝以河西地置武威、酒泉两郡。河西长城的修筑，正是从那时开始的。

汉武帝修筑长城不仅有其军事意义，而且有一定的商贸意义。西汉主要是武帝时期修筑了河西的长城、亭障、列城、烽燧，有力地阻止匈奴的进犯，对发展西域诸属国的农牧业生产，促进社会的进步，特别是对打通与西方国家的交通，发展同欧亚各国的经济贸易、文化交流起到了重大作用。两千年前中国的丝织品即是通过这条“丝绸之路”经康居、安息、叙利亚而达于地中海沿岸各国的，在国际市场上享有很高的声誉。这条丝绸之路，从长安出发远及两万多里。在汉王朝管辖地区就有一万多里。当时分作南北两路：南路从敦煌经楼兰（即鄯善，今之若羌东北）、于阗（今和田）、莎东、疏勒（今喀什）、桃槐、贵山城（俄罗斯撒马尔罕）、贰师城（俄罗斯境内）而达大月氏（俄罗斯阿姆河流域中部）、安息（即波斯，今之伊朗），再往西达于条支（今伊拉克）、大秦（即罗马帝国、地中海东部一带）；北路从敦煌经车师前王廷（今吐鲁番）、焉西、龟兹（今库车），在疏勒（今喀什）与南路相合。就在这条东起武威、居延（额济纳），西至疏勒（今喀什）以西中国境内的万里古道上，两千多年前汉代修筑的长城、亭障、列城、烽燧的遗址，至今巍然耸立。从这些遗址及古墓葬之中，曾发现了自西汉以来的许多木简、丝帛文书、印章和丝织品。当时西方国家的毛织品、葡萄、瓜果等也沿着这条“丝绸之路”万里长途输入到长安和东南郡县。在文化艺术上通过这条大道也得到了交流。这条大道上的长城、亭障、列城、烽燧正是起到了保护这一条漫长的国际干道安全的作用。

汉武帝对匈奴的征讨，前后持续了20多年。元朔二年（前127年），在卫青对匈奴讨伐取得初步胜利后，修缮了赵、秦长城。利用长城作依托，卫青、霍云病连年出征讨伐匈奴，将匈奴赶出河西地区。

元狩四年（前119年），卫青、霍云病分别从定襄、代郡出发，乘胜进入漠北地区，穷追猛打，迫使匈奴向西北更远地方逃遁。卫青追匈奴至窴颜山而还，霍去病追至狼居胥山而还。

为了防止匈奴卷土重来，汉朝修筑新长城。新长城平行两道：北长城始于内蒙古武川县哈拉合少乡后石背图村，向西北延伸，经达尔罕茂明安镇旗、乌拉特中旗、乌拉特后旗进入蒙古国南戈壁省，止于阿尔泰山余脉的尚德山，亦称卢胸山，长约577千米。其中在中国境内527千米，在蒙古国境内50千米。南长城始于武川县乌兰不浪乡马鞍山，向西北延伸，经固阳县、达尔罕茂明安旗、乌拉特中旗、乌拉后旗进入蒙古国南戈壁省，止于扎格苏舍呼都格附近，长约808千米，其中在中国境内498千米，在蒙古国境内约310千米。南北长城之间距离为2.5～20千米。该长城越向西其间距越宽。伴随汉长城的是城鄣与烽燧，城鄣间距多在10千米左右，每隔5～10千米筑有一座烽燧。

汉武帝在河西战胜匈奴后，为了断匈奴右臂，设置武威、张掖、酒泉、敦煌四郡，还设置玉门、阳关两关，并在疏勒河流域修筑了长城。

疏勒河长城东始于玉门市花海，与酒泉郡北部塞相接；再沿疏勒河右岸的支流北石河向西延伸，进入瓜州县疏勒河北岸，在布隆吉附近跨越疏勒河，沿南岸向西延伸，进入敦煌市境内，经大方城、小方城、马圈湾，止于马迷兔，全长约556千米。伴随疏勒河长城的城鄣约50座，烽燧有200余座。因筑疏勒河长城时就地取材，多由红柳、芦苇、砂石混筑成特殊墙体，所以又被称作“红柳长城”。

汉代在河西修筑防御工事，根据河谷山险灵活处置，因地而宜，该筑墙的地段筑墙，该挖壕的地段挖壕，并在墙体和堑壕附近或河谷山口之处筑有烽燧，以此据谷、据河、据险为守。这种军事设施被《汉书》称作“汉塞”，其实就是结合多种地形、地貌实施军事防御，修筑了长城的混合体。因而，将“塞”也作为长城的一种称呼。在河西走廊，汉塞、令居塞与居延塞为史书所载，至今遗迹明显。

四、北朝长城的修建

在魏晋南北朝时期，北魏、东魏、北齐、北周都筑有长城。

北魏所筑长城有“泰常长城”、“畿上塞围”和堑壕——“六镇长城。”

泰常长城筑于泰常八年（423年），从长川起筑向东西延伸。长川即今之牛川。牛川在今之内蒙古呼和浩特市西南，是北魏时南北往来的重要通道。拓跋珪于登国元年（386年）在此登位。泰常长城于长川起筑，既有纪念拓跋珪登位的意义，又有阻止柔然从长川南下的战略意图。泰常长城由长川西到五原，又东到兴和县，其东段基本是沿阴山北麓走向，其西段由阴山北麓转到阴山南麓。从其走向看，沿用了前代长城而略加修补而已。泰常长城长约1068千米。

北魏太武帝拓跋焘太平真君七年（446年）六月，又修筑了“畿上塞围”。

“畿上塞围”东起于上谷，西抵黄河，动用10万人，横跨河北、山西，全长约534千米。

散居北方草原上的柔然人，一直是北魏的心腹之患。太和八年（484年）高闾向孝文帝上书，提出了于六镇之北修筑长城，以御北虏的建议，修筑长城共动用10万人。所谓六镇，包括怀朔镇、武川镇、抚冥镇、怀荒镇、柔玄镇、御夷镇，分别分布在阴山以北，自西而东排成一线，经武川县、达尔罕茂明安旗、四子王旗、察哈尔右翼中旗、察哈尔右翼后旗、商都县、化德县、康保县、太仆寺旗、正蓝旗，进入丰宁县，全长约500千米。六镇长城其实是堑壕，还被称作“长堑”。

高欢东魏、高洋北齐，也曾筑有长城。武定元年（543年）八月，齐献武王高欢召集民夫5万，修筑了山西忻州云中山至静乐县西北芦芽山，再至崞阳镇长城，长约100千米，以抵御西魏的侵扰。

天保三年（552年）十月，北齐文宣帝高洋，修筑了山西汾阳市西北至五寨县的长城。天保六年（555年），召集民夫180万修筑了东自北京，西至大同西一带的长城，长约900千米。以抵御北方草原民族的侵扰。

五、隋唐长城的修建

隋代，隋文帝、隋炀帝为了防御突厥的侵扰，亦修筑了长城。

隋文帝即位之初的开皇年间，从岚州到北京，在前代长城的基础上，主要是对北齐时的长城加以修缮，全长442.5千米。其后，又修筑了陕西北部东西走向的长城，长约300千米。

大业三年（607年），隋炀帝召集民夫百万余，修筑了大同至内蒙古清水河县的长城，长约120千米。该长城越过阴山沿苍头河，又沿红河止于黄河。

唐朝初年，高句丽为防御唐朝讨伐，在唐太宗贞观五年（631年），修筑了北自扶余城沿辽河东岸至渤海的长城。以防吐蕃人侵扰，同时还修筑了青海门源县至民和县的长城。

六、辽金长城的修建

辽金时期，既修筑长城，又挖边壕。尤其是边壕规模又大又深，是继汉代令居塞之后，以堑壕为防御的重要设施。

辽朝建立以前，契丹人的东方是渤海国（720—726年），契丹与渤海国结有世仇，阿保机在征讨渤海国之前，有“唯渤海世仇未雪，岂宜安驻”之语。渤海国是受唐朝册封的地方政权，与唐朝往来频繁。阿保机为了防止渤海国从中原取得援助，修筑了镇东口长城。但这段长城仅仅为5千米，修筑在辽东半岛最狭窄的南关岭。南关岭扼南北交通要道，以阻隔渤海国与中原的往来。

金代，女真为了防御西北边的蒙古族，曾又大修长城。金代长城分布在吉林东部、黑龙江东部。

金长城是我国10多条长城中最靠北的一条，主要盘桓于辽阔浩瀚的内蒙古大草原上。在公格尔大草原遗存明显。修筑金长城墙壕并举。因而还被称作“金堑壕”，其修筑的方法是掘地为壕，将挖出的土再筑墙，这应同大草原平坦地势和土质有关。在修筑金堑壕的同时，还在重要的隘口要地筑起城堡屯兵，城堡间有烽堠或堑壕相连。

金代长城被称作延边长城，在珲春县境内呈东西走向长约25千米；在延吉、龙井、和龙境内长约78千米，呈弯弓形。此两截长城连接一起，共长为103千米。

延边地区在金朝建国以前是女真人的居住地，称曷懒甸，今之海兰江。高丽看到女真日益强大，于高丽靖宗十年在曷懒甸南部修筑了长城，称曷懒甸长城。

七、明代长城的修建

明朝将元朝赶到草原以后，逃回旧地的原统治者蒙古贵族，仍然不断南下骚扰掠夺，后来在东北又有女真的兴起，为了防御蒙古、女真等游牧民族贵族的扰掠，明代十分重视北方的防务。明太祖朱元璋原是一个农民起义的领袖，在即将统一全国的时候，就采纳了朱升“高筑墙，广积粮，缓称王”的建议，朱元璋曾对攻打城池有过亲身的体会，当他已经取得天下的时候，为了巩固其统治，十分重视筑城设防的措施。高筑墙就是筑城设防备战之意，因此明朝不仅对全国各州府县的城墙修筑得十分坚固，全部用砖包砌，而且在北部边界修筑了长城。

明太祖朱元璋正式建国号的第一年，即洪武元年（公元1368年），就派大军徐达修筑居庸关等处长城。洪武十四年（1381年），修筑了山海关等处长城，16世纪初，修筑了甘肃境内沿黄河沿岸南到靖远的一段长城，修筑了嘉峪关及其附近的长城。在明朝的二百多年中，几乎就没有停止过对长城的修筑和巩固长城的防务，到公元1644年才基本完成了万里长城的修筑工程。这一东起鸭绿江，西达嘉峪关，全长一万四千六百多里的长城，其中从山海关到鸭绿江，由于修筑工程比较简单，目前毁坏较为严重；从山海关到嘉峪关这一段工程却较为坚固，保存较为完整。明长城东西有两个关城对峙，所以人们称万里长城。东起山海关，西到嘉峪关全长一万二千多里。

历数各个朝代，明代是长城修筑史上的极盛时期。明长城修筑的时间最长、规模最大，质量最高，建筑也最为精美。明长城高大雄伟，形成中国北部东西向的坚强防线。

对于长城，历代在构造、建筑方法及形制方面都互有不同；不过，就构筑长城的基本原则而言，历朝历代却是共同的。这个共同的基本原则，可以用“因地制宜，据险制塞”八个字概括。所谓因地制宜，一是巧妙地根据所在地形条件而构筑工程，二是充分利用当地的自然资源选择合适的材质为建筑材料；所谓据险制塞，主要是指利用地理天险御敌而言。

第四节 大同长城综述

如果从公元前30世纪的五帝算起，中华民族已有5000多年的文明史。而在这5000年中，中华国土多民族融汇，张势发展，版图扩大，而大同历经沧桑，始终负有重要历史责任。尤其在解决中原民族与北方草原民族矛盾纠纷方面，往往化解对抗，消除隔阂，达到融合，因而被誉为“民族融合之都”。

在中原华夏与北方草原民族对峙、碰撞融合的过程中，就大同这块地域，几乎历朝历代都有修筑长城的记载，因而大同又被誉为“长城的故乡”。

民族之间因对峙、碰撞而修筑了长城；反之，长城在对峙、碰撞过程中起到了缓冲和解的作用。因而，又把长城看作是中华民族融合的桥梁和纽带。于是多个民族、多元文化最终汇通一齐，实现了大同。

大同成名，缘于民族融合，缘于长城，代表了政治上的最高理想，如果从曲折的发展历史过程中看，这一名号名副其实，殊途同归。

《礼记·礼运·大道之行也》表述的就是大同的内容：“大道行也，天下为公，选贤与能，讲信修睦，故人不独亲其亲，不独子其子，使老有所终，壮有所用，幼有所长，矜、寡、孤、独、废疾者有所养，男有分，女有归，货恶其弃于地也，不必藏于己；力恶其不出于身也，不必为己。是故谋闭而不兴，盗窃谋闭而不兴，盗窃乱贼而不作，故外户不闭，是谓大同。”

这段话告诉我们：当人们最高理想实现的时候，天下都是大家的，高尚能干的人被选拔出来，社会讲究诚信，培养和睦气氛。所以人们不单赡养自己的父母，不单抚养自己的子女。要使老年人能终其天年，中年人能为社会效力，幼童能顺利地成长，使老而无妻的人、老而无夫的人、老而无子的人、身有残疾的人都能得到社会的供养。男人都有职务，女子都有归宿。对于财货，人们憎恨把它扔在地上的行为（而不是去收储它），却不一定要自己去私藏。人们憎恨在公务劳动中不出力的行为，却不一定为自己谋私利。因此奸邪之谋不会发生，盗窃、造反和害人的事情不会发生。所以人们可以不用关门，是为路不拾遗，夜不闭户，这就是人们所说的理想社会——大同。

大同名号的产生缘于民族的融合，互不敌视，又加强了团结，进而寄托于未来的理想。大同修筑长城，看起来是面对战争的灾难，用历史的观点看，实则是一种幸运，是一代又一代修筑的长城，成为中华民族的脊梁，挑起了中原和草原两个文明，挑起了时代的光耀，挑起了中华民族的希望。长城蕴含了大同的概念，大同犹如长城一样，历经沧桑，亘古不变，成为永恒的信念和里程碑。

既然多个民族多元文化对大同寄予了美好的理想愿景，大同毕竟有理想的行动和付出，用牺牲换取对信念的认同和真理的果实，于是大同长城担负承受着重要历史使命。那么这种历史使命的渊源又是什么呢？这应该从河套文化说起。

著名历史学家翦伯赞在《内蒙古考古》一书中曾说道：“大兴安岭曾是中华民族

一个幽静的后院”。这是他总结了北方草原民族繁衍生息的运动规律后曾得出的一个结论。

最早，北方草原游牧民族产生于大兴安岭森林，其繁衍生息靠的是狩猎，当森林中人口逐渐增多，而狩猎已满足不了人们的生存需要时，便走出了森林。当然，走出森林的部落并不辨什么方向，根据生存条件或许向东或许向西。走出森林的部落，遵循最基本的一个生存原则便是逐水草而居。向东向北走出森林的部落就成了大兴安岭以东的部落而逐渐形成民族或国家；而向西向南走出大兴安岭的部落遵循逐水草而居的原则，过上了游牧的生活，于是沿老哈河、西拉木伦河向西迁移。当迁移至黄河“几”字形河道两岸的冲积平原河套地区时，发现了水草丰盛的大草场，这比起西拉木伦河、老哈河以北的几百千米的戈壁滩，无疑是最理想的牧场和优美的生活环境，只要诸多部落互不歧视便相安无事就成为定居，无论是牧业还是人口的增长便迅速得以发展。发展壮大起来的游牧部落也最容易结成联盟。当然，这种联盟包括婚姻、经济、政治制度多种因素。

发展壮大起来而结成联盟的河套部落，于是就有了向往中原的热望和冲动。因为中原温和的气候和肥沃的土地以及文明的程度远胜河套这处蒙古高原与黄土高原的环境。

扩张东进南突所遇到的是阴山余脉的大阻隔，但河谷峡口是东进南突最好的通道，也是草原骑兵挺进最有利的地形，于是沿黄河支流浑河、马营河翻越阴山余脉直接进到海河水系的源流武州川水逼近大同。御敌抵挡河套游牧民族成为中原王朝赋予大同的特殊使命，遂调兵遣将，大江南北的精兵强将迁徙大同。于是在大同与河套之间形成草原民族与中原王朝两股强势力量的对峙碰撞。因而修筑长城成了必需的抵御设施。

长城，这项中国历史上最浩大的军事工程，大同成为最敏感的地域地段，也是以长城结合军事力量最重要的防范地域地段之一。

一、大同赵长城

大同所修筑的最早长城便是赵长城。赵国是战国七雄之一。孔子“一言可以丧邦”的警句，说的就是在春秋战国之际流传很广的故事：春秋晚期，晋国的贵族智伯率领韩、魏两家攻打盘踞晋阳的赵家。他们采用水攻的方法，引水淹灌晋阳城，使赵家危在旦夕。面对行将淹没的晋阳城，智伯大谈了一番水可以亡国的道理。末了，竟得意忘形地威胁韩、魏两家说，灭赵以后，他就要引汾水去淹韩家据点安邑（今山西夏县西北），引绛水去灌魏家据点平阳。这一番话，引起韩、魏两家的极大反感和疑虑。于是，他们两家反过来联合赵家，灭了智伯。韩、魏、赵三家灭了智家，便把晋国一分为三（前435年），这便是历史上著名的“三家分晋”的典故之说。司马迁也将这则故事记入《史记》。

赵国的开国君主便是赵烈侯，他是晋大夫赵衰之后。三家分晋后，周威烈王二十三年（前403），赵烈侯被周天子承认为诸侯，先建都晋阳（今太原东南），后迁都中牟，公元前386年再迁都邯郸。

大同地区春秋时期为代国的领地，属林胡活动之区域。春秋末，赵简子曾预谋灭掉代国，就将女儿嫁给代王，遂又立儿子毋恤为太子。代王的夫人就是毋恤的姐姐。赵简子死后，毋恤继位，称赵襄子。赵襄子继承父亲的遗愿，北登夏屋山（今山阴县南），设计请姐夫相会，暗中支使厨子用铜料击杀代王，从而占有了代国的土地。大同成为赵国的版图。由此而又引出一段故事：赵襄子平定代国后，就派使臣到代国迎接代王夫人，赵襄子姐姐见赵国派人来迎她回国，潸然泪下，夫人独自上山，把束发的笄从头上取下来，在山石上打磨锋利，然后刺入自己的喉管自杀了。代国故人怜悯夫人，就在山顶为她立了一所祠堂。后来这座山就因夫人之事而得名磨笄山。自那以后，每天夜里都有一群野鸡飞到祠堂的屋顶上凄凉地鸣叫，出于人们对夫人的怀念，因而又将磨笄山改称鸡鸣山。

为了抵御北方草原游牧民族的南下，地处北方的赵、秦、燕三国就开始修筑各自国界的长城。赵国长城是赵肃侯即位后所为。于公元前333年，修筑了南北两条长城。其所筑的北长城，在飞狐口、雁门关一线。这条长城是大同地区见于史籍最早修筑的长城，其遗址在今之灵丘、广灵、浑源境内。

公元前325年，赵武灵王即位，北有燕国，东有胡，西有林胡、楼烦、秦国和韩国，几乎四面临敌，中间还有中山国的威胁。赵武灵王决心实施改革，实行胡服骑射，一改过去穿着战袍、驾用笨重的兵车作战方式，而是以北方民族的短袖短衣、单骑匹马灵活快捷的轻装快马装备应对四面之敌，建立起一支强大的骑兵队伍。赵武灵王采取主动进攻的作战策略，攻克中山国，突袭攻击胡地，率领将士南征北战，开疆拓土。公元前300年，即赵武灵王即位的第二十六年，赵武灵王破敌于北面的林胡、楼烦后置塞筑城，不仅置武州塞、高阙塞，还置云中郡、雁门郡、代郡。筑长城从代郡始一直修到阴山之下。当时大同东属代郡，西属雁门郡。赵武灵王专门在大同西今左云之地界十里河谷置武州塞筑武州城。赵武灵王所筑北长城，东起河北宣化境内，向西经山西北部高柳塞、武州塞，然后折向西北，沿阴山山脉一直到内蒙古五原以北的狼山和乌拉山的高阙塞。这就是史书上所谓“筑城武周塞以备胡”的佐证。

高阙塞位于内蒙古乌拉特中后联合旗西南。赵武灵王筑长城，自代循阴山之下至高阙为塞。阙北过沙漠，阙口有城，跨山布局，称“高阙戍”，郦道元《水经注》中，对这段长城曾作过瑰丽清新的描述：“长城之际，连山刺天，其山中断，两岸双阙，善能云举，望若阙焉”。《水经注》这部书不仅全面系统地总结了中国古代地理学的学术成果，而且以新颖的体例兼容了众多学科内容；书中既融入了郦道元对祖国壮丽河山的热爱之情，又灌注了他目睹赵长城而给予的赞颂，这部代表北魏时代最高学术的巨著成为今天研究赵长城的历史见证。

所谓“塞”，是长城与隘口的综合体军事工程。纵观历史，历代长城基本上都是利用山川地形险阻建城筑障，将长城建于高山之上，并利用山脊、峰峦为城，使草原游牧民族骑兵无法越过；并利用河流作屏障，尽量把长城建于河流之北，使敌人得不到水源。在丘陵、平原，则筑成高大城墙，或用土石夹筑，或用土夯筑，把各段长城连接成一条气势雄伟、隔断南北的巨龙。同时将关隘口选择在两山峡谷之间或河流转折之处，或平川往来必经之地，这样既能控制险要，又可节约人力物力，形成“一夫当关，万夫莫开”之势。

赵武灵王置塞筑长城的目的是为了防御戎狄的侵扰，防备塞外大漠阴山南北，主要是河套一带匈奴部族联盟的进攻。因为当时匈奴侵扰的重点指向赵国边境，其云中郡、代郡和雁门郡首当其冲。

而今在大同地界，尚有战国时期赵长城的遗迹遗址，被当年称作武周塞（亦称武州塞）的左云地界，从猪儿洼村到宁鲁口，有32千米的汉长城，叠压的就是赵长城。据《史记·赵世家》载：赵成侯六年（前369年）“中山筑长城”。《读史方舆纪要》释：中山长城位于今河北、山西交界地带，纵贯恒山，从太行山南下，经龙泉、倒马、井陉、娘子关、固关至邢台黄泽关以南的明水岭大峪口，全长250千米。该长城属赵长城，在大同地界的浑源、灵丘亦有遗址。

从武州塞延伸到高阙塞的赵长城，据考古工作者考证，曾在内蒙古大青山、乌拉山、狼山之间发现赵长城遗迹，或为黄土夯筑，或为石筑，遗痕宽者有5米之余，残墙高在1米左右。

二、大同秦长城

公元前221年，出自周人故地的秦始皇，征灭六国统一中国。其时，居住在北方的匈奴日渐强大，不时结成联盟侵扰中原内地。秦始皇建国初始，百废俱兴，为了确保大一统的帝国版图得以稳固和免遭匈奴等外族侵扰，采取了一系列措施加强大一统的步伐，除了公布书同文、车同轨、量同器的法令，还推行了两项关键性的治国方略：一是推行中央集权的郡县制，拆除各诸侯国间的长城与都城城墙，贯通南北三条大通道干线——东路、中路和西路，中路亦称通塞中路，西路亦称秦直道，客观上加速了中华民族的联合进程。秦始皇死后百年间形成了真正意义上的汉人，也使得集权专制的政治形态延续下来；二是在北疆诸侯国长城的基础上修筑秦长城。

秦始皇废分封，立郡县，在全国设立36郡，而大同隶属雁门郡。

始皇二十七年（前220年）车驾出巡边郡，登上宁夏泾源县的鸡头山，向匈奴示威，以皇帝的威严气势给匈奴以精神上的震慑。始皇二十九年（前218年）秦始皇调集30万大军，派蒙恬挂帅，向匈奴居住的河南地，即今之内蒙古河套及鄂尔多斯大举进攻。始皇三十二年（前215年），秦始皇沿东路北巡，到达碣石，即今之河北昌黎北，然后由碣石向西转走，沿通塞中路巡视北部边防，到达大同一带。派蒙恬率军北击匈奴，一直把匈奴赶出河套地区。始皇三十三年（前214年），蒙恬率军渡过黄河，占领内蒙古乌拉特中后旗西南（狼山）、河套北等地，当时，这一带被称之为高阙塞。为了加强防御，采取强硬行政管理手段，在内蒙古鄂尔多斯以东，黄河以北，在阴山广大区域内，设置34县，并另设九原郡，将有罪官吏及内地人民迁徙到这一地区。始皇三十六年（前211年），秦始皇又令内地3万户移居河套地区、鄂尔多斯以东，垦田生产，开拓边疆，以拒匈奴。

为了保护和巩固九原郡以及34县地域的统治，防止匈奴南下，维护保障中原地区统一大业，始皇三十四年（前213年），征集民夫，投入巨大人力、物力和财力，在秦、赵、燕三国原有长城的基础上加以连接补缀，修筑起东自辽东、西至甘肃临洮的万里长城。于是万里长城就这么叫起，中国遂有了举世闻名的第一条万里长城。这其中就有大同区域的赵长城，包括对大同西武州塞与内蒙古高阙塞的连接补缀的长城。大同以西北丘陵山区属兴蒙火山区，其土壤呈紫红色，筑起之长城呈紫墙色彩，因而被史书称作“雁门紫塞”。后来延续到汉代仍然称“紫塞”。

三、大同汉长城

汉长城仍然为防止匈奴侵扰而筑。汉初，匈奴统治者冒顿杀死其父头曼，自立九单于，统一匈奴各个部落，逐渐变得强盛起来。冒顿凭借自己兵强马壮之优势，乘机夺取长江以北汉朝大片土地，直接威胁到中原王朝的统治。

白登之战后，汉族与匈奴和亲，边境暂时安定了一段时间。汉武帝时，又起争端，一场精心设计的“马邑之谋”，伏击落空化为泡影，汉匈关系从此破裂。为此，汉武帝派大将卫青、霍去病先后率军与匈奴进行了数十次的战役，征战达20多年，直至元狩四年（前119年），匈奴才远遁。未雨绸缪，防患于未然，为防匈奴再次南下修筑了长城。

在大同地域，秦长城的许多部分，在汉代还较为完整地保存并继续发挥作用。当时被称作“长城”或“故塞”，汉高祖重新补缀后成为抗御匈奴南下的重要边防设施，到反击匈奴的战争打响之后，汉武帝继续对秦长城加以修缮利用。元朔二年（前127年），汉军收复了河套地区，卫青奉命修缮秦时蒙恬所筑的长城。但这次修缮补缀并非都是对秦时长城的简单整修，有一些地段还是新筑的。这些新筑的长城与秦长城相比较，位置向南做了推移。比如说，现在张家口一代的汉长城，距秦长城南竟有数百里；又如在今之内蒙古准格尔旗及陕西神木、榆林诸县之北的榆溪故塞，卫青又把旧日大规模种植榆树所形成的一道边塞加长加厚，大大增强了汉军在这一地区的防御能力。此次新修长城的范围，向南移至大同与张家口地域相接的新筑的汉长城，汉长城穿越了天镇、阳高、左云。此段汉长城可由左云北紧依长城内侧的天田得以证实，也可由左云的汉亭障得以证实。天田和汉亭障都是汉长城的附属设施，左云北仅依长城内侧约20千米的天田，是修筑汉长城而同时修筑的军事侦察措施，是侦察预防越墙过境匈奴兵马的手段之一，即匈奴兵马越过长城踏越天田，从留在天田的兵马足迹就可知悉匈奴入境的兵马数量，以便做出应急防范。另外在修筑长城和天田时亦相应地修筑了汉亭障，以便示警。此外，沿左云长城两侧，有30多座汉墓群，亦是汉代守边将士的墓葬遗冢。

公元前130年，即元光五年，汉武帝在广灵县一带修筑长城，至今在广灵县直峪关附近尚有40多千米的遗迹。长城石筑而成，蜿蜒起伏，目前残高不足1米，底宽尚存3米。

公元前133年，即元光二年，汉武帝派卫尉李广为骁骑将军，派中尉程不识为车骑将军，驻扎云中，在大同西北秦长城的基础上加以修缮补缀。到了东汉建武十二年（36年）和十三年（37年），光武帝刘秀曾派杜茂、王霸二人沿长城修筑亭障，从河北蔚县一直修到大同，长约150千米，而这些汉亭障如今尚可看到。

从张家口向西延伸的汉长城，先进入天镇县界内，其遗址就在平远堡与河北怀安县西洋河的交界处，南北走向长约5千米，残高5～7米，宽4～6米。《左云县志》载：左云的汉长城段，从张家场乡猪儿洼村始，分南北两支向西延伸，北支经长城岭、小厂子、后辛庄村达宁鲁堡，长约12千米；南支经张家场、田村、施家村向北延伸至宁鲁堡与北支会合，长约20千米。会合后继续沿阴山余脉向西延伸，其延伸的部分长城成为明长城的基础。其南北两条长城遗址土质和夯层厚度与武州城残墙夯层相似。在左云保安堡西北1千米处古长城内侧，现存一座体量很大的汉亭障就是为当年杜茂、王霸所筑。汉亭障夯土构筑，外围羊马墙，通高12米，围长70米，羊马墙外围125米。这座现在的汉亭障古老沧桑，雄伟壮观，高高的台基与紫色斑驳的墙体是历史的见证。从左云延伸的这两截长城应是从天镇县延伸而至，汉长城遗址最明显的特征便是附带墙框设施，如阳高县的高墙框、云冈的红墙框、左云的石墙框，还有右玉的老墙框和高墙框，应是汉长城留下的地名。

汉代，曾把屯田作为发展生产积极备战的一项重要国策，并沿袭承接了秦始皇筑长城、设郡县、移民边塞的守边政策，诸位皇帝均大力推行此项政策。其时，大同西北边的屯田已有相当规模。西汉中期，南匈奴呼韩邪单于和亲附汉；东汉初，南匈奴呼韩邪单于降汉改姓，均应是屯田守边所产生的效应。于是，汉匈再无纷争，匈奴人以大同为跳板渐次迁徙内地农耕区杂处汉化，长城失去作用。

四、大同魏长城

1700多年前，汉朝崩溃，汉人之间、汉人与胡人之间及胡人之间爆发了中国内乱，陷入了300多年的社会大动荡，最终形成了胡汉融合的北朝与汉人的南朝对峙的局面。

鲜卑族拓跋部建立的北魏王朝，自天兴元年（398年）到太和十八年（494年），以平城为其统治中心将近一个世纪，历史学上称之为北魏平城政权，并将与之相应的时代称为北魏平城时代。然而，制约这个拓跋王朝发展的因素是多方面的，它的发展过程也异常错综复杂。伴随着对于草原各部落征服战争的推进，拓跋珪实行了有利于部落联盟解体和封建政权创建的离散诸部措施。因而拓跋珪的统治权力也日益发展。

拓跋珪迁都大同改国号魏，改号皇帝，改元天兴，并置司州、代尹，治代都平城。北魏将众多新占领地区的人民陆续地强行迁徙到京畿。仅道武帝统治时期，迁入京畿的人口就有150万之多，其中成为平城都城的新居民估计为100万左右。在这一拨又一拨迁徙人流之中，既有来自当时经济发展较先进的河北平原上的汉族人民，也有社会发展阶段比拓跋部还要后进的高车等游牧部落；既有自耕农、农奴、奴隶与氏族成员，也有地主、豪强、官吏、士大夫、奴隶主贵族和部落酋帅；还有百工伎巧和商人。将六州三十二郡的守宰、豪杰、吏民三千多户迁到代郡。始营宫室，建宗庙，立社稷，进行大规模的首都建设。继之，拓跋珪又诏有司正封畿，制郊甸，端径术，标道里，平五权，较五量，定五度；诏尚书吏部郎中典官制，立爵吕，定律吕，协音乐；仪曹郎中撰郊庙、社稷、朝觐飨宴；三公郎中定律令，申科禁；太史令造浑仪，考天象。在此基础上设立四方四维，置八部帅统兵镇守。新型的拓跋王朝建立以后，道武帝拓跋珪对北方大草原上的游牧部落继续实行大规模的征伐，先后吞并了后燕、夏、北燕、北凉。公元424年，太武帝拓跋焘即位，励精图治完成北方统一大业。当时南有刘宋，北有大夏、北燕、柔然等政权，柔然实力最强、对魏朝的威胁也最大。

还是在拓跋珪的老祖宗神元帝力微时的拓跋部掳掠骑兵时，捕获一个不知名的幼童作为奴隶，给他起了个名字为木骨闾，木骨闾长大后，免奴当上骑兵。到了力微的孙子拓跋猗卢时，木骨闾逃走，集合逃亡的一百多人投奔纥突邻部。木骨闾死后，他的儿子车鹿会健壮勇敢，自立门户称柔然。木骨闾子孙以郁久闾为姓，其部落不断发展壮大。到了拓跋猗卢的重孙辈道武帝拓跋珪征服高车部后，唯柔然不服。公元391年，拓跋珪击破柔然，将其部众迁到内蒙古拓克拓县，时称云中。公元394年，柔然贵族社仑率部众逃往漠北，即今之蒙古国，自号丘豆伐可汗，征服高车诸部，兵马变得强盛，占据了西至西域、东接朝鲜、南临大漠的广大牧场，并得陇望蜀，逐渐南拓，攻掠魏国北境，成为魏国的劲敌。

公元423年，明元帝拓跋嗣欲夺取宋朝河南诸部，无力顾及北边的柔然，决定采用秦汉时防御匈奴的办法，在其北边修筑长城，泰常八年（423年），筑长城于长川以南赤城，西到五原，延袤二千余里，备设戍卫。这条长城大至位置在今张家口市东偏北方向，即北京市的西北方向，其西部终于五原，大体位置在今包头市西偏北，黄河北部。这道长城从东到西贯穿“长川”南之大同，长川是从今内蒙古流入河北的东洋河，长城成为大同北界的外长城。此道长城的修筑，有效地减少了来自北方除柔然诸多部族对北魏的威胁。到太武时，神䴥二年（429年）太武帝担心宋文帝北伐，决定先灭柔然，免得腹背受敌。他亲率大军，分东西两路袭击柔然，大获全胜，得柔然降人30余万，马匹百余万。遂于京师平城以北、阴山以南，自西而东设置六个军事重镇，用以拱围京师。后来，太武帝拓跋焘又多次亲征。太延五年（439年），他率部西征张掖，灭了北方最后一个割据政权北凉，统一了黄河以北的北中国。太武帝是完成中国北部统治最成功的一位帝王。就在他西征北凉之际，发生了柔然乘虚南下进逼平城的危机，使得京师大骇。有此教训，迫使太武帝决心在大同周围修筑第二道长城——畿上塞围，作为抵御外族侵扰保护京师的一条防线。太平真君七年（446年），太武帝征发司、幽、定、冀四州40万民众修筑畿上塞围。畿上塞围是以大同为中心而修筑的环状闭合的长城，将京师乃至京畿之地全部环拱在内。北拒柔然，南防刘宋。筑畿上塞围，东起北京居庸关，分两支向西延伸；南支至灵丘，再向西经平型关、偏关而达山西河曲县；北支至天镇，再向西经阳高、左云、右玉而达河曲，南北两支在黄河老牛湾会合。到了明代为防蒙元势力，在大同所修筑的外长城和内长城叠压了畿上塞围。

五、大同齐长城

公元550年，高洋灭东魏，建北齐，自立为帝，史称文宣帝。高家基业是其父高欢创下的。

高欢是南北朝时期东魏权臣，北齐的实际创建者，东魏的建立他起到了决定性的作用。但高欢的婚姻颇有浪漫色彩。

北魏勋臣平城人真定侯娄堤之孙女娄昭君，聪慧可人，强族争相攀亲，娄昭君一一拒绝。一天，她看到一位正在城头执勤的少将，长头高额、目有精光、齿白如玉，一副人杰之相的高欢时，颇为心动，失声高叫："这才是我的夫君！"于是指使随从奴婢向高欢致意，并多次接济钱财、马匹，终结百年之好。北魏末年，天下大乱，英雄四起，高欢结天下英豪，娄昭君经常参与策划。北魏普泰元年（531年），节闵帝封高欢为渤海王，封娄昭君为王妃。高欢以晋阳为主要根据地，依靠居住在并州的六镇流民，作为高氏政权的根基。娄昭君生得六男二女，其二女均为东魏皇后，其子助父立业更不消说。

高欢为人深沉，富于机谋，善用人唯才是举，而且治军严明，将士乐为效死。高欢灭控制魏政的尔朱氏后，拥立北魏孝武帝；但孝武帝不甘为其所制，想依靠据有关陇的于文泰以消灭高欢，计划不成，于永熙三年（534年）逃奔长安。高欢在洛阳立孝静帝元善见，是为东魏，并迁都邺城。次年，宇文泰杀孝武帝，立文帝元宝炬，是为西魏。

公元536年，高欢指使长子高澄居住邺城，控制东魏朝廷。当时高欢的敌国，西有宇文泰的西魏，南有南朝的梁国。高欢命侯景为河南大将军，统辖黄河以南诸州郡，发兵10万对付梁国。537年，高欢攻西魏。543年，高欢与宇文泰在邙山大战。东西魏经过几次大战，势力相敌。高欢自532年入洛阳至547年死，先后16年的经营，创下了灭东魏、立北齐的条件。

高欢死，高澄承袭其父渤海王位，处事果断，人们为之震惊。在邺城朝中打掉了孙腾等人的威风，官场风气为之改善。可高澄一直不把孝静帝放在眼里，授意崔舒负责监视孝静帝的一举一动。

公元549年农历八月，高澄邀请死党密谋篡夺皇位。当他与心腹密议受禅之事时，为防机密泄露，侍卫大半遣出。其厨师兰京伺机下手，将高澄乱刀砍死。继之，高欢次子、高澄同母弟高洋掌握了大权。

公元550年农历五月，高洋禅位称帝灭东魏，国号齐，改元天宝，史称北齐。齐宣王高洋帝幼时其貌不扬，沉默寡言，其实大智若愚，聪慧过人。他选健斗的鲜卑人充宿卫军，号称"百保鲜卑"，又选勇武的汉人充边防军，号称"勇士"，连年出击柔然、突厥、契丹，于天宝年间先后5次修筑长城，其中就在大同境内修筑了齐长城。

公元552年，即文宣帝天宝三年十月，高洋召集民夫开始修筑长城，从山西汾阳西北的黄芦岭，一直修到山西五寨，长约200千米，并设置36支守卫军队。公元555年，即天保六年，又召集180万民夫修筑长城，自北京昌平东北始，一直向西修至大同，长约450千米之多。公元556年，又修筑了山西汾阳和大同西北的长城。这条长城从汾阳黄芦岭始，跨离石小盆地到兴县长城坪，折东北经岢岚到五寨、宁武，再向东延伸到居庸关、山海关，纵横穿越1500千米，其中山西境内900余千米。公元557年初，即天保八年，继续修筑长城，从大同西南始，一直修到平型关东北，长约200千米，并将这条长城称之为“重城”，实则就是今天所谓的内长城。重城起于偏关县东境，向东经雁门关、北娄口、平型关到达山西与河北交界处的秦戏山。如今在浑源、灵丘、广灵均可找到遗迹；在天镇新平尔到平远头长城南侧，呈东西向，亦可找到残迹基础，长约600米。

继天宝年间修筑长城后，到武成帝清河年间，又修筑了太行山长城；后土天统年间修筑了大同至于海的长城。公元563年，即清河二年，在太行山修筑了西部长城。

北齐继承了东魏所控制的地盘，占有黄河下游流域的河北、河南、山东、山西以及苏北、皖南的广大地区，同时与其并存的王朝有西魏、南朝梁、陈。然而，北齐最担心的仍然是北方草原民族。因而在天保三年（552年）以后，北击库莫奚，东北逐契丹，西北破柔然，西平山胡（属匈奴族），在节节取胜的同时，南取淮南，势力一直延伸到长江边，一时间北齐的国力到达鼎盛。与此同时，花大力气修筑长城，巩固国土面积以防侵占。而这些军事上的守战工事设置和相应的措施，有效地保护了北部及其他边防的安全。

公元557年，西魏为北周所代替。此时的北齐后主高纬，性格吝啬荒淫，自称“无愁天子”，尤其诛杀名将斛律光、兰陵王后，使得北齐失去抗击北周的能力，腐朽的北齐处于风雨飘摇之中。当北齐政权日益腐败之时，而关中的北周政权通过一系列改革，国力日渐强盛。公元577年，即承先元年，北齐终被北周所灭。次年周武帝率五路大军，亲征突厥，武帝死于北征途中。此后突厥屡犯北周边境，为防突厥南下，北周亦修缮补缀和利用北齐时所筑长城，因而大同境内的北齐长城也包含北周长城的成分。

六、大同隋长城

北周虽然灭北齐后国力兴盛，但北周宣帝奢侈浮华，沉湎酒色，政治腐败，还拥有五位皇后。外戚杨坚乘机将重臣外遣，朝政逐渐由他掌控。大象二年（580年）六月八日北周宣帝病死，杨坚扶持年幼的北周静帝于文阐，以大丞相身份辅政，大定元年（581年）二月，北周静帝禅让帝位于杨坚，杨坚登基为帝，定国号隋，定都西安。隋朝稳固政权后，降伏突厥，南下灭陈，征讨林邑，驯服契丹，收复琉球和伊吾，攻破吐谷浑，侵高句丽，至此隋朝结束西晋永嘉之乱以来280余年南北分裂的局面，完成除辽东以外中国的大统一。人才济济的隋朝融和关陇世族、关东世族及江南世族，启用有擅长谋略的重臣，形成一个强有力的政治军事集团。

当杨坚14岁时就为京兆功曹，娶西魏八大柱国之一的大同人独孤信七女为妻，其妻名独孤伽罗。杨坚称帝后，独孤氏被立为皇后，担负起宣述妇德、修成内则，尽其辅佐的重任。独孤伽罗以妇德为重，以齐家为已任，辅佐文帝勤政爱民，富国强兵。独孤伽罗与杨坚同辇上下朝，人称“二圣”。“二圣”实施了一系列有助于国家统一和巩固、促进社会经济恢复和发展的政策，使国力迅速增长，政权稳固，国内居势安定。有了这个基础，隋朝就不再给突厥礼物。突厥遂起怨恨之心，屡屡入侵。隋文帝采取长孙晟的谋略，分化突厥四部可汗，使其相互攻斗，突厥的力量大为削弱。公元584年，突厥分为东突厥和西突厥，互相攻杀。隋朝支持东突厥，封其头目为启民可汗，允其渡漠南，迁居白道川，即今内蒙古呼市西北。仁寿二年（602年），东突厥南下，侵扰大同，隋朝派柱国韩洪率军出击失利。在这节骨眼上，正遇平寇县公李景护送义成公主路过，遂率麾下随从士兵数百人增援，合兵一起与突厥军激战三日，将突厥击退。公元603年，东突厥突利可汗顺隋朝，而西突厥分裂破败，力量顿消，几至灭亡。

隋王朝将北方突厥视为隐患，虽对突厥用兵屡战屡胜，但不敢轻率，为防突厥曾多次修筑长城。开皇元年（581年）四月，隋文帝修筑大同长城；第二次修筑了黄河东岸的长城。

隋仁寿四年（604年），隋文帝被太子杨广杀害，杨广继位，即隋炀帝。为了巩固隋朝统治发展，隋炀帝兴建许多大型工程，又东征西讨，隋朝在炀帝前期发展到极盛，从西安迁都洛阳。

隋大业三年（607年）七月，征集民夫百万修筑长城，西自榆林，东至大同，用时一年；大业四年（608年）三月，隋炀帝出塞巡边察看长城，动员壮丁100多万民夫修筑长城。不过此两次修筑长城基本上是在先朝旧长城基础上做了修缮补缀，并沿长城增修了一定数量的城堡。隋炀帝借修筑长城炫耀国力和武力，以给突厥震慑。

隋炀帝用心经营，开运河、修驰道、筑长城，带动关中地区与南北各地经济与贸易的发展，并对四周国家展开征讨威服，扩张隋朝版图。在开凿驰道与修筑长城时，还动员附属的突厥启民可汗给予协助，公元608年从榆林到山西西北的长城，其中的一个目的就是保护突厥启民可汗。大业五年（609年），附属东突厥启民可汗死，始毕可汗即位，部族渐盛。但隋炀帝因多次发动战争劳民耗财，最终引起统治危机。公元611年，山东、河南大水成灾，淹没40余郡。天下大乱。山东地区大量民变，虽被隋军镇压。但到了613年隋朝统治阶级分裂，波及全国各地纷纷叛乱。兵荒马乱之中，内地许多人奔突厥避难。突厥力量越来越大，东抵契丹、室韦，西至吐谷浑、高昌，几乎都在突厥麾下。大臣裴矩看到突厥日益强大，建议以宗室女嫁给始毕可汗弟叱吉设，拜为南面可汗以分其势，叱吉设未能接受。裴矩又诱杀了足智多谋的始毕可汗宠臣史蜀胡悉，隋朝与突厥关系开始恶化。

公元615年，隋炀帝驻跸山西宁武避暑地汾阳宫，并趋驾北塞，其本意是对突厥给予威慑，促进不要支持北方的反隋武装势力，而此时的附属突厥不但停止朝贡，断绝对隋的臣属关系，而且敢于同隋朝公开对抗。始毕可汗率数十万骑南下，欲对隋炀帝一行给予袭击，隋炀帝始料不及。多亏和亲嫁给突厥始毕可汗的宗室女义成公主及时通风报信，隋炀帝才有所警惕，仓皇逃入雁门关内的代县。遂即叫次子齐王杨暕率后军死守雁门崞县城要冲之地。

突厥攻打雁门郡，很快雁门所属郡41城被攻破39城，仅存雁门、崞县两城。雁门城内15万兵民尽力死守。隋炀帝抱着9岁的幼子杨杲，昼夜啼哭，双眼都哭肿了，不知所为。

大臣苏威等劝他下诏书，声明不再出兵征辽，同时，重赏守战和前来助援的将士，以激励士气。隋炀帝无奈之下只好听谏，下达募兵诏书，亲自到将士中巡视，并答应守城有功者升官封赏。于是各郡县令纷纷率兵来援。当诸援军到达忻州要塞忻口，始毕可汗方觉形势不妙，速解围出塞。

隋炀帝有幸解围，经太原回到洛阳，但许下的赏格之事不再算数，有人曾劝他不要失信，可他反说，难道你们想收买人心吗？此言一出，大臣们受到惊吓，再无人劝谏。隋炀帝失信于朝，成为孤家寡人，走向穷途末路。

隋炀帝重视边塞守卫，在公元607年、608年和615年，曾三次出巡边塞长城视察，到雁门、大同巡游，并采取相应修边措施。大同又是他的外祖母家所在地，从骨子里有亲情感。第一次到外祖母家他游览了方山、云冈石窟寺，还尽兴赋诗作文。

公元617年农历五月，太原留守、唐国公李渊在晋阳起兵，十一月占领长安，拥立隋炀帝孙子代王杨侑为帝，改元义宁，即隋恭帝。李渊自任大丞相，进封唐王。公元618年农历五月，李渊夺位称帝，定国为唐，隋朝灭亡。

唐朝时期。唐代国力强盛，北方大破突厥，版图所辖远出西域大漠，设北庭、西域都护，管理西北广大地区，突厥等部族均为其唐朝属部，长城失去了作用，大同成为内陆之地。

宋、辽时又成为南北朝，宋朝虽然一统中原，但“燕云十六州”在契丹统治之下，外长城属契丹，真正的交界处在内长城雁门关之南，常年在内外长城间交战，无暇顾及修筑长城。

辽、金、元时期，大同一直为内陆属地，其内外长城失去应有的功能。

七、大同明长城

14世纪中叶，也就是元朝末年，由于统治阶级极端腐朽，王公官吏暴虐诛求加之水旱灾害严重，以致民不聊生，人心思反，从而暴发了以红巾军为首的各族人民的大起义，动摇了元朝的统治。

公元1368年农历八月，朱元璋攻克北京推翻元朝，元顺帝北遁，朱元璋称帝为明太祖，遂定都南京（应天），建元洪武，国号改明。

元顺帝退至上都（今多伦县西北正蓝旗东上都河北岸），史称“北元”，亦称“蒙元”。自此统治全中国的元朝退到草原，开始了蒙古封建主和贵族势力与明王朝长期对峙的局面。

（一）明朝大同边事暨修筑长城的背景

明王朝为了防止北元复辟东山再起，与之进行了长期激烈的战争。随之修筑长城，以加强防御。为了巩固王朝的统治，还采取了一系列重要的政治军事措施。一是加强皇权独统，一切听命于皇帝，朱元璋不设丞相，将六部事权提高，使之直接听命于皇帝。二是军队由前、后、左、右、中五军都督府和兵部共辖，兵部有权下达调遣军队的命令，但它不统帅军队；五军都督府有管理军队的权力，但没有权力发布调遣军队的命令，二者互相制约，一切听命于皇帝。三是建立分封制度，企图以此来确保大明王朝的长治久安，他先后分封了二十五个王，在全国各地镇守，各王府设亲王护卫指挥使司，掌控一定的武装力量。四是建立卫所制度，确定军事基层组织，明初的军事制度以卫所作为军事基层组织，5600人为一卫，设指挥使；1120人为一千户所，设千户；112人为一百户，设百户。卫所隶属于都指挥使司，上为五军都督府。据统计，1393年全国拥有指挥使司17个，卫329个，守御千户65个，卫所共有兵额120万。

朱元璋还实行自立“军籍”，军事世袭，“军籍”隶属都督府，军队的任务为出征、防守和屯田。和平期，军队实行屯田自养，进行训练。一旦有战，兵部下令，五军都督府禀报皇帝，临时派遣将军指挥。战争结束，军事回归各卫所休养生息。兵部、五军都督府将领皆不得专兵权。

明王朝灭元，元顺帝妥欢帖睦尔退出元大都北京遁逃草原，仍据有内蒙古呼伦贝尔、新疆天山，北抵俄罗斯和蒙古境内的额尔齐斯河及叶尼塞河上游，南临长城的大片疆域。同时，在辽东、陕、甘和云南等地还有不少兵力。例如在云南梁王把匝剌瓦尔密治下就有十多万蒙古驻军。在辽东则驻扎20多万蒙古军。这些军队仍奉北元为正朔，策应北元的军事行动。故元室的残余势力退居大漠南北以后的数十年中，企图恢复对中原的统治。而明太祖朱元璋也极欲乘胜追击消灭北元，统一全中国。因而在洪武年间双方便展开激烈的战争，对漠南漠北整个大漠几乎连年用兵。但最终事与愿违，逐渐形成以长城为界的对峙。因此明王朝把北边防守列为国家大事的议事日程，看作是边疆防守的重中之重的事情。

大同作为北方重镇，一直为京师藩屏，是防御北元南犯的军事基地，在北部边防中占有举足轻重的地位。为此，在洪武四年（1371年）正月置大同都卫，驻治左云白羊城，洪武八年（1375年）八月改山西行都司，仍驻治左云白羊城，永乐初年即成为明朝北部军事重镇，“九边”之一。明朝在大同驻扎重兵，先后设有总督、巡抚、镇守、总兵等文武大员，并在其周边修筑长城，众建卫所，密布墩堡，可谓烽火不息，干戈时起，特别是“土木之变”前后和嘉靖年间，明蒙之间的战争大不隔年，小不逾月。明王朝270余年，明蒙在大同发生的战事多达百余次，几乎两年一次，战事频率在历史上为最高。正是在这种特殊的环境中，孕育出了诸如翁万达、杨博、王崇古、麻贵等一大批著名边将。更为特殊的是，宣大总督则多为兵部尚书担任，甚至有时就由兵部尚书兼宣大总督。每逢大同战争吃紧，京师便进入戒严状态，明统治者们惊慌失措，坐卧不安，这种现象在历史上实属罕见。

究其原因，大同特殊的地理环境遇上了特殊的历史背景。公元1368年农历八月，明朝大将徐达率领北伐明军攻克元大都北京，元顺帝北逃，蒙元对中国近百年的统治结束，表明朱明王朝统治地位确立。但是退居漠北的蒙元复辟势力和军事贵族并不甘心失败，也并不就此罢休，伺机南下，严重威胁到朱明王朝的统治，边患令朱家王朝心神不安。于是明太祖朱元璋多次命徐达、常遇春、冯胜、蓝玉北伐远征，想肃清沙漠顽敌；明成祖朱棣继位，也曾五次亲征，都无法彻底消除蒙元残余势力。蒙元残余势力毕竟属马背上的民族，来无踪去无影、飘忽不定，且头脑还装入了中原人的智慧，致使明王朝不得不实行卫所军屯、加修长城、分地防守等诸项措施，在东起鸭绿江，西抵嘉峪关、绵延万里的北部边防线上相继设立了辽东、蓟州、宣府、大同、山西、延绥、固原、宁夏、甘肃九大边防重镇，史称“九边”。永乐年间，九边共驻扎边防军80余万，率以公、侯、伯、都督充任各边镇总兵、副总兵，担负守边御虏之责。

明太祖朱元璋靠元末农民起义从江南起家，故而奠都南京。但作为政治中心的国都远离军事中心，北边空虚，这对刚诞生的朱家王朝来说，无疑潜藏着危险隐患。明成祖朱棣迁都北京后，大同直接屏护京师，藩篱作用更加重要。

朱棣在位时，蒙古族分裂为三大部，即位于今蒙古国的鞑靼、位于今新疆北部的瓦剌和位于内蒙古的兀良哈。其中鞑靼、瓦剌先后兴起，不断南下入袭。迁都后的北平三面临敌，边防御敌守卫成为重大战略国策，于是便修筑长城。

依托长城防御，在长城一线分区守卫，初设辽东、宣府、大同、延绥四镇，继设宁夏、甘肃、蓟州三镇，又加太原、固原，共为九边。每边各设重兵，统以大将，副以偏裨，监以宪臣，镇以开府，联以总督，无事则画地防守，战时便犄角为援。

大同东连宣府，南接并州，西界黄河，北控沙漠，地理位置十分重要，一直是明军备边北征的前沿阵地。天下大镇有九、大同镇最为要冲，加之盆地川原平衍，更利于铁骑驰骋进犯，故屏障京师，边城要冲，是为重要门户。尤其大宁被弃，东胜、丰州不守，云川、玉林内迁后，重边尽为蒙古军事贵族所占，大同遂于永乐初年与宣府同时设边置镇。

大同镇辖地，分为四道九路，分边总计320千米，驻军135778员，战马51654匹，修筑城堡72座，敌台89座，墩台780座。镇内驻军雄于诸镇，被明王朝看作是重中之重的军事战略要地。

大同地处草原游牧民族和汉民族的交接地带，自古即为民族融合、御胡用武之地，是货物贸易的旱码头口岸，既是联外安内的要塞，又是漠北蒙古诸部入贡的接待站。

由大同而东，须经飞狐、倒马、紫荆诸险；由大同而南，则须经雁门、句注之险。历史上女真亡辽，蒙古灭金，皆先入大同，再向南进逼辐射扩展。

1370年元顺帝死去，其子爱猷识理达腊即位，仍称大元皇帝。盘踞在和林最大的廓贴木耳部队仍对中原有着极大的威胁，明王朝为消灭这股部队，于1372年元月，出动15万大军分三路进击大漠。大将军徐达为中路，出雁门关直趋和林；左副将军李文忠为东路，出居庸关直奔应昌；征西将军冯胜出金兰直取甘肃。这次由明王朝决策的大举进攻，结果不甚理想，中路大败，东路孤军作战，遭到蒙军的围袭，奋力抵御难以取胜，只好败退而返，仅西路打开了河西走廊。至此，明王朝才意识到，欲消灭蒙元军事力量不是一件容易的事情，凭眼前的力量难以完成。从此，拉开了大同抗御蒙古族军事力量的历史序幕。

朱元璋在左云白羊城置大同都卫后，设东胜卫和大同前卫。大同都卫改为山西行都指挥使司后，辖26卫所，戍界东到居庸关，西至黄河老牛湾，南及雁门关，北逾内蒙古商都一带。1392年八月，徐达修筑大同城竣工，遂将山西行都指挥使司徙治大同，置大同后卫、中卫、左卫、右卫。第二年又置镇朔、定边、阳和、天成、云川、玉林、镇虏、高山、宣德九卫。

明成祖朱棣在边地都司的基础上设置边镇，于是山西行都司演变为大同镇。并进一步完善了边政制度。各镇设总兵官统领镇军，副总兵分领奇兵3000员，游击分领巡边哨兵3000员，参将分守各路东西策应为援兵，营堡墩台分极冲、次冲，根据多寡驻兵。平时，将士巡边，哨兵警惕守瞭观察敌情，负责点火报信。职责分工明确，责任到人不得有误，不得麻痹大意，若有违制消极怠惰，军法处置。

明朝前期百废俱兴，国力强盛，边政修明，而且不断地对蒙古诸部进行有效的军事打击，以攻为守使之不敢近塞。

为防患于未然，皇帝事必躬亲，不断派人巡视大同，对武备尤为注意。如永乐十六年（1418年）四月，令都督佥事刘鉴备边大同，洪熙元年（1412年）四月，阳武侯薛禄为镇朔大将军巡边大同。宣德年间，勋臣旧将、功士宿兵消亡过半，武备渐不如初。正统以后国力渐衰，边备日驰，加之宦官王振专权，政治日益腐败，瓦剌乘机入犯。于是明廷转攻为守，坐待敌来，修边筑堡垒台扎寨，消极防御。

正统元年（1436年）三月，瓦剌复犯大同，千户叶林等战死。明廷决定设诸边巡抚，整饬边政，遂令李仪以右佥都御史巡抚宣府、大同。次年二月，大同总兵杨洪分道出塞，会剿瓦剌阿台朵儿只伯，但战功甚微。六月再令刑部尚书魏源整饬大同边务，发现大同边将侵吞屯田、贪腐成风、法纪日坏；士兵缺乏严格训练，萎靡不振，战斗力已大不如前。而瓦剌的势力则向东扩张到辽东，向西延伸到青海、新疆等地，并随时有大举南犯之举。

正统十四年（1449年）七月，明廷调山西番休军和部分京军前往大同操练以备瓦剌。八月，瓦剌也先统帅各部从东、中、西三面分兵四路向辽东、宣府、大同、甘肃四镇进犯。其中大同为进攻重点，也先亲率骑兵主攻大同，兵锋甚锐，来势迅猛。七月十一日，也先军进逼阳高貌儿庄，明廷大同参将吴浩迎战败亡，所守城保，相继陷没。十五日，大同总兵西宁侯宋瑛与武进伯朱冕并肩御敌，同也先决战于阳高，因监军太监敦敬的无能误判，独断牵制，致使全军覆没。

大同前线的败报传回北京，明英宗朱祁镇惊慌失措，一时失去主意，在太监王振的蛊惑下，不听群臣谏阻，贸然决定亲征。王振一意孤行胁迫，明英宗已难以笃定驾驭。八月十五日中秋节，明英宗溃败被俘，数十万大军惨败，50多位文武大臣殉葬，自明廷建立以来，如此悲惨结局，史称“土木之变”。

“土木之变”令明廷震惊，谈胡色变，似乎再无胜算。仅仅七日，即八月二十一日，瓦剌挟持英宗至大同城下，要求大同守将郭登开门献城，郭登以“臣奉命守城，不敢擅启闭”之由拒纳。九月初，总兵刘安因擅离职守，被明廷从大同诏回逮捕，于谦推荐郭登佩征西将军大印为总兵官，代替刘安镇守大同。郭登受任后，深感责任重大，激励将士，积极扩军备战，誓以死守大同。

郭登初任，士卒多亡，兵力不足，战者仅数百，马匹也仅百余。可经过两年招兵买马大力整饬后，训练出精兵数万，战马达到1.5万匹，大同兵遂为天下之最，九边楷模，对来犯进攻之敌，临危不惧，军威慑敌。也先曾想夺取大同作为大本营，曾数次攻取辄败，损兵折将，每次对峙攻略，短兵相接，死伤惨重，一营数十人难还。面对郭登劲旅，也先束手无策，再不得越雷池半步，大同最终被保住。瓦剌被挫败，于谦运筹帷幄，与大同郭登内外配合，促成明英宗被放还。

郭登守卫有方，遂使大同镇——北京的这个重要门户化险为夷，转危为安。假若大同被瓦剌占领，唇亡齿寒，鞑靼快速占据河套，以大同为桥头堡，不断进犯内地，兵临京畿，朝廷统治后果不堪设想。纵观明史，郭登功不可没，是大同这个京畿门户涌现出来的一位优秀将领。因为有郭登，使土木之变后的孤城险地转而成为外抗强敌、内屏京师的天下巨镇，这给明廷以喘息的机会。

景泰二年（1451年），鉴于北部边防形势不稳，仍趋恶化状态，明廷决定将原来的宣、大两镇设一巡抚改为分设，即宣府、大同各设一巡抚。

成化明宪宗年间，明朝北部边疆再度紧张，东边蒙古孛来、兀良哈侵扰辽东，西边鞑靼毛里孩攻掠山西、陕西各地，并占据河套作为入犯内地的基地，从而使明朝西大门洞开，西北边陲接连告警。鞑靼小王子不断进攻大同，大有占领大同之势，进而以大同为前哨基地，进逼攻取北京。为此，明蒙在大同一带的争夺战白热化，愈演愈烈。

成化十三年（1477年）五月，大同告急，京师戒严，兵部请甄别京营诸将，调兵遣将，加强大同的战守。明宪宗看势态严重，急召大学士刘健、李东阳、谢迁商议对策。成化十九年（1483年），小王子再次大举进攻大同，将总兵官许宁战败，进逼内地，入河北顺圣川大肆掠夺，并又以六千精骑攻打宣府，进窥京师。明廷危机，急调勇将朱永充任大同总兵官。朱永驰至大同，立即会同宣府总兵周玉合击，才将小王子挡住。

明王朝以北部边防为心患，其潜在的弊端屡屡显现，尤其“土木之变”之后，从内廷到边防更暴露无遗。到弘治初年，积弊更深，难以自拔。表现在防守上，军卫缺伍，马政大坏，盐茶有法不行；无论京军，还是边军，逃亡者屡见不鲜，难以掌控，所剩老弱疲惫不堪战守，更不堪一击。

尚做比较：明初京营劲旅不下七八十万，就景泰年间于谦变三大营为十二团营时，尚有精锐12万员，但到成化宪宗后期，宠用宦官，朝多秕政，京军大量减员。军卫缺员、马政败坏的主要原因是京边各营牧马草场多被权贵军将开耕占种，官民养马数减，出现了权贵们的田地逐日增加，而养马草场日渐减少，军民都被权贵所困，假公济私为他们劳作。豪富们勾结权贵，通过超经济强制手段，把明初以来政府经营的盐业占为己有，谋取暴利，致使盐法与边储脱节。政府管控名存实亡。

弘治五年（1492年），户部尚书叶淇奏请实行招商纳银公司，类解太仓，分给各边后，赴边开中之法废，商屯撤业，菽粟翔贵，边储日虚。商人们都去抓钱，没有人往边关运粮，而且茶马互市也出现了危机，私贩日多，政府茶马司所积日趋渐少，各边马匹减少的现象突显。因缺员直接关系到军队的战斗力，茶法则直接触及战马，盐法又影响着兵饷，这三者工作直接影响和决定着边防的虚实。兵部尚书马文升向弘治孝宗皇帝惊呼：守边士兵多衣不遮体，食不充口，体弱病多，面黄肌瘦，形容枯槁。如果不引起警觉，一旦遭遇战事，天下就再无兵马可调了！孝宗意识到问题严重，尚有些自知之明，于是相继任用了余子俊、马文升、刘大夏三位名臣为兵部尚书，下大力气整顿盐茶、马政，及时拨送军饷、军需，确定了“以守为长策”的战略防御方针，才使大同一带的边防形势有所好转。

余子俊是位以身谋国，屡建奇功的人物。早在宪宗成化年间，他就两度担任兵部尚书，想尽设法扭转被动局势。1472年，农历四月初三，巡抚右都御史林聪奏请“增筑大同沿边诸堡”。在北魏长城基础上增筑补缀。到成化十三年（1477年）六月，大同东、西、中三路列出计划修筑边墙、壕堑、墩台九万三千七百七十九丈。成化二十一年（1485年），余子俊从大同中路起，西至偏关接界处止，东西地远六百余里，每二里立墩台一座，每座四面根脚各阔三丈，对角做悬楼二座，长阔各六尺，空内挑壕堑阔一丈五尺，深一丈，计用做工五百，土近者十日可成一座。并于孝宗弘治元年（1488年）十二月提出了以宣、大为中心的北部边防的战略方针。为严加防守，大同在军卫配置方面做出部署：以镇守总兵、副总兵、游击将军所治者为中路；阳和、天成为东路，东南乃宣府洪州城、大同左右卫、平虏、威远、朔州卫、井坪堡为西路，西南乃偏头关各有参将一员分守，如常山之蛇，首尾相应。

有了这样的布局，如果虏寇进犯中路，则以大同城官军为主力，再调东路与洪州合兵从东援应，而大同副总兵、游击及宣府游击、洪州参将合兵于东西策应，如果虏寇进犯西路，则以西路将士为主力，而大同副总兵、游击及偏头参将合兵应对。这是一种以守为核心、各自为阵、配合作战的总体防御战略。

余子俊之后是马文升，马任兵部尚书14年，尽心戎务，大力整顿屯田、马政、边备，实施了一系列重大战略方案和措施。为确保宣府、大同经久无虞，在永平、密云各加派3000马步官军防备，以制止北元蒙古军事贵族从喜峰口诸要塞突入；禁止砍伐自偏头、雁门、紫荆、潮河川、喜峰口直至山海关长达数千里的沿边山林，用此“榆塞”以确保北部边防的第二道天然“藩篱”不受破坏。

弘治十四年（1501年）十一月，马文升改任吏部尚书，兵部尚书由刘大夏接替。弘治孝宗一心想学明成祖朱棣防守大策，出塞亲征以攻为守，并召大同小警，帝用宦官苗逵言随他出师。这在朝臣看来简直是个大笑话。阁臣刘健等力谏，孝宗犹疑不决，于是问刘大夏：当年太宗朱棣屡屡亲征出塞，现在为何不可以？刘大夏巧妙地道明，虽然陛下的动机是好的，其想法与明成祖朱棣相同，可将士的素质和边政远不如明初。如果再从小王子和火筛其时控弦数十万、屡次进犯的实力看，从防守而转为以攻为守确属心有余而力不足。因而，依刘大夏主意还是主张以防守为上策，而且继续将防守重点放在大同。

弘治十八年（1505年），小王子势力又增，轻而易举就攻陷了西北要塞花马池、清水营诸地，一时引起京师不安，关中恐慌。然而，刘大夏足智多谋，调兵遣将采取有效抵抗策略，挡住小王子和火筛的凌厉攻势，没有蹈“土木之变”覆辙。

正德年间，武宗四出巡游，昏暴怠政，北部边防局势难以好转，再度恶化。正德元年（1506年）七月北元强虏额森以5万骑兵攻大同、趋朔州、侵马邑，大掠而还。正德八年（1513年）六月，虏寇再次进犯大同，边兵屡败，防不胜防。形势严峻，明廷决定改宣大总督为宣大总制，总理边政军马。正德十二年（1517年）十月，武宗妄自尊大，巡幸阳高，自称总督军务威武大将军总兵官。十一月驻跸顺圣川。蒙古骑兵进犯阳高，深趋内地应县攻掠，武宗亲督诸军御敌抗争，激战5日，武宗险些被俘而成为第二个“明英宗”。

明朝边防最吃紧和危机的时期应数嘉靖年间，南倭北虏同时猖獗，由于朝政腐败更甚，为对付边敌几乎到了焦头烂额、危机四伏的地步。

其时，蒙古俺答、昆都力、土蛮诸部相继崛起，频繁活动在河套、大同和宣府一带，成为明朝北部边防的强虏劲敌。尤其是俺答部始终盘踞宣大边外，联络蒙古诸部，拥兵数十万，并招降汉人赵全及亡命之徒数万，屋居佃作，号曰板升。赵全还利用汉族建筑能工巧匠为俺答筑城郭宫殿，并日夜教俺答部习武练兵。俺答东犯蓟昌，西掠忻代，扰边30余年，边臣坐事获罪者接踵。为应对强虏边敌，边将们几乎使出浑身解数，或贿敌求和，或杀百姓以充敌虏昌功领赏。

嘉靖二十至二十一年（1541—1542年），俺答两度攻入山西，大掠晋北，甚至深入太原附近和太原之南的沁、汾、襄。明边军常年忙于调守，防不胜防。嘉靖二十三年（1544年），翁万达以兵部右侍郎兼右佥都御史，代翟鹏总督宣大、山西、保定军务，与大同总兵周尚文齐心协力坚壁清野，筑墙垒台固守，一度扼住了俺答的攻势。在翁万达的建议下，开始大规模地修边、筑城、垒台，使明廷修筑长城达到前所未有的高潮阶段。

嘉靖年间修筑长城，东路完成128里*，从天镇、阳高及开山口诸处要塞，筑堡7座，筑墩台154座。西路，自丫角山始，沿中北二路，东抵永宁四海治，修筑1023里，这是内边；外边，长约1924里，皆逼巨寇，拒险边外，被称作极边。沿长城一线，大同最为难守，其次是宣府，再次是山西镇的偏关和老牛湾。然而，大同难守之地又数北路；宣府最难守者要数西路。山西镇偏关以西150里，恃河为险，偏关以东104里，险势不次于大同。内边，紫荆、宁武、雁门三关最为要紧，其次则是居庸关、倒马关、龙泉关和平型关。胡虏每犯边境。首先进逼大同，大同是最为要紧的门户。于是翁万达主张加强力量守护大同，并得到嘉靖帝的认可和赞同。

嘉靖二十七年（1548年）九月，俺答再次进犯大同，难以攻克，退攻五堡，明军联手迎敌将其击败，俺答只好退去，又进犯宣府，翁万达督参将姜应熊等增援驰赴，协助退敌。俺答感受到了翁万达的厉害，惊呼：“翁太师至矣！”遂连夜遁去。嘉靖帝闻讯大嘉，重奖翁万达，并晋升兵部尚书兼右副都御史，寻以父忧归。

嘉靖二十九年（1550年），就在翁万达丁忧居丧期间，俺答又大举犯边。其时明世宗嘉靖帝迷信方术，整日和方士居西内祈长生，而大学士严嵩专横窃权，欲任守边将帅多给严嵩贿賂，以换取功名，但对宁边并不看重，边防存在巨大隐患。是年七月，俺答军南犯大同，靠贿赂严嵩父子而爬上大同镇总兵高位的仇鸾惊恐万状，束手无策，遂以重贿乞求俺答不要在其防区发动进攻。俺答得贿遂纵兵东去，入古北口占领蓟州，直逼通州临近北京，致使京师告急，明世宗嘉靖下诏勤王。仇鸾又假惺惺主动请求应援，明世宗嘉靖看他主动请缨，遂命他为平虏大将军节制诸路兵马。各路勤王兵都是闻变急驰

* 明清时期，1里≈576米，近代以来，1里=500米，下同。

而来，未带粮草。明世宗要户部解决粮草给予犒赏，可户部措手不及，一时又拿不出钱粮，明世宗嘉靖盛怒之下，罢了户部尚书李士翱的官，令其戴罪办事。

俺答军再无人能抵挡，直逼京郊，大掠村落民居。仇鸾本是胆怯无能之辈，不敢出战，坐视俺答肆意烧杀抢掠。兵部尚书丁汝夔惶急无策，只好请求首辅严嵩。岂知严嵩作无耻之说：在边塞打败仗尚可隐瞒皇帝，在京郊就难瞒住了，俺答抢掠够了自动会离去的。如此对国对民不负责任的言论，丁汝夔竟然听之任之，传令所有守城将士不许轻易出战，任俺答大掠后西去。仇鸾则杀了数十个平民百姓之头冒功邀赏，昏庸的明世宗嘉靖竟然相信仇鸾大功告成，加封他为太保。并令逮捕丁汝夔。丁窘急求救于严嵩，严嵩狡猾处置，表面派人告知丁汝夔说，只要我在绝不会叫你死。实际上怕牵连自己，竟采取杀人灭口的恶毒手段将丁汝夔处死。是年为农历庚戌年，故称犯边逼近京都为“庚戌之变”事件。

“庚戌之变”后，俺答更加猖獗，肆无忌惮频频入犯大同，向明朝边镇发动空前强大攻势。

嘉靖三十六年（1557年）十一月，俺答包围大同右卫，明世宗嘉靖急命丁忧在家的原兵部尚书杨博总督宣、大、山西军事。杨博身穿孝服，连夜从蒲州（今永济市）急驰出雁门关赶赴大同。其时右玉被围已达半年，守将王德战死，城中粮草将尽，士兵在故将尚表和麻锦、麻贵父子的激励下拼死坚守。杨博到后解围，并对阵亡将士厚加抚恤，又奏蠲大同租赋，招慕丁壮为义勇，造偏箱战车百辆，令遇敌则右、左卫互相声援合击。鉴于边墙已多毁坏，便在右玉牛心山诸处筑堡9座，墩台92座，与左卫高山站连接，向东直达大同镇。浚大濠二，各十八里，小濠六十四里。

杨博守战有功，遭到严嵩嫉妒、忌恨，欲将杨博撤换，叫他去江东署部任职。就在朝廷商议杨博是否去留时，署理兵部尚书郑晓力争道：杨博在蓟、辽，则蓟、辽相安无事；在兵部时，则九边也很安定。但最终还是被召回，担任少保。嘉靖帝为边事请教杨博，几乎成了他的左右手，一旦对边防战事不放心，就叫杨博预以谋划，定有胜算。

隆庆年间，大学士张居正整饬边政，先后任用戚继光、王崇古、李成梁诸名将镇守边陲，使明朝北部边防摆脱困境。

隆庆元年（1567年），王崇古总督陕西、延绥、宁夏、甘肃四镇。王崇古战守有方，很快扭转了西北边陲防守的被动局面，趋向安宁。可俺答在宣、大一带的气焰仍很嚣张，祸患程度比西北四镇还严重。只好调王崇古宣大任职对付俺答。

隆庆四年（1570年）正月，王崇古任宣大、山西总督，整饬北边防务。王崇古足智多谋，不负众望，不仅很快整顿了大同边防，扭转了局势；而且还利用把汉那吉事件，促成了蒙汉关系史上具有重大意义“隆庆议和”“俺答封贡”。谈和发生地就在大同的德胜堡。

“封贡互市”达成后，沿边开通马市，王崇古在大同广招商贩，听令贸易。于是布帛、菽粟、茶叶、皮革远自江淮辐辏塞下，蒙汉人民和平相处，互通有无，融入一家，明朝北方的边患解除，延续200多年的战乱不息的边境得以休息。自此，东起延永，西抵嘉峪七镇，万里军民安居乐业，不用兵革，不动干戈，国家安定，边塞军民得以休养生息。免去了边防一年一度的巨额开支。

“隆庆议和”“俺答封贡”八年，九边生齿日繁，守备日固，田野日辟，商贾日通，边民始知有生之乐。自此大同进入边镇安宁、生产渐盛、边贸发达、商品和经济繁荣的黄金时期。

“隆庆议和”“俺答封贡”后，明廷在陕西三边、大同威远堡、宣府万全、张家口、山西水泉营诸地开设马市。这种带有特殊性质的市场称官市。官市分大市和小市两种：大市每年一次，小市每月一次，蒙古族人民以金、银、牛、马、皮张、马尾等物，与商贩的细缎、布匹、釜锅等交易。尤其在万历年间，大同的市场规模更加扩大，又开设助马堡、宁虏堡、杀胡堡、云石堡、迎恩堡、灭胡堡六处市场。每天交易的规模相当可观，如号称云中第一要冲的杀虎口，汉夷贸迁，蚁聚成市，日不下五六百骑。可尽管如此，仍不能满足蒙汉人民日益增长的物质利益和精神方面的需求。于是，干脆沿边放开，不定期开设各种形式的私市，交换急需的各种生活、生产用品。随着火爆的边贸商品经济的发展和多元文化的融入，大同人的衣着打扮和民俗风情日趋华靡，虽涉荒徼、商旅辐辏，以浮靡相炫耀。

明代自“隆庆议和”“俺答封贡”之前的200年间，边塞胡汉对垒纷争，大同镇驻扎了数以万计的边军，戍边屯田，形成了庞大的而前所未有的消费区，加之开中法的实施和运司纳银制的推行，极大地带动了大同地区商品经济的发展，以山西商人为主体的大批商人前往大同边镇输运粮草，贩卖铁农具、棉布等各军需民用品。这些商人，明知大同战事不断，但被巨额商业利益的回报诱惑着，促使冒险前往。时有商场挤夺战场之现象。战事伴随着贸易，尤其在明代宗景泰初年，山西、河南、正定、保定、临清等处军民商客纷纷赶往大同。宣府输纳粮草、军装及贩马、牛、羊、布绢、香茶、瓷器、果品。到明孝宗弘治后期，大同十一州县军民铁器耕具，皆仰商人从潞州贩至。大同地方，军民杂处，商贾辐辏，阳高故城南关，成了商贾货财之集散地。

明廷天下大镇有九，大同镇最为要冲，大同镇有道为四，而云西路最为要冲。作为边塞要地左云县，明初驻治山西行都司，继设镇朔、高山二卫，为云西要路，兵道协镇，驻跸于斯，粮饷商旅，多所经过，城关接连，室庐相望，堡墩互为，墙垣皂疆，颇称富庶。

综上所述，正是由于大同在明代北部边防中具有极其重要地位，国家调兵遣将于大江南北，而且调拨大批的军用物资，以此吸引了大量的商人活跃于此，从而使原本风沙遍地、人烟稀落的大同边镇货物汇聚，商贾云集，出现了繁华富庶，不下江南，而妇女之美丽，什物之精好，皆边陲所无的繁荣兴隆局面。

有什么样的历史背景便会有什么样的历史产物。明王朝前期和中期200多年的时间，一直处于战事连年不断的状态，忙于战事抵御边敌而倾力修筑长城。而“隆庆议和”“俺答封贡”后进入和平时期，长城反而另有他用，开设边贸马市。长城所扮演的角色，当消失威严后而变得和颜悦色。当由战时视墙惊恐后而又和蔼可亲起来。

长城本来要民族隔离，现存却成了团结的纽带和桥梁，马市即是象征，照应着边贸各族人民满足的心态而带回去的无比温馨。因而，不论是前朝的长城也好，还是明朝的长城也罢，蕴藏代表的是一种特殊而复杂的文化。所以后人不得不去研究它。就中国历朝历代所修筑的长城而言，明长城应是梳理的重点内容。

（二）明初对边防卫所的设置

大同镇的前身，大同都卫，或山西行都司，所辖北边军事防御体系，是一个更大的范围，共管辖26个卫所。分别布置在一个“东连上谷，南达并恒，西界黄河、北控沙漠”的辖区内。这26个卫所分别为：左卫，洪武三年（1370年）置；右卫，洪武三年（1370年）置；朔州卫，洪武三年（1370年）置；蔚州卫，洪武三年（1370年）置；东胜卫，洪武四年（1371年）置；大同前卫，洪武七年（1374年）置；广昌守御千户所，洪武十二年（1379年）置；大同后卫，洪武二十六年（1393年）置；其后的阳和卫，东胜左卫，东胜右卫、天成卫、怀安卫、万全左卫、万全右卫、宣府左卫、宣府右卫、高山卫、镇虏卫、宣德卫、安东中屯卫、沈阳中屯卫均为洪武二十六年（1393年）置。置卫与驻治地筑城几乎是相随的。因而从某种意义上讲，城就代表着卫，城是卫的别称，当然有的城里驻治的是县，但卫与县不同，卫是军事建制，县是行政建制，卫的指挥长是正三品官员，而县令是正七品官员。

卫所多为洪武时期所置，继之是永乐年间将部分卫做了迁徙变动。洪武时期设置卫所分两个时期：一是洪武四年（1371年）左右，一是洪武二十六年（1393年）。

洪武三年（1370年）大同设置左卫、右卫、蔚州卫指挥使司、朔州卫。东胜卫、官山卫，1371年置大同卫指挥使司。这里值得一提的是官山卫，亦称羁縻卫，是藩属性质的卫所。

洪武三年（1370年）九月，元朝原宗王扎木赤指挥巴都、百户赛因不花等11人自官山来降，受到明廷热烈欢迎，厚加燕劳，置官山卫，立官山等处军民千户所，以把都为正千户，赛因不花等为百户，并赐以文绮银栀衣物有差，还把大同的田宅赐予他们。有此先例，洪武八年（1375年）三月，元朝原知院不颜朵儿只等来降，明廷仍给予厚待，赐罗绮衣服有差。因为不颜朵儿只属元国公乃儿不花，于是置官山卫指挥使司，乃儿不花为指挥同知，隶属大同都卫管辖。由此可见，明廷北边防守，曾吸纳元朝原势力作为合作力量。

洪武四年（1371年）春，明廷在左云设大同都卫，初置6个卫所，但这6个卫所占据的均为战略要地。

东胜卫，是漠北通向河套的交通要道，西滨黄河，东接大同，南抵偏关，北连榆杨等口，中有赤儿山，东西坦平百余千米，其外连亘官山，是蒙元部落出没必经之地。当明廷削清东胜州周围北元残余后，为了加强防守，便就此设置卫所，成为重要军事据点，控制了北部边防要道。

官山卫，属藩属羁縻卫所，其地理位置在今天的内蒙古卓资县灰腾梁，位于大同正北稍偏西，距离约200千米，是大同都卫的最北端。洪武九年（1376年），官山卫指挥同知乃儿不花叛逃沙漠，大同都卫指挥使周立率兵讨伐，追至白寺塔获其辎重，乃儿不花遁北，官山卫遂被弃置。官山卫从设置到废弃，仅仅存在了一年时间。

朔州卫，处于北边通往山西腹地的交通要道上，位于大同西南140千米处，西去黄河125千米，南屏卫雁门、宁武。朔州卫虽然不属临边，因地势平坦，最适蒙古骑兵驰骋，战略地位尤重。

蔚州卫，位于大同东南，飞狐关北端，处于大同经飞狐关，再进入倒马关到达京师的道口上。蔚州卫介于大同、宣府之间，南有紫荆、倒马、山川险固，关隘森严，属控制燕晋之要冲之地。

左卫，右卫初设与大同都卫同治，均驻治左云白羊城，西接阴山之西兔毛河，东接御河，武州川水与马营河东西贯通境内，介于杀虎口、大同之间。

洪武八年（1375年），大同都卫改行指挥使司，遂又设置前卫。洪武十二年（1379年）八月，又置山西广昌（涞源）守御千户所。此后到洪武二十五年（1392年）迁治大同，卫所没有变化。

洪武二十五年（1392年）由大同都卫改制后的山西行都司由左云白羊城迁驻大同，左卫右卫亦随迁。

洪武初期所置六卫，俱扼重要地理位置。尤其是东胜卫和官山卫，处于朱元璋营建的北边防御体系的外围，是打击蒙元势力的前沿阵地。七卫一所外扼蒙古，内屏山西、京师。实属严密防守之设置。

随着蒙元与明廷对抗局势变化，东胜卫在洪武四年（1371年）四月已不存在，继之洪武九年（1376年）官山卫亦废弃，北边防线后置。因而大同的西部、北部、东部均暴露于外，防御能力渐觉乏力，必须采取相应的新的对策。

洪武二十五年（1392年）八月，明太祖朱元璋决定，山西大同等处增设军卫屯田守御。遂谕宋国公冯胜、颍国公傅友德等将领屯田守边，寓兵于农，使民耕而自卫。随即命开国公常昇、定远侯王弼等人往太原等府，以户四丁抽其一为军，蠲其徭役，分隶各卫，赴大同等处，开耕屯田。与此同时，东胜卫立五卫，大同迤东立六卫，大同城立五卫，卫编制5600人。在原有基础上，大同遂增到十六卫。

洪武二十五年（1392年）又兼代王朱桂之国于大同，改大同左卫为大同中护卫。洪武二十六年（1393年）二月，增置大同后卫及东胜左右、阳和、天城、怀安、万全左右、宣府左右十卫于大同之东；置高山、镇朔、定边、玉林、云川、镇虏、宣德七卫于大同之西，并开始筑城置兵屯守。是年共在山西行都司设立十七卫。洪武二十八年（1395年），置大同中、左、右、前五屯卫，其主要原因是以代王之国大同，粮饷艰远，复命立卫屯种，以纾转运之辛劳。洪武二十八年（1395年），宣府左右二卫改为宣府谷王左右二护卫。洪武三十一年（1398年）闰五月，置沈阳中屯卫和安东中屯卫。洪武后期这一大批卫所的设置，使得大同北边防御布局严密，力量大增。

（三）明中期对边防卫所的变更

洪武三十一年（1398年）闰五月十日，71岁的朱元璋撒手人寰，皇太孙朱允炆继位，即建文帝。鉴于北方诸王握有甲兵，设置百属，权重位尊，威胁皇权，朱允炆决定削藩。颁布诸王不得节制文武官员的禁令；鉴于一些藩王违法乱纪、暴虐咨行、胡作非为、擅兴土木、荒淫无度、扰乱社会秩序的行为，便先把五个实力较弱的藩卫废为庶人。燕王朱棣眼看皇权威胁到自己，便于建文元年（1399年）以“清君侧”的名义，在北京举兵造反南下，号称“靖难”，称他的军为“靖难军”。建文帝曾多次遣将派兵前往征讨，为靖难军所败。建文四年（1402年），燕王朱棣登上帝位，即明成祖，年号改为永乐。这便是明朝史上的“靖难之役”。

靖难之役之后，明成祖朱棣将帝都由南京迁往北京。然而，由于“靖难之役”的爆发，朱棣把原戍守北京及其附近的卫所军事力量均投入争夺皇位的内战中去了。这便造成了北京防守的空虚，于是便立即下令将原属山西行都司统辖的一部分卫所调往河北各地，以保北京的安全。建文四年（1402年）九月，将驻治内蒙古和林格尔的云川卫、玉林卫分别调往雄县和定州；驻治左云的高山卫调往保定；驻治内蒙古的东胜右卫调往遵化；驻治左云的镇朔卫调往蓟州（现属天津管辖）。将大同中护卫迁徙定州改为定州卫。十一月，又设置安东中屯卫，大同、沈阳二屯卫并受北平都司管辖。永乐元年（1403年）二月，将燕山左卫、万全左卫右卫、宣府前卫、怀安卫均置于北京留守行后军都督府管辖。同年六年，因代王朱桂罪行将其三个护卫撤消。永乐六年（1408年）十月，将蔚州卫及广昌（涞源）守御千户所均置于北京行后军都督府管辖。永乐七年（1409年）改大同左、右护卫为大同左右二卫。永乐十六年（1418年）四月恢复代府护卫及仪卫司官。将镇虏卫调往涿州，定边卫调往通州。这便严重影响了大同重镇边防体系的稳定，只好采取一些补救措施。永乐七年（1409年）将大同左卫由大同镇城迁驻原镇朔卫城，永乐二十二年（1424年）十一月将大同右卫迁驻原定边卫城。由此，镇朔卫城改称左卫城，定边卫城改称右卫城。永乐二十二年（1424年），朱棣在外出返师途中，病死于榆木川。在他去世之后，所有卫所再无大的迁治变更。

洪熙元年（1425年）二月初一日，曾跟随朱棣参加“靖难之役”的大将军郑亨出任大同镇总兵。郑亨到任的第一件事，就是奏请明廷将原调往河北及北京周围的卫所迁徙回大同。于是将驻治河北保定的高山卫拟迁回阳和卫，改称“阳高山卫”。将驻治雄县的云川卫拟迁回左卫，改称“左云川卫”，将驻治河北定州的玉林卫拟迁回右卫，改称“右玉林卫”。将驻治涿州的镇虏卫拟迁回天成卫，改称“天镇虏卫”，以增强大同的防御力量。郑亨的这一请求虽然得到了明仁宗朱高炽的批准，但直到当年秋冬之季才完成移防。这种部署上的变化，实际上就成为后来的左云县、右玉县、阳高县和天镇县的雏形。

永乐年间，山西行都司大同一带卫所撤废频繁。其时间主要集中在建文四年（1402年）和永乐元年（1403年）、永乐六年（1408年）。建文四年主要是将镇朔、镇虏、云川、玉林、高山、东胜左、右卫、定边等九卫内迁至北京周围；而永乐元年、永乐六年则是把大同天城卫以东的万全左、右卫等卫归留守行后都督府。山西行都司因部分卫所迁调而减弱了防御能力，后来又将一部卫所调回，但所管辖的东部范围缩小，又因东胜卫的内迁，丢失了河套，蒙古部族以此为跳板，东侵大同，西攻延绥，因而更增加了大同镇的防御压力。到了正统、成化时期，又根据战略需求增设威远卫、平虏卫和井坪守御千户所。

威远卫，在右玉地界，东距大同镇城90千米，其地被称作净水坪，是河套鞑虏最易进犯冲击的地方，是防御拒敌的要地。正统三年（1438年），将平定州、蒲州两守御之所的2000余士兵调补净水坪，设置威远卫。

平虏卫，平鲁位于大同之东150千米处。自大同向西，经左云城，再经右玉威远城，以及平鲁的老军营、乃河堡直至老营堡，是大同镇横向防御抗敌要道，而平虏又置要道之要害之处，地理位置非同小可。成化十七年（1481年）明宪宗奏准置平虏卫，拨官军分守。以固要地防御抗敌。

井坪守御千户所。已设置的井坪堡北至平虏30千米，南距朔州25千米。属偏头关东路。该地仍属要塞。如果平虏、朔州遇有紧急军情，便可迅速接应，连手抗敌；如果遇有乃河堡、老营堡等堡有警，亦可相援。成化二十一年（1485年），经成化帝批准而置。

仁宣时期，除了卫所回迁外，还增设了山阴、马邑守御千户所。之后又设置威远卫、平虏卫和井坪守御千户所，俱在大同西路。三卫由西北向西南声势相连，极易应援，使得西路防御力量增强。因而，山西行都司卫所设置进入稳定期，并一直维持14卫和3所，数量趋于饱和。不过也表明卫所战斗力下降，行都司地位衰落，兵员明显不足。

（四）大同镇七十二城堡

就大同镇而言，共修筑城堡72座，墩台833余座，长城560.5千米。对长城、城堡和墩台的修筑，遵循的是具体情况具体分析、具体对待、视情而言的原则。长城经历了漫长的时期，根据守战防御的功能，所有长城、城堡和墩台的叫法，也各有特色，各得其所，甚至有的形成组合阵营和集群效应，如“外边五堡”“边墙五堡”等。

七十二城堡是大同镇防御体系的棋子，是在防御作战过程中，逐渐兴建逐渐完善的防御体系，也是在战争实践中所形成的科学而严密的防御体系。大同镇卫所的建制，城堡的设置和长城的修筑，是根据守边实战要求所经历的一个漫长的过程。

大同镇拥有七十二城堡这种区划防御绝非偶然，而与当地自然地理状况密切相关。在明代，如果把中国看作是一座城的话，而北边门户的瓮城就是大同镇。

大同镇地区位于河套高原与山西台地相交的断层地带。它的中部是大同盆地，盆地呈西南—东北走向。大同盆地的东部又形成三角谷地；其一溯浑河而上，直抵恒山主峰脚下；其二沿桑乾河而下，伸向今河北省境内；其三展布于南洋河的上游，即今山西省阳高县、天镇县境内。在大同盆地内，地势平坦，河与河纵横，既适于农耕，又适于游牧。盆地四周被崇山环绕，其东北是熊耳山，北部和西北部为阴山余脉，西南部界于管涔山脉北端，南部和东南部有恒山山脉与太行山脉。崇山环绕却似瓮城的垛墙。在这“垛墙”上，关隘与险峰重叠，断崖与峻岭错落，成为大同盆地与其周围地区相阻隔的天然屏障。这样的地形既利于政治上的统治和发展经济，又便于军事上的攻防。因而，正是有这样特殊的地理环境，把大同镇列为九边重镇，而且是重镇中之重镇。

（五）梳理大同明长城

明代称长城为“边”或“边墙”，就其规模和功能又分为“小边”“大边”“主边”“次边”。也有在重要关隘险塞地段修筑好几道重边的，有的地段甚至十几道。

实则，明长城应为四道边，即从北向南为一、二、三、四道边。修筑于内蒙古托克托县、大黑河南岸、凉城境内的长城为一道边，亦为头道边或次边。这在内蒙古《凉城县志·文物胜迹》说得清楚：“县内长城分布于后营、曹碾、北水泉、厂汉营、双古城、六苏木、麦胡图等乡。其中完整连续成段的有与山西省分界的二道边”。这就说明头道边在凉城境内。

二道边就是我们习惯所称的外长城，亦称大边、主边。从东始于天镇县，沿阳高、新荣左云、右玉、平鲁一直到黄河老牛湾。

三道边是被人们习惯称作的小边，东自大同北的宏赐堡，西至左云县的黑土口，全长仅为32千米。

第四道边是被我们习惯称作的内长城，东自居庸关，沿河北阜平、进入山西，经灵丘、代县终结于黄河老牛湾。

为了叙述方便，暂且将一道边称作次边，将二道边称作外长城，把三道边称作小边，把四道边称作内长城。

所谓“大边”（次边）与“二边”（外长城），是中国人民大学张永江教授的观点。张永江先生所撰《明大同镇、边堡兴筑考》，探讨了明代大同地区的边墙、城堡的修筑过程，认为明代不同时期存在着的位置、走向不同的大边（头道边）和二边（外长城），明初的大边（头道边）、二边（外长城）应在今内蒙古境内，现存的晋蒙交界处的长城是明嘉靖后形成的“大边”（头道边），其位置在明初的二边（外长城）之内。后代资料中之所以出现这种大边、二边颠倒错位的情况，一是正统以后明蒙双方攻防形势的改变，造成明朝防区的大幅收缩；二是成化以后的屡次异地重修边堡造成的印象。

（六）明长城的修筑

关于明长城之事，远在朱元璋夺取全国政权之前就已有了思想准备，在1357年他就接受了安徽休宁人朱升“高筑墙，广积粮，缓称王”的建议。同时提出“以夏制夷”，恢复汉族统治，明王朝的前期和中期，似乎一直推行朱元璋这一宗旨。“高筑墙”即筑城、筑堡、筑长城、垒墩台设防的意思。而且不惜血本处心积虑地进行着这项浩大的军事工程。10年后的洪武元年（1368年）当朱元璋将蒙元赶到草原后，就开始了长城障塞的修筑工程，此后在明统治的270多年中，几乎从未停止过修筑长城和经营边防。史载自洪武至万历（1368—1563年），曾先后18次修筑长城，最后完成了东起鸭绿江，西至嘉峪关，全长14600多里的万里长城。

明长城雄伟壮观，较之诸前朝的工程技术有很大的改进，结构更为牢靠坚固，防御能力得到进一步加强。无论是城堡的数量，长城的高度和长度，远远超过了历代长城，令世人惊叹。

战争是一种异常活跃的现象，给时代进步以催化的作用，为了抵御北方草原民族，几乎全国人民的智慧都往长城上凝结，举国之力的巨资往长城上投放，精兵良将经长城沿线集结。长城是一条线，牵动力却如此之大，可谓“动一发而牵动全身”。如果照此看，长城乃是最形象、最直白而难以掩饰的统治现象。

明王朝由长城开始，继而筑堡筑台，由零散军事工程最终变成以长城为主体的系统军事工程。

明王朝建立初，北边根据所控制的地界而设卫所，卫所应是防守新北元蒙古贵族势力的基本军事力量和基本条件。其后所修筑的城堡、烽台和长城是根据所掌控的已固定了的北边卫所而相应地做出的规划与努力。因而，卫所、烽台、城堡、长城应是四位一体的完整防御体系，但最终是以长城牵动卫所、烽台和城堡的防御体系。因而，卫所、烽台和城堡是筑墙的主要因素和基本条件。卫所是防御的鲜活力量；而长城、烽台和城堡是以卫所为中心的固定力量。因而论述长城，与卫所、烽台与城堡密不可分，甚至修筑这些军事设施也是齐头并进而同时期进行的。

1. 洪武、建文、永乐年间修筑长城

大同修筑长城究竟起源于何时？应在洪武年间。因为在洪武年间，明廷所设置的最北边的卫所，即东胜卫、东胜左卫、东胜右卫、官山卫以及云川卫和玉林卫仍在掌控之内，因而修筑长城是以最北部的卫所作为参考和依据，也是为了对这些卫所的势力范围给予保护。

明初，大同镇分东、中、西三路，为了有效地防御北元蒙古骑兵的进犯，洪武二十九年（1396年），由山西行都指挥使司修筑了次边（大边），筑墩台89座。永乐十一年（1413年），在洪武年间修筑的基础上继续完善；为了传讯方便，并在大同的沿边修筑了烟墩，所以现在沿次边所看到的烟墩，其实有永乐年间筑成的。其长城走向自西向东，循东胜卫城（内蒙古托克托县城关镇大荒城）、镇虏城、丰州城（今大黑河南岸）、云内城（今凉城境内岱海南古城）南、岱海、凉城儿、葫芦海、威宁海子迤南走向，沿线经安山墩、团山墩、三尖墩、鸦儿崖墩、黄土坡墩、黑松林北墩、三山纪墩、牛心山墩、猫儿庄墩、关子沟墩、威宁墩、双山墩、榆林口，东至新平堡。共筑墩14座，挖壕筑墙堑47千米。这条长城又被《乌兰察布盟志》标定为次边，把山西与内蒙古交界的长城说成是主边。大边（次边）在宣德年间东自天镇烂柴沟西到崖头墩，这道长城的最东端位于天镇县的烂柴沟，最西端在内蒙古的崖头墩，到了宣德年间基本弃之不用。

明初，在修筑次边的同时亦修筑了外长城。据《明史·兵制》称：“建文中，自宣府迤西迄山西，缘边皆峻垣深壕，烽堠相接”。由此可见，外长城从建文时就开始修筑了。

2. 正统、景泰、天顺时期修筑长城

土木之变后，明朝防御蒙古的防线大大内缩。蒙古骑兵多次跨越大边直逼镇城，长驱直入南下抵达雁门、紫荆之地。大同形同虚设。加之河套也被先占据，内外墩台、营堡城守、瞭望哨位，多被焚劫损坏。大同镇对次边（大边）无暇顾及，弃之不用。

因宣德年间防线开始内缩，次边基本丧失防守功能。于是在正统年间开始修筑外长城。但只能属草创，多利用的是前朝的旧长城。外长城形制有了基础。

外长城边大规模修筑是在景泰年间。景泰七年（1456年）七月，明廷命各边关总兵等官，修筑城垣、壕堑、屯堡、墩台。天顺年间，又对长城墙体上的墩台进行了改造，并继续维修墙体防御功能设施。天顺六年（1462年）八月，明廷又命修筑各边墙垣、屯堡、墩台、壕堑。

景泰、天顺两朝几乎对次边失去了守卫，开始重视对外长城的修筑。虽然墙体多利用前朝长城，有的地方废圮，有的地方坍塌变得低矮，墩台分布亦稀疏，虽有一定的防御功能，但缺乏大纵深的防御体系，长城的走向和轮廓已很清晰。

3. 成化、正德年间修筑长城

成化、正德年间，面对定居河套蒙古诸部的频繁入侵，明朝收拾河套继续主动出击和进攻已无能为力，一直未能成行，根据双方对峙形势，再度夺取河套已不可能，经过对一系列的失败经验的总结，最终确立了“守为长策”的边防政策。自仁宣以来，明朝对北元一直实行以“守”为主的边防政策。但在成化之前，明廷则实行的是“以攻为守”的守边战略政策，即使是经历了惨痛的“土木之变”，依然能在短时间内组织强有力的反抗，最终又取得胜利。而成化、弘治时改变战略决策，是面对强大起来的北元而无能力反击的形势下确立的被动政策，也是一条有效抵御北元进攻的方略。因此这段时间，为了守边，才开始大规模、大范围地修筑长城。

成化八年（1472年）二月，宪宗命大同、宣府、蓟州、密云、辽东、甘肃等处及偏头、雁门、紫荆、倒马、居庸等关，镇守内外等官，修补墩台、城堡、边墙、壕堑。成化十三年（1477年）经巡抚大同副都御史李敏统计奏报，大同三路计修边墙、壕堑、墩台共九万三千七百七十九丈，合312.86千米。这应是自成化八年至成化十三年大同修边的最好成绩。成化八年（1472年）四月，增筑大同沿边诸堡。巡抚右都御史林聪曾增筑右卫城南到蒲州营三十里的堡子，以便连接威远；筑威远以南至碾子头四十里的堡子，以便连接旱井堡；筑旱井堡以南至酸茨林四十里的堡子，以便连接朔州。从这些个增筑的堡子就可明白西路边墙的基本走向。

成化十六年（1480年），监督军务太监汪直和提督军务兵部尚书王越，为了一己私利，贪功冒险，袭击屯聚在威宁海子的北元军民，虽然取得了一定的胜利，但惹怒了北元，使得明朝与北元的关系更加恶化。此仗之后，北元骑兵为报前仇，不断来袭。成化二十年（1484年）二月，宪宗命太子少保、户部尚书余子俊兼都察院左副都御史，总督大同、宣府军务，兼督粮储。这之前，余子俊曾任延绥巡抚，在当地大力修筑边墙，有效地遏制了北元骑兵的南下。自此，北元再不敢轻举妄动，二十多年不再进犯河套。余子俊上任伊始，就曾与内外守臣商讨，认为宣大最紧急防务之事便是增强保障，宜修边于宣府、大同，以花小钱而对防守可取得大功告成的成绩。虽然筑墙辛苦一时，可取得一劳永逸的效果。

余子俊所修边墙是从大同中路到偏头关这一段，属于大同西路。当时大同西路有定居在河套的北元骑兵，属随时进犯的地方，也是极易攻破的地方，所以必须加强对西路的防御保障。按余子俊的设计，每二里许筑墩台一座，每座墩台周长10米（三丈），高10米（三丈），每个角修建二个悬楼，方径六尺，两墩之间，深挖壕堑，宽一丈五尺，深一丈一尺。于是，这个修筑边墙的工程很快就开展起来了。然而，事与愿违，大同西路新筑的墩台都不合规格。余子俊第一次任宣大总督期间，修边“因岁歉而止，比复出，锐欲行之”。成化二十一年（1485年）余子俊复任宣大总督。七月，余子俊率领文武内外守臣，亲自翻山越岭，遍历边境，用了四十天的功夫，度地定基，从四海沿起，至黄河止，长共一千三百二十里二百三十三步，旧有墩台170座，而欲增筑440座，每座高广均为三丈，其中大同154座。余子俊这次修筑边墙，从成化二十一年（1485年）七月到成化二十三年（1487年）五月，筑边墙壕崖共三万九千二百三十二丈六尺，筑水口十个，关门一座，墩台七个，共260里。

对于余子俊所修边墙，从中路起到小边故址，每二里筑墩台一座。明人周经在《重修大边碑记》中提到：“大同，去边甚迩，昔之守臣，盖尝于九十里外筑小城，曰小边；又于百里外筑大城，曰大边。其为防边也甚固。岁久各有倾圮，继守之人虽尝修缮，然浸为风雨催剥，又被乘夜窃穿。于是修复之议虽笃，而边衅之惧、劳费之惮，迁延弗举，遂使小边仅存，而大边荡然矣”。大同镇的大边、小边拱围大同镇北，小边在镇城九十里外，即外长城，所谓大边于百里外即为次边。而余子俊所修之被称作“小边”的长城正是外长城。

余子俊修筑长城，显然只顾及外长城，而没有涉及次边。到正统之后，明廷已没有精力顾及次边了，相对偏远一些的墩台也废置不管了。到了成化年间，只仅存外长城，而次边也荡然不管了。

4. 弘治年间修筑长城

到了弘治初年，所修筑的长城亦是外长城。弘治十年（1497年）以后，修建次边的建议再次被提到议事日程。弘治十四年（1501年）五月，又着手修筑外长城，十月修筑完成，包括墩台。而这次所修筑的外长城，高深坚厚，胜过以前。明人周经在其《重修大边碑记》中亦详细记载了这一次修筑外长城的概况：“工兴于夏四月，讫于秋八月……成数十年未复之功，于四月之间，可谓难矣。其城广一丈五尺，高一丈三尺。其延亘起西阳和，接偏头关，凡九百八十里。其增置斥堠也百，加筑堡砦也六百有七十，挑凿坑堑也百万，高深形势，如冈如川，而保障复固矣。”看来，这次对外长城的修筑规模很大，时间进度也快。

5. 嘉靖年间修筑长城

次边和外长城两道边墙，至嘉靖时期都已倾圮，其次边内外俱为北元所占，成为部族驻牧之地。尤其到了嘉靖十七年（1538年）以后，俺答频繁南下进犯，直抵山西南部，大同镇的防御能力衰弱不堪。为了加强防御，增强抵御北元骑兵南下的功能，挑壕修边之举再次兴起。

嘉靖十八年（1539年）修筑内五堡成功。内五堡即镇边、镇川、宏赐、镇鲁、镇河五堡。又东起阳高西至高山的西北一带深挑壕堑一道，沿边筑垒墩台，各设旗军哨守。于是在五堡之外又形成一道藩篱。嘉靖二十二年（1543年），翟鹏出任宣大总督，继续深挑壕堑，自镇边堡东至阳高，自镇河堡西至老营堡筑长城。遂于长城内筑灭虏、靖虏、破虏、威虏、宁虏五堡，称“靖虏五堡”。后又修筑灭胡、破胡、残胡、败胡、阻胡、杀胡、威胡、据胡、迎恩诸堡，称“灭胡九堡”分布于长城内。嘉靖二十三年（1544年）八月，自大同左卫马头山起，继续修筑东由黑山门、宣宁、水口至榆沟的长城，修缮补缀边墙150余里，修补旧墩台31座，新筑墩台82座，补修水口、宣宁乱草营旧堡三座。

嘉靖二十二年（1543年）十二月，兵部右侍郎兼都察院右佥都御史翁万达出任宣大总督，与巡抚詹荣、总兵周尚文共同商议设计规划，计划修筑外长城131里，路线为开山口向东，到水磨口继续向东，到红土台，虽然这条路线地势平坦，但是到达红土台，必须向北筑40多里，才能与宣府西阳河的边墙相接，这样就得修筑170多里。因此，翁万达改变修墙路线，从水磨口向东北，跨越山崖60里，到马头儿又趋平地向北10里，再向东18里到达宣府西阳河之镇口台，总长138里。

嘉靖二十五年（1546年）七月，修筑大同东路之天城、阳和开山口一带边墙138里，筑堡7座，筑墩台154座，并对中、西路残破短缺之边墙，予以修缮补缀。这段边墙，东自宣府西阳河，经天镇城、阳高、左云、右玉、威远、平鲁、井坪、朔州至山西丫角山上，共650余里。嘉靖二十七年（1548年），北元骑兵再次来袭，攻墙不克，退攻五堡，在弥陀山打斗交锋，相持月余，明军费九牛二虎之力，方将北元战退，艰难取胜。俺答虽退，但驻五堡之军民因地处极边要塞，随时都有被侵袭的危险，俱感害怕恐慌。因此，嘉靖二十八年（1549年）五月，总督翁万达与都御史李仁计，在五堡塞口修筑关城。关城设计为月形，东西墙皆与原来塞口的暗门相接，并又在旁边修筑敌台。塞口建成，即能驻兵警戒瞭望，给了五堡预警迎战的空间。

明嘉靖年间，虽然花费巨资，耗费人力、物力、财力修筑边墙，尤其将大同镇拱围成为拒敌之希望；然而，边墙仍难以从根本上改变明军挨打的被动局面。如嘉靖二十八年（1549年）八月，刚刚修成不久的边墙就被北元骑兵溃墙而入，直袭左云、右玉、威远、平虏等地，攻掠堡寨、村庄50余处，戗杀官军妇女3500余人。边墙如此溃败，惨遭损失，究其原因，主要是大同巡抚李仁不谙边事，总督号令不严，将士不听从命令。嘉靖二十九年（1550年）又起战事，北元溃墙攻入，总兵张达、副总兵林椿战死，全军覆没，属边关防守数十年来的一次最大失败。其最大的失策是用人不当。因为当时翁万达已被调回兵部，加之周尚文去世，只好选用郭宗皋总督宣大。应该肯定的是，翁万达为宣大总督时，科学规划设计，苦心经营，扭转了宣大颓败形势，作战连连获胜，并且补旧创新大修边堡，加强了宣大防御体系，使边境迎来短暂的和平局面。郭宗皋承接翁万达曾经经营过的边备完固的局面，但由于缺乏战略战术智慧，基础虽好，仍连续两次吃败仗，大同形势又趋紧张。

总兵张达阵亡，接任张达的是兵部仇鸾。仇鸾任甘肃总兵时，就以贪鄙冒功，为此将其革任赋闲。但仇鸾以巴结逢迎为能事，贿及严嵩3000白银，严嵩不顾国家边防大计，威逼兵部荐仇鸾为大将，竟然重新启用仇鸾为大同总兵。如此选将，边防焉能坚固？即使有坚固的墙体，又焉能发挥其防守作用？嘉靖三十年（1551年）庚戌之变后，明蒙实现短暂互市，而大同镇边墙，因互市通市为名，塞口之防御设施几乎一半被北元所毁。互市不成，北元侵扰更甚，边墙形同虚设。嘉靖三十一年（1552年）二月，因对北元防不胜防，仇鸾干脆放弃次边。于是，外长城守墩之军、次边与外长城之间土地，就名副其实地成为北元驻牧之地。至此，这些个边墩失去作用。仇鸾弃地退守外长城之内，防守出现巨大漏洞。嘉靖三十七年（1558年），北元大举进犯，大同镇边墙毁坏倾圮，右玉被困。无奈只好启用杨博总督宣大尚。杨博修筑墩堡固边，以右玉西路牛心山为支点，修筑大小土堡9座、墩台92座，将左云高山站连接起来，使得到达镇城的通道变得通畅。随即，又沿外长城深挖大壕两道，各长18里，在隘口要塞挡住了北元屡屡侵扰。是年十二月，杨博以大同秋防稍暇之机，大筑边墙，以此作为长治久安之计。杨博秉公办事，以社稷为己任，花少钱办大事，嘉靖三十九年（1560年），将大同中、西两路共筑边墙160多里，筑墩台120余座。

明朝修筑边墙，次边形成于洪武永乐时期，外长城肇始于正统时期，以后历经修缮补缀。到了弘治时期，次边的基本走向发生了改变，其西北部南缩，形成了次边与外长城的平行状。到了嘉靖时期，边墙几经修缮补缀，也曾发生了很大的变化，这便是增筑的小边。亦称“三边”。

小边究竟何时修筑形成？应在嘉靖时期修筑。翁万达任宣大总督后，为增强防卫，加固边墙，于嘉靖十七年（1538年）修筑了靖虏五堡和灭胡九堡。当五堡竣工后，为了增强五堡的防御能力，便在大同镇西北修筑长城一道。嘉靖二十二年（1543年），翟鹏任宣大总督，继续修筑完善这道长城。小边，自镇边堡东至阳和，自镇开河堡西至老营堡，中间历经内五堡、靖虏五堡，灭胡九堡。但到后来只剩宏赐堡到黑土口这段为32千米的长城。小边未筑墩台，只是一道单体墙，宏赐堡距大同镇城25千米，宏赐堡又距镇羌堡外长城15千米。

嘉靖二十五年（1546年），宣大总督翁万达修筑完成了大同东路天城阳和开山口一带边墙138里，这条边墙亦属小边。当时翁万达修筑这道边墙颇受众议，认为放着次边不用，又将外长城闲置，却劳民伤财修筑这道130余里的短墙低垣，实属意义不大。但是翁万达自有主见，力排众议，最终使得这道长城竣工。

嘉靖时期，大同镇基本放弃了次边，而一直未作修葺，所使用和重视的是外长城。其实，真正拥有防御势力的是外长城。庚戌之变后，北元军士驻牧次边与外长城之间，明王朝被迫撤回次边。俺答经过短暂的封贡，更加肆意，不断南下侵袭。外长城之外的墩台守军，且把小边作为重点防线，对其加意守卫。嘉靖三十七年（1558年），右玉被困解围后，总督杨博才又重视起了对外长城的守护与修缮补缀。

长城虽然是北边军事防御工事，但这只能说是军事防御的客观条件和因素，并不起战争胜负的决定作用；战争胜负的决定因素在于人，在于精兵良将的守卫，在于指挥战争将帅的战略智慧。大同镇北面，看起来修筑了三道长城防线，如果配备优秀的军事指挥家，它是三道坚固的防墙，是敌人难以逾越的障碍；如果交给贪生怕死、贪财敛银而不学无术的指挥官，三道长城形同虚设。嘉靖末年，小边之外几乎全部成了北元的牧场，并伺机南下掳掠。

6. 隆庆年间修筑长城

隆庆元年（1567年），北元骑兵大攻北京、山西，肆意抢掠，几乎危及王朝政权。进入山西的北元骑兵俺答号称6万余骑，如入无人之境，长驱直入，分四路一直深入到井坪、朔州、老营、偏关，经过这次入侵，大同镇的边防设施破坏严重，长城坍塌、墩堡败坏。是年八月，明廷召谭纶、戚继光相继入京，升任加强设防。谭纶和戚继光在闽浙抗倭战争中长期合作，这回被召北边设防，主要是修筑敌台和边墙。隆庆三年（1569年）正月，开始筑台并由戚继光主持。他亲自察看地形，制定建台规划，组织人力修建。戚继光在他的《练兵实纪》中记录："建空心敌台，尽将通人马冲处堵塞。其制高三四丈不等，周围阔十二丈、有十七八丈不等。凡冲处数十步或一百步一台，缓处或百四五十步或二百余步不等者为一台。两台呼应，以资互援、骑墙而立。造台法：下筑基与边墙平，外出一丈四五有余，内出五尺有余。中层空豁，四面箭窗。上层建楼橹，环以垛口，内卫战卒，下发火炮，外击敌贼。贼矢不能及，敌骑不敢近。每台百总一名，专管调度攻打；台头副二名，专管台内军品辎重；两防主客军士三五十名不等。今召到南兵一万，分布各台五名十名不等，常年在台，即以为家，经年再不离台入宿人家。以此台上时刻不致乏人，故此数年不虞。遇敌则击斩全捷。五台一把总，十台一千总，节节而制之，官军得以固守无恐。即大举敌贼犯边，攻必难入亦难出。此修险隘之收效最著者也。"

谭纶和戚继光原计划修建空心敌台3000座，每座需银50两，明廷开始批准修筑1200座，发银5万两。到隆庆四年（1570年）二月，在且修且守的情况下，共筑敌台472座。隆庆五年（1571年）八月，第一期筑台工程又完成1017座，这样长城沿线共修筑空心敌台1489座，台与台相应，构成了较严密的长城防线。第一期筑台竣工之后，虽然冲要之处均有了空心敌台，但仍有的要塞尚且不足，于是戚继光又于万历元年（1573年）二月上疏请增建。经明廷允许，开始了第二期修筑工程。到万历三年（1575年）二月竣工，前两期加之原建共筑空心敌台1799座。大大加强了长城防卫作用。

隆庆六年（1572年），总督宣大、山西军务尚书王崇古奏请明廷拨银4300余两修筑大同东路阳高、天镇、大川、镇口、瓦窑一带边墙，以及化门儿沟台。

7. 万历年间修筑长城

万历元年（1573年）二月，阅视侍郎吴百朋奏请修筑嘉靖时形成的小边，以固边据守。

万历二年（1574年）二月，兵部客观分析了长城存在之不足并上奏，认为向来所筑边墙，俱欠坚固，所筑墩台均远离边墙之外，一旦敌骑来临，守台者势孤力单，既不敢迎战，又不能发箭，只是一个摆设，因此还是将墩台移筑边墙，将兵力集中起来应对来犯之敌。为此，应仿照蓟镇所筑墩台形制与功能，将沿边墩台改筑在内，每里筑一骑墙墩，每座三层，下层实心，中层发圈空心，各开箭眼，上层盖屋立垛，俱用砖砌，两台之间，筑墙连接，根据地形地貌冲缓，酌量用工，依次兴建。而且对修筑限定了时间。修筑大同沿边墙垣，限五年筑完；浑源、右卫工程限三年完工；广灵、威远限二年完工。当这些墙垣和墩台全部竣工后，尚觉墙垣中间台座稀疏，然后又进行了增筑。用五年修筑边墙，这应是明廷规模最浩大的一次对边墙的修筑。这使我们明白：凡长城上的骑墙墩或马面，都属这一浩大工程所筑。

明廷修筑长城，始终伴有争论，在实践中虽然逐步得以完善。但根据实践仍然有不尽如人意的地方。曾在嘉靖三十三年（1554年）时，总督许纶则认为，翁万达所修筑的边墙，墩台俱在墙内，敌骑攻墙，墩台无用武之地，敌骑一旦溃墙侵入，守台士兵均逃之夭夭，不如将墩台修筑在墙外。因而许纶奏请允许后，改筑墩台墙外，并仿照蓟镇之制筑就，但效果也不甚佳。

墩台相对长城而言，是长城的组成部分，只起一个防御瞭望的作用，嘉靖时期不找兵疲将软的弊端和原因，只过分强调客观原因，墙里墙外改来改去，费时误工，劳民伤财。边墙再坚固，墩台再壮硕，也是形同虚设。

万历二年（1574年），总督宣大方逢时根据实地考察分析，长城在地利、人力、工程三个方面防守均困难。从地利来讲，大同边墙东西600多里，几近无存，并且长沙漫碛，群山星聚，势不联络；从人力上讲，用以修边之军严重短缺；从工程质量上讲，大同之地土质沙松，筑墙难以坚固。这些都应是慎重考虑的问题。鉴于上述问题，不得不有所忧虑，一则摆守足军之难，二则务外失内之难，三则防御周顾之难，四则摆守持久之难。针对防卫严峻形势，明廷兵部也意识到大同防务的问题。自古北边所筑长城，目的是将中原华夏与草原民族相阻隔，所以对长城这道隔离墙一修再修，自古不废。可是，现在边墙大多倾圮，北元骑兵随入即可进犯，防不胜防。边墙倒塌倾圮造成防守之大患，所以要继分别华夷，使之不相踰越，唯一的办法还是修筑边墙。而且目前在和平时期修边也可不必摆卒守边，未雨绸缪，防患于未然。万历年间因相对有了和平，修边的目的并不是为了战防，而是为了限隔华夷。对此，郑洛在《抚夷纪略》中亦有记载："俺答派使臣问两家和好欲长久，修边欲何事？或边完则杜关矣"。郑洛则书面回答："华夷两家自有界限，如我中国人兄弟分析房产，亦各有院落为自家计。今北地虽款，尔通夷多潜逃来乡里，我中国又有恶少捉尔马，不为边以防，尔索逋逃诘盗马者，尔能不问我，我且奈何，是修边为北地之计也。"可见，"俺答封贡"虽然边墙安定无战事了，明廷仍然要修边。在修筑过程中，兵部再三强调：不可因工程浩大难修，而废弃以往所修之墩台。

万历六年（1578年），明王朝大同镇修边筑墙结束，明廷奖赏了大同镇总兵官郭虎和按察使贾应元等为修筑边墙做出突出成绩的将臣。至此，大同外长城东起西阳和，西至丫角山，全长600余里的长城固定下来；如果按大同、宣府外长城计，总长1924里。

（七）大同长城功能与作用

明代大同，作为九边重镇之一，共修筑了次边、外长城、小边、内长城四道边墙，其次边、外长城、小边均在大同镇的北面，而内长城在大同镇的南面，作为大同镇所辖地界、在灵丘、浑源、山阴一线。内长城的修筑基本由山西镇实施完成。但在大同镇所辖地界也属论述的范围之内。明代修筑的内长城为2050里。

1. 次边的功能与作用

所谓次边建于明初洪武年间，形成于永乐年间。次边西据黄河东，北扼阴山，东面、南面与外长城隔山相望，呈相互平行状拱卫，是防御北元骑兵南下的第一道防线和险阻。

卫所因明王朝所控地界所设，长城又因卫所辖地所筑。明初修筑次边应于明廷控制的军事势力范围有关。明初置官山卫，地处凉城灰腾梁一带，南距大同200千米；所置东胜卫、东胜左、右卫在内蒙古河套一带，东距大同200千米。因而对次边的修筑，是因大同镇所控制的最北部和最西部的卫所而为。《绥乘·要隘考》载曰："古长城其南境城上与明代外边，分山前山后，俗称二道边墙，其在清水河之南，偏关之北者，为明代大边（次边）"。这条西起清水河，东到兴和县的明代次边，因卫所修筑而护卫着明代外长城与大同镇，且又是塞外东胜卫（今托克托县）、云川卫（今和林县大红城）、玉林卫（今内蒙古和林县榆林城）、宣德卫（今内蒙古凉城岱海东）的前哨依托，也是保卫明京城的第一道防线。

据内蒙古丰镇市隆盛庄东山角山所发现的碑刻记载："大明洪武二十九年（1396年）岁次丙子四月甲寅吉日，山西行都指挥使司建筑。"按此碑文，次边的建筑早于外长城。次边从内蒙古清水河县到兴和县的长度，是经历了明朝几代帝王，才逐年分段完成的。

明代次边在建筑上与明代外长城不同。外长城纯属一道墙，重要隘口冲塞地段全部用砖石砌筑，整齐如一，雄伟壮观；而次边是两道土墙并行，完全是夯土筑成，形如水槽，两边高起，中间为壕。这种双墙建筑结构形式似乎仿照了金代长城，即金堑壕。明代筑长城始于次边，又筑于元末明初，参照金长城样式修筑是完全有可能的。现在的次边已风吹雨蚀600余年，尚残存土垅。

关于次边的记载，《皇明九边考》说得清楚："北去镇城（大同）九十里为二边，又九十里为大边。各墙堡连络，以限为夷。后两边俱坏，嘉靖十八年复筑……五堡与二边"。这里所指的"大边"正是俗称的"次边"，而"二边"正是外长城。在丰镇市隆盛庄东山角山发现的碑刻也正是次边延伸的地方。这道位于隆盛庄北的次边，西经西沟、台子山、红砂坝延伸至凉城而西去清水河县；东经二道沟、双台山延伸至兴和县。

据长城专家高旺先生考察记录，这里的次边结构就是双墙夹壕。在隆盛庄东门外被一条道路穿墙而过，截面为24余厘米的黄土夯筑，层次清晰，墙基宽7米，残高3米，基深1米。而这里伴随次边烽燧也与众不同，显有特殊，烽燧壮硕高大，且为伏斗形，边长20米，高约8米，夯筑层为20厘米。墩上有高低二层窑洞，既不是空心也没有拱门和登顶台阶，当年守墩士兵利用绳梯上下。当军防弃之不用后，又有边民住过，上下亦使用梯子。烽燧四周筑有围墙，即羊马墙，属亭障形制，看似小方城。这是北边烽燧亭障里确属特殊的一种，应是空心敌台的前身。另，清水河县五良太乡后阳坡村南台墩山的次边，两道笔直的土墙象长槽形依屏在盘山西岭上，由东而西，高约3米多，两墙之间的壕，宽13米。

从和林县杀虎口北二道边村迤西至清水河县城西北的边墙壕台墩次边，是在西距榆林、东至紫河（宣宁）隋朝旧长城的基础上筑起的。隋长城遗址就叠压在明次边的下面。

次边从小庙子墩至四王墓墩由双墙夹壕改为单墙。这段单墙一直延伸至清水河，盘上祁家沟，经台子梁而止于四王墓，长约20千米。然而，这段次边，经雨淋风化已变成锯齿形的残墙，残高3米，底宽2米，顶宽0.5米。

从四里墓到青草峁段次边，再无土筑，只有连成一条线的烽燧，长35千米。烽燧由四王墓墩开始，经三王墓墩、二王墓墩、大王墓墩、红台子墩、同神庙墩、抵达青草峁村南与外长城相交。继而，烽燧又跨越外长城内侧，从山西偏关县黄龙池乡店棚梁墩起，经黄榆梁墩，向南而去。

次边相伴的烽燧，始终不绝，且高大壮硕又结实雄伟，这些烽燧既无砖砌也无石垒，全为夯土筑成。所有墩台全为上小下大的梯形伏斗状。约2.5千米一座，而且均选地次边内侧的高地或山巅而筑，每隔几座便筑一座，设有亭障的带羊马墙的多功能烽燧，应是守墩士兵的指挥部或指挥所，驻有士官。

在清水河境内的次边，烽燧自西到东，所设置的地点分别是：青草峁墩、红山神庙墩、红台子墩、大王墓墩、二王墓墩、三王墓墩、四王墓墩、高家山墩、四犋牛窑墩、朔州窑子墩、杨林子墩、五速太沟墩、孔督林、后窑子墩、东面尽头之烽燧为盘山墩，由盘墩再向东延伸便进入和林县地界。

清水河县朔州窑村北山上的烽燧，高约15米，伏斗形，墩顶边长各8米，墩底边长各17米，烽燧周围的羊马墙使用了自然石料筑起，附散布纹陶器和古瓷残片。

次边还有一种夹道墩台，修筑在次边内外古道两旁，南北走向，与次边形成“T”字形。这种烽燧沿古道随行成线，是典型的火路墩，既可将军情传递给府县州衙兵营驻地；又可保护行军安全，不至于迷失方向。

外长城北的清水河县杨家窑乡圪针林烽燧线，始于圪针林墩，经过海子墩、韭菜庄乡双台子墩、大双墩、楼梁墩，穿过外长城，进入山西平鲁县白兰口，与外长城内的烽燧相接。以上是沿着古道修筑的一种夹道墩台，亦称火路墩。还有一种夹道墩台始于清水河县的后窑子墩，南经后盆地青墩、盆地青墩、五里坡墩、三道沟墩，穿过外长城进入山西平鲁县境内。夹道墩台，有的还修筑在次边之外。如沿清水河去和林的夹道墩台，始于次边壕墩，穿浑河西岸的石壁墩，又到路北西侧土沟子墩；如还有一条夹道墩台是从杀虎口之外的次边北，沿同（大同）呼（呼和浩特）公路经佛岩沟墩、榆林墩、窑沟墩、下坝墩、苏家湾墩、和林格尔墩、土城子墩、二铺梁墩、一间房墩、沙尔沁墩、二道洼墩而到达呼和浩特。这条150千米的公路两旁，至今仍可见到许许多多的墩台。这种夹道墩台，相比沿长城的墩台要小一些。

也许是防守驻兵的需要，次边在防守上不仅配置修筑了星罗棋布的烽燧、火路墩、夹道墩，还修筑一定的驻兵小城堡，如杀虎口北三里的堡子和清水河县大湾村东的堡子就是这种小城堡，夯土筑，俗称“土围子”，这在防守上应是科学严密的设计布局。小城堡的直径200米左右，墙高4米，宽3米，堡为正方形，只开一门。

2. 外长城的功能与作用

在明代长城中，真正代表长城风貌的应是外长城，也是延伸距离最长的长城。外长城始筑于建文年间（1399—1402年），其后在永乐、成化、弘治、正德、嘉靖、隆庆、万历而一直到崇祯九年，都曾修筑和增筑过，前后延续二百余年。如果按历史地界划分，山西行都司的外长城，东起居庸关，西抵黄河老牛湾；自东向西经赤城、崇礼、张家口、万全、怀安而进入大同的天镇、阳高、大同市新荣区、左云，再进入朔州经右玉、平鲁抵达偏关、河曲。大同外长城，东起天镇东北镇口台，西及偏关东北的丫角山，长647里，辖8卫7所，583座墩台。外长城在偏关交界处，现在是山西与内蒙古的分界线，可谓一墙隔两省（区），明月照两边。所谓明朝的九镇就是因外长城设置，亦称九边。各镇派有总兵驻守。大同镇外长城，从遗存看，大部分为夯土筑墙，在一些重要关口险塞地段，使用了砖石砌墩，非常坚固，如杀虎口的长城就是砖包墙，丫角山的东长城是砖石结构，其中一段使用了大条石砌筑。这段用大条石砌筑的长城，高26层，每层厚26厘米，照此计算墙高应为6.86米。大石条的上部，砌有3米高的青砖；长城的梯道，铺筑方型青砖。这段长城筑在崇山峻岭上，气势磅礴，峻整雄险，是可以与八达岭长城媲美的。

大同镇长城大规模修筑是由张文瑜、毛伯温筑大同的镇边、镇川、弘赐、镇河、镇虏塞外五堡起始的，是为连接塞外五堡的防线所修筑。塞外五堡线东西相距200里，南距大同90里。是将明廷初修的外长城做了重新加工利用。后来翁万达与周尚文对外长城与内长城进行了分段设计，提出了一套完整的修筑方案。在计划修筑的2974里中，翁万达在任期间完成了800里，墙堞、墩堡首尾相应，墙上并置火器。

大同地处盆地，地势平坦，围大野旷，最为难守，于是又在外长城墙外深挖壕堑，壕外广植榆树，被称作榆塞。以防止北元骑兵的直接冲击。

外长城延伸到偏关，因与大同镇相去甚远，因而对偏关长城的修筑尤为看重。鉴于复杂的地形地貌，相对而言，修筑偏关长城耗费了巨大的人力、财力和物力。现到偏关登高远眺，外长城便如一条巨龙腾跃于崇山峻岭之间，盘旋于陡坡险峰之中，亭障堡寨如点点繁星，墩台敌楼若银线串珠，不啻一道重要屏蔽。

《历代长城考》一书曾对偏关长城有所描述：“偏关大边关北百二十里。成化二年（1466年）复于关北筑墙百四十里，号二边。而三边在关北三十里，起石梯墩，凡七十里。四边则在北一里，起鹰窝山至教场，百二十里，后复以石增筑，比二边尤固。据是，则偏关以北，尚有重城四道”。由此可见，明王朝修筑的次边，外长城、小边、内长城都交汇在这里。

明初，北元退至偏关长城以北漠南地区，后卫所内缩，偏关又成了河套近距离的关隘，而北元骑兵最易沿河套黄河顺势而下。因而，明太祖朱元璋就十分重视偏关一带的防御。洪武二十三年（1390年）曾改筑偏头关，设置守备。建文时始筑长城，偏关外长城也就在这个时候开始修筑。《明史》所说建文中从宣府至山西“缘边皆峻垣深壕”。其中就包括偏关所筑外长城。

偏关山势高峻，沟壑纵横，明代在这崇山峻岭修筑外长城时，采取了因地制宜、因势而蹴的办法，根据不同的地理条件和自然环境采取不同的构筑方法，更采取了不同于一般边墙的跨沟筑城。就现在所看到的滑石涧东沟、西沟、青草茆西沟、正泥埝焉沟、驴皮窑东沟、西沟的长城，其构筑方法是先从沟两岸以塔式台阶修到沟底，然后在沟中砌水门、暗门、隧道，筑成“天桥”，长城从其顶上通过。有的水门不但流水，而且人畜还可以进出。如滑石涧口、驴皮窑口，就是这种建筑。

有关外长城烽燧的修筑，明王朝曾有明确规定：修筑烟墩必须增高加厚，每座烟墩应储存五个月的军粮及柴薪药弩，墩旁要有水井，井外围墙应与墩平，远远望去犹如一重门。如果沿外长城考察，内侧的烽燧几乎都是照此规定修筑的，这在偏关和左云的摩天岭一带就能看到：烟墩四周围以围墙，围墙开有一门，墩旁开井，井外又圈围墙，称羊马墙。如左云县保安堡的烽燧，位于外长城内侧，黄土夯筑墩台，下半截夯层厚10厘米，上半截厚20厘米，高8米，呈圆形，墩围长80米。墩外筑一道围墙，即羊马墙。墩高大厚实，墙与墩相距8米，羊马墙外围160米，开一东门，围墙内高2米，外高4米。左云像类似烽燧有5座。清水河县单台子乡镇虎梁像类似烽燧也有一座，夯层厚10厘米，高10米，墩周长73米。羊马墙开一东门，羊马墙内高2米，外高5米。像这类烽燧应是汉明结合构筑，是在汉亭障基础上作了加工修筑。因为汉代烽燧多为圆形，左云保安堡的烽燧就被称作“汉亭障”。是利用汉亭障的基础，再按明廷规定修筑，且节省了人力、物力。同时也可证实，外长城是叠压着汉长城修筑的。外长城延伸了汉长城。

外长城所筑烽燧，还因地势而筑，一般每隔三至五里筑一墩。还有把水门里的泉水也筑围墙圈起来的，这样就再用不着凿水井了。如清水河县单台子乡水门塔村的一处羊马墙，就把水门洞的泉水围了起来，当地称“圈水窟窿”，这是供滑石涧堡六百驻军吃水用的水源。因为堡内无井，虽然已砌水窖11眼，每窖可容水千余担，这在当时依然不够军队和居民饮用。

偏头外长城，东起老营丫角山，西抵清水河县老牛湾，又沿黄河南，折入河曲石梯隘口，长120千米。从现在遗存看，土墙为黄土夯筑。在险隘要冲地带，夯土层厚为7厘米，一般夯土层厚10～20厘米，残高5米，地宽8米左右。从中可看出，外长城仍然是与前代长城的混合体，是叠压前代长城的基础上筑就。偏关长城，原是砖石包砌土墙，砖石与土墙之间夹筑一层红泥伴石的墙。而今，砖石几乎全被拆除殆尽，只有断断续续的地段，尚保存部分砖石。滑石涧堡长城遗留的大条石，最长的有1.5米，所使用砌墙城砖长42厘米，宽21厘米，厚8厘米，重12千克。

在清水河单台子乡石垛焉村可看到两条长城遗址，一条墙高一条墙矮。矮墙为北魏长城遗址，而高墙因未叠压旧长城，岔开后循高山峻岭修筑，史载完成于成化二十二年（1486年），由偏关兵备郝忠义修筑了这段由丫角山到老牛湾的外长城。当地人称这段高墙为“岔修边”。

正德九年（1514年），明代为加强边关防守，由偏关参将陆奎、兵备张凤翔主持修筑东起老营庙，西至河曲石梯墩小边，号称“三边”，长约35千米。后又于正德十年（1515年），由兵备张凤翔修筑偏关内长城，号称“四边”，长60千米，始于偏关北鹰窝山，止于老教场。

嘉靖二十三年（1544年），偏头参将苏佑、兵备刘玺邦修缮由丫角山到老牛湾复折至河曲石梯隘口的外长城，筑敌台220座，台上建库房，以供兵需。在清水河酸枣洼村的长城段，敌台尤为密集。台与台相距只170米。敌台原是由砖石包砌，现只剩下土筑，均为长8米，宽9米，高于长城1～2米。敌台顶上有炕洞，尚有黑烟遗存，表明当年在敌台上曾建有楼橹，俗称铺房，为守边戍卒食宿之用。隆庆二年（1568年），由巡抚杨巍檄、兵备范大儒增筑丫角山至石梯隘口段外长城，从现在看，所增筑的部分仍然叠加在旧长城的基础上。

隆庆年间，戚继光所设计的空心敌台，从丫角山至老牛湾，再由老牛湾至河曲石梯隘口59千米的长城上塞冲隘口上随处可见，这些空心敌台已被当地村民拆除，所剩无几。现保存比较完好的数老牛湾的“望河楼”，驴皮窑的“平胡墩”和偏关县阳洼村的“靖胡楼”，还有在北堡乡水草沟南野羊洼一座叫“五只眼楼”的空心敌台，为石券洞门，内有登楼石阶，循阶上楼，又设有二道门，楼顶口有盖，顶上有建楼橹的痕迹，与左云镇宁空心敌台相似，只有没有镇宁空心敌台壮硕高大。沿外长城隘口所筑空心敌台，亦根据地理条件因地制宜，随势而筑，也许是为了更安全的想法，有的隘口的空心敌台则是在墙的半部设洞门，入门进窑，楼的四壁各有三至五个箭窗，还有纵四排墙，横三排墙交叉构筑的十八个隐蔽人体的窑洞，故称“九窑十八洞”。楼分两层，二楼顶上设楼橹。由一楼登上二楼，有的是石梯道，有的是木梯。楼橹四周墙上筑有垛口、箭窗，还有竖立旗杆的石墩。敌楼基部用大条石筑基，上用大城砖包砌，白灰浆勾缝，有的内部用黏土拌碎石填筑，有的用黄土夯筑，骑墙建筑，一般高约20余米。如左云镇宁空心敌台，登上一楼成回廊状，东西廊各4个箭窗，南北廊各3个箭窗，共14个箭窗，中间一室，有火炕，属带兵军士指挥室。

偏关外长城城堡，均为砖石包筑，基部使用长石条，上面砖包。现在尚存老牛湾堡、滑石涧堡、水泉营堡、草垛山堡和五眼井堡。这五座城堡，均筑在地势险要之处，除滑石涧、老牛湾二堡尚存残留部分砖石砌筑的城墙外，其余城堡砖石全被拆除。滑石涧堡石碑上的碑刻标明为明万历五年（1572年）所筑，“厥地乃偏关之保障，三关锁阴也，其形险固，造物者设此，以作藩篱防守。”

外长城的修筑，除了修缮补缀旧代长城之外，又在险关隘口新筑加固，增筑防御设施，增筑城堡，这些城堡既有明廷拨钱修筑的官堡，也有民间集资修筑的民堡，目的是为了防御北元侵袭。城堡之间又视地形筑有疏密相间的墩台，远则里许，近则200米左右，伴随绵延不绝的长城伸向远方。城堡近处还设有营房，辟有教场，由官军驻扎，闲时耕种操练，遇警则登城防卫。发现敌情，昼则举烟鸣炮，夜则举火为号，以警告远近。

明代因防北远而设九边镇守，大同镇为九边重镇之首，是九边防守的重中之重。镇的最高首领是巡抚都御史、镇守太监、镇守总兵三人，行政、用兵与监察互相牵制。太监是皇帝的亲信，实为操纵者。都御史与总兵官又指挥副总兵、参将、游击将军等军官，管理路、卫、所等机构，负责防守北元的侵袭与长城的维修、增筑和其他军务。而最基层的守备点是关、堡，设在长城沿线的各隘口要道，配设守备。

明代外长城沿线置关隘、城堡、将台、烽燧、敌楼、暗门、水门、隧道等一系列设施，均应被看作长城的组成元素，其布局之完整，结构之坚固，工程之浩大，技术水平之高妙，为历代长城所不及。

外长城大同镇重要隘口，自西向东主要有老牛湾口、滑石口、榆皮窑口、红门口、老牛坡口、杀虎口、宁鲁口、红砂岩口、威鲁口、白羊口、助马口、得胜口、拒墙口、镇川口、新平口、马市口等。

大同镇外长城自东洋河起，西至黄河东岸，除七十二城堡外，靠近黄河有五眼井堡、水泉营堡、滑石涧堡、草垛山堡、老牛湾堡等。在城堡的建筑中，明代工匠也做出了精心的设计。门多为垂花石刻艺术品，门洞上方，镶嵌石匾，阴刻堡名。

3. 内长城的功能与作用

在外长城南翼，有一条几乎与外长城等长距离的长城，称内长城，亦称内边。内长城与外长城中间相隔，首尾交会，东起居庸关，西至黄河老牛湾，自东而西，横跨北京、河北、山西、内蒙古四省市，首尾闭合呈椭圆形状。如果把内外长城比作一只眼睛的话，两条边就眼睛的框骨，而大同城就是瞳仁。如果把中国比作一座大城的话，两条边的中间便是这座大城的瓮城，而大同就是这座大城的城门，看明朝地图尤为相似。

外长城最早由大同都卫和山西行都司管辖，后来划为九边，分属大同镇与宣府镇管辖；而内长城却分别由宣府镇、大同镇、山西镇管辖。内长城从居庸关西南经河北省易县、涞源、阜平而进入大同的灵丘、浑源，再经应县、繁峙，神池而至老营。其中，由大同镇管辖的地界有涞源、灵丘、浑源、山阴。

明王朝，内长城虽然没有大同镇的分属段，但紧依内长城之北的一些城堡烽燧却是大同镇管辖的范围，就整个防御体系而言，内长城与这些城堡唇齿相依。历史变迁到现在，部分内长城无疑也成为大同区域的管辖范围了。就历史而言，因为有了内外长城，而这里的地域称呼也有所区别，比如“塞”这个名称的概念，外长城之外称“塞外”衔接大漠的漠南；内长城与外长城之间的地域称作“塞上”。

据一些历史学家研究考证，无论是明代修筑外长城还是内长城，叠压了前代长城的基础，尤其叠压了北魏长城的基础。北魏所谓的畿上塞围，恰恰就是首尾闭合了的内外长城。在研究明长城的同时，对北魏时期为何要修筑畿上塞围，一些历史学家有种种猜测和议论，一种议论认为，是为了防御来自宋朝和柔然的进攻，一种猜测则是为了狩猎。因为在大同盆地平坦的地势，是驰骋追踪的最理想的狩猎场，修筑南北两道闭合的长城则是狩猎场的围栏，既繁衍养育了猎物，又防止猎物跑出这个范围。狩猎其实就是练兵。就北魏当时如此强大的实力，修筑畿上塞围多半为的是狩猎，训练骑兵。畿上塞围是借狩猎之名，行训练骑兵之实。畿上塞围活跃着如此彪悍的民族，防守御敌显然不是更重要的事情。然而，畿上塞围却给了明王朝启示与幸运，如果不是这个畿上塞围的基础也许明王朝会付出更大的修筑代价。

内长城是由晋北延伸到内蒙古南境的，是明王朝为防御北元骑兵越过次边、外长城和小边进入北京所修筑的第四道防线，用以保障京师的安全。

内长城相对次边、外长城和小边，修筑的时间要晚些。内长城从正德年间始筑，即在翁万达修筑外长城的同时，一并开始修筑内长城，自西而东，从黄河东岸老营堡，东抵平型关，又北抵居庸关而达延庆四海冶。内长城亦称山西内边。内长城围绕大同盆地南沿，专筑在崇山峻岭高险陡峭地段，沿途有许多的关隘险口，其中最重要的是内外三关：内三关是北京的居庸关与河北的紫荆关、倒马关；外三关是山西的雁门、宁武和偏头关，由偏头关而后经老营堡抵达丫角山北麓的内蒙古清水河县北堡乡口子上村与外长城相会，长2050里。

翻阅有关长城的史料，过去的长城史籍都称内长城西起“老营堡”，东达“四海冶”。“老营堡”在偏头关东北，本来属山西管辖地界，但为什么又说在内蒙古地界也有内长城呢？这应与历史地名和行政区域的变更有关。

根据历史地名，史籍所称内长城西起老营堡，是指“老营堡所”，范围较大。如果按明代老营堡所管辖五眼井堡、马站堡、乃河堡、将军会堡等，内长城的西端就始于老营堡所的五眼井堡老牛坡口子上，即位于老营堡北40里的丫角山北麓。

五眼井堡原属山西偏关。1948年，为了开展革命游击战争，方便人民群众生活，而把五眼井堡、老洼沟堡，划归内蒙古清水河县北堡乡管辖，因而柏羊岭至五眼井这段5千米的内长城，亦随之划入。

现在划归内蒙古清水河县的这段内长城为南北走向，从丫角山五眼井堡东侧起，南经老洼沟村，盘上柏羊岭进入山西偏关县柏羊岭林场，约5千米；又从五眼井堡北去，到口子上村与大边会合，不足0.5千米。这段内长城遗迹，全为黄土夯筑，夯土层清晰，层次均匀，每层厚17厘米，残高3～8米。这里边垣蜿蜒、榆树掩映，墩台屹立，颇具塞上特色。在口子上村北长城内侧有一夯土方形烽火台。

内外长城始于东端居庸关，止于西端黄河老牛湾，内外长城均为1000千米，内长城稍长外长城。但内长城止于西端的具体地点应是内蒙古清水河县五眼井堡，今名为口子上村，历史上称“老牛坡口”，位于内长城东南1.5千米处。

五眼井堡位于偏关东85千米处，崇祯十年（1637年）由兵使卢有竹筑，围广一里，东与山西平鲁接界，为内外长城之要隘。五眼井堡原是一座砖石砌筑的城堡，只开北门，四角设炮台。今砖石已被拆除，只留夯土筑墙，土墙外有一层黏土拌碎石的充塞物。现裸露明显。堡墙残高4.5米，宽5.45米，围长91米。

五眼井堡初设驻兵扼守，有守备官兵100兵、马12匹，所管卫垣自大同平鲁卫丫角墩起，止于水泉南海子，长18千米。丫角墩矗立丫角山巅，而五眼井堡位于丫角山北麓“老牛坡口”险要之处，堡墩相望，在防守上做到了互为呼应。这应是内外长城在这里交会的最为醒目的标志。又因内外长城在这里交会，因而明朝对这里的军力布置和武器装备尤为重视，并在五眼井堡和内外长城上安置护墙大炮。铸铁大炮重约千斤，人称“大将军”。其余铁炮重约30千克。因炮形如牛腿，人称“牛腿炮”。

旧式火器，大者称炮，小者称“铳”。最大的铁炮重大1500千克。如山西左云县就曾有过这样的“明镇大铁炮”。最小的火铳也就1千克，是将士使用的防身武器，如同近现代军事指挥官配带的护卫手枪。无论是铁炮，还是火铳，内外长城隘口关卡都有配置。内外长城隘口关卡，除配置铁炮、火铳等火器外，还配置叫陶蒺藜的一种火器，又名陶弹，腹空，留有一小口，遇有敌兵来袭，可装上炸药点燃投掷爆炸杀伤敌人，且杀伤力很强。防守火器还有佛朗机、盏中炮、碗口炮、流星、虎尾毒火飞、火喷连球大飞、一窝烽炮等。兵器有大刀、小刀、双刃刀、长枪、钩镰、挠钩、长牌、弓矢弩等。

口子上村的明代内外长城相接处，位于东西两座高山之间，却似南美洲秘鲁的马丘比丘。东山名曰“猴儿山”，西山名曰“丫角山”。但人们称内外长城交会处在“丫角山”，而往往忽视了“猴儿山”。也许是对“丫角山”的称呼有险隘之意，而“猴儿山”的意思显得平凸。然而，无论是“猴儿山”“丫角山”，山险坡陡，十分险要，但出塞即为一马平川的缓冲平地。

也许就是这样的地理环境，丫角山地带最容易受到北元骑兵的进攻。嘉靖十五年（1536年）十月，俺答汗从丫角山攻入长城内，明总兵李瑾战死。嘉靖四十四年（1565年）秋，俺答汗再次由丫角山攻入长城之内，直袭老营。就为此，明王朝在丫角山及五眼井堡层层设防，在原有四道长城基础上，又增筑三道，所以在这里可看到七重长城。而且在口子上村的外长城之外还筑了一座重城，东连猴儿山半山坡的外长城，西跨丫角山北麓半山腰，再盘上野羊洼接外长城。内外长城烽台的密集成群墩状。就五眼井堡榨小的一带，敌楼、烽燧就有30余座。只要来到这里，就可看出当年军情形势之紧迫，金戈铁马犹在眼前，给人心灵震撼，有着非常的压抑感。

为了加强长城的防务管理，明王朝除了修筑四条边外，沿外长城设置了九镇，又于嘉靖三十一年（1552年）增设了昌镇和真保镇，共为十一镇，由此构成了九边十一镇的防务格局。在这九边十一镇中，大同镇与山西镇互为犄角，所守护的外长城与内长城均终结在老牛湾交会。这在明王朝历史中，有这种守护，在维系明王朝统治地位安全防务中，确实起到了关键性的作用。

第八章　沧桑变迁现状扫描

第一节　大同市所辖大同镇长城与城堡

明王朝九边十一镇中的大同镇，共管辖72座城堡，其中城22座，堡子50座。这七十二城堡，其实就是为守护外长城和部分内长城作政治、经济、军事等方面的保障服务的，所守护的长城段也就是这七十二城堡所辖和为其保障守护的长城段。从布局设置看，既有它的科学性，又有它的系统性，具有长城防务一体的功能和性质。但这仅仅是官方财政开支所辖的七十二城堡，至于民间自发修筑的堡子难以计数。从这一防务现象看，国家防务与民间防务结合在了一起。可以说国家防务所使用的七十二城堡，只能属于军事建制的概念。是积极的受国家指挥的防务力量。其他民间堡子只能是消极的被动的防务设施，但也或多或少起到了阻挡北元的堡垒作用。无论是官方所辖的七十二城堡，还是民间所修筑的堡子，共同形成了大同镇长城的巨阵，因而研究大同镇长城，七十二城堡是研究的重点。

明王朝的大同地区，基本属军事建制管辖的地区。对于大同镇七十二城堡，明王朝是按军事建制管辖的，这种防御建制体系就是镇、卫、所、驻城、堡、口（关），但又采取分路防守体系的军事建制或编制，即设道设路。屯兵城堡按级别分为镇城（边镇）、路城、卫城、所城、堡城。堡城是最小的屯兵单位。屯兵城统称军堡。

大同镇“密迩虏巢”，担负着拱卫北京的重要职能。从地貌而言，地势平坦，利用地形组织防御较难，所以自洪武时期开始，就在大同所辖范围广设卫所，布置重兵。大同镇总兵驻守大同府，管辖长城东起镇口台（今大同市天镇县东北），西至丫角山（今内蒙古清水河县口子村东山），内外长城全长400多千米，随着边疆形势的变化，明朝陆续在大同镇修筑了诸多城堡，根据地域形势，所修筑的城堡分为四类：长城边堡、腹里收保之堡、居中应援城堡、州县与卫所治所。修筑诸多城堡，因其职能存在的显著差异与特征，从而导致其选址的地理环境与规模都有各自的特点，逐步形成了明大同镇七十二城堡。

大同镇分为四道，辖九路，分边守护560.5里外长城，七十二城堡置于四道和九路的管辖之下。

四道分为阳和道、分巡冀北道、大同左卫道、分守冀北道。

九路分属四道管辖，阳和道辖两路即新平路与东路；其地理位置在今阳高县与天镇县境内；分巡冀北道管辖两路，即北东路与所辖不属路；其防守的范围从阳高县西端起，一直到新荣区的西北部，向南绵延到河北省蔚县；大同左卫道管辖三路、即所辖西北路、中路、威远路，其地理位置在今左云县、朔州市境内；分守冀北道管辖两路，即西路与井坪路，其地理位置在朔州市境内的各县区。

阳和道新平路，辖三守备、一防守，分边49里，驻有四堡，即平远堡、新平堡、保平堡、桦门堡。

阳和道东路，辖六守备、三操守，分边沿亘96里4分，驻有9城堡，即永嘉堡、瓦窑口堡、镇宁堡、镇口堡、镇门堡、守口堡、靖鲁堡、天成城。

分巡冀北道北东路，辖六守备、一操守，分边沿亘96里3分，驻有8堡，即镇边堡、镇川堡、宏赐堡、得胜堡、镇羌堡、拒墙堡、镇鲁堡、镇河堡。

分巡冀北道所辖不属路，驻有10城堡，即大同镇城、聚落城、许家庄堡、王家庄堡、浑源城、灵丘城、广灵城、广昌城（河北涞源）、蔚州城、高山城。

大同左卫道所辖北西路，辖五守备、四操守，分边沿亘77里，驻有9堡，即拒门堡、助马堡、保安堡、云冈堡、破鲁堡、灭鲁堡、威鲁堡、宁鲁堡、云西堡。

大同左卫道所辖中路，辖五守备、八操守，分边沿亘124里有奇，驻有13城堡，即左卫城、三屯堡、云阳堡、破虎堡、牛心堡、马堡、残虎堡、黄土堡、红土堡、杀虎堡、马营河堡、铁山堡、右卫城。

大同左卫道所辖威远路，辖三守备、二操守，分边沿亘39里9分，驻有5城堡，即祁家河堡、威远城、云石堡、残虎堡、威平堡。

分守冀北道西路，辖二守备、二操守，分边沿亘47里6分，辖4城堡，即平虏城、败虎堡、迎恩堡、阻虎堡。

分守冀北道井坪路，辖八守备、二操守，分边沿亘31里有奇，驻有10城堡，即井坪城、灭虎堡、将军会堡、乃河堡、朔州城、马邑城、山阴城、应州城、怀仁城、西安堡。

大同七十二城堡布局科学合理，建筑新颖奇特，选址适中，其名称蕴含寓意，形制各有千秋。所谓布局科学合理，遵循了边密内疏的原则，沿长城一线的城堡显密，腹内城堡显疏。而且沿长城一线的堡子还专有编组称呼，有边墙五堡之称和边墙五堡之分，分内五堡、外五堡、塞外五堡、靖虏五堡、灭虎九堡、云冈六堡。通常说的“边墙五堡”是指“内五堡”，即镇川、镇边、宏赐、镇鲁、镇河五堡；塞外五堡，包括镇羌、拒羌（拒墙）、拒门、助马、保安五堡；外五堡包括镇羌、破虏、灭虏、威虏、宁虏五堡。边墙诸五堡的编组称呼，是彼此呼应联合抗敌、协同作战的最好办法。而且在大同镇居中设筑应援堡、腹里收保之堡，这些堡子看起来布局稀疏，却与边堡遥相呼应，战时可及时应援。从堡子的名称可分析出，哪些堡子是同期修建的，哪些堡子是应急修筑的。如同期修筑的“虏”字堡有破虏、灭虏、威虏、宁虏四堡；以“云”字打头的云冈、云西、云阳、云石四堡。如果从布局形势看，大同镇七十二城堡几乎是三道防线。

七十二城堡建筑新颖奇特，建筑模式互不雷同，不千篇一律，无论是城堡之门，还是城堡内的设置，既雕琢花纹也雕琢图案，既有门楣石刻，也有墙碑座碑，均能精雕细刻。对于墙体，既有砖包，也有石材包筑，但多为砖石混合使用砌筑，一般使用条石砌基，青砖包墙。一座城或一个堡，看起来是简单的一个军事防守设施，其实充满艺术风格和文化品位。

所谓选地选址适中，既有筑在山坡的，又有筑在平川的，更有筑在山巅的，如桦门堡，纯山巅之堡。不过建筑在塞口的堡子居多。

所谓形制各有千秋：城堡有正方形的、长方形的，有棱形的，还有堡套堡的，大小不一，形状各异，大者像一座小城，小者只为1000平方米。如果将民间堡子统起来观察，最小的堡子也就百余平方米，如左云的伏龙堡、饮牛槽堡和月华池，就是这种小堡，称袖珍堡。

根据防务特性，七十二城堡中，一部分地理位置于边墙前哨，被视为“极冲地方”，包括“内五堡”“外五堡”“边塞五堡”“灭虎九堡”，还有下虏城、威远城、右卫城、大同镇城、天成城、平远堡、保平堡、杀虎堡、威平堡、井坪城、乃河堡、高山城等28城堡。地理位置再靠南一些的，被称为“次冲地方”，包括左卫城、阳和城、朔州城、永嘉堡、靖虏堡、镇虏堡、镇河堡、牛心堡等城堡；腹地被称为“缓冲地方”，包括灵丘城、马邑城、应州城、怀仁城、广灵城、浑源城、广昌城（涞源）、蔚州城等8城。

七十二城堡中的堡子，基本为军堡，按其功能可划分为作战之堡、屯军堡与屯粮堡三种类型。屯军之堡多为作战之堡，一般建筑在外长城与小边沿线的关隘要冲地段，在攻击性强的山头或高地据险设防，用于阻击进犯之敌。作战之堡规模较小，周长一般在1千米左右。屯军之堡多位于战略要道附近的山野、河川台地之上，其规模较大，周长多为2～3千米，用于战时戍边，平时耕种。

军堡选址讲究因地制宜：有背山面阔、借险筑堡的，有雄踞高地、扼守要冲的，有在川地荒原上凭借坚墙为盾的，有在两河之间水口处无法修筑边墙之处而筑的，有的利用天然河沟作为护堡壕沟的，等等，不一而足。

明末清初，长城为清朝所用，沿用的仍然是明朝的军事建制，顺治四年对长城重新测定：大同长城东自张家口起，西至黄河止，共522.5千米，沿长城险峻处，约3～4千米一墩台；平坦地势处，约4千米一墩台，有烽堠共244座，大同其他区域共有墩台1032座。

清朝灭明，将草原与中原统一治理，明王朝以长城为线的南北朝消失，大同镇亦由明朝的边镇转为内陆之地，明王朝所筑军堡、官堡和民堡一律转为民堡，大同不再是军事战略重地，原明王朝军事建制的卫所改县，原屯军的、储粮的以及其他所有的堡子改村。从此，大同长城包括九边长城、内长城和次边失去了军事防御地位，中国历史以防守为主要作用的浩大的军事建筑工程——长城，在热兵器时代，接替冷兵器时代，长城失去了它应有的作用，完成了它的历史使命。而那些组成长城的诸多元素，尤其是各类烽堠，成为闲置的古遗迹，成为中国草原与中原合而分、分而合的历史见证。然而，虽然长城的功能丧失了应有的军事地位和作用，但长城精神不倒，反而成了中华民族精神的象征，长城所蕴含的文化，成了研究中国历史的活化石，成了一部有形的、立体的、缀满信息符号的中华民族史。

中国长城并没有消失，长城精神成为中华民族精神的象征。中国长城无论从建筑学、军事学、民族学和文史学均堪称世界一绝，因而长城被联合国教科文组织列为世界文化遗产。

长城形制的雄浑壮观，文化内涵的博大精深，永远成了历史学者研究的重点课题，成了文学家们赞颂题写的内容，也成了世界旅游的首选景点目的地。但历史延续今天，长城被管辖的行政区域也变得单纯。长城所担负的责任不再是边疆设施，而是行政区域的划界，长城的主要元素——城堡与烽堠各得其所，有了各自固定的归宿。因而大同镇的区域不复存在，代之而起的便是大同市，而长城被划归大同市的各个县区。如果就大同镇七十二城堡而言，应是一个完整的概念。所以标榜大同历史长城，考察七十二城堡的现状，仍然不能脱离大同镇所辖七十二城堡历史范畴。就大同长城旅游而言，七十二城堡仍然是一个整体概念。否则，大同长城的概念就会变得支离破碎，威势不在，卵翼消失。因而，考察踏访大同长城并七十二城堡只能遵循一个原则：今之行政区域所管辖的范围，即今之大同行政区域所管辖的原有的道与路、卫与所。从现状看，大同镇长城并七十二城堡，已被两省三市分割，即河北省、大同市、朔州市、忻州市，广昌城（涞源）和蔚州城被划归河北省；怀仁、应县、山阴、右玉被划归山西朔州市；左云、阳高、天镇、大同县、浑源、灵丘、广灵、大同四区，被划归大同市。而大同镇长城并七十二城堡被分别划拨在这两省三市管辖。

大同市管辖9城31堡；朔州市管辖9城21堡；河北省保定市管辖广昌（涞源）一城；张家口市管辖蔚州一城。

一、大同镇城

大同市位于山西省北部大同盆地中心，地处黄土高原东北边缘。是京包铁路、北同蒲铁路、大秦铁路的交汇点，东邻河北省张家口市，西南与山西省朔州市相接，北邻内蒙古自治区乌兰察布市，是山西省第二大城市。

早在春秋时期，游牧民族戎狄、楼烦曾居这里。战国时为赵国的军事要塞。在大同城西的十里河谷修建了武周塞，并筑城武周塞内，以备胡，最早为秦始皇所设平城县。汉承秦制，刘邦先后封他的兄长刘喜、儿子刘盈、刘如意等为代王，住在平城，以镇守一方，从此平城便成了我国历史上北方军事重镇。三国魏晋时期，中原大乱，大同为一些游牧民族相继迭据。北魏天兴元年（398年）鲜卑拓跋珪，史称道武帝，将国都从盛乐（今内蒙古和林格尔）迁到平城。由此至太和十七年（493年），孝文帝以南征为名，迁都洛阳前的97年间，大同作为北魏的政治、经济、文化中心极为兴盛繁荣。孝昌二年（526年）六镇起义后，大同几近沦为废墟。辽代始置大同县，大同作为辽金两代陪都，称西京达200年之久。

金代的大同城，其规模和布局与辽时大体相同。只是在金大定五年（1165年），将城之东、西、南门分别易名为宣仁门、阜成门、奉天门。在城内还营建了保安殿、御容殿和西京宫苑等。

辽、金时期，作为陪都的西京大同，不仅是当时西部地区的一个政治、经济、文化中心，更是一个重要的军事战略要地，两代统治者都十分重视。整个辽代的大同城都有亲王率重兵在此坐镇，而这些亲王实际上就是大同城的最高长官。金代，如赫赫有名的攻打北宋的宗翰就曾长期驻镇大同，把大同作为一处重要的军事基地。

明朝，大同是以军事重镇而扬名四海。由于大同在北部边防中占据十分重要的地位，在多次的军事斗争中发挥了重要作用，即所谓“屏全晋而拱神京”。再加之其布防之严密，设施之坚固，建筑之高大，在我国古代城防建设史上实属少见。因此被列为全国“九边”之一，一直享有“巍然重镇”和“北方锁钥”之誉。

洪武五年（1372年），大将军徐达督率军民在辽、金、元土城的基础上“增筑”大同城。大同镇城的规制便于此奠定。

徐达所筑大同镇城略呈正方形，东西长1.8千米，南北长1.82千米，周长7.24千米，面积约3.28平方千米。大同城墙修建得高大雄伟，坚固险峻，各种城防设施齐备，防御自成体系。城墙一律以规整有制的石条、石板、石方、石柱等为基，墙体用“三合土”逐段逐层夯成，外围砌以青砖。青砖分大、中、小三种，根据部位不同分别选用。大同城墙高14米，墙基最宽处有16.6米。其中大墙的正墙高12米，垛墙（亦称女墙）高约 2 米。垛墙之上又砌以砖垛，高0.8米、厚0.5米、长 5 米。垛间距离为0.5米，四面城墙共建有580多对垛子，代表着当时大同所辖的村庄数目。在平坦如砥的城墙之上，共有62座雄伟的门楼、角楼、望楼，间隔而立。门楼亦称城楼，共有4座，位于四面城墙的中心，平面均呈“凸”字形，城楼均为重檐九脊歇山式屋顶。外有廊柱围绕，下临马道。其中南门城楼最为宽敞雄壮，为三层重楼，面宽61米，进深23.35米，与西门城楼同为明初北方典型的木结构建筑。城墙四角，雄峙四座俊秀精巧的角楼，以西北角楼尤为高大瑰丽。此楼因其位于八卦十二方位之首——“乾”位上，所以称为“乾楼”；又因它是城内最高的楼阁，作为“镇城之物”，所以又称为“镇楼”；还由于它呈八角形，也称为“八角楼”。因为平时游人常常于此登高览胜，所以又有“镇楼秋爽”的盛誉。

54座望楼伫立在城墙的四面，并建有96座窝铺，颇为壮观。其中，“乾楼”之东的望楼——洪字楼，结构和造型颇为精美，为望楼之最。望楼是我国其他一些著名古城的城墙建设中所少有的，是研究城垣建筑的珍贵实物。

大同城墙的特点之一，外轮廓并未采用通常的平直做法，而是像齿轮一样，凸凹相间排列有序。凸出的部分为城墙墩子。每一边计有12个，外加角墩4个，共52个。墩距为113米。每个墙墩作梯形结构，底边长23米，顶边长20米，顶面积为400平方米。在4个角墩的外围，还各建有控军台（望军台）一座，宽16.6米，纵15米，与角墩的间距66米，上架踏板与城墙相通。此种建筑国内并不多见。墩台的设置，主要是从战争需要考虑的，能充分发挥侧射、策应和瞭望作用，防止“死角”部位的出现；并且还可以根据观察到的敌情变化，迅速采取应变措施，以增强城防的稳固和应变能力。特点之二，南城墙的东部建有“雁塔”，俗称瞭望塔。这在我国城墙建设史上也是仅见的。该塔始建于明代天启年间，高17米，为八角七级砖构宝塔。其形制端庄稳重、秀丽玲珑，底部每面石碣上还镌刻着全城历朝举子姓名及其功名，以激励后人奋进。塔内设踏垛砖梯，可攀登至顶层瞭望城郊原野，也是战时重要的观察点。

站在城墙上的任何一个部位，都可以俯瞰全城。东、南、西、北四条主街成十字形，将城区划分为四片，每片又由次十字街将其分为四块，每块再由两层十字街分为若干小块。因此，以四条大街为主干的规整十字路，是大同城街道格局的主要特色。俗云："四大街，八小巷，七十二条绵绵巷"，就是指这种格局而言。四大街的中段各建有一楼，诸如钟楼、鼓楼、太平楼、魁星楼等。在城中心四条大街的交点，树立着一座由四个牌坊连成一体的牌楼，称作"四牌楼"，是木结构建筑，颇为精美。据说是大将军徐达在"增筑"大同城墙竣工之后，为炫耀其功德而专建。

四条大街都通至城门。东门和阳、南门永泰、西门清远、北门武定；四条大街亦都按城门名定名。四门之外是瓮城。每个瓮城的建筑面积约为176万平方米，与城墙成"凸"字形。瓮城旁辟有偏门，门洞进深30米。瓮城之外，又修有一道弧形城墙"月城"。月城又辟有城门。这样，出城或入城必须经过三道门卡。在各门之上还建有"箭楼"或二层"匾楼"。

城墙外侧修有壕堑，深约 5 米，宽约10米，即护城河。每当夏、秋之际，护城河像一条彩带环绕大同城，波光潋滟，映照荡漾着城墙的倒影。

大同城内除设有府、衙负责地方行政、司法、财务以及治安外，主要守御任务由"行都指挥使司"承担，最高军事长官为总兵，兼挂征西前将军印，职衔可达正二品，属高级武职。总镇署设于城内西北隅，今之帅府街北端，统八卫、七所、额军135000人，驻军总数达到全国兵力的十二分之一。

洪武二十四年（1391年）十月，朱元璋为了加强对大同一线的防卫力量，同时监督大同镇、府的军、政、财务，将其第十三子豫王朱桂改封为代王坐镇大同。实际属大同地区的最高统治者和指挥者。代王上马管军、下马管臣，代皇帝行使职权。富丽堂皇的代王府巍然屹立在城内东北隅。代王府坐北向南，占地面积为15万～20万平方米，当时老百姓称之为"皇城"。现在还残留一段的北墙垣。

综观大同城内的军事布局和守备设置，无疑是一座上下左右、前后内外、布防周严、协调得当的坚城固垒，在我国历代军事重镇的规划建设中，是最杰出的典范之一。这些众多的城防设施体，好像一盘棋局，井井有条，浑然一体，是我国历史上罕有的"巍然天镇"。

"土木之变"前后，更加显示出大同在抵御北方"边患"中的重要地位和作用。因此，大同城也随之进一步扩建起来。在代宗景泰年间（1450—1457年），巡抚年富首于城北筑起一座小城，名曰操场城，即北关：分东、西两部分，本地人谓之东、西营盘。该小城城周为 3 千米，高112米，东、南、北各辟一门。东曰"长春门"，北曰"元冬门"（又称玄冬门），南曰"大夏门"，与主城门相对。南、北二门之上皆建有门楼，四角也筑有角楼。英宗天顺年间（1457—1464年），巡抚韩雍续筑东小城、南小城，周长各为2.5千米；并围以护城河，深约 5 米。东小城即东关，辟有四门。东曰"迎恩门"，北曰"北园门"，南曰"南园门"，西门连接吊桥与主城相通，东、南、北三门之上都建有楼阁。南小城即南关，辟有四门，门洞进深13米。东门名"迎晖"，西门名"永丰"，南门名"永和"，北门与主城之月城门合一。嘉靖三十九年（1560年），巡抚李文进加高南小城2.6米；到隆庆年间（1567—1572年），巡抚刘应箕又将城墙增高

3.3米，增厚2.6米，石砌砖包，并建起四座门楼。南关城墙颇为雄壮，高达11.2米。后来，南小城的北门楼改建为文昌阁，东、西门楼也易名为“四仙阁”和“三星阁”，南城墙东西两角也各建角楼一座。北、东、南三关象卫星城一样环列在大同主城的三面，互成犄角之势。大同城从外形看，有“凤凰城”之称。南关像凤头，北关似凤尾，东关类凤之左翅，唯独没有右翅——西关，人们形象地把大同说成是“凤凰单展翅”。

兴建三关之后，因“镇城孤峙，旁无辅卫”，又于天顺年间，分别在城东和城西修筑了聚乐、高山二堡。这两个堡城作为左右两翼，与大同城作掎角之势。至此，大同周围不仅筑起了“三关”，而且又插上了“两翼”，使其军事布防较明初就更加严密了。

大同城总记各营卫官军26186名，马骡骆驼16448匹（头），无分边任务，只管火路墩42座。

崇祯十七年（1644年）农历正月，李自成率领农民起义军50万，从禹门口渡过黄河，挥师北上。农历三月一日，大同总兵姜瓖射杀永庆王，开门迎接闯王入城。义军在大同休整6天，杀死了代王朱传及其全家。大同巡抚卫景瑗自缢身亡。义军占据大同镇城，打开了通往明朝都城的门户，长驱直入北京，推翻了明王朝的统治。同年5月，清王朝派恭顺侯吴顺华率兵进攻大同，姜瓖看到难以为守，便投降了清军。

清顺治五年（1648年），江南七省先后燃起了熊熊的反清烈火。姜瓖看到清王朝对他并不信任，于这一年的十二月宣布反清，归附明桂王。顺治六年（1649年）正月，姜瓖以大同为基地，派出大军南下，攻克朔州、交城、文水和晋中各县，使反清烈火燃遍全省。清王朝对此十分惊恐，摄政王多尔衮急忙调兵遣将，派端正郡王博洛、敬谨郡王尼堪率领大军攻取大同。在坚城固垒面前，博洛、尼堪屡次受挫，不得不向清廷求援。于是多尔衮亲自出征，严令精兵四面围攻大同。“红夷大炮”和枪弹的爆炸声震撼山岳。由于大同城高池深，布防设施齐全而严密，加之军民坚决抵抗，清军围攻长达9个月难以攻取，多尔衮一筹莫展。最后因城内粮尽矢绝，部将杨振威临危叛变，刺杀姜瓖，开门降清。清军统帅英王阿济格曾因“久攻大同不下”，而一度被罢黜过统帅之职。为此，当他进城后，便把一肚子的羞怒倾泄在大同军民和大同的城防上，他强令清军把原来的城墙一律削掉五尺（名为“斩城”）；同时又进行了血腥的大屠杀（名为“屠城”）。除了一些寺观的僧人道士以外，将城内的军民几乎全部杀光斩绝，使整个大同城陷入了一片血海之中。姜瓖的住所被掘盈丈，后成为臭水池塘，今称兰池。大同镇府治也就东移到30千米外的阳和卫（今阳高县）、县治移丁西安堡（今怀仁县西安堡）。四年后，才由总督马之先、总兵彭有德，以及知府曹振彦（曹雪芹的高祖）等人，上疏朝廷，又复城移治为大同府治。经过这次洗劫，大同城便元气大伤，容光大减了。

200年后，直到清道光年间，尽管中间几经修葺，大同的城防包括东、南、北三关，仅存4座角偻、10座城楼、21座望楼、8座窝铺，主城墙也只有十一二米高了。但由于大同战略地位重要，宗教气氛炽热，其后，大同城又逐渐繁华起来，仍然不失为北方的一座军事重镇。

1913年5月置雁门道，治大同。1927年，废道后，大同为县，直属山西省。

1937年9月13日，日军独立混成第1旅团，未经战斗便进入晋北重镇大同。日本侵略军侵占大同后，为达到侵略目的，制造了四十多起杀人惨案，共杀害近万人。杀害百人以上的惨案六起。此外，在大同市先后杀害知识分子800多人。在大同煤矿，有6万多名矿工遭到日寇残害，被抛入“万人坑”。

大同沦陷后，国民党晋绥军已全部撤离大同地区。领导大同人民抗战的重任落在了八路军身上。1937年9月25日，取得了灵丘平型关一战的胜利。进入大同地区领导敌后抗战的八路军有一一五师所部下属部队和一二〇师所部下属部队。先后建立了灵丘抗日根据地、浑源抗日根据地、广灵抗日根据地、大怀左抗日根据地和桑干河抗日游击区。这些抗日根据地以北同蒲铁路为界，东部属晋察冀边区领导，西部属晋绥边区领导。

1949年，中华人民共和国成立后划归察哈尔省，并由大同城区设立大同市。1953年察哈尔省撤销，大同重新划归山西省。1958年大同县并入。1964年大同县又分出，为地级市。1993年7月，雁北行署撤销，原有县中的7县划归大同市。

2008年，为加强大同古城的保护、修复和利用，传承历史文化，打造世界文化遗产旅游城市和历史文化名城，重塑文化大同，大同市废止了“旧城改造”的提法，代之以古城保护的先进理念，全面启动古城保护工程。古城保护范围北至操场城街，南至北都街，东至御河西路，西至魏都大道，面积约4.8平方千米。该区域内对古城风貌造成严重破坏的多层建筑全部列入拆除范围，所有历史文化遗迹全部划定为保护对象，尽最大可能保留其历史文化信息，恢复古代品位城市的基本格局。

两千多年来，大同作为北方的军事重镇和政治经济文化中心，留下了极其丰富的文化遗产，成为我国著名的佛国龙城和中外文化荟萃之地，也是国内外游客向往的旅游胜地。现存古建筑、古墓葬、古遗址170多处，著名的有云冈石窟、明代镇城防御建筑、屯兵堡和长城、北魏冯太后永固陵、孝文帝的虚宫万年堂、汉代“白登之战”遗址，以及观音堂、鼓楼等风姿各异的寺庙道观、亭台楼阁。

云冈石窟最负盛名，上、下华严寺，善化寺和九龙壁等，都是国家重点文物保护单位。

云冈石窟位于大同市西郊17千米处的武周山南麓，石窟依山开凿，东西绵延1千米。现存主要洞窟45个，大小窟龛252个，石雕造像51000余尊，为我国规模最大的古代石窟群之一，与敦煌莫高窟、洛阳龙门石窟和麦积山石窟并称为中国四大石窟艺术宝库。1961年12月，被国务院公布为全国首批重点文物保护单位，2007年5月8日被国家旅游局评为首批国家5A级旅游景区。2001年12月14日被联合国教科文组织列入世界遗产名录。

上、下华严寺，坐落在大同城内西街。“华严”是佛教八大宗之一，以华严为其宗旨，寺为此宗所建，故名华严寺。寺原建于辽代重熙七年（1038年），到了保大二年（1122年），寺毁于兵火，仅存薄伽都藏殿。金代天眷三年（1140年），又在旧址重建了大雄宝殿。寺中有条小巷把寺院一分为二，巷西为上，巷东为下。善化寺在大同城内西南隅，原名开元寺，俗称南寺。善化寺大雄宝殿内，五方佛两侧有24尊护法诸天像，其造型设计十分独特，这24尊塑像，大胆地突破了佛教造像的规范，以现实生活中的人物为模特，塑造出了富有人间气息的天神。其中有温文尔雅的文官，有威武勇猛的武将，还有文静端庄、盛装艳服的贵妇人。这种大胆的突破，在世界佛教建筑中，也是不多见的。九龙壁坐落在大同东大街中段，原是代王府的前照壁，建于明洪武年间。九龙壁通体用五彩琉璃砖砌成，9条飞腾于云海之中的巨龙，体现了明代琉璃烧造的水平和建筑艺术。九龙壁高8米，长45.5米，宽2.2米，是全国最大的琉璃照壁。

大同市现有各级文物保护单位346处。其中世界文化遗产1处。国家级文物保护单位22处。省级文物保护单位20处。市县级文物保护单位220余处。这些文物保护单位中有古建筑188处，古墓葬38处，古遗址66处，石窟寺9处，近现代重要史迹及代表性建筑23处（其中革命历史文物1处），石刻及其他22处。

诗曰：秦汉选缘筑平城，如浑环带始方兴。鲜卑建都拓疆域，北方重镇堪称雄。白登惊魂笑沛公，辽金帝府称大同。徐达镇守继筑郭，英名千古大将军。

二、天镇县所辖长城并城堡

天镇县位于山西东北部，西距大同市86千米，地处晋、冀、蒙三省（区）交界处，东临河北怀安县，南毗河北省阳原县，西接山西阳高县，北隔外长城与内蒙古兴和县相望，素有“鸡鸣一声闻三省”之说。

天镇县历史悠久，开化较早。据楼子疃村出土文物中的人工打击石片推断，在六七千年前的新石器时代晚期，境内已有人类劳动、生息、繁衍。商属冀州地。西周属代国。春秋时期为少数部族狄人居住。战国时为赵国延陵邑。秦置延陵县。西汉属阳原、延陵县。东汉归当城县延陵乡。三国与晋时，被匈奴占据。三国魏嘉平五年（253年）后被鲜卑族占有。北魏属畿内之地，置有和堆城、石虎城、琦城。隋设云内县。唐置天成军。辽、金、元相继为天成县。明初改置天成卫。洪熙元年（1425年）与镇虏卫合驻。清顺治三年（1646年），合天成卫、镇虏卫为天镇卫，雍正三年（1725年）改制天镇县。1914年全国废府置道，天镇县属山西省雁门道。1927年直属山西省。1937年属山西省第一行政区。1945年9月，天镇县第一次解放，成立县人民政府，属冀晋专区。1946年10月国民党军队占领天镇，1948年3月天镇县第二次解放，属察哈尔省南行政督察专署。1952年11月察哈尔省建制撤销，天镇县归山西省雁北专署管辖。1958年10月，撤销天镇县建制，原天镇县区域隶属阳高县辖。1961年4月，天镇县与阳高县分治，复称天镇县，仍属雁北专区。

天镇县行政区域内，有一城8堡，均属阳和道东路和新平路遗存。一城为天镇城；堡为新平堡、平远堡、瓦窑口堡、桦门堡、镇口堡（白羊口）、永嘉堡、保平堡、镇宁堡。

（一）天镇县长城

大镇县拥有筑长城的历史，包括赵长城、秦长城、汉长城、北魏长城和明长城，明长城即外长城与小边。除了明长城遗存尚在，其他古长城已无遗存。天镇县境内明长城长约52.5千米，有的地段属叠压旧长城而筑，有的地段为明朝新筑。

大同镇外长城由河北省怀安县桃沟村、西洋河乡马市口分南北两路进入天镇县境镇口台（位于东马市北），北路属外长城，南路属小边。外长城由桃沟村北跨平涧沟进入天镇的毛石干，向西绵延约7.5千米，横跨海拔1722米的双山，再折南跨西洋河抵新平尔村，又跨西洋河纵向进入新平堡乡的西马市；小边（南路）由怀安马市口向西进入天镇平远头村，沿山脚向西经八墩、十六墩、二十墩抵新平尔村，与北路长城相交。沿长城现存黄土夯筑的墩台61座。

北路长城筑在崇山峻岭之上，修筑粗略，现多已圮塌；而南路长城在西洋河之北，沿山坡向西绵延，城墙黄土夯筑，沿长城墩台高大坚固，雄伟壮观。

南北两道长城在西洋河北相交后，向南跨西洋河至西马市村。西马市村原为汉代延陵城，明隆庆年间为新平堡马市口，属茶马互市之场所。该长城继续向南延伸，经保平堡、南口，再沿起伏的山峦迤逦行至重成桦门堡，跨越桦岭、二郎山主峰，蜿蜒至李二口，再向东延伸1千米，便断绝。该长城属明嘉靖二十五年（1546年）宣大共筑，按原计划从李二口一直修筑到李信屯。可宣府认为：这样修筑下去会远离西洋河这条自然障碍河流，因而改变计划，从李二口向北修筑。沿环翠、雁门山脚经白羊口、化皮庙、榆林口、六墩、水磨口（镇口堡），进入阳高县境，继而，始终沿山坡或山脚平地延伸。如今，长城除被山洪冲成的沟壑外，多保存完好。尤其李二口长城，雄险峻整，线条粗犷，古朴雄浑，成为大同长城著名景点。

通过测量，天镇外长城现存墙体67里，墙体多为黄土夯筑，土石混建，山石堆垒，比较完整，一些重要隘口和军堡则以青砖包墙，多数地段至今坚固如初，密实压筑的夯土层坚实。现存长城普遍高8～10米，顶宽6米，底宽8米，每隔百米左云置一敌台，台高15米左右。中空有竖道台阶，可容一人上下登顶，下方有羊马墙，建有30平方米的营舍并储存引火燃烟物资，供守台兵卒居住，遇有战事，兵卒通过竖道登顶燃起烽火，发出报警信号。山岭缺土地段，搬运黄土与石块夯筑而成。在双山、二郎山高山地段，墙体西面用打制的长石条和石头构件砌成，中间填充乱石，高度为5米左右。沿边烽堠既有方形，亦有圆形，现高10～14米，圆形使用了汉代烽堠的基础。沿长城接火墩多位于视野良好的高地。

化解天镇县明长城，逶迤盘踞在县城北部山坡或山脚下，横跨谷前堡、逯家湾、新平堡3个乡镇、15个行政村，长城基本分成三段，其走向如下。

谷前堡段，西起阳高界帖山脚下至水磨口往东，经六墩、榆林口、化皮庙、白羊口，再往东北至宣家塔乡的薛山墩、李二口，再至张仲口止。此段长城原长为17.55千米，现存10.5千米，其他仅剩平凸痕迹。

新平段，长城从李二口起往北，从狼卧山跨越山壑，蜿蜒北去，途径二郎山、桦岭、桦门堡、南口村、杏园窑、保平堡、十五墩、马市口过西洋河到新平尔止。此段长城原长约24.5千米，今存15.5千米。在逾沟处（南口、西洋河），已有2.5千米无存，其余6.5千米只剩土圪塄。另外，在杏园窑迤西，即新平堡川地南缘与保平堡西，长城又分出一支西去（次边），进入内蒙古兴和县境。

大营盘段：该段分内、外两支和两支早期长城遗迹。

外边：从新平尔起往北沿群峦起伏的山梁，经木瓜墩折南向东至双山、平虎墩、花豹沟，过平涧沟与河北怀安桃沟村接界。此段长城原长约18千米，部分已坍塌无存，个别地段断断续续保留约7.5千米。

内边：从新平尔起沿山脚一直往东经二十墩、十八墩、八墩至平远头，进入怀安县马市口东去，此段长城原长为9.35千米，今存8.5千米。在上述内边南侧，与之并列有一支早期长城遗迹，经大营盘、平远堡北，长约6千米。在平远堡东，即天镇与怀安交界线上，有一支方向为南北向，长约5千米残缺的早期长城，在西洋河南、北岸均有遗存，在北岸地段保存较好。

天镇地段的长城，均无包砖，系土筑或土石并筑，分别占百分之五十；个别地段有石筑。从化皮庙捡的一块明代方砖上所刻碑文得知，当时修边，各堡皆有分工，分段包干修筑。

（二）天镇城（天成城）

现天镇城明朝时属大同镇所管辖的七十二城堡的天成城（图8-1，图8-2），属阳和道东路编制。阳和道守备在此驻守，东路参将亦在此驻守。

天成城始筑于唐贞元年间（785—804年）。明洪武三十一年（1398年），在旧城城基上筑城，包砖。周长九里十三步（今测4516.8米），高三丈九尺（今测11.67米）；开护城河，壕深6.67米。城门有四：东称泰定，西为武宁，南名迎恩，北呼镇远。四门上各建阁楼、月城，城内拥有窝铺25座。城设守备一员，坐保和千把总8员，领兵1021员，马匹1057匹，分边3千米。天成城因年久失修，砖烂瓦破，城墙圮损，明万历十三年（1585年）重修。城墙增高0.33米，基宽10.6米，顶宽7.33米，女墙高2.33米，垛口710个，壕深保持原样。东门重新命名为文安，其余不变。城墙上东南角建角楼，称文昌楼。四门城楼各悬匾额：东拱卫神京、西护安云朔、南保障晋疆、北肃清沙漠。清乾隆十三年（1748年）发帑重修，保持了原貌。1926年，西北军与晋军混战，炮轰西北墙，西北角垮坍，晋军抢修成缺角城墙。1937年，晋军在城墙内挖洞构筑工事以防日军

图8-1　天镇古城城门1

图8-2　天镇古城城门2

入侵。同年农历八月八日，日本侵略军炮火轰坍城东北隅。现仅存西、北两城门洞。

西城门洞的石柏、石插尚存。门洞西是居民出入必经门洞。因摇摇欲坠存在安全隐患，在原基础上做了重新修缮，但门外顶部只修了一半，门洞里面用金属网遮护顶部，以防砖石掉落。外门额上仍镶嵌“武宁门”三字。下面建一照壁，高约10米，基座为三层石条。门洞宽4.5米，进深24米。北城门虽然被天镇县蔬菜公司占用，但残存的门洞包砖尚在。门洞东面残留4米长、2米高的残墙；两面残留一段10米长、残高3～8米的城墙，夯土层为20厘米，这是天镇城遗存的唯一的一段城墙。门洞在20世纪70年代就被天镇县蔬菜公司占用了，又向里向下加碹了20多米进深空间。

天镇城有4街8巷36条绵绵巷，旧城街巷基本格局尚存，保存较好的有马家、姜家两处四合套大院。大院有正房、耳房、厢房，还有绣楼、更楼，采用“坎宅巽门”，大门内装饰影壁，山墙瓦顶，置有异兽吉祥物。

西街现存古建遗存有慈云寺（图8-3，图8-4），坐北向南，占地面积1万平方米，有殿庑、僧舍85间，大小佛像200余尊。属国家级文物保护单位。

图8-3　慈云寺

图8-4　慈云寺钟鼓楼

诗曰：骄言开口古延陵，沧桑千年称天镇。人情朴鲁士庶义，洋河近闻三省音。城毁幸存慈云寺，雁门山巍连白登。古周恤风犹可贵，深藏遗韵觅旧痕。

（三）平远堡

平远堡属阳和道新平路。新平路分守参将驻守新平堡内。

平远堡位于天镇县新平堡镇平远堡村（图8-5，图8-6），东与河北省怀安县相交；西距新平堡5千米；西北距天镇县城35千米；北隔长城与内蒙古兴和县相邻，距平远头长城3.5千米。

平远头堡是天镇县最东北的犄角村，堪称“鸡鸣一声闻三省”。是明长城宣府镇与大同镇交界地区的小山村。平远头的东面是宣府镇西路所辖的马市口。

平远堡修筑于明嘉靖二十五年（1546年），开西门，隆庆六年（1572年）包砖，周长1.5千米，堡西门外建有照壁。

图8-5　平远堡1

图8-6　平远堡2

平远堡墙高11.66米，周长1400米，开西南两门，设守备官1员，领士兵406名，马骡58匹，分边6千米，边墩20座，火路墩13座。东至宣府西阳河2.5千米，南至宣府李信屯15千米，西至新平堡7.5千米，北至边墙3.5千米。

堡内共建庙24座，清末堡内仍有龙王庙、城隍庙、真武庙、奶奶庙、五道庙、玉皇阁、狐神庙等处。

日本侵略者入侵天镇后，曾经在平远堡设乡设卡。

1949年时，堡内形成南北2条街、东西7条巷的布局，有土房703间，瓦房255间，土屋30间。20世纪70年代，建筑多向西门外扩展。1984年之前，平远堡属天镇大营盘乡管辖，2001年后划归新平堡镇。

现在，平远堡墙体残破坍塌，西、南两门已无痕迹。堡子北高南低，北小南大，堡子呈现“凸”字形状。东墙北段残存200米，残高3～6米。南墙在清朝年间被西洋河水冲垮。西墙残存100米，残高3～5米，且都在居民院内。北墙只剩东北一个角台。

堡外北、西、南均有民居，东墙外是一条深沟，沟里是一片小杨树林。庙宇、堡墙在20世纪70年代时被拆毁。

村中现有300多户人家，1000多口人；姓氏有张、薛、郳、段、杨、王、李等姓。种植作物以玉米谷黍为主。

平远堡紧依西洋河。西洋河水发源于内蒙古兴和县的苏木山，当地人称小洋河，向东流淌进入河北境内的尚义、怀安、万全县。村子东面的山叫华山，南面的山叫神洞山，西面的山叫轿顶山，也叫双山。

平远堡有汉长城遗存，位于平远堡与河北怀安县西洋河交界处，南北走向，长约5千米。还有北魏长城遗址，现仅存残迹和基础，从新平尔经大营盘到平远头明长城南侧，长约6千米。

平远头明长城是万里长城进入山西的第一段，即从河北怀安进入鸡鸣闻三省的平远头。

平远堡村西北1.5千米处有马家坟，有石人、石碑、石兽等，俗传马总兵坟。20世纪50年代修水库时曾出土汉陶罐、壶、铜镜等。1958年有盗墓贼开挖未遂，凿穴入，取两副杆木棺。1959年大队平整土地时掘出“诰赠荣禄大夫都督同知”碑，墓为石门、砖碹。村东1千米处有汉墓群，俗称“假粮堆”，现存圆形封土7冢，各高5米左右，周长35～80米，呈东西向排列，面积约2.5万平方米。

诗曰：筑城选址洋河畔，鸡闻三省晋北端。人聚两千创业奇，川地养人丰粮滩。三域联姻民族欣，山高水远少人管。毁堡忆激众叟怨，八旬支书空嗟叹。

（四）新平堡

新平堡属阳和道新平路所辖。新平路分守参将驻守新平堡。

新平堡位于山西省天镇县境内，东、北与河北、内蒙古交界，南距天镇县城26.5千米，西距长城1千米，亦属鸡鸣闻三省之地。

战国时期，属赵国延陵县治地。秦、西汉因之。东汉为延陵乡治地，属当城县管辖。辽、金、元为天成县下辖一村堡。建村之始，筑土堡，开南门、北门。不久建宣威楼，宴赐部落酋长。

明初，为天城卫辖域内村堡。嘉靖二十三年（1544年）筑土堡。隆庆四年（1570年）包砖。开东北二门，东曰拱化，北曰新远，后镇虏卫迁驻改名，开北门曰“镇虏门”，东门曰“迎恩门”，各有瓮城，周长1.5千米，城墙连女墙高11.7米。镇虏门，高10米，宽5米，进深12.5米，始建于嘉靖二十二年（1543年）。北门四角台上建楼，外有瓮城。据传，当时抓住鞑虏斩首示众，首级用筐子或木篓盛着吊挂在镇虏门外以震慑鞑虏。堡内西街有“镇虏卫”守备署衙一处。迎恩门拱顶为三星阁，一阁二匾，南为三星，北曰三贤，属二层砖木结构，门外瓮城内有贞节楼一座（贾家为贾刘氏立），南面为乐楼，北面有龙王庙、祠堂庙、三官庙。

城墙上东南角建一幢二楼庙宇，南称文昌阁，北称魁星阁，下层为朱衣庵（面北）。北门门楼上建关帝庙，东城门楼建三仙庙。城墙上西北角建玄坛庙。北瓮城内有娘娘庙、三贤庙、北岳庙。东瓮城内有龙王庙并乐楼、祠堂庙、三官庙、三英祠、皮革坊。堡内建筑群构成“井”字形街巷，十字形大街外有东西巷六条，南北巷八条。十字形大街中央有万历二十一年（1593年）所建玉皇阁（图8-7），底洞四达，辏汇四条主街于一楼。东大街路北有嘉靖二十七年（1548年）所建参将衙门，清为参将署；有清代建筑面阔三间的二层楼“进士第”。西大街路北有嘉靖二十年（1541年）所建守备衙门。南街路西有财神庙，庙内有鄢公祠；有过街乐楼1座，坐南向北，横跨东西。南街东巷有总兵马芳府第，有坐东面西的过巷庙宇药王庙1座，为刘氏药铺修竣。东南有马王庙、火神庙。堡西南角有白衣庵，金佛寺。北门外立有二通殷开周撰书功德碑。四条主街，临街多店铺，余为居民区。民居多土房或瓦房，个别有绣楼，多四合院（图8-8）。

堡内十字街中央的玉皇阁，建于明万历二十一年（1593年）。清康熙二十七年（1688年）、乾隆四十七年（1782年）、光绪八年（1882年）重修。阁内上层有铜塑玉皇像，传为黄金内脏，下层有泥塑玉皇像，东、西两侧墙绘壁画。1966年毁阁内塑像及壁画。1992年投资1万元重修。为正方形三层两檐歇山顶式楼阁，面宽3间，进深3间，底部为石基砖碹十字形通道，上面四周为压条砖栏。上层为木制勾栏平座，下层砖栏。上下座均有回廊。玉皇阁是新平堡唯一遗存的明朝边堡代表建筑。明清之际，新平堡有庵、寺、祠阁殿等20多处。

新平堡（图8-9，图8-10）城高11.66米，周长1300米，原设守备官1员，除援兵外所领兵士623名，马骡57匹头，分边9千米，有交易市口1处，分管边墩26座，火路墩16座。

图8-7　玉皇阁

图8-8　古宅院

图8-9　古堡和长城

图8-10　长城

西马市口设于明朝隆庆年间，每年农历七月初三至十四日开集贸易，为明朝“国家级”贸易区。朝廷以银两购买马匹，俺答等部落可购买粮食、布匹、茶叶等日用品，但禁止铁制品交易。

万历年间，官府每年交易马700余匹，值4200余两白银，私人交易骡、马达3200余头（匹），牛、羊约3500多头（只）。粮、茶、布交易亦多。交易时，明军派兵士守护，森严却掩盖不住热闹。

西马市口始于明万历元年（1571年），设把总驻守，属大同镇东路管辖。后又增设了火药楼、宣威楼，设千总1名。

清初，新平堡仍为大同镇新平路治地。雍正三年（1725年），新平堡由天镇县管辖，驻军参将或中军守备直属大同镇。民间有“先有新平堡，后有天镇城”之说。边外贸易的传统保存下来，成为方圆十数里商品贸易集散之地。堡内有七成人家都参与经商。乾隆年间，仅牙税银定额收缴10两6钱，为全县第一。雍正九年（1731年），当铺有4家。清末至民国年间，堡设商务会。

民国初，新平堡属天镇县四区管辖主村之一。1925年，有来自内蒙古的土匪进犯新平堡抢掠财物、火烧北门，两扇大门毁于大火。1937年，日军占领后属伪天镇县四区管辖。1943年，划入伪延陵村。1945年10月，为中国共产党天镇县第七区管辖。1948年，复为四区辖村。1953年，属新平堡乡，1984年，属新平堡镇至今。

现在，新平堡东墙南段残存100多米，残高2～7米，有一个马面完整，墙外有一段沟渠。

南墙基本完整，为修筑进出堡水泥路，在中段开一大豁口。墙体残高3～8米，上宽1～5米。南墙外面不远处残存三个护堡烽墩。

西墙残存50米，大都在居民院内，残高1～4米。

北城门洞基本残存，外面有部分包砖，门洞宽3米，高5米，进深15米，外露6层薄厚不等的石条。门洞东面有一个大豁口，有居民在此盖了房。向东有200多米残存的堡墙，残高1～7米。

新平堡马市遗址在新平镇西马市北30米。西马市村冠以西字，与天镇东北县境相邻的河北省怀安县马市村相区别，都是因明朝设置马市而渐次形成的村落。西马市村长城为南北走向，村子紧靠长城。长城墙体上挖一过洞，以长城为界穿过洞门属内蒙古兴和县古城村。两村民来往密切如同一村。

马市遗迹在长城东侧，与长城墙体相连。向北200米即西洋河，是通向塞外的天然通道。建筑原状无从推测，现仅存垂直于长城敌台的一段短墙与其一座敌台相连，还有独立于长城之外的另一座敌台，此敌台两侧已无墙体遗迹，但其位置恰与相关遗迹构成城堡格局，略见马市口遗迹。敌台东侧有一不规则门洞，宽2米，高2.4米，门洞内斜坡道直通台顶。此敌台顶部有破砖残瓦，属原有建筑物的遗存。

1988年大阳地震时，门楣石碑“镇虏门”被震坠地，现保存完好。因年久失修，门洞破损严重。迎恩门即新平堡东门。瓮城现已不存。

延陵古城遗址在新平堡西0.5千米处，西洋河南岸。地表露有秦汉至北魏残陶、瓦当、砖石等。存有一段东城墙。

总兵马芳官邸位于堡东南街。比肩东西二院，四合院各三间。大门内砌有照壁，东西二院通小门。院内铺石子。

堡外有20余个烽火墩，仅堡四周就有6墩，3～7米高。

新平镇境内现存四个朝代的长城：赵长城、汉长城、北魏长城和明长城。断续绵亘于山西和内蒙古区界，长达30余千米。赵长城遗址已不甚明显。

汉长城遗址：平远堡村东约2千米处，偏南北走向，北接三界沟向南过西洋河穿插于山西的常胜山和河北的地界，向南延展到达家夭至碾儿岭一带。

北魏长城遗址：西起新平尔西和赵长城遗址相接，经二十墩、十六墩、八墩止于平远头三界沟。

明长城遗址：在赵长城的基础上，明洪武年间增修，东跨三界沟和东洋河长城相连，西过双山迂回于西马市口，向西南延展。长约30千米，中间夹烽火台36个，保存比较完整。

2015年，新平堡被列为国家古村镇。

诗曰：玉皇阁耸堡中央，中华名镇及第榜。西毗延陵映洋河，堡置极冲难无恙，昔日商贾集散镇，当今要道交通忙。邑人聚得民族气，保堡城众不彷徨。

（五）保平堡

保平堡（图8-11，图8-12）属阳和道新平路。新平路分守参将驻新平堡。

图8-11　保平堡1

图8-12　保平堡2

保平堡位于天镇县新平堡镇南3千米处，东与河北柴沟堡接壤；距天镇县城23千米；西距长城1千米。

保平堡属明嘉靖二十五年（1546年）土筑，隆庆六年（1572年）增修堡墙并包砖。周长850米，堡墙高12米，筑有东门。东门高5米，宽3米，进深11米，砖券门洞，石额“镇云”。堡址海拔1255米，占地41亩*。是嘉靖年间修筑长城相随修筑的五堡（新平堡、桦门堡、保平堡、平远堡、平定堡）之一。明长城纵贯于堡城西面和北面，为明代宣、大两镇的咽喉要地，也是北元经常南下侵扰争战之地。明嘉靖二十三年（1544年）筑长城后，筑堡临长城镇沟口，因处边外极冲，故名保平堡。城堡呈方形，每个角外筑有瞭望墩，墙外侧面有3座瞭望墩，距堡墙30米，均高达9米以上。从布局上看，外连城墙，内接城堡，形成一个“线、点、面相结合”而万无一失的防御体系。

嘉靖三十七年（1558年），北元首领俺答汗从这里突破，进入天城卫进行抢掠。

堡内原建庙12处，有龙王庙、奶奶庙、罗汉庙、佛殿、观音庙、城隍庙、真武庙、玉皇阁，城门上及城外建有关帝庙。堡西有砖塔一座。堡东门外有房舍窑洞。尤其是堡内中心的玉皇阁，建筑犹如新平堡玉皇阁，登阁环望，长城内外远景尽收眼底。可现在只存有遗址。

保平堡清初属新平路，兵民同居。后因裁兵渐演变为民堡。民国初划入天镇县四区。1988年后属新平堡镇至今。

保平堡因位势占高，用水困难，堡内居民用水只好从堡东沟底0.5千米处的东沙河挑水。1990年堡内基本无人居住，成为空堡，住户大多迁移堡东南的大南沟居住，以地成名称大南沟村。河沟从西南山发源，绕堡西南转向东北，流入西洋河。现堡内部分地面用于耕种。

堡西0.5千米处，即是沿山梁蜿蜒起伏的长城，墩台密集，巍峨高耸。

保平堡为正方形，呈西高东低之势。东门及四周墙基保持原貌。边长约300米，周长1200米。石条筑基，堡墙外面包砖。

东墙残高1～8米。东门洞较完整，包砖尚在，能清晰地看到门额上砖刻的“镇云”二字。门洞宽3米，高5米，进深8米，门外已用石头铺上甬路。门洞旁有一豁口，宽约2米，南段有一豁口，宽约1米。

南墙东段有一处20米宽豁口，正南方马面完整，其余墙体残高7～9米。西墙北有一处5米宽豁口，残高1～8米。北墙残高3～8米。

保平堡长城至杏园窑村，基本上是在平地上筑墙。由杏园窑村经红土沟村至李二口段，沿山脊筑墙，且有分支，局部墙段大致呈平行。保平堡和附近的桦门堡、平远堡、新平堡、瓦窑口堡，由于地处一道早期修筑的长城之外，统称为“墙外五堡”，五堡相互策应相互依托，构成了抵御北元的第一道防线，是属极险军事要冲之地。在五堡之北、之西沿着山势又修筑了另外一道长城，即次边，构成了第一道防线，这样这五堡被夹在了中间成了第二道防线，外长城成为第三道防线。

---

* 1亩≈666.67平方米，下同。

诗曰：望得山巅城横空，堡存门楣醒镇云。环顾近岭堠如峰，茫茫大边长龙腾。

（六）桦门堡

桦门堡属阳和道新平路，管辖新平路分守参将驻新平堡。

桦门堡位于天镇县新平堡镇境内，南距天镇县城16千米；西至边墙1千米；堡址海拔1735.9米，是筑于山巅之上城堡，面积9475平方米。站立桦门堡观察，一道宽阔的南洋河将整个天镇拦腰分成南北两半，南边是大山，北边也是大山。同样水量丰沛的西洋河，又将北部天镇分成了两半，南边是大山，北边也是大山，桦门堡就在两条洋河之间的大山上。堡西北1000米处的沟坡下，是红土沟村。

桦门堡筑于万历九年（1581年），万历十九年（1591年）包砖。堡呈长方形，堡子因山势而建，偏东北15°，堡开南门，高13.26米。东西长130米，南北宽55米，围长370米。南墙筑瓮城，东西长45米，南北宽40米。堡内有水井一口，驻兵一般多到红土沟、黄羊沟汲取泉水。

相传建桦门堡时十分艰难，无路可行只好以羊驮砖运料而建。桦门堡以桦木制成堡门得名，因沟内生长桦树俗称“化面城”，因当地土话“门”为“面”。桦门堡在大同镇七十二城堡中，虽然不是海拔最高的堡子，但属建在最陡峭山上的最为易守难攻的堡子。

桦门堡驻有操守官，所领兵士297名，边墩18座，火路墩3座。

清顺治年间即不设桦门堡驻兵，仅驻汛兵10名。光绪年间归天城瓦窑口堡把总管辖。民国初年已没有驻兵亦无居民，弃为空堡，成为临时驻牧之所。

桦门堡地属瓦窑口堡村，从瓦窑口堡村到桦门堡须走红土沟，然后登堡，其相邻二郎山，曾是抗日根据地。

红土沟沟深谷长，里面建有兵工厂。现在每年春天，有专门从日本来的志愿者在红土沟植树，山上草丛树坑里面的小树苗已日渐成长。山下立有“中日合作地球环境林”水泥碑。

村民登堡拆砖始于20世纪50年代，夏秋之季，村民将所拆之砖堆垒一起，等冬季下雪时，把砖顺着山坡滑下沟底用于建房。1984年，桦门堡属新平堡镇管辖，桦门堡搬迁至后红土沟的村民因地势偏僻，开始逐年向外搬迁；1990年末，镇政府将剩下的住户全部迁移到新平堡。

桦门堡是一个保存比较完整的堡子，东北角台的包砖完整，但东墙只残存部分包砖。门与墙齐全，包砖基本都在，基石尚存，尽管五百多年的风雨使部分堡墙坍塌，但砖石原地未动，所拆堆垒的砖石中长满了杂草。四墙里面基本坍平，残高只2～5米。四墙夯土层均为25厘米，全部为就地取材的红砂土夹石子。

南门外瓮城残存，只有瓮城外和西墙外是缓坡，东面和北面均为陡险之坡。南门砖碹门洞完整，进深8米，宽3米，因洞内全是石头和土，里外洞口全部坍塌，现高度不到3米。

西墙外面墙体，高度为6～12米，包砖尚存。西北角台包砖也在。下面外露10层石条，外包砖厚度为1.1米，整体墙下宽上窄呈梯形，下宽5～10米，上宽3～5米。

北墙西段和东段，石条包砖尚存，中间包砖整体坍下，摇摇欲坠，露出一个约10米长的豁口，包砖残留68～70层，石条外露1～1.5米。

桦门堡是一个鲜为人知的地方，从仅有的“道路”的使用情况来看，这里一年四季来的人非常稀少。

桦门堡西面长城，自阳高县十九墩村进入依山脚东延伸而来，经过水磨口、六墩、榆林口、化皮庙、白羊口、石圐圙、薛三墩，到这里转北，又攀二郎山、压桦岭，从红土沟（桦门堡）下杏园窑、保平堡、西马市，跨西洋河，接新平尔；然后一分为二，一支沿山梁北去，经木瓜墩折而向东，走双山脊，越三角沟出县境；另一支沿双山脚东去，经二十墩、十六墩、八墩至平远堡，接镇口台出境。

长城依山势起伏盘越伸延，从张仲口到李二口再往山上爬的这一段，是现存较完整的土筑长城，宽5～8米，高10米左右，城墙上尚存垛口根基遗迹。沿着山脚，到李二口村一段土城墙，由西向东延伸到瓦窑口堡村，原来长5千米，据传说是一位将官进家里喝了一碗水的功夫，士兵们就误修多出了这么长一段长城。实际是嘉靖年间，明长城往那里修的一个决策问题的反映。起初，主张放弃山后新平堡至西洋河等地面，从李二口、瓦窑口直修到永嘉堡。后来认为不妥，重新划定长城走向，将山后的地段也纳入长城之内，才往山上修到新平堡、新平尔，直到宣化府桃沟。所以才出现误修一段的事实。

诗曰：筑堡山巅耸云端，长城难阻雁飞南。少妇亲耕忧思郁，匍匐桑梓心地宽。守堡更享家业安，堡在人空疑梦幻。寒风抽得丝丝语，多少堡郎暖怜欢。

（七）永嘉堡

永嘉堡属阳和道东路，分守参将驻天成城内。

永嘉堡隶属逯家湾镇，西南距天镇县城19千米，东至怀安城20千米，位于南洋河北岸；东南3.6千米处与河北怀安县李信屯隔河相望。堡地由北山脚下向南，再由南山丘陵向北倾斜于南洋河床，河床由西向东倾斜出境，出境口海拔899米，为全县海拔最低处。村民居址在薛家窑沟洪水积扇南缘，即南洋河北崖，总体地貌为一个“凹”字形。永嘉堡村北1.5千米处为永嘉堡口。

永嘉村始于元代，明初仍为普通村落，建有牛神庙。明成化十七年（1481年）前称玉宝屯，属镇虏卫。明成化十七年（1481年）首筑永嘉堡，为长方形土堡，驻军。城堡竣工后，皇家敕赐永嘉堡。嘉靖三十七年（1558年）重修。嘉靖三十八年（1559年）夏，连阴雨百余日，南洋河洪水涨溢，向北逼城。万历二年（1574年）重修，并向北扩建三分之一为正方形。嘉靖十九年（1591年）包砖，形成高12米，其中女墙高4米，周长1700米，设南门1座。

堡内建有守备署、真武庙、慈恩寺，扩建昊天阁、龙王庙、马王庙、财神庙、城隍庙及乐楼2处。还辟有大教场、小教场、大营盘、小营盘等。崇祯元年（1628年）十月初六，因地震城墙垛口部分坍塌。

堡设操守官1员，领兵298名，马17匹，无分管边墙任务，只管火路墩10座。北至边墙20千米，属应援堡。

清初属天镇卫后所，康熙年间，从堡西入南洋河的薛家窑沟改为从堡东直入南洋河，堡西失去沙碛保护，遂使南洋河洪水冲毁南门和南城墙。遂又建了一座东门，无瓮城，门楣上原有“镇远”两字，匾额原有“永嘉堡”三字，现已无痕。雍正立县后为后都辖域。北街有一清道光年间（1821—1850年）王氏贞节牌坊一座。民国年间，部分庙宇改建仓库、学校。堡内形成“十”字形四条主街，“井”字形八条小巷的格局。有四进四出的王氏旗杆院1处。

民国初属天镇县一区。1949年属天镇县六区辖域。1953年立永嘉堡乡。1956年归属砖窑乡。1961年，分县后属天镇县逯家湾公社。1984年属逯家湾镇至今。

20世纪50年代初，始有拆迁，60年代初，大肆拆除。70年代初，大队拆大寺建露天剧场1座，80年代后，村民多移往堡北铁道路北居住。1995年夏秋涝灾后，窑洞坍塌或致危，旧房、院墙亦有倒塌。

现东北西三面堡墙仍竣整，只有南墙已无痕迹。堡子南北宽250米，东西长300米，呈北高南低之势，但并不太明显。三面墙外均有6米多宽的护城壕沟。

原东门修筑一条水泥通道，门的南北两段堡墙尚存，高约7～8米，已无包砖。

西墙基本残存，高约6～8米。

北墙中间有一豁口通道，宽约3米，东西两段墙基本存在，3个马面、2个角台依然高大竣整，通体高度均在6～8米。

诗曰：落日映红古堡屯，疑似平遥现崇隆。叹惜洋河冲南墙，浮想永嘉曾恢宏。

（八）瓦窑口堡

瓦窑口堡（图8-13，图8-14）属阳和道东路，分守参将驻天成城。

瓦窑口堡位于天镇县城的北部，天镇县城去新平堡通向内蒙古的公路侧畔，南距天镇县城15千米，向北即进入盘山公路，村子处在山脚下。堡西是一条河沟，当地人称正沟。

瓦窑口原为峪口村庄。明初已有歇马梁前墩、后墩、瓦窑口墩，驻官兵且耕且守。正德八年（1513年），天成卫下设43个堡寨，镇虏卫下设26个堡寨，瓦窑口堡属镇虏卫管辖。明嘉靖时，俺答汗攻入宣府，由缮房堡入，由此堡出。

明朝嘉靖十年（1538年）筑堡，嘉靖三十七年（1558年）重新土筑增高，堡墙高11.6米，周长500米，隆庆六年（1572年）砖砌。设西、南二门，西门曰永胜门，南门不详，两门均外筑瓮城。堡设守备官1员，所领兵士468名，马19匹，分边3950米，边墩18座，火路墩8座。

其后拆南城墙，向南延续一道土墙，南门改为西门。西门瓮城内有关帝庙、龙王庙；瓮城门为跨街乐楼，门里可临时搭台唱戏，瓮城则变剧场。城墙西南角有瞭望楼。

堡内形成一条东西主街、两条北街和一条南街的格局。堡内十字路口有城隍庙，配有鼓楼和乐楼，东北角有火药库，十字路北街西侧有守备衙门。堡外，距南堡墙百余米

图8-13 瓦窑口堡

图8-14 古民居

有演武厅。东堡墙外有暗马堡，筑土墙，开北门。

成化元年（1465年），北元攻入瓦窑口，劫掠士马、器杖。

清及至光绪年间初，驻军仍属大同镇新平路。地域初属天镇卫后所，雍正年间立县后属天镇县后都。乾隆、光绪年间均称瓦窑口堡。民国初属天镇县四处。1953年立瓦窑口乡。1958年属逯家湾公社。2001年至今属逯家湾镇。

瓦窑口堡，现东墙角台残存，南段墙残存15米，且在居民院内，残高3～5米；中段和北段基本残存，亦在居民院内，残高1～5米。东北墙角台只残存一土堆，高3米。

南墙残存70米，残高3～7米，但马面较竣整。

西墙北角残存3米土墙，高2米；中段有2米残墙，高2米。西门洞残留墙基石条。

长城抵李二口后从张仲口向瓦窑口又有一分支，用黄土夯筑。由张仲口至瓦窑口段基本已无迹可寻。村南1千米处有“镇朔”大墩遗址1处。

诗曰：三面高山屏瓦窑，筑得坚堡暖阳晓。兵败破堡枉孤注，四丈城头成战壕。

（九）镇宁堡（白羊口）

天镇县谷前堡镇白羊口村，即明朝时大同镇所管辖的七十二城堡之镇宁堡，属阳和道东路，分守参将驻天成城。

镇宁堡（图8-15，图8-16）南距天镇县城9千米，村南为洪积扇倾斜平原。北倚大土地爷山脚，为正沟和黑坝沟流域的大土地爷和石梯梁群峰，村北0.5千米即明长城。村民居址在海拔1250～1270米。整个地形北高南低，地表坡度为5°。

辽、金、元时属天成县。

明成化二十一年（1485年）前已筑有一土堡，名“白杨口”。堡东西长100米，墙高9米。嘉靖年间筑堡后称“镇宁堡”，并大规模驻兵。嘉靖年间北元俺答汗部多次由此入犯。

本堡筑自嘉靖四十四年（1565年），隆庆六年（1573年）砖包，高11.66米，周长600米，设操守官1员，所领兵士302名，马16匹，分边6.5千米，边墩21座，火路墩1座。堡北边墙为灭胡口、白羊口极冲。

清顺治十一年（1654年）前属大同镇东路，后属天镇卫后所管辖。

雍正年间立县后属天镇县后都西北里管辖。清末，村有公益筑庙多座，有乐楼一座，村中央有一座照壁。堡子南北一条街，西三巷东二巷，村东则为逐年迁出堡子的新村。

民国初期属天镇县一区。

1949年属天镇县三区。1953年为白羊口乡域。1961年属天镇县谷前堡公社。1984年后隶谷前堡镇至今。

现在，堡北墙离长城仅有20多米，西墙外有一条宽约6米的护堡壕沟，堡内仅有六七户居民居住，其余都是断壁残屋。南墙外面有几户居民，多数人家已搬迁在东墙外白羊河对岸紧挨长城下居住。长城由此村后像个括号一样由东南转向西南，成为村民房屋的天然挡风墙。一条笔直的水泥路由堡东南直达村外1千米之外的大路。正沟河水从西北穿堡向东南流出。堡东西长150米，南北宽130米。

东墙仅残存3～6米，在居民院内。

南墙残缺严重，残高1～3米。堡开南门，门外瓮城亦开南门，今瓮城已无痕。

西墙残存，残高3～10米，中间马面及西南角台相对完整。

北墙残存，残高3～8米，西北角台依然高大峻整。

堡内人口最多时为700多，过去，四城角都有铁炮。镇宁堡石碑砌在学校后面的奶

图8-15　镇宁堡

图8-16　白羊口段长城

奶庙墙壁中，又被前面的学校后墙遮挡。白羊河口，曾有两扇石门，还有门槛，后被破坏。

村北0.5千米山冈上有外边墩1个，现高2米，村南1.7千米有火路墩1个，方形，羊马墙也为方形。边里、边外墩21座，火路墩1座。

还有一说，天成卫与镇虏卫合并后简称天镇，镇宁被天镇所忌，改称白羊口。

诗曰：倚边如线一字开，白羊口前耸箭台。只缘当年天成镇，始有镇称将名改。

（十）镇口堡（水磨口）

天镇县谷前堡镇水磨口村，即明朝时大同镇所管辖的七十二城堡之镇口堡，属阳和道东路，分守参将驻天成城。

镇口堡位于天镇县境北，现称水磨口村。南距天镇县城17.5千米；西邻阳高县十九墩村2.5千米；北距环翠山南麓长城1千米。村南为峪口洪积扇区，村北为山区；一条南北向峡谷纵穿全境，为水磨口正沟流域。整个地形北高南低。村民居址在海拔1240～1295米。

堡南北长290米，墙高8.33米。明正德年间（1506—1521年）之前，有水磨口墩，7～10人驻守，住有7～10户，且耕且守。嘉靖初年，该堡辖边外、边内墩21个。嘉靖年间（1522—1566年）改建长城时，筑土堡名镇口堡，堡墙高12米，周长650米，开一南门，称迎恩门。期间，北元俺答汗多次由此入犯掠天镇城等处。隆庆六年（1572年）包以青砖。

明万历年间（1573—1620年）重新土筑，南门额上有“镇口堡”三个阴刻大字。高11.6米，周长650米，设操守官1员，所领兵士311名，马16匹，分边665米，边墩21座，火路墩1座。

清初属天镇卫后所管辖。因天成县改称天镇县，镇口堡之“镇”为天镇之“镇”字所忌，便改称为水磨口。

水磨口与阳高县交界，历史上时有划归阳高。清顺治年间（1644—1661年），堡内兵士守墩台21个。属天镇县后都大北里管辖。水磨口因它北面的山口叫水磨口而得名。

民国初年，属天镇一区，1913年，驻晋军1连官兵，且筑营盘2排20余间；驻军营房门口建有一照壁，上画两条龙。1917年扩为2连官兵。1919年驻军迁走。

1949年属中国共产党天镇县三区。1953年为水磨口乡域。1958年初属水桶寺公社，天镇、阳高合县后属阳高县天镇公社。1961年4月天、阳分县后又属天镇县谷前堡公社。

堡北墙北面有一建设于1971年的方口井，东西100米，南北35米，现已弃置不用，里边为耕地。1984年属谷前堡镇至今，为行政村。堡外东北角的路旁，竖截潜引水石碑一通，所记1995年市场烟草公司支援引水事迹。

今村内的原住民多为明朝戍守长城士卒后裔，世世代代在这里繁衍生息，屯垦戍边。从这里现存的长城、古迹、民宅和民风人情上不难看到其祖先留下的印痕，看到亦耕亦守的明代军屯制度。居民姓氏有沈、石、朱、谷、刘等20多姓，范姓来自范家庄。清康熙（1662—1722年）后期迁入，现第11代人已55岁。张姓、李姓是明永乐（1403—1424年）年间来自洪洞移民（碑文有记载）。全村共有700多户，2000多人。

现东墙北段残存约10米，残高1～3米。南墙无存。西墙北段残存约10米，残高1～3米。北墙基本残存，中间有一水泥路可通车，东西两段残高约1～8米。

镇口堡内有许多过去的老旧房子，房顶全为筒瓦。堡内没有一间土碹或石碹窑洞，甚至连部分民居都要在过去的老房的基础上重新修建，修旧如旧，一派古色古香的韵味，堪称大同镇七十二城堡中最具代表性的古村落遗址。

该地段建长城时，因属山岭地段，土石并筑，一般高6～10米，宽5～8米，每隔百米左右置一敌台，台高15米左右。

村东有明长城800余米，村西400余米。村东边墙墩4个，高3～6米；村北2个，高2～3米；村西墙墩1个，高3米，边外墩3个，高3～4米；村中东畔有一个边内墩。

诗曰：借水推磨因水多，鳞次古屋瓦如波。堡存民俗颇有情，北墙水库浇蹉跎。

三、阳高县长城与城堡

阳高县东与天镇县、河北阳原县接壤；南与浑源、广灵为界；西与大同县毗邻，距大同市57千米；北隔长城与内蒙古自治区相邻。境内三面环山，北有云门山，西有采凉山，南有六棱山、殿顶山，其中以六棱山为最高，海拔2375米。六棱山、云门山均为东西走向；采凉山为南北走向。县城周围与天镇合为一个小型盆地，为大同湖盆地。

阳高乃三晋北塞、古为兵家必争之地。历代民族纷争，几为旷野。据对古城镇“许家窑人”遗址发现的古人类化石、哺乳动物化石和石器的考证，十万年前这里就是人类聚居地。战国时为赵国代郡属县，名高柳。秦因之汉除为高柳县治外，还是代郡西部都尉治所。曾置高柳郡。道人、参合县亦在境内。东汉初代郡治所为由西汉时的桑干迁到这里。灵帝末年，郡县俱废。北魏初属平城畿内之地。孝文帝迁都洛阳后，平城设恒州治，为恒州高柳郡，领高柳、安阳二县，至隋废。唐初，太宗在阴山下破突厥，设都督府，以突厥贵族为都督，管理各部。贞元十五年（799年）置清塞军，属河东节度使河东道，后唐为契丹所居，属云中云州县地。辽在今白登地建长青县，属西京大同府。金大定七年（1167年）改长青为白登县，仍属西京大同府。元至元二年（1265年）废白登县为镇，属河东山西道大同路。明废白登，北移半舍。洪武二十六年（1363年）置阳和卫，属山西行都使司所辖。清顺治三年（1646年），阳和、高山合为阳高卫；顺治六年升为阳和府。八年复为卫所。雍正三年（1725年）改卫为县，为阳高县名之始。抗日战争时期在本县南部山区建立了阳高县抗日民主政府，属晋察冀边区，1948年全县解放。

1993年7月，阳高县归属于大同市管辖。

南部的桑干河两岸地势平坦，土壤肥沃，是该县的主要农业区。境内河流有桑干河、吾其河、白登河、黄水河、黑水河，均属永定河水系，以白登河最长。

全县有各级文物保护单位35个，其中国家级3个，即人类发祥地之一的许家窑人遗址、规模空前的古汉墓群、气势恢宏的明代建筑云林寺；省级文物1个，即距今2000多年我国现存最早的古长城。

阳高县自然资源丰富，生态环境优越。有20世纪50年代毛泽东主席亲笔批示的大泉山水土保持典型，北岳恒山最高峰六棱山主峰黄羊尖脚下的汉白玉石林、罗文皂怪坡、夏季滴水成冰的秋林冰洞、春季杏花绽放的雪海长廊等奇异美景，民间艺术“二人台”唱响京城，声名远扬；已有600多年历史的滑银山鼓乐队、200多年历史的李满山道乐享誉国内外；民间工艺有精美的皮革制品、刺绣、剪纸、泥塑、布艺等地方特色产品。

在七十二城堡中，属阳高县区域内的城堡有阳和城、镇门堡、守口堡、正宏堡（靖虏堡）、正边堡（镇边堡），为一城四堡。

（一）阳高县长城

外长城由天镇县水磨口向西1.5千米进入阳高县十九坪墩界，向西南方向经镇门堡过虎头山、乳头山至守口堡，又继续向西经镇宏堡，过长城乡抵镇边堡，长城出镇边堡向西约4千米出阳高进入新荣境，这段黄土夯筑的长城墙体较为完整。最西5千米的一段筑在台地上。所有砖砌空心敌台均被拆毁，仅个别空心敌台和腹里接火墩四周存有残碎砖石和羊马墙，黄土夯筑的长城墙体残存平均为3米，宽约2米。敌台、墩台布局较密，现尚存119座，均为正方体，底宽15米，夯层13～20厘米，其中包括汉与明混筑墩台。

阳高县外长城共46千米，有三种建筑形式：台地长城、口隘长城、山上长城，全部沿山坡和平地修筑，有砖砌空心敌楼、腹里接头墩、火路墩等黄土夯筑的墩台138座。其中，砖砌敌楼及黄土夯筑的墩台较密，计有119座。

由镇宏堡至镇边堡这段长城，虽整体尚存，残高2～5米；但已失去昔日的高大雄壮气势。

长城乡由长城得名，境内地形复杂，墩台平密，其间距约500米一座。多已是残迹。守口堡东梁村、砖楼村、虎头村西老爷庙坡和许家园村东北角沿长城等处都有空心敌楼，包砖已无存。在镇门口外，双龙沟口的两侧山顶处及守口堡、镇边堡关隘长城外侧的山顶上均有众多墩台，至今残存。

（二）阳和城

洪武三十一年筑城，因城在洋河之畔而谐名阳和城。阳和地介于宣大，九边锁钥，故宣德元年（1426年）从河保北保定移高山卫同治，置阳和通判。嘉靖二十六年（1547年）设兵备道驻守阳和城。隆庆四年（1570年）移宣大总督驻之，是宣府、大同、山西三镇的最高军政长官，其驻地亦为当时的指挥中心，成为北方雄镇。

阳和城南有关，累土为之，内设阳和驿，军民商人丛集。周长4650米，城墙高11.6米，壕深10米，门三个，东门成安，西门成武，南门迎暄。城门外各建有瓮城。城门上建有城楼。四街建起店户铺面。街巷里，分布有柴市、米市、菜市、骡马市，街面上有布庄、钱铺、面铺、杂货店。

并建有14个窝铺。岁久倾圮，不堪防御。万历三十年（1602年）筑甃包砖。续创连城于关西隅，若襟带然，金汤相望，几然称雄。城中有玉皇阁；城内东北有守备署、城隍庙、吕祖观、节孝祠、文庙、大有仓、东岳庙、牛家庙、水母庙、三敬寺等；城内东南有财神庙、文殊庙、三清观、娘娘庙、灵官庙、南寺、九天庙；城角有魁楼；城内西南有关帝庙、中路署、总督署、西寺；城内西北有县署、土地司、武庙、仓庙神、姑姑庵、药王庙、文昌庙、北寺、忠义祠、小真武庙、马王庙、三官庙。北面筑有阳和台。东关外有神嵯寺、先农坛；西关外有三义庙、演武场。

正统十四年（1449年）七月，“土木堡之变”时在这里曾发生过激战。正德、嘉靖、万历年间，这里都发生过规模较大的战事。

总督府建在南街路西。督府之南建东路同知府，后中路通判驻此。东街有巡按察院、协镇府。西街有兵备道衙。督府辕门左右有“节制三镇”“边关锁钥”二牌坊；兵备道衙两旁是“威远”“宁迩”二坊；巡按察院左有“代天宣化”坊，右有“秉宪维风”坊。

万历二十年（1592年），东路同知范锡再次砖包。崇祯四年（1631年），总督魏云中于城墙每面修敌楼6座，全为砖包。

阳和本城原设参将、守备各1员，并阳和、高山二卫称阳高山卫，简称阳高。嘉靖二十五年总督军门移自朔州，随设中军参将，二十六年改朔州兵备为阳和道，四十四年，将本城原充参将更调天城，将天城入卫游击更调本城。万历二年设守备。三年，设左右营游击等官，并管粮同知俱驻扎于此。左右掖及入卫营共统存散官军6928名，马骡5892匹头，守备所领官军181员（名），马骡68匹（头）。分边沿长9.8千米，边墩38座，火路墩28座，内杏园儿、神峪沟、天蓬沟极冲，通蒙古，臼沙滩稍次之。边外10余千米鹅沟等处，兀慎台吉男朝台吉、首领儿力哥倘不浪等驻牧。嘉靖年间北元从此入犯，曾有覆军殒将之祸。景泰元年（1450年），北元3000余围攻天成东门，纵横劫掠而去。正德九年（1514年）十一月，张輗被推举任命为左参将，分守大同东路，驻守在阳和卫。他精兵简政，勤于训练，严于号令，军容为之一新。适逢北元入掠，他设伏白石崖截击北元。此战多有斩获，捷报朝廷后，于正德十一年（1516年）八月，张輗被授都指挥佥事、任左副总兵，协守大同。在任大同副总兵的第二年，张輗和大同总兵官王勋等扈驾在应州与北元骑兵展开一场较大规模的决战。

阳和的西大路，出南门，经三义庙、十里台、安滩、王官屯、重兴镇、阎家台，进入大同境内聚乐堡；东大路：出东门，走马家庄、北徐屯（廿里铺）到天镇境三十里铺。东西大路为官道。沿路有铺递驿站，营兵堡卒，人马车辆过往频繁。明宗西征，闯王东进，康熙出巡，慈禧西逃，都曾从此经过。

阳和城云林寺为国家级文物保护单位，又名云林禅寺，俗称西寺，坐落在阳高城内西门南侧。建于明代，由皇帝下诏而建。是一座完整的组群建筑，坐北向南，东西宽60米，南北长约200米，总占地面积1.2万平方米。

现在，阳和城墙毁坏惨重，东段关城北墙残存500多米，残高3～5米，均在居民院内。

南城墙西段残存300米，残高3～10米，宽0.5～3米。南墙残存的墙体中段，有一残存马面。

西墙南段残存120米，外残高3～8米，内残高6～10米，上宽0.5～1米，角台已无存。云林寺的大门就坐落在西墙上，既是寺庙又是阳高县文物管理所。寺门北面残存100米，外残高4～8米，内残高6～10米，上宽2～3米。

南关南城墙中段残留300多米，残高3～6米，里外均有民居。关城西墙残存35米，残高1～2米，残宽1～1.5米。

诗曰：古城沧桑堪悠久，《山海经》中载高柳。阳和城并高山卫，武州囫囵成空守。

（三）镇门堡

阳高县罗文皂镇之镇门堡（图8-17，图8-18），属阳和道东路，分守参将驻天成城。

镇门堡位于阳高县罗文皂镇西4千米处的长城脚下，东距天镇水磨口4千米，北距长城150米。

镇门堡筑自嘉靖二十五年（1546年），隆庆六年（1572年）砖包，高11.66米，周长750米，原设操守。万历二十七年（1599年）始改设守备，所领兵士512名，马48匹，分边6.75千米，墩21座，火路墩2座。堡开南门，门外有瓮城，堡的四角城墙上有箭

图8-17　镇门堡1

图8-18　镇门堡2

楼。城堡呈西北高东南低。

现在，东墙基本消失。南墙只有部分残存，残高1～4米，南门已消失，瓮城尚有一点痕迹，瓮城的西墙残留半截，高约3米多，8米长，有3米高包砖墙；东南角台残存，但已坍塌半边。

西墙中段有一通道豁口，其余南北两段残高5～8米，下宽5～8米，上宽1～3米。

北墙较完整，残高3～8米，下宽5～8米，上宽1～3米。在北墙中段，有一登墙坡道，原来墙上的马面台基建有真武庙，现已无痕。坡道东内墙，有一段石包墙基。

村中间由东向西流动着一股清澈的泉水，长年不断，供村民吃水和灌溉。通过落差水压，管道进入家家户户，村民用上了自来水。

民居门楼和照壁砖雕都很精美、讲究。多为清朝建筑。因为清朝边境战乱少了，驻守边墙城堡的军士及其家属就地转向以农为生，安居乐业，建房置室有了讲究。村东有一座城隍庙，已有百年以上的历史，近年做了重新修复，佛乐悠扬，香火缭绕，彩旗飘舞。

镇门堡距内蒙古的黄土沟村只有2.5千米，作为通向内蒙古的一大关口，是个重要的通商贸易之地，明清多数军人转向经商。从其民居就可以看出当年的富裕。

镇门堡有一种独特的民俗，在村外的坟地里可看见各个坟头上放着三两株新谷苗或者麻秆苗，在居民大门门头上也同样放几株。这是表示后辈们在七月十五前后已经给祖辈上过坟了。这在其他县区是没有见过的。

该地段长城损毁较为严重，几乎成了一段土梁。

诗曰：小街窄巷古民居，千古遗风不枉虚。门庭房舍人罕见，占尽风光看老榆。

（四）守口堡

阳高县龙泉镇之守口堡，属阳和道东路，分守参将驻天成城。

守口堡西距长城1千米，东距阳高县城20千米。这里不仅是山西与内蒙古的交界处，还是大同盆地与内蒙古高原的接壤地。

守口堡明嘉靖二十五年（1546年）土筑，隆庆六年（1572年）砖包。堡周长610米，高11.66米。城东一门，呈西北高、东南低之势。明时设操守，万历二年改守备，所领兵士466名，马45匹，有马市口1处。分守长城6.5千米，边墩23座，火路墩4座。明隆庆年间北元俺答汗部由此入犯，曾使大同全镇告急。守口堡所处地域开阔，烽堠相望连绵，长城由守口堡至镇宏堡，人为破坏较少。

守口堡曾是茶马交易的官方口子，每年固定六、九两月开市。

现在，堡内外住满人家。

东墙在清朝初期已被村前的黑水河冲毁。东门已无遗痕，现已换成了现代化的龙门架。村口立一牌匾：“长城古堡杏花村，青山绿水养生地”。

南墙残存120多米，残高1～3米。

西墙北段残存20米，均在居民院内，残高2～5米。

北墙西段残存20米，残高2～4米。

马市场在守口堡村北300米处的坡下，紧依长城南侧，与长城墙体相连，毗邻谷口通道，遗迹尚存。当年曾设关卡、税所，定期交易。马市有一段夯筑土墙和与其相连的一座敌台，垂直连接于长城，而向南延伸的土墙长50米、基宽5米、顶宽1米、存高7米。土墙南端连接一座敌台，其基部东西长9米、南北宽15米、存高10米，通体夯筑。东有镇门堡，西有靖虏堡，距离较近，可以相互支援。

长城从东一路蜿蜒而来，到守口堡的口子边突然消失，随之，从口子的山坡上突兀而起，顺山势高耸延伸山顶，再随山势向西、向南，从堡子西墙外的山上一路向西南方向盘桓而去。正西的长城内外，密集了5个圆形烽火台。进入21世纪初，阳高县一年一度的杏花节在守口堡举办，渐有声誉。

诗曰：长城挂山托烽堠，两山对峙雄关口。黑河滚滚流千载，雁门古地雁飞渡。马市遗墙尚存沟，满谷杏树伴河柳。一年一度杏花节，俊男靓女赛歌喉。

（五）正宏堡（镇宏堡、靖虏堡）

阳高县长城乡正宏堡，即明朝时大同镇七十二城堡之靖虏堡，属阳和道东路，分守参将驻天成城。

正宏堡南距阳高县城10千米，堡后紧依长城。堡西南2千米处即为长城乡，堡南0.5千米处是阳高到内蒙古丰镇公路。

正宏堡筑自嘉靖二十五年（1546年），隆庆六年（1572年）砖包，周长1200米，高11米，设守备官1员，所领兵士461名，马37匹，分边5.375千米，边墩26座，火路墩5座。东至守口堡10千米，西至镇边堡7.5千米。明朝后期与北元互通贡市，矛盾缓和，将“靖虏”二字改为“镇宏”。1981年，根据《中国地名普查若干规定》，将有镇压之意的“镇”字改为“正”字。

堡南河沟为黄水沟，北山称二队梁山，东墙和西墙外都有一条被雨水冲刷成的很深的黄土沟，南面横穿一条大河沟。村民全在堡里居住，其余的四面均为耕地。堡呈北高南低之势。

现在，整个堡子南北长450米，东西宽250米，呈南北向长方形体。墙体为土夹砂石夯成。

东墙整体完整，残高3～10米，上宽1～3米。

南墙残缺严重，高低不等，只有东段的一个马面较为完整。堡开南门，现南门及瓮城无存。

西墙三个马面基本竣整，只南段有一个大豁口，总体残高2～8米，上宽1～4米。西北角台残存。

北墙除了中间的豁口外，其余墙体整体残存，残高2～8米，下宽5～8米，上宽1～4米，两个马面残存。

正宏堡长城保存较完好。沿长城上烽台密集。为开发旅游，沿长城土地几乎全部种上了油菜花。每年夏季油菜花开，金黄一片，吸引了无数的游客。

诗曰：遥望长城如张弓，弦上箭镞缀群墩。筑堡坡前临深壑，重山叠岭望安屯。盼得油菜花儿开，驴友访客兴冲冲。倚墙遐思坠迷矇，靖虏缘何改镇宏？

（六）正边堡（镇边堡）

阳高县长城乡之正边堡，即明朝时大同镇七十二城堡之镇边堡，属分巡冀北道北东路八堡之一，分守参将驻得胜堡。

正边堡位于阳高县最西北角落长城乡，东距阳高县城30千米；南部是草丰林茂、山水秀美、孕育着多种特产及野生动植物的采凉山；西与新荣区元墩村接壤；北距长城0.5千米；堡旁有阳高到丰镇的神丰公路。

嘉靖十八年（1539年），修建“边墙五堡”，即大同西北部外长城沿线的镇边堡、镇川堡、镇鲁堡、镇河堡、宏赐堡，镇边堡最为边塞要冲。

镇边堡原非官设，初名镇胡堡，嘉靖十八年（1539年）土筑城堡，万历十一年（1583年）砖包，堡城周长1900米，高连女墙13.66米。设守备官1员，所领兵士官军722名，马骡82匹，分管边墙沿长11.1千米，分管边墩30座，火路墩6座。镇边堡东至靖虏堡7.5千米，南至聚落城20千米，西至镇川堡15千米，形成防守掎角之势。

沿阳高—丰镇公路前行，便看到一片盆地，原野一片平坦，里外各有一排相隔50米的烽火台伴随长城前行，仿佛衣服上的双排纽扣，煞是整齐壮观。堡子建在长城南面的一处高冈上。

现在，堡墙南北长580米，东西宽430米。堡子呈南高北低之势。

东墙中段残存，但有3个大豁口，残高5～8米；东门洞残存，宽2.6米，高8米，进深9米；东门瓮城土墙残存，南北35米，东西20米；东墙北段较完整，马面角台仍显竣整，残高3～8米。

南墙西段残存30米，残高3～8米，下宽12米，上宽1～3米；南墙东段有部分残存，残高1米。

西墙南段残存50米，残高3～5米，旁边有一砖包门洞残存，宽2.6米，外露10层石条基石，门洞高4.5米，这是原来瓮城的西门；过门洞瓮城南墙还有25米残存，高2～8米；西墙中段大部分已无存，居民在原墙址上建房很多；再向北，断续连贯，残高1～8米不等。

最为完整的是北墙，只东段有一豁口，豁口东1米处是原堡的金道（出水口），旁边的马面依然高大峻整；西段墙体和马面亦都完整，残高4～8米。

堡内村委会院中，摆着两具近年来出土的石炮。其一，长93厘米，前口外径35厘米，内径12厘米，后端外径35厘米，距后端30厘米处有一个3厘米直径的小孔；炮的内洞长60厘米，材质为黑石头，整体炮身有三道石箍梁；其二，长92厘米，前口外径33厘米，内径12厘米，后端外径33厘米，距后端30厘米处有一个4厘米直径的小孔；炮的内洞长55厘米，材质为黑石头，整体炮身也有三道石头箍梁。

院内还有一块“镇边堡”石刻匾，阴刻楷书，长100厘米，宽55厘米，厚20厘米。另有一块“怀远”石刻匾，阴刻繁体楷书，长112厘米，宽66.5厘米，厚17厘米。原东门上的石刻是怀远，西门上的石刻是济宁。此为东门上的石匾。

该村民风民俗非常纯朴，凡是人们起房盖屋搞土建工程时，一旦挖出堡子内原来的石碑、石匾或文物，都自觉地送到村委会的院内。

在堡子外的西南角，有一棵沧桑老榆树，此树砖包堡时已生长在这里，距今已有500多年的历史。村子的北边是平坦而稍向北倾斜的原野。东墙外有原来的护城壕沟，东面为耕地，村人们大都在堡内和堡外的西面、西南方居住。

堡西南0.5千米处山上有一圆形烽火台，正南1.5千米处即为采凉山。

向西出镇边堡约4千米就到达了今大同市区内，这段黄土夯筑的长城墙体至今保存较为完整，也是全国仅存的较为完整的台地长城。长城，叠压了2000年前汉长城的基础。沿长城连天烽燧，有一部分是汉明修筑的混合体。

正边堡长城在整个大同长城中最具特色，因地势平缓，不易防守，所以墩台筑得较为密集，给人一种烽燧连天的感觉，视觉上非常壮观。

大同长城所修筑在平川地区，且迄今保存相对完好的，只有长城乡这一段。

这一带的长城出于防守的需要，在墩台和墙体之间修有暗道。外侧的墩台距城墙约50米，墩台与墩台间的纵向距离大约为500米。墩就是前哨，是军事观望台，明朝一墩驻兵5～12人，专门用于瞭望敌情，发送警报，或在敌人攀爬长城时放箭射击，与城墙上的守军成掎角之势御敌。遇危险情况，墩上的将士会从墩台下的暗道转移到长城内。所谓“明墙暗道”，亦是军事防御的措施之一。暗道在长城沿线许多较大型的关口设置，墩在墙的内侧，墙与台之间有暗道，更多的是承担着军事人员短线交通的功能，而这段长城的墩台建筑在墙体外侧，长城暗道其功能则是工事掩体的一部分，更多地体现了作战的需要。

诗曰：长城如带系边堡，带缀群墩多对数。堡筑何年焉知晓？且问河畔古榆树。城堡幸存堡门在，村委大院藏文物。石炮石刻石雕刻，尽夸贤选好支书。

四、大同县长城与城堡

大同县地处山西省北部大同盆地，东临阳高县，西与大同市、怀仁县接壤，北隔采凉山与大同市新荣区毗连，南隔马头山与浑源县相望。京包、大秦铁路、大塘（大同—塘沽）、同浑（大同—浑源）、同张（大同—张家口）公路贯穿全境。西距大同市25千米。

大同县历史悠久，远在旧石器时期，这里就有人类生息繁衍。夏、商、周时属冀州。春秋时为少数民族楼烦所居。战国时属赵国的代郡、雁门郡。秦时属雁门郡。西汉初称平城县，隶属雁门郡。东汉末，平城毁于战火。三国时，曹魏复置平城县，属新兴郡。西晋末永嘉四年（310年），北魏拓驻河北省蔚县一带跋猗卢代公向并州牧刘琨求得陉北（雁门关以北），平城自在其内。东晋太元元年（376年），前秦苻坚（氐族）灭代，平城属前秦。北魏天兴元年（398年）七月，北魏迁都平城。置恒州，设平城、永固两县，属恒州代郡。太武帝拓跋焘延和元年（432年）称万年县。太和十八年（494年）孝文帝迁都洛阳，复称平城县，属恒州代郡。天平二年（535年）分裂为东、西魏，平城县在东魏境内。北齐天宝七年（559年）改平城为太平县恒安镇，同年镇废，又置恒州。北齐中期，恒州被突厥占据。北周灭北齐，州、郡俱废改太平县为云中县，属朔州辖。隋开皇元年（589年），改云中县为云内县，属马邑郡。唐高祖武德四年（621年）置北恒州，七年（924年）废。贞观十四年，迁定襄郡之定襄县于云内。开元十八年（730年），复置云中县，属河东道云州。五代时，仍为云中，属云州。辽兴宗重熙十三年（1044年）将云州升为西京，重熙十七年（1048年）于西京置大同县附郭，大同县属西京道大同府。金、元、明、清、民国至中华人民共和国成立，名称未变。金属西京路大同府，元属河东山西道大同路，明属山西布政司大同府，清属山西省大同府。民国属山西雁门道、1927年废道后，大同县直属山西省。抗日战争、解放战争时期，为便于开展对敌斗争，以北同蒲铁路为分界，分东、西大同县。东大同县先后属晋察冀边区第二专署、晋冀区五专署、北岳一专署、雁北专署，西大同县属晋绥边区晋西区第五、第九专署。东大同县曾建立“大阳天”“大阳丰”政府。西大同县曾建立“大怀左”“大丰左”等政府。1949年5月1日大同解放，市、县分置，东、西大同县合并，称大同县，属察哈尔省雁北区。1952年11月，撤销察哈尔省，归属山西省属雁北区。1954年7月，大同县、怀仁县合并称大仁县，属山西省雁北区。1958年11月，大同县归大同市，称大同市郊区。1960年1月分置古城、怀仁、云冈三个区，大同县称古城区，怀仁县称怀仁区，仍归大同市所辖。1965年1月恢复大同县，属大同市。1965年7月属山西省雁北地区。1971年大同县政府驻地由大同市迁至西坪镇。1993年7月1日，雁北地区与大同市合并，归大同市。

（一）许家庄堡

大同县许堡乡许堡（图8-19，图8-20）就是明朝时大同镇七十二城堡之许家庄堡，属分巡冀北道不属路二堡八城之一。

许堡北靠阳高县，南临桑干河大塘公路，109国道横向贯穿。西距大同县城10千米，距大同市40千米，北至聚落城20千米。是大同市的东大门。

明朝前，许堡称许家庄村。明初，当地人修筑民堡，始称许堡。许堡地处交通要道，是大同镇通往京城的必经之地。嘉靖三十年（1551年）改建为军堡，设兵戍守。万历二十七年（1599年）至二十九年（1601年）堡墙包砖。堡周长1840米，高连女墙12米，堡开一南门，门头石铭“许家庄堡”。门外有瓮城，瓮城开东西两门，东门石铭“迎恩”，西门石铭“息警”。

堡墙底座四层条石，堡门底座六层条石。城墙上面铺以方砖，其宽度可并行两车。堡墙外沿建有50厘米宽、212厘米高的女墙。女墙上设有垛口，每个垛口上嵌有外大内小的箭眼孔。墙外轮廓凸凹相间，排列有序，凸出部分为墙墩子，每边3个，外加角墩4个，共16个。距瓮城东门东面150米、西门西面150米处分别建有东西土关门，构成东西关街，既有居民区，又是防务圈。东西土关门顶上分别建有三官庙和观音庙。东土关门上方石铭“保障”，西土关门上方石铭“团圆”。东西门与东西土关门的石铭文字合起来的意思为“上迎皇恩，下息兵警，保障人民，安居乐业”。原设操守官1员，所领官

图8-19 许堡古堡1

图8-20 许堡古堡2

军683名，马骡193匹，无分管边墙任务，只分管火路墩12座，属应援堡。

堡以文昌阁为中心，分作上街和下街，从南街照壁到北街龙王庙乐楼，一条马路直穿南北，马路两边为对称的8条居民巷。上街、下街、东西关、小堡和官道是古堡的五个居民区，俗称“蜘蛛城”。北墙中轴线顶上，东墙与南墙交接处的顶上分别建有祯王庙和奎星阁，结构造型精美，瑰丽壮观。堡内外共建庙宇20余座。

明朝时期，许堡村多为许姓。清朝顺治六年（1649年），清兵入关，占据大同，取道许堡入京，驻守许堡的大将郭二冯誓不归降，力阻清兵入京。已经打到居庸关的多尔衮得知后，返攻回来。许堡的许姓家族拥戴郭二冯的义举，自愿组织起来与官兵一同守城。大同虽失，但十万清兵却被小小的许堡挡住去路，清军大怒，又增调十万兵勇强攻。许姓家族烧房屋，断后路，决心与清军决一死战，妇女老人为避受辱，纷纷跳进烈火中自焚。城外清兵尸体堆积如山，城内官民越战越勇。但一月后，终因寡不敌众，弹尽粮绝，许堡失陷，许姓家族全部战死。多尔衮一怒，传令将百姓杀光斩尽，方圆百里之许姓也遭株连。从此，许堡变成一座空城。直到康熙年间，才陆续有移民落户许堡。堡北街西南部，地面较周围低了许多，据说就是明末驻守许堡大将郭二冯的住址，清军攻陷后挖地三尺所致。

民国时期，堡子的堡墙、庙宇、殿阁等保存尚好。

现在，堡呈长方形，墙周长1500米，南北长于东西。

堡门外有一现代龙门架，已成生锈的黑铁条，上书“文明村”。堡开南门，门楼上石刻“许家庄堡”四字隐约存在；砖砌门洞完整，南门洞外宽3.5米，内宽4.2米，进深15米，高8米。瓮城开东、西两门，现只剩残存东门门洞。门洞宽2.75米，进深14米，高4米；瓮城南墙从上到下仍然砖包，底宽8米，上宽4米，门洞下外露3层石条，门洞墙高10米。

瓮城南北35米，东西40米，瓮砖分两种型号，一种长35厘米，宽17厘米，厚8.5厘米；另一种长40厘米，宽19厘米，厚8.5厘米。这是个造型很奇特的堡瓮门。东面瓮城外面又有关城，门从东开，西面瓮城外面也有关城，门从西开，开门共计五个。瓮墙的一段西墙在居民院里。

堡墙轮廓基本完整，只有东墙残破不堪，残高3～9米，上宽2～5米，墙外有一条壕沟。

南墙除了一个通道豁口，余墙均竣整，马面依然有包砖，总体墙残高7～9米。

西墙基本竣整，但有4个人为豁口，供小平车通过，4个马面也非常完整，总体残高5～9米。

北墙基本竣整，正中有一条水泥路通道大豁口，余墙残高5～9米。堡内的原有庙宇地基，有的被用来盖了窑院或加工厂，有的变为废墟，杂草丛生。

堡墙外砌的石条青砖皆被扒去盖房垒墙。堡民们对每天出门看到的土堡墙已习以为常，也从没有觉得这有什么稀罕。20世纪50—60年代，庙宇被拆除，堡墙被拆开许多壑口，堡墙外砌的石条、砖皆被扒下来盖房、垒墙。如今站在堡墙上一看，大城堡里盖起了许许多多的小城堡。

许堡村是远近闻名的“塞外教师村”。过去大同县四中就建在这里，村里不乏文化人，几乎家家户户有大学生，全村729户1549口人，教师就有430多人。

1977年恢复高考，大同县公开招聘老师，许堡村一次就考上600多人。

村东2千米处，有火山喷发形成的肖家窑头圪塔，山顶建有烽火台，与村西的“八里铺”“九里铺”等烽火台构成古代从许堡到大同的重要军事防御体系。

诗曰：堡阔如城盛文明，许堡偏无许家姓。寻根问底缘何在？许民骨耿清兵刃。册田水库养民风，世家喻理耕读勤，教师及第六百余，堡淳人贤文化兴。

（二）聚落城（聚乐堡）

大同县聚乐乡聚乐村就是明朝时大同镇七十二城堡之聚落城，属分巡冀北道不属路二堡八城之一。聚落城为大同左辅，与右辅高山城构成东西两翼保护大同城。

聚乐城（图8-21）地处大同县最北部，位于大同市东30千米处，东至阳和城30千米，南至许家庄堡20千米，北依采凉山余脉，至采凉山15千米。现属大同县管辖。南有大张公路穿越，东与阳高交界。大张公路横穿聚乐乡境内，全长7千米；京包铁路线斜穿7个村，全长5千米。

人类发展聚居的过程从聚落到部落，再从部落到村落，再到城镇，成为一条历史规律。大同县远在新石器时代即有人类聚居，系仰韶文化和龙山文化分布区。聚落村之名即由此而来，可见历史之久远。

明朝历经“土木之变”的惨痛经历，深感宣大防务对京畿安全的重要性。为此有朝臣奏议，大同“镇城孤峙，旁无辅卫，乃东城聚乐，西城高山，以为大同左右两翼”，遂筑聚落城，募兵驻守，与云冈西面的高山城互为掎角，东西呼应。天顺三年（1459年）设驿站。天顺五年（1461年）筑聚落站城。其聚落城真正创建时间为明弘治十三年（1500年），土筑并扩建北半城，辟为仓场存储粮草，以供给周边各堡驻军甚至大同府驻军之需。隆庆六年（1572年）砖包。城周长1650米，面积约0.16平方千米，城墙高12.3米，墙外包砖，城设东、西两门，东为镇安门，西为怀远门。嘉靖二年（1523年）置聚落守御千户所，设守备1员，并入大同后卫中左所守备，所领官军737名，马骡190匹（头），分管火路墩9座。

作为官堡，聚乐堡内建有大小寺庙33座，老爷庙、财神庙、奶奶庙、火神庙、五道庙以及佛教寺庙、道教宫观一应俱全，规制和大同城一个模式，有多处二层式阁楼建筑。

图8-21　聚乐堡

从规模上看，大同地区周长超过1500米的堡子屈指可数，而聚乐堡是大同府界内最大的堡城之一。

清光绪二十六年（1900年），八国联军攻入北京，慈禧携光绪帝仓皇西逃。农历八月初三（1900年8月27日），到了天镇县后驻跸县内慈云寺。第二天，即农历八月初四，慈禧一行西行至聚落城。太后和皇帝驾临，城内官府简陋，参将府狭小，地方官员只得安排慈禧与光绪帝就住于一王姓大户人家院内，此院至今仍存，葡架成荫，砖雕依旧，格局完好，只是失去了往日的辉煌，但沧桑中却显得真实、自然。

聚落城地理位置非常优越，土壤肥沃，水源也很充沛，该城远离长城一线能够作为一个特殊的后勤补给基地而存在，缘于这里的优越条件。也许是地理条件优越，这里素有林果乡之称。现在，聚落城周边遍植杏树，阳春三月杏花怒放，站在采凉山眺望，聚落古城掩映在一片淡粉色的花海之中。

聚落城主要土特产品有哈密杏、槟果、华洲杏，有麻地沟羊肉、阁老山的小杂粮、黄花，有大北庄的西瓜等。其中最负盛名的是哈密杏，色泽金黄、肉厚汁多、甜酸清香。

至今，堡子里的村民还称自己所居住的地方叫“聚乐城”。城隍庙已在原址上修复，对面的古戏台也做了补修，但是东西城楼已荡然无存，堡砖也都变成了民居的院墙。

现在，聚落城轮廓依然清晰，呈长方形建筑，东西长600米，南北宽350米。为西高东低之势。

城开东西两门，门外均有瓮城。在城西北角，又隔开一座小城，东西长300米，南北宽100米，南开一门，可以进出主城。这个隔开的小城就是一个存放粮食的粮库，可供给四方兵马的粮草，并派重兵把守，西可支援大同镇，东可支援阳和城，北可支援长城沿线的堡塞，实乃一处重要的粮食后勤仓储。粮库内，依然散落着许多石磨盘，其中有半扇磨盘，直径就达2.2米，厚27厘米，属大型磨。

城东墙断续残存，大都在居民院落之中，只有一城门墩外露。

南墙西段基本完整，残高5～8米，上宽1～4米，中段有100米长的大豁口，残高1米左右；东段墙残存120米，残高1～4米。

西墙中段有一通道豁口，其余墙体基本残存，残高5～8米，上宽1～4米。

北墙里外都有住户，将墙夹于中间，墙体基本残存，残高3～8米。

粮库东墙已毁。南墙高6～8米，两边均有住户；中段有一砖碹门洞，基本残存，宽3米，高约10米，进深4米，下面外露3层长石条基础。

大同镇东有聚落屯粮城，西有高山屯兵城，聚落城是明朝大同镇最为牢固和便捷的后勤军需之城。有9座火路墩散布大同城到聚落城之间，并且在两地中间每隔5千米还有军铺相连，起着通信联络的作用，称“十里铺”“二十里铺”“三十里铺”“四十里铺”等，现在这些村庄地名仍然存在，并且四十里铺还保存着完整的小型堡子。现在，聚落城人烟稠密，集镇繁华，距离一个高大的火路墩不远的地方，就是大同盆地林立的高楼，旁边是现代化的无线通信铁塔。聚乐乡依然是大同县的重要粮食产区，也是大同县较大的一个乡镇。

诗曰：唤堡实为聚乐城，堡小焉能套大瓮。月城储粮保军供，慈禧西逃留遗踪。城阔人稠地可怜，空羡当年有粮存。欲问富路何处寻？一户十亩杏树林。

五、新荣区长城与城堡

新荣区位于大同市北部25千米处，东邻阳高县、大同县，南接大同市南郊区，西连左云县，北隔长城与内蒙古丰镇市相望。新荣区建制于1970年，区治新荣村西；1972年1月，又将左云县原破鲁、东胜庄、郭家窑并大同县花园屯、镇川5公社划入。

弥陀山坐落在新荣区北部，背依古长城，雄踞拒墙、拒门二堡之间，山势平地拔起，山顶视野开阔，扼晋蒙交通要塞，历来为塞外长城兵家必争之地。

20世纪80年代初，郭家窑、堡子湾两乡人民在山上植树种草，改造大自然生态环境，万亩樟子松成为全省“三北”防护林样板工程，昔日荒山秃岭的弥陀山，生态环境日渐变好。

新荣区的地形高阔平缓，全区最低海拔1178米，最高海拔1724米，大都为黄土丘陵区。

在大同镇七十二城堡中，新荣区界内保留城堡为11座，均依长城建于山底，并与护边诸堡互成体系。

（一）新荣区长城

大同市新荣区所辖长城，由阳高县镇边堡向西延伸约4千米，进入新荣区镇川乡元墩界。境内分两路有内、外两条长城，即外长城与小边，总长110千米。外长城系明朝所筑，或曰秦筑明修。全长77.5千米，主体均系黄土夯筑，共229个烽火台，途经6乡25个自然村，共筑镇川口、得胜口、拒墙口、拒门口、助马口5个关口。小边位于外长城南14.5千米处，境内全长33千米，亦系黄土夯筑，127个烽火台，途经3乡15个自然村。内外长城组成钳形防御线，蜿蜒雄奇。

外长城由元墩向西经三墩、镇川口，抵堡子湾乡的宏赐堡转而向北，经河东窑，跨饮马河，西转镇羌堡，又由镇羌堡向西南经二十一墙村，至拒墙口，又经郭家窑乡的拒门口、东胜庄的助马口至十三边长城，转南经砖楼沟继续向南，出新荣区入左云界。

所辖小边由宏赐堡向西南延伸，经新荣镇里场沟、外场沟、下甘沟至新荣，再向西南延伸，经新荣、破鲁堡至吴施窑，入左云界至黑土口。新荣区所辖外长城与小边共计100.5千米。

长城在大同新荣区基本上都在山脉边缘或者平川上建筑，沿线地势平缓，无山河之险可凭借，受到人为侵扰破坏严重，向北转西的长城稍好一些。沿长城高大的土筑墩台十分密集，黄土夯筑墙体高5米以上，十分坚固，又远离人口密集区，人为破坏较少，保存较好。长城由镇川口继续向西跨西寺儿梁山，抵宏赐堡。这段长城为黄土夯筑，较坚固。由于地势起伏较大，又墙体保存较好，多存高5米以上。是大同市内所辖长城较为突出的地段。

由宏赐堡延伸至镇羌堡，再向西经二十一墙村和拒墙堡这段长城，自然坍塌严重，已成一条长堤状，土筑墩台亦倾圮严重。

由拒墙堡经拒门口至助马口这段长城，地势起伏，长城成蜿蜒状，因土质多为沙性，不够坚固，受风雨剥蚀残损严重，很多地段已成土脊状，较好的地段也坍塌成堤状。

外长城由助马堡经十三边南转，到砖楼沟出新荣区入左云界。十三边往东地势较为平坦，经南略有起伏。两边夯土所筑长城保存较好，墙高均5米。

从宏赐堡向吴施窑延伸至左云的小边，墙体规模不及外长城，也无修筑骑墙墩并马面，遭受人为及自然破坏十分严重。尤其是由宏赐堡至开山峪村西延伸的小边，因修大同至内蒙古的铁路、公路，加之受到饮马河水的冲刷，这段7千米长的小边，只残存几座孤立的夯土墩台。由开山峪至教场沟的小边，稍有隆起的慢坡状。由里教场沟向西经外教场沟、下甘沟、光明、鲁家沟等村至安乐庄的小边，虽然有圮残或毁坏的地方，但整体尚存，高4～5米。由安乐庄向西至六墩子段小边，坍塌毁坏严重，已难辨识。由六墩子向西南八墩子至东黄土口小边，仅存坍塌的墙体，高约3米。由东黄土口向西偏南至吴施窑的小边，已无迹可寻。

大同镇所谓“内五堡”，即镇边、镇川、宏赐、镇鲁、镇河堡均在新荣区界内；所谓“外五堡”，即镇羌、破鲁二堡在新荣区界内，其余灭虏、威虏、宁虏在左云界内；所谓“塞外五堡”，即拒墙、拒门、助马、保安、得胜堡基本在新荣区界内，只有保安堡在左云界内。因这五堡均建在小边之外。故称“塞外五堡”。由此可证实大同镇长城，小边早于外长城。

新荣区段的长城，几乎都修筑在并无天然屏障的地带，从东往西依次设有镇川口、得胜口、拒墙口、拒门口、助马口5个关口，在这样的地理环境下，在北部绵延的山下挑挖深沟且“垒土为墙，高复倍之”，就成了这段长城最鲜明的建筑特色，新荣区境内长达75千米的外长城全部都是黄土夯筑，屯兵堡则为土夯砖包。

（二）镇川堡

新荣区花园屯乡镇川堡，属分巡冀北道北东路八堡之一。北东路参将驻宏赐堡。嘉靖二十八年（1549年），驻宏赐堡参将移驻助马堡。

镇川堡位于大同市新荣区东北25千米处，南距大同市25千米；北有极冲地域镇川口，北距长城2.5千米；西有灵泉寺、方山永固陵和祁皇墓；西北有万泉河；东有采凉山。地表为山区丘陵地带，曾有“七里八沟”之称。

镇川堡是大同镇著名的“边墙五堡”（内五堡）之一，也是山西北出大同、联通内蒙古的交通要道。由于镇川堡所管辖长城沿线地势平衍，无山河之险可凭借，故此镇川堡易受侵扰。嘉靖、隆庆年间，边外北元把都儿倘不浪扯布等部落曾由此两次大举毁墙侵入。

镇川堡创建于明嘉靖十八年（1539年），万历十年（1582年）砖石包修，堡周长1250米，高连女墙13.66米，设守备官1员，所领官军679员，马骡70匹，分管边墙10千米，边墩28座，火路墩3座。

镇川堡东接镇边堡十六墩，构筑于方山东侧，西临御河支流河道。由东侧的堡城与西侧的关城组成，堡城坐东朝西，平面呈方形，四角均设角台。南北墙均设马面。西侧的关城与堡城西墙相连，形制较小，坐西朝东，平面呈方形。原开西门，现无存。关门外有照壁一座。堡外北侧有火路墩一座。原堡外东北有校场一处，现存点将台。原关堡内寺庙林立，衙署耸峙，现无存，只残存关门外照壁一处，后重修。堡内现存古井一口，用明砖砌成，口径2米，深达10多米。

2001年以前，镇川堡是乡政府所在地，现归新荣区花园屯乡所辖。境内208国道、得大高速及一条省道纵贯区境。

镇川堡所处地形，东北部与西南部高，境内地势较平缓，是典型的黄土丘陵地貌。山脉主要有采凉山、马头山、雷公山、弥驼山等。

境内北有涓子河；中部淤泥河横贯东西；东部纵贯南北的有饮马河、万泉河；堡西临御河支流河道。

镇川堡是北东路最坚实的堡城，民间有“铁打的镇川，纸糊的得胜”之说。

现在，堡墙包石17层，包砖墙厚达5米。夯筑质量极好。堡子加关城东西360米，南北345米，其中关城为45米×40米。堡开西门，有瓮城，亦开西门。清朝时又开东堡门，现在两门及瓮城均已无痕。堡呈东高西低之势，北墙外原是一条护堡壕沟，后来东山上逐年有雨水冲刷，现已成为一条深沟。南墙外亦被雨水冲刷成一条深沟，沟南有民居。

现东墙北段137米仍完整，残高3～8米；中段有50米已无痕迹，再向南有25米残存，残高2～6米；过一个4米宽的豁口，再向南有80米残存，残高2～8米；东南角台比较完整。

南墙东段残留33米，残高6～8米；中段残留一截土墩，像烽火台一样矗立于堡子中心；西段残存100米，残高3～6米；西南角台竣整高大。

西墙南段残存50米，残高4～6米。

北墙基本完整，但坍塌较严重，顶端多豁口。

与镇川古堡一河之隔之西寺梁上，新耸立着一座红墙灰瓦的寺院，晨钟暮鼓的声响，传送在整个镇川峪。到镇川堡过镇川河，经过万泉庄，一条新修的道路环山而上，史载此为北魏御道，御道是石头排列还是黄土垫道，都已无从考证，此道一直通向方山顶北魏永固陵。

永固陵是北魏文成帝拓跋浚之妻室冯太后之墓地，俗称永固陵，为我国已发掘的南北朝时期最大的墓葬之一。永固陵造于西寺梁山顶玄武岩上，封土现高22.87米，呈圆形，墓底为方形，南北长117米，东西宽124米。墓室坐北朝南，建于封土堆中心，设有墓道、甬道、前室、主室等，为北魏杰作之一。特别是将陵墓建于山顶，在中国少有。永固陵的北面是为孝文帝修建的祁皇陵，但未用。

在方山山半腰中有一西寺村，村中一古刹称慧泉禅寺。据有关资料记载，慧泉禅院始建于明弘治十一年，先是小规模的，后明万历年间经过重修，达到了辉煌壮观情景。

诗曰：城高四丈大角墩，登台方见墙刃锋。堡外壕沟犹八卦，永固陵巅长满松。

（三）宏赐堡（弘赐堡）

新荣区堡子湾乡宏赐堡就是明朝时大同镇七十二城堡之弘赐堡，属分巡冀北道北东路八堡之一。北东路参将驻弘赐堡。嘉靖二十八年（1549年）弘赐堡参将移驻助马堡。

弘赐堡村东南距大同市30千米，东北距长城1千米。北对焦山，南临孤山。大同到丰镇的208国道从堡西通过，两条铁路线像平行线一样横贯东西。东有方山御河，西有二道边墙，北为外长城与小边两道边墙的接口处。

宏赐堡是大同镇著名的“边墙五堡”（内五堡）之一，也是山西北出大同连通内蒙古的交通要道。

宏赐堡占据战略要地，当年先筑宏赐等五堡于东，嗣筑镇羌等外五堡于西，既创靖虏、灭胡诸堡以状声援，又于塞外筑拒墙五堡，以厚蔽肩背。

明朝以前，宏赐堡称红寺儿；明初，筑民堡于此。明朝嘉靖三年（1524年），巡抚史道、总兵梁震同奏请修筑。嘉靖十八年（1539年），总督毛伯温奏请重修。万历二年（1574年）砖包，堡城周长3500米，堡墙高11.6米，厚8.3米。宏赐堡设参将、立把总4员，其余四堡各设把总1员，领队官兵共140名。

为固守，又沿西北一带深挑壕堑一道，沿壕修筑墩台，各设旗官驻守。由于加强了边墙五堡的防御能力，因此在保卫大同城镇的安全，抵御蒙古也先侵扰起到了很大的作用。可见五堡为云中复背之地，北逼沙漠，南翼镇城，东亘阳和，西连左卫，三面开耕，一面御敌。

边墙五堡修筑以后，又于弘赐堡东南5千米处筑一小堡名曰“会远”，中设公馆，更立一墩台，设置军官驻守。此台位置很高，四望五堡俱在，目中方向极为真切，凡标号招传，合散呼斥，远近可以毕见。

嘉靖三十一年（1552年）二月，北元20余骑，自弘赐堡入，攻陷羊疙瘩等堡，掠杀人畜甚众。嘉靖三十一年（1552年）九月，北元2万骑从宏赐堡溃墙侵入，散掠大同左、右及安东十七卫。嘉靖三十二年（1553年）八月，北元俺答、把都儿分道由宏赐堡等边入境，合众下浑源州，又东掠灵丘、广昌等地。

清朝初年，宏赐堡依然有驻军。

现在，宏赐堡为堡子湾乡所辖，位于一条富矿带上，总探明石墨矿石储量达5162.3万吨，内含石墨224.7万吨，平均含碳量4.9%。石墨矿全山西省唯此一处，因此紧邻的就是一家大型企业——晋能集团大同能源公司碳素分公司。

现宏赐堡呈西北高东南低之势。堡开东、南两门，均有瓮城，东门瓮开南门，南门瓮开东门，现已无存。

东墙基本残存，残高2～4米，东南、东北角台残存，有一马面较完整。

南墙中段50多米已无痕迹，东西两段墙残存，残高3～8米。

西墙南段残存300米，残高3～8米，西南角台残存，西北角台相对完整，中段有大豁口，北段残存300米，残高3～8米。

北墙大部分已被毁，东段残存300米，残高3～6米。

宏赐堡建堡时称“弘赐堡”，堡门上砖刻亦为“弘赐堡”三字，后来人们习惯写成宏赐堡。

外长城在宏赐堡呈一个东西走向的横写“人”字形，有一矿正好建在“人”字中间的三岔交汇点上。宏赐堡长城的墙体在这里被多处掘断，甚至根除踪迹长达几百米，三岔交汇点已经消失，附近的火路墩也被浸泡在了淤泥中，多处断裂开缝，情势岌岌可危。这是一个环境问题非常突出的地方，耕地与水源在这些年都经受着严重污染。

穿过宏赐堡，过村北的树林，又穿过水量丰沛的御河漫水桥，就到了河东岸的长城近前。

宏赐堡长城向东一直是在山上延续，山沟里有运矿便道，一直伸向大山深处。长城在这里沿山脊延伸，且属因地制宜，墙体全部为黄土夯筑，有未经加工的石头堆砌填充缝隙的，也有用毛石精心垒砌墙体的，墙均残高3～5米，顶宽1.5米左右。沿墙走势大致还能看出对地形的精心挑选：北侧的视线宽阔，长城处在山脊最靠北靠边的地方，不要说大队的游牧民族骑兵队伍杀过来了，对面的沟壑里和再远处的山上即使跑过来一只兔子，也尽在守边士兵的眼里。南侧对地形的选择则很随意，如今这墙依然是省界，山西这边依墙体拉了长长的铁丝网封山育林。内蒙古一侧植被也很好，但主要是原生灌木丛。

（四）得胜堡

新荣区堡子湾乡得胜堡，属分巡冀北道北东路八堡之一。北东路参将驻弘赐堡。嘉靖二十八年（1549年）弘赐堡参将移驻此堡。

得胜堡位于大同市北45千米处，东至边墙1.5千米，北至边墙1.5千米。自古为联结晋北与内蒙古的主要通道，地理位置十分重要。今由山西大同通往内蒙古呼和浩特的国家级主要干线公路由此口通过。

得胜堡，明嘉靖二十七年（1548年）土筑，时称“绥虏堡”。隆庆五年（1571年），明王朝在得胜堡举行隆重敕封仪式，封北元首领俺答汗为顺义王，后又封三娘子为忠顺夫人，开放大同、宣府等地“互市”，史称“隆庆议和”。

万历二年（1574年）砖包。万历五年（1577年），又在长城沿线新平堡、助马堡等地设10个互市点，马市数十年高度繁荣，推动了明朝晋北的兴起。李杜诗言：“天王有道边城静，上相先谋马市开”。马市的开辟是明王朝与北元由战争到和平的转折点，民族干戈化玉帛，走向了一定的融合。

万历三十二年（1604年）七月，因其人稠地狭，又增筑关城一座，东、西、南三面大墙，沿长670米，墙高12.66米。是年，经钦准，从所辖七堡抽调军夫匠役1188人，历时3年1个月，拆去南墙，新增城墙933米，向南扩建一个墩距，使堡周变为4300米。扩修后堡名改为得胜堡。重修得胜堡外墙一律下砌石头，上为砖包，堡墙设敌台18个，各置千斤大将军铜炮1门；瓮城墙上置千斤铜炮1门，亦称大将军；堡墙女墙垛上各置100千克重牛腿铁炮1门。堡内由北向南建有标志性建筑神武阁、玉皇阁、木牌楼、菩萨阁、城阁等；建有新军营房300间；瓮城、月城建照壁各1处，长33米、高5米。玉皇阁偏东10米设参将府，府周建有火药库、制弹房、新营房等，住参将1员，所统应援官军

2448员，马骡1189匹，并负责本堡及所辖七堡的长城军事防御事务；西20米设衙，内住朝廷命官，负责处理堡内居民日常事务；南20米建有木牌楼一座，高8.3米，宽16.6米，琉璃瓦覆顶，下为木结构，雕梁画栋，十分壮观。

得胜堡以北1千米即得胜口，位于镇羌堡西北角的长城上，明初始建，是连接口里口外的重要关口。得胜口主体建筑是一座横跨长城的石砌砖包城门，其宽度可过一辆大车，门顶上建有木楼。口子外面是得胜口瓮城。瓮城也叫望城堡，边长166.6米，留门与山路、得胜口相通。由得胜口、得胜口瓮城、城台、马市楼、街市、紫塞阁、北致远店、南致远店以及庙宇、戏台等构成得胜口建筑群，绝大部分是建于明隆庆五年（1571年）之后。瓮城，既是马匹接受检疫的第一场所，又是官市罢了以后的民市场所。瓮城北门外依山而建大店一座，即北致远店，占地10余亩，房20余间，是专供北元商人旅居的处所。南致远店占地40亩，有房屋200多间。口子东侧沿长城脊建有一大正方形城台，边为23.3米，高11.6米，石砌砖包，设有垛口、箭孔等，中央有房屋，是守口将士值班护口的地方。再东20米有一高一低两个建筑物，即为关口马市楼，既是开设马市的标志，亦是驻口最高长官办公场所。入口子西侧有老爷庙、戒台、胡神庙等。由口子向南有233米长一条宽阔的南北大街直通紫塞阁，这是得胜口最繁华的商贸大街。大街两旁有南京罗缎铺、杭州绸缎铺、潞洲锻铺、临清帛铺及绒线铺、杂货铺等，延长四五里许。紫塞阁建筑格式与得胜堡玉皇阁一样，但规模略小一些。紫塞阁北门233米与得胜口相通，东门50米与镇羌堡相通，西门50米与市城堡相通，南门50米。

得胜堡与宏赐堡、镇羌堡成掎角之势。此堡外接镇羌堡，内联弘赐堡，击柝相闻，两堡依附，烽火相传，矢镞可及，虏终不能独窥。作为明代最大的马市遗址，得胜堡又与镇羌堡、市城堡、得胜口、望城堡以及马市楼、南北致远店、紫塞阁等，组成一套宏伟而完整的边贸体系，人们习惯地统称为“一口三堡”。

市城堡位于得胜堡北0.5千米处，建于明隆庆五年（1571年），是官方举办大型“茶马”交易的中心市场，城高8.3米，周长550米，呈方形，石砌砖包，同样有垛口等设施；城开东门，门顶建马市楼。门外为瓮城开南门。瓮城外是月城，开东门，与紫塞阁相通。堡内空旷无屋，是一座单纯的举行交易的大市场。开市后，卯时闻得胜堡晨钟开启城门，寓居南、北致远店的商人便云集市场，进行交易。

现在，得胜堡平面略呈方形，南北长约500米，东西宽约400米。

南门砖碹门洞残存，近年来又重新整修了一番，门洞依然维持原状。瓮墙残存，开东门，有一豁口，西墙、南墙已打开豁口。门额上阴刻楷书“保障”二字，并署有“万历丙午岁秋旦立”。堡门外立一大理石碑，上刻：山西省第二批历史文化名村，得胜堡，山西省人民政府2009年公布。门洞里宽4.4米，外宽3.75米，外门洞高3.6米，里门洞高5.4米，进深15.4米。外露4层石条基石，内露11层石条基石，里边地上铺有玄武岩石头，现已磨得光滑，两条古代花轱辘车辙很深。关门里有一额匾，阴刻楷书“得胜”，门洞内东西两侧墙壁各嵌有石碑一块，西墙碑风化严重，字不可辨；东墙碑字迹清晰完整，为万历三十五年（1607年）八月扩修得胜堡记事碑。

登上得胜堡南门楼，放眼望去，可清晰地望到丰镇发电厂的大烟囱。四边堡墙轮廓完整，墙体竣整，墙外田野辽阔，墙内房舍成片，现存得胜堡马市遗址的包砖已全部拆除，但市场堡的墙体竣整，墙高约8米左右；得胜口及得胜口瓮城、望城堡、马市楼、城台等土筑建筑尚在；得胜口繁华的233米长的商业大街，仍依稀可辨，堡内东北角有部分民居，西北角全为耕地，村民大都在堡西和堡南里外居住，堡北为耕地。南、北致远店及紫塞阁、老爷庙、胡神庙等，只剩废墟瓦砾。

进入堡内，一条大街从南门向北延伸，穿过一座砖箍方台，为玉皇阁原基座。方台下有四个门洞，登墩的洞梯已堵塞，上面已无楼阁，只留残砖碎瓦，荒草飘摇。下部四个门洞相通，砖碹非常精巧整齐，南门额上石刻“雄藩”，西门额上石刻“保民”，北门额上石刻“镇朔”，东门额上石刻“护国”，门洞外露6层石条基石，内宽4.4米，高4米，进深5.5米，门洞内所铺石条已变得光滑。

东墙北段完整，残高8～9米，中段有两个通道豁口，南段有一豁口，其余残存，残高5～8米。

南墙基本残存，残高3～8米，东西段各有一马面竣整高大。

西墙南段残存30米，残高5～7米，中段里外均有民居，残存一马面较为完整，马面两边各有少量残存，残高2～4米，北段墙较为完整，残高6～8米。西段有部分自然坍塌现象，总体残高5～8米。

堡内过去有大小庙宇72座，20世纪50年代开始拆迁用于建牲畜饲养房。大规模拆毁始于60年代。得胜堡是个大村子，全村约有860多户，光堡内居民就有300来户1000多人。姓氏有张、王、李、赵等80多姓。

得胜堡是明朝“九边重镇”大同镇的极边要冲，至今留有内外两条长城。由于位居人口稠密处，地势低洼潮湿，土质差地段，现存遗址遭到人为及自然破坏。

诗曰：隆庆议和蒙汉亲，通贡不再动刀兵。民族融和史难忘，消戈自古安边民。得胜留得青史在，典藏名镇弥古今。垂花堡门贵珍稀，玉帛阁下望边宁。

（五）镇羌堡

新荣区堡子湾乡镇羌堡，属分巡冀北道北东路八堡之一。

镇羌堡位于新荣区最北端，南距大同市40千米，北50米处即为长城，西边0.5千米处是市城堡，再西1千米处是得胜堡，堡西北处即为市场城。长城在此呈直角，由北而西，从丰镇市的南边10千米处蜿蜒通过。

镇羌堡始称水口堡，后由大同巡抚詹荣、总兵周尚文改为镇羌堡。于明嘉靖二十四年（1545年）土筑，万历二年（1574年）石砌砖包。周570米，高12.6米，设守备官1员，所领官军1053名，马骡184匹（头），分边11.5千米，边墩28座，马市1处，砖楼1座，火路墩7座。嘉靖三十年（1551年），北元俺答汗部曾由此入边大掠。

一个小小的镇羌堡曾屯扎着1000多名将士，其南不到1千米的得胜堡则同期驻扎2483员将士，马1189匹，反映了该地区作为边关口的重要性，是名副其实的极冲要地。

镇羌堡为全国著名“塞外五堡”之首，为边塞首冲之地，又为阖镇大市集。明朝为笼络日益强盛、不断扰掠的北元，于正统三年四月设大同马市，厚加接待。正统十四年北元首领也先借口明政府削减马价，大举南犯。明英宗朱祁镇亲征，兵败被俘，大同马市因此中断。嘉靖三十年（1551年），鞑靼强盛，俺答汗扰掠边境，明朝为与俺答汗议和，四月在大同镇羌堡，五月在宣府新开口堡开马市，专待鞑靼，但作用不大，于次年三月关闭。隆庆四年（1570年）十月，俺答汗之孙把汉那吉降明。次年俺答汗受封为顺义王，宣大总督王崇古奏请再开宣大马市。当年五月至八月先后在大同得胜堡、宣府张家口堡、大同新平堡、山西水泉营堡分别开马市，以银购马，另有抚赏甚厚，宣府、大同一带得以稍宁。

现在，镇羌堡堡包砖被拆，堡门已经不存，堡城四墙多处破损，堡里满是用堡砖修的房子，包括院墙、鸡窝、猪圈、厕所等。北墙里面为部分耕地，余下都是居民住户，一直延伸到南门外面。

堡子东西280米，南北250米。

东墙南段有一个豁口，其余角台和马面都较完整，残高3～8米。

南墙东段残存20米，西段残存50米，残高3～8米，南门与瓮城无存。西墙基本残存，两个角台、一个马面还较完整，残高2～8米。

北墙两个角台，一个马面完整，残高3～8米。

市场城位于堡子外的西北角长城之北，四墙基本残存，残高4～8米，上宽1～3米，南北100米，东西230米，为土筑，无砖包痕迹。开南门，外有瓮城开东门，向东20米，长城上开一南门，门旁有一座高大的马市楼，已无包砖，残迹尚在。紧邻马市楼的长城上，有一座高大的瓮楼，有砖包的痕迹，原名叫“市场堡”，后取谐音更名为“四城堡”。现砖石、堡门及马市楼等尽被拆除，只剩一座脱落了的黄土堡围。

从明清到民国年间，市场城一直非常繁华热闹，常有周边村庄的人来此赶集，周围3座乐楼常常锣鼓喧天，演出不断。从南边过来的生意人赶着牛车进市场城时，500米长的土路上，经常拥挤不堪，或许得走半天多时间。

市城堡位于得胜堡东北方，镇羌堡西北方，三堡呈“品”字形，守护着得胜口及市场城，时刻提防北元乘虚而入，可谓大同镇七十二城堡中，堡寨最为密集的一处地段。该堡南北200米，东西200米，墙为黄土夹红土夯筑。堡开东门，建有30米见方的瓮城，瓮开南门，门外三面有羊马墙。堡内现为耕地，地面没有发现陶砖瓦当以及砖石砌墙痕迹，证明该堡从未入住过民居，官方也没有在堡内建过住房。现四墙和角台马面基本完整，有部分墙体属自然坍塌，残高平均仍有5～8米。

镇羌堡东北的一个小山包上有一圆形烽火台。东墙外面的一条河从长城外边流过，称饮马河。

由镇羌堡向西经二十一墙村至拒墙堡段长城，因筑墙所用夯土土质不好，自然坍塌极为严重，已成为一条长堤状。

诗曰：得胜口边三城框，造形品字大市场。日进斗银古马市，民族融合莫镇“羌”。

（六）拒墙堡（拒羌堡）

新荣区堡子湾乡拒墙堡就是明朝大同镇七十二城堡之拒羌堡，属分巡冀北道北东路八堡之一。

拒墙堡往东1千米处有新荣至丰镇公路；南至新荣区15千米；西北山称弥陀山；北距长城0.5千米，过长城往北3千米处有丰镇电厂。

拒墙堡是辽金时期的汉蒙边贸重城宣宁（辽称宣德）县城遗址。洪武六年（1373年），明朝将宣宁县8300余户，3900余人强迁中立府（今安徽凤阳），次年，宣宁县制撤销。洪武二十六年（1393年），明朝于旧址设立宣德卫，不到十年撤销，土木之变（1449年）之后，这一地区开始了大规模地修筑城墙与堡垒。

拒墙堡土筑于明嘉靖二十四年（1545年），万历二年（1574年）砖石包修，周580米，高12米。原设操守官1员。万历十四年（1586年）始设守备，所领官军420名，马骡30匹（头），分边7千米，分管边墩17座，火路墩3座。

拒墙堡北部紧倚边墙，周围地势平缓，并无险要可扼。嘉靖年间北元数次由此突犯至莺架山。拒墙堡一带在整个明朝时期都是朝廷的心病，至清朝亦不敢放手，仍驻扎有军队。直到清朝末年，才变为民堡。

现在，拒墙堡呈西北高东南低之势。东墙只有北段残存，残高1～6米。

南墙西段残存20多米，残高1～2米。堡开南门，外有瓮城开东门，现在瓮城只残留一小截西墙，在居民院内。

西墙南段无痕，北段残存，但有两个豁口，两个马面还较完整，尤其是西北角台，依然高大竣整，总体残高6米。

北墙中断有一个大豁口，其余两边残存，残高2～8米。

堡内房屋新旧不齐，住满人家，后面的房屋破败不堪，大多已无人居住，在堡内的东北角，有村民近年自发建起的一座小庙叫天王殿。一条水泥路从堡北豁口一直通过堡南豁口，一座高大的水塔立于堡北高墙上。

堡外北、东、南均有民居，只有堡西是耕地。

堡内残留一处南唐寺遗址，寺内有一尊石佛移大同城华严寺而有了归宿。堡附近的扬州窑石塔是著名的文物，改革开放后丢失，不知去向。

拒墙堡以前是乡政府所在地，村子人比较多，现在还有300多户，1300多口人。村南河叫圈子河。

拒墙堡向西0.5千米有宣宁城遗址，东西长6千米，南北长3.5千米，占地面积约20平方千米。是辽、金时代汉蒙边贸重城。该遗址出土了大量的砖、瓦、灰陶、铜钱、瓷器、陶壶、罐、石雕、火炕、石磨等物，是了解契丹、女真乃至辽、金时代民族政治、经济以及文化发展状况的佐证，也是探讨古代北方少数民族历史渊源的宝贵资料。

数百年来，风沙逐渐掩盖了陡墙，流水逐渐切割了墙体。这一带长城水毁严重，现今阻碍长城两边往来的，已经不是边墙，而是那纵横的沟壑。

诗曰：堡窄难容三千人，三面扩营成大村。扬州窑前话石塔，难觅当年宣宁城。

（七）镇虏堡（镇鲁堡）

新荣区西村乡镇鲁堡是明朝大同镇七十二城堡之镇虏堡，属分巡冀北道北东路八堡之一。

镇鲁堡位于新荣区正东10千米处，堡东北即为得大高速公路，村东南为大呼高速公路。堡北2千米处为小边，东1千米处有赵家窑水库。堡子以前为乡政府所在地。

镇鲁堡原名护村，嘉靖十八年（1540年）筑土堡，万历十四年（1586年）砖包，堡周1090米，高13.3米。明时设守备官1员，所领官军245名，马骡47匹（头），无分管边墙，只管火路墩7座。东至弘赐堡10千米，南至大同城20千米。

明正统年间，北元俺答汗经常南侵，大同地区惨遭蹂躏。嘉靖年间，灾难更加深重。明朝为御敌，修筑了边墙五堡、灭胡九堡等。边墙五堡为镇边堡、镇川堡、宏赐堡、镇鲁堡、镇河堡，且都建在大同府城西北50多千米的长城沿线，每堡相距12.5千米，共绵延50千米，故俗语有“堡离堡，二十五”之说。

堡墙现三面较完整，西面堡墙因风化和人为破坏保存不太完整，四面墙体风化较厉害，墩角台保存较好，堡内住有100多户人家。

现在，镇鲁堡东西340米，南北330米。

东墙北段残存，残高3～6米，中段有一个大豁口和两个小豁口，中段马面相对完整，高约10米，像一根擎天柱高耸其上，两边均有豁口。

南段较完整，残高3～6米。东南角台完整，南墙东段比较完整，下面都是夹石夯筑，上面是红黄土夹一起夯筑，并有砖箍槽痕，残高3～8米，西段有断续残存。

西墙开门，瓮城残存，开一南门，南段只存断续残痕，北段残存，残高3～10米。

北墙基本残存，东段有一个大豁口，现为打谷场面，西北和东北角台马面残存，残高3～6米。

秦时筑长城经过这里，因用红胶泥所筑呈紫色，称为紫塞。

堡砖拆毁于日本侵略者之手。当年日本侵略者修铁路时建御河桥墩，强令老百姓拆砖，拆掉三分之二。

堡东有淤泥河，传说唐朝李世民北征，其坐骑陷入河中。

堡西墙外有一龙王庙址，一个碑座，两通石碑，一尊石狮。

诗曰：迎门古碑枉记标，堡外大道通八条。近邻大同遭祸端，拆堡筑建御河桥。墙高愧作俘虏营，荒蒿烟漫盖顶窑。传说太宗陷淤泥，闲逸神话解无聊。

（八）镇河堡

新荣区西村乡沙河村就是明朝大同镇七十二城堡之镇河堡，属分巡冀北道北东路八堡之一。

镇河堡位于新荣区西南5千米处，紧靠云冈至内蒙古集宁区公路的右侧，近邻孙石高速公路新荣南出口，北对罗村西山，南临雷公山与御河。

镇河堡原名沙河，嘉靖十八年（1539年）筑土堡，万历十四年（1586年）砖包，堡周1080米，高连女墙13.3米。原设守备。万历十四年（1586年），拒墙堡操守移驻于此，所领官军333名，马骡7匹，无边墙分管，只管火路墩8座。是得胜堡等边堡的应援，也是大同长城的内五堡之一。

镇河堡边长350米，为菱形，堡开东门，设瓮城，瓮外有一个大角台，是瓮城的照壁。夯土墙体虽残缺但基本保存完整，部分城墙包砖残存，堡墙下部有九层以上黄砂岩条石砌筑，极为工整，上部为大城砖。然而，不同于通常的明堡墙砌筑方法，间隔五米左右有伸入夯土墙体里的砖垛，且分三层，每层均交错布置，成梅花形，当为拉结墙。

无论谁来镇河堡，都会一下子辨不清方位，村子里的房子朝向什么方位的都有。传说此堡是唐朝巾帼英雄樊梨花所建，且筑在旧城基础之上，号称堡斜圪瞭街，按八卦阵形布置，敌人一旦进来就难以出去。在大同镇七十二城堡中，这是一个最为特殊的堡子。

堡虽为菱形状，角为正南，呈西南高东北低之势。边长350米，东南墙为红胶泥夯筑，西北墙为黄土夯筑。四墙基本保存完整，残高平均2～6米。

瓮城只残存一堵墙，砖碹门洞残存，为垂花雕刻门洞，外露红砂石条11层，门洞外宽3.7米，外高4.3米，内高5.2米，进深16.2米。堡门西段和东段中间各有一个豁口通道，堡西南墙中段有一个豁口通道。西墙和南墙上有许多垛口。西墙外墙中段残存2处20米砖包墙体，包砖厚1.3～1.6米，高4～5米。四墙均有砖箍的上下沟槽。

镇河堡南有红墙框村，红墙框为汉长城遗址。

诗曰：破堡唯剩一城门，半城民宅半城空。红土筑得残墙在，城头老榆伴鸦声。堡城歪坐掉角斜，嫁城姑娘迷向虹。国林占地镇风沙，满目绿韵大森林。

（九）拒门堡

郭家窑乡拒门堡属大同左卫道北西路九堡之一。北西路参将驻扎应州城，嘉靖二十六年移驻助马堡。

拒门堡位于新荣区西北部，弥陀山之西的山脚下，东距大同市30千米，北距长城2.5千米。

拒门堡原名乱草营堡，明嘉靖二十四年（1545年），大同巡抚詹荣、总兵周尚文筑堡后改称为拒门堡。为明“塞外五堡”之一。

明嘉靖二十二年（1543年），总督翟鹏向朝廷上书，在已经修筑有“大同五堡”（即边墙五堡）的基础上，从今阳高到老营挑挖长堑一道，长195千米余，深、宽各6.6米，并在其拱卫区内修“靖虏五堡”和“灭胡九堡”14座护城堡，此为明朝时期大规模修筑大同镇长城的开始。两年后的嘉靖二十四年（1545年），巡抚詹荣又筑东路边墙百19千米，在宏赐堡以北的外长城沿线修筑了镇羌、拒羌、拒门、助马四堡，“以相掎角”，谓“镇羌四堡”，也称“塞外四堡”，其后历年修缮这一地区的边墙城堡，使之成为一道重要的军事防线。

拒墙堡土筑自嘉靖二十四年（1545年），万历元年（1573年）砖包，周705米，高

12.3米。初设操守，后改设守备，所领兵士487名，马骡20匹（头）。分边7.6千米，边墩23座，火路墩7座。

拒门堡乃重要隘口。《朔平府志》载：“长城在左云县境内共长八十六里。关隘有溢水口，在助马堡，距县一百里。雍正九年（1731年），巡抚石麟奏，助马一台水口实名溢水口，拒门口在南，溢水口在北，相隔七里，倚边关门。边民耕种收获，各由相近口出入，其拒门一口宽敞平坦，人畜车辆出入境颇便。至溢水口原为泄水而设，边民就便行走，而车辆驼载从此出入，震动摇撼，无不损坏边墙之虞。应令附近民人带有农器者春秋两次放行，平时关闭。其车辆驼载概由拒门堡出入，不得混行。”

顺治初年奉裁。雍正十年，重新添设把总1员，马兵2名，步兵70名，分防左云县，属助马路参将辖。

民国改为民堡。

拒门堡原属左云，1972年划归新荣区。拒门堡现有人口4000多人，村子位于拒门堡的北侧，堡内已不住人，成为耕地，从远处望去，漫坡上耸出一座残破但依然高大的土夯城堡，四角墙体矗立。墙体马面大都竣整，东墙中段瓮城两侧有豁口，系人为破坏，墙体西北角也属人为破坏，墙体南段与西段比较完整，堡内碎砖乱瓦散落在耕地里。

拒门堡坐落于一处高岗上，因地势偏高，吃水困难，20世纪50年代，堡内剩下的五六户人家迁出堡外。因堡内无人居住，又地处高处，堡墙看起来比其他堡子的堡墙高大坚实。

堡墙夯土层厚23厘米，为黄土夹红土。南北200米，东西280米，长方形状，呈南高北低之势。

堡开东门，门外有15米见方的瓮城，瓮开南门，门洞已毁，墙体残存。东墙北段有一豁口，南段较完整，残高5～10米。

南墙两个马面高大峻整，只有一个小豁口，残高4～10米。

西墙南段有一豁口通道，中间马面上修建了一座水塔；北段也有一豁口通道，墙残高5～10米。

北墙东段较完整，残高5～10米，西北角台呈正方形，突出墙体15米，高10米，角台东10米处有一豁口，中间两个马面相对完整。

诗曰：高地筑城视野阔，只缘城高建水塔。人去堡空望弥陀，南眺蓄水两库坝。

（十）助马堡

郭家窑乡助马堡，属大同左卫道北西路九堡之一，置兵备道。北西路参将旧驻应州，嘉靖二十六年（1547年）移驻助马，分辖助马、拒门、灭虏、威虏、宁虏、保安、破虏、云西、云冈等堡。设守备5员。与镇羌堡、拒墙堡、拒门堡共称为“塞外四堡”。

助马堡位于新荣区郭家窑乡西10千米处，南距大同市45千米，西至长城1千米，北至长城5千米，长城西是海拔2034.4米高的阴山余脉东马头山。

明朝天顺四年（1460年），即明英宗经过“土木之变”后重新登上皇位的第四年，将大同副总兵移驻左卫，参将驻助马堡，沿长城大量布防军队。其中，屯军5600余人在助马堡屯田戍守。弘治十七年（1504年），北元首领火筛从助马堡入侵大同，左卫总兵张安率军于助马口败火筛，史称“助马口大捷”。

助马堡为嘉靖二十四年（1545年）土筑，宣宁县废设助马路筑九堡，

万历元年（1573年）砖包，堡周1400米，高12.6米。除援兵外，其守备所领兵士634名，马30匹，分边10.2千米，边墩25座，火路墩8座。堡设极边，边外内蒙古凉城一带有蒙古黄金榜实、摆户恰等部落驻牧。

嘉靖二十六年（1547年），应州参将移驻助马堡并统辖周围九堡，此时，驻堡守备、中军、座堡各1员，千把总8员，军2175名，马骡驼800匹（头）。

嘉靖二十七年（1548年）11月，北元首领俺答汗伏兵袭击助马堡在内的左卫五堡，左卫指挥顾相率兵出击被围，大同总兵周尚文驰援，双方展开殊死激战，明军多名高级将领阵亡，相持月余，俺答汗才退走。

隆庆五年（1571年），明朝在大同镇设置官办马市3处，分别是新平堡马市、得胜堡马市、守口堡马市。到明隆庆六年（1572年），又在大同镇开辟许多新马市，包括助马堡马市、宁虏堡马市、灭胡堡马市、云石堡马市、迎恩堡马市、杀胡堡马市等，从而使大同长城成为“中三边”马市最多的地方。这些马市的繁华程度举世闻名，当时人们流行一句话：“金得胜，银助马”，大量的税收源源不断地从这里进入了明朝的国库。后来为加强马市保护力度又在堡东筑一关城。

清顺治五年（1648年）十二月，大同总兵姜瓖起兵抗清，助马参将李向尧响应。翌年三月丙戌日黎明，清军围攻助马堡，战事激烈，鳌拜率军增援，李向尧战死，全家遇难。第二天中午堡破，清军杀助马营军籍户百余家。清朝中期，大同长城地方的许多明朝官堡不再驻军，助马堡虽为军事要地，但重要性在减弱。雍正三年，这里驻军500余。至光绪十二年，驻军18名，成为边塞邮递的官驿。

现在，助马堡保存较完好。三个堡门尚存，堡内还居住着许多人家，堡门城砖大都还在，最完整的是南堡门，门内东、西墙上镶嵌有当时筑堡石刻记载，门额上方精美的砖雕彰显着昔日的辉煌。

堡开南门和东门，门外均有瓮城。后因在堡西1千米处开放边贸，为加强保护力度又在堡东筑一关城，北墙连接原来的北墙，向东延伸340米，南墙向里伸缩50米向东扩展，又开一南门和东门，门外均有瓮城。堡墙南北420米。

堡东墙即关城西墙北段残存50多米，残高3～6米。关城东墙北段残存，但都在居民院里，残高1～4米。

西堡通东关城的砖碹门洞残存，外露5层石条墙基，里露7层石条墙基，外宽2.7米，里宽3.4米，进深12.4米，外高3米，内高5米，瓮开南门，墙体已无存，只有一砖碹门洞残存，现已用砖石堵住。

关城东门洞残存，上面的砖石摇摇欲坠，村民怕塌下伤人，做了简单的修补。门洞宽3米，高4米，进深6米。

东关城南门砖碹门洞残存，外露10层石条，内宽3.6米，外宽3.1米，高5米，进深

13.4米，门额上的刻字已无存，门洞近年来也做了简单的修补。

堡西墙基本残存，西南角台3米处有一豁口通道，残高2～8米。西北角台较为完整。

北墙西段基本完整，残高6～8米。

助马堡里外全是砖包，堡内曾有24座庙。现在，堡内还存城隍庙门前的石旗杆、古戏台、明清临街店铺、宅院等。村里居民最多时有500多户，2000多人，现在村内只剩下200多人。

堡子正西是河道，位于河道北设立一市场，西面是内蒙古管辖的十九坪村。

助马堡市场城，位于助马堡西1千米之明长城处，是以长城为中轴线呈“中”字的内外两座小方城。东市场四墙残存，残高2～5米，夯土层厚20厘米。城开东门。骑长城在两城之间建有一座高大的空心敌台，俗称砖楼，亦称马市楼，现包砖已无存，东有一楼梯可上顶部。不同于土堡的是，此台夯土层密集，只有13厘米厚。砖楼东高8.5米，西高10米，顶部南北8米，东西8米，西墙中部从上到下已有一道裂缝。敌台为正方形，周长40米。

西市场城东西70米，南北65米，四墙残高1～3米，几乎已成土梁。

助马堡分守的长城段外侧、马头山的“马尾巴”处有道双边墙，传说是秦始皇修长城时试图把马头山圈在长城以内，因长城内草地不好，“马”不愿入边日修夜倒而未成功。这仅仅是传说而已。实际是明初洪武年间修的次边，略早于大边。修双边墙是因土质不好而为，不得已，从十三边沿马头山东麓，在北齐长城的基础上修筑了现存的长城。这段长城建在马头山下一片丘陵地带，丘陵西高东低，助马堡建在丘陵的东坡上。向北望去，长城在助马口是东西方向，在马头山下形成90°又形成南北走向，长城蜿蜒到达丘陵顶，越过丘陵到达河沟就是马市堡。助马口并不在助马堡，而在一个叫围场的地方；马市也不在助马口；助马堡、助马口、马市场是三个各自独立的地名。如果觅助马堡找助马口那就错了。

诗曰：助马口市当臆想，枉走冤路看围场。通贡款塞助马堡，西望市场一箭岗。西屏马头如影壁，孤悬难挡人惆怅。偏地唯留三堡门，守宅老人话沧桑。

（十一）破虏堡（破鲁堡）

破鲁乡破鲁堡，属大同左卫道北西路九堡之一。

破鲁堡位于新荣区西15千米处，地处马头山脚下，淤泥河源头，破鲁盆地中心。

破鲁堡筑自明嘉靖二十二年（1543年），万历元年（1573年）砖包，堡周1520米，高14米。原设守备官1员。因堡设腹里，万历十四年（1586年）改设操守，所领兵士320名，马29匹，只管辖火路墩5座。

清朝顺治初年奉裁。雍正十年，重新设把总1员，马兵2马，守兵77名，分防左云县，属助马路参将辖。

民国年间，改为民堡。

破鲁堡乡原属左云县管辖，1958年从新划分界域时，划归大同市新荣区，建破鲁堡公社。1984年改乡。1997年乡政府迁往村东南1千米处的火石沟村，但仍称破鲁堡乡。

现在，堡子呈正方形。边长410米。东墙基本残存，残高2～8米。

堡开南门，外有瓮城开东门，现已无痕。南墙断续残存，大都在居民院内。

西墙残高2～8米，北段有两个人为豁口，后又用砖石砌堵；中段墙残高1～5米，两个马面相对完整，中间也有几个人为豁口；南段基本残存，残高1～8米，有一豁口；最南端角台无存，残破不堪，墙残高1～5米。

北墙东段较完整，残高6～8米，中段两个马面间有一大豁口，西段马面角台完整，墙体残存，残高2～8米。

堡北墙外和西墙外现均为耕地，东面、南面均有民居。同左公路从村中横穿而过。村南有条河叫淤泥河，传说唐王李世民曾经陷马河中。村子四周平坦，土地肥沃。堡西有一座大型砖窑，曾烧制过琉璃瓦。

堡内过去有20多座庙，1949年后陆续拆毁，只有宁静寺一直没有被拆，“文化大革命”时，红卫兵将庙门口的哼哈二将拉倒，打碎。庙院内原有两棵榆树，长势非常茂盛，已有二三百年历史。自从哼哈二将被打碎，两棵树都莫名其妙地枯死。农业社将其中的一棵锯倒做了车辕。改革开放后，剩下的一棵树竟然又复活了，而且越来越茂盛。村民自发组织，集资又将这座寺院修复。

宁静寺位于破鲁堡村北城墙下，系大同市保存较完整的辽代建筑之一。历经多次修缮，方得以保存。该寺现有大殿、中殿、偏殿、禅房等15间，殿内存有塑像60余尊。

诗曰：抬眼平畴遍通途，沧桑变迁乡常驻。高墙巨墩多马面，宁静寺拜老榆树。

六、南郊区城堡

南郊区地处大同市近郊，历史上曾为大同县的西半部和左云县的东半部。民国初为大同县区域。1970年10月成立南郊区，驻地口泉镇。现在南郊区所辖城堡为一堡一城，即云冈堡与高山城。

（一）云冈堡

南郊区云冈镇就是明朝大同镇七十二城堡之云冈堡，属大同左卫道北西路九堡之一。北西路参将驻扎应州城，嘉靖二十六年移驻助马堡。

云冈堡（图8-22，图8-23）位于大同市西南16千米处，南郊区北部，距区府15千米。109国道过境。以坐落其闻名遐迩的世界文化遗产——云冈石窟而得名。南倚武周川，北依武周山，马武山、雷公山环抱。

战国赵武灵王时，在洪涛山谷地置南中北三座塞城，其北塞城即云冈。

云冈堡有新旧两堡，云冈山前旧有石佛寺堡，于嘉靖三十四年（1555年）在原堡基础上增筑，整个工程历时7年。“云冈堡”之称始于此，原来的石窟寺因云冈堡而改称云冈石窟寺。万历二年（1573年），另在山上筑堡，云冈于是分为上堡、下堡，形成掎角之势。万历十四年，两堡间的夹墙竣工，将上堡、下堡连属一体，东西修筑连墙二道，中设敌台、铺房，构成了封闭式的防守体系。其工程在万历年间整整13年。堡有三堵墙，南面为悬崖（下为云冈石窟）无墙。

新堡亦土筑，女墙砖砌，通高11.6米，周520米。设操守官1员，所领骑军218名，马12匹，火路墩8座。本堡东通大同镇城，西通左卫，为云西孔道。“未款前蒙骑驰入，道路为梗，新堡既筑，有险可据，有警据险固守，亦足保障。”云冈堡，设二门，东门“迎曦”，西门“怀远”。现云冈第7窟内存西门“怀远”石碑。

云冈堡内寺庙云集，戏台多座，云冈山顶上有玉皇阁，3窟顶上龙王沟有龙王庙。20窟南50米处，有真武庙、马王庙、财神庙，三庙前共建戏台一座。13～14窟南50米处有奶奶庙，庙对面建戏台一座。出堡城西门有关帝庙（老爷庙），对面建戏台一座。朝南有玄天庙一座，对面建有戏台，连同大庙（云冈石窟）戏台，计有5座戏台。

云冈自古归左云管辖，清朝初期，归大同府管辖一段时间，乾隆二十六年（1761年）又归朔平府左云管辖，后废为民堡，逐渐颓坏，成了百姓居住的村庄。云冈石窟东有“左云县交界”石刻。

民国初再次归大同管辖。

云冈村1958年建云冈公社，1984年建镇。南北长10千米，东西宽约15千米。潺潺流淌的十里河水自西向东穿镇而过，云冈因靠交通的便利和石窟的名声，早已是云冈镇的中心村。1998年，109国道改线武州后山，2001年12月14日成功列为世界遗产名录，云冈堡整体搬迁至往东14千米的小站村旁。

现在，云冈堡已经同景区融为一体，全部被圈进景区的围墙内，但堡子还没有进行打造，依然是过去残留的模样。站在山脚下，一时无法看到土堡的全景。只看到山顶上两条呈八字形的土墙。南墙正中开一堡门，在堡门外侧（南面）建半圆形瓮城，瓮城门开西侧。南墙两角建八字形墙伸向两侧，像人的两道眉毛，除局部坍塌外，大部分墙保存较完整。残高6～8米。悬崖边有一方形土台，上铺方砖，是原来的一座庙址。

堡子呈正方形，边长150米。东墙基本完整，残高7～8米，上宽3～3.5米，下宽5～8米。南墙东段有一豁口，余墙残高5～8米。堡开南门，外露3层石条，门洞无存。门外有瓮城开西门，瓮城15米见方，只剩土墙残存。西墙中段有两个豁口，余墙残高3～6米。东北、西北、东南角台完整，只有西南角台已经坍毁，成为一个大豁口。北墙有6个小豁口，余墙基本完整，残高3～8米。

堡内长满荒草，堡中心有一祭祀台，是在原来旧基台上重建，九层石级，上有一石质大香炉，刻“祭天得福”四字。一处空地上，砖石瓦当堆积如山，码放得像墙体一样，是近年来从堡子周围发掘出来的北魏时期和辽金时期的古庙遗址的砖瓦，对研究云冈北魏文化和辽金文化提供了一定的佐证。

现在下堡的一个角台还较完整，北墙东段残存40多米墙体，残高5～7米，余下的墙体已无痕迹。

在景区的西南角，即原来下堡的中心，新建一个方形大墩台，四门相通，南门镇川、西门怀远、北门得胜、东门迎薰，东西40米，南北42米，里边为地下展厅，正在整修。

图8-22　云冈堡1

图8-23　云冈堡2

堡正东1千米处有一方形墩台。西北2千米处有一方形墩台。

云冈历史文化厚重，民俗风情浓郁，自然风光秀丽，境内旅游资源种类齐全。主要有云冈石窟、青磁窑石窟、摩崖石刻佛字、鲁班窟石窟、吴官屯石窟、观音堂、云冈公园等文化古迹。

云冈石窟属北魏中期依山开凿，东西绵延1千米。现存主要洞窟45个，计1100多个小龛，大小造像5.1万余尊，它是我国规模最大的石窟群之一，也是世界闻名的艺术宝库。1961年国务院公布为第一批全国重点文物保护单位。

北魏经历了“太武灭佛”“文成复法”。文成帝和平年间（460—465年），云冈石窟开始大规模营造，到孝明帝正光五年（524年）建成，前后计60多年。初由著名的高僧昙曜主持，“于京城西武州塞，凿山石壁，开窟五所”。现第16至20窟就是“昙曜五窟”。现存洞窟大部分凿于太和十八年（494年）。据《水经注》记载，当时“凿石开山，因岩结构，真容巨壮，世法所希。山堂水殿，烟寺相望，林渊锦镜，缀日新眺”。

诗曰：拓跋鲜卑嗄仙巢，千里驱驰竞天骄。盛乐东迁平城都，武州山壁雕王朝。万佛托举云冈堡，石窟随荡世纪潮。元宏南征有心机，徙都洛阳胆气豪。立碑几通续继雕，精深博大空寂寥。倘若左云不重修，焉有佛天七星勺。

（二）高山城

南郊区高山镇就是明朝时大同镇七十二城堡之高山城（图8-24，图8-25），属分巡冀北道不属路二堡八城之一。

高山城位于大同市西北武州山南侧，隔十里河与焦山寺相望，东云冈堡15千米，又距大同市30千米。109国道从城西通过，北跨十里河大桥。

图8-24　高山城现状照片1

图8-25　高山城现状照片2

高山城，明朝天顺五年（1462年）建置驿站城，嘉靖十四年（1535年）改建为城，万历十年（1582年）砖包，城周2015米，高连女墙14米，设守备官1员，并大同前卫中右所，守备只管火路墩16座，无分边任务，统领官军723名，马骡241匹（头）。

高山城与聚落为大同镇左右两翼，“而仓廒积贮视左、右诸卫等，诚重之也。城滨于河，冲决浸渍，渐至倾颓，大为可虑。近筑河堤，颇足捍御”。

清顺治年间，设守备1员，守兵120名。康熙年间，添设马兵120名，改守兵97名，长夫40名，站军40名，站马40匹，营马12匹。后又改马兵25名，改守兵102名，营马25匹。雍正七年，军夫、站马改归左云县管理。雍正十年，改守备为都司，千总1员，分防左云县，属助马路参将辖。

民国年间，成为村落。因城西10千米处有高山城一座，为避免相混，按筑城先后分旧高山城与新高山城。

1949年春，将新高山划归大同云冈区，1958年建高山公社，1984年建镇。

新高山城呈南高北低之势。城堡大致为四边形，但是西北角另有正方形凹陷，城墙的北墙与东墙向城堡中心各自缩回去大约150米，城堡的形状就成了东北角被切去一个小四方形的大四方形了。城堡开东、西两门，如今西门已经不存，成了通衢大道；而东门因为被砌到了一户人家的院子里，竟意外地保存得相当完好。东门瓮城痕迹完整，砖券的城门依然齐整，人可以攀到上面。向南望旁边就是东城门，城门楼无存，下面门洞成了一户人家的房舍，但是门额上的砖雕与牌匾依然非常清晰，阴刻“靖宁门”三个大字。

东墙南段断续残存3处，每处长约100多米，残高2～6米，中段开门，砖碹门洞残存，外宽3.7米，内宽4.4米，外门洞高3.7米，内门洞高5.2米，进深14.4米，外露3层白沙石条。铁路从墙里横穿东西。

东门洞外，立一青石碑，上刻：省级文物保护单位，高山遗址，山西省人民委员会1965年5月24日公布，山西省人民政府立。背面刻碑文："保护范围，北到武周山南侧，南到109国道北侧，长约600米，西到孟家湾河东侧，东到台地坡下延长30米处，宽约300米。"

南城墙东西角台残存，西段有一大豁口，东段有两个大豁口，其余墙体残高2～6米，门外原有瓮城开南门，砖碹门洞残存，现在一户居民院内，两头用砖石砌堵，瓮城其余墙体已无存。

西墙南段残存约100米，外面有一段包砖，在居民院内，残高2～6米，从西开有一门，门洞无存，外有瓮城开南门，瓮城残存，门洞无存，瓮墙残高5～8米，北段已无痕迹。瓮墙西面，有一座白砂石条建造的石桥，宽4.6米，长28米，两段为石条护栏，名曰"怀德桥"。桥面上有三道深深的凹槽，两边为车辙压痕，中间为马牛踩踏的凹痕，现桥洞已堵塞。桥洞北面是房屋，从南面高处流下来的水从石桥东新建的一个小涵洞内向北流去。

北城墙在清朝年间就被十里河洪水冲毁，现墙迹全无。

两座高山城，即现在的左云县旧高山和大同的新高山，都在109国道同左路上。旧高山城历史要比新高山城久远得多，据《左云县志》载："明洪武二十六年（1393年），在此地置高山卫，并为之修筑庞大的卫城，经历17年才修成，城垣东西长1700米，南北宽1630米，底宽10米，高9米多，东西南北四面均开城门，但并无砖包，修好没几年，宣德元年（1426年）作为军事建制的高山卫迁驻河北保定，后又迁回阳和卫。现在旧高山城是明时的高山卫驻地。明英宗正统年间迁新高山，城废。"《明史·地理志》记载，高山卫与镇朔卫同置于洪武二十六年（1393年），又与镇朔卫同在永乐元年（1403年）徙至北直蓟州（现属天津市），直隶右军都督府。宣德元年徙阳和卫城，与阳和卫同治，仍属行都司，而卫城遂虚。嘉靖三年（1524年）九月置高山守御千户所于此，属大同前卫。东有高山，西有兔毛川。东距行都司15千米。高山卫先治旧高山，并于镇朔卫同年开工筑城，后于正统十四年（1449年）再置卫于新高山。《云中郡志》记载：新高山城天顺三年（1459年）筑。新、旧两高山均有民间传说故事。

需要澄清的一个概念是，明朝时候特意修筑高山卫城的用意是和聚落城"呈东西犄角之势"，一起用来拱卫大同镇城，高山城是大同镇城的翼城，与镇城东部的聚落城（修筑于洪武十三年，即1380年，今称聚乐堡）共同为镇城的左右翼，但是今人多认为这两个翼城中的西翼就是特指这个后修的高山城，显然认识有谬误。"高山城"比"旧高山城"修筑年代晚了70年，比"聚落城"更是晚了83年，中间经历了至少8个皇帝，显然明朝政府在修筑镇城两翼的时候，只能是大致在同一个历史时期里完成，年代不可能相差太遥远，所以西翼的修筑最初应该是"旧高山城"。

旧高山城是一座非常大的城池，城周6.65千米，比大同城还大出0.5千米之多。是大同镇七十二城堡之中最大的城堡。

考察旧高山城，夯土层依然非常清晰，密度很大，夯层多为13～15厘米，中间夹5～10厘米红土。夯层应为北魏武周城的基础。并以出土文物“左云力士”为证。

东墙南段残存，延伸到原县办水泥厂中断，残高3～8米。

南墙西段有一过车豁口和一行人豁口，正中开南门，瓮城开东门，围墙残存，南墙东段有一大豁口，余皆残存，整面南墙呈梯形状，下宽8～12米，上宽2～4米，残高6～10米。

西墙断续残存，南段较完整，残高1～6米。

北墙断续残存，残高1～6米。

城内东南角为林地，南部有三座小山包，109国道穿城而过，以国道为界，南部全为荒地，居民居住在城内与城东。当地人传说，旧高山城原开有四门，从未包砖，城内建有庙宇，据说汉朝以前，此处就是一座城池。明朝在原来的旧址上建城，因此城郭很大，后来城内的人马一部分归阳和卫，一部分归新高山。

大同历史学家力高才先生所作《云中考》，专门对旧高山做了深入的研究：“大同地方云中县的位置即今左云县旧高山城。唐乾元二年（759年）复称云州，治云中县如故。会昌三年（843年）更云、代、蔚诸州为大同道，罢属河东，置都团练使，治云中。乾符三年（876年）升为大同军节度使。中和二年（882年）改由雁门节度使节度，四年复隶河东道。后唐同光二年（924年）仍以云州为大同节度使。自乾符三年开始，大同军、云州即治东州城，而云中为县如故。云中县境很大，而云州也只领云中一县。

辽开泰八年（1019年），析云中县西北境置德州宣德县（今大同县聚乐堡）。重熙十三年（1044年）升云州大同军为西京大同府。十七年再析云中县，以云中县东境置大同县。为府治。金复为西京大同府，省奉义为镇，入大同，又改宣德为宣宁，与云中、大同共隶大同府。元改西京路为大同路，至元二年（1256年）省云中县入大同，至此，云中县之名再度消失。综上所述，自北周置云中县（577年）以后，虽历代屡有变化，但今大同城之西有个西县城一直存在，直到元至元二年（1256年）省西县入焉，云中县才最后结束了它的历史。它在大同地界存在了679年”。

旧高山城修筑的时候，基础原是一座州城的规模。即云州（云中郡）州治，因而受到格外青睐。永乐皇帝篡夺政权后，为显示专制淫威并打乱此前的军事部署以利统治，撤销东胜五卫，又内移高山等卫隶属后军都督府，便于控制，遂使高山卫城废而不立，后世砖包城堡时，也没有砖包，旧高山遂被遗弃；人们不再提起它辉煌的历史，它作为云中县治、云州州治的过去被遗忘了。

新高山城隔十里河北岸的焦山寺，距高山镇0.5千米，建筑呈阶梯式，是一座窟寺结合的寺院。北魏与云冈石窟同时修建，有“东灵岩西焦山”之称，东灵岩住僧，西焦山住尼，称“尼寺”。现存寺院的主要建筑即建于嘉靖时期，其顶部的砖塔亦为此间所置。另据石窟内留存的明永乐五年（1407年）、正统二年（1437年）、正统七年（1442年）的游人题记，也可证明当时正是焦山寺的兴盛时期。焦山寺因建于焦山而得名。寺院由上而下，层层升高，节节收缩，远望形如一座锥状多层楼阁，奇特而壮丽。

新高山诗曰：城周四里挂斜坡，肖画河涨冲北垛。隔岸相望焦山寺，古石桥头神话多。城小坐视煤田广，采矿灰尘染泥墨。南门洞存唯古迹，运煤火车穿城过。

旧高山诗曰：北魏曾建武周城，沧桑青史载芳名。朱明王朝再筑郭，王母襟土有遗踪。朝廷金口徙阳和，徒留旧垣卫城空，千秋岁月风云过，城毁墙坍谁过问！

七、左云县长城并城堡

左云县地处晋北黄土高原与蒙古高原过渡带，位于山西省西北边缘，隔古长城与内蒙古接壤。109国道横穿东西，直接京大高速公路；210省道纵贯南北，连接大运公路。5条“左煤外运”铁路专线分布东南部，汇于大秦线。县城东距大同市54千米，南到省会太原市280千米，西去呼和浩特市150千米。

左云县历史悠久，据国内史学界对境内出土石器考证，早在10万年前，已有人类在这块土地上繁衍生息。

由于我国北方在历史上战争频繁，本土归属政区、城邑及人口也频繁更变，在商周时代属冀州北部地区。春秋时为北狄牧地，名白羊地。战国时属赵国，置武州塞，并筑武州城。秦代属雁门郡。汉代始设县，改为武州县，治武州城。晋永嘉四年（310年）归代国。北魏时隶桓州（今大同），为京都平城畿内之地。北周时地属北朔州。隋开皇元年（581年）统一中国后，改诸州为郡，地属马邑郡云内县。唐贞观十四年（640年）于故云内县置定襄县，兼云州治，地属云州定襄县。五代时属后唐，隶河东道。天显九年（936年）叛将河东节度使石敬瑭将燕云16州割让契丹，地属辽。元朝属中书省河东山西道大同路。

明洪武三年（1371年）正月二十七日置大同左卫，当时，大同都卫在其西设左卫、右卫、云川卫、榆林卫等，云川卫设在长城外呼和浩特市南上下土城。洪武二十五（1392年）年筑镇朔卫城，洪武二十五年九月十二日，改大同左卫为大同中护卫。永乐元年（1403年）置大同左卫。镇朔卫移驻河北后，永乐七年（1409年），由山西行都司（驻大同城）将左卫徙治镇朔卫城，此时卫城刚好筑成土城，“左卫”之称始于此。正统十四年，云川卫受到北元袭击，撤回长城内与左卫合并，称左云川卫，简称左云。

洪武二十五年（1392年）二月，诏天下卫、所军，以十之七屯田。因左云为边关要冲，明王朝从边关防务出发，在洪武、永乐年间，由洪洞移民点两次移民于本县屯田戍边，即战时出征，平时垦地。既巩固了边防，又充实了左云人口。

清顺治六年（1649年）四月，清军入城，屠城三日，除南街、西街外，四隅多被焚烧，居民多半受难。雍正三年（1725年）九月，以北西路九堡并入，改称左云县。隶山西省朔平府。设县后，军籍户全改为民户，从此奠定了左云的人口基础。

1927年废道后，直属山西省。1937年9月13日，日本侵略军占领大同后，即从怀仁经吴家窑、马道头向左云城逼近。9月18日（农历八月十四日）上午，阎军一个骑兵排到赵火色接师部进城，在西门外十里河畔与日军激战半小时退回城内。下午2时许，日军集中火力向北门进攻，1小时后日军停火。天黑，守城阎军、警察和行政人员弃城由西门撤出。晚11时，日军又从南门攻击，因城内无军抵抗，日军破门而入。城破后，日军70余辆汽车、坦克开进城内，沿街示威。同时，日军从午夜到次日上午，屠杀城内无辜居民287人，造成骇人听闻的惨案。

抗战时期，左云先后组建大怀左、左右凉、大丰凉左联合抗日县政府，隶晋绥边区第十一行政专员公署。1940年，联合县撤销，复左云县建制，属晋西区第十一专署。1945年9月左云县解放，属晋绥五专署。

1949年10月，划归察哈尔省雁北专署。1952年11月察哈尔省撤销，属山西省雁北专区。1993年雁北地区与大同市合并，左云县隶属于大同市。

左云县地域二城六堡，即云西、保安、灭虏、威虏、宁虏、三屯堡。

（一）左云长城

左云从春秋战国到明清，境内曾筑城14座，修筑长城86千米（其中汉长城32千米，北魏长城11千米，明长城43千米），建墩台145个，筑堡寨52处。左云东汉长城和北魏长城只剩下部分遗迹。

长城在左云辖境内走向大致为：由保安堡向南过徐达窑，转向西偏北，至威鲁堡，然后经三台边村至八台子村，转为西北方向，经马市楼、六墩沟、十二窑抵二十边。出二十边继续向西北2千米出左云县境入右玉县界。长城在左云县境内，长约43千米。长城大部分为黄土夯筑，因自然原因及人为破坏，部分长城段破坏严重，左云长城有别于其他处的石砌或砖砌长城，有别样的风貌。

左云境内最雄伟的明长城为三屯乡以北的五路山上，巨龙般的黄土墙从东边的山涧深谷沿着陡峭的山体逶迤而上，直达顶峰墩台后俯冲而下，再攀升到摩天岭山巅，气吞山河，蔚为壮观。小边从新荣区吴施窑入境，延伸到黑土口与大边交汇，长4千米（小边也称重边，从新荣区宏赐堡河东起始，至黑土口共34千米）。沿边有关隘3处，即保安口、威鲁口、宁鲁口；有边墩34座。尤其是宁鲁堡北的摩天岭长城，蜿蜒起伏，雄险壮观，因而又被称作“小八达岭”。“大边”墙体底宽10米，高4～6米，虽有部分坍塌毁坏，但整体比较完好；“小边”墙体已不太完整，坍塌成大土圪塄。

摩天岭长城（图8-26）景点名胜密集，沿长城有稀有的腹里接火墩（俗称烟岗）3座，有古堡3座（宁鲁堡、威鲁堡、三屯堡），有空心敌楼3座。尤其是宁鲁口空心敌楼，是居庸关以西保存最完整的一座，该空心敌楼还是宁鲁口关城的组成部分，关城有保存完整的贡门，因而，宁鲁口关城又是沿长城保存最完整的一座关城。

摩天岭长城脚下的八台子（图8-27），18世纪紧依长城建有哥特式教堂一座，现残存宏伟高大的门楼被称作大单巴，成为东西方文明的交汇处。摩天岭长城还是建在石林上的长城，被称作左云柱状节理玄武岩的石林，与云南腾冲的喀斯特石林和内蒙古阿斯哈图花岗岩石林齐名。可左云的摩天岭长城由石林做了坚固的支撑，既是奇迹也是奇观。此外，沿摩天岭长城还有疑似北魏皇陵26座，历史守边将军墓30余座，有著名西口古道红砂岩口，有3.5千米的镇门藏兵洞，有浮石山古崖居，有昭君出塞留下的蹄窟岭纪念地，有近代阎锡山修筑的石头碉堡10多座，有五路山高山草甸、十里河生态区等。2009年10月左云城被山西省政府列为历史文化名城；2010年1月14日，摩天岭长城被山西省政府批准为山西省风景名胜区。

图8-26　摩天岭长城

图8-27　八台子

（二）左卫城（左云城）

左云城即明朝大同镇七十二城堡之左卫城，俗称卧牛城，属大同左卫道中路十一堡二城之一，防守范围多在今大同市左云县和朔州市右玉县，分辖三路：北西路、中路、威远路。大同兵备道驻扎左云城，大同副总兵协守于此。

左云城始筑于洪武二十五年（1392年），占用红土坡、白羊站、沙锅窑子和葛家坡四个村落。左卫城周5.65千米，永乐七年（1409年）土城墙筑成，共用17年之久。正统十四年（1449年）云川卫内徙左卫并砖砌。万历六年（1578年）加修增高，连女墙共14米。城壕深6.6米，有南、北、西门三座，因东面高峻，傍山冈，不便设门，建一城楼，以利眺望。城门北额“控朔”，外“永安”，南额“拱辰”，外“永绥”，西额“靖远”，外“永清”，南关外门曰“望恒”；南北西方大城楼3座，各竖1匾，北曰“雄镇大漠”，南曰“名都重辅”，西曰“永控玉关”。四角砖楼4座，沿城楼铺46座。万历辛丑年左参政樊公东漠，建设东城楼，额东曰“巩护陵京”，南曰“至于太原”，西曰“云西第一观”，北曰“虏在目中”。万历庚戌，右布政韩公策复拓修南关城，并大修顶墙，关门三，建楼各五楹，南曰“宣平”，东曰“景阳”，北曰“安宁”，敌角四，建楼各三楹，敌台二，建铺各一楹，大城加墙一层，对墙顶改砖砌，使得整座城宏伟坚固，胜概倍增。

左云边界内的黑龙王墩、水泉儿墩为极冲；边外有威宁海子等处蒙古首领狗儿哥、耳六等部落驻牧。左云城东蔽大同镇城，西控右卫，联络沿边诸堡，实为云西道重障。

左卫城一直是大同镇的边防重地，专设地方官守备1员，部下官军5192名。后来大同镇添设兵备，当时共有4员，1驻阳和城，1驻大同镇城，1驻朔州城，1员就驻在左卫城，城援时还驻有副总兵1员。设在左卫的兵备道称大同左卫道。嘉靖以来，其所辖范围有中路、北西路和威远路，有将初驻左卫，嘉靖三十三年（1554年）移驻右卫，辖破胡、杀胡、残胡等11堡，为守备5员，为操守8员。分东至破虏堡，西止铁山堡，共沿长60千米，边墩186座，火路墩182座。北西路参将旧驻应州，嘉靖二十六年（1547年）移驻助马，分辖助马、拒门、灭虏、威虏、宁虏、保安、破虏、云西、云冈，为守备5员。分边自北东中灭虏堡、拒墙堡至中路之破胡堡，沿长38.5千米零，墩130座，火路墩70座。威远路，嘉靖三十九年（1560年）设，辖威远、云石、威胡、祁家河5堡，3员守备，2员操守，分边沿长19.5千米，边墩50座，火路墩88座。内设通判、守备各1员；嘉靖三十三年（1554年），移大同协守副总兵于此；嘉靖三十七年（1558年）设大同兵备道驻扎左云城，除援兵外，守备所领官军1500名，马骡169匹，分边沿长7.15千米，边墩14座，火路墩52座。

左卫城俗称卧牛城，形一按卧牛城布置。城内所建魁星楼、藏经阁、鼓楼、钟楼、太平楼五座楼阁，分别象征卧牛的心、肝、脾、肺、肾五脏。

五座楼，以鼓楼居城中心，划分出东南西北街，鼓楼与南城门的中间是魁星楼，因其形制是圆形，俗称圆楼；鼓楼与北城门的中间是太平楼；鼓楼与西城间是钟楼。4座楼的中间，分别修建了4座牌楼，其中南街的牌楼以关帝庙为主体建筑。关帝庙坐西向东，门前牌楼雄伟壮观，牌楼对面是一座戏台，戏台南北各建一座牌楼和关帝庙牌楼，呈品字格局浑然一体，是一座十分华丽的露天剧场。每逢五月十三庙会，牌楼结彩与戏台连成一体。鼓楼、魁星楼、钟楼、太平楼，分别建在四大街的十字路口，唯独藏经阁建在东南的高岗上，这个象征牛脾的阁楼是楞严寺的主体建筑。楞严寺占地15亩，五进五出院落，有关外巨刹之称，可容纳千余人食宿。这座“关外巨刹”的营建与其说是为了弘扬佛法，不如说是为了军事上的需要。藏经阁为三层方楼，高约17米，比东南隅城墙还要高出一截，便于观敌瞭望。和藏经阁隔城墙相望的便是建在东岗高阜上的縻牛橛。这是因地势而起的一个高大土台，营造者的理论是筑一个拴牛的橛子，防止牛跑了。其实际作用，类似大同府城的控军台，是一处重要的军事防御体系。台下有暗道直通城内。与藏经阁、麿牛橛互为掎角的是东坡高岗上的又一建筑帝君庙，是城东的又一制高点。为了加强防御，南、西、北三门外都建有瓮城。南门外还特别修了一座袖珍堡，命名饮牛槽。从城建上说，使得卧牛城体系完备，其实是为了加强城防；这座袖珍堡与瓮城及主城互为犄角，是南门的前沿。

左卫城南门瓮城是七十二城堡中最大的瓮城之一，周长0.5千米，另称南关，而另外一城最大的关城便是平虏城，关城周长亦0.5千米。

左卫城城高壕深，楼堞环列。城内，楼阁相望，寺庙林立，牌坊华丽，里坊成趣；商肆栉比，细流穿街，文庙典雅，武庙雄壮。

左云城包墙城砖在20世纪60年代已被全部剥离，南、北、西三门以及南关的关门也相继拆毁，城内的古建筑也拆毁无存，留下的只有90%的土夯城墙。

现在，城墙还较完整。城墙下宽14米，上宽2～4米。

东墙残高6～8米，角台马面完好，中段有一人为豁口。

南墙残高8～10米，东段近几年从新整理，外墙下的居民已搬迁，西段中部有一人为豁口通道。

西墙残高8～10米，角台马面完好。

北墙角台马面完好，残高8～10米。东段中部、西段中部各有一人为豁口通道。

诗曰：虽有阴山作屏障，洪武依然建城忙。肇始筑城镇朔卫，造型奇特卧牛状。移蓟左卫云川驻，重镇警屯不轻妄。城困难阻融合意，民族一统枉筑墙。武州川水环城流，边塞文化底蕴藏。雄关隘口通漠北，昭君和亲千古唱。

（三）云西堡

张家场乡云西堡，属大同左卫道北西路九堡之一。

云西堡(图8-28，图8-29)位于左云县张家场乡南2千米处，109国道从堡南横穿，东距大同市45千米，西距左云县城15千米，东至高山城5千米，北至边墙15千米。

云西堡在左云古城堡中建筑较晚，但云西的历史悠久，早在北齐已在此设临阳县。

云西堡位于十里河南崖，是武州塞中沿十里河的七个古城堡之一。其交通与战略位置极为重要，是武州塞西端的一个戍守要地。

云西的历史，从北齐在此设临阳县起，至今已有1400多年的历史。唐玄宗开元十八年（730年）在临阳（云西）设置定边军（属云州），光启三年（887年）并入河东大同节度使（治云州），辽置德州，金置云川县，元废入大同县，习称云西。北齐只存在了二十八年（550—577年），因此，设在云西的临阳县也不可能长久存在。而唐代设在云西的定边军则长达157年之久。云西作为临阳县、定边军、云川县的治所，各代在此应筑过城；但至今不见上述各代古城遗址，而只存明代所建的云西堡。那么，云西堡很可能建在前面临阳、定边或云川的古城之旧基上。在日军侵华期间和解放战争期间，日伪政权都曾在云西设立据点和卡子。今云西堡内北城墙下用拆毁堡砖所砌的据点小院尚存，小院墙壁坚固高耸，上有女墙式的垛口枪眼。

图8-28　云西堡1

图8-29　云西堡2

云西道，明朝正统十四年（1449年）置。“云西”村名即始于此。

云西堡土筑自嘉靖三十七年（1558年），万历二十四年砖包（1596年），周650米，高连女墙13.6米。设操守官1员，所领兵士345名，马12匹，无分边任务，只管火路墩10座。

左云各堡官军俱有养赡土地，而云西堡独无，先年虽曾议设，后退阳云二卫，故该堡之民疲敝易逃。

清顺治年间，云西堡官兵裁撤，改为民堡。

云西堡的构筑非常奇特，从外观上看有四面墙体，是一个南北200米长、东西150米宽的堡城，堡呈南高北低之势。可是进入堡内才发现，内部还有两面墙体，把一个大堡划成了三个堡子，从北墙体往南50米处有一东西堡墙，把城堡分为两部，东西内墙中段有一堡门砖砌而成，在北段的堡内由东而西在50米处又有一南北走向的堡墙，而把北段的堡城又分为东西两部，在这段墙体中段开一堡门，在北墙体的东段北向还开一堡门。云西堡外看一堡，内则三堡。

云西堡的正确描述应该是此堡外开北门，从北门进入瓮城西折进入小堡内再折南进入大堡。整体云西堡北依十里河，是左云城到高山城乃到大同镇的必经之地，更是防御北元骑兵入内的重要军事堡垒。

现云西堡，东墙角台马面残存，墙体断续残存，残高2～6米。

南墙中段已无痕迹，墙基上面建有2处民居，东西两段有残存，残高1～5米，西南、东南两角较完整。

西墙基本残存，马面较完整，总体残高2～6米。

北墙残存，残高2～6米，西段开有一门，砖碹门洞残存，现已堵塞，东段有一豁口通道，整面墙体残存，残高2～6米。

在堡子的北墙外，又分东西两个堡子，西堡墙残存，残高2～6米，南北50米，东西100米；东堡墙残存，残高2～6米，南北50米，东西50米。西堡开西门、南门、东门。东堡开北门、西门、东门。

云西堡最早毁于日军之手。后又在1958年建云西国有林场时全部拆毁。

南堡门洞西约40米处有一通红砂石碑，高1.76米、宽84厘米、厚20厘米。上写“云西重地”四字。

诗曰：堡名缘于云中西，雁门古道茶马衢。武州川水淌千载，怅望空堡念须臾。

（四）保安堡

管家堡乡保安堡，属大同左卫道北西路九堡之一。

保安堡位于左云县东北角，地处管家堡乡北端，也是左云县第二个大村庄，北距长城不到1千米。东与新荣区接壤，北隔长城与内蒙古凉城县的水口村、大泉村相邻，西北有高大陡峭的东马头山，西临马头山南麓的明长城内侧，西有黑土口村外长城与小边的接点，村南有大河称二道河，也有称白羊河的。保安堡属长城极冲，隘口即古之白羊口，明改保安口。

保安堡，明朝嘉靖二十四年（1545年）筑。为明塞外五堡之一。万历元年砖包（1573年），周750米，高11.6米，设操守1员，所领兵士382名，马12匹，分边沿长7.5千米，边墩15座，火路墩4座。

保安堡内的双沟子、旧八墩子梁、五墩子梁俱极冲；边外界牌沟、九龙沟、玉林城一带，皆蒙古黄鹅儿、卜着素孙倘不浪等部落驻牧。

保安堡设在极边，地势平衍，则高山、左卫而南可长驱。嘉靖年间大举，掠至驼腰沟地方，本镇坐营战没。因堡窄人稠，无可居址，于堡东关筑关厢一座，军民丛集，防御能力有之。

保安堡清初设把总1员，原领马步守兵52名，到光绪六年后马步守兵38名，其中马兵3名，步兵8名，守兵27名。

现在，保安堡是个一堡一关结构的堡子，堡子南北200米，东西150米。关城位于堡东，略小于堡，呈“凸”字形结构。堡开南门，外有瓮城开南门，关城又开东门。堡外曾经全为砖包，可关城一直是土城墙，没有包砖的痕迹。

堡东墙与南墙只有很少痕迹。

西墙两个角台及马面残存，中段有一水泥路大豁口通道，两端各有大小不等的许多豁口，残高1～6米。

北墙西段有一水泥路大豁口通道，余皆断续残存，残高1～6米。

关城东墙残存20米，残高1～3米。

南墙残存50米，残高1～3米。

北墙残存20米，残高3～5米。堡门、瓮城、关门已无存。

保安堡砖最早拆毁于日军修筑座堡窑碉堡之时。当年，日军在破鲁设有据点，不仅拆砖，还经常来保安堡骚扰百姓，曾经将四人杀死扔入窨子，又点火焚尸。

堡内过去有庙宇20多座，多数毁于“文革”。现残留明代龙王庙乐楼一座。还有一处破烂不堪的南禅寺得以保留下来，后经一名叫释妙觉的尼姑化缘募捐，于20世纪90年代重新修复。庙内正殿有临摹《水陆镇》壁画48幅，原画被收藏于大同市博物馆。东西配殿绘有十殿阎罗画像。

保安堡南二道河畔有小佛塔一座，属四节八角砖塔，残高5.5米，周长6米。镶嵌于塔身内的塔铭为玄武岩质，高35厘米、宽20厘米、厚15厘米。保存完好。

保安堡村南1千米处是徐达窑村，为长城外长城与小边的交汇点，传说明代大将徐达曾在这里住过，村名亦由此所为。长城小边即由弘赐、镇鲁、镇河、破鲁以北的东黄土口、西黄土口、黑土口，在徐达窑汇合。

境内有汉墓群明晰可见，烽火台星罗棋布。

诗曰：马头山麓汉亭障，白羊口寺地藏王。长城蜿蜒犹卧龙，沃野屯牧多谷粮。

（五）灭虏堡（管家堡）

管家堡乡管家堡（图8-30，图8-31，图8-32，图8-33）即明朝大同镇七十二城堡之灭虏堡，属“外五堡”之一，是大同左卫道北西路九堡之一。

灭虏堡位于左云县城东北30千米处，东与新荣区接壤，有大呼高速公路进出口，北至边墙3.5千米，隔长城与内蒙古凉城县曹碾乡相望，现为乡政府所在地。

灭虏堡筑自嘉靖二十二年（1543年）。嘉靖四十二年加修（1563年），万历元年（1573年）始包砖墙，周1300米，高11.6米。明设守备官1员，所领兵士389名，马32匹，分边2.15千米，边墩6座，火路墩10座。灭虏堡以守口墩极冲；北元首领黄金榜实、土骨赤部落驻牧边外。本堡外控保安诸堡，内蔽左卫、云西，东与破虏堡相接，声势联络，守望颇可相助。顾地势平衍，无崇山峻岭之险，蒙军若由助马、保安而入，则长驱南向，虽云捍御，亦岌岌乎殆矣。

现在，灭虏堡东西长200米，南北宽200米，堡内外只有东墙外面是耕地，其余住满居民。

东墙的两个马面较完整，墙体断续残存，残高2～6米。

图8-30　管家堡

图8-31　长城1

图8-30　长城2

图8-31　长城3

南墙断续残存100多米，残高1～3米，大都在居民院内。东南角台残存，为圆形，夯土层厚10～15厘米，有可能是在原来汉亭障的基础上所筑。

西墙马面残存，墙体时断时续100多米，残高1～6米，大都在居民院内。西南角台残存。

北墙断续残存，残高1～6米。开北门，外有瓮城开东门，现北城门洞砖碹依然残存，但在居民院内，已成为放干草的窑洞，瓮城及门洞已无痕迹。

灭虏堡过去有很多庙宇。堡砖与庙宇大都在20世纪中期拆毁。

灭虏堡南有明长城之小边横穿而过。西黄土口村东山坡上有一处方圆10亩大的荒地。城为明代与北元开马市之遗址，故称市场城。但当地人传说为唐修。今遗址仅存西墙200米及北墙半段，均成1米左右高埂。

诗曰：筑堡御胡本“灭虏”，传说尚改“管家堡”，地阔容的乡驻地，羊肉味美多饭铺。

（六）威虏堡（威鲁堡）

左云县管家堡乡威虏堡，是“外五堡”之一，属大同左卫道北西路九堡之一。

威鲁堡北依阴山，南临川界，占地区位势高，且视野宽阔，一览无余，是典型的古战场。威虏堡北0.5千米处即是长城威虏口和月华池，威虏口关城、月华池堡与威虏堡成“品”字形建置，与得胜口的一关两堡建置形同。月华池，是大同镇长城沿线城堡中唯一的一座无门的堡池。像类似这样无门堡池，有远离长城线的200千米外的浑源县王家庄堡的大堡墩。威虏堡东北处有海拔2034.4米高的马头山，西北有高耸入云、海拔2040米的摩天岭，东南方2千米元台子村西有近年来发现的辽代幽州城遗址，南距左卫25千米。

堡筑自嘉靖二十一年（1542年），万历元年（1573年）砖包，周1100米，高11.6米。原设守备官1员，所领兵士416名，马16匹。分边5.95千米，边墩16座，火路墩8座。威虏堡设在极边，足为一障。顾地势平旷，戎马易驰。威虏边的双井、双沟等处俱极冲，通蒙古；边外车寺沟、花山子、齐头山一带有蒙古头领忽儿、火同部落驻牧。嘉靖年间北元大举入犯至青圪塔，曾有损将覆军之祸，堡人至今言之犹有惧心。

堡内原有庙宇15座。每年举行两次庙会，即六月初六的龙王庙会和五月十三的奶奶庙会。堡内居民最初多为守边屯军将士及家属，后逐渐成为村民。将士们亦兵亦农，平时为农民，战时为军人，每人分有土地，可以自己种地自给自足。

清初驻操守1员，兵100名，后改操守为把总。康熙五十一年（1713年）裁把总为千总，雍正七年改虏为鲁，称威鲁堡。光绪时马步守兵41名，讯铺3处。堡内居民以郭姓为多，系唐郭子仪后裔。村西有郭家坟地，人称将军坟或郭家坟，占地12亩，乃清郭翰京墓。郭翰京生前为领运千总之职，也就是运粮官，因暴雨等不可抗拒的原因，延误运粮日期被杀，死后平反。乾隆皇帝褒奖其功于乾隆二年（1737年）“奉天诰命”，追封其为怀远将军，祖郭聪、父郭绪昌均为武德将军，官封正五品。

中华人民共和国成立后，这里被定为威鲁乡政府所在地。2001年乡镇合并后，归入管家堡乡。

1956年，在堡东东辛庄挖出重31.5千克重的生铁一块，经专家鉴定为“秦权”，是我国出土的第一枚也是最大的秦代铸铁“秦权”。其状呈马蹄形，为秦始皇统一全国度量衡提供了可靠依据。该文物现收藏展出于中国历史博物馆，范文澜《中国通史》收录了它的照片。

威鲁堡是长城沿线结构非常奇特的一个堡子，是两个相互错开的堡子，呈“互”字形，形状如两个火柴盒平面摆好错开，等于将下面的火柴盒向右顺推40米。当地人称八吊堡。堡为南北相连两堡，北为正堡，南为土关。正堡开南门（即土关之北门），南关又开南门及东门。三门均无瓮城，每门前有一堵照壁。两堡大小一样，东西170米，南北150米，如果计算周长，就是1100米。堡墙每边为四个马面。堡内外曾全部砖包，两堡的四墙基本残存，站在高处还能看到墙的轮廓，很多见过该堡的人都感到迷惑不解，实际上看到堡西而南的河沟就不感到奇怪了。古人建堡也是依当地地形做了变通，因怕洪水冲毁前堡，后堡地势占高，随即向东平移40米，显然后堡，即北面的堡子后建于前堡。

东墙南段现为住户，但断续残存于居民院内，残高6米。东南角台残存。

南堡南墙东段残存70米，残高6米，中段残存50米，残高5～7米，西段已毁，现为民居。

西北角台残存，西墙南段100米基本完整，残高6～8米。过西墙转过直角墙角向西40米，后堡西墙基本残存，两个马面也较完整，总体残高2～6米。

北墙西段有两个大豁口，西北角台完整，中段有一大豁口，东段两个马面较为完整，东段基本残存，残高6米，

堡内住满居民，又向南向东扩展，尤其是堡外东边，是一排一排的新房舍。

在边塞众多城堡中，堡北有一造型奇特名称奇异的袖珍堡月华池，在威虏堡明长城内侧，地名八台梁。月华池是明代边防长城军堡、烽台正体联结的军事设施。

月华池建造于嘉靖二十二年（1543年），与威虏堡同建，是由翟鹏主持建造的。嘉靖二十一年（1542年），总督翟鹏修边三百九十余里。月华池军堡是翟鹏主持修筑的，

他对此小堡情有独钟，给它以左云城真武庙前的那座牌坊月华命名，遂称月华池。月华池为正方形格局，长城为北墙，另建东、西、南三墙，用土夯筑，每边长66米，周长198米，高6米，比长城高出1米，底宽6米，池内总面积2704平方米。在月华池正面长城上，筑有砖楼哨所，有女墙、垛口、箭窗，门开西边长城之上，有台阶可上下，内可住人，如登临其上可瞭望方圆10千米范围。

威虏堡日军驻卡时，东墙作为靶场射击，至今墙内弹头累累留在墙中。

诗曰：袖珍奇堡名“月华”，腹里火墩耸高崖。烽堠密集威虏口，千载烟云谁评说？

（七）宁虏堡（宁鲁堡）

宁虏堡属“外五堡”之一，属大同左卫道北西路。北西路参将驻应州城。

宁鲁堡村位于左云城北19千米处，北距长城2.5千米。210省道从村西通过。北倚阴山摩天岭，已于2009年12月被山西省命名为省级风景名胜区，西边有红砂岩口古道、官山、平顶山、五路山等，都属阴山山脉。

宁虏堡历史悠久，可上溯到8000年前。距堡西1千米处之官山遗址，为左云县境内最有代表性的新石器文化遗址，发现了红陶、灰陶、夹砂陶等七种陶器碎片和精致的磨制石斧。堡西3千米处的阴山豁口，即是红砂岩口，为丝绸古道最早的西口，是中原通往草原的交通要道。其山为赤红色古火山岩，山体由巨型浮石组成，属兴蒙火山区第三系火山遗存。

宁虏堡明朝前期名施家堡，嘉靖二十一年（1542年）筑堡，改称宁虏堡。施家堡西有山名官山，有柱状节理六棱柱石，亦称玄武岩石林，故堡墙基础全用此种柱石垛起，极为坚固。万历元年（1573年）砖包，周1.35千米，高12.3米。设守备官1员，所领兵士392名，马31匹。分管边墙沿长5.65千米，边墩18座，火路墩11座，市场1处。

宁虏堡设极边，边内有喜鹊墩极冲，边外土城一带有北元首领兀兰把喇素部落驻牧。蒙古贵族曾率兵由宁虏口入犯，掳掠无数。每从此入，地方不胜蹂躏。

明朝中后期，边防战事逐年减少，蒙汉在宁虏口边境互设马市场，商业兴起，宁鲁堡内居民增多，道、佛、儒教也发展迅速，遂大兴土木，修建寺庙，且道教占优势。这些建筑大都毁于战乱，如民国初冯玉祥的石友山部和奉军张作霖部在堡内驻防时，庙宇大量被拆毁，取木材当柴烧。日伪统治时期修筑威鲁碉堡又拆掉一部分。

清初设操守1名，驻兵100名。后改操守为把总，属助马参将管辖。雍正七年改为宁鲁堡。光绪时设把总1员，有马步兵57名，守兵41名。

堡子东西240米，南北220米。呈北高南低之势。沿长城属较大之堡。堡墙外面全部包砖现已无存。堡内外住满居民。

东墙北段、中段墙体和两个马面保存非常完整，墙残高6～8米；南段较差，残高2～7米；东南角台坍塌一段，留下一豁口通道。

南墙断续残存，残高6米，豁口中间有民居，一条水泥路从堡南穿越堡北。西南角台相对完整。堡开南门，外有瓮城开东门，现已无存。

西墙两个马面相对完整，墙南段较完整，残高6～8米；中段和北段残破严重，残高6米。

北墙西段残存90米，残高2～6米；西北角台残存，一个马面上有近年来建起的一座玄天小庙。中段有一大豁口，有条水泥路通过；东段残存，马面较完整，残高6～8米；东北角台残存。

日伪统治时期，日伪政权在三屯堡驻扎修碉堡、建卡子，强令老百姓拆堡砖。20世纪50年代，居民们也开始拆砖建房。20世纪70年代修0903公路时，即现在的210省道，原定从堡中穿过，用炸药把北墙炸开一个大豁口，后来又改为从堡西通过。

堡外东面100米处有一方形墩台，北面1千米处的山坡上有一圆形墩台，为腹里接火墩。凡有口子的地段均见此种类型之墩。

堡北明长城下为宁鲁口，系军事要塞，210省道即由塞口西山坡上通出塞外。口东侧有一空心敌楼，亦称箭楼，属镇宁关城。镇宁敌台是长城由河北入山西段保存最完好的一座，为左云标志性建筑。空心敌楼条石砌基，青砖砌墙，楼南有门，门额上嵌石匾，阴刻楷书“镇宁”，匾外四周有砖雕图案。拱碹门石框上雕有花饰。镇宁楼分上、下两层，下层由南门进，有梯道可通上层；上层东、西各四箭窗，北有三箭窗，南有一小门居两箭窗中。楼为回廊结构，顶上原有楼橹。

箭楼北面基座外露7层石条，东西12米，南北13米，东侧有一砖碹拱门，进深4米，现只能弯腰通过，为马市贡门。墙外置北元马市土堡，遗迹尚存。

镇宁关城为隆庆年间开通的沿边马市之一。南市南北50米，东西50米。四墙基本残存，残高3～6米。正对箭楼南墙上有一砖碹门洞，进深6米，宽2.35米，外露6层石条，现已残破不堪。箭楼总高17米，内侧外露9层石条。原来门洞顶部石条被人盗走，近年来，左云县政府已将石梯重新修好，并对背面的裂缝和顶部的垛口做了重新修缮和加固。南市场东是被雨水冲积成的一条土沟。

隆庆议和后，沿边马市正式开放，宁虏口市场双方以镇宁关城上的箭楼为界。北有马市楼村，属蒙人的住宿地，现还有马市楼村旧址。过去村中有十多户居民，近年才逐渐迁移到内蒙古厂汉营村。北市场城中间已被雨水冲刷成一条壕沟，但四墙基本残存，残高2～3米。市场城南北45米，东西60米。另起南墙，与长城构成一条壕沟。

诗曰：阴山巍耸摩天岭，海拔高险筑长城。塞口镇宁矗箭楼，边墙脚下藏石林。八台依偎大单巴，融汇人类四文明。炎黄文化通道畅，龙的传人草原孕。民族融合交会地，武州出塞王昭君。苏武归汉修庙祭，红砂岩口媓皇灵。拓跋鲜卑通京都，五路山上看帝陵。边塞重镇宁鲁堡，胜迹无处不藏韵。

（八）三屯堡

三屯堡是左云筑得最晚的一个军堡。属大同左卫道中路九堡之一。

三屯堡位于左云城北12千米处，210省道纵贯通过，为三屯乡政府驻地。北距长城7千米，隔长城与内蒙古凉城县毗邻。西倚阴山蹄窟岭与朔州市右玉县接壤。

建堡前这里驻有两支军队，驻地在现堡南。有条约3米宽的南北向小巷，两部队以巷为界，各驻东西。这条巷就叫“二官巷”。“二官”意思就是有两个当官领导的部队在这里驻扎。建堡后又从别处调来一支部队进堡驻防，这样连原来的两支部队一共就有了三个当官的领着三支部队驻防，所以叫“三屯”。堡名也叫“三屯堡”。屯是屯兵的意思。1558年以后，明朝大规模的修边告一段落。仅在隆庆三年（1569年）修筑了三屯堡。1570年，借助把汉那吉降明事件，俺答受封通贡，即历史上有名的“隆庆议和”，明蒙之间至少沿长城一线实现了六十年的和平。借助这难得的喘息之机，明朝万历八年（1580年），在总督郑洛的主持下又筑三屯、马营、桦门等堡。此前兴筑的所有城池、堡垒几乎都做了包砖加固。

三屯堡筑于隆庆三年（1569年），万历二年（1574年）砖砌女墙，周350米，通高13.3米。设防守官1员，所领兵士292名，马22匹。分边沿长0.85千米，边墩3座，火路墩1座。三屯堡临边，外有山险；边外土城一带有北元首领兀兰把喇素部落驻牧。“时有侵入抢掠左卫以北地方，耕牧往来皆苦之，自此堡设而人始称便。第规模狭小，士马无多，有警防御颇艰”。

本来三屯堡的设计规模和宁鲁堡一样大。开工后先筑北堡墙，待筑至约2米高时，局势发生变化，有的说由于蒙汉和好不必修那么大的堡子了，还有的说负责施工的当官人为了贪污拨款故找借口。总之改变了原来的设计，四面回缩，筑成现在这个仅有宁鲁堡四分之一大的小堡子。那段原来的北堡墙废弃后称“战墙”，现在还有遗迹。

“战墙”是明代专设的防御设施之一，属长城元素之一，在史料中有记载。从三屯堡的地理位置看，它位于交通要道的咽喉之地，处在云阳堡、破鲁堡、宁鲁堡、威鲁堡、云西堡和左卫城之中间地带。是五路山各口至宁鲁口进入中原的必经之地。三屯堡的驻军能迅速策应援助上述五堡之战事，又能对北方入侵左卫之敌起抵挡缓冲的作用，因此同时驻屯三支军队和有意修筑战墙也在情理之中了。

三屯堡居民原来住在南庄窝和北庄窝。到明末清初，驻军逐步撤退，居民才逐步移居二官巷周围堡内居住，形成了三屯村。

抗日战争时期，三屯堡为敌占区，堡内有日伪警察设卡驻防。中华人民共和国成立后，左云县一区区政府驻地由黄家村迁至三屯堡。其后三屯公社、三屯乡政府的驻地一直在三屯堡。三屯堡一直属左云城北部政治、经济、文化中心，是一个繁华的集镇。

现在，三屯堡为正方形体，边长80米。堡呈西高东低之势。堡内已无人居住，但还有许多断壁残垣。

四墙基本残存，残高6～8米，马面角台残存。堡开南门，外有瓮城开东门，瓮城10米见方，墙体尚在。

堡内西墙下残存一段包砖。堡的四周均有壕沟，村人们全居住堡东、堡南，并逐年向路东扩建。改革开放前，堡内还有部分居民，后逐渐搬出。

堡砖拆毁于日伪统治时期，1949年后人们又拆毁了剩下的包砖用于建房垒墙。

左云县历史文化厚重，但80%的历史文化遗迹在三屯乡境内，像雄伟壮观的摩天岭长城就是其中之一。境内有六个朝代的长城，即赵长城、汉长城、北魏长城、齐长城、隋长城、明长城，北魏长城俗称畿上塞围，明长城为外长城，堪称长城文化故里。有保存完好的三屯古堡、宁鲁古堡；还有幽静可探的大河口榆林城和段村阴城遗址。曾用于军事情报的数十个烽火台遍布全乡各村落；有保存完整的宁鲁箭楼；有百平方千米范围的汉墓群、金陵、都督坟、将军墓和镇守边关的总兵坟，这些堪称典型的边塞文化璀璨内容。三屯乡还有五路山大盘、二盘等五条古道，有红砂岩和古道口，这些古道，都是历史久远、遗迹清晰的最古老的茶马古道、驿站。还有五路山的玄武岩石林。小河口村已被考证发现的新石器文化，再次把先祖们生活在塞上左云的轨迹推进了8000年。

诗曰：堡称三屯实小屯，筑堡时逢末期工。岁月描赢文旅镇，沧桑独魅看乾坤。

八、灵丘县长城与城堡

大同市灵丘城属分巡冀北道不属路二堡八城之一。

灵丘城位于山西省北部大同市东南角，距大同市143千米。东至广昌城（涞源）45千米，北至广灵城45千米。东与河北省涞源县、蔚县接壤，西与繁峙、浑源毗邻，南与河北省阜平县交界，北与广灵县相连。灵丘城三面环山，当地人称北山为猫儿山，东山为甸山，南山为巍山；城南是唐河，从东南方向流入涞源县境。灵丘是大同通往中原腹地的南大门。山西省的纬度最东边位于灵丘县东坑村。境内虽有山川之险峻，却无交通之阻，铁路与公路四通八达，交通极为便利。

灵丘之名始于战国，是因战国时期的赵国第六位国君赵武灵王葬于此而得名。西汉置县，属代郡。赵武灵王、北魏文成帝、孝文帝、辽代萧太后、唐末李存孝等一批人文遗迹积淀为灵丘悠久厚重的历史。唐属河东道蔚州，开元创建土城，领安边、飞狐、灵丘。辽代属京西道蔚州。金代属京西路蔚州。元代属上都路顺宁府蔚州。明朝属山西大同府蔚州。

清初，大同姜瓖起义后，灵丘县的清军士兵史梓，发动当地驻军士兵积极响应，并围攻灵丘城。用铁炮轰击城墙，昼夜攻打城池，直到清军大批援军赶到，灵丘城才被解围；清军退走后，史梓又联合二支起义军，共计3000多人，再次攻打灵丘城，清军第二次派兵增援，才使灵丘城免除威胁。清前期属山西省大同府蔚州，后属大同府。

1937年9月20日，日军板垣师团第21旅团一部侵占了灵丘城。21日，日军又增派了驻防部队，从23日开始了持续3天的屠城，使1000余名无辜群众惨遭杀害。城内的机关驻地、民房、寺庙几乎烧尽。1945年3月30日，八路军赶走了日军，灵丘解放。1949年属察哈尔省雁北专署。1952年12月察哈尔省撤销，属雁北专署，划归山西省。1993年雁北地区与大同市合并，归大同市。

灵丘县全县南北长84千米，东西宽66千米，总面积2732平方千米，是大同市第一大县，全省第四大县。

灵丘县历史文物丰富，革命遗址众多，自然风景优美，区域文化独特，历史人文遗迹和自然景观星罗棋布。境内有国家、省、市、县级文物保护单位和自然景区50多处。

其中以平型关战役遗址、赵武灵王墓、北魏觉山寺、曲回寺、唐代石佛冢群、桃花山天然溶洞、龙泉寺、花塔村风景区、甸子梁空中草原最为著名。

（一）灵丘县长城

灵丘县所辖长城为内长城，长约110千米，遗存敌楼50座、墩台12座、烽火台19座、敌楼匾额14方、阅边碑4通、关门3座、瓮城2座、地窖2座。

按内长城位置走向，灵丘段长城大致分东、南、西三大段。东段由涞源进入灵丘，石砌城墙，在荞麦庄村东南凹形山梁上分布着5座砖砌敌楼。东段狼牙口长城是内长城内三关段上的一座关口。狼牙口两侧石砌城墙随山势起伏，城墙保存基本完好，长约1.5千米，残高2～3米。

南段铜碌崖长城长约0.5千米。铜碌崖村东北岭崖上的敌楼，楼体外观完整，顶部垛口无存，东、西墙面有裂缝。南段木佛台长城，有1座砖砌敌楼，是少见的长方形敌楼。南段牛帮口长城，原有4座砖砌敌楼，各台相距约200米，在南北一条线上一字排开。这里的砖砌敌楼均为大回廊结构，建筑精美，四面墙体及顶部女墙、垛口、吐水嘴均完整，门额石匾皆存。

西段北柳树至关岭长城，长约7.5千米，位于灵丘县与繁峙县的界山之上，除陡峭的山岭地段未筑城墙外，在较缓的岭口两侧均筑有石砌长城，间有少量夯土墙。西段平型关长城地处灵丘西南与繁峙东北的界山关岭上，长约1.5千米。平型关长城是战国时期赵国所筑，隋代重修，明朝在原长城基础上外包砖石，加宽加高。平型关为内长城上内三关与外三关之间一个重要关隘，东路之门户，东控紫荆，西辖雁门，是通向北京的咽喉古道。明代在此建关楼一座。关口城台上修筑三开间单层楼。现原关楼已毁，仅残存砖券拱门，为19世纪60年代重修。与灵丘县交界的平型岭，古称瓶形寨，以周围地形如瓶而得名。金时称瓶形镇，明、清称平型岭关，后改今名。历史上很早就是戍守之地。正德六年（1511年）筑岭口堡城，嘉靖二十四年、万历九年都曾增修。

平型关城据平型岭之口，城周1千米余，今残高6米。关门坐西朝东，门洞用券栿相间的方法筑成，高4米，宽2.7米，墙厚2.7米，城内匾额上书“平型岭”三字。平型关北有恒山如屏高峙，南有五台山巍然耸立，海拔都在1500米以上。这两山之间是一条不甚宽的地堑式低地，平型关所在的平型岭是这条带状低地中隆起的部分，所以形势很险要。

明嘉靖年间，北元俺答汗部屡攻平型关。民国年间，奉军进攻山西，在此与晋军对峙5个月之久。特别是全国抗战初期的平型关大捷就发生在平型关东侧的乔沟一线。

灵丘内长城的最西段是白崖台乡东跑池长城，遗存着丰富的长城建筑，基本连贯的城墙和密集的敌楼、墩台、烽火台，还有瓮城及敌楼底部的地窖等。建筑物的密集程度在山西内长城线上较为罕见，像一座长城建筑博物馆。

灵丘内长城的长度居内长城山西十县之首。全省内长城长近500千米，灵丘就有110千米；几乎都修筑在峻岭河谷之上，且遗存较好的砖砌敌楼在灵丘数量最多，全省内长城上40座，灵丘就有17座；山西境内长城多建在黄土丘陵上，而灵丘长城多在石山区；

与八达岭等重新修复的长城相比，灵丘长城有一种原汁原味的乡野朴素美。

（二）灵丘城

灵丘城筑于明天顺元年（1457年），是命保定等处军民夫9000余人在原城基础上土筑，万历二十八年（1600年）砖包。

灵丘城开东、南两门，东迎恩，西镇虏。北城台东西凸出40米、南北凸出20米的高台，台顶建有真武大殿重檐楼阁，金碧辉煌。东西楼阁呈八角形、十字顶，可与外长城一些箭楼媲美。城墙东南角有魁星楼。南城门上有城楼，其左右有钟鼓楼。城内有十字砖碹楼阁，顶上建有二层文昌阁。城由城关八街组成。城内主要街道以文昌阁为中心，向东西南北辐射延展，城内商号只阁底下街一处，大商号多在魁见街与灵源街设立。最繁华的是红校街与阁底下街。城内还修建了许多庙宇，较大的有大云寺、城隍庙、文庙、李存孝庙、春秋楼、魁星楼、文昌阁等，共计22处。城内有乐楼11处。

明正德三年（1508年）重建各门楼、通街巷。明嘉靖二十年（1541年）增修。明隆庆元年（1567年）重修城墙，高9.3米，女墙高1.66米。明万历二十四年（1596年）再次重修城墙，壁以砖石，高11.66米，女墙高2.33米。明天启六年（1626年）地震，城毁过半，发罪人重建，仍高10米。原设守备、知县各1员，守备所领官军1106名，马骡124匹（头），无分边任务，只管火路墩8座。

清顺治十二年（1655年），因久雨城圮，知县宋起风重修，新开南门。清乾隆十二年（1747年）重修。清乾隆三十七年（1772年），骤雨冲塌南城一处，捐修。

从辛亥革命到抗日战争，由于战事接连不断，城垣几经颓废，很少补修，民国年间只修过东城墙和南城墙。

赵武灵王墓丘位于灵丘县城西1千米处，为山西省重点文物保护单位。历史上，赵武灵王革新图强，实行胡服骑射，开疆拓土，使赵国由弱到强，是一位颇有建树的政治家、军事家。公元前298年，赵武灵王传位给幼子赵何，自称主父。后公子章争位，围困主父宫三月余，武灵王饿死在一个小沙丘上，并葬于此。该墓原占地6万平方米，现保护面积为10900平方米，墓冢周长220米，高10米。明崇祯年间立碑一通，并建有4米高的碑楼，但今碑楼已经不存。民国时又树碑一通，这些碑都和其他零散搜集来的残碑一起放置到了墙廊里。今墓园遍植树木，坟丘绿草覆盖，门前的小型广场上立有“胡服骑射”雕塑，已经成为灵丘城的标志性建筑。

现在的灵丘城已经是一派现代化的楼宇和房屋，城墙还有一段残存，在原灵丘机械厂院内，一直当作院中的一堵东墙。这段东墙是原来城郭的东墙偏北一段，长约150米，残高1～3米，上宽50厘米～1米。

诗曰：赵武灵王身后冢，太行紫塞尽墙墩。魏帝南巡觉山碑，沧桑千载梦中空。

九、广灵县长城与城堡

广灵位于山西省东北边陲太行山北端，永定河上游，北岳恒山东襟。东与河北省蔚县毗邻，南同灵丘县接壤，西距大同市110千米，北接阳高县和河北省阳原县。地形为半山半川，呈西高东低。

广灵战国时名平舒邑，属赵国，秦时属代郡。辽统和十三年复置为县，名广灵，属西京道大同府蔚州。明初属山西布政使司大同府蔚州。

清初，广灵县的李青响应大同总兵姜瓖的号召，带领千余人，围攻广灵县城，城岌岌可危。广灵县令从西城墙缒城而下，向清军求救。清军赶到后，与城内官兵内外夹攻，最后，起义军腹背受敌，李青被俘身亡。之后，属大同府管辖。

民国元年属山西省冀察行署、冀晋行署第一行政公署、北岳区行政公署。1948年3月，广灵解放，属察哈尔省雁北专署。1952年12月，察哈尔省撤销，雁北专署划归山西省。1993年雁北地区与大同市合并，广灵属大同市。

广灵县山川秀丽，历史悠久，民风淳朴。独特的地貌和丰厚的历史文化，孕育了一大批富有地方特色的自然、人文旅游资源。壶流河境内全长66千米。距县城15千米的圣佛寺国家级原始森林公园，苍松翠柏，郁郁葱葱；有建筑最早、保存最好的战国赵长城，绵延50多千米的赵长城在中国长城史上具有极高的价值；有“小悬空寺”之美称的圣泉寺石窟，山峰峙立，庙宇轩昂；城南0.5千米的风景名胜保护区水神堂（图8-34），山水相宜，风景秀丽；县城西南的白羊峪，翠峰叠嶂，逶迤绵延，素有“小九寨沟”之称。

广灵县还有丰富独特的历史文物。境内有省级保护文物——洗马庄汉墓群和千福山汉墓群；有历史悠远的旧石器、新石器文化遗址；还有历史悠久的唐松、唐槐、明柳、明榆等名树古木。境内有自然景观25处，人文景观132处，旅游资源存量名列大同市各县区第一。

（一）广灵县长城

广灵有赵长城遗址，位于县城南直峪村南的山梁上，从西宜兴村西行1千米，远远可看到山坡上有一道人工建筑的痕迹。赵长城为石筑，基座为细碎石和黄土夯成，断面有1米多高，宽约1丈，绵延50千米。赵长城是战国七雄的赵国赵武灵王修建，历经2300年风霜已全部塌毁，山脊上只存一条碎石堆成的石楞，石块大的如篮球，小的如巴掌，长度约800米。

（二）广灵城

大同市广灵城（图8-35），属分巡冀北道管辖。属不属路二堡八城之一。

广灵城筑于洪武十六年（1383年），是在原土城的基础上加筑。天顺元年（1457年），调蔚州卫一千户所守御广灵城，万历元年（1573年）砖包，周长1358米，高连女墙13.3米，原设知县1员。正德二年（1507年）设有操守。嘉靖二年（1523年）加升守备。万历六年（1578）议改防守，万历九年（1581年）裁革之，万历十九年（1591年）复议设操守。东至蔚州城25千米，南至灵丘城45千米，西至浑源城60千米，北至火烧岭25千米。本城系腹里，乃浑、蔚邸中之地，巡缉之卒畿三百亦足以守疆域。

现在，广灵城城墙只剩县政府院一段，既是东城墙，又是县政府院东墙。这段城墙长100多米，残高5～8米，残留一马面。20世纪50年代前广灵城墙体完好，城门尚在。因县城建设的需要，最先从南门楼拆起，以后逐年拆砖取土，城亦消失。

图8-34　广灵水神堂

图8-35　广灵城遗址

诗曰：六棱山麓伴壶山，环麓群泉味甚甘。邑人遂以神水名，广灵城筑壶泉畔。兴衰系民城攸关，五百年后威势残。古城遗痕何处寻，县府东墙找倪端。

十、浑源县长城与城堡

大同市浑源州城，属分巡冀北道，属不属路八城二堡之一。

浑源位于山西省东北部的大同盆地东南边缘，地处黄土高原的边缘地带，地貌类型复杂，结构多样，起伏较大，南山北坡中间川；桑干河支流浑河中上游。卧羊场山海拔最高，主峰高达2333米。浑河西部河床海拔最低，仅为1050米。浑源东接广灵；东南部以恒山与灵丘、繁峙县分界；西毗应县；北面由六棱山与大同、阳高两县相连。东至广灵城60千米，西至应州城45千米。

浑源县境内李峪庙坡彩陶文化遗址发现的陶片和石器证明，新石器时期早期，就有人类在此生息。先秦以前夏商时属冀州，西周时以恒山镇属并州，春秋时属代国。

秦始皇始置县，称为崞，属雁门郡。不久改称平舒，属代郡。两汉三国西汉时，平舒县废，复置崞县，属恒山郡。王莽新朝期间，改为崞张县，仍属常山（即恒山）郡。东汉恢复崞县名，三国沿袭之。

南北朝时期北魏迁都平城，为畿内之地，改名石城县，属神武郡。天兴元年，改称崞山县。东魏时，改为廓州；北齐时，又改为北显州。隋初，北显州改称平寇县，后又改回崞县。唐朝立为州治，因浑河发源于县境内，故名浑源县。辽金时期，县随州入辽仍为浑源县，金贞祐二年（1214年）置浑源州。元初改浑源县为恒阴县，属西京；不久，又复用浑源州。明朝初期仍然立为州治。

清顺治六年（1649年），此地爆发大规模的反清复明战火，前来镇压的清军用铁炮轰开州城东北角城墙，将西门楼焚毁，城陷后，摄政王多尔衮下令屠城，死者数万，城墙多处塌损。

清时仍称浑源州，后新任浑源知州郎永清再度维修城池，属大同府管辖。

民国元年五月改为浑源县，后属雁门道。1937年，属山西省第一行政督察专员公署。1939年，属晋察冀边区政府察南雁北办事处。1940年至1945年，先后属晋察冀边区政府二、五、一专署，县境南北山区均为抗日根据地。

1945年全县解放，城垣仍然基本完整。1947年属察哈尔省雁北专署。1952年重归山西省，属雁北专署，后改山西省晋北专署、山西省雁北地区行政公署。1993年雁北地区与大同市合并，属大同市辖县。

浑源县境内山脉较多，主要有恒山、卧羊场山、穆桂英山、胡子岭、马鬃崖、翠屏山、抢风岭等，海拔均在2000米以上。其中恒山山脉山势陡峭，沟壑纵横，沿东北西南走向，将全县分为南北两部分，构成浑源地貌骨架。境内河流主要有浑河、唐河，分属海河流域的桑干河水系和唐河水系，注入永定河、海河。境内山脉为恒山山脉，西衔雁门，东延燕云，海拔2000米左右山峰并肩而立，号称108峰，蜿蜒起伏，奔腾如行。

境内名胜古迹甚多，有恒山主峰山腰上的北岳朝殿，其中有建筑年代最早的飞檐凌空和结构玲珑的北岳寝宫。恒山主峰西侧的唐峪口有著名的北魏悬空寺，距今1400多年，寺庙建于峭壁之上，以建筑惊险奇特而著称。是国内现存唯一建于悬崖上的木构建筑，也是佛、道、儒三教合一的独特寺庙，结构奇特，巧夺天工。还有青铜器遗址、麻庄汉墓群、古长城、古城堡、古烽火台、古磁窑遗址、革命烈士纪念塔等文物胜迹。境内汤头温泉是全国为数不多的氡泉，出面水温72℃，誉为北方第一泉。

北岳恒山位于浑源县城南，距大同市62千米。西汉时因避汉文帝刘恒名讳，一度改称为“常山”。

恒山，作为道教的活动场所由来已久。相传，古代道教八洞神仙之一的张果老就是在恒山隐居潜修的，在恒山留下了大量的仙踪遗迹和神话传说。整个恒山山脉自西南向东北奔腾而来，一座座海拔达2000米以上的山峰比肩而立，重重叠叠，气势异常博大雄浑。因此北宋画家郭熙说：“泰山如坐，华山如站，嵩山如卧，常（恒）山如行。”其风景特色可概括为四点：群峰奔突，气势磅礴，这是恒山自然景观的宏观特征。唐代诗人贾岛诗云“岩峦叠万重，鬼恒浩难测”，点出了恒山的地貌特征。北岳恒山是经历次造山运动和历次地壳升降运动形成的一座断层山，岩层为古老的寒武纪奥陶系石灰岩，距今已有5亿年。基岩裸露，风化破碎严重，峰峦均呈尖形，沟谷切割较深，相对高差达1000米以上。

1982年11月8日，恒山风景名胜区被国务院首批公布为“国家级重点风景名胜区”。1996年8月2日，国务院批准《恒山风景名胜区总体规划》，整个风景名胜区所辖15个分区，景区总面积147.51平方千米。

浑源古迹荟萃，自然景观较多。北岳恒山是国务院首批公布的全国44处重点风景名胜区之一，凌空摩崖建筑悬空寺是国内现存唯一建于悬崖上的木构建筑，也是唯一保留下来的佛、道、儒三教合一的独特寺庙。整体建筑结构奇特，巧夺天工，古人称之为“天下巨观”。此外，还有栗毓美墓、圆觉寺砖塔、永安寺、云峰寺、千佛岭等旅游景点30多处，风景秀丽，令人神往。

（一）浑源长城

浑源所辖长城有北魏长城、明长城等，北魏长城已无遗存，明长城属内长城，所辖80千米。

浑源位居平型关阳方口一线，北东南三面环山，西抵应县平川，整个县境内山、川、坡、丘兼有，崖、谷、河渠交错，长城就在这样的地形地貌中修筑延伸。

长城由应县徐峪村东北3千米处进入，由黄沙口向东北方向延伸，经大峪口至凌云口，又向东经长城沟至黄土坡，转南经下柴树沟、老君店到西河口，向南过海拔1935米的目泪坨山出浑源县境入繁峙县界。

黄沙口至凌云口长城，翻峰越涧依山为险，因跨涧多未筑墙。凌云口两侧重峦叠嶂，关居谷中。凌云口西山上有一座黄土夯筑的小方城，城墙尚存。凌云口向东经海拔2267米的龙山梁，沿翠屏山以北的长城沟村，至海拔2407米的大尖山以西的黄土坡村，断断续续地存有零星残墙和墩台。龙山高耸入云，亦名封龙山，因秀丽可爱，故又名秀丽岭，岭下有黑龙池。金末元好问、李治、张德辉尝游此山，号称“龙山三老”。

长城沿翠屏山伸入桦皮沟、柴树沟、正沟、子鬃崖、上华岭，围老君峰绕半圆，螺旋盘升到老君峰上。由小川岭至大川岭段，只剩黄土夯筑的墩台。自大川岭至下柴树沟段，夯土城墙基本连贯。长城刚过下柴树沟村有夯土城墙高约5米。由正沟村东至东葫芦头东山上有一座黄土墩台，原为条石基础，青砖包砌，今只存夯土痕迹。长城向南至上桦岭村，已全部坍塌成堆状。长城由上桦岭南折北转东，至老君店北山老君石处，这段长城亦已坍塌，残墙内外散落着碎石残砖。老君店村西悬崖上有一巨石，称老君石，原在巨石上还建有亭阁后被拆毁，今石上尚存嵌立柱石的凿孔，相传此处为太上老君炼丹之地。

长城由黑狗背经海拔2140米的明石尖梁、管仲沟向南至西河口段，以山险为障，在一些地段筑有简单的石墙。长城由西河口北山角至山顶有黄土夯筑的围城。今有浑源至繁峙的柏油公路穿越，公路两侧有夯土残墙遗址。从西河口自南小牛还东山尚存黄土夯墙长城。长城继续向南偏东至目泪坨山，山上有一段坍塌的毛石码墙长城。目泪坨山方圆15千米，主峰1935米。传说秦始皇修长城时，孟姜女寻夫沿路啼哭，哭到此山泪已哭干，故名。目泪坨山为浑源与繁峙两县的分水岭，长城过目泪坨山出浑源进入繁峙县境。

（二）浑源城

浑源城修筑于后唐，因浑水源头而得名。是一座龟背壳式样的八边形城池，周长2367米，城墙为土筑，高5米，厚3.3米；护城河深2.3米，宽6.7米，城的东西各置一门，后历经多次维修。洪武元年（1368年）又在原城址上修缮，万历元年始以砖包，周2110米，高连女墙13.3米。浑源城原设守备，后设知州。设手背时有安东中前二所，管火路墩18座，官军480员，马48匹。万历十年，浑源州作为大同镇分巡冀北道所辖不属路的一个城堡，又设巡检司，置巡检2员、守备1员、中军1员、军政1员、巡捕1员、把总1员。备有大将军炮4门，雉炮256枚，火药75公斤。其中，王家庄驿堡置操守1员、坐堡1员、把总2员、骑兵10员、步军190员。

万历二十年（1592年），浑源州知州刘复礼将城池重修，原先的龟背壳形状保持不变，里面依旧用土夯筑，外用砖砌城墙。新修复的城墙高13.3米，墙基宽为11.6米，墙顶宽为6.7米；雉堞2.3米，垛口707个，敌台17座，楼橹11座。并在东西城门上各建城楼一座，深挖了护城河。万历二十九年（1601年）又辟州城南门一座。万历三十七年（1609年），修筑西关城及贾庄等堡。

永乐年间，北元入侵，朝廷调集官军2446员驻扎浑源州，置统领1员、副统领2员、千总6员、把总7员，负责州内的防御任务。成化十六年（1480年），北元头领亦恩马因率兵3万攻大同，连营数里，杀掠人畜数万，并长驱直入侵犯富饶的浑源抢掠。正德八年（1513年），北元又侵浑源。嘉靖十三年（1534年）正月，北元首领俺答汗占领浑源城，抢掠后满载离去。嘉靖十五年（1536年）、嘉靖十九年（1540年），俺答汗又两次抢掠浑源。明隆庆三年（1569年）九月，俺答汗再次入侵大同，又抢掠浑源等地。

浑源城毁坏最为惨重，现在已根本看不到丝毫的城墙踪迹，甚至连一个小角台都没有残留下来。倒是老城里的大寺、小寺、衙门等古建筑还有存留。著名的清朝时代两河总督栗毓美墓园保护得非常完好，山门外立有大理石碑，上刻：全国重点文物保护单位，栗毓美墓，中华人民共和国国务院公布，国家文物局，二〇〇六年六月立。浑源县文物局把本县境内发现的许多石碑或整或残，全部收归到栗毓美墓东面的墙根下。栗毓美墓在城东角隅形成一处独特的旅游景点。

浑源城是座名副其实的八角城，和龟背的形状相似，站在恒山上看，非常有气势。

文庙是浑源城一处重要文物古迹。以前，文庙院落一直被浑源二中所占，2010年二中搬迁，县政府看到文庙有历史价值，立项重新恢复，并逐年进行修缮。

浑源尚残留着一些历史悠久而没被拆完的庙宇，近处还拥有举世闻名的恒山、悬空寺、汤头温泉、古长城和其他众多名胜古迹。浑源的人文积淀非常深厚，多少年来就是个人杰地灵的地方，历代名相、名将、名后辈出。

诗曰：山洪毁城三九年，追忆噩梦泪沾涟。北岳神无回天力，悬寺也难伸臂援。古遗民居栉比连，恢忆旧境难拆迁。更有名臣栗毓美，浑源城边胜迹添。

（三）王庄堡

浑源县王庄堡，属分巡冀北道管辖不属路二堡八城之一。

王庄堡位于浑源、灵丘、繁峙三县交界处，坐落于北岳恒山山间小盆地，西畔有二龙山，东畔为虎头山，地形呈西高东低之势，属应援堡。

堡西是一条县级公路，堡东是大同—涞源的高速公路。唐河、马尾河贯穿其间，坐落于“两口一关”，即西河口、团城口、平型关之间，东至灵丘城30千米，南至平型关101千米，西北距浑源县45千米，现为浑源县王庄堡镇人民政府驻地。

王庄堡城垣，一说为商代土城，距今已经有近4000年的历史，但现在无证可考；再就是嘉靖土城和万历砖城。明嘉靖、隆庆期间，北元贵族屡次派兵进入浑源县王家庄。明嘉靖十九年（1540年），明朝在王家庄修筑了土城，王家庄也随即更名为王庄堡。在土城建成63年后的万历三十三年（1605年），明朝又拨款对嘉靖土城进行了大规模的重修和包砖。万历砖城建成后，屡有破坏、屡有重修。根据南门洞内的建城碑志记载，当年修建的项目有：周围大墙、外围旧土城、砖券城门4座，包筑大墙马道2处，修盖城楼及中、角、悬楼共12座，新建水道、军储仓库1座、教场1所，还在12座城楼上立12面旗杆，堡城中又重修都察院一所。堡周长1400米，高6.9米。堡原设驿丞1员，后万历十九年（1591年），因地方山岩路岖，时常盗贼生发，议添操守1员，把总1员，所领兵士200余名，马10匹，只管火路墩14座。堡墙东边最长，北边次之，在长方形的基础上西南切去两个方角，南北各一城门，北门上有一城楼，东南、东北、西北有角楼，垂直于北墙的西墙南端有角楼。堡内还有个小堡，这在所有的城堡中实属少有，小堡向东留有一门，整个城堡像一把短枪直指平型关。

据堡内清光绪元年（1875年）碑志记载，王庄堡当时有三家当铺和一家大商号：即王玉山、李廷和经营的德成当，陈世祥、陈继儒开设的得盛当，以及陈环开设的大兴当和广盛隆商号。

王庄堡镇为浑源境内的重要集镇，自古以来就是方圆数十里的商贸中心和商品集散地，是东、南通河北、太原，北达大同、内蒙古的必经之路，也是恒山南境的重要商埠。清朝时期，王庄堡镇依然有驻军，到了民国后，不再常设驻军。当时王庄堡镇私塾和学堂比较多，以后逐渐减少。

民国年间，王庄堡是浑源县南区的区政府所在地，其街道两边店铺林立，较大的商号有：广盛隆、广盛当、义信成、福和明、福兴成、德瑞成、全盛公、庆太成、福义成、德元亨、三合公、永兴号、义和昌、广和昌、德义成等。除了集市和商号外，王庄堡还有一些专业市场，如马市、炭市、粮市等。另外，还有牙行、运输业、旅店业和各类作坊。

王庄堡城里城外寺庙众多，大大小小共有二三十处。崇福寺、城隍庙、关帝庙、孔庙、龙王庙、三官庙、罗汉庙、观音庙、三教主庙、老君庙、真武庙、风神庙、火神庙、财神庙、大仙庙、土地祠、五道庙、奶奶庙、玉皇庙、灵官庙、三教寺、十方院、百衣殿、城神庙、赤帝庙、耶稣堂等。其中最大的庙宇是崇福寺，最出名的是村东鹿鸣山的庙宇群，具有中国传统寺庙的建筑风格。

抗战时期，是浑源县政府驻地，是地域性政治、经济中心。

堡南北长500米，东西宽250米，像一艘停泊在岸边的大船，中间是一条宽约10多米的略显弧形的纵贯南北的大街，称之为船城蛇街。与浑源县龟城蛇街的建筑风格基本一致。堡民所住地称南土塘、镇北堡和侯家庄，合称王庄堡镇的三大小区。

王庄堡有“船城”之说。由于本堡地处唐河、蚂蚁河岸边，地势低洼，每到多雨季节，洪水冲来，总被水淹，于是在建堡城的时候把它建成了大船的模样，取“水涨船高”之意。堡西坡上有三个烽火台，恰似三个系船桩，即把大船牢牢系在岸边。据说早年在堡墙南北各有一个与人等身大小的石人，象征这座大船的船工；也有传说，早年堡池里是不允许打井的，怕打破船底漏水翻船淹了。

据现在南门洞内的建堡碑志记载，当年修筑的项目有2056.6米长的周围大墙，堡门4座，马道2处，城门楼、角楼、悬楼12座，水道军储仓库1座，校场1处，重修都察院1所等，后由于地震等因素，堡墙屡有破坏，虽然清同治年间曾做过维修，但后来的毁坏接连不断：南城楼于光绪年间失火烧毁；北门和城楼于1939年被洪水冲毁；部分堡墙于抗日战争期间破坏；“文化大革命”时期亦有人为拆毁；现在因村镇建设也在不断拆毁，到现在古堡已是千疮百孔，围砌的堡砖被拆毁的所剩无几，整个古堡除南门洞和部分东堡墙外，其余已面目全非。

东墙基本残存，残高5～10米，墙外底部残留有40多米长，2～3米高的砖包墙体；墙上有许多人为豁口，是侵华日军来时，堡里的老百姓为逃生专门挖开的通道。现在又用废砖石填补起来。

南墙西段中部还有残砖包墙，长约30米，高2～3米。南门的砖碹门洞残存，进深10米，宽4米，门洞中间东西墙上各嵌一通石碑，上有“万历三十一年”字样。西碑长1.6米，宽80厘米；东碑长15.7米，宽79厘米。门洞外面有一砖砌照壁，上部残宽2～4米，下部残宽5～7米。南门原有瓮城，现在已经消失。堡墙东南角内侧立一石碑，是关帝、土地、城隍三庙的庙碑，刻有“大清光绪元年菊月上浣吉日谷旦立”。

西墙残破严重，只有5～20米长的两段土墙在居民院里，有一段残存砖包的1～3米的墙体。

北墙东段只有20米长的一截矮墙，高约1～3米，西段残存30米长的一段墙，均在居民院内，上宽1～2米。

在王庄堡西坡上从南往北每隔500米有一个堡墩，称大、二、三堡墩。长城沿线的城堡真可谓千奇百怪，造型各异。大堡墩是又一座只有四堵堡墙而没有堡门和出口的堡子；另一座位于左云县威鲁堡北0.5千米处的月华池。被称作大堡墩的这个袖珍小堡，东、西、南三面墙体非常完整，无砖包痕迹，高10～12米。只有南墙有一人为掏开的豁口，也仅供两人并排通过；北墙残高8～12米，已向外坍塌一段，外面是很深的低洼耕地，耕地后面有几户人家。堡子的西面和南面均有8米宽的壕沟。堡子的东面、北面是天然深沟，可见这个堡子的壁垒森严。堡呈正方形，边长33.3米，地面没有残砖碎瓦。

二堡墩为空心箭楼结构，上部四面均有砖碹箭窗，但底部无登门洞的梯阶。

三堡墩也为空心箭楼，楼已毁坏，只有残存土墩，高约12米，上部四面均有贯通的砖碹门洞和箭窗，也无登墩顶的门洞或阶梯。

王庄堡村汤头温泉历史悠久，据《魏书》记载，远在1500多年前的北魏时期，这里就是皇家避暑疗疾的去处。此地又是国都平城东出河北平原的定州大道，于是便修了北魏帝王的一处行宫。郦道元《水经注》记载：“水出西北暄谷，其水温热若汤，能愈百疾，故世谓之温泉焉。”北魏道武帝、文成帝、孝文帝都多次“温汤疗病”“驻温泉宫”“幸代之温泉”。这里水量充沛，四季不断，温度恒定在63℃左右。

诗曰：韬略幽默该何谈，筑堡设图大仓船。防荡崖耸四堡墩，缆绳牢系不离岸。船坚墨规绝打井，凿孔焉能船不烂。延今古堡船帮在，北墙唯剩砖墙半。防日入侵拆堡豁，寇同洪水祸不单。船巨永乘后人福，清风桅帆彩斑斓。

第二节　朔州市所辖长城与城堡

明大同镇所辖地域，在原卫或卫与卫合驻地的基础上，形成15个市县。清代将蔚县和广昌县（涞源）划归河北后剩余13县，这便是雁北地区，简称“雁北”，即雁门关之北。

朔州位于山西省西北部，桑干河上游，地处内外长城之间。南扼雁门关隘，西北毗邻内蒙古自治区，北距古城大同129千米。

朔州市峙峪、边耀、鹅毛口古遗址证明，早在旧石器时代晚期（距今约28000年）就有人类在此生息。春秋以前，这里为少数民族北狄所居。战国时，归入赵国的版图。秦始皇三十二年（公元前215年），边帅蒙恬在此筑城名马邑，置马邑县，归雁门郡管辖。西汉时，置马邑县（今朔城区）、中陵县（今平鲁区）、剧阳（今应县）、阴馆（今朔城区东南）、汪陶（今山阴县）、埒县（今朔城区南）、楼烦（今朔城区西南）、善无（今右玉县），均归雁门郡管辖。东汉时，雁门郡移治阴馆县。东汉末年大乱，人民逃亡，大部分县撤废。将峪岭（今雁门关）以北各县民撤往岭南，地归代王拓跋猗卢。北魏时属畿内之地，置桑乾郡（今山阴东）、繁峙郡（今应县东）、马邑郡。北齐天保六年（555年），将朔州治从盛乐（今内蒙古和林格尔县）迁到马邑西南。北齐天保八年（557年）改马邑县为招远县，为朔州治，此为朔州名之始。北周升朔州为总管府。

隋废总管府，改为马邑郡，辖鄯阳（原朔县）、开阳（今朔城区南部）、神武（今山阴、应县境）。唐武德四年（621年），改马邑为朔州。唐天宝元年（742年），又改朔州为马邑郡。唐初，在马邑郡置大同军节度。会昌三年（843年），改为大同都团练使，领云（今大同）、蔚（今河北蔚县）、朔（今马邑）三州。咸通九年（868年），重置大同节度使，移治云州（今大同市）。五代时，在唐明宗出生地金城置应州，又分朔州置寰州（今朔城区西影市寺林东）。后晋天福元年（936年），朔州、寰州、应州割让给契丹。辽时，朔州为顺义军节度，应州为彰国军节度，统属西京道。唐朝时的朔州金仍之。元隶山西道大同路。明时，朔州隶大同府，辖马邑县，应州辖山阴县。雍正三年（1725年）置朔平府（治右玉），辖右玉县、左云县、平鲁县、宁远厅和朔州及马邑县。怀仁、应州与山阴同隶大同府。

民国元年（1912年）五月改州为县，同隶雁门道，后雁门道撤，直隶山西省。

抗日战争时，以同蒲路为界，路西归晋绥边区，路东归晋察冀边区。1946年朔县解放，归察哈尔省，1952年，察哈尔省撤销，重归山西省，属雁北专区。1958年改属晋北专区。1961年重新归雁北专区。1989年1月，国务院批准由原雁北地区划出朔县、平鲁县、山阴县，设立朔州市，1989年1月5日正式设市。1993年7月原雁北地区撤销，其所辖的应县、右玉县和怀仁县划归朔州市，其余七县并入大同市。

朔州市土地资源丰富，山地、丘陵、平川各占总面积的三分之一。境内名胜古迹颇多，杀虎口、应县木塔、崇福寺、内外长城、神奇美妙的掌柜窑、峙峪旧石器遗址、汉墓群、神头泉、广武城、净土寺等，显示出朔州的古老文明；大型平朔安太堡露天煤矿、安家岭露天煤矿、华北最大的坑口火力发电厂——神头电厂等，显示出现代化气息。

朔城区现址是秦汉马邑城的一部分，地处雁门关外，为中原地区通往塞外漠北草原的必经之路。南部通过阳方口、雁门关可达中原，北有腊河口、刘家口可达大同市，西南有大水口、北岔口直达黄河。历史上胡人南侵掳掠，汉人反击围剿，均以该地区作为重要的进攻和防守目标。尤其在汉代，这里是重要的关外军事重镇。那些守卫边关的将士死后大都埋葬在这里，形成这一带地区密集的汉代墓葬群。汉墓群分布于朔城区四周20千米范围之内。

现在，朔州市辖3个市辖区（朔城区、平鲁区、开发区）、4个县（怀仁县、应县、山阴县、右玉县）、73个乡镇1684个行政村。总面积1.07万平方千米，总人口171.48万。

一、朔城区城堡

（一）朔州城

朔州城属大同镇分守冀北道所辖井坪路四堡六城之一。分守冀北道兵备驻扎朔州城，井坪路参将驻守井坪城。

朔州城筑于北齐天保八年（557年），其周长4565米，为土城夯筑城垣，隋、唐、辽、金各代沿用，距今已有1456年的历史。明初，辟西北城垣之半，利用东南隅北齐城墙重建朔州城。

洪武三年（1370年），置朔州卫并砖包朔州城，万历十五年（1588年），增修之后城周长3150米，高14米，开四门有瓮城4座，角楼4座，敌楼12座，门楼4座，烟墩4座。朔州城里外全砖包。东门曰“文德门”，西门曰“武定门”，南门曰“承恩门”，北门曰“镇塞门”。东城门瓮城开南门；南城门瓮城开东门；北城门瓮城开东门；西城门瓮城开南门。原设守备、知州各1员。守备所领官兵766名，马118匹，分管火路墩28座，为乐昌王封地。嘉靖中始移阳和而以分守冀北道分理同管，通判驻于此。

城隶云中之南，雁宁之北，地势平漫，北元易驰。实山云两镇之要害，嘉靖四年北元由大石梁入，十九年至弘赐堡掠入。

现在，朔州城除南城墙、城门、西城墙、城门、瓮城保留外，其他建筑皆已毁坏，东、北、西三门全毁。城内街巷及布局基本保持原制。

东墙南段残留500多米，残高5～7米；南墙东段，尤其是角台较完整，有一人为豁口；南门和瓮城残存，正在修复当中；西墙北段残留50米左右，残高5～7米；北墙残留西段150米左右，残高5～7米；北门新修并东移100多米，门外是朔城区政府大楼，门额上方，有山西省人大原主任朔州籍人卢功勋题“敬德”二字。

从现在看朔州市恢复古城的决心非常大，西街内南北巷道已全部修复为二层仿古结构的建筑住宅和铺面，呈现出一派古色古香的风格。

崇福寺在朔州城内东街北侧。创建于唐德麟二年（665年）。辽时曾作为林太师衙署，亦称林衙院。辽统和年间改名林衙寺，金天德二年（1150年）题额“崇福禅寺”，建筑壮丽。现存山门及观音、弥陀、地藏、文殊诸佛殿、藏经阁、钟鼓楼等，布局严谨，主次分明。藏经阁位居殿前，宏伟壮观；弥陀寺是规模较大的金代建筑。殿内金代塑像壁画保存完好。

诗曰：建市半掩朔城址，秦汉马邑从尔始。沧桑古城叠新貌，雄姿当属崇福寺。

（二）马邑城

朔州市神头镇马邑城，属大同镇分守冀北道所辖井坪路四堡六城之一。分守冀北道兵备驻扎朔州城，西路参将驻守井坪城。

马邑城西距朔州市10千米，地处朔城区东北部，镇政府驻东神头村。镇域北靠洪涛山，西部与神头街道办事处接壤；南与滋润乡为界；东部与山阴县毗邻。

朔州历史上曾有三个马邑，即秦马邑、唐马邑和明马邑。秦马邑是朔州古城内的朔城区旧城；唐马邑是今朔城区西影寺村东之古城；明马邑是今朔城区神头镇的马邑城。现在所述为明马邑城。

明朝洪武三年（1370年），朔州设置朔州卫，郑遇春依元末所筑旧址修完土城，砖碹四门。洪武二十年（1387年），指挥薛寿砖包朔州城，即今日的朔城区旧城。当时的朔州常受北元军队骚扰，朔州城指挥史孙昭奉命在朔州城东筑马邑城。

马邑城土筑于洪武十六年（1383年），正统二年（1437年）扩筑，隆庆六年（1572年）砖包完毕，城周长1770米，城高连女墙13.3米，设守备、知县各1员，置守御千户所，其守备所领官军329员，马29匹，分管火路墩14座。东至山阴城30千米，南至广武城20千米，西至朔州城20千米。

清代设马邑县，嘉庆元年（1796年），马邑撤县为乡并入朔州。

民国元年（1912年），山西省决定将马邑复置为县。民国三年（1914年）又并入朔县，此后一直归朔县所辖。

马邑城民国时日军就已开始拆砖，日军害怕八路军袭击，曾在马邑城驻扎拆砖修筑炮楼和工事，并把山炮架在城墙和炮楼上。日本投降后，国民党又来拆砖，全部运走建了碉堡和炮楼。

1989年朔州市成立，为朔城区神头镇马邑村。

马邑村子四周，白杨树遮天蔽日，均非常通直高大。桑干河环村流过。

马邑城四墙峻整尚存。

东城墙，残高12～15米。东门完整，有瓮城开南门，瓮城东墙已毁，有一条水泥路通过；东门北10米处有一大豁口，有居民在此建了房。

南墙比较完整，下宽7～8米，上宽3～4米，残高8～15米，马面角台尚存；西段被桑干河水冲毁；东段被人为挖开一个豁口，有红砖瓦房盖在豁口当中。

西墙北段残存，南段被大水冲毁。据说在光绪二十四年（1899年），曾发生了一场特大山洪。河西曾有个村庄叫下西关村，村里许多人和财物都被洪水席卷而去。现在北段有两个大豁口，一为旧城门，一为人为拆毁，墙基下还有部分残存石条。

北城墙基本竣整，只有一个豁口，有水泥路从豁口通过。

在城的西南角，新建一座城隍庙，上挂木匾曰“清康熙帝御封灵应侯”。庙后矗立着一座高大的通信铁塔。村民们大都还住在城里，依然保持着过去街巷格局，过着悠闲自得的生活。大部分人家都是高门楼红砖大瓦房，可以看出这个村子的富裕。城内西南角为耕地。

城外东北西面有部分民居，东城墙外是人们栽植的各种果树。往东不到0.5千米就是水磨头村。桑干河水被引入护城河，支流依然环绕城周。马邑城属平原地带，几乎所有土地都能得到桑干河水的浇灌。

过去城内有大小庙宇六七十座，1956年修水渠时，庙上的碑石全被垫入渠底。

现在村里有300多人，姓氏有林、陈、卢、尹、贾等姓。主要种植作物以玉米为主，亩产均在500千克以上，其他还兼种一些小杂粮。

村人们对保护古城非常自觉，再加上村干部们的管理，人们建房时并不毁墙取土。

历史上桑干河水涨消不定，或一年涨三次，或三年涨一次。因河水源头很远，人们难以掌握汛息，也许早晨出门时看到河水不多，便很顺利地过了河；可等出门回来时傻了眼，河床涨满，波浪翻涌，无法过河。

马邑城西大东小，呈四大街八小巷格局，城北的大寺庙和朔州城内的庙同样大。

桑干河水发源于神头泉子庙，从东流向南进入灵丘、涞源、蔚县，最后归入海河。清乾隆皇帝寻找源头时，一直找到此地，改称源头为皇到源。

辽金时的幽云十六州之一的寰州城就在桑干河南岸0.5千米处，基本被风沙掩埋，但还可看出遗址。

马邑城北面5千米处就是连绵起伏的洪涛山系，东南25千米外叫草垛山，南面叫六郎山、馒头山，都属恒山山系。

神头镇是历史上三国名将张辽的故乡。张辽（169—222年），字文远，汉族，雁门马邑（今山西朔州市朔城区神头镇大夫庄）人。三国时期曹魏著名将领，官至前将军、征东将军、晋阳侯。后人将他与乐进、于禁、张郃、徐晃并称为曹魏的“五子良将”。

在明大同镇七十二城堡中，现朔州市所辖6县，即原来雁北13县中的6县，辖9城21堡。

诗曰：峻整崇隆登莫及，桑干河秀绕娇躯。水沃平畴半谷滩，川妹落嫁三百余。

二、右玉县长城与城堡

右玉县地处大同、呼和浩特、朔州三市三角地带，东与大同市左云县相接，距大同市80千米；南距朔州市98千米；西与平鲁县毗邻；北隔长城与内蒙古相望，西去呼和浩特市140千米。右玉古城坐落在黄河水系的苍头河东岸。

右玉县春秋前一直为北方少数民族占据。秦置善无县，始筑城，属雁门郡治。西汉高祖初，境内又增设中陵县，隶雁门郡。东汉雁门郡南迁后，划归定襄郡治。北魏又归善无县，因建都平城，右玉属畿内之地。北齐时，在右玉威远镇设立威远县，北周时废。唐代属云中，宋代地归契丹，辽金时归西京，元属大同路。明洪武二十五年（1392年）置定边卫。永乐七年（1409年）将大同右卫移驻。正统年间又将边外玉林卫并入右卫，改称右玉林卫，简称右玉，属大同镇。清初为右玉卫，雍正三年（1725年）置县，称右玉县，归朔平府，府治设在右玉城。民国时废朔平府，归雁门道。抗日和解放战争时期，右玉为革命根据地。右玉县境内与邻县先后成立“和右清”“右山怀”“左右凉”“右南”“右玉”等县，与日伪政权统治县同时并存。新中国成立初，属察哈尔省雁北区。1952年划归山西省。1958年与左云县合并称左云县，1961年分县后又恢复右玉县至今。1972年迁驻梁家油坊。

（一）右玉长城

右玉县境内的长城始建于战国与秦汉时期，现存长城为明朝所筑。长城在右玉县辖境内的基本走向是：由庄窝向西北经破虎堡至残虎堡关口，然后转西南方向经海拔1666

米的五台山至杀虎口。长城过杀虎口后，继续向西南行经二分关，过海拔1747米花林山与海拔1788米圣山抵大沙口。由大沙口继续向西南约五华里后，出右玉县境而入平鲁县界。长城在右玉县长度为84千米。

左云县与右玉县交界处长城残毁严重，是一条存高不足一米的碎石和土混杂的残基。长城由两县交界处至破虎堡段，由庄窝向西的黄土夯筑城墙，虽有不同程度残损，但整体较好，高在3至5米不等。这段长城上高大坚固的黄土夯筑墩台多数较好，里侧火路墩却毁坏严重。长城由二、三墩绕海拔1767米的马头山东北侧而过，转西至残虎堡口。这段黄土夯筑城墙虽有残圮，但基本连贯，保存较好，存高约4米左右。长城由残虎堡关口又向西约4千米，由十五沟村转西南，翻过海拔1666米的五台山，过四台沟村至杀虎口。这段城墙从关口至十五沟东段残存土墙高3米左右，西段几乎已毁坏无存，只有一溜土筑墩台尚存。十五沟至四台沟段，土筑城墙坍塌严重，仅存一溜拱起的慢坡状。过四台沟后长城渐有所存，至杀虎口墙体高3至5米不等。由杀虎口向西南，长城跨苍头河。

苍头河，明时称为兔毛河，当时在河床之上建有桥式跨河城墙，设有敌楼，桥上有9个泄水门，当地称为九龙洞，今已毁。只河西岸残存高3米左右的条石墩座。

长城过苍头河向西南，有500米之距已无墙迹。再经二十五湾村至二分关段，虽有遗址，但土墙多残无墙样，只有零星几段残存2米的夯土墙。二分关处有一宽阔河床，过河后始有夯土残墙直奔海拔1747米的花林山。

长城在花林山有2千米左右的分支，同主体城墙并行，相交于海拔1788米圣山北的十三边。两条重墙皆黄土夯筑，大部分残圮。长城由十三边继续向西南，至云石堡段，沟谷纵横，地势起伏较大，长城多为黄土夯筑，圮残严重，有些地段只略剩痕迹。出十三边后不远的一条沟口两侧山坡之上，南北相对，立有两块石碑。北侧碑高2.15米，宽0.87米，厚0.25米，阴刻楷书“大同中路分属西界”。大字左侧有一行竖写小字为：“万历三十七年（1609年）季秋吉日立。”南侧石碑与北侧规模相同，但碑因风化，字多不清，只可辨“威……分属东界”，小字为“万历……”。根据大同镇分路镇守情况可断，其大字应为：“大同威远路分属东界”，小字为“万历三十七年秋吉日立。”这是目前发现万里长城上仅存的两块长城分界碑。

右玉的古城堡，是明大同镇防御体系的重要组成部分。右玉屯军城堡有两城13堡：即右卫城、威远城、杀虎堡、破虎堡、铁山堡、云石堡、马营河堡、残虎堡、马堡、云阳堡、牛心堡、红土堡、威坪堡、黄土堡、祁河堡。共筑烽火台183座，边墩211座。

（二）右卫城（右玉城）

右卫城属明大同镇七十二城堡之一，隶属大同左卫道，划归中路十一堡二城之内。

洪武二十六年（1393年），置定边卫，并筑城。始称定边卫城。建文元年（1399年）“靖难之役”爆发后，将定边卫迁驻通州。永乐二十二年（1424年）十一月将大同右卫迁驻定边卫城，改称右卫城；正统十四年（1449年）将边外玉林卫迁入与右卫合驻，称“右玉林卫”，简称右玉。

右玉城，嘉靖四十五年（1566年）重修，万历三年（1575年）砖包，周长4900米，高连女墙14米，宽11.6米。城内驻中路参将。原设守备，除援兵外，所领官军1630名，马骡267匹（头），分边16千米，边墩45座，火路墩46座。边内黑嘴子等口为极冲；边外大松树旧玉林城以西一带，北元首领哈刺托托儿扯布等部落驻牧。

城垣内土外砖，四城门，东曰和阳，南曰永宁，西曰武定，北曰镇朔，四门顶建有四座城楼，均悬挂匾额，南曰“紫塞金汤”，北曰“严疆锁钥”，东曰“拱获燕云”，西曰“屏藩河朔”。东南、东北、西北城角建有3座角楼，城墙上筑有敌台28座，垛口564个，守铺8座，四门之外各有月城，四地直通十字街心，与耸立中央的四牌鼓楼连接，构成东西南北四条大街、六条中街和20多条小巷。城内寺庙星罗棋布，牌楼牌坊遍地林立。城内建造有将军府、都统府、协作领署，骁骑校署、府县署等大小衙署多所。

嘉靖三十六年（1557年）秋，北元首领俺答率二万骑兵，从平鲁、杀虎口大举进犯，攻陷左云、平鲁等七十余堡，包围了右卫城，守城军民浴血奋战，守将王德战死，老将军尚表继任城防指挥，率众抵抗；城内无粮，以战马充饥；无炭生火，拆房屋为薪；一直坚守达8个月之久。消息传到京城，嘉靖帝派兵部尚书杨博与兵部侍郎江东统领大同镇各路军马前往增援，方才击退俺答的围攻。这次战争后嘉靖皇帝嘉奖右卫军民，并拨银建牛心、云阳、黄土堡、红土堡等城堡九座，称“灭胡九堡”。

现在，右卫城墙体包砖大部被拆取，四门洞残存，现已重修。四门瓮城残存，北墙与西墙外墙被沙地淹埋大部，西门墙角被河水冲毁，东墙外墙体下部有残存墙砖、石基。

近年来，右玉逐渐恢复古城，已初具雏形。重修后的东门进深25米，宽4.3米。从东门北登城墙，有原来的砖石阶，只有东门无瓮城，其他三门均已恢复。站在城墙上观望，四面城墙非常完整，城内东南角为耕地。

城内高大建筑只有右卫镇完小是4层楼结构，右卫镇中学是三层楼结构。还有两座通信铁塔，高约50多米，另外的一座30米高的水塔现已弃置不用，但依然高耸在城内。

登南城门，东西两边的砖阶均为现代铺设，但仿古非常逼真。南墙下宽12～16米，上宽7～8米，城楼女墙高2米，门楼高度9～11米。南门瓮城东开。

北门已全部砖包，瓮城开东门，另有瓮城照壁，北城西墙已有50多米重新砖砌。

站在西城墙上，可看到西边的团山、雷公山，以及城墙下蜿蜒而过的苍头河，水流仍很多。苍头河西南有一桥，名曰“反帝桥”。

西城墙并非一条直线，而是逐渐向东南方向倾斜而去，远远看去，在西南角上形成一个角，成为一个不规则的五角城池，虽然苍头河离城墙还有一段距离，但当时河水就在城下，为了躲避水道，只好将城墙向里缩移，形成一座不规则五角城，习称“扇子城”。西城门瓮城门从南开，却在北墙有一道大豁口，是1958年挖开的。

城内镇中学的后面，有保存下的一座寺院叫宝宁寺，但已破败不堪。镇政府在原来寺庙的基础上重新修缮，修旧如旧，两重院落基本完工。但因为在校园内，怕游人进来打扰校园的宁静，暂时不对外开放，庙门上锁。另外，庙门外有躺着的三通石碑，字迹已模糊不清。西街距西门100米处，有一处新建玉林书画院。

诗曰：筑城始设定边卫，右卫玉林继驻内。拒虏难阻胡汉路，西口踏向大漠怀。

（三）云阳堡

右玉县牛心乡云阳堡，属大同左卫道中路十一堡二城之一。大同兵备道驻扎左卫城，中路参将驻右卫城。

云阳堡位于右玉城东南15千米处，东距左云城6千米，西北距长城25千米。

云阳堡为杀虎口和右玉城通向左云大同的要道，故设堡扼守。

本堡建于嘉靖三十七年（1558年），万历二十四年（1596年）砖包，周长800米，高连女墙13.6米，堡内设操守1员，兵士313名，马23匹，无分边任务，只管火路墩14座。

清朝顺治年间（1644—1661年），由军堡改为民堡。

云阳堡呈正方形状，四墙基本完整，角台与墙台马面矗立，堡开东门，瓮城尚完整，瓮城北墙长30米，北墙到东墙有2米宽的豁口，东墙长30米，瓮城开一小南门。东墙北段残高4～5米，南段残高5～7米，东南角台与东北角台倒塌，瓮城墙高8～10米，底宽6～7米，上宽2～3米。

南墙与西墙墙体壁立，墩台高矗，墙高10～13米，底宽7～8米，上宽2～3米。

北墙东段损毁严重，长约30米左右，残高4～6米，墙体为黄土与红黏土混合夯筑。

现堡内无住户，有部分耕地，残砖乱瓦遍地。堡外烽台林立。

云阳堡地形非常奇特，四面都是河沟，成为该堡的天然护堡壕沟。堡筑高处，可以想象当初的设计者利用自然地形的匠心独运。

东墙外，有县政府所立石碑，上刻“县级文物保护单位、云阳堡、右玉县人民政府、2005年9月1日公布、右玉县人民政府立”。

村后五十米就是横贯东西的大呼高速公路。

云阳堡的村民因吃水不便，已在20世纪70年代迁到堡东1千米处的梁坡上居住，现已成为一个大村落。

堡里过去有七八座庙。当年日军已将堡墙上的砖石拆毁不少。后阎锡山部独立五旅马延寿旅长修筑碉堡，将剩下堡砖彻底拆下运走。

云阳堡西北河沟称云阳谷，这一历史地名，现代人已知之甚少，但上推1400多年，却是一处响当当的地方，还因其出过两位皇帝而名垂青史。据《北齐书•神武帝纪》载：“孝昌中，山胡刘蠡升自称天子，年号神嘉，居云阳谷，西土岁被其寇，谓之胡荒。”又天平二年（535年）正月，“神武袭击刘蠡生，大破之。……三月，神武欲以女妻蠡生太子，候其不设备，辛酉，潜师袭之。其北部王斩蠡生首以送。其众复立其子南海王，神武进击之，又获南海王及其弟西海王、北海王、皇后公卿以下四百余人，胡、魏五万户”。山胡又称稽胡、步落稽，乃晋时匈奴别种，“居山谷间，种落繁炽。其俗土著，亦知种田，地少桑蚕，多衣麻布……凶悍恃险，数为寇乱”。山胡首领刘蠡生世居云阳谷，魏末趁“六镇”兵变、天下大乱，于家乡拥兵自立，称天子，置百官，年号神嘉，统治地盘包括今山西北部和内蒙古中部部分地区。据史料，以高欢的实力，当年灭刘蠡生也确实费了些周折，如先讲和，将自家女儿许配给刘的“太子”，约为儿女亲家，让刘失去戒备，后又收买人家的手下部将，内外夹击，方灭掉了这一心腹大患。从中也看出了刘蠡升稽胡实力之不凡，所居云阳谷地势险要、虎踞龙盘。

《山西历史地名录》记载，神嘉王朝在山西省右玉县云阳村。云阳谷神嘉王朝到底在何处？其实就在现在左云、右玉县的五路山山谷中。

北魏的云阳县城就在左云县大河口村南，也就是人们所说的“榆林城”。魏帝国一分为二，高欢立清河王元亶之子元善见为帝，迁都于邺城（河北临漳）为东魏，宇文泰杀魏孝武帝立南阳王元宝炬为帝，定都长安，史称西魏。东魏建立的第三年正月，东魏丞相高欢发兵袭击刘蠡升，兵败率众退守云阳谷中。神嘉王朝自起兵到兵败共十年（525—535年）。后刘蠡升的余众仍坚持斗争，复立刘蠡升的三子南海王为帝继续反抗朝廷，43年后其孙刘没铎又继承乃祖遗志，居云阳谷兴兵自立，称圣武皇帝。五路山地势险要，易守难攻，山多林密，便于屯兵，五路山上镇门窑藏兵洞应该就是神嘉王朝时期起兵的地方。

诗曰：云阳谷中云阳堡，深壕高墙难阻虏。人去堡空榆窠茂，枉费民夫筐筐土。

（四）破胡堡（破虎堡）

李达窑乡破虎堡，即明朝大同镇七十二城堡之一。属大同左卫道中路十一堡二城之一，亦是“灭胡九堡”之一。大同兵备道驻左卫城，中路参将驻右卫城。

破胡堡位于右玉县城东北50千米处，北距长城0.5千米。

西汉高祖初，善无县（右玉）境内增设沃阳县，隶雁门郡。破胡堡村南1千米处即为汉代雁门郡沃阳县故城。

破胡堡建于明嘉靖二十三年（1544年），万历二年（1574年）砖包，周长1040米，高12.6米，原设操守，因本堡极边，万历十四年（1586年）始议改守备，所领兵士700名，马骡96匹头，分边沿长7千米，边墩17座，火路墩5座。堡边平梁、镇静二处俱极冲，通蒙古；边外大松树山、丰州川、威宁海等处皆有北元首领黄吉台下、首领克孙儿太等部落，云川城一带首领歹鸦扰儿部落驻牧。因东为黑龙山崇岭，遂壑易于藏伏，嘉靖间零星北元军犯无虚日，堡外北元军骑兵糟践多，属荒芜，近开垦悉为禾稼之场，以此军资养赡鲜有迅亡，地方重有保障。

破虎堡地形东西窄，南北宽，北面高南部低，西面和南面是河沟。

堡子北边就是长城。堡外环绕着两条壕沟，里沟深而窄，外沟稍浅却宽阔，里外壕沟间的土棱高高耸起，应是护城河之类的设施，是堡外的一道战墙，两边取土中间筑墙，形成了两沟夹一墙的格局。

堡开两门，全向南开。从第一座堡门往北走一段坡路，就到了第二座堡门，位置大约在堡城偏南的三分之一处。整座堡呈“吕”字形布局，南北两堡连环相拥，以高墙分隔。北堡呈长方形，东西宽200米，南北长240米；南堡呈正方形，边长160米。南堡之南门是两堡的唯一出口，属正门，所以建筑颇为讲究。堡门宽2.5米、高3.5米，砖面完好，砖雕栩栩如生。尤其堡门顶上砖墙，整齐如初，而门额上的长方形石匾，四周所饰云纹，雕工十分精细。门洞东墙上嵌有石碑一块，长0.6米、宽0.4米，字迹已不甚清晰。门外约30米处另筑有一座照壁，基座为5层黑石所砌，长11.15米，高95厘米。

现堡四墙包砖虽已不存，但黄土夯墙尚在，北墙中间一个马面，东西墙中间各两个马面，尤其北堡城墙及四角台与中间马面高大、整齐、完整，基本保持了原初规模。堡内有一座砖瓦建筑的院落，颇显气派，据说是明代遗留的老宅。堡子本来就不大，但许多院落都成了残垣断壁，堡墙内还有不少空地种了庄稼，非常冷清。街巷院落多用火山石砌筑，也有夯土墙的。

堡子北墙西段相对完整，最高处5～6米，北墙马面完整，西墙两个角台高大完整。

堡墙中常常发现有古钱币，大的小的都有。堡内曾经庙宇齐全，现已无存。日军曾占领该堡，撤退时将堡中的庙宇浇上汽油，全部放火烧毁，还殃及许多民宅。

堡南有瞭把山，山上遗留有阎锡山部独立五旅马延寿旅长的工事。

破虎堡分管长城，东自左云县宁鲁堡边界，西至杀虎口边界，长约30千米。长城从左云的西北角翻过摩天岭进入右玉，在右玉与内蒙古交界线上西行。长城残毁严重，只存高不足1米的一条碎石和土混杂的残基。由庄窝向西的黄土夯筑城墙，虽有不同程度残损，但整体较好，高在3至5米不等。这段长城上高大坚固的黄土夯筑墩台多较好，里侧火路墩却残毁严重。长城由庄窝村向西一段整体较好，有些高达5米，高大坚固的黄土夯墙巍峨壮观。

沃阳古城位于村东1千米处，现为耕地。

考古工作者曾对古城进行了细致的勘测，发现了许多汉代遗址和遗物。从地表裸露出的遗迹看，城址平面呈长方形，东、西、北三面城墙有明显的遗迹，南城墙被河水冲毁，城墙东西长1000米，南北宽约500米，占地总面积约50万平方米。东西北城墙上的3个城门的遗迹十分明显。墙体为黄色五花土夯筑，夯土层7～10厘米，夯层明显，土质较硬。城墙底宽10米，残高3～5米，东城墙全长500米，虽然有的墙段已经被村民开垦耕种，但仍然能看出明显的城墙痕迹。城内地表裸露的汉代遗物俯拾皆是，有云纹瓦当、格纹瓦当以及大量的绳纹陶片等。城外方圆四五里以内，地表裸露的汉代陶片亦随处可见。

诗曰：鸡啼日见马头山，斜跨边下居坡半。拒风向阳暖窝地，祖辈固守不迁搬。

（五）牛心堡

右玉县牛心堡，属大同左卫道中路十一堡二城之一。大同兵备道驻扎左卫城，中路参将驻右卫城。

牛心堡现在是牛心乡所在地，位于右玉县城东北10千米处，东与左云接壤；距长城20千米。

牛心堡地处黄土丘陵缓坡区，北部欧村河由东向西流贯，南部牛心河由东向西流贯，中部由老龙山、卧羊山、老老山、团山、巴掌山山脉连贯东西，海拔高度1500～1900米，岩石裸露，山体由棱柱石形成，盖土极薄，坡度较陡。

牛心堡属兵部尚书杨博主修的“灭胡九堡”之一，建于明嘉三十七年（1558年），隆庆六年（1572年）石包，周长1250米，高连女墙11.6米。堡内原设守备，万历十四年改设操守，领兵士434名，马骡37匹，无分管边墙任务，只管火路墩18座。

牛心堡置左右二卫之中，北有黑龙王等山重冈叠嶂，先年北元零骑抢掠不时，右卫声援几绝，自设此堡烽火易通。

明、清期间，因牛心堡处于左云通往右卫的交通要道上，因此，经济繁荣、文化发达。堡内开有大东店、西店、中店等六七所车马大店。

清顺治年间（1644—1661年），堡内官兵裁撤，改为民堡。

现在，牛心堡虽已面目全非，但堡城轮廓尚清，平面呈正方形，边长300米，墙体底宽10米，上宽3.5米，残高3～11米，开南、北门，有瓮城。北瓮城长35米，宽30米，墙体底宽6米，上宽2米，残高4米；南瓮城长50米，宽20米，仅留南墙一小段，残宽2米，每墙都有3个马面，四角各有角台，较大。

东墙只剩10米残墙，余下全无痕迹。

南门遗迹明显，墙体砖石全无，土墙残存，墙体最高在10米以上，最低处6～7米，底宽7～8米，上宽5～6米。现在南门的瓮城已经坍塌，只剩一截残墙。

西墙南段底部有石墙面残存，长约10多米，宽约1米。

南墙外立大理石碑，高约1米，底座为水泥浇铸，上刻：县级文物保护单位，牛心堡，右玉县人民政府立。南墙外面西边，墙下有许多土窑洞，过去曾作地窖，地面上也挖有许多地窖，都用堡墙上拆下来的石条砌口，现在均弃之不用。

一条水泥路从东进堡，又从南门豁口穿过。堡子四周都有住房，堡墙东面民居最多。

村东南1千米处就是牛心山，为第三系死火山，海拔1604.5米。牛心河环绕山的西北面，周长5.5千米。山上原有文昌阁、玉皇殿，均建于明朝，在抗日战火中毁坏。山顶平园，为玄武岩孤山，山的左右开黑白二峡，冬不积雪，夏不生草，似若牛心，殊为灵异，为右玉衡阳十景之一，名“牛心孕璞”。

牛心山石头长势奇特，六棱形，看上去既是石柱又是石林，石柱的耸立有的竟达两三米高，属柱状节理。

诗曰：“牛心孕璞”摩云天，登顶望得一圐圙。彩顶围堡失古韵，高速断隔横面前。

（六）马堡

李达窑乡马堡，属大同左卫道中路十一堡二城之一。大同兵备道驻左卫城，中路参将驻右卫城。

马堡位于右玉县城东北40千米处，北距长城5千米。堡南是大河沟，堡后是李达窑至破虎堡的公路。

据传，堡地最初为驻兵养马之地。明嘉靖二十五年（1546年）筑堡，万历元年（1573年）石包，周长770米，高11.6米，地势呈北高南低。堡设操守官1员，所领兵士364名，马34匹，分边5.2千米，边墩15座，火路墩4座。边内山前墩、二道沟、虎头墩、驼山双沟子等处俱冲，而山前墩更甚；边外昭君墓、丰州川一带，俱北元首领马洪恰海赖等部落，秃塔地由北元首领把都牙害倘不浪部落驻牧。嘉靖年间，北元兵曾攻陷马堡，抢劫一空。

据《明史·马政》记载："正统末选马给边，边马足而寄牧于畿甸者也。官牧给边镇民牧，给京军皆有孳生驹，官牧之地曰草场，或为军民佃种曰熟地，岁征租佐牧人市马，牧之人曰恩军，曰队军，曰改编军，曰充发军……边用不足又以茶易于番，以货市场于边，其民牧皆丁田授马，始曰产马。"马堡就是右卫军放养战马的地方，北草场就是放养军马的牧草地。如若军马不足，就从杀虎口、威远卫、云石堡马市以茶或其他生活用品换买。右卫籍人麻璋，在正德丁丑年考取进士，官到礼部主事，专门在太仆寺从事养马，故人称麻太仆。其他麻家将如麻实禄、麻锦、麻贵等麻氏家族，原本是右卫城专为官军养马的恩军。后来由于参加右卫城保卫战，因战功凸显才转为官军，擢提为总兵参将的。

清顺治年间（1644—1661年），堡内官兵裁撤，改为民堡。

现在，马堡堡墙基本消失，四墙轮廓不清。南墙与东墙在民国时被洪水冲毁，墙体已无痕迹；西墙也夷为平地；西南墙角残留半截角台，残高2～3米；北墙依稀可见，残高2～3米，外形与田埂相差无几。堡内残砖全无，只有在村民们的房基上方可看到原堡墙上的黑石条。堡内已成耕地，村民在堡东居住。

马堡属小堡，对面的山叫团山。堡子何时被毁的，堡人已无从知晓。猜测大概100年前就毁了。

诗曰：马堡无堡亦无马，传说围城水冲垮。人迁地阔多牛羊，水草丰美看河洼。

（七）残胡堡（残虎堡）

李达窑乡残虎堡是"灭胡九堡"之一。属大同左卫道中路十一堡二城之一。大同兵备道驻左卫城，中路参将驻右卫城。

残虎堡位于右玉县城东55千米处，东倚西马头山，西至杀胡堡15千米，北至长城2.5千米。

堡筑自嘉靖二十三年（1544年），隆庆六年（1572年）石包，周567米，高12.1米，设操守官1员，所领兵士395名，马38匹，分边7.65千米，边墩24座，火路墩9座。边外沙城一带，北元首领卜冶素倘不浪部落与归化城昭君墓一带首领歹言恰虎儿恰等部落驻牧。"先年数被北元抢掠，自设此堡，东临破胡西临杀胡，彼此联络足为右卫羽翼，且土田沃饶军士乐业，关厢添设草场无患。北置古城又西有小关，岐道北出又西为野猪沟，又西为旧堂子墩，南直残虎堡，又西为东莺圪墩，北直双古城，又西有关，残虎堡界止，为垣二十三里"。

残虎堡边九墩大水口，派营兵2名，边军3名防守；残虎堡边十九墩小水口，派营兵2名，边军3名防守。

残虎堡在西马头山西2千米处，远远望去，马头山上有两座隆起的土冢，酷似两只马耳，因此被称为西马头山，用以区别左云保安堡北面的东马头山。山上荒草足有一人多高，实乃空中草原。实则两座北魏皇家陵墓。从南面山坡攀上去，可看到两墓均有盗洞，显然墓内器物已被盗走，扔下石块试探，里边发出空旷的回声。

残虎堡地势呈西高东低之势，堡中坡势很陡。堡子四面环河沟，实乃天然护堡壕沟，整个堡外都有人家居住。

西墙与北墙外城壕遗迹明显，宽5～6米，深2～3米。在堡内发现了许多石炮、石碾，俱系明代遗物。西墙外立一石碑，上刻：县级文物保护单位，残虎堡，右玉县人民政府，2005年9月1日公布，右玉县人民政府立。

堡四墙基本清晰，石面与墙体剥离，墙体局部拆毁。东墙北段较完整，残高8～10米，中间马面较完整，南段人为破坏，残高3～4米。

南墙西段较完整，高9～10米，底宽7～9米，上宽2～3米，东段拆毁建房，残留半截马面。南门遗迹无存。瓮城遗迹明显，南北宽100米，东西长200米，略偏东开南门，面积为堡城的1/4，墙体为黄土夯筑。

西墙残高7～8米，中间墙台马面完整，旁边已挖开一个大豁口，水泥路直达村里。

北墙西段残高8～10米，东段残高5～6米。

堡内榆树，杨树茂密，几成遮天蔽日之势。堡内曾有许多庙，日军进来时，全部烧毁。

诗曰：破垣断壁该叫残，尚存堡外大瓮关。北坡临河山前地，长城隐梁望阴山。

（八）黄土堡

牛心乡黄土堡，即明朝大同镇七十二城堡之一。属大同左卫道中路十一堡二城之一。大同兵备道驻左卫城，中路参将驻右卫城。

黄土堡位于右玉城北10千米处，北距长城27.5千米。因堡的东西都有2.5千米长的黄土坡，故黄土堡由此得名。

堡筑自嘉靖三十七年（1558年），万历十二年（1584年）砖包，周长800米，高连女墙13.6米，设操守1员，所领兵士321名，马41匹，无分边任务，只管火路墩9座。堡外东南有奶奶庙、城隍庙、观音庙、乐楼。

朔州、右卫、威远、平虏旧有三边、五路城堡，俱系极冲。其城堡约为三路：一路长城沿线；一路自右卫始，沿红土堡、黄土堡、牛心堡、云阳堡，通往左卫；一路沿云石堡、威远、祁家河通左卫。

清顺治年间（1644—1661年），堡内官兵裁撤，改为民堡。

1956年3月设乡，1958年改为人民公社，1959年1月撤销。

黄土堡处于盆地，四面环山，交通闭塞，土地瘠薄，人口稀少。在堡的东瓮城外，有一通右玉县人民政府立的石碑，底座为青砖砌筑，上立大理石碑，高70厘米，宽80厘米，厚10厘米。上刻：县级文物保护单位，黄土堡，右玉县人民政府，2005年9月1日公布，右玉县人民政府立。

堡内残存的墙砖与墙基石随处可见。墙砖成了堡民们盖房、建猪、羊圈的好材料。

堡的四面墙体参差不齐，最完整的是南墙，有一行人豁口。南墙里外都是耕地。里面的耕地西高东低，大约有10多亩。堡子中间有一条水泥路东西贯通，路北靠近堡墙住有十几户人家，都是砖瓦结构的房屋，一直顺路延伸到堡外。

黄土堡东墙南段已夷为平地，成为村民们的耕地；东门及瓮城遗迹明显，瓮城从南开有小门；原堡门上“黄土堡”石刻残存，长1.5米，宽1.1米，在一户居民院内。

南墙较完整，最高处7～8米，最低处6～7米，底宽6～7米，上宽4～5米，墙体为黄土夯筑，南墙的角台与马面残存。

西墙北段拆开一道30米宽的豁口通道。

北墙比较完整，最高处9～10米，最低处7～8米。北墙角台与马面残存，包砖与墙体剥离。

黄土堡南1.5千米外，曾有古民居遗址，可见灰质陶片，其年代不祥。

堡西南1千米处的山上有一雄伟高大的火路墩；正西0.5千米处的山上也有一火路墩；东南0.5千米的山上有一火路墩。夯层明显，厚15厘米，土质较硬。

靠近牛心至山岔沟的小路上有四公主坟。北有巴掌山，山坡远望有巴掌手印。

诗曰：四面高地筑烽燧，巧围中间一深闺。阻胡哪得此秀色？堡墙居半多破败。

（九）红土堡

牛心乡红土堡，属大同左卫道中路十一堡二城之一。大同兵备道驻左卫城，中路参将驻右卫城。

红土堡位于右玉县城北15千米处，北距长城10千米。因堡子建于红土梁上，故名红土堡。

红土堡筑自嘉靖三十七年（1558年），万历二年（1574年）石包，周长900米，高11.6米，设操守1员，所领兵士275名，马39匹，无分边任务，只管火路墩7座。红土堡为右卫东来孔道，迤东则黄土、牛心、云阳诸堡，昔右卫被围，去左卫仅35千米声援阻绝，故筑各堡以备应援接济。

红土堡分管的7座火路墩间隔0.5千米一台，最远间隔1千米。大同以西左、右卫长城沿线均为1千米一台；0.5千米一台乃是成化年间由总督余子俊组织修筑。

清顺治年间（1644—1661年），堡内官兵裁撤，改为民堡。

红土堡所在地被当地人称为红土梁，所筑堡称红土堡，原为右玉城通往左云、大同直到京城的重要驿站，清朝、民国年间店家很多。现在，从黄土堡西边的村村通水泥公路出发，路经善家梁村北，再向西行，路畔再无村庄，一直抵红土堡。

红土堡墙体为黄土与红黏土混合夯筑。堡墙基本残存，东墙较为完整，最高处7～8米，最低处4～5米，上宽4～5米，底宽7～8米。

南墙东段残存，残高10米，底宽7～8米，上宽5～6米。东南角残存一段堡墙及马面。堡开南门已无遗迹。南墙西段大部分已无痕迹；西墙北段被沙土覆平；北墙较完整，但半截被沙土淹埋，残高4～5米。

堡内现已无人家，成为苗圃，全部种上了松树苗。堡内东南角有一水房，作浇灌树苗之用。堡墙内用铁丝网圈住，以防人畜进去踩踏树苗。

南门外立有一块青砖底座大理石石碑，上刻：县级文物保护单位，红土堡，2005年9月1日公布，右玉县人民政府立。

原堡全为石头包砌，都是打制好的方块石头构件。20世纪50年代，右卫城修南大桥时，派人派车将包石拆走一部分；后来建十里河桥、八里铺桥，以及在本村河湾建渡槽，又都从这里拆走石头；邻村高墙框建小桥也来这里拆石头。

堡里庙宇早已无存。村民说修此堡时，民夫们光咸盐就吃了好几石。

“文革”时，为了引大口井水浇灌坡上的田地在村西修建了引水渡槽，质量坚固遗留下来，看上去依然雄伟壮观。

1990年，在堡东北2千米处发现匈奴墓葬群，文物部门清理墓葬23处，出土文物413件，对研究匈奴文化有着非常重要的价值。

诗曰：树映村河看朦胧，红堡不红种黄松。如此奢侈苗圃园，唯见西下夕阳红。

（十）杀胡堡（杀虎堡）

右卫镇杀虎堡，即明大同镇七十二城堡之杀胡堡。属“灭胡九堡”之一，大同左卫道中路十一堡二城之一。大同兵备道驻左卫城，中路参将驻右卫城。

杀虎堡是右玉县杀虎口旅游区下辖村，位于晋北与内蒙古的边缘，在右玉县最北端，南距右玉县35千米，自古便是南北重要通道，是内蒙古南下山西中部或太行山必经之地。大呼高速公路经由此地。

杀虎堡东依塘子山，西傍大堡山，在两山夹峙之中，有苍头河纵贯南北，形成约有1.5千米宽的河谷开阔地。

杀虎口，春秋战国至秦汉称为参合陉，隋唐曰白狼关，宋时为哑狼关。周征猃狁，秦、汉伐匈奴，隋、唐讨突厥，宋防契丹，都把杀虎口作为重要的军事要地。

早在战国赵孝成元年（公元前265年），赵国就派重兵驻守雁门一带，著名大将李牧曾多次从这里出击攻败匈奴的进犯。汉代大将李广、卫青、霍去病也曾从这里挺进大漠，驰骋疆场，驱逐鞑虏。

杀胡堡，人们习惯笼统地称杀虎口。在杀虎口关东南1千米处，由杀虎堡旧堡、中关、平集堡三部分组成，是明大同镇七十二城堡重要边堡之一，也是明清时期重要的关口。

明朝洪武年间，杀虎口长城出入口上建有关门，俗称大栅子。与长城连为一体，上建关楼，下设千斤大闸，白天启闸行人，夜晚放闸宵禁，是北国之扃钥。

嘉靖二十三年（1544年），于长城南百余米之处，筑杀虎堡一座，万历二年（1574年）砖包堡墙，成为异常坚固的军事堡垒。城堡周长1000米，只开南门，并筑瓮城。西城墙和南门外还分别置3门大铁炮，炮口直视关外，防守十分严密。

万历四十三年（1615年），又在杀虎堡南另筑新堡一座，名平集堡，周长1000米，高低与旧堡同。后又在平集堡与旧堡间东西筑墙，中辟东、西门，称之中关，前后、左右开门，东西南北四通。这样，旧堡、中关、新堡连为一体，唇齿相依，犄角相援，构成一组周围约1500米许的复杂的军事防御工程，将杀虎口牢牢锁死。据史料记载，堡城建成之后，明及历代王朝均在此重兵驻防，严密扼守。明朝常驻兵千余，并设守备衙门。

杀虎堡也称兔毛河堡，战略地位与杀虎口一样，十分重要，互为掎角，设守备1员，旧堡把总1员，新堡团总1员，旗兵1040名，骑兵152名，屯兵养民，镇守关口。

杀虎口和右卫城作为军事要塞，自古战火不断，特别是在明正统至嘉靖年间，先后多次被北元军队攻打下来。但在嘉靖三十六年（1557年）的一场战争中，守军却在左右无援的情况下，孤军奋战，坚守右卫城长达8个月的时间，这在中国战争史上也是不多见的战例。这场战争之后，明朝重新加固修缮了杀虎口、右卫城及杀虎口一带的长城，并增加了守备兵额，大大提高了杀虎口的防御能力。

杀虎口自明正统三年（1438年）设立马市，汉蒙边贸开始，以后边贸时关时停，至隆庆年间，马市才稳定下来。明末马市相对繁荣，成为云中五堡，即杀胡堡、镇羌堡、得胜堡、弘赐堡、新平堡中第一贸易中心。

明末，遭林丹汗兵祸，丁口锐减的北元土默特部首领小顺义王为补充丁口和苏木，不分民族破例纳丁编佐，以补足30个苏木（150户丁口为1个苏木）的缺额，山西和陕西的流民纷纷前来加入蒙籍。

清朝汉蒙一家，长城不再是汉蒙往来的屏障，杀虎堡成了清朝经济的一个支点。顺治七年（1650年），清廷在这里设立户部抽分署，专门征收山西北部到陕西神木一带的进出口关税。顺治十八年（1661年）六月，在杀虎口设置税关，户部确定年征税额为1.3万两；雍正年间正式设置了“钦差督理杀虎口税务监署”，直隶户部，年征税36万两多，上解税银13万两之多，称“日进斗金斗银”。

其时，清朝为加强对杀虎口的管理，除设置户部抽分署外，还设置协镇署、笔帖式署、驿传道署、巡检司署、中军都司署、监督署、驿佳道署、守备署、中军都司署，俗称“八十衙门”。其驻军、衙门、居民、商贾、流民等总人口达到近4万人，各种衙署、庙宇、学堂、客栈遍布街巷，庙宇达50多座。

在康熙、雍正、乾隆三位皇帝历时50多年的征服噶尔丹部的战争中，杀虎口一直处于大本营的地位，担当着传递情报、运送军粮军饷等国防重任。康熙皇帝更是亲率大军征讨，曾三次亲征，率领大军十几万，负责运送粮草的又有十几万，人来车往，络绎不绝。

康熙三十五年（1697年）十二月初三，康熙皇帝西征归来，驻跸杀虎口九龙湾，改“杀胡堡”为“杀虎堡”。关楼上悬有一匾，上书“杀虎关”三个大字，据传是康熙帝的御笔。

当年晋商富甲天下，而大多数的晋商就是从杀虎口发家的，杀虎口成为晋中商人经营商贸和发财的一个跳板，所以杀虎口也被称为晋商的摇篮。

历史上著名的走西口的故事多发生在杀虎口。黄土高原自古地瘠天寒，民生维艰。到了16世纪末，有些中原的百姓贫困潦倒，苦不堪言，为了养家糊口，开始走西口谋求生路。

走西口约从明代中期开始，其高潮出现于明末清初，直到1949年前后，经历了大约300年的历史。

杀虎口因属战略要地，民国年间，这里仍有重兵驻防，修筑有多处工事。

抗日战争期间，日军为控制贯穿城堡的呼同（呼和浩特至大同）公路，在此修筑炮楼，设有卡子。

20世纪60—70年代，这里还修筑了大量地道和战壕等军事工程。

杀虎口和杀虎堡历经沧桑，至今仍为山西西北门户和东达大同、北出呼和浩特的必经之地。

现在，杀虎堡堡内全为耕地，堡西北有两间早已废弃的石头窑洞，村民已经全部迁出堡外公路两边。

在平集堡的南门外，立一石碑，上刻：县级文物保护单位，杀虎堡，右玉县人民政府，二〇〇五年九月一日公布，右玉县人民政府立。

从杀虎堡西门出来，堡门外同样立这样一块石碑。堡门外有一条下坡石头古道，光滑如打蜡，宽约4米，曲曲折折直通大道，道口有一石头，上刻“西口古道”，为21世纪所立。

平集堡南门保存非常完整，堡门洞进深16米，宽4米，高10米，洞顶砖面高30.5米，上面砖雕镂花非常清晰，砖门额上阴刻“平集堡”三字清晰。瓮城西墙残存，其他三墙基本坍塌，西墙下有户人家利用墙体掏一大门洞，安两扇木门，已上锁，显然已经搬迁，丢下部分砌基石条。

平集堡内砖石铺设通道，从南门到北门两边，近年来重新建起两排仿古建筑。

平集堡通杀虎堡中间堡城，有东西门，大小与两堡相同，门洞进深13.5米，宽3.7米，洞顶砖面高3.5米，保存相当完整。堡内还有四五户零散住户，其余为耕地。中堡东墙北段毁坏比较严重，残墙下部宽7～8米，上部宽1～2米。

中堡到杀虎堡，有完整的砖门洞可以通过，箭垛齐整，可惜砖门额上的字迹无存。堡墙整体还算完整，上宽3～4米，下宽7～8米，东墙、北墙完整，西墙南段已坍塌，最高处只剩下3～4米。瓮城西开，相对完整，每边长约30米。

诗曰：临险拒塞多拥兵，登高唯见一矩城。平集杀虎三堡连，阻虏难阻西口行。军屯守关终成梦，古道蕴藏民间情。当年征战将士血，换得今朝日月新。

（十一）马营堡

马营堡，属大同左卫道中路十一堡二城之一。大同兵备道驻左卫城，中路参将驻右卫城。

马营堡位于右玉县北端杀虎口旅游区境内，大呼高速公路、内蒙古通往山西的国道依村而过。东距右玉县城30千米，北距杀虎口长城5千米。现称马营河。

马营堡因河而得名，河由东向西从村南流过。堡土筑于万历元年（1573年），万历三年（1575年）砖包，周长400米，高连女墙13米。设防守官1员，所领兵士200名，马骡13匹，分边2.75千米，边墩8座，火路墩1座。而月粮与草料且随赴右卫支领，一遇有警实难责其防御。马营堡置右卫杀胡之中，边内小水口为极冲；边外旧玉林城以西一带，北元首领恰台吉丈男虎儿害恰下、首领抹儿兔等部落驻牧。

堡四墙清晰，属边长为120米的正方形城堡。堡虽小，但堡墙高达13米，是长城沿线同级军堡中少见的高墙堡。现在，堡墙虽毁坏严重，砖面与墙体剥离，局部墙体倒塌；但轮廓十分清晰。墙体均为黄土夯筑，异常坚硬。

东墙较完整，残高10～12米，下宽6～7米，上宽2～3米，中间马面完整，高大挺拔，竣整如初。

南墙东段尚存，西段倒塌；南门遗迹明显，但无瓮城；堡里靠北曾有一座神庙，现无遗迹。

西墙北段尚存，残高8～10米，南段已倒塌，东北角台尚存，其余3座角台均已倒塌。

北墙较为完整，东北角台高高矗立，其余3座角台均已不复存在。

堡南有一乐楼，保护完整。乐楼西墙上，有一镶嵌在墙内的碑刻，从字迹辨认，建于乾隆九年（1744年）。

马营河乐楼是朔州市现存最完整的一座古代戏台，楼坐南面北，面宽、进深各三间，分前后台，左右又分一个明间与两个稍间。乐楼构架独特精巧，工艺精湛，木雕、砖雕玲珑剔透，素雅大方。底座全部用黑石砌基。

山西是戏剧之乡，元、明、清三代遗留下来的古戏台在山村乡野并不鲜见，但像马营河古戏台之雕梁画栋和高大气派确实少有。所以，每提起马营河堡，令人津津乐道的是这座古戏台及当年这一带“道情戏”演出的盛况。

戏楼北面是玉皇大帝庙，旧址尚存。2012年，村民在原建上重新修缮，2013年底，主体工程基本完工。庙宇坐北朝南，建筑以中轴为主，从后至前有大殿、过厅、戏台、左右厢房和钟鼓二楼等。总体布局为长方形，南北长86.7米，东西宽64.4米。庙内现存清乾隆九年（1744年）重修乐楼碑一通。正殿脊枋上还有康熙五十二年（1713年）、乾隆四年（1739年）的重修题记。

庙院内，有一棵上百年老榆树，枝丫虬曲，须四五人才能合抱。

北墙底有明代守军挖的地道。

马营还有一座称圈马古堡的，应是种马场。马营河南岸曾有一硕大镇河石牛，20世纪末被盗。

诗曰：堡小墙高多空愁，河阔水涟树映秀。镇河石牛走盗途，唯遗村边古戏楼。

（十二）铁山堡

杨千河乡铁山堡，属大同左卫道中路十一堡二城之一。大同兵备道驻左卫城，中路参将驻右卫城。

铁山堡位于右玉县西北25千米处，西距长城6.5千米。

堡子原名叫松树堡，后改名绝胡堡，继改名铁山堡。堡建于明嘉靖三十八年（1559年），万历二年（1574年）砖包，周长700米，高连女墙11.6米，开一东门，门外有关，关门上题“保障镇虏”。原关外有一石碑，上题“铁塞金汤”。明设操守1员，万历三十八年（1610年）改设守备，所领兵士534名，马48匹，分边7.75千米，边墩10

座。边内双墙墩为极冲，通北元孔家半坡；边外北元部落驻牧。嘉靖三十一年，北元由此入犯，攻毁无遗后加修，遂以铁山命名。

堡民们从1948年起，陆陆续续搬迁到堡子东面1千米处。1969年7月，村民整体搬迁沟沿北，仍称铁山堡。1976年，附近的石窑沟因地震搬迁，与铁山堡合并，剩下的村民全部迁出。

所迁之村北高南低，南有河沟。20世纪50年代，为了从河滩磴地，拆下堡砖打了坝。

铁山堡呈西高东低之势，坐落于一面山坡上，南北东均有河沟，成为天然的护堡之壕。堡开东门，外面瓮城开南门。东门外又有一座大关城，每边长200米，竟然比主堡都大，呈“凸”字形关堡。堡内的西墙、北墙、东墙下，大小竟然有100多孔窑洞，大部用于堡民居住，少许用作储存食物的地窖。堡内有一块面积不大的耕地。关城内长满一人高的蒿草；关门外，有一口深约15米的枯井，被荒草遮住大半。

堡子由东西堡连环组成，开东门，东西堡之间有烽火台一座，起察警瞭望点火传讯作用。墙体底宽6米，上宽2米，高9米。

西堡呈正方形，边长150米；东堡呈长方形，东西75米，南北108米。堡墙仍然完整，四角台与马面矗立，东门遗迹明显，只是砖面与墙体被人为剥离。

堡东墙最高处10～11米，下宽5～6米，上宽2.6～3米，最低处5～6米，下宽6～7米，上宽4～5米。

西墙北段与东墙相同，南段长40米系人工破坏，残高4～5米，北墙最完整，墙体高9～10米，从外望去墙体峻整，雄伟壮观。

关城东门外，立一石碑，上刻：县级文物保护单位，铁山堡，右玉县人民政府，2005年9月1日公布，右玉县人民政府立。

诗曰：两河绕堡耸坡头，造型成品遗林堠。倚墙凿窑近百孔，空留荒蒿通洞幽。

（十三）威远城

右玉县威远城，属大同左卫威远路四堡一城之一，分管长城15千米。大同兵备道驻左卫城，中路参将驻威远城。

威远城位于右玉城西南部10千米处，东临新城镇，南傍苍头河，与高家堡乡接壤，西临平鲁区凤凰城镇，距长城10千米，现在是右玉县威远镇政府所在地。

威远明朝前称净水瓶。正统元年十一月初四（1436年12月11日），根据大同总兵官都督促方政的奏议，决定把暖会堡的驻兵移驻净水瓶。正统三年三月初二日（1438年3月27日），在净水瓶设大同威远卫。并将平定州、蒲州二守御所军调往威远卫，同时又增寄操军四千六百余人。

为了加快威远卫城的修筑，大同总兵官都督陈怀奏报明英宗朱祁镇，偏头关驻军在黄河解冻期，河水暴涨，北元军不可能在这期间入侵，调偏头关驻军三千人协助修筑威远卫城，明英宗同意了陈怀的请求。

威远城建于正统三年（1438年）并包砖，除援兵外，守备所领官军752员（名），马骡116匹（头），分边沿长7.65千米，边墩16座，火路墩45座，置威远驿，配备高山等驿马50匹。

弘治十三年（1500年），北元拥众到威远等卫入境抢掠，大约有7000多骑兵，从威远的西北入境，先遣几十个骑兵来威远城，其余的埋伏于沟下。威远城守备都指挥邓洪下令坚守城池，不能轻易出击，游击将军王杲邀功心切再三请求出战，北元看到明军出城立马迎战，没多时埋伏于沟下北元骑兵蜂拥而至，明军大败。守备都指挥邓洪以及把总指挥5人与出城的900多名官军全被北元杀掉，杀伤和北元军掳走的军民还不算在内，尸体遍地，伤残号哭，造成了明军几十年来首次巨大的惨败。

万历三年（1575年）复包修之，周长2900米，高连女墙13.3米，城设四门，东曰宣阳，南曰崇化，西曰宁远，北曰靖朔，四门外皆有瓮城，上各建有门楼和敌楼共32座。城原设守备官1员，有卫所、儒学。内设巡检司、千总各1员。

嘉靖三十九年（1560年）设威远路，添设参将1员，中军守备1员，管辖威远城、云石堡、威胡堡、威坪堡、祁河堡，有援兵营、老家营及守城杂役兵员共5380名，马90匹。边内大羊坡、双山儿、小羊坡俱极冲；通边外北元首领海不瓜下部落、打剌兔等在泥河儿等处驻牧。

威远城地势平漫无险可恃，嘉隆间北元又数次入犯。嘉靖四十五年（1566年），北元军犯大同威远等处，参将崔世荣引军200人出城御敌，遇北元军于樊皮岭西沟，时北元军众千余，明军殊死迎战，终将不利，北元军有骑射优势，世荣及其两子大朝、大宾全部战死。

威远城是右玉文化发祥地之一，明正统二年（1437年），广西按察司副使李立被贬到威远卫一带，居今进士湾村，之后，正统五年（1440年）至八年（1443年），成化八年至九年（1473—1474年），陆续有大批饱学儒士吴昉、李左修、黄瓒、夏瑜、仰瞻、王彰、包德怀、汪宾、卢玑、尚冕、陈言等被贬谪至此，他们的到来，给威远城的儒学带来了生机，在他们传道授业下，正统十年（1445年）学生孙祥等人乡试中举，次年四月，孙祥进京应试登榜，考上进士，为此大同府专门在大同城为他建立进士坊，郭纪于景泰二年（1451年）中进士。短短10年出两名进士。李左修等人兴学事迹，被载入《大同府志》《云中郡志》《朔平府志》。

清雍正三年撤威远卫归入右玉县。

明、清两代，威远城内外的建筑很多，有威远卫所、参将署、巡检司署、中军署、千总署、守备署等，还有文庙、明伦堂、神机库、粮仓、草场、监狱及各种庙宇50多处，城外还建有社稷坛、历坛、风云雷雨坛等。

1945年11月，雁门区党委决定将右南、右玉两县合并，右玉县政府暂住威远城。1950年，威远为四区政府所在地。1956年3月为乡政府所在地，1958年成立人民公社时为飞跃人民公社所在地，1984年改为威远镇。

威远镇境内水资源丰富，苍头河干流穿境而过，有右玉县最大水库——常门铺水库。

城内的建筑多破旧不堪。城墙体底宽12～13米，上宽2～4米，高3～9米。西门约

100米外，有关墙残垣数段；南墙南段与东段比较完整；西墙外部大半截被沙土覆盖；西南墙角台大部残存；西南角现已成为耕地。城内古老的宅院，砖石所砌院墙，与土夯的古城墙呼应成俗，透露着古老苍凉的气息。

据村民许云讲，他们的老家是江苏扬州人，族谱已记载到第20代。祖先是一员明朝将领，戍边来到威远城，因防守城池有功，曾有“南许北赵，东沈西范”之说。

威远汉墓群分布于威远城周围，包括五候山、南八里、进士湾。现存墓冢封土90余座，每座高2～9米，周长50～70米。1973年山西省博物馆曾在南八里发掘墓葬3座，均为长方形竖穴土坑墓，木椁式结构。出土的遗物有铜、铁、漆、陶器200多件，均为汉代器物。

威远镇西南2千米处有一座古城遗址，据《水经注》记载和考古勘查分析，认定为汉代雁门郡中陵县故城，并被确定为省级文物保护单位。

古城遗址位于右玉县南缘的威远盆地，地势平坦，丘陵环绕，古称中陵川。该古城北10千米处为大南山；北距右卫城35千米。发源于平鲁的苍头河水古称中陵川水，经古城东由南向北流去。古城就坐落在苍头河西岸。古城平面呈长方形，中有一墙，将城分为东西二城。南北二墙各长1500米，东西二墙各宽900米，古城占地总面积为135万平方米。东、西、南、北四道城墙和中段城墙的城门遗迹明显，东南城墙被苍头河冲去一角。

（十四）祁家河堡

右玉县新城镇，即明朝大同镇七十二城堡之祁家河堡。属大同左卫道威远路四堡一城之一。大同兵备道驻扎左卫城，中路参将驻守威远城。

祁家河堡现称上堡，位于右玉县城（梁家油坊）东1千米处，村南河叫祁河，故原名叫祁河堡。现在的右玉县党政机关所在地当年叫梁家油坊，1972年将县址由旧城迁入。梁家油坊南1千米处有一民堡叫下堡，因而人们把祁家河堡习惯称之为上堡。109国道横穿东西，是全县四大集镇之一，现归右玉县新城镇，也是右玉县城的城乡接合部。

祁家河堡筑自嘉靖四十一年（1562年），万历元年（1573年）石包，周1000米，高11.6米，设操守官1员，所领兵士215名，马12匹，只管火路墩9座。东至左卫城20千米，本堡西藩威远，东蔽左卫。

清顺治年间（1644—1661年），堡内官兵裁撤，改为民堡。

明朝修筑的祁家河堡，只开南门，外有瓮城，瓮城从东开一小门，作为进出堡内的唯一通道。堡全部采用打磨好的方石头包墙，很少见到城砖，唯有堡墙上的戏楼属砖、石、木结构。

祁家河堡如今已面目全非，但堡城轮廓大体清晰，墙体残破。

东墙北段倒塌，局部残存。

南门遗迹明显，堡门墩南北长10.6米，残高8.4米。南墙较完整，最高处7米，最低处4米，下宽6～7米，上宽5～6米，西段底部有石基残存。

西墙南段残墙约30米左右；北墙最高处7米，最低处3米，中段有20多米被毁，作为行人与车辆的通道。

堡村已经和县城连为一体，残存的堡内还有三四十家住户；但围绕堡村四周，住户鳞次栉比，都是后来逐年迁移过来的住户，成为名副其实的城乡结合村。

诗曰：按图索骥找遗痕，上堡被吞城中村。岁月换得新城镇，虽屯右玉默无闻。

（十五）威坪堡

威远镇威坪堡，属大同左卫道威远路四堡一城之一。大同兵备道驻左卫城，中路参将驻威远城。

威坪堡位于右玉县城西南25千米处，在威远西15千米处，是威远的西南屏障，因而威坪堡又称威屏。威坪与威远腹腑相依。

堡筑自嘉靖四十五年（1566年），万历元年（1573年）石包，周700米，高12.3米。万历二十三年（1595年）又创建土堡一座连接本堡。原设守备官1员，所领兵士279名，马12匹，只管火路墩10座。

威坪堡西至平鲁城（平虏）20千米，为威远与平虏之交会处，南北应援所关甚重，然稍近腹里无边垣防守之责，以故万历十三年改守备为操守。本堡与祁家河堡土地肥饶最宜播种，广招佃作多储口粮以备援急之需。

清顺治年间（1644—1661年），堡内官兵裁撤，改为民堡。

威坪堡20世纪50年代设乡，1958年建立人民公社时划归飞跃公社，1961年设为公社，1983年改为乡，2001年在合并乡镇时，撤乡并村，归威远镇管辖，现这里成为牧区。

堡开东门，门洞已无存。东堡门豁口有水泥路进入堡内，迎面一座残破不堪的戏台，前面矗着两根粗大的木柱，是20世纪60年代所建。东堡只一座东门。西堡开东门、南门。南门外有瓮城开小东门。两堡基石全为金刚石。堡呈西北高东南低之势，四面环沟，成为天然的护城壕。

威坪堡东门外，立着一块大理石碑，上刻：县级文物保护单位，威坪堡，右玉县人民政府，二〇〇五年九月一日公布，右玉县人民政府立。

威坪堡是东西连环堡，两堡中间共用一墙。东堡是后筑土堡，呈正方形，边长145米，开东门、南门；墙高约10米，底宽7～8米，上宽2米有余。西堡为旧筑，也为正方形，边长120米，原为石包，只开南门，并筑有砖包瓮城，墙高12米，底宽7～8米，上宽4～5米。

东、西两堡在1949年前一直很完整，尤其西堡，包墙的大青石条都经过了精心打磨，但1958年修水电站时拆掉垒了石坝。南门瓮城的包砖是日军侵占右卫城时，在威坪堡南4千米处的华石山修炮楼时拆毁。

现在威坪堡土筑堡墙基本完整，角台与马面残存，石面与墙体剥离。南门遗迹明显。旧堡四墙完整，新堡四墙也较完整。东门遗迹明显。西墙与旧堡相连，原有一门，现成20～30米宽的豁口，供行人与车辆行走，水泥路直贯两堡东西。

威远镇到威坪堡，路经长门铺水库，属农业学大寨年代所修。

离威坪堡0.5千米北面的山上，有一座圆形烽火台，台子座在土基上，外围有一圈非常完整的土围子，叫羊马墙，这是右玉县境内有全套设施的最完整的一座烽火台。

威坪堡西1千米处，有一处市场城遗址，当地老百姓叫鞑子城，应该是元朝时蒙人所建的一处交易市场。四面土墙已坍塌不高，有的墙段基本坍平。城里北面植有树木，成林。

诗曰：苍头河畔日影低，斜照矩堡黑黢黢。炊烟弥漫堡民闲，羊马墙望多骡驴。

（十六）云石堡

丁家窑乡云石堡属大同左卫道威远路四堡一城之一。大同兵备道驻扎左卫城，中路参将驻守威远城。

云石堡位于右玉县城西南30千米处，北距长城1.5千米。

云石堡嘉靖三十八年（1559年）土筑，万历十年（1582年）因山高无水离边尚远，故改建于王石匠河并砖包，所以分为旧云石堡与云石堡。迁地云石堡周850米，高13.6米，东门外有东关，名为“永安重关”。堡设守备官1员，所领兵士543名，马27匹，分边7.15千米，市场1处，边墩21座，火路墩14座。边外北元宋银儿板升等部落驻牧。

1937年冬，日军进入云石堡，把老百姓全部赶出堡子，将城堡变成一座军营。1943年驻堡日军撤走时一把火将堡中的房屋烧了个精光。老百姓只能在堡子外面重建家园，一座曾经繁华的军堡也从此被废弃了。

1976年唐山大地震时，云石堡震感强烈，因为房屋窑洞不坚固，倒塌了许多。为此，当时的右玉县委书记常禄赶来查看灾情，看到堡上有如此多的大城砖，立即动员村民们就地取材，重新修房建屋。

云石堡旧堡子建于明嘉靖三十八年（1559年），筑在距离丁家窑村2.5千米处的东山上，堡墙纯是黄土夯筑而成。

旧堡离新堡直线距离10千米，如果绕村村通盘山公路，足足有20千米的路程。堡子处于远离村庄又人迹罕至的高山上。旧堡保存完好，西南角开门，原有砖包，抗战时被日军拆取修筑碉堡。堡呈长方形，东西240米，南北160米，墙体底宽5.5米，上宽1.5米，高5米。

堡子西南设堡门瓮城，宽20米，长40米，保存得非常完整。东墙北段有10米缺口，但依然有4～5米高。最为奇特的是，堡正中立一圆形墩台，堡西百米处还有一个方形墩台，外有残存的围墙。

堡中央的圆形墩台高约15米，徒手很难攀爬上去。墩台的夯土层为黄土夹红土。应属汉代烽堠。明筑堡时将墩台筑在堡内。墩台底座周长75米。烽台顶部有许多残砖，证明当时台上还有瞭望楼。因地处荒山，堡内长满荒草，没有耕地的痕迹。在堡墙西北的角台上，有移动公司立起的一个简易的铁塔信号台，下面还建有一间小房。堡子的北墙外面，也镶上现代化的瓷砖，上面有标语。旧云石堡东北方向的沟底1千米处，有村子叫张二窑，西北方向7.5千米处，有山叫圣山，山上有股泉水，清冽甘甜，永不断流，当地人称圣水，曾引得百里之外的人们蜂拥上山，舀取圣水，据说有明目亮眼、舒气理血的功效。

新云石堡四墙基本完整，墙台与角台矗立，东门遗迹明显，只是绝大部分墙体的砖面剥离，人工破毁痕迹较严重。堡的东门，大理石碑座于青砖底座上，上刻：县级文物保护单位，云石堡，右玉县人民政府，2005年9月1日公布，右玉县人民政府立。

东墙最高处有10.4米，下宽6～7米，上宽5.2米，内层8～10米。堡开东门，瓮城开北门。堡外有关城的遗迹，现只剩南北两墙，残高约2～3米。关城小于堡子，呈“凸”字形，上部一直没有砖包，北墙长约100米，南墙约50米。

南墙墙面整齐，西段有一豁口，墙台与角台矗立，有80～90米的砖面，中高11～12米，底宽8～9米，上宽4～5米，砖面厚1～1.7米，砖面底部是红砂石条所砌，外面看是六层，其余三层被土淹埋，离地面高约1.2～1.5米；红石条长1.25米，宽40厘米，厚18.5厘米；墙砖长44厘米，宽22厘米，厚12厘米。

西墙与北墙的墙面，墙台都较完整，墙高8～10米。北墙中间有50多米长的一个豁口。

右玉县境内有城堡15座，云石堡是保存较为完好的一座堡子，也是唯一一座堡墙上还能看到包有砖石的堡子。

堡南墙内有一些砖碹的窑洞，有门有窗，看得出是住房，但门是朝外开着的，门窗直接挂在墙体上，这种情况不大符合安全原则，后经向村民打听，得知是民国时期有村民无住房而打开墙体碹窑而住，这种窑洞有十五六处之多。

如今新云石堡内已无住户，全为耕地。堡内散落残砖碎瓦，有村户散落在堡墙的东南两边。南墙现有3户居民，东墙外有十几户居民。

云石堡内堡外，古树参天，一条从东山上发源的河沟内长满了沙棘和各种灌木，植被良好，这条叫王石匠的河沟，由村北向村西蜿蜒，一直流入内蒙古境内。

云石堡墙基全为红石条，一问，是取自2.5千米外的石躺（厂）山胡采沟，现在采石遗址尚存，地上还遗弃很多红石条。堡的东南方，有座山叫总瞭山，海拔1704米；正东的一座山叫凤凰头山；正北的一座山叫尖山，也称堡梁。最为奇特的是云石堡东南山上有一座楼阁式的烽火台，现只剩下两层，上层已被砖石土堵塞，一般人难以上去，整座烽台全部用红砂石条筑基，砖石所砌，像一座砖石碉堡，俗称楼阁式烽火台。其实是一座特殊的空心敌台。

云石堡正西1.5千米明长城处，隆庆四年（1157年）开设马市，遗址较大，高处设有瞭望楼，市场四周有土墙，呈西北高东南低。长城在此拐了一个弯，由北而西北而又正西。在正西方长城外，亦有一交易市场，长宽各100米，围墙残高2～3米。堡西不远处的长城东侧还有一处马市，也是土墙围城、望楼高耸，是明代汉、蒙边贸场地。这几处马市的存在，给云石堡带来了繁荣。“隆庆议和”载“大同应于左卫北威远堡边外”开马市，其所述马市就是云石堡马市。

在长城上，有一砖碹门洞，过南边也有一长、宽各100米的市场，南面已无墙迹，东面残高约2～3米。出了门洞，有一土壕向东北方向延伸，土壕宽约9～10米，可以进入长城拐弯处南面的另一个大市场城，只缺南墙，城内瓦砾遍地，显然有过建筑。这个市场南北200米，东西300米。市场城西北有一河道归入王石匠河，向西南流去。河的两边是残存的箭楼，不远处是内蒙古和林格尔管辖的韭菜沟村，市场城南面的山叫较量山。

堡内曾出土牛腿铁炮、嘉靖年间铜火铳、双管铁铳等明朝文物。

十三边的两条长城皆为黄土夯筑，大部分残圮。西南的云石堡段沟谷纵横，地势起伏，圮残严重。出十三边后的两侧山上，立有南北相对的两块石碑。碑高2米余。北侧石碑阴刻大字“大同中路分属西界”、小字“万历三十七年（1609年）季秋吉日立。”南侧石碑因风化字迹模糊，只可辨“威……分属东界”，应为“威远路分属东界”、小字为“万历三十七年秋吉日立。”过分界碑，在碓沟村南山坡上，有一废弃土筑城堡。应为旧堡，遗址保存尚好。

诗曰：红石青砖若彩绘，遥望环山多烽燧。堡民拆砖碹窑室，唯留土垣成破败。

诗曰云石堡马市：马市遗存云石框，堪称边上大市场。俯望匠河随石去，遥想当年交易忙。

三、平鲁区长城与城堡

朔州市平鲁区地处晋西北内外长城之间，西北沿外长城与内蒙古自治区接壤，西南与忻州地区毗邻，北接朔州市右玉县，南连朔城区。

平鲁，古名紫河，早在旧石器、新石器时代，这里就有人类生息繁衍。到了夏商周时期为北狄所居。春秋时期为林胡、楼烦属地。战国中晚期，即赵武灵王破林胡、楼烦之后，属赵国雁门郡所辖。秦称武州塞地，隶属雁门郡。西汉属中陵。新朝王莽时，改称遮害。东汉复称中陵，建武二十七年（51年）属定襄郡。建安二十年（215年）中陵随定襄郡西徙，隶新兴郡。北魏为畿内地，太和十七年（493年）迁都洛阳后，改桓州管辖。北齐、北周时并入朔州，为广安郡辖。隋为鄯阳地，属马邑郡辖。唐置保大栅，会昌三年（843年），为回鹘降人居住。辽为朔、武二州北境，宁边州的东境。金归鄯阳地。元割其半入武州。明初称老军营，屯军驻防。成化十七年（1481年）设平虏卫，属山西行都司。

清时，平鲁为朔平府所辖。1914年平鲁县隶属山西雁门道；1928年直属山西省，1937年日军入侵后，平鲁城、井坪镇沦陷，大部分地区在中国共产党领导下建立了民主政权，成为革命根据地。在抗战期间，曾将本县和邻近县的部分村庄划片分县。1939年划为清平县、右平县、山朔县。

中华人民共和国成立后，平鲁县归察哈尔省。1951年4月，县府由平鲁城迁至井坪镇。1952年11月，察哈尔省撤销后平鲁划归山西省雁北署管辖。1958年6月，雁北专区与忻州专区合并，设立晋北专署，平朔两县合并称朔县。1961年4月撤销晋北专署，复设雁北专署，同年7月恢复平鲁县。

1988年3月朔州市成立后，平鲁划归朔州，并撤县改为平鲁区。

在大同七十二城堡中，现在平鲁区所辖两城七堡。两城：井坪城、平虏城。七堡：

威胡堡、败胡堡、迎恩堡、阻胡堡、灭胡堡、乃河堡、将军会堡。

（一）平鲁区长城

平鲁境内长城长37.5千米，墩台195座，其中内包台109座，外跨台86座。北起七墩村东北1.5千米处，接右玉入境西至阻虎乡亥子茆村西南1.5千米处接偏关。途经2个乡镇19个自然村。境内长城墙体高10.7～12米，顶宽4米，底宽10～12米；墩台高8～12米，均为方形，边长10～15米。

墩台大部土筑，个别石砌，砖石土合筑，七墩村南，新墩村北的两座巡视楼就是砖石土合筑，当地俗称“徐氏楼”；亥子茆村北的一个墩台为石砌，墩台间距大部在150～160米，个别间距在200米以上。

平鲁区境内的长城遗迹清晰，部分地段保存较完整，由于长城沿线上的部分居民保护长城的意识较差，加之多年来受大自然的侵蚀等多种原因，导致长城有不同程度的破坏。据统计，高石庄乡长城长20.69千米，墩台89座，其中七墩村民20世纪60年代中期打窑洞破坏70米，修平清公路破坏90米，乡村小路破坏100米，沟、河冲毁995米；阻虎乡长城长16.38千米，墩台62座，沟、河冲毁715米；乡村小路破坏55米；长城被沟、河冲毁1705米，修筑公路、乡村路破坏245米，碹窑洞破坏70米，20世纪70年代搞农田水利建设破坏40米，自然破坏和人为破坏共计2060米。另外，长城沿线上的村民在放牧时，其牲畜对长城也有不同程度的破坏，加上多少年来雨雪的侵蚀，使全段长城高低、宽窄不一。七墩村南1100米处有150米只存土梁，保存最好地段上宽5米，下宽10米，残高6～8米，墩台最高16米，最低只有4米，8～10米者居多。破坏最为严重的是长城经过的村庄附近。

（二）井坪城

平鲁区即明朝大同镇七十二城堡之井坪城。属大同分守冀北道井坪路四堡六城之一。分守冀北道兵备、参将驻扎朔州城，万历四年（1576年）移朔州参将驻守井坪，统领井坪路。

井坪城筑自成化二十一年（1481年），隆庆六年（1572年）砖包，并续筑南城，城扩建后，平面呈“凸”字形，北高南低，北窄南宽；城周2550米，墙高12米，全部砖包；四角建有角楼，设南北两门，并建有瓮城。总督于子俊为两门题词，南曰“朔北雄城”，北曰“塞外天险”。门上筑楼，城外设关，原设守备官1员并守御千户所，万历四年（1576年）移朔州参将至本城。驻兵除援兵外，守备所领官军550员，马骡77匹，分边没有，只管火路墩。城内建有北街、西街、东古城街；东西各设21条巷，即：头道巷至四道巷、庙巷、枝儿井巷、牛马调市、桥儿、水口、油坊、狮子巷；街巷两侧铺店林立，亭台楼阁错落有致，祠堂、庙宇结构严谨，形制各异，四面八方的文人、武士、商旅游客往来不断。城内还设有抚司、都司和参将署，随署建有校军场、军营、军粮仓、巡抚司、都司署。署内设有大堂、仪门。

从明成化二十一年筑城后，经过明、清两朝的建设，城内建筑设施逐步完善，庙字牌坊由少到多，由小到大，分布在城内的大街小巷，明朝建有真武庙、城隍庙等二十余座。并建有牌坊5座，其中建于两大街狮子巷口的东宁牌坊，坐北向南，上题词：南书“南元轩宫”，北书“神道常昭”。琉璃照壁“三龙壁”；清朝又建有三官庙、关帝庙等十座，加之城墙上的角楼门楼，结构严谨，错落有致，成为一座集军事、经济、文化、佛教、民俗为一体，功能齐备、作用广泛的北方重镇。

清朝废所改为堡，设守备署，属平鲁县辖，清雍正三年（1725年）在撤卫改县时，将平虏卫改为平鲁县，隶属朔平府。从此井坪镇从战略要冲转为南北文化、经济交流的枢纽城镇。

旧城内大体以明清老房旧屋为主，新旧不一，参差不齐；但城外南部却是一座新型的现代化城市。

东城墙只剩下残缺不全的土墙，长约300米，残缺段最高处不到7米，有两处大的豁口。城墙基石大部分为红砂石条。东城门也已重新修复，门额上阴刻“紫塞”二字，上面建有水口和垛口，颇为壮观，城门向北段延伸砖包70米，向南段延伸砖包136米。

南墙内外现已被林立的高楼大厦所占据，只有东段约有30多米长的一段残墙，残高1～2米。南城门按原来的规制已重新修复，门额上阴刻“雄城”三字。城门楼上有三层楼阁，门洞进深13米，宽3米，高3.5米，属南关关城城门，2012年重修。城楼南为一小型文化公园。

西墙只残留西北段200多米长的一段土墙，中间还有一个大豁口，被居民建了房屋。

北城墙基本残存，下宽8～10米，上宽2～5米；北城门只剩下一大豁口通道；瓮城四墙还较完整，残高8～10米，瓮开东门。靠近北墙的城内，有残破不堪、东倒西歪、无人居住的几十孔破石碹窑洞。

张马营古城位于井坪镇东北13千米处的榆岭乡张马营村西北。1987年全国第二次文物普查时发现。古城平面呈长方形，北高南低，南北长600米，东西宽380米，城垣周长1960米，现平均存高3～4米，保存最好地段为东南角，城垣高6～8米。由于年代久远，自然破坏严重，城门无法辨清。古城内分布着大量战国中晚期陶灯、盆和汉代陶罐、陶盆等残片，推断这座古城是战国中晚期的城池。就城垣建筑方法及地理位置而言，张马营古城可能是西汉雁门郡埒县城。

诗曰：平鲁县府迁井坪，西北一隅遗破城。东墙鼓楼复原貌，新巷难找旧遗痕。南山高耸文昌阁，抗日巾帼赐李林。露天煤矿安太堡，犹记哈默中国情。

（三）平虏城（平鲁城）

平鲁区凤凰城镇，即明朝大同镇七十二城堡之平虏城。属大同镇分守冀北道西路三堡一城之一。分守冀北道兵备驻扎平虏城。西路参将亦驻守平虏城。

平虏城称凤凰城，地处朔州市北部，位于平鲁县境北中部。东部毗邻右玉县。南距朔州市区70千米，距平鲁区政府所在地井坪镇40千米。该城镇地理位置十分优越。属交通要道之塞口。

历史上，平虏城北控大漠，据守西口古道；南接雁门紫塞，捍卫北方疆土。西汉为中陵县地，属雁门郡，并长期为汉室与匈奴等北方民族拉锯争战之地。北魏为畿内地。

明初设老军营。成化十七年（1481年），巡抚郭镗、总兵范瑾、太监陈政以地极冲要始提设平虏卫，属大同行都司管辖，指挥王升筑土城垣，城址依山而建，北高南低。嘉靖年间卫署设至本城。弘治十一年（1498年），用砖包砌东西城墙，上筑女墙，门外建有百亩大教军场，筑12米高土围墙，内设点将台、习武场。有东、西、南三个城门和瓮城。

相传，选址修筑城垣时，在北固山顶落下一只美丽的凤凰又欲蓄势待飞，人们视为吉祥之兆，故称之为凤凰城。

城内建有四大街八小巷：东大街建有衙署，西北街建有军营、马铺，东西两街建有粮仓，西南街建草料场。城驻守参将、守备官，除援兵外所领官军1666员，马骡145匹，分管边墙16千米，边墩25座，火路墩35座。

平虏城是屏卫朔州、雁门、京城的重要卫城。管辖阻胡、败胡、迎恩堡及辖区长城23.8千米。隆庆六年（1572年）至万历三年（1575年），参将袁士杰、赵崇璧用石砌南、北城墙、筑女墙，并在北固山城墙上筑后柁檐。修建补葺竣工后，城垣周长3150米、高12米，筑东、西、南三门，东曰“东作”，南曰“南讹”。各门上筑城楼，外筑瓮城。万历十五年（1587年）参将贾邦直、郭增辉筑南关土墙和坝门，土墙周长855米，高8米，并从坝门处到西城墙下，用石砌壕，壕长835米，宽7米，深2米。又在西南城墙下筑水口；水口石券洞，上筑墙，下砌土壕，安有铁栅。城内的北固山寺庙建筑群，依山势而建，错落有致，誉为平鲁“古八景”之首。其中，建筑有真武庙、玉皇庙等二十余座。

历史上仅从明嘉靖五年（1527年）至三十九年（1561年），北元首领俺答汗率领大军越过长城，经平虏卫进犯朔州、太原的战役就有30多次。宣大总督从兰大败也先，俺答汗感义降明廷等史事均在其中。明崇祯八年（1635年）八月，多尔衮率师毁长城，从平虏卫入边犯朔州，“掠代州、忻州、崞县、黑峰口和应州……复还平虏卫，斩明兵6000余人，计俘获人口牲畜7.62万”。

清雍正三年，平虏撤卫改县，正式取名平鲁县，隶朔平府管辖。

1915年、1936年两次惨遭匪患。日军入侵后，城内建筑几乎损失殆尽。

1945年8月18日，平鲁党政团体迁回平鲁城，为县署驻地，成为全县的政治、经济、文化中心。1951年县政府迁址后降为区，后为人民公社、乡、镇政府驻地。

由于1951年县治移至井坪镇，这里被称为旧平鲁。

凤凰城镇境内有两条最重要的交通干线109国道和平朔一级路：109国道横贯全境，是山西与内蒙古联系的主要通道之一；省道平朔一级路北起凤凰城，南到朔州市，是凤凰城对外联系的主要交通要道。

2006年平鲁城列入市级文物保护单位，现存城墙、城门、瓮城和部分古建。2011年3月当地政府为开发旅游，开展了邻街老房仿古改造，城中景点修复，部分城墙已新包砖砌。

东城门已恢复，瓮城亦恢复，开南门。东城门北面以东城墙为西墙，有一处教场城，南北长160米，东西宽50米，北墙外跨城墙5米，中间有一个30米长的豁口，东墙保护完整，在偏北段有一两米宽的豁口。南墙保护基本完整，在偏东段有一个三米宽豁口。校场城内东北角有一方形点将台，下面是土台基，点将台残高2.5米。关城内大部分是耕地，还有一部分是荒地。

南城门和瓮城已修复，开东门，墙基下面6层石条为原来的基础，上部新加27层石条，外加女墙。瓮城外有一关城，开南门，已经修复。关城四墙残存，残高2～8米，高低不等，关城南北长200米，东西宽180米，属七十二城堡中较大的关城之一。关城北面有20户人家居住，南面为荒地和松树地。关城南门洞内口宽4.3米，外口宽3.4米，进深17米。

西门已经重修，上额阴刻“凤凰城”三字。门外立两块石碑，一块阴刻：朔州市文物保护单位，平鲁城址，朔州市人民政府，于二〇一一年三月二十一日公布。另一块刻：保护古堡，传承文明，山西省长城保护研究会，朔州市长城保护研究会，二〇一一年春立。

所修复的西城门楼两边用青石条砌起，下部9层，上部20层砂石条，上加女墙。西门外原来的瓮城北墙残存，高5～10米，西墙已无痕迹，现为入城路口，南墙残高6～10米，有一残存砖碹门洞，门洞外宽3.65米，内宽4.6米，进深7米。西城墙马面角台完整，高8～10米，西墙中间有一豁口通道。

进入西门，街道两旁都是逐年恢复的仿古铺面。十字街北，就是北固山庙群，最高的玉皇阁就建在北城墙上，共有356个青石条铺陈的陡台阶，两边均为汉白玉栏杆。

北城墙外的山上有一坍塌的烽台，正在修复，底座已砖包，烽台北有一电信塔。城内玉皇阁东面为林地，有大片松林，东面为部分荒地和耕地。玉皇阁西北墙内是成片的松林，还有部分耕地，西墙北段有一处30～40米的大豁口，已经被雨水冲刷成沟渠。玉皇阁东面外墙有部分石包残存，缝隙是白灰填充，包石厚90厘米，上宽1～3米。城的西南角和东南角都是依山而建，使城中心形成一片凹地，每处地方都是林地。城内基本没有高层建筑，全为老旧平房加新修平房，只有一所学校为二层建筑，还有一高大的通信塔。

《平房卫城修缮碑》勒石于明万历三十一年（1603年）。现存于凤凰城镇凤凰城村董小白院内。碑青石质，高120厘米、宽98厘米、厚14厘米。碑文竖向阴刻楷体，共117字，记载了修缮城墙、城门的用料、长度、高低等史实。碑文磨损严重，部分字迹漫漶不清。

北固山位于凤凰城镇北端，方圆1千米，呈南北走向，海拔1596米，占地面积为2100多亩。明时北固山整个山间和顶部，由儒、道、佛三教21座庙宇组成，体现了“三教合一”的宗教思想。其中以千佛洞、真武庙、玉皇庙等寺庙规模最大。古迹遗存尚在，但因战乱多数遭到破坏。

最具盛名的千佛洞现已修复，建筑面积810.14平方米。远望千佛洞稳坐山腰，金碧辉煌；进洞游览，千尊佛像，栩栩如生，形态各异，充满佛教气息。与千佛洞隔阶相望的是供奉道教神仙的聚仙岩，建筑面积1144.22平方米，凤凰阁建筑面积2033平方米，已竣工。从山底广场拾级而上369级台阶，即到高37米的凤凰阁；阁屹立于北固山顶，与井坪南山文昌塔南北相望，互映辉煌瑰丽。

诗曰：文昌阁耸北固巍，形似凤凰向北飞。篷角若腾两飞腿，方醒双翅朝南归。北城庙群姿壮美，南门关城万丈围。教场筑墙又一城，圐圙串套游戏牌。

（四）威胡堡（威虎堡）

高石庄乡少家堡即明朝大同镇七十二城堡之威胡堡。属大同镇左卫道威远路四堡一城之一，“灭胡九堡”之一。大同兵备道驻扎左卫城，中路参将驻守威远城。

威胡堡地处两省（内蒙古、山西）四县（右玉、平鲁、和林格尔、清水河）交界处，为兵家重地。北有曹家山，海拔1703米，西有营盘山，南有台子山，海拔1711米。环堡两河：一河从西北板神沟发源，另一河水从西南蒋家坪沟内发源，在堡前形成一条交叉河沟，再向东南方向的河沟中流去，然后归入红河，为黄河水系。西距长城1.5千米。

威胡堡筑自嘉靖二十三年（1544年），万历九年（1581年）砖包，周750米，高连女墙14米。城设守备1员，所领兵士467名，马12匹，分守长城6.35千米，边墩13座，火路墩10座。边内五各烟、徐四岭俱极冲，通蒙古；边外清水河、大营盘一带皆有北元首领部落驻牧。

威胡堡清代改称威虎堡。传说，有一任把总姓杨，谐音“羊”，害怕虎，遂改称少家堡。

顺治年间，官兵裁并败虎堡。雍正十年，复设官兵，把总1员，马兵10名，步兵36名，分防平鲁县。

关城内遗存三四处用红片石和白片石碹的旧窑洞，已无人居住。堡开东门，门内南墙上有部分残存包砖。堡内长满一蓬蓬高大的芨芨丛。

这是一堡套一关的堡子，呈西北高东南低之势，似一“凸”字形状。堡墙残存。基石全部用红砂片垒砌，并不齐整，堡墙外面，每隔3米宽，就有一条凹槽，这是当初为了土墙与砖包不分离而加的砖垛楔。

堡西南角立一大一小两块石碑，大石碑为灰砂石材，已裂开许多缝隙，碑额“万书”，字迹模糊不清，隐约有“山神庙”等字。小石碑为红砂石材，碑额“碑记”，下有人名，已风化，露出里边的白砂石。

北墙残高3～5米；南墙残高5～8米。

此堡过去归蒋家坪公社管辖，现在归高石庄乡。20世纪70年代蒋家坪公社建各机关场所时，从少家堡大量拆毁堡砖，拉回去搞建设，村人们也趁势拆毁。村前河有一千米非常齐整大坝，均为拆堡砖石所砌。堡中曾有12座庙宇，现已不存。堡门洞和平鲁城的门洞一样，也是三拱三碹。

少家堡口西距边墙七墩近2.5千米，长城由七墩向西南经八墩村、二墩村至二道梁。城墙均为黄土夯筑，虽有圮残，但总体较好。这段长城二墩东南有败虎堡，二道梁东有迎恩堡，两堡相距2.5千米。

少家堡区域内还有一座叫大河口的堡子。大河口堡原名大水口堡，建于明崇祯十三年（1640年），因晚建没有进入大同镇城堡序列。但该堡属地势极冲之地，直接建设于长城边的一道大河的坡上，因河道上无法修筑土墙，两边均有箭楼，现只有一座箭楼的土墩残存。长城在此有个弯度，走向由西而南。

大河堡筑于崇祯十三年（1640年），周812米，高12.5米，只设东门，驻军防守。大河堡口北接云石堡，长城由大河堡口南下，经七墩，又五里至少家堡。大河口堡门上原有门楼，在山坡之上，四墙黄土夯筑，残墙尚存，砖石被拆毁，无人居住，今尚存一方庙碑，仅可辨认出“大同平鲁路大水口堡”等字。还有一块石匾，阴刻楷书“汤永固”三个大字。据考，石匾原嵌在关门额上。堡子西南角有一大豁口，车可通过。堡西立一大理石碑，上刻：保护古堡，传承文明，山西省长城保护研究会，朔州市长城保护研究会，二〇一一年春立。

现在，大河口堡村处于堡西0.5千米处的半坡上，而大河口堡在村东的山梁上。因堡子地势太高，吃水困难，1976年村民们全部搬迁。

大河口堡东西长280米，南北宽150米。堡内长满荒草，东南角有部分耕地。堡墙里边的西墙、北墙、东墙都有窑洞。

堡墙基本残存，东墙残高4～7米，有一马面较完整。南墙残高4～7米。西墙角台比较完整。西墙残高3～5米。北墙残高3～5米。

堡开南门，门外有瓮城，开东门。堡门外有一荞面石石碑，上面阴刻“龙神碑”等字，碑宽94厘米，厚13厘米，土层外露1.5米高，碑上文字比较清晰，“光绪三十五年立”。

大河口堡北面的山叫十四梁，东山称石堂山，海拔1685米，南山叫五大头山，海拔1733米。村南河沟叫南河湾，村北河沟叫北河湾，河内都有溪流。村周围大片土地无人耕种，河沟内的土地全部栽种了松树苗。

长城由新墩经平鲁蒋家坪，过清水河县盆底青的公路，至大河堡段。公路往北，城墙塌毁严重，多无墙状。公路向南过海拔1715米的高台山后，黄土夯筑城墙整体较好，有些残圮，有的地段高约7米。从九洞村向长城里侧有一分支，与主体城墙并行约2.5千米，交于大河堡西。

诗曰：把总杨姓讲忌讳，威虎改名少家寨。地理故名难寻觅，民诉筑坝墙拆毁。

又大河堡诗曰：筑堡山头若空悬，步地日远耕河田。“七六”大震堡民移，城空无奈人搬迁。八旬老妪忆往昔，难舍堡窑情绵绵。当年热闹随忆去，徒留孤墙树悠闲。

（五）败胡堡（败虎堡）

高石庄乡败虎堡即明朝大同镇七十二城堡之败胡堡。属大同镇分守冀北道所辖西路三堡一城之一，“灭胡九堡”之一。分守冀北道兵备驻扎平虏城，西路参将亦驻守平虏城。

败虎堡位于平鲁区境西北部，南距区府31千米，西距长城5千米。

堡筑于明嘉靖二十三年（1544年），万历元年（1573年）砖石包墙，周长750米，高12米，开东门，门上筑楼，门外有关。堡内建有军营、马铺，设操守官1员，所领官军434员，马46匹，分管边墙4.15千米，边墩15座，火路墩4座。北起大河堡二十墩界，南至迎恩堡界。边外北元首领猛克气部落驻牧，曾大举入犯朔州地方。嘉靖末年北元为患此堡被掠更甚。“因边当极冲，北元骑兵一驰呼吸可至，堡军多单身地苦田薄，守卫极难。边外地名凉露台、斧刃山俱卜吉素躺不浪部落住牧，迤北通板升蒙古”。

民国改军堡为民堡。

败虎堡曾设乡，2001年乡镇合并，归高石庄乡。

沿109国道一直向西，入平鲁境，可看到一处干净整齐漂亮的村镇。路畔墙壁上，全部用白灰粉刷一新，上写各种红色的标语。堡内还有20多户人家居住，全是新碹的石头窑洞，外墙也用白灰勾缝。堡内外的人家基本连为一体。整个堡子的地势较平坦。

败胡堡包砖已无影无踪，仅存夯土残墙。堡墙呈南北走向，正门在东墙，曾建有楼阁。如今，堡门连同瓮城都已消失，代之而起的是一条贯穿城堡并呈东西走向的现代公路。虽然瓮城已经消失，但是通过实际测量和考察，可以估测瓮城的大概面貌。堡四面墙体均残缺不全，东墙基本消失；但是墙体的走向和大体的结构仍可辨认。败虎堡750米的堡墙，现今只残存240米，墙体底宽约5米，顶宽2～4米，墙体原高连女墙12米，现残存5米左右，女墙早已消失。堡墙四个角落各有一角楼，仅剩大半个夯土墩子，已经难以辨认原来形制。

东墙只剩下南半段残存。南墙较完整，残高3～5米。西墙较为完整，但中间已挖开一个大豁口，有水泥路通过。西墙外围基本被沙土掩平。西墙下有一块城隍庙碑，宽74厘米，厚20厘米，地面外露1.7米。北墙较完整，残高4～6米。

败虎堡的把总署在堡里面的西北部，现在仍然有依稀痕迹可循。

晋北地区民间有浓厚的神祇信仰与祭祀的传统，凡有功德于民者皆祀之，建崇圣、名宦、乡贤、忠义、节孝、文昌、魁星诸祠。自汉唐以来，三教并行，寺观且遍天下郡介，边方其俗尤盛。《新建圣母庙碑记》发现于败虎堡中一位姓于的村民家中，据称，此碑是十几年前在堡中搞建设的时候挖出，被搬回家中。此碑碑头呈拱形，碑身为长方形，通高96厘米，宽47厘米，厚13厘米，系灰色砂岩石，碑文均为阴刻楷体，因露天存放多年，损毁严重，字迹多有不清。此碑是崇祯三年（1630年）为纪念堡中新建的圣母庙而立。

“永宁”石匾刻于明万历三年（1575年），原嵌于败虎堡堡门，现存于败虎堡油坊。匾青石质，宽170厘米、高90厘米、厚12厘米。碑周线刻缠枝花纹。碑面正中阴刻楷体“永宁”，左右两边阴刻楷体成边将官名，共8行120余字。

过去堡里有20多座庙，日本侵略者入侵后，全部被放火烧毁。又逼迫老百姓拆毁堡砖，运往西山墩修建炮楼。

朔州地区重视古城堡的保护，各个城堡均立有石碑。败胡堡西墙外所立石碑上刻：保护古堡，传承文明，二〇一一年春立，山西省长城保护研究会，朔州市长城保护研究会。

败虎堡是“隆庆议和”的始发地。隆庆四年（1571年），俺答之孙把汉那吉率其属阿力哥等十人来降。大同巡抚方逢时受之，以告总督。王崇古，招授把汉指挥使，阿力哥正千户等。隆庆五年（1572年）三月己丑，封俺答为顺义王。自是俺答约束诸部无入犯，岁来贡市边塞安宁。

三娘子是北元右翼土默特万户首领俺答汗之妻，生于1550年，卒于1621年。明时，蒙古族的鞑靼、瓦剌和兀良哈各部首领曾接受明朝的封爵；但他们作为地方封建势力仍分据一方，还多次同明朝发生军事冲突，从而影响了国家的统一。明嘉靖年间，鞑靼部最高首领俺答汗曾多次率兵攻掠长城以南州县，使当地人民的生命财产遭受惨重损失，生产日益衰败。为此，鞑靼同汉区的贸易中止了，布匹、铁锅等生活必需品断绝了来源，部落首领们通过朝贡和互市贸易而得来的经济利益，也无法获得，长期的冲突给双方带来极大的祸害。俺答汗是一个识时务的首领，曾向明朝提出言归于好，表示愿意臣服朝廷，要求朝廷准予通贡和进行互市贸易。可是当时的嘉靖皇帝和他所宠信的内阁首辅执政大臣严嵩，却顽固地拒绝俺答汗的要求，还纵容官兵诱杀俺答派来的使者，从而使双方关系进一步恶化。

到1567年初，嘉靖帝死去，隆庆皇帝即位，新任内阁大臣高拱和张居正整顿朝政，对鞑靼采取了新的政策，即：一面加强防御，一面待机议和。而议和契机就发生在俺答汗娶三娘子的事件上。

俺答汗有个外孙女，已受一个部落首领袄儿都司之聘。俺答见外孙女出落得非常美丽，竟凭借自己的权势，把她娶了过来，号为三娘子。同时把他孙儿所聘的女子嫁给了袄儿都司为妻。依那时蒙古族的习俗而言，俺答和三娘子这种长幼亲属之间的婚配，并不算什么违背伦理纲常之举。但他强夺聘妻，激怒了他的孙子把汉那吉，一怒之下，把汉那吉到大同投奔了明朝。起初俺答调集兵马，打算用武力向明朝讨还把汉那吉，后来经过反复考虑，摈弃了出兵讨人的下策，并派人向明朝祈请和好。明朝经过一番讨论，同意议和，并任命把汉那吉为指挥待使，让俺答汗从事实中了解明朝确实已改变了嘉靖帝统治时期对待鞑靼的政策。后来派人送把汉那吉回到俺答身边，祖孙表示衷心感激朝廷。

俺答年迈时，又一心崇事佛教，对于一年一度的进贡和互市贸易，在很大程度上要靠他年轻的夫人三娘子来料理。三娘子不仅容貌艳丽，而且聪慧开朗，机敏果敢。她有力地协助俺答统驭部众主持有关进贡和互市的事务，从而在整个部落中获得很高的威望。三娘子十分爱慕中原地区高度发达的汉族文化，珍视蒙汉两族的友睦关系。因此，也赢得汉区人民的盛情赞誉。三娘子尊重明朝政府，她曾多次拜访先为宣府巡按后升为宣大总督的吴兑，彼此亲如一家。

后来俺答病逝，朝廷隆重赐祭致礼，任命其长子承袭王位。依照部落古来相传的父死后得以继母为妻的习俗，三娘子应为其妻。其初，三娘子不从，率众而去。后来，宣大总督派人劝说三娘子。一向尊重明朝政府意见，能以大局为重的三娘子，权衡利害得失，终于同意与其长子成亲。明朝封她为忠顺夫人。

忠顺夫人三娘子执掌兵权，这在崇尚武力的游牧部落中极端重要。三娘子带领一队娘子军驰骋在阴山山麓，她曾经亲自练兵万人。由于她有政治眼光，才干出众，再加上掌握兵权，所以获得广大部众的崇敬和畏服。三娘子始终信守隆庆议和，部落有违反和议规条者，即加惩治，有时还解送明朝廷处理。她还亲自在古丰州境主持修建呼和浩特城（蒙古语：青色的城），并长期居住在那里。1612年，忠顺夫人逝世，人民深切地怀念她，并把她居住的呼和浩特城叫作“三娘子城”。

诗曰：败堡疯长大榆林，难忘当年胡汉情。隆庆议和民焚香，三娘永封和平神。

（六）迎恩堡

高石庄乡迎恩堡属大同镇分守冀北道所辖西路三堡一城之一。分守冀北道兵备驻扎平虏城，西路参将亦驻守平虏城。

迎恩堡位于平鲁城西15千米处，西距长城5千米。

迎恩堡筑自嘉靖二十三年（1544年），万历元年（1573年）包以砖石，周长750米，高12.3米，设守备官1员，所领官军545员名，马77匹，分边沿长7.75千米，边墩17座，火路墩5座，小市场1处。边内镇川为极冲，通蒙古老鸦嘴；边外泥河儿一带为大成台吉阿郎、拾儿圪炭等部落驻牧地，通板升。明隆庆元年（1567年），北元兵大举进犯，曾由此直抵山西。

迎恩堡设东门，门上筑楼，门外建有瓮城，门额镶嵌一块长1.54米，宽0.58米，厚0.12米的石匾，正中阴刻楷书“迎恩堡”，两边竖向阴刻楷书小字，记载了参与建筑迎恩堡各级官吏和修筑此堡的425名兵士、433名泥石匠的姓名。石匾现存村民院内。

民国时改为民堡。

迎恩堡四周地势较高，堡且建在低洼处，这又是一种选址筑堡的新奇方法。堡的北面叫科巴山，海拔1693米；西北面的山叫银圪墩。堡子的东北角台下立一大理石碑，上刻：平鲁区文物保护单位，迎恩堡，朔州市平鲁区人民政府，于二〇〇八年七月十八日公布。

四面堡墙基本残存，堡墙砖石已无踪影，仅存夯土和残墙。堡开东门，门外有瓮城，长宽均为15米，瓮城开南门，已无存。

东墙残高3～8米，有一进豁口通道；南墙残高3～7米，西墙残高3～5米；北墙残高3～8米，角台相对完整，中间有一大豁口。

20世纪60年代，村民们已全部从堡中迁出，落住堡子的东北面。堡内现在是一块块耕地，还有些老榆林和芨芨丛。

迎恩堡周边地阔林莽土地肥沃。解放初村集体碹窑时，将堡砖拆毁，其后村人们也逐年拆毁建房垒墙。

《迎恩堡建庙立祠碑》勒石于明嘉靖四十一年（1562年），现存于迎恩堡村。碑细砂石质，圆首，下部为残碑。碑首刻“云岩”，残高74厘米、宽52厘米、厚9厘米。碑周线刻卷云纹。碑文记述迎恩堡守备程九思捐资建庙立祠及神明庇佑、成功拒敌的事由。

《迎恩堡官买粮草碑记》勒石于明万历十八年（1590年）。现存于迎恩堡内。碑青石质，圆首，高100厘米、宽50厘米、厚15厘米。碑周线刻卷云纹。碑首楷书“碑记”，首题“迎恩堡官买粮草碑记”。楷书正文18行，每行24字，约400字。碑文以官府文告形式，规定银两与粮草折色办法，禁私派富户，如违惩处。

堡北0.5千米处有座烽火台，台下有座黑虎庙，遗迹残存。

堡南1千米处有座烽火台，羊马墙尚存。

长城出大河堡继续向西南经八墩村，二墩村至二道梁。城墙为黄土夯筑，虽有圮残，但总体较好。这段长城二墩东南有败虎堡，二道梁东有迎恩堡。长城由二道梁村西开始向正南方向，经寺怀、正沟、小七墩、六墩，然后又转向南偏西过九墩，由亥子峁村西北出界进入内蒙古清水河县泉子沟村界。这段长城地势起伏较大，个别关口处均为黄土夯筑，大多圮塌。这段长城上还残存着几座石砌敌楼，寺怀村西有路向西过长城至北黄榆树沟，为山间沟谷。城堡仅存夯土残墙。长城在沟谷把口处设1座敌楼，全部条石砌筑。楼南底部有一门洞，进门登楼可通顶。由此楼往南，有7座为同一结构的敌楼，残圮情况不等，毁多于存，相对来说正沟西的那座尚好。

诗曰：堡空墙残诉遗恨，环城沃野伴莽林。老户堡宅难舍弃，公社建房拆墙墩。

（七）阻胡堡（阻虎堡）

阻虎乡阻虎堡，属大同镇分守冀北道所辖西路三堡一城之一的阻胡堡。为“灭胡九堡”之一。分守冀北道兵备驻扎平虏城，西路参将亦驻守平虏城。

阻胡堡，位于凤凰城镇西15千米处，西距长城5千米。

阻胡堡西当偏老之卫，南扼雁代之险，独挡一路孤悬以屏，翰三晋要害，边内寺怀极冲，通蒙古边外干河沟一带，北元首领以速贵等部落驻牧。通板升。嘉靖十九年（1540年），北元犯山西石州、宁乡一带；嘉靖三十二年（1553年）又犯岢岚，均从此入。隆庆元年（1567年），北元再次大举进犯，亦曾由此直抵山西。

板升之名，实属北元与明廷对垒的军事设施。当明廷关闭马市，修筑长城，建设堡寨的同时，边外的鞑靼部在叛逃出外的赵全、邱富等人的教唆下，在大青山以南的土默特川、丰州滩上筑起了“板升”。在城堡与“板升”的对垒中，明军伺机捣毁边外“板升”，而鞑靼则尽力冲垮边内城堡。一些城堡在鞑靼铁骑的践踏下，几乎成为平地。

阻胡堡筑于明嘉靖二十三年（1544年），称雄蕃堡。原堡门上有雄蕃堡三字，后把这块匾掉到了井里。隆庆六年（1572年）砖石包墙，改成阻胡堡。堡周长550米，高12米，设一南门，门上筑楼，门外设东、南两关；堡内建军营、马铺，设操守官1员，所领官军373名，马65匹，分管边墙4.5千米，边墩11座，火路墩4座，并设小市场1处。

清初，兵马奉裁。雍正十年（1733年），分防平鲁县，属平鲁路参将辖。民国时，变为民堡。

中华人民共和国成立后，1958年设阻虎公社，1984年置乡。

现在，堡墙残存，夯土层为红土夹黄土。东墙残存50米，高2～5米；西墙残存50米，高1～2米；北墙马面残存，余高3～5米；东北角台残存，余高3～5米。

堡的四周平坦，远处的南山叫奶奶庙山，北山称计家峁山，西山叫百雨庙山，西南山称台墩山。周围有季节河流，平时都是干沟，村民们吃水比较困难，只好到村东面的0.5千米处的一个村子拉水。

堡外有一大水坑，五个方向的雨水都向这里汇聚，称五龙聚水。

1949年，堡子还非常完整，后逐渐被拆毁。

阻虎堡遗《官买粮草碑记》石碑一块，碑体完整，高144厘米，宽62厘米，厚17厘米，为万历十八年（1590年）五月所立。是前些年从堡门废墟中挖出来的。像这类把戍边军队向商贩收买粮草的有关规定凿刻成碑，在长城沿线实不多见。为研究明朝中后期军屯向商贸转变过程等情况，提供了真实可靠的材料。

阻虎乡长城长16.385千米，墩台62座，沟、河冲毁715米；乡村小路破坏55米。长城由正沟经小七墩转南偏西，过六墩、九墩至平鲁县与清水河县交界段，城墙基本为黄土夯筑，残圮严重，很多地方已不存墙样，在两县交界东南平鲁县境内有将军会堡。

诗曰：乡府楼高学校新，街前蓄池盛冻冰。当年雄姿已败衰，唯遗角台遮羞影。

（八）灭胡堡（灭虎堡）

阻虎乡阻堡，即明朝大同镇七十二城堡之灭胡堡。属大同镇分守冀北道所辖井坪路四堡六城之一，“灭胡九堡”之一。分守冀北道兵备驻扎朔州城，西路参将驻守井坪城。

灭胡堡，现名阻堡，位于凤凰城镇西南23千米处，属朔州市平鲁区阻虎乡管辖，西距长城4千米。

灭胡堡筑自嘉靖二十三年（1544年），万历元年（1573年）砖包，周780米，高连女墙12.3米，原设操守，万历十四年（1586年）始议改守备，所领官军537员名，马20匹，分边沿长6.75千米，边墩27座，火路墩7座，小市场1处。东至平虏城20千米。

灭胡堡界于大同、山西二镇之间，地势漫衍无险可恃，边内王家庄、杨家大沟、观望山等处俱极冲，通蒙古；边外宁边河、照壁山、黑石崖等处皆北元首领威宰生、常克儿板布等部落驻牧，通板升间有小市。

灭胡堡口东门，门外有瓮城，门额镶嵌一块长0.7米、宽0.5米、厚0.3米的石匾，阴刻楷体“灭胡”，右面竖刻楷体“操守指挥李继勋书立”，左面竖刻楷体“明隆庆六年六月吉旦”。堡内建有军营、马铺。

清朝顺治初年改设把总，清末年改为民堡。

堡呈长方形，北高南低，东西长150米，南北宽70米。南面有沟。从堡外看，四墙残高6～10米；从堡内看，四墙残高只有1～3米，到处都是豁口，一条水泥路由西北豁口进去，又从东豁口绕出。西墙、北墙中段的马面尚存，西南西北有残存的角台。堡东立一大理石碑，上刻：平鲁区文物保护单位，灭胡堡，朔州市平鲁区人民政府，于二〇〇八年七月十八日公布。

堡内有十几户人家，全部为石碹窑洞，但实际住户只剩下四五家。

北墙外边零星有四户人家，东墙外有十多户人家，大部分住户在堡外的坡下居住。

堡开南门，外又有一座关城，长150米，宽50米。关城门洞残存，全部为石碹，石基长1.5～2米，宽40厘米，厚20～23厘米。门洞进深6.6米，宽2.26米，高2.5米。关门外有照壁，中间镶嵌一块石碑，79厘米见方，厚6厘米，文字模糊不清，其中有“钦定守备大同灭胡堡地方都指挥云中施坤创建应州田中硕重建立……万历三十三年三月……”等字迹。关门外上部镶一石碑，阴刻楷书“灭胡”二字。关门上建有戏台，对面残存玉皇庙。学校院内有一块古碑砌在墙内。

堡子全为石包，20世纪70年代被村民们拆毁碹窑洞。堡里过去有很多庙，“文革”时全部拆毁。

《款塞》石匾，勒石于明隆庆六年（1572年）。现存于阻堡小学院内。匾青石质，宽114厘米、高58厘米、厚13厘米，匾周线刻卷草纹。石匾正中横刻楷体“款塞”两字，左右两边竖刻楷体10行，约120字，刻录当时戍边将官名讳。

《北岳神庙碣》勒石于明万历三十三年（1605年）。原存于阻堡北岳神庙，现嵌于阻堡南堡门外照壁上。碣细砂石质，方形。宽77厘米、高80厘米、厚10厘米。碣周线刻卷云纹。碑文阴刻楷体10行200余字，记述了守备田中硕上任后，率众善士，移建北岳神庙于关东，并给僧人二十亩养赡地的事由。碑面中部文字漫漶不清。

堡西北100米处有一圆形烽火台，东北1千米处有一圆形烽火台，正东山上200米处有一圆形烽火台，正南2.5千米处有一圆形烽火台。东南西均有河沟，只有西北为土山。南山叫爬楼山，海拔1835米。

诗曰：阻虎改称几多辈，灭胡门楣阴刻在。大堡连着二堡呼，城洞墙头遗戏台。

（九）乃河堡

下水头乡乃河堡，属大同镇分守冀北道所辖井坪路四堡六城之一。分守冀北道兵备驻扎朔州城，西路参将驻守井坪城。

乃河堡位于凤凰城西南30千米处，南距井坪城20千米，西距长城25千米。

乃河堡于嘉靖四十五年（1567）土筑，万历元年（1573年）始包以砖，周700米，高11.6米，原设守备，万历三十一年（1603年）议改操守，所领官军341员名，马骡79匹头。东至井坪城20千米，南至忻州利民堡35千米，距长城25千米，北至平鲁城30千米。本堡虽无边隘，但北元入极为要冲，嘉隆间北元大举入犯，掠至山西石州崞县等处。

堡设南门，门上筑楼，建有瓮城。隆庆六年（1572年），用细砂石线刻楷体“乃河堡”大字门匾，堡内有军营、马铺。

清改设操守，康熙年间废操守改设把总，后并入灭胡堡（阻堡）。

民国时期废军堡改民堡。1938年6月，八路军第120师358旅，第716团和警备第6团，在乃河堡一带消灭日军200余人。

堡被繁茂的树木遮蔽在村东头，初来乍到之人一时难以发现。

乃河堡呈北高南低之势，四墙基本残存。堡子南门外，立一大理石碑，上刻：平鲁区保护单位，乃河堡，朔州市平鲁区人民政府，于二〇〇八年七月十八日公布。

堡子东北角最为完整，残高8～10米，东墙外是一条山洪冲刷成的土沟。

南墙残高5～8米，西南角墩残存，南门洞砖碹，虽然残破不堪，但遗迹尚在。

西墙残高2～5米。北墙残高2～8米，紧靠土山。

从残址观察，堡子由前后两堡组成，开有四门，南门还有瓮城。后面的堡子开北门，前面的堡子开东西两门。很显然，当初建起后面的堡子时因不能满足驻军的需要，后来又续建一个堡子。

堡墙曾里外全为砖包，20世纪60—70年代，下水头公社建办公房，组织人们将砖拆掉。堡里过去有24座庙，曾经有过教场、操场、衙门、营盘。现已无存。

乃河堡俗称下乃河，后来整体搬迁至堡子西北方2.5千米处，称上乃河。村中人的姓氏很杂，村子里几乎家家都养一两头驴，二三十只羊。村人养的土狗也非常多，几乎家家一只。生人进堡后，满村一片犬吠声。

堡墙西边，有一口水井，水头很浅，只有四五米深。旁边有一饮马槽，外面有精工雕琢的花纹，长2.15米，宽57厘米，高35厘米，旁边还有拴马鼻。

堡民郝新文院内有一块石碑，碑额“观音永垂”，落款处有“清道光二十九年”，是一块观音庙门的捐资碑，院内还有一截柱础。

乃河堡石匾，勒石于明隆庆六年（1572年）。原嵌于乃河堡堡门，现存于乃河堡村乔瑞院内。匾粗砂石质，已残。从残存部分推测，原匾宽113厘米、高65厘米、厚10厘米，残部线刻楷体“堡”字和“河”字半部，左半部文字清晰，为竖刻楷体，共4行，40余字，为当时大同戍边将官人名。

村人们砌墙盖屋用的都是堡基石，有非常漂亮的五色石，地质学称丽石，仿佛人造水磨石而色彩斑斓，有一定的观赏和收藏价值。

堡正北0.5千米处的梁上，有一圆形烽火台；堡西北0.5千米处，有一圆形烽火台；堡正南山上1千米处也有一烽火台。西北方的山叫人马山，海拔1834米；正南的山称欠山，海拔1581米；东南方的山叫鹰山，海拔1685米，正东的山称小场面山，海拔1705米。村前清洋河水从东南山发源，在堡西分为两支，一支西南流向，一支西北流向，均归入黄河水系。

乃河堡到将军会堡的路上，有汉代北击匈奴女将小红娘墓地——红娘墓，有清代荣禄大夫镇守广东顺德镇统辖水陆等处地方总兵刘诏墓，以及近年来平鲁区打造的风景名胜景点乌龙洞。

在平鲁区西部的东昌峪村北的山坡上，现存有一座清代石牌坊，是刘诏的家族墓。刘诏墓位于村北的山坡上，坐西朝东，过去有石兽和石人等。前几年被盗，仅剩一座牌坊和一座螭首龟趺碑。朔州志载，刘诏是广东顺德镇总兵官，康熙年间以军功特授三等阿达哈哈番，准袭四次。

乌龙洞位于平鲁区阻虎乡，建于明万历二年（1574年），传说有丈余长乌蛇经常出现在洞口，因此称之为乌龙洞。洞底池中水取之不尽用之不竭，若无人取用也不增多外溢。

乌龙山海拔1830米，坐北向南伸展，东西双峰耸峙，北峰低矮形如龙头，整座山势宛如独首双身卧龙一般。山间，三峰环抱一座拥有木雕、石刻的彩绘壁画，绚丽多彩，有仿明代古建筑风格而古香古色的琉璃璀璨寺院——五爷祖庙。

“乌龙洞”刻于北峰摩崖石壁上，长2.5米，高1.0米，距地表约20米。三个大字为横向线刻楷书，右面文字为竖向阴刻楷书，4行48个小字：“朔州南路参将上谷濮东阳，平虏西路参将任城赵崇璧观边于此。委官迎恩堡守备计安国、二路中将梁国宝，张天叙记时”。左面文字为竖向阴刻楷书：“万历二年孟夏八日”。

2008年6月景区主体工程正式奠基开工。2010年竣工运营。乌龙洞景区的主体是五爷祖庙。整座寺庙气势宏伟，风格独特。

诗曰：缘何乃堡想隐身，近在咫尺难找寻。回首蓦现残角台，排窑如摆八卦阵。

（十）将军会堡

阻虎乡将军会堡，属大同镇分守冀北道所辖井坪路四堡六城之一。分守冀北道兵备驻扎朔州城，西路参将驻守井坪城。

将军会堡，位于凤凰城镇西南30千米处，西距长城5千米处临内蒙古边界，由亥子茆村西北出界，进入内蒙古清水河县泉子沟村界，主体边墙向西5千米为清水河县北堡口子上，向西经北堡转西南10千米，出内蒙古界入山西偏关县水泉营。

堡旧名百草坪，北元潜伏窥掠无时，万历九年（1581年）始建土城，万历二十四年（1596年）石包之，周750米，高12.3米，原设防守，万历三十一年（1603年）议改守备，所领官军601员（名），马骡22匹（头），分边沿长8.8千米，边墩32座，界墩1座，火路墩7座。东至乃河堡20千米，西至山西边丫角山5千米，北至灭胡堡7.5千米。边内曹家窊、百羊林、响石沟俱极冲；边外黑青山一带为北元首领歹言恰等部落驻牧，嘉隆间每潜伏出没，兵临则退，兵撤复来。边内耕牧俱废，战守两难，故创建此堡。

将军会堡筑有西门，门上筑楼，建有瓮城。堡内建有军营、马铺。

清改设操守，顺治末年（1661年）官军并入乃河堡，从此改民堡。

将军会堡呈东高西低，有一水泥路直通堡外。堡子的西、南、北三面均为河沟，西面口子上的河叫大河沟。西门瓮城外，立一大理石碑，上刻：平鲁区文物保护单位，将军会堡，朔州市平鲁区人民政府，二〇〇八年七月十八日公布。

四墙轮廓基本竣整。东墙中段竣整，偏南偏北有两个残高豁口。

南墙西段有一残高豁口。西墙基本完整。堡开西门，门外有瓮城开南门。门额上砖刻三字“安禳门”。西门和瓮城南门保存得非常完整。堡西门洞外宽2.25米，内宽2.15米，中间宽4.3米。门洞外高3.5米，内高5米，下有7层石条，上面砖碹。瓮城西角台全部石包，53层，石条长1.1米，宽50厘米，厚28厘米。西墙南段，残留石条包面，下面有4～8层基座，石条长短不等，40～98厘米之间。瓮城内东墙下，在一个不大的石碹庙里，还立着两块碑，大碑碑头刻“碑记”，是龙王庙重修纪录，落款为“同治四年”；小碑碑头也刻“碑记”，落款为“乾隆戊子年”。

北墙基本竣整。

堡内现有七八户人家，全为石碹或砖碹窑洞。西南角为耕地，堡墙内壁西北东都有土挖窑洞，还有住户的烟囱伸在堡墙上。堡内长满沧桑的古榆。堡外住有20多户人家。全村在村人数不到50人。

堡内随处可见拴马石桩。在一废弃的院落，发现《创建将军会土堡记》一石碑，勒石于明万历二十六年（1598年）。材质为细砂石，宽1.1米，高70厘米，厚13厘米。碑周线刻缠枝花纹图案。碑面竖向阴刻楷体，正文22行，满行19字，共400余字。记述明万历八年（1581年），大同总兵官郭琥因将军会地临虏巢，冲险紧要，报请明廷批准，创建将军会土堡，动用军士一年内完工。并载明堡周长及墙高，以及万历二十四年（1596年）至二十六年（1598年）用石包修堡墙事。由张国览书，杨自钰刻石。郭琥，永昌人，先为蓟镇参将，后为大同总兵，时为守边良将。

将军会堡，因地处偏远，一直没有人来此地拆堡石，直到改革开放后，村民们想建新房、碹新窑，便一哄而上拆挖堡石。包堡石打制的像砖形，可见修堡之艰辛。建此堡前，原来的村子叫百草坪，因为各个堡子的将军们常来此堡开会商议军情，就改叫了将军会堡。在堡中心有个大教场，旁边有个地下兵器库，曾出土过各种矛枪以及守堡大铁炮。

将军会堡缺水，村民们吃水得到1千米外的河沟往回挑。为此村里专门修建了一个封闭式的储水池，专门用来储雨水。人们平时洗刷就挑这儿的水。

堡墙的石头缝隙里，至今还留有许多拳头大的圆铁球，是修堡时滚动石头时的省劲办法。村子西南方3千米处有座马鞍山，据说天晴时站到山顶上就能看到繁华的呼和浩特市。

正面约1千米的山顶上有一烽火台，台下有座百雨庙，遗迹尚存。堡南2千米处的山上有一烽火台，堡北1千米处的山上也有一烽火台。堡的正西有座山叫油磨山，海拔1741米。堡子的东南方有平鲁著名的景区乌龙洞。

长城由亥于峁村西北出山西省平鲁县界而入内蒙古自治区清水河县石灰窑村境。这是明长城主体部位在内蒙古境内的唯一部分。这段长城很短，因地处大同镇与山西镇交界处，所以筑有三道长城。长城过清水河境内，从偏关县野羊洼北分为两路：一路向西沿清水河县、偏关县界抵黄河老牛湾；一路向南进入偏关县境由老营而去外三关。完全处于清水河县所辖境内的这段长城，三道共长约20千米。

这段长城由平鲁进清水河县界县至口子上段，除靠近口子上有数百米石砌长城外，全为黄土夯筑，今虽残圮但墙体基本尚存。从石灰窑至北堡的一条大沟南侧的长城，自然破坏较为严重。口子上南北侧长城为块石砌筑，较为坚固，今大部分砌石已被拆走，只东北方向钵子沟南有近百米石墙较好。

在北堡乡口子上村东山城墙之下有一块长1.2米，宽0.63米，厚0.14米的石碑，碑体完整，除中间有些字尚可辨认外，其余的字因碑面风化已不可辨，碑头文字为："山西西路地方参将口都指挥佥事郭汾管丫角起东西两路边界"，并署有："万历贰拾柒年陆月吉日立。"碑文主要内容虽已风化，但其中所列的一些建筑物名称尚可辨清。这为研究长城上各种建筑物的准确名称及其建筑物的性质，提供了可靠的资料，尚可辨清的建筑物名称：①腹外接火墩，②沿边墩台，③将台，④敌台，⑤暗门，⑥水门，⑦水口，⑧大边墩台，⑨外边墩台，⑩外边加道墩台，⑪腹里接火墩台。

丫角山为明时九镇长城大同镇与山西镇的交界处，然而今已不存丫角山之名。有人认为，丫角山即清水河县与偏关县交界处的海拔1832.3米的白羊岭山。此山为这一带最高山，长城跨山而过。实地考察，丫角山应为今清水河口子上村东山。而白羊岭山则在将军会堡西南8千米。口子上农田里有一块万历十七年（1589年）的石碑，亦说明此地已不属大同镇，而为山西镇所辖。

1980年曾于长城内的五眼井堡城址中挖出明代铁炮一尊，重30多千克。五眼井堡城址在北堡乡老洼沟村。北堡接丫角山最为冲要。

长城过口子上，分三路似三角形向南延伸，最西路的城墙抵野羊洼，交于沿偏关、清水河两县界东、西方向的主体长城。中路和东路长城各在白羊岭山东、西两侧交于主体长城。这些长城多为黄土夯筑，虽已残破，但墙体尚连贯。远看三条长城顺山势蜿蜒而去，十分壮观。

诗曰：古堡峻整且珍稀，青石砌墙堪称奇。白草坪改将军会，传说遗辈话投机。

四、怀仁县城堡

（一）怀仁城

怀仁城，属大同镇分守冀北道所辖井坪路四堡六城之一。分守冀北道兵备驻扎朔州城，井坪路参将驻守井坪城。

怀仁城地处山西省雁门关外大同盆地中部。东接大同县；南边与应县、山阴县隔黄花岭相望；西边以洪涛山脉与左云县相毗邻；北距大同市37千米。同蒲铁路、大运二级公路和208国道纵贯南北；石凉公路横跨东西。地形似槽状，东西两边高，中间地势低，三分山，七分川。

唐尧时，怀仁城属冀州。虞析冀为幽、并二州，地属幽州。夏复并为冀州。商封同姓为代子，地属冀州。周分天下为九州，地属幽。春秋代国子替土地，属代。战国赵襄子灭代，地属赵。秦分天下为三十六郡，地属云中郡。汉沙南县地。北魏县废。隋初为云州，开皇二年（582年）移云内于此。大业二年（606年），置大利县，属定襄郡，郡治大利县。唐云中县地。五代唐因之，隶云州。

辽析云中县地，置怀仁县。因太祖会后唐武皇于此，取怀想仁人之义，故名。隶西京大同府。金初为怀仁县。贞右二年（1214年）五月升为云州。有黄花岭、锦屏山、金龙山、早起城、日中城，隶西京大同府。元仍改怀仁县，隶大同路录事司，司治大同县。

明初隶大同府，调安东中屯卫后所守御。城洪武十六年（1383年）土筑，万历二年（1574年）砖包，城周长2463米，高11.6米，顶宽6米。原设守备和知县各1员。守备所领官军378名，马51匹，分管火路墩19座。怀仁城设在腹里，当三云之中，地瘠民贫，非北元所垂涎者。嘉靖二十三年（1545年），北元夹镇城而下，总兵彭英坚壁不战，任其大掠而还，人至今憾之。

怀仁城开东西两门，设有月城，门额上有两方硕大的题刻，东曰“柔远”，西曰“西宁”。门上边建阁楼并挂匾，东为“瞻日拱辰”，西为“战内宁外”。城头上北有元帝庙，南有魁星楼。城设东关和西关，并筑关墙。西关关墙约1000米，设三个门；东关关墙约1300米。

城内东西主街一条，大巷两条，南北主巷十条，街巷互为连结，左右贯通，皆可循环而至。街中心设牌楼一座，称“四牌楼”，另有光裕坊、起凤坊、登科坊等。县衙设在西街东侧。全城有孔庙、关帝庙、崇国寺、太清观等大小庙宇33座。城内北街城隍庙东，大场面巷西有一座寺院叫崇国寺，老百姓俗称为“大寺”。寺院墙西有一巷道，从南口进去往北走，至北端又折向西，可通至文庙的大成殿背后，与鬼门关相通。起初，前边这一段叫“大寺前巷”，拐弯处那一段叫“大寺后巷”，通称大寺巷。

清朝仍称怀仁县，隶大同府。顺治十六年，所裁并归，编户九里，后裁为八里。康熙三十三年（1693年）改为怀仁县。经明清两朝七度增修，至咸丰三年（1853年），怀仁县城成为较完整的城池。县城面积有30万平方米，外有包砖。城墙四角各有角楼1座，东西两面各2座敌台，南北两面各1座敌台。

光绪二十六年（1900年），八国联军攻入北京，慈禧与光绪帝西逃，途经怀仁时曾在柴市巷的庞家院暂住。

宣统三年（1911年）十二月六日，阎锡山属下王建基部与北路军张瑜在怀仁会师。1929年晋系与奉系的战争中，奉军张作相部攻陷县城，一度占领了怀仁县城。

1937年9月14日，日本关东军第五师团第十五独立旅入侵怀仁。

1948年8月25日，怀仁解放，属察哈尔省。1953年属山西省。1956年与大同县合并为大仁县。1959年属大同市辖怀仁区。1964年底又改属雁北地区。1967年后，怀仁县依旧城向西、北、南三向扩展建设。至今，旧县城遗留基本全部拆除。

1993年7月，因雁北地区撤消，划归朔州市至今。

现在对怀仁城墙旧址几乎难找到踪迹。只有北墙东端尚有20余米的残存，且在居民的院里，残高2.5米，下宽4米；东北角台还有12米残存，残高3米。这段墙体的西边现在是怀仁县特殊教育中心学校，附近还有一些快要倒塌的古民居。怀仁城1949年之前尚属完整，里外包砖都在，城门楼和许多庙宇都很完整。1949年之后逐年拆毁。

境内旅游资源有各级文物保护区点10多处，其中金沙滩古战场、鹅毛口古石器、清凉山辽代砖塔、小峪辽金时期瓷窑、日中城汉墓群等都有较高的观赏价值和开发利用价值。

金沙滩在怀仁县城南30千米处的黄花梁脚下，是当年宋、辽交战的古战场，也是传说中杨继业兵败罹难的地方。京剧、豫剧、晋剧、湘剧、川剧、秦腔等都有“金沙滩”这个剧目，金沙滩人也有自己一代一代流传的故事。为纪念杨继业父子英雄业绩和他们浴血鏖战的古战场，这里相继有冠以古战场名字的金沙滩镇政府、金沙滩林场、金沙滩火车站、金沙滩煤运站、金沙滩农牧场等。金沙滩镇是这一带政治、经济、文化中心，并成为怀仁县经济开发区之一。

清凉山距怀仁县何家堡乡悟道村西约2.5千米处，山势陡峭，峰峦叠嶂。山上有一寺名清凉寺，据说是文殊菩萨赴五台山途中的第一道场。主峰有一座华严寺砖塔，高约10多米，七檐八角，属辽代所建。峰北山凹处有一石窟，石雕文殊菩萨像端坐在须弥座上，高1.78米，栩栩如生。

丹阳王墓位于怀仁县城北4千米的大运公路边。墓主人是丹阳王叔孙建，建造年代为北魏。

鹅毛口石器遗址，在怀仁城西北10千米鹅毛口镇鹅毛口村西1千米处的瓜地沟内。瓜地沟又分为大瓜地沟和小瓜地沟，是桑干河的支流鹅毛河的两条小冲沟。遗址就在两条冲沟的源头周围几个相连的小山包上。该遗址是一个石器制造场，范围约2万平方米。著名考古学家贾兰坡于1963年7月在山西北部考察时发现。制作石器的原料以凝灰岩为主，次为煌斑岩，极少数是石英岩。石器类型有砍砸器、尖状器、刮削器、龟背状斧形器、石斧、石锄、石锤、石镰等。鹅毛口遗址的石器绝大多数是打制的，其中一些类型很原始，而某些类型如石斧、石镰、石锤等又具有新石器时代特征，因此属新石器早期。鹅毛口遗址为省重点文物保护单位。

诗曰：背依云州向金城，桑干萦带环锦屏。黄花岭高耸面前，西嘘峪口茶马岭。阿保机逢晋王诚，“怀想仁人”千古名。筑郭不忘易袍马，城消难逝民族情。

（二）西安堡

怀仁县海北头乡西安堡，属大同镇分守冀北道所辖井坪路四堡六城之一。分守冀北道兵备驻朔州城，井坪路参将驻井坪城。

西安堡位于怀仁县海北头乡东北境内，东至大同市30千米；西至怀仁城15千米；西安堡南至应州城30千米。

怀仁曾有传说“先有西安堡，后有怀仁城”：一种传说西安堡是怀仁县旧治；另一种传说西安堡是李克用与耶律阿保机相会的“东城”。

明朝初期，西安堡只是一座官方的驿站。对于筑堡也有两种说法：一种说法筑于明天顺八年（1464年），万历三十一年（1603年）包砖；还有一种说法筑于嘉靖年间，即景泰元年（1450年）正月二十日，大同总兵官右都督郭登请修筑广武站、西安驿土堡，使转运者有所依，于是嘉靖四十年（1562年）建土堡，周长1050米，高11.6米，万历二年砖包女墙，二十八年砖墁堡顶。堡设操守1员，把总1员，所领官军229名，马14匹，只管火路墩3座。堡建有南北两座城门，北曰“镇朔”，南曰“金汤”。

西安堡虽不临边，然隶云中之南，雁代之北，地方平漫，蒙军易驰，有警烽火一举羽书四至，盖传宣必经之地。属应援堡。

清顺治五年（1648年），镇守大同府的姜瓖叛清归顺南明，清军击败姜瓖部，阿济格命令在大同屠城。大同府治所遂由大同城迁至西安堡，直至顺治九年（1652年）才迁回原处。

现在，西安堡南北长230米，东西宽200米，南北两侧各有一堡门。南门外，立有一块大理石碑，上刻：县级文物保护单位，西安堡村堡，怀仁县人民政府，一九八八年九月二十九日公布，怀仁县人民政府立。堡外西南角，立着一块汉白玉石碑，上刻：保护古堡，传承文明，山西省长城保护研究会，朔州市长城保护研究会，朔州市怀仁县人民政府，二〇一一年春立。

西安堡四墙峻整崇隆，保护完整，马面角台方方正正，只是少了包砖。西安堡共有四种堡砖，一种长40厘米，宽20厘米，厚10厘米，重达14千克；一种长40厘米，宽15厘米，厚10厘米，老百姓称“条砖”和“滚砖”；第三种是“大方砖”，长宽各40厘米，铺顶；第四种是“起脊砖”，长宽各40厘米，瓦楞帽形状，在垛口上盖顶起脊。堡墙下有3层石基，最大的长1.5米、高0.23米，宽窄不一；以长0.7米、高0.23米的石条居多。

东墙基本完整，残高5～8米。

南墙也很完整，南门瓮城四墙完整，但已无门洞，瓮开东门，东西30米，南北20米。南外墙每隔一米都有一条从上到下被剥离的深槽，仍然是那种为了避免包砖与土墙剥离而使用的砖垛楔，当地人们称之为砖箍，是把砖箍拆下所致。

西墙有两个人为豁口，宽3～5米；但残墙高依然为5～8米，剩下的墙体高度均在8～10米之间。只有外墙下面有许多1米多进深的洞孔，是20世纪60年代农业社专门掏开用来养兔的兔窝。

北墙基本残存，残高5～8米。

堡北门瓮城较完整，瓮开东门，砖碹门洞残存，瓮城东西长30米，南北宽25米，门洞下面外露两层石条。门洞进深10米，宽4.1米；包砖厚1.1米。

在堡内东北角，有近年来新修起的一座城隍庙，叫圆照寺，是在原庙的基础上复建。庙的前面，还有一座清时期重修后的乐楼，乐楼南墙根下立着两块石碑，右碑刻“金”字，左碑刻“汤”字。还有“大同都御史张镇宁大同总兵官云中”等字样。乐楼北口的一户人家院里，成了盛放玉米棒子的仓库和羊场。里边也有两块石碑，右刻“锁”，左刻“钥”。碑上有“镇守大同总兵官云中焦城万历三十二年甲辰六月”“巡抚大同都御史中郎张悌书”等字样。

西安堡远离大同北部长城，但其规模地位却不在沿长城一线的堡子之下。明朝驻兵百员，置操守1名。其规模要比一些堡子高大。堡内建有城隍庙，现尚存。只有城才有资格建城隍庙。所以西安堡接近了城的规格。西安堡的垛口与一般的堡子不一样，每个垛子中间都有瞭望孔，垛子顶部有屋脊一样的盖砖，当地人称“狗脊梁”。

1946年开始拆堡墙。1965年冬，又拆了南门、北门，连瓮城门算上共有四门，拆了三个，只留下北瓮城门一个。拆毁的堡墙，垫了护城河和马路，修了5眼大口井。大口井均口阔6米多，深8米多。2008年修建大同城墙时还来西安堡买旧堡砖。

堡北1千米外有一方形烽火台，堡的四周，几乎一马平川，无险可守。

诗曰：筑城缘何称西安？坐地无冲在平川。堡民享尽桃园福，常祷莫毁毋迁搬。

五、应县长城与城堡

应县城即明朝大同镇七十二城堡之应州城。属大同镇分守冀北道所辖井坪路四城六堡之一。分守冀北道兵备驻朔州城，井坪路参将驻井坪城。

应县东邻浑源县；南毗繁峙县、代县；西与山阴县接壤；北连怀仁县地界。地处桑干河中游，大同盆地南端。南部所倚恒山山脉，山势陡峭，植被稀少，海拔高度为1000～2300米，是桑干河与滹沱河的分水岭。

新石器时代，应县就有原始部落居住。上古时期多为戎狄之人的活动范围。《汲郡古文》云：殷时已有应国。它与商王朝来往甚密。战国为赵地，秦属雁门郡。西汉时在应境建剧阳县，北魏恒州，三国魏废。北魏置恒州为桑干郡、繁峙郡分辖。北齐属恒州繁峙郡。隋时为马邑郡神武县地。隋末为刘武周割据。唐为云州云中郡云中县和朔州马邑县分辖；乾符年间（874—879年）西突厥朱邪赤心部筑金凤城，后为金城县治。五代后梁时，晋王李克用分云州置应州。后唐天成元年（926年），以应州置彰国军节度使应州领金城、浑源二县。后晋天福元年（936年）入辽，属西京道。元时属大同路洪武八年（1375年）金城县省入州。清朝应州隶属大同府。1912年改州为县属山西省，始称应县。1938年3月成立中共应县县委、应县抗日政府。1939年刘苏率察绥游击军第一支队到应县活动，打击日伪匪军，开展减租减息、土地改革、除奸反霸斗争。1948年4月晋冀军区一纵队在司令唐延杰、政委王平指挥下开始第三次围攻应县城顽匪，5月25日消灭乔匪部队，应县宣告解放。

1948年属察哈尔省，1952年重归山西省，1993年划归山西省朔州市管辖。

（一）应县长城

应县长城属内长城，有多个隘口。其中小石口、大石口和北楼口是重要隘口。小石口因与大石口相对应而得名，其实是一座旧城址。明正德十一年（1516年）筑。城周二里有奇。由小石口向北偏东至大石口段，沿山梁有黄土夯筑的长城，虽大部残圮严重，但遗址尚清晰。有些局部地段，墙体高约5米以上，较为完整。大石口，因大石峪而得名。大石口宽约300米，应县经砂河至繁峙的公路干线由此经过。在牛槽峪、兴国城、王家窑三个村南的山坡上，残存有19座黄土夯筑墩台。

北楼口，亦称碑楼口，是翠微山麓的一个最大隘口，此口东接平型关，西连雁门关，历代为兵家所重视。今关口处有城堡1座，堡城正德九年（1514年）筑，嘉靖二十三年（1544年）与万历五年（1577年）增修，“周四里有奇，……，所辖边二百五十三里”。

北楼口堡，四面各开一门，今四门皆残存。城堡遭到严重破坏，砖包墙仅西北角部分残存，其余部分的包砖拆毁。从残存的夯土残墙尚可辨出原堡规模。西门上有一匾。北楼口南山，当地称岳胜梁，山上今残存一座黄土夯筑的小围城，东、西有夯土墩台，东山、西山上的墩台相毗连。由北楼口西山起，有黄土夯筑的长城绕至北楼口堡城北侧，跨北楼峪河至东山。除北楼峪河床内的夯土墙早被洪水冲毁外，河床两侧墙体尚好，残高6米以上，长约150米。

长城由北楼口东山继续向东北至应县、浑源县交界处段，在康峪、徐峪等处残存有黄土夯筑的墩台，无筑墙痕迹。

北楼口东小岭村南还有6千米断续的一条毛石码砌的齐长城。长城由铁杠崖东侧起，向东北方向循山梁，进入浑源县安家坪村，再转东至肖家沟村，然后折北偏东方向抵凌云口。这条石砌齐长城，今已坍塌成石堆状。

（二）应州城

应州古城始建于唐朝乾符年间（874—879年），大同军节度使李国昌所筑。传说李国昌的儿子李克用出生时，住宅旁边的井里飞出金凤凰，故命名所筑之城叫金凤凰城，后称金城县。后唐天成元年（926年），金城人李嗣源当了皇帝；是年七月，将金城县升为应州，辖金城、浑源、河阳（山阴）三县，并在应州设置彰国军节使。城池规模较大，根据遗迹测算，东西宽1330米，南北长1108米。历辽、金、元三朝，应州城都是这个规模。宋代应州为辽所据。元朝应州领金城、山阴县。元末大乱，应州人逃亡殆尽。

明洪武八年（1375年），知州陈立城因城内人口稀少，旷地太多，于是将州城缩小。原南城墙、东城墙不动，将北城墙向南移408米，西城墙向东移470米。新筑的城东西860米，南北700米。应州城开三门：东门、西门、南门。

隆庆六年（1572年）砖包，周长3090米，高13.3米，原设知州守备各1员，并安东中屯卫左右二所，守备所领官军790员（名），马78匹，火路墩17座。

应县较大山峰有卧羊场、跑马梁、关帝庙梁、鹰家梁等，其中以卧羊场最高，海拔2333米。东北、西北为黄土丘陵区。

县城北部有世界著名的应县木塔，亦称佛宫寺释迦塔。它和埃菲尔铁塔、意大利比萨斜塔并称世界三大奇塔。

应县木塔位于县城内西北佛宫寺内，建于辽清宁二年（1056年），金明昌六年（1195年）增修完毕，高66.7米，是中国现存最高最古的一座木构塔式建筑，也是唯一一座木结构楼阁式塔，为全国重点文物保护单位。塔建成300多年至元顺帝时，曾经历大地震7次，仍岿然不动。此外，应县还有县城东北隅建于金代的净土寺（又称北寺），历经修葺，寺内殿堂构造灵巧，金碧辉煌，为金代建筑之精品。还有内长城、古城、三岗、四镇等古遗址，都具有一定的考古研究价值。

应州因大规模的城建，城墙遗迹几乎全无，只有北城墙少得可怜的一小段残存，西城墙只剩下两个像火路墩形状残存。西城墙残留12米，残高5～7米。据说，这两个残留的角台是因为在重修应县木塔时，测绘人员要在高处放校正仪器才保留下来。解放战争时，城门及瓮城已全部毁坏，城墙已残缺不整。20世纪70年代，城内外居民们建房垒墙，纷纷拆毁城砖。在后来的城市建设中，城墙的土也被逐渐移去。

在西墙残留城墙下，是一个大型文化广场，墙下立一黑色大理石碑，上刻：应州古城墙遗址。应县革命烈士纪念塔坐落在县城正北城墙原址。纪念碑为正四棱柱形，高5米，镌刻有539名抗日战争、解放战争时牺牲的指战员和地方革命英烈。

为了发展以木塔为中心的旅游业，应县在塔前牌坊处向南开通一条宽60米，长400米，具有辽代建筑风格，集旅游、文化、商业为一体的古建大街。

诗曰：金城塔乡儿女情，忆诉滔滔多遗云。倘若辽塔不高耸，古城再书世蚀名。

六、山阴长城与城堡

山阴县地处内长城雁门关外，属大同盆地。东距应县县城30千米；南毗代县与忻州地区相接；西交朔城、平鲁二区，距朔州市40千米；北与左云、右玉、怀仁接壤。因位于恒山余支翠微山阴坡而得名。

春秋属狄域，战国为赵地，秦属雁门郡，晋永嘉后县废。北魏为畿内地，置桑干郡治桑干（朔城区西影寺村），孝文迁洛后，属恒州。北齐改桑干郡为广宁郡，北周废。隋为马邑郡神武县（朔城区神武村）地。唐初属朔州马邑县地，后为应州金城县地。五代隶寰州。辽初置河阴县（因在桑干河之阴得名，故治在今山阴故驿村北），属朔州，清宁中改属应州。宋、辽时的“金沙滩大战”就发生在山阴县境内。金大定七年（1167年）改名山阴县（因在复宿山之北，故名，即今山阴城），属应州。贞祐二年（1214年）升为忠州。属西京路大同府。元初改忠州为山阴县，至元年间并入金城县，不久又复置山阴县，属应州。明朝为县制，属应州辖。县城故址，在桑干河南，即今山阴城。清朝嘉庆元年（1796年），撤马邑县为乡并入朔州。怀仁县、山阴县、应州仍属大同府。

民国初，山阴县属雁门道，后道废，直属山西省。1937年10月，日军在大同成立伪晋北自治政府，归张家口伪蒙疆联合委员会管辖，下统雁北13县，山阴县治所迁到岱岳镇。1937年底属晋东北18县政治主任公署，1938年 6 月改为晋东北行政督察专员公署，1940年 2 月成立第二专员公署，归晋察冀北岳区管辖。

1949年 5 月，原晋绥边区西雁北地委、专署一级机构宣布撤销，机关干部调新区工作，并组成山阴中心县，作为东西雁北合并前的过渡机构。1958年，雁北专区与忻县专区合并为晋北专区，原雁北专区各县合并隶属。1962年又恢复雁北专区及原来各县，朔州各区县均属雁北专区。1988年 3 月24日，经国务院批准成立朔州市，山阴县隶属于朔州。

山阴县占有特殊的地理位置，著名的桑干河和木瓜河流经县镜，渠道密布，灌溉方便；但部分低洼区土壤盐碱化较严重。县境八岭环拱，二河襟带。县境内有恒山山脉，洪涛山脉以及黄花岭。有较大的河道4条：桑干河、木瓜河、黄水河、元子河。境内南北高，中间低。西北有洪涛山、高汉梁，其中以洪涛山最高，海拔1947米。南为恒山支脉翠微山，其主峰馒头山海拔2426米，中部为大同盆地的一部分，地势平坦。

山阴在古代是一个多战之地，县境西南有古迹、遗址多处。其中汉墓群、广武古墓、明长城等古迹均颇负盛名。雁门关下的两座广武城，一座建于辽金，一座建于明代，均为防敌军事据点。县城南30千米有土冢高大的广武汉墓群。

（一）山阴县长城

山阴长城属于内长城，筑于恒山之阴。由代县白草口过海拔1750米的猴岭山，向北为山阴县所辖。长城在山阴县辖境内的大致走向为：过新广武城向东北，经水峪口、沙家寺至胡峪口。从胡峪口向东出山阴县境，入应县境，至马兰口。山阴县辖长城约38.5

千米，共有砖石砌筑敌楼及夯土墩台67座，其中现存较好的砖砌敌楼3座，其余均成夯土台状。

山阴县境内的内长城，是山西境内保存较为完整的一段。长城东起新广武，西接代县分红岭，全长5.3千米，依恒山之阴连接着东段18个重要隘口。长城墙高6.6米，底部宽6.5米，顶部宽3.5米，底部用石灰岩、青石质条石砌筑，其他用砖拼筑而成。长城依山而筑，蜿蜒盘桓于山岭之上，蔚为壮观。在城墙的结合部、转折处与制高点上，矗立着一座座敌楼。

长城过新广武城，至皂银洼村，墙多为砖石包砌，由于自然圮坍及人为破坏，大部分墙体只存夯土状。但在很多地段断续尚存条石包墙。在靠近新广武城一侧的城墙上，残存两座砖砌敌楼。长城经广武跨河，河床内墙址早已为洪水冲毁。过河是第一座残存的砖砌敌楼。此楼东、西面墙上各一门，居一箭窗南，门额均嵌有石匾，因风化字已不清。楼北面墙有三箭窗，南面墙已圮残。过此楼向东在皂银洼北的第八座敌楼亦较好，楼东、西、北各三箭窗，南有一门，门额亦嵌有匾，字已不清。匾四框有砖雕。皂银洼村，居民院墙全为长城砖砌。长城过皂银洼，约有0.5千米为条石包砌，顺山北坡而筑，圮坍严重。又过0.5千米至南寺沟村基本未筑墙，沿山走径连续地筑有敌楼，今楼多只存夯土墩台。楼间只个别地方有石砌城墙。

由南寺沟村经大泉沟、苗家窑、东寺村至水峪口，依山险作障未筑墙，在各沟口东西两侧山上有砖砌敌楼，今全为夯土墩台。

水峪口东、西两侧山上，存有残状敌楼。砖已剥去。长城过水峪口后，继续沿山坡向东北经盘道窑、冯家窑、王家园、许家凹抵沙家寺。这段长城，仅水峪口东有近百米夯土残墙尚存，此后一直到冯家窑，墙和敌台均已无存。过冯家窑在较为平缓的山坡上，可看见残存的夯土墩台。

过沙家寺长城走径继续沿山坡经南口、胡峪口、苏家场，出山阴县界入应县境。这段长城今已无墙迹，只顺山坡在各沟口处，及沟口两侧山上筑有已残圮的夯土墩台。

巍巍长城，敌楼对峙，烽台相望，与雁门关遥相呼应，形成一个完整的战略防御体系，至今仍不失当年古战场壁垒森严的气势。

山阴县境内的汉长城，位于旧广武城南5千米处，沿恒山山脉东西横亘，长约10千米，整体用石块无层次垒起，现已成为残迹。

（二）山阴城

山阴县古城镇即明朝大同镇七十二城堡之山阴城。属大同镇分守冀北道所辖井坪路四堡六城之一。分守冀北道兵备驻朔州城，井坪路参将驻井坪城。

山阴城永乐三年（1405年）土筑城墙，高8.3米。正统二年（1437年）修，正德六年（1511年）知县王纮修，嘉靖十六年（1537年）知县王朗重修，增高至11米。隆庆六年（1572年）开始砖包，周长2100米，高12.6米，顶宽6.6米，壕深2.6米，宽6.6米。置三门，东曰“永泰”，南曰“宿峰”，西曰“靖远”，上边楼城，外为瓮城（月城），北城无门，上建真武庙、角楼4警铺，内城上置望楼16座。城原设知县守御千户所，先委操守官，万历十四年（1586年年），改守备，所领官军529员，马54匹，分管火路墩25座。

现在，山阴城四面城墙严重残缺，只能找到一小部分些许痕迹。

东墙南段残存约20～30米，残高2～5米。南墙残存段约50米，都在居民院内。北墙基本无迹。西墙北段残存约200米，残高3～5米，上高1～3米，西南角墙两头延伸段残存，均在居民院内。西墙内西北角有一新建的地藏王庙，是在原城隍庙旧址上所建。庙后有一个4～5亩大水坑。

山阴城无北门，东南西均有城门和瓮城，里外全是砖包，1949年前还非常完整；1949年后的几年内，因为周围村庄要修水利工程和建学校，城里人们蜂拥而上，纷纷拆下卖钱。剩下的土城墙也在人们逐年盖房中挖取毁掉。

山阴县紧倚内长城还有广武城。广武城不在大同镇七十二城堡之内，但值得记录。广武城有新、旧两座，新城紧傍长城而筑，旧城在新城西，居长城之外。新广武城，东西480米，南北460米。南墙石基砖砌尚存，并有一砖券拱门，门额上有一石匾，因风化字不可辨。城东、西两面墙包砖被拆走，存8～10米高的夯土墙，局部圮坍。北墙大部分包砖被拆为民用。尚存夯土墙体和城门砖券拱门洞。北门城门楼同城门台连为一体，全为砖砌。楼南面开有三扇门，现安有木门，成为村里的库房。门额上嵌有石匾，因风化字不可辨。楼东、西各有三箭窗，楼北面墙圮坍。在广武城附近还有一座辽代的六郎城遗址。

诗曰：古城名空难附实，错觉当年不城池。人杰均呼王家屏，胡府门前丢石狮。

第三节　河北省大同镇长城与城堡

一、广昌城（涞源城）

河北省所辖涞源县城即为明朝大同镇七十二城堡之一的广昌城。属分巡冀北道不属二堡八城之一。

涞源县位于保定市西北部，太行山北端，取涞水源头之意。东距保定市89千米，西界灵丘，距大同市190千米，北与河北蔚县相连。

广昌境内的长城，属内长城共60千米，保存较完好，沿线共有敌楼299座，主体完好的有142座。墩台42座，烽火台33座。

据境内已出土的文物考证，早在6000多年前的新石器时代就有人类在此定居，到商周时期已形成一定规模。春秋属晋国，战国时先属赵，后入燕境。秦属代郡。西汉置县名广昌。新莽时一度改称广屏。东汉初属冀州中山国后属中山郡。晋属幽州代郡，晋末废置并入灵丘县。北周复置广昌县。隋改称飞狐县，隋末废置。唐武德六年（623年）复置飞狐县；属河东道蔚州，因故城战乱暂寄治于遂城（今徐水县遂城），庆观五年

（631年）徙今治，继隶蔚州，属河北道。

五代，飞狐县于后晋高祖天福元年（936年），随蔚州归契丹（辽京西道）。宋代，飞狐县先为过境，仍属蔚州。北宋雍熙三年（986年）归宋，但不久又入辽境；北宋宣和五年（1123年），辽守将陈翊以蔚州降宋，飞狐县入宋后属云中路蔚州；宣和六年（1124年）金又攻取蔚州，飞狐县入金后属西京路蔚州。

元代至元二年（1265年）废蔚州，飞狐县改隶大同路弘州；同年复置蔚州，属上都路，仍辖飞狐县。明朝洪武初年，复名广昌县，属大同府蔚州。

洪武十二年（1379年），筑广昌城驻守御千户所。洪武七年（1374年）砖包，嘉靖三十七年（1558年）重修，周长1750米，高11.6米，设守备知县各1员，守备所领军马俱属宣大镇，县官惟司士兵壮夫。

清朝初属蔚州，雍正十一年（1733年），皇家在北京西山修建皇陵，发现水源是从山西境内流过来的，风水师建议把这条河水的源头归入京城管辖之下，方可聚住风水，遂把广昌县改属直隶省易州。

1913年，属直隶省范阳道。1914年，因与江西省广昌县重名改为涞源县，属直隶省保定道。1937年初划属河北省第二督察区。

抗日战争爆发后，中国共产党领导的抗日民主政府，属晋察冀边冀西一专区。1940年，冀西各专区改为依地区统一顺序排列，涞源县属第三专区。1941年1月，冀西、雁北、晋东各区统称为北岳区，涞源属北岳区三专区。1944年，北岳区分设冀晋、冀察两区，涞源县划归冀察区一专区。1945年11月15日察哈尔省成立，涞源县随冀察区划为察哈尔省，属四专区。

抗日战争曾发生著名的黄土岭战役，日军中将阿部规秀被击毙，成为中国抗日史中辉煌的战役之一；涞源县抗日小英雄王二小的献身故事已广为流传；加拿大国际友人白求恩大夫，为帮助中国的抗日战争，不远万里来到中国并以身殉职，1939年10月在涞源县孙家庄为伤员施行手术的小庙依然保存完好。1949年6月改属察哈尔省五专区；同年11月12日，冀晋区和察哈尔省合并为北岳区，涞源属北岳区五专区。1949年1月，北岳区与冀热察区合并重建察哈尔省，涞源县属察哈尔省易水专区。同年8月1日河北省人民政府成立，涞源县划归河北省保定专区。

涞源县属全山区县，境内群山起伏，沟谷纵横，海拔1000米以上的山峰78座，1500米以上的山峰32座，2000米以上的山峰5座，尤其是位于县中南部的白石山，海拔2096米，最为巍峨壮观。整个地势西北高、东南低。涞源县有拒马河和唐河两大河流，总长80千米。

涞源县旅游资源独特，游览面积320平方千米，景点达218个，集奇峰、怪石、云海、峡谷、瀑布、文物古迹于一体。由于地面抬升，群山环抱，涞源形成了独特的自然气候，盛夏月份平均气温仅21.7摄氏度，比北京、天津低10摄氏度，每当平原地区酷热难耐时节，这里却是“日披薄衫夜拥棉，凉风吹面乐悠然”的景象，故被誉为“凉城”。涞水源、易水源、拒马源是拒马河的三大源头，三源泉水喷涌，四季温凉，这种“群泉汇聚荡清流”的景观，被称为华北一绝。涞源山峰秀美，数百里怪石奇峰应接不暇。形势之胜，为他郡所弗及。有“小黄山”之称的白石山海拔2096米，山腰云海浩邈，气象万千，山顶奇峰缀宝，怪石装点，花草满目。“十瀑峡”景区飞珠溅玉，瀑潭相连，既气势宏伟，又秀气非凡。“仙人峪”景区两山壁立，一线中通，谷中有谷，洞中有洞。涞源古迹赫然。唐代的“兴文塔”，始建于明朝，重修于清代的泰山宫，杨家将众多古迹无不充满魅力。辽代阁院寺的铁钟，至今全国考史绝无仅有。

泰山宫始建于唐代贞观十四年（640年），宫内供奉着以东岳大帝之女“东岳泰山天仙圣母碧霞元君”为主的道教宫观。2003年4月，泰山宫由中国道教协会，全真教龙门派弟子叶宗龙道长接管重修初具规模。

泰山宫里有座兴文塔，兴文塔始建于唐朝天宝三年（774年），距今已有1200多年的历史，辽金时期修缮，是全国重点文物保护单位。塔由须弥座、塔身、塔刹3部分组成。塔为五层六角，全部为砖砌结构。兴文塔在道教中少见，其建筑风格是五级八角、实心、砖仿木结构，代表着五行、八卦、天文、地理、人和，和大自然融为一体，故称风水宝塔，塔下供奉着慈悲、贤惠的道教女神“水母娘娘”神像。修缮后塔体通高27米，占地面积37.6平方米。

泰山宫西面，有一大广场，湖前水波荡漾，立一石碑，上刻：“拒马源头”。公园内长满古柳，长势奇特，造型各异，有爬着生长的，有躺着生长的，有弯曲而又伸上天空的，非常茂盛葱郁。在县公安局的一条巷子内有个阁院寺，始建于辽代，也是全国重点文物保护单位。阁院寺西段，残存一段城墙，也是广昌城唯一的一段城墙，长约200米，残高4米，上宽3米，顶部长满蒿草。西关的门洞还残存，但西关村已于2002年5月又用石头和水泥重新将门洞修缮。重修后的门洞进深9米，宽3米，可供一辆小车通过。

涞源城砖石和土墙拆毁于1958年。泰山宫当时幸亏被学校所占，才免遭拆除。

传说雍正来这儿找寻易水源头时，发现了这个地方富庶和宜居的凉爽环境，欣然提笔写了“凉城”两个字，因为凉字的两点水离京有点远，人们念字时，常念成“二京城”，这就给各地人又造成了一个错觉，认为既然叫“二京城”，肯定繁华富庶，是个不得了的地方，纷纷来此经商或游览，从而更加带动了涞源的经济发展。对于“二京城”内蒙古凉城也有此说。

诗曰：古城昔为广昌县，曾属大同一圐圙。只因江西有重名，易水源头改涞源。通京要道雉堞雄，唯遗断墙西阁院。

二、蔚州城

蔚县就是明朝时大同镇所管辖七十二城堡之一的蔚州城。属分巡冀北道不属路二堡八城之一。

蔚县位于河北省西北部，东临京津，南接保定，西距大同市178千米，北枕张家口。地处恒山、太行山、燕山三山交汇之处，属冀西北山间盆地，恒山余脉由晋入蔚，分南北两支环峙四周。别称“梦川”。

蔚县历史悠久，唐尧最初把中国分为九州，蔚县属冀州地。虞舜时又将中国分为十二州，蔚县属并州。夏禹重新分中国为九州，蔚县又回属冀州。殷商时期，蔚县称代国（都今代王城），依属冀州。周朝，蔚县依然称代国，属冀州。战国为赵国代郡地。秦时，蔚县称代郡，治理代县。西汉时，蔚县仍称代郡，属幽州所辖。王莽篡汉后（9年），蔚县称厌狄，代县称厌狄亭。东汉时蔚县称代郡。建安十八年（公元21年），蔚县复归冀州。后魏丕篡汉，蔚县属并州。北周宣帝时（579年）置蔚州，是著名的“燕云十六州”之一，置大昌县州治在灵丘、蔚县之地。隋大业三年（607年）罢蔚州置雁门郡，为雁门郡灵丘县地。隋末陷于突厥。唐武德六年（623年）重轩蔚州，寄治并州阳曲县。贞观五年（631年）破突厥，复故地，移治灵丘县，属河北道。开元十二年（724年）置安边县，治蔚县城。天定元年（742年）改蔚州为安边郡，并自灵丘移州治于安边城。至德二年（757年）改安边郡为兴唐郡，并改安边县为兴唐县。乾元元年（758年）又置蔚州。辽属西京道，仍为蔚州。金承辽制。元仍为蔚州。元末知州楚宝善守之。

洪武元年，明朝大将军徐达遣副将张温统兵至蔚州，宝善知难以抵抗，率全城军民归附。

蔚州始筑于北周天象元年（579年）。洪武五年（1372年），廖名开挖城壕，辟土为城，砖包于洪武七年（1375年），并设蔚州卫。周房守城，撤旧更新，号曰“铁城”。设知州守备各一员，兵马俱隶宣府，二百壮夫守城。洪武十年（1377年）大规模重修城池，重筑瓦石，对护城河再加疏浚。洪武十三年（1380年）竣工。周长3565米，城墙底宽13.3米，顶宽6.8米，高11.6米，通墙用特制巨型砖包砌。墙上设有齿形堞墙100多个，宽2米，高2米，周墙拥有间距相等的垛口1100多个，墙上建有角楼4座，敌楼24座，更铺楼1座。堞墙、垛口、角楼、敌楼，不仅是战时实用的掩体，而且形成了幻化丛生的墙上景观。明时曾有“大同的婆娘、宣府的校场、蔚州的城墙、朔州的营房”之说。蔚州的城墙是出了名的。万历十一年因地震崩裂重修。

蔚州城开设东、西、南三座城门，均为砖券门洞并建有城门楼。东门“安定门”，上建“景阳楼”；西门“靖远门”，上建“广运楼”；南门“景仙门”，上建“万山楼”。门洞内设厚重的木制门扇，用铁皮包裹，满布铁蘑菇钉，以增强门扇的刚度。三座高大的城楼，既可以登高瞭望，又能作为守城士卒的住所或主将坐镇的指挥部，亦是守城士兵射击的据点。正北城垣上建有一座靖边楼，亦称玉皇阁，与三门三楼并峙相望，成为古城的屏障。三城门均建两级瓮城与城门连为一体，以增强城池的防御能力。城外挖有护城河，深10米，宽23.3米。河水环绕城池一周，分东西两路注入城北的壶流河。河里水深鱼跃，凫飞蛙唱，芦苇茂密，水草葳蕤。三门外横跨护城河各建吊桥一座，一有战情，将桥吊起，阻敌越河。

出城门，穿过两级瓮城，过吊桥，各建有一座关城。关城城墙黄土夯筑，虽比不上主城城墙雄伟壮观，也颇具规模。东关城周长1100米，西关城周长670米，南关城周1798.5米。各关城开设不同方位的城门，均为砖券门洞，置有巨型木制门扇，城门之上都建有城楼。东关门：东叫“东作”，西叫“永宁”；西关门：东叫“永安”，北叫“镇朔”；南关门：东叫“平安”，南叫“明庶”，北叫“永昌”。三座关城虽各自为阵，但它们紧密相连，遥相呼应，浑然一体，对主城发挥着强大的护卫作用。

蔚州由于地理位置特殊，自古就是临边用武之地，即“京师之肘腋”“宣大之喉襟”。明朝建城时多从军事角度上考虑，使蔚州城成了一座典型的充满防御功能的军事城池。蔚州城垣高峻齐整，阔深宏大，雉堞垛口、角楼敌楼并峙坚固，城门瓮城森严，城河围城环绕，吊桥时起时落，构成了一个完整的军事防御体系，可谓坚不可摧、固若金汤，雄壮甲于诸边，号称“铁城”。蔚州城的城池形状非常别致，不同于汉民族传统的“礼制”规则而呈现出特殊的城建布局，是全国州城建筑中独特的一例。

古城有别于方正端庄、经纬分明、中轴对称的规则；而蔚州城墙将城池圈筑成不规则的形制，既不对称，又非直正。护城河随城取形，顺地势水势而建。对此，史书并无记载，成为千古之谜。传说当初建城之时遇到麻烦，城墙屡筑屡倒，蔚州知州无奈之下，按一只野兔在雪地里跑踩的印迹规划，才顺利圈筑。因此，蔚州城被称为“兔城”。传说虽不足信，但从空中鸟瞰城池平面，却真如“兔”状。另一特点州城内筑建寺庙、衙署的位置选择也反常态。按照礼制，寺庙应体现“左文右武”或“东文西武”的布局；而蔚州城却建文庙于州衙正北，县衙正西，建武庙于州衙正南。古制衙署要“择中而立”，体现“东大西小”的特点；而蔚州城内，州衙却坐落在古城西南方位，县衙坐落于古城东侧，强化中轴。城南面开阔，北面狭窄，只建东西南三门，不建北门，而在北城垣上建靖边楼，东西门亦不对称。靖边楼与南门、鼓楼都不在一条中轴线上。即使宽阔的南北大街也不居城中间，而整体偏向古城东侧，致使城内没有形成明显的中轴线和城市中心。此外，城建群落没有遵守经纬交织、井井有条的分布秩序，全城四大街、八小街、二十四条蚰蜒巷分布也不规律。这些特殊建筑形制，是蔚州古城的最大特色，全国罕见。

清初袭用明制，康熙三十二年（1693年），改卫置蔚县，县名自此始，隶属宣化府。

1912年，蔚州属直隶省口北道。1913年改蔚州为蔚县。1928年划归察哈尔省。1952年划归河北省。

蔚县县境壶流河横贯西东，形成了明显的南部深山、中部河川、北部丘陵三个不同的自然区域。南部深山区有河北省最高峰——小五台山，海拔高2882米；中部河川区地势平坦，水源充足，土地肥沃，一直是京西著名的“米粮川”，历史上四大贡米之一的“蔚州贡米”享誉中华；北部丘陵区宜于发展林果业和种植业。

蔚县共有各类文物留存780余处，古建筑保存最多，达580余处，其中国家级保护单位有玉皇阁、南安寺塔、释迦寺、代王城遗址及汉墓群等9处，省级保护单位14处，县保25处，蔚县博物馆馆藏文物5600多件。这些带有辽、元、明、清各时期建筑风格，体现儒、释、道不同文化特点的古建筑群，连同县城周边的国家级保护单位代王城遗址、罕见的融三教文化为一体的重泰寺，保存完好的元代工部尚书王敏的书院，及遍布全县的古民堡、古民居、古戏楼等，构成了蔚县极为丰厚的历史文化底蕴，也赢得了“地上博物馆”的美誉，成为河北省的历史文化名城。

蔚县古建以古城堡、古寺庙、古戏楼、古民居为主。曾有“八百庄堡”之说，有村便有堡，见堡则是村，其数量之多，分布之广堪称奇观。凌登小五台山顶，俯阅平川，从南山脚下，排到北部丘陵，城连着城，堡套着堡，连堡成镇、城中建城、堡里套堡，气势恢宏，气象万千。蔚县庙、宫、观、寺、院、庵、祠、塔数量位河北省之首。集中了辽、元、明、清、民国年间的古庙宇建筑风格，具备种类齐全、结构奇特、彩绘精美的特点。境内每有村寨庄堡，便有古戏楼，形式多样，种类齐全。一面观戏楼、三面观戏楼、穿心戏楼、排子戏楼、灯影戏楼、家院戏楼等不一而足。古民居集民俗、美学、建筑、雕塑于一体，可见四合院、四进套院、九连环院等。暖泉镇西古堡集古民宅、古寺院、古城堡、古戏楼为一体，呈瓮城形制结构。内存明清风格民宅180所，较大连环套院5所，规整四合院49所。南安寺塔是蔚县著名的文物景观之一，2001年被国务院公布为第五批全国重点文物保护单位。蔚县有省文物遗存点1610余处，列全国第二、河北省第一的国保文物大县。

现在，蔚县的明朝古城格局基本未变，北城墙和东西城墙的北段保存约有1600米，护城河及三门外的石桥依然存在，古代街巷布局及名称亦如旧时。南门城门洞完整，门洞宽4.5米，进深25米，上额“景仙门”。城墙女墙是近年来恢复的，并修建了三层结构的城门楼。北城门楼偏西处有明代修建的玉皇阁，保护非常完整，2008年重新进行了砖包。万山楼、鼓楼、北城门楼也已在近年重新修复。

诗曰：雪绒花道大通衢，蔚州脱翼名不虚。胸竹蓝图改乾坤，古城保护不丢弃。衙署重建饰古韵，辽塔高耸壮世遗。北墙雄浑固旧坯，玉皇阁楼粉奇异。金河峡藏小五台，飞狐峪上草萋萋。文物大县国榜名，梦川旨在看朝夕。

第九章　虹贯精神未来走向

第一节　长城的意义

明灭清兴，随着中华民族的大一统，中国北方长城失去了原有的军事功能一直延续至今；但长城巍峨的身躯，以及与长城相伴的诸多元素，尤其是与之相伴的烽燧同城堡没有消失，所蕴藏的长城文化精神没有消失。而且随着历史的发展进程，长城越来被人们关注，成为世界人民的旅游首选目的地。1987年12月，长城被联合国教科文组织列为世界文化遗产。那么长城究竟有哪些被值得赞颂与标榜的呢？

历史上，长城自有它军事功能的伟大作用；而今，长城自有它的现实作用与辉煌精神。

在历史发展过程中，长城带的古代民族，或北方民族，或草原民族，有些被中华民族大家庭融合了，有些消失了；而一些新的民族又融合生成，它们的出现与繁衍生息，都与当今分布在长城带的20多个民族有着密切的渊源关系。无论是已经消失的还是至今继续发展的各民族，都对中国的历史发展做出了重要的贡献。

值得赞颂的是，万里长城是中国古代民族关系发展的产物，但目前对于长城南北民族关系在发展规律的研究尚不充分。总结已有的研究成果，拓宽研究领域和思路，揭示长城与中国民族关系发展的内在联系，对于长城学、民族学及中国民族关系史等学科研究的发展，以及促进民族团结都有重大的现实意义和重要的理论研究价值。

长城既然有它的历史价值与现实价值，如果作为世界文化奇迹，自有它的文物价值；作为民族脊梁，自有它的精神价值，必有它的历史意义和现实意义。

中国修建了浩大巍峨的万里长城，作为军事防御设施，早已完成了它的历史使命，兄弟民族之间早已化千年干戈为玉帛，兵器搁置，烽火消弭已成为现实；然而这项举世瞩目的伟大工程的历史价值，就在于它转化为中华文化的瑰宝、人类文化的财富。今天，当人们把长城喻为中华民族的象征之一时，长城又具有了新的现实意义。

凝聚着中华民族历代劳动人民勤劳、聪明、智慧和血汗结晶的万里长城，是祖先留给我们的一笔丰厚的文化遗产，是挑起草原和农耕两个文明的中华民族的脊梁，是屹立在中华大地上的一座不朽的历史丰碑，是人类文明的骄傲。而今，人们仍能从这厚重纷繁的长城中，去发掘蕴含着有关中国的政治、经济、军事、历史、地理、建筑、考古、文学、美学、民俗等各个方面的知识，发掘了解那深刻的文化内涵、民族精神和民族性格，并在社会中和人们的心目中产生了积极的效应。长城，这极为雄伟博大的景观和审美上的阳刚，以及悲壮的文化载体，是囊括两千多年中华民族历史的百科全书，是数不清的伟大故事形成的一部地球历史的巨制长篇大书。长城文化深浚而奥秘，如果能探到这潜蕴的宝藏，或许还能揭示中国古老而奇异的神秘。今天的中国人民正是从长城文化中，看到了中华民族的古代文明之一隅，并深深地感到，只有伟大的民族，才会建造出伟大的长城。这就昭示人们，继往开来，去发扬光大这种优秀的文化传统和艰苦勤奋、坚韧刚毅的民族精神，加速今天的精神文明和物质文明建设。

长城，对于中国人来说，是意志、勇气和力量的标志；长城，又以它巍峨雄姿和坚强不屈的性格，象征着中华民族伟大的力量，就在中华民族处于最危险的时刻，举国上下高唱“把我们的血肉筑成我们新的长城”，在同仇敌忾、浴血抗战中提炼锻铸成一种象征。《义勇军进行曲》的长期传唱，使长城在人们的心目中升华为民族精神和意识，新中国成立后，这首歌曲被正式确定为中华人民共和国国歌，更加强化了这种精神和意识。昔日，中国人民高唱着这支雄壮嘹亮的歌曲，经过浴血奋战，终于打败了日本侵略者；今天，长城精神和意识，正在激励中华儿女为中华民族的振兴和繁荣，共同努力，奋发图强，筑成中国“新的长城”，再创中华新的辉煌。

长城不仅有激励中华民族奋进的内涵，同时中华民族也不断赋予长城更新的寓意，这就是长城精神，长城魂！

应该说，中国长城，从春秋战国迄始，至今已有2700年的历史，从中表现了中华民族的伟大气魄，显示了中国人民的高度智慧、不怕苦不怕累奋战精神，也体现了中国古代高超的科学水平和高度的科学文化，“长城精神”“长城魂”，就是经过如此长期的长城文化的积累沉淀而形成的。这种精神，这个魂，是超越历史的，超越现实的，也超越民族和国界的，长城，已成了中华民族强固国防、保卫和平、反对侵略、振兴中华、实现理想社会的强大鼓舞力量。万里长城内涵无比丰富，思想价值极大，它是世界的宝贵精神财富。

第二节　长城精神

中华民族的历史，所经历的金戈铁马、逐鹿疆场、改朝换代、民族战争，都在长城上有所反映。长城以它巍峨雄姿、坚强的体魄，象征着中华民族不屈的精神和克服困难的坚强毅力；但修筑长城毕竟是一种积极防御、积蓄力量、继续进取的谋略，但在不经意间无形中体现出了长城精神。

对于“长城精神”，曾有多种多样的概括，其内容大同小异；但最终可归拢为强国精神、团结精神、创新精神和献身精神。

修筑长城，特别是万里长城是国家大事，非举国之众、举国之力是无法实施这项伟大工程的。秦始皇是我国历史上创设修建万里长城的第一人。他在扫灭六国之后，为了保护统治区域内的农耕田民有个和平安宁的生存、生活、生产、发展的环境，也为了巩固自己的统治，以其气吞山河的气势，排除千险万难的宏伟气魄，远见卓识的战略部署，在他统治区域的万里边缘线上，也就是农耕界内线上，决定修筑一条巨大的防线，这就是被历史称作的“万里长城”。秦始皇以军队为骨干，组织统治区内数十万民众，投入到修建万里长城的巨大工程之中。他以自尊、自信、自立、自强的强国精神影响到每一位修建万里长城的组织者、指挥者、参与者。可谓众志成城、万众一心；以钢铁般的意志，力排万难；又以创造性的设计、灵活性的指挥，巧用山川河海之险，终于使一条旷古以来从未有过的雄伟的万里长城，屹立在了世界东方。

中华民族在数千年发展过程中，特别是近现代发展过程中，深刻地体会到“弱”就要被欺、被侵、被掠、被虏、挨打、被瓜分、被宰割。因而，“弱”也给了这个民族一个沉痛的教训；要生存、要生活、要生产、要发展，就必须要“强”。而自强才是真正的强。只有万众一心、众志成城，才能实现自强。中国万里长城就体现了中华民族万众一心、众志成城，自尊、自信、自立、自强的强国精神。

中华民族，是个多民族的统一体。这个统一体形成的初期，是由数百个民族融合而成的，他们同为以炎黄为代表的族祖的子孙，在他们的血管里流淌着以炎黄为代表的族祖的血液。在这些族群间，既随时产生着争斗，也随时产生着互补互助，你离不开我，我离不开你，形成互为依存的共同需要。

2000多年来，这些族群之间虽然发生过争执，但那是短时间的，只有六七百年的时间，大部分时间是和睦相处的，这些族群之间所发生的争战，也是萧墙之内的纷争，属于“兄弟阋墙，家里矛盾”的性质，虽然断断续续地出现过南北朝，但最终结局还是和睦相处一家亲，共同发展、共同繁荣。

长城是一道墙，看起来起着封闭隔离的作用，但这种封闭杜绝的是争夺；这种隔离避免的是掠杀，而以长城为界，草原民族和中原臣民的互利贸易始终是开放的，对于两边的友好往来，不仅是开放的，而且实施了和亲政策，建立起了亲戚关系，从互利互惠发展的意义上讲，长城架起了民族亲近的桥梁，拉起了团结亲和的纽带。昭君曾被尊为“和平女神”，三娘子促亲的人格力量，一直受到历史的称颂，“蒙汉一家”已成为互祝互问的口头禅。

中华大家庭，东、西、南、北、中各民族尽管存在着差异；但都始终共处于“四海一家”的统一体内，各民族不管人多人少，都是兄弟关系。谁能推动社会的真正进步，使统一体内的各个民族共同发展、繁荣昌盛，谁就能获得中华民族的拥戴。

历史证明，中华民族的统一，就必然获得大发展、大繁荣；大分裂就必然造成大倒退、大衰败，因而万里长城所维护的是一统，所体现的是和睦相处、相互交融、四海一家的团结精神，是中华民族实现大发展、大繁荣的精神动力。

修筑长城，尤其是万里长城，是中华民族发展史上一次空前规模的创造性的伟大工程。从茫茫沙漠、戈壁荒滩，到千沟万壑纵横的黄土高原；从吕梁、太行的险峰峻岭，穿大河，越山谷，千难万险横在其中。但修建万里长城的第一人秦始皇，同其智囊团队，以高超的军事慧眼，设防、选线、建关，以大智大勇，力排万难，智克艰险，巧妙地利用自然资源；以超凡的组织指挥才能和勇往直前的钢铁意志，建起了第一条万里长城，从汉以后，特别是明代，不仅发扬了秦修万里长城的精神。而且根据从冷兵器到热兵器的演进，与时俱进地使万里长城修建的更加坚固，设施更加完备。现代人们以长城喻“坚强”被广泛地运用。例如，称中国人民解放军为保护人民，保卫国家的“钢铁长城”；称三北地区防风防沙林带为“绿色长城”；中国共产党还把廉洁奉公，拒腐防变工作称为修建“防腐长城”。万里长城已成为整个社会“可靠安全感”“强大力量感”“丰富智慧感”的代名词。

长城，在现代战争中已无军事防御的作用，古老长城的墙体、城堡、烽燧，已无防御功能，但现在的地下长城和天空的“多维屏障”都是万里长城由地面到地下，由单维屏障到多维屏障的发展。中国的万里长城，是现代军事设防之母，是当今国防意识之父。只要地球上存在战争，存在侵略，万里长城的军事价值就永远存在。

人类社会发展的铁的规律是，有国才有家，国强家才安。国家是整体、是全局，家是个体，是局部。有时为了保全整体，或为了实现保护全局的某个目标，需要每个家庭承担一定的义务，付出人力、财力和智慧，有时还要付出牺牲个体和局部的代价。修建万里长城，是关系到整体和全局生死存亡的大事，古代民众在修建长城中，体现了中华民族为了整体和全局的需要，也担责任，勇尽义务，愿作牺牲的献身精神。这种献身精神经历了由蒙昽、被动，到清醒、主动的过程。到了近现代达到了自觉付出，乐于献身的高度。这就是我们国歌中高唱的“用我们血肉，筑成我们新的长城”。

中华民族的长城精神形成和发展，大体经历了三个发展时期。第一个时期是从春秋战国长城，到秦汉修建万里长城时期，特别是秦始皇首创的万里长城时期，这是长城精神诞生形成时期，这一时期长城应对的是冷兵器。第二个时期是汉以后到明代修建万里长城时期，这个时期万里长城应对的是冷热兵器并用，长城精神有了明显的成长发展。第三个时期由鸦片战争开始，到全民参与抗日战争。这个时期虽然古老的万里长城停止了修建，但在保卫国家的战争中却出现了“父母送儿上战场，妻子送郎打东洋”的局面，以我们血肉筑成我们新的长城，为古老的“长城精神”注入了新的血液，使其达到了升华。

从这三个时期看，在朦胧被动时期，曾出现过像花木兰从军到边关的极少数精英，就大多数人来说还是有些模模糊糊的责任意识的，特别是经常受到袭扰掠夺的民众，还是能为修建万里长城吃苦、受累、甚至做出牺牲的。一个很好的证明，历史上并没有发生过因修长城而闹事造反起义的事件发生。“长城精神”在成长发展时期，整体上虽然还不是很清醒，很自觉；但已经涌现出越来越多的勇尽义务、主动献身的爱国者和爱国英雄。这在封建社会时期，封建统治者和人民虽有根本利害矛盾；但在一定时期、一定环境下，统治者的利益和劳动人民的利益，形成了历史的客观一致，形成了忠君、爱国、惜民的一致性。第三个时期是“长城精神”成熟升华时期，这个时期最明显的标志就是全民族的觉醒，在危难当头，为了民族的生存，愿抛头颅洒热血，以自己的血肉长城捍卫祖国疆土的长城。

长城在中华民族中的重要精神作用毋庸置疑。只有这种精神作用才会使我们的民族和时代变得灵动，才能真正化作一个民族的魂。

事实上，每一个民族都有其精神载体。因为人有精神需求，而满足这种需求的途径和方法便是精神载体化。中华民族和精神载体是龙和长城，龙和长城不仅延续了下来，而且一直赋予时代内容，龙是中华民族的图腾，长城是中华民族的脊梁象征，二者承载或寄托着太多的价值认同和精神追求。封建统治时期，没有了龙，皇权便失去了精神支持；没有了长城，皇帝便缺少安全感。进入当代，长城已经彻底丧失了拱卫作用，国家的安全防卫再不寄托于长城的作用，可长城功用的蜕化恰恰获得了精神作用的崛起。我们在建设中华民族精神家园，追求中华民族崛起的过程中，长城精神是必须关注和研究的对象。因为长城所附加的高尚精神元素，能够满足民族的心理需要，长城所蕴含的坚忍顽强直接关照到了民族的文化心理，如果不断地对长城挖掘和提炼、强化和提升，世族精神的载体便会真正确立起来。

纵观人类文明史，每一大国的崛起都必须有背后内存的精神和文化的创造与支撑，以保证占领其制高点或文化思想高地，尤其人类的角力向角智的过度发展，在现今，谁占领文明制设点，谁就获得统领之地位，获得更大的号召力。

第三节　长城的保护与利用

一、长城的保护

长城是中国人创造的人类文明成果；但这一文明成果远远影响到了世界。现在中国所需要的，甚至说较以往更需要打造和借助的是长城精神。唯此才能保证中华民族血脉的延续，才能找到自己的位置。中国要借助长城精神支撑中国崛起，进而起到引领人类前行的作用，因而必须从中丰富和强化创造精神。作为包含着雄浑与大气的长城和蕴含着的长城精神，无疑会在中国崛起于世界过程中产生不可多得、不可或缺的辅助作用和精神作用。那么，我们究竟应该在长城精神中注入何种时代元素呢？

长城是中华民族古老的文化丰碑和智慧结晶，象征着中华民族的血脉相承和民族精神，这已成为全人类的共识。那么长城的未来走向究竟是什么呢？

长城，作为国家文物，作为世界文化遗产，它就是一道墙体，但文物的本体是有形的东西，有形的文物本体就是自己的护身符，来不得半点的破坏与糟蹋；长城不是景观，是一道靓丽的风景线，它是土墙和山体或平川最完美的结合，属世界知名品牌，作为知名品牌，是不允许随意破坏和糟蹋的；长城，自有它特殊的风貌，这种特殊的风貌便是古朴雄浑，巍峨沧桑，对这种特殊的原始古典风貌是绝对不允许破坏糟蹋的。对其破坏长城的行为必须要管，惩治破坏者或当事人。这种管不是泛泛说说，而是要根据《长城保护条例》和《国家文物保护法》给予干预，进行惩处。今天，中国长城近三分之二已被自然腐蚀、人为拆除以及毫无节制的商业开发等因素破坏。早在2004年，长城就被列为“世界100个濒临灭绝的遗址”之一；2012年，长城更是被评为世界七大濒临奇迹。因而对长城的保护已到了迫在眉睫的地步。本书在这里谈长城保护，仅以大同长城为例。

对于长城保护，国家已经出台了《文物保护法》《长城保护条例》，这两项法律与行政法规的颁布，无疑是作为长城文物保护的依据，但具体实施保护都有一定的难度，也面临着各种困难和问题。其困难的根源就是界限不清、责任不明、数量不确。

大同外长城是山西北部几个县区与内蒙古南部几个县区的界线，在标榜以长城为骄傲的今天，无论是内蒙古还是山西都把外长城看作是自己界内的长城，甚至在编写志书或介绍县情方面，两省区的县份均使用的是同样景点的照片。然而，当具体实施保护措施时，双边歧义纷呈。再如内长城，亦涉及山西与河北地界、山西市与市之间的界线矛盾，在没有统一协调作用下，造成了范围的模糊与责任不清，互相推诿。

在论述长城的概念时已经讲清楚，长城的组成有诸多元素，但主要的元素是烽燧与城堡，现在面临的问题是，大同范围内的烽燧与城堡数量不确。对于明大同镇的七十二城堡，我们虽然做了踏访调查与扫描，但民间的堡子到底有多少，现状如何，却心中无数，政府有关部门更没有确切的统计。如果就长城元素而言，历史民间自发地所建筑的民堡，均应列入长城的保护范围之内。对于烽燧，在明大同镇所辖范围内，遍布林立，虽然史书上有数字供参考，如《山西通志》卷3《烽堠》记载：大同镇沿边有827个边墩和813个火路墩。再如有关方志记载，大同地区累计修筑土堡近千座。但具体分布范围，数量不确，模糊不清，如果具体到哪个县区、哪个乡镇，或哪个烽燧的具体位置，却说不上来，向来也没做过调查统计。

对于长城保护，国家虽然有了法律与法规，有了对长城的保护动作，但沿长城一线的民众，缺乏对长城保护的意识，加之对长城以及古城堡无端无序毁坏，保护意识在民间成为空白，其趋势仍然是随意的破坏。如左云的八台子，20世纪80年代初建砖窑烧制砖瓦取土长城事件，如果不是董耀辉先生及时发现制止，毁坏程度不堪设想。再如左云白羊城，均在20世纪后期与21世纪初毁墙，其毁坏的原因是修路、建加油站、埋设电缆挖墙取土。从这些毁坏长城与城堡的现象看出一个严重的问题，政府与全民对长城古堡均无保护意识。

鉴于上述发现和存在的有关长城的保护问题，在有法可依的前提下，应相应地采取一些有效的保护措施和办法。

（一）加大对《文物保护法》《长城保护条例》的宣传力度，增强长城一线民众对长城的保护意识。普及有关保护长城的两部法律法规，重点加大印制数量，散发民间。宣传要借助新闻媒体，借助网络，举办一定的讲座与培训。

（二）把长城文物保护提升到国家和省级层面。现在，长城已被联合国教科文组织列为世界文化遗产，成为国家文物保护的对象，但那仅仅指的是长城线墙，至于组成长城诸多元素的城堡、烽台却不被关注。如果去河北省青县参观考察，一座不到百年的民国炮台，而被列为省级文物保护范围，可大同所辖长城一线的城堡烽燧，只有大同古城被列入国家级历史文化名城，左云城被列入山西省历史文化名城；可其他所有城堡、烽台均弃之于野，没有引起重视。这些具有500多年历史的长城元素遗址，其形制体量气势宏大远远胜于青县炮台。对此，大同市政府应组织各县区做一次认真调查，造册登记，绘图标明，做到心中有数，并给予保护层面的提升。

（三）市（县）政府在对长城并烽燧、城堡调查登记的基础上，应因地制宜，实事求是，做一次全面的保护规划，立碑表明保护范围。宜修则修，宜护则护，列出保护、保守修缮和全面修复的规划，并逐步分期分批实施。

（四）组织一支保护长城的团队或团体。保护长城的团队和团体，应由以下几部分人员组成。一是长城保护志愿者，对此现在已形成一种态势，如驻左云廖家堡营地的保护长城大学生志愿者就是一例。如果沿长城一线的县乡政府都能像左云为之提供营地设施，还可安营扎寨一些大学生志愿者。二是沿长城一线村民保护长城志愿者。三是由市县乡政府给予一定报酬的保护长城志愿者。对于这一部分人，应与市（县）长城学会或长城保护研究会取得联系与共识，让这些协会发动其会员去承担保护长城的责任和义务。四是号召沿长城一线的护林员和放牧人员兼管起保护长城的责任和义务，尤其是放牧人员，如果要他们承担起这份责任和义务，就能避免牛、羊群踩踏脆弱的长城墙体。对这部分人，适当给予一定的报酬或补贴，即可调动起他们保护长城的积极性。对于这些保护长城的人员，每年应召开一次协调会议，听取汇报，及时发现问题，及时采取相应的保护措施。

（五）采取强制手段。拆除沿长城一线或城堡烽燧周围的违章建筑。根据《文物保护法》《长城保护条例》等有关法律法规，对长城一线或烽燧城堡周围的建筑，只要在保护范围内，无论是过去或现在占用的地面，都给予拆除，并防止和避免重新占用。

（六）对于长城保护，市（县）都应组织保护机构，或者委托一些民间组织团队，如市（县）长城学会或长城保护研究会，或其他文化团队。对所委托的单位或机构，市（县）政府应与之签订长城保护协议书；与其他文物保护一样，亦按照“属地管理”与“分级管理”的原则，实行“分级负担”与“逐级配套”，保护要有针对性，做到层层把关、层层负责，责任到单位，责任到人。市（县）长城保护机构，除了切实负起自身责任外，另一个重大的责任是与各长城隔界的省（区）、市（县）搞好协调，划清界限，明确责任，并立约登记在案。

二、长城利用的原则和条件

长城保护与利用的关系，是相辅相成、互为依存的一对矛盾，但首先是保护，其次是利用，再通过利用促进保护效果。因而，我们对利用就有了前提和原则。

研究如何有效保护和合理利用大同长城，需要从大同长城自身特点实践入手，既要解决长城合理利用的迫切性与相关理论研究的匮乏性之间的矛盾，又要科学处理长城地域分布广泛性与长城文物保护的特殊性之间的矛盾，要把法律规定、学术规范、科学规律与务实可行性结合起来，系统地、准确地揭示大同长城的保护与利用应秉承的思路、途径、要点、方式和方法。对不能全面支撑有效保护或者不能科学指导合理利用的研究，应及时给予调整或摒弃。

任何事物都不是单独而孤立存在的，大同长城即是如此。大同长城的存在，有它自身相关的因素和规律；但大同长城的科学利用，也必须与大同的文化旅游、人文景观、历史文物、民俗风情、地理特点等相关元素结合起来，才能做到科学而有效地利用，其中也包含开发利用。

盘点大同，作为列入世界文化遗产的长城所蕴含的长城文化应是统领文化，作为被列入世界文化遗名录的云冈石窟所蕴含的云冈文化应是与长城文化相并存的统领文化，因而，大同便拥有了两项世界文化遗产在这里融会。

在大同长城文化的统领下，大同的历史便昭然出现，脉络清晰。大同古城是国家级历史文化名城，而且是被修复了的，是在全国范围内最完整的历史名城，与之相交会的便是国家级北岳恒山风景名胜区。

大同长城横穿至左云摩天岭，被列为山西省风景名胜区的摩天岭长城下，横卧着山西历史文化名城左云古城，矗立着天主教圣地八台子大单巴，长城便是草原文明与农耕文明的隔界。因而，在摩天岭起码有东方长城古城、西方教堂、草原和农耕四种文化在这里交会。

大同长城，这段从公元前4世纪到公元18世纪历经9个时期10个政权兴建的500多千米的巍峨军事工程，处于万里长城胸颈要害部分，分布着150多个行政村落。地理范围广阔，旅游资源丰富，四季景观各异，所展现的是一种古风古韵、原汁原味的沧桑魅力，既有原生态的美感，又有古朴雄浑悠远历史的真实感。

大同长城春可踏青，夏可观花，秋可采摘，冬可赏雪。长城沿线景点可观线墙绵延、密集烽堠，多个边墙五堡、得胜马市、红石道观、白登遗迹、文瀛绿波、云门翠屏、龙泉饮马、石林托墙等，可谓独具特色。与八达岭的雄关漫道、老龙头的惊涛拍岸相比，更具观赏力和吸引力。大同长城是中国万里长城的重要组成部分，如果把万里长城比作一条美丽的项链，大同长城就是这条项链上的一颗最精美的项坠。而这颗项坠的闪光点便是被称作塞上一绝的边墙、古城堡与烽堠。

这段胸颈和这颗项坠，置于大同这片土地之上，出现了一种非常饱满的沧桑生态，出现了一种以融合为目的，以军事为前导的文化交流。特殊的地理文化、悠久的民族历史，在这里留下了丰富的边塞文化资源，是凸显的边塞文化地段，成为现在研究中国历史最珍稀的信息符号。这些边塞文化稀缺资源，蕴含了这块土地曾经有过的历史辉煌，凝结了这里生生不息、传承不朽的文化成果。这笔珍贵的文化遗产，既是昨天的原始记录，也是今天的珍稀财富，更是明天的寄托和希望。

当人们走进大同，处处可以感受到边塞文化的气息和遗存，感受到一种内存的边塞文化神韵。在这里，人们可以凭吊千古兴亡、百代离合的战争场景，可以触摸边塞文化心灵的律动。凝视大同厚重丰富的历史遗存，令中外知名专家慨叹叫绝；绚丽多姿的精神创造，使各界名流心旌飘摇。穿越大同长城历史长廊，即可引发金戈铁马、黄金穿甲、击柝相闻、城堡依附的无穷联想，其长城的雄险壮观、烽堠的斑驳沧桑、城堡的雄浑凝重，足以称为长城边塞文化自然博物馆，也可称为中国半部历史的活化石。

大同长城风景观光四季皆宜。它有春的温柔、夏的热烈而清凉，秋的成熟，冬的严峻。作为驰名中外的名胜古迹，长城记载着中华上下两千多年丰富的历史文化，见证了民族发展进程之沧桑，集成了中华文化的斑斓史册，每一位旅游观光者，要了解中国，认识中国，不了解长城、不认识长城是难以想象的，如果欲了解认识大同，首先得了解认识大同长城。“不到长城非好汉”，已成为中外游客共同的心声，数以万计的中外人士，正是带着这种对长城的仰慕与向往，千里迢迢或不远万里来游览观光长城，以实现自己日夜之梦想，终身之夙愿。

长城是一部英雄的史诗，书写着多少波澜壮阔的画图，记载着中华民族的屈辱磨难、辉煌奋进。中国封建社会的形成与长城修筑同始，封建制国家的建立与长城同现，多民族国度的实现与多民族长城同行。从中，大同扮演了最绝妙的角色。

长城是文明的丰碑。巍峨工程英雄史诗，沧桑生态，风霜遗存，春花夏水，秋风冬雪，四季轮回，生生不息，时光流转，智慧积淀，长城在朔风旷野中，承载忧患，嵌藏着岁月无声的倾诉与呼唤，而对此，大同长城张扬彰显得淋漓尽致。

长城是民族抗争融合的历史见证。多少人杰鬼雄为长城捐躯，多少英雄好汉为长城折腰。金戈铁马支撑起诸侯争霸，逐鹿中原决定了王朝兴衰，寰宇升平刹那间狼烟四起。长城记载着叱咤风云、离愁哀怨、守关征战、关山行旅、兵民疾苦、悲欢离合的血泪与艰辛，多民族的统一与强盛，文明与辉煌，团结与进步，大同长城功不可没。大同长城搭建了一个宽敞的舞台。综述长城与利用长城，无论是观赏性还是文化价值，大同长城无疑有广阔的前景。

历史上，大同所处草原与中原的界地，是中国最北边的一座古都，相随的是后来崛起的北京古都，相距仅仅350千米；再论周边人文地理环境，西去呼和浩特200多千米，南下太原240千米，临近的城市还有北边的集宁、南面的朔州、东面张家口市，这些城市距离大同也就百余千米。大同相处在一个四面交通发达、山清水秀、四季分明、环境优雅的一个地理位置。

地处黄土高原的大同平均海拔高度1050米，虽处盆地，但地理地貌复杂多样而四面兴山：北有阴山、南有恒山、东有太行山，附近还有采凉山、摩天岭。

在气候逐渐变暖的当今世界，大同气候的凉爽已成了大同的稀缺资源，或冷凉资源，大同的清凉应是最迷人的地方。在炎炎夏日里，成了游客们向往的避暑胜地。

大同属温带大陆性气候，海拔高，昼夜温差大，日照时间长，空气清洁纯净，降雨量为400多毫米，常年平均气温为6.8摄氏度，夏季气候温和，平均气温在19～21.8摄氏度，很少出现36摄氏度以上的天气，冬季过后，空调就成了一个摆设。在大同，夏季睡觉是要盖被子的。也根本用不着挂什么蚊帐。

大同城由过去一个不看衣服分不清冬夏的地方而成为“国家园林城市”，因而，大同除了“大同蓝”，还有“左云绿”。绿色植被被映衬在蓝色之中。在蓝天白云和清风徐徐里，所能享受到的是绿色给人们带来的低碳氧巴和清凉世界，大同城更是公共绿地充裕、街道树木浓密、到处鸟语花香的世界。

大同地质资源丰富，大同火山群范围之广，火山锥之耸成为奇特地貌，属第四系兴蒙火山区，由火山区火山灰铺成的土壤，可称为火山田园，是最优沃的土壤，无病毒无病虫害，可生产出最具绿色的农产品。在地质资源中，所挖掘出的一具具恐龙化石，使大同成为恐龙的故乡；柱状节理玄武岩石林拓起了长城，使得大同长城有了崇高品位。大同丰富的地质资源也应列在稀缺资源之内。

大同以其特有的蓝色天空，迷醉着人们。“蓝天白云飞，碧空看繁星”是常态，“大同蓝”清凉世界已走红网络。

过去，由于历史上战争造成的恶果，大同生态植被毁坏，风大沙多，干旱少雨，气候恶劣；可自中华人民共和国成立后，大同人植树造林，绿化山河，经过半个世纪坚持不懈的努力，生态植被大为改变，是真正的低碳氧吧区，可生产出优质的牛羊肉并皮毛，也可生产最最绿色的粮食和蔬果。大同生态变好，曾出现了大泉山绿化典范荡然区域，相应地大同空气质量和气候明显好转；出现了被人们誉为的“大同蓝”，尤其是左云县，大同县，被评为国家级生态示范区；出现了“绿化带、风景线、生态园、示范片”相结合的屏障。据载录，2012年。大同空气质量二级以天数为349天，而同年的杭州为335天；一级以上的天数为87天，而杭州为76天。这则消息曾是在2013年广州举行的“晋善晋美——中国古都·天下大同”旅游推介会上发布的。

随着大气环流的变更回归，近年主雨带位置北抬，北方降水偏多，北方夏季多雨已成为趋势，这证实了夏季主雨带位置年代际变化向好，表明北方夏季降水趋势在年代际尺度（年代和年代季之间的比较，每10年是一个年代）具有由连续偏少期向偏多期转换的特征。气候监测还显示，近年来东亚夏季风强度增强，夏季西北太平洋副热带高压偏强偏北，北太平洋涛动处于负相位，这些因素均有利于西北太平洋水气向我国北方输送，因而有利于我国夏季北方降水偏多。这样无疑给大同造成的夏季主雨带变得活跃，从而使生态资源良好，空气质量清洁，降雨量增加，这无疑也给大同带来福音。

大同历史文化厚重，在诸多文物保护单位中，大同堪称古建筑荟萃之地。大同的云冈石窟、华严寺、善化寺、悬空寺等古建筑在中国建筑史中有其独特的价值，是一个时代的标志，成为大同旅游名片，给大同增添了无穷的文化魅力。

大同地区从大同湖消失呈现出大同盆地后，浮出了许家窑人遗址，继之有了广阔的白羊牧地，有了春秋战国胡服骑射、西汉白登之战、北魏拓跋建平城、辽金杨家将故事，以及明代边防重镇城市和晋商走天下的一个个精彩片段，这便连接了大同辉煌历史。由此引发出大同的大不同与不寻常。引发了大同的名大、城大、量大与福大。大同是一个表达了人文思想的城市：大同世界、大同理想、天下大同，这表明了大同的名气大。这种名气深嵌着一种思想理念：中国能够大一统，能将不同地区、不同性格、不同风气之人群，共同陶冶在同一文化系统之下，共同来创造这一历史传统，大同起到了非同小可的作用。

中国之地理扩展，并非如西方帝国主义凭借武力向外征服，而是一种自然地趋向于文化的凝聚与统一，相应地，世界上唯有中国无地域偏见，无民族偏见，而能高揭一文化大理想来融通各地域，调和各人群，大同起到了无可估量的作用。

大同的名气大还在于，大同不仅仅是古都，还是佛都、煤都、夏都、艺术融合之都。也是“首批24座历史文化名城”之一。从人口与面积讲，大同均为山西第二大城市。1985年，大同被评为“中国十三个较大城市”之一。作为人口超过100万的非省会城市，它在带动地区乃至全国经济发展上具有举足轻重的地位和作用。大同作为“九大古都”之一，由于特殊的地理位置，成为汉族与北方民族的交融之地，在历史上占有重要地位，中国的版图扩大，大同起到了关键性的作用。大同作为一座历史文化名城，历史决定了它的长度，但大同的宽度在逐渐延展“一轴双城，分开发展；古今兼顾，新旧两利；传承文脉，创造特色”的发展理念使大同呈现大都市景象。

大同土地资源广阔、矿产资源丰富、生态资源良好，文化资源厚重，这为大同长城的价值增加了附加值，也衬托和提升了大同长城的文化品位。相比其他地段长城，占有特殊的优势和高地。因而，大同长城展现出了极高的旅游观光价值和历史文化意义，通过精心开发修复大同长城，就会迅速成为驰名中外的旅游胜地。从而将这段象征中华民族血脉相承和民族情怀的浩大物质文化遗产展示给世界。这应是大同长城未来应有的走向。

就旅游文化而言，无论是国际还是国内，未来的大同无疑是游客们首选旅游目的地和活动空间。

雄安新区的设置，规划在10年之内新区人口加上北京人口要达到1.6亿，几乎占全国人口比例的十分之一还多，有这么多的人口突然间集中到一个区域，使得雄安新区的人口变得密集起来。而雄安人得有文化旅游活动空间，伴随着北京到大同高铁的开通，距离用时仅为1小时，因而大同应是北京人和雄安人双休日和节假日短暂旅游的首选地，是夏季的避暑胜地，甚至是养生养老休闲放松的目的地。

如果把大同放在国际视野中，一带一路的开通，无疑给大同带来福音，随着一带一路客流量的增加，大同无疑也是一带一路国际游客首选旅游目的地之一，何况云冈石窟蕴含着中亚、西亚诸多国家风俗民情和宗教方面的丰富内容。

历史上的丝绸之路乃国家之大事，而古代都城又是国家政治统治中心、经济管理中心、文化礼仪活动中心，因此，大同作为北魏的古都，成为丝绸之路的起点与核心地区，丝绸之路的物化载体于大同最为集中，最具代表性。就国际视野而言，人们重走丝绸古道，重温丝路旧情，大同声誉鹊起。

明清两朝的更替，大同由边境变为腹地，由军镇变为府县，长城再不是中原和草原的藩篱，民族间的商贸活动益加繁盛，更趋兴旺，进而成为民族贸易与国际贸易紧密结合的北方商埠，万里茶道的重要节点。万里茶道荫及了明末清初二百年。因而，没有明代茶马互市的民族贸易，也就没有晋商的万里茶道。现在无论是国际还是国内，人们要重走万里茶道，缅怀万里茶道曾经洒下的温情，而且仍然把大同看作是北方贸易的旱码头。

一带一路，万里茶道，无疑也给大同的旅游业带来了机遇。大同修筑沿长城旅游路为旅游业的兴起打了良好的基础。

三、打造长城旅游带

2017年4月8日下午、9日上午，市政府做出决定：4月底，开工建设古长城旅游公路，同步推进沿线生态修复，此两项工程完成后，大同境内的古长城将形成“一条旅游路、一条绿化带”的“一路一带”新格局。

顾名思义，大同古长城旅游公路是一条因塞外古长城遗迹而建的旅游路。东起点位于天镇县新平堡镇平远头村，终点位于左云县三屯乡二十边村，贯通天镇、阳高、新荣、南郊、左云5个县（区）。

根据规划，这条公路主线建设里程约153千米，另设置20条支线，长约90千米。主线和支线建设里程共为250千米。除了道路建设，还将建有完备的旅游基础设施，包括景区景点、厕所、停车场、加油站等。项目总投资8.082亿元。

一带即旅游公路沿线绿化带，是一种通俗的叫法，其正式名称为：大同市沿古长城生态修复项目。根据规划，这条绿化带沿着旅游路建设，宽约1.5千米，拟规划造林面积56万亩。绿化带建设的目的是与旅游路相辅相成，营造“车在路上行，人在画中游”的美丽场景。所打造成的旅游路亦是一条绿色生态路，让游客们能在绿色氧吧中前行；同时也是一条自然景观路，沿途有花可赏，有园可憩，有景可看。

古长城旅游公路项目意义重大，影响深远：首先促进了沿线群众增收，推动脱贫致富。长城旅游路和绿化带建成后，将连起“边塞极冲之地”的新平堡，明长城大同镇关堡的守口堡，期望将士凯旋的得胜堡，北魏冯太后墓葬所在地永固陵以及中西方文化交汇、古堡与教堂辉映的八台教堂、镇宁关口空心敌台等，将此前交通不便的名胜古迹展示出来。不仅方便沿线群众的出行，还将盘活带活当地的旅游业，使沿线各地分享高速增长的大同“旅游红利”。

按照构想，这条旅游路、绿化带还将围绕长城、边塞文化等主题进行旅游项目的布局，不仅要有“看得见的美景”，还要有“玩得爽的项目”，不仅让旅客到此一游，还得让他们待得住、游得久，从而真正达到搞活长城经济带，造福沿线群众，促进县域经济发展。

大同长城旅游路，对大同全域旅游的发展有着重要的作用。古长城、旅游路、绿化带平行延展，相得益彰，在大同北部形成美丽、壮观的塞北风景线，成为大同北部新的旅游区，大同旅游版图将得以北扩，大同旅游内涵将得到进一步扩充。

此外，“一路一带一线”对古长城的保护、大同的生态建设、经济转型等亦有显而易见的重要作用。古长城旅游路，其深嵌的内涵与重要的意义得到诠释：所谓“古”，即具有深刻的文物价值和丰富的历史文化遗产；所谓长城，即深入保护和利用古长城；所谓旅游，打造了一条旅游路线，综合开发沿途的自然资源，发展全域旅游；公路，作为一条旅游路，它具有完备的基础设施和景观设置，游客们既可以漫步其中，也可以自驾观赏，更可以住宿体验。

大同自古应是拱卫京师的门户，也是名副其实的长城之乡。有一种古典原生态的野性美，更有古朴雄浑、地老天荒的塞上风光，其中明长城墩、台、堡、寨、城、关保存相对完整，其明大同镇七十二城堡是名副其实的长城自然博物馆。

今天大同的行政区划，绝大部分是长城所界之处，大同是夹在内外长城之间较大的古都城市，内外长城犹如玉带连珠，将雁门天险、平型要塞、杀虎隘口及无数烽堠卫所、敌棋暗道连成一体。

大同长城蕴含着战争和民族的文化记录，其历史信息含量具有不可代替的作用，构成了长城文化旅游的鲜明特色之一。特别是大同古长城及其附属物在建筑风格、文物考古、历史研究方面，具有非常突出的地位、极高的文物价值和旅游开发价值，大同沿长城旅游路的创设开通，不仅使大同长城旅游业成全影响中国乃至世界的亮点，也给大同长城保护与利用带来新的机遇，把长城旅游价值推崇到了一个新的高度。

第四节　建设大同长城文化长廊

一、大同长城所蕴含的文化元素

欲想建设大同长城文化长廊，首先得认识大同长城文化，这是前提。那么，大同长城究竟蕴含着哪些文化呢？

大同长城是无声的音乐，是绚烂的绘画，是巍峨的雕塑，是人工镶嵌大地上最优美的线条。大同长城将历史活生生地再现在人们面前，通过大同长城，我们能够感受到祖先那早已远逝的灯光与战火，感受到历史灌注了生命的气息，感受到几千年历史长河奔腾的血脉。大同长城是万里长城的重要组成部分，是祖先留给世界的共同文化遗产。

大同境内现存各个朝代的长城遗址，共589.5千米，其中赵长城55千米，汉长城37千米，北魏长城6千米，这些长城遗址分别分布于左云、新荣、阳高、天镇、灵丘等7个县区的150多个行政村，地理范围非常广。

长城作为人类历史上最为宏伟壮观的文化遗存，鲜明地体现出了构筑者的思想感情、思维方式、价值取向，寄托了当时人们的向往与追求，铭刻着民族的心理轨迹，凝聚了时代的社会人文信息。长城文化不但包括作为物质实体客观存在的物态文化；也包括反映长城南北农耕民族与游牧民族不同的生产方式和生活方式的冲突、对峙与融合的制度文化；围绕长城制定的战略战术以及从中体现的军事思想、作战构筑；长城重要配套措施的军屯、民屯、商屯中体现的经济思想；凭借长城调节的民族关系，巩固统一多民族国家的政治思想等意识形态文化；属于这一文化层面的，还包括大量守边将士、文人墨客、艺匠画师以长城为题材创作的文艺作品，以及在民间广为流传的神话与传说。而在构筑运用长城以及长城戍守、生活于长城地带所凝聚显现出的思维方式、价值取向、审美情趣、风俗习惯，乃至民族性格和文化精神等，则属长城中的深层心态文化层次。

（一）长城属经典之建筑文化

大同地形地貌复杂多变，所筑长城蜿蜒起伏、雄建多姿，这项浩繁工程犹如巨龙横卧山岭、大雁飞落城关，是两千多年来一代接一代不懈意志的接力，是筑城劳动人民前赴后继牺牲精神的展现。

历史上，各个朝代所筑长城，因建筑技术、经济实力的不同，其建筑构造也多有不同，但纵观历史长城建筑，主要由长城、城堡和烽燧三大部分组成，而长城上的关隘，敌楼的建筑艺术堪称精彩。

城墙盘旋于崇山峻岭之间，是长城巨龙的主体。历代长城的建筑形式都不同，尤其是明代长城的结构，因地、因时制宜，有石基青砖包砌长城、石长城、土坯垒砌长城、夯土长城、壕堑等几种构筑形式。

关隘是长城沿线重要驻兵据点，多设置在出入长城的咽喉要道极冲之处。关隘的城门是进出关口的通道，战时关闭。关隘城门上，都建有城楼。有的关门甚至建有好几座城楼。关楼既是战斗的观察哨，又是军事指挥部。关楼一般是二三层砖木结构，其顶多为庑殿式、悬山式、歇山式几种。

敌楼是筑于长城之上或长城内侧，但多为骑墙建筑，敌楼亦称敌台或箭楼，专用于屯驻戍边士卒。敌楼由基座、中室、顶上楼橹哨房三部分建筑构成。敌楼一般高10～17米，多筑有10米见方的坞墙或羊马墙，如果是关城敌楼，见方或许30米，将敌楼围在中间。坞墙在背敌方向开有小门，战时可迅速封闭。如果是关城，门洞就是关门的规模，上建楼橹。

敌楼的建筑结构最为奇特，利用拱碹技术，下部中空，拱碹从下而上叠接。形成一座斜洞台阶、箭窗回廊、楼橹垛墙的高大建筑。其建筑技术堪称一绝，是中国传统建筑形式中的一朵奇葩。

敌楼是烽燧其中的一种，烽燧建筑选地一般都在长城内外山头，或便于瞭望的冈峦之上。敌楼有实心的空心的，有圆形的方形的，有圆锥体的附斗式的。风雨冲刷500多年不倒不坍，可称土夯建筑的奇景。

由城墙、城堡、烽燧等诸多建筑体元素组成的长城，腾挪逶迤，绵延起伏，可视性强，雄伟壮观的建筑艺术给人视觉冲击力，是充满生命力的“大地艺术”作品，在天地间有一种雄浑壮美之感。

大同外长城，从冀西山爬上黄土高原，依次经过天镇、阳高、新荣、左云等县区，大多修筑在崇山峻岭峰巅之上，跨崖跃谷，宛若巨龙，十分壮观。可谓“雄关存旧迹，形胜壮山河”，一副古朴壮美气派。大同长城修筑了坚固林立的边堡共38卫、7所、583堡。不仅有科学的布局设计，而且形制不一，规模不同，貌状各异，是中国建筑史乃至世界建筑史上的奇观，是大地艺术魂灵。

大同长城是刀与火的长城，饱经了战争的磨难；大同长城是铁与血的长城，凝聚了巨大的历史人文内涵，在审美文化的发展积淀中，长城由最初为实用目标所设计的军事防御建筑，逐渐演变成了巧夺天工的艺术构想。长城独特的天际轮廓线，在高山峻岭之上，让人感到了它的神圣、壮美，渐或活跃着游客们的挑剔审视和审美思维。城墙垛口长城马面之间均等距离，呈现出一种均匀、律动的节奏美；敌楼的镶嵌设置，仿佛是一个个美妙的音符，显示出长城内存的乐韵。历史在长城上体现出来的文化积淀，形成了一种审美特质，年代越久远，这种积淀所彰显出来的文化价值就越高，就越厚重。

长城与大自然的巧妙结合，以形胜而壮山河。长城经过了山脉、高原、河流、沟谷、大漠、草原，在地壳形成的自然节奏上拔地而起，形成一条舞动生命的韵律线，寓奇险于现实，藏变化于整齐，融壮美于旷野。长城与群山、蓝天、大地相汇相济，展示出一种气势磅礴、地老天荒的人文与自然完美结合的境界。

（二）大观之胜景文化

大同长城的修筑史，几乎伴随了整个中国古代史，亲历了各个朝代更迭、风云变幻，见证了春秋争霸、战国烟云、秦灭六国、楚汉相争、白登之战、汉击匈奴、三国鼎立、六朝纷争、隋唐雄起、宋辽金战火纷纭、元明清滚滚狼烟和边关贸易之盛……在这种大背景下，长城更见证了权力倾轧、内争外斗；见证了民族碰撞融汇一起的民间交易，习俗养成；见证了文化交流、外交风云；见证了历史所发生的一切重大事件。大同长城历史，是一部立体的中国历史缩影集。

长城是民族融合的桥梁纽带。长城建筑的初衷，无非是用来御敌的。然而，大同发展史便是中华民族以长城阻挡战争，又以长城铸就和平，达到化干戈为玉帛，实现民族融合的历史缩影。

（三）商贸文化之通道

穿越长城的古道，长城以北的游牧民族和长城以南的农耕民族，曾发生过多次冲突和战争，但这种碰撞在历史长河中毕竟是短暂的，战乱之后或许是对峙或许是融合，不管是以哪种方式赢得和平，长城贸易是必需的，或许有时候的冲突与战争也是因为贸易不公或封闭。在这种贸易中，北方草原民族赶来马匹、牛羊在长城贸易市场或干脆走到南域换取汉族的农产品、手工业产品、茶叶；长城以南的汉民族又从北方民族手里换得耕田、运输必需的牛马，以及各种皮货和毛制品。尤其在明代，大同长城的经济贸易十分发达，堪称各方产品流通的旱码头和集散地。牛马、皮毛是北方草原民族的特产，为中原地区经济发展所需；中原地区生产的铁器、茶马、布匹绸缎、农产品、针头线脑等手工业产品，又为草原民族经济发展和生活所需，这便决定了开通商贸相互交流的必然，于是就在长城一线形成了一个个交易市场，呈现“万马云屯”“百货布市”的繁荣景象，汉民族与北方游牧民族长期交往，不仅通商，而且通婚，最终形成了“我中有你，你中有我”，相互渗透和交融的深厚关系与民族情怀。这种茶马互市的不断发展和完善，带动整个大同地区的经贸市场大发展。

（四）丰富的军旅文化

特殊的地理环境产生特殊的历史文化。大同长城应是以一种特殊的地理环境和气候所形成的。大同长城最基本的用途是军事防御，曾深刻影响了中国古代的攻防作战形式的形成。春秋战国以前，环境聚落有了以夯筑城垣为主体的防御设施；而到了春秋战国时期，诸侯争霸，战争频繁，范围较小的单个城市的城墙已不能满足保卫家园安全的需要。为此，作为家园的安全墙垣的延伸和扩展的长城便应运而生，如楚国的方城和齐国的长城。其后其他诸侯国也相继修筑长城。这时期长城的特点仅仅是诸侯国之间相互防御的工事。唯独燕、赵、秦北部长城是为了防御其北方边境的匈奴。秦始皇统一六国后，长城的防御对象基本就是匈奴和北方草原民族了。

作为冷兵器时代一种很有效的防御工事的长城，改变了农耕民族和草原游牧民族所对抗的军事实力的对比。围绕长城展开的攻防战，始终是古代军事活动的主要形式之一，也使得城墙攻防战的战术运用得更加多姿多彩，因而修筑长城也成了各个朝代推行的重要国防战略方针。

明朝设立的长城卫所制度，作为宣大防区，建成了北京西北的军事屏障，同时产生了许多重要的军事思想和军事文化。

（五）民俗文化和民间艺术的摇篮

大同因特殊地理环境和气候产生了长城，又因长城出现了草原民族与中原民族的碰撞、对峙与不同形式的融合。而这种融合，远远不是以长城为界附近民族的融合，而几乎涉及牵动全国范围。就北方草原而言，远达大漠与大兴安岭，而所谓中原，甚至调集迁徙了大江南北的将士及其家眷。大同长城所发现的汉墓群、契丹墓、辽墓地下所埋葬的江浙一带的将领就是佐证。由于不同的历史发展进程，自然地、历史地形成以汉民族文化为主体，大量吸收了大江南北和北方草原民族的文化成分，形成了多元的文化现象。受边塞文化的影响，经历朝历代长时间积淀和人文荟萃，成为重要的历史文化遗产，构成自身独特的民俗风情，古老的风俗习惯深入到我们的饮食起居、衣食住行当中。其特质属性有：建筑、用具、玩物、食品、市井；精神属性有：名人乡贤、美人典故、游记、习俗、礼仪等，几乎囊括和涵盖了生活的各个层面，贯穿我们一生。尤其在民情风俗的行为规范中，蕴含了许多传统美德和高尚情感，而且一代代延续、传承和继承下来。

多民族的融合产生了多元文化。这种多元文化为艺术的产生和发展提供了丰富的养分。大同不仅有云冈石窟为代表的石窟雕刻艺术，有上下华严寺为代表的壁画艺术，有善化寺和应县木塔为代表的木构建筑艺术；还有丰富多彩的民间艺术，甚至还有以八台教堂为内容的西方建筑艺术风格。由多元文化形成的民俗风情，大同被誉为“民歌的海洋、戏曲的摇篮、舞蹈的故乡、写生的范地”。就戏曲而言，每个县区几乎都有自己的小剧种，除山西梆子、北路梆子外，还有二人台、耍孩儿、罗罗腔、弦子腔、右玉道情、大秧歌、赛戏、蛮罕调、揪烂席片子、扇鼓、莲花落、鼓匠班子、恒山道教音乐、国家非物质文化遗产左云楞严寺佛乐等。民间社火更是千姿百态、品种繁多。山西民间音乐曾有“北吹南打”之说，所谓之“北吹”，是从胡笳、羌笛之类演变而来。此外，雕塑、面合、剪纸、刺绣、编织都独具风格，充满了浓郁的地方色彩和边塞风情。

（六）旅游文化装扮了长城

大同内外长城沿线500多千米，分布着大量的城堡、关隘、烽燧、马市等与之相关的建筑设施。这种配套一体的建筑设施，且具备了旅游的先决条件，辅之以相关的历史典故与传说故事，又加之观赏性长城旅游价值逐渐被人们所认识。具有原生态之美的大同长城，吸引越来越多的中外学者考察研究，吸引数以万计的中外游客前来观赏游览。这一切，都证明大同长城游有着广阔的前景。登高山、越长城、攀堡台、赏美景，开始预热的大同长城旅游正在开启大同旅游的新篇章。大同长城和文化的特质越来越显得重要。

（七）民族融合团结的和文化

长城是民族和谐的保障，也是各民族追求大同的见证。长城看上去是冷峻的，那厚重结实的城墙、狼牙锯齿的垛口、烽烟滚滚的烽火台，都显现着刀光剑影、血火交织。但这只是它的一面，另一面则是以“和”为根基的理想诉求，以长城的存在保障长久的和平。

中华民族向来以“和为贵”为基调的，最强调社会和谐、民族团结、家庭和睦。历代进步的统治阶级、进步的政治家、思想家，都以国家昌盛富庶、人民安居乐业为己任，求得天下太平。特别到了近代，所提出的“世界大同”成为推崇的理论，许多人为实现这个理想而苦苦奋斗、英勇献身。长城脚下的大同演进史，恰好折射出中华民族几千年来追求民族团结、社会进步的奋斗史。

两千年来在长城脚下发生的战争，在大同城下发生的流血冲突是有的，但和平劳动、发展生产却是社会发展的主流。无论历史上发生过多少流血冲突，和平始终是终极梦想。大同是一个多民族居住的地方，汉、满、蒙、回、藏等民族亲和相处。漫长的岁月里，草原文明与农耕文明交会融合，你中有我，我中有你。纵观历史，明朝修筑长城最多，却战乱最少，基本是个和平的朝代。明太祖朱元璋颁诏“田野辟，户口增”，致力于发展生产，鼓励农民开垦荒闲土地，大力推行屯田，并将屯田分为民屯、军屯、商屯。洪武年间，屯垦移民达二十万户。他倡导民族和睦，宣布“蒙古、色目人，虽非华夏族类，但同生于天地之间，将同中夏之人一样受到安抚”，从而争取了少数民族族群。在这等开明政策统治下，大同得以空前发展，民族亲善，经济繁荣，商肆栉比，农、工、商、屯、学各业日益发达，繁华富庶程度不亚于江南。明王朝长城沿线，真正打仗的时候很少，绝大部分时间是不打仗的，明朝270年的历史，即使在长城沿线发生战争，主要集中在正统至嘉靖年间，绝大部分时间的长城是没有发生过战争的。

为什么说长城上更多的时间不打仗呢？因为长城在很长一段时间内起到一种调整的作用。长城内外双方互为依存，谁也离不开谁，长城是中华民族融合的标志物，即便是朝廷对草原封锁最为严重的那段时间，在长城外边还是有很多小特区，农耕和游牧地区的经济交流从来不曾中断过。所以说，长城真正的作用不在于守和攻，而在于调整。长城是和平的象征，它反映了我们中华民族和合的价值取向。

随着历史的发展，长城沿线的人们从语言到服饰，从血液到生活方式不断地交汇融合，求大同，存小异，和而不同，以和为贵。长城文化是一种多民族文化，又派生出了诸多文化板块：边塞文化、草原文化、农耕文化、沙漠文化、黄河文化、和亲文化、河套文化、西口文化、资贸文化、军事文化，而这些文化板块，犹如3000万年前喜马拉雅造山运动地质板块碰撞挤兑一样，形成一座新的喜马拉雅长城文化高峰。

诸多长城文化元素是建设大同长城文化长廊的理论基础和行动指向。建设大同长城文化长廊也是保护和利用长城资源最有效的措施。

二、建设文化长廊的构想

（一）发挥大同长城智库团的作用

市（县）所成立的一些研究历史文化的民间社会团体是建设大同文化长廊的智库。近年来，大同市县（区）相继成立了市县（区）“三晋文化研究会”“长城学会”“古城保护研究会”“长城保护研究会”，这些个民间社会团体的成立、充实与发展，吸纳囊括了诸多对大同历史和对大同长城有研究的历史文化学者，通过民间团体组织机构把这些专家学者组织起来，不仅对大同长城文化能继续有效地挖掘发扬光大，而且还撰写出版有关大同长城和大同历史的系列丛书和专著；不仅能与外界历史学者交流，参加历史文化方面的高层论坛扩大视野，而且还能组织一些长城文化方面的大型公益活动。尤其进入新世纪以来，围绕大同长城这一丰厚的文化旅游资源，已推出了不少相关的文化活动，产生了良好的社会反响。例如，大同市2016年举办了首届秋长城文化高层论坛；左云县举办了中国首届边塞文化高层论坛、长城文化论坛、世界艺术摄影家左云边塞文化采风活动；阳高县举办了聚集古长城暨杏花摄影大赛和一年一度的杏花节；天镇、新荣区所举办的长城文化论坛；大同诸多历史文化研究团体所组织的十多次大型长城考察活动。这些有关长城的文化活动，均取得了良好效果。

（二）围绕大同长城举办多种有效活动

以长城文化为魂，开展“走长城”“论长城”“写长城”“画长城”“拍长城”“舞长城”等一系列文化活动，唱好长城文化大戏，写好大同长城这篇大文章。开展这一切活动，离不开大同诸多历史文化社会团体的智库作用。因而，在未来建设大同长城文化长廊的过程中，应对这些个民间社会团体倍加重视，不断充实，不断完善，并且给予经济方面的资助，促使其充分发挥大同长城智囊团的作用。

举办多种形式的长城文化论坛。迄今为止，被我们称作中国史的只能算是半部中国的历史，历史学家们所记录记载的大多是中原王朝兴衰荣辱，北方草原游牧民族和中国周边各少数民族偶然被提起，也不过是因为与中原王朝的瓜葛而被一笔带过。在中国北方，中原王朝与草原民族所发生的一切交往和战事几乎都在长城沿线，长城应是中国的半部历史，读懂了长城也就读懂了中国历史的一半，读懂了大同长城也就等于读懂了大同，读懂了中国北方史。然而，作为长城的历史或历史的长城，史书的记载毕竟是有限的、匮乏的，靠史书读懂长城是远远不够的。因而，就得必须挖掘、研究和整理长城文化，就得到实地考察调查，就得多方交流商榷。对此，最好的平台应是论坛，通过长城文化论坛，充实和丰富长城历史和中国历史内容，提升长城文化品位，提升大同文化品位，为大同未来的发展建设提供历史养分，增加历史底蕴成分。

大同长城文化论坛应是一年一度的，规格应是国家、省市层面的。论坛应列入大同市政府的年度规划中，或以立法的形式固定下来。主办单位应是大同市政府或委托某些个县（区）政府；承办单位应是大同长城学会，或由大同三晋文化研究会、大同古城保护研究会轮流坐庄。市政府应放权给这些个研究长城历史的民间文化团体，给他们以足够的准备时间，使得论坛不落俗套，不流于形式，举办得新颖而活泼多彩。

举办大同长城文化论坛，大同应培养和稳固自己的学者，应把长期研究大同历史和长城文化的学者，当作文化生态方面的稀缺资源加以保护、对待和利用。在此前提下，应与沿长城一线的省份大学历史学院或其他大学的历史学院取得联系与沟通，作为长期合作的对象。尤其是个别著名学者教授，更应作为长期合作的伙伴和朋友，激励他们为大同长城研究做贡献。

举办一年一度的大同长城文化论坛，其时间最好选择在大同文化旅游节期间，将论坛作为大同文化旅游节的一项内容，对于参加论坛的论文应编辑成书，正式出版，可作为一项文化成果载录大同史册。

举办一年一度的长城文化论坛，主题应是多方面的，应把长城文化诸多板块作为大同长城文化的分支主题，如也可举以“昭君文化论坛”“西口文化论坛”“古城堡文化论坛”等。但都应在大同长城文化的统领之下举办。这样举办论坛，不仅层面高，而且侧面宽，论坛形式既活泼多样，且又趣意丰厚。

举办以大同长城为内容的多种文化节。如果说，举办大同长城文化论坛挖掘的是长城文化内在的东西；而举办以大同长城为内容的文化节是展示长城外表的东西。大同复杂多变的地形，特殊怪异冷凉少雨的气候，多种多元的民俗风情等，为举办大同长城诸多文化节奠定了基础，提供了条件。如围绕关隘，可举办“阳高守口堡杏花节”“天镇新平堡古镇商贸文化节”“西口文化节”；围绕历史名人可举办“昭君出塞文化节”“三娘子隆庆议和文化节”；围绕名胜古迹可举办“云冈旅游文化节”、“古城旅游文化节”；围绕火山地质遗址可举办“火山田园采摘节”“左云油菜花节”；围绕地方剧种可举办“大同戏剧文化节”；利用大同冷凉资源可举办“大同长城冰雪节”等。举办诸多文化节，应根据时令气候与地理环境合理策划，应做到年有大节，月有小节。最好与中国民间传统节日形成有机的结合，借助民间传统节日的喜庆氛围将长城诸多文化节带动起来，再以传统的形式固定下来，使得以长城为内容的文化节办得丰富多彩，花样繁多，使得长城文化活起来。

（三）筹备修建大同长城博物馆

作为征集、典藏、陈列和研究代表自然和人类文化遗产实物的博物馆，建设大同长城文化博物馆，势在必行。大同长城博物馆与其他博物馆所不同的是，更有其民族融合和团结的象征性内容。所谓长城文化博物馆，也是边塞文化博物馆。其馆藏内容会更丰富、更生动。因为不仅仅是中原作用于长城历史的内容，更多的也有北方草原民族作用于长城的内容。长城文化博物馆集中体现的应是半部中国史。具体应包含四个方面的内容：历史军事文化，民族融合文化、商贸流通文化、民俗风情文化。

随着社会文化和科学技术的发展，博物馆的数量和种类也越来越多。大同长城博物馆应属国家历史文化之类的博物馆，应是在古战场上修建起来的博物馆，这更有益于人们了解长城，了解中华民族的发展史。这不仅为公众提供了长城历史知识，也教育着一代又一代的中华儿女。从这个意义上讲，大同长城博物馆还担负着爱国主义教育基地的功能。

大同长城博物馆以历史的观点而展示以长城为内容的藏品。在实体馆藏的基础上加之现代科技形式，完全有必要建设成长城数字化馆与实体馆相结合形式的博物馆，运用虚拟现实技术、三维图形图像技术、计算机网络技术、立体显示系统、互动兵刀技术、特种视效技术等，将有关长城发生的战事、故事传说、巍峨壮景展示出来。从而使大同长城博物馆更具信息实体虚拟化、信息资源数字化、信息传递网络化、信息利用共享化、信息提供智能化、信息展示多样化等特点。长城博物馆的实体与数字的结合，实体成为依托，而数字作用于实体，等于是实体博物馆的拓展与延伸，应是一座形式现代化而与真实历史内容完美艺术结合的藏馆。

（四）建设多节点多景点的主题文化公园

现在大同辖区长城150千米，所辖七十二城堡的古城堡仍占一半多。大同沿长城旅游路的建成，无疑给大同长城的诸多节点，包括著名关隘、城堡、烽燧等景点带来旅游业商机。有选择地恢复修缮一些长城古迹遗存，既保护了长城，又提升了长城的旅游价值，但这种选择的最好形式应是沿长城节点主题文化公园。

盘点长城节点，左云县摩天岭长城已在2010年1月被山西省政府批准为山西省旅游名胜区。其旅游核心区域面积100平方千米，景区内的长城旅游节点有宁鲁堡、镇宁关城、威鲁堡、月华池、八台子大单巴、左云古城。新荣区的德胜堡、助马堡，阳高县守口堡，天镇县的新平堡、桦林堡，李二口长城，大同县的许堡、聚东城，浑源王家庄堡，还有沿长城汉墓群，北魏皇族陵墓等。这些遗存不仅是大同长城的闪光节点，也在万里长城节点上有了著名的声誉。如果能将这些节点遗存有计划地恢复修缮，建成其主体公园，应是大同长城保护利用与开展旅游活动最宏伟的举措。

具体每一节点的主题文化公园如何建？大同市县政府应做出规划，充实丰富其内容。同时，建设规划还应与“美丽乡村”“特色小镇”的建设紧密结合起来，点缀大型雕塑与大型壁画，尤其是沿长城旅游路的进出口，应建成特色主题公园，配置标志性的雕塑与壁画。

左云摩天岭长城风景名胜区，集关隘、城堡、烽燧、玄武岩石林、西方教堂等众多名胜景点于一起，镇宁关城的“镇宁空心敌台”，高大壮观、雄浑沧桑，是沿长城保存最完整的一座空心敌台之一，应被看作是长城元素的稀缺遗存，而且镇关城包括坞墙、贡门、马市遗址、敌台、隘口均保存完整，应是沿长城最完整的关城之一。恢复修缮镇宁关城，代表了长城节点而具有闪光典型的意义；城堡、关隘、关城代表了隘口御敌的严密的思路和稳定的设施。恢复修缮势在必行。

摩天岭长城蜿蜒起伏，如巨龙腾跃盘踞摩天岭上，是世界海拔最高的长城之一，被当地人称作“小八达岭”，也是建在石林上的长城，具有崇高品位，是万里长城夯土墙最奇特的地段，应将长城下的石林剖切整理出来，衬其摩天岭长城的巍峨壮观。

摩天岭长城怀前的八台子教堂遗存，是天主教的圣地之一，被称作大单巴，属哥特式建筑风格，有长城和教堂的互依互存，显示出了八台子特殊的景致，应策划设计一座欧式特色小镇，以此彰显东西方文明在这里交会，能有四种文化在八台子交会，应看作是最闪光最亮靓的长城节点风景。

宁鲁口和威鲁口怀前山冈上的腹里接火墩，俗称烟岗，是烽燧的一种，应是沿长城为数不多的稀有珍存，应给予特殊的搭篷保护。聚焦这两座烟岗，烽火战事与古战场的历史画卷重现眼前。通过这两座烟岗，透视出了这里关隘的险要，似乎随时都有大兵压境的战事要在这里发生。

威鲁堡、威鲁关城、月华池，是威鲁口关隘三位一体的“品”字形御敌设施，透视出了它的严密设计思维和具有坚固稳定的御敌效果。应对威鲁堡这个棱形堡和关城空心敌楼予以恢复修缮。月华池，是沿长城唯一的一座袖珍堡，且有风花雪月秀色的名字，荡动激发着游人们的情感，并且作为一个费思量的谜去猜测研究，坚固中蕴含着一种温情，应被规划为重点打造的景点。

左云古城是明大同镇七十二城堡中保存最完整的古城之一，而且在现属大同市县区，除大同古城外，仅此一座。古城城墙完好率占90%，街巷格局原汁原味存在，2009年10月被山西省政府批准为山西历史文化名城，应给予恢复修缮。如果左云古城修缮完好，与大同古城遥相呼应，可列称大同“古城二雄”。

助马堡孤悬塞外阴山脚下，古堡风貌仍在，堡门街巷格局、店铺尚存。2016年被批准为国家文化名镇。对此，应给予修缮恢复。对助马堡的修缮恢复，不仅能代表古堡起到典型意义，而且隘口的重要、设施的坚固，为边塞文化增加了分量。

得胜堡应是沿长城保存完整的古堡之一。因为这里曾有“隆庆议和”的伟大历史事件发生，所以也是沿长城最有名气的一座堡子。德胜堡城墙虽然剥砖，但土墙完整，堡门尚存，街巷铺面格局还在。这个堡子，有历史有故事，又距大同云冈石窟不远，是值得重视而修缮开发的古堡。

与得胜堡构成防御体系的镇羌堡、镇羌口关城、市场城，是距离大同最近的隘口，“品”字形的构筑格局，体现了科学防御体系的坚固性，是典型的隘口军事工程，隘口两侧的长城在阴山山脚下的旷野东西延伸，显示出旷野平川长城的雄浑与壮观。对镇羌堡、市场城并隘口的修缮，并建成以市场城为主要内容的主题公园，是最理想的选择。

阳高县的镇边堡保存基本完整，堡门洞尚存，镇边堡周边烽燧密布，群墩壮观，长城横亘穿行群墩之间，有一种特殊的边关情势。镇边堡紧依这些密布的群墩与长城，但更吸引游人的是堡子西南角外的老榆树与堡湖。长有几百年的老榆树，苍劲挺拔，枝杈屈伸，池水充盈，本身就是一个堡、湖、榆三位一体的主题公园，应进一步改善周围生态环境，修缮古堡，精心策划打造，应是一处绝美的佳景。

阳高县的守口堡，堡子虽然残缺不全，但隘口险峻，水流滚滚。马市遗址尚存。长城在隘口相隔成“V”字形向东西山上延伸攀去。长城能在如此陡立的山势攀越，给人惊叹。河岸地面长满了杏树林，一年一度的阳高杏花节就在这里举办。就沿长城景点而言，已小有名气。在守口堡建长城主题公园，其景区元素有山有水、有隘口、马市、烽燧耸峙山上，杏林景色宜人。

李二口长城是天镇县的一部分。这段长城因东西是李二口村而得名，西至阳高县十九墎村。这段长城是现存较完整的土筑长城，其走势是爬山而上，蜿蜒伸展，是大同长城比较壮观的一段长城。李二口长城周边环境亦好，墙内便是大片的杏树林，最适宜春游赏花，夏季摘杏，到了秋季，杏树与周围灌木就变成了红、黄、白、绿、青、蓝、紫七彩生态。

在李二口建设长城主题公园，其旅游项目便是赏景登山、品尝当地农家饭食。

新平堡孤悬于天镇县最北端，也是山西省的最北端，2015年入选中国传统古村落名录，属中国历史文化名村。新灭堡城墙、堡门尚属完整，街铺仍然是明清时面貌，堡中央的玉皇阁完整而保存了旧貌。参将院落完好。新平堡是晋冀蒙三省交界处，晋蒙、晋冀通衢大道穿过，西洋河从堡西侧流过。商贸繁盛，山川富有灵性，还有古延陵城遗址，文化底蕴浓厚。在新平堡作旅游文化文章，不仅仅是一个主题公园的问题，而应是一个规模不小的景区。在这样的景区，人们也许会寻觅更古老、更新奇的边塞文化内容。

（五）建设边塞文化综合性服务基地

这个所谓的综合性服务基地，应是写生基地、影视基地、娱乐基地、雕塑公园、长城房车营地、长城大学。大同长城有许多地段盘越在山岭上，彰显古朴雄浑、地老天荒的原始古典风貌，但到了秋季又呈现七彩生态景致，最适宜于画油写生创作，应是大学美术系学员们作画最理想的选地。为此，左云率先垂范，已在三屯乡建起了“夏都写生基地”，在威鲁乡建起了“月华池写生基地”，且都初具规模。应在此基础上不断完善，扩大其宣传影响。影视基地包括电影、电视剧作的拍摄所选取的场景与摄影。大同长城是逶迤起伏壮观、群墩密集、古堡峻整的地段，写生理想之地应是左云的威鲁堡、新荣区镇川堡和天镇的瓦窑口堡。这些地段既有山又有川，山势显示长城的巍峨，川地是金戈铁马驰骋拼杀的古战场，而左云八台子已被中国长城学会指定为“快乐影友摄景基地”，考虑到长城的层次感和对视觉的强烈冲击力，以及摄影取决于“静”的状态，应选择天镇县的桦门堡。

长城娱乐基地应是一座长城娱乐城。长城娱乐城基本要以边塞文化为特色，设置射箭、骑马等游乐项目。应建设一座“长城九曲迷宫”，迷宫墙壁上即可装嵌碑石，碑石上的文字应以描绘长城的古诗词赋和名人长城题词为内容；还可张贴展现代人书画摄影等艺术作品，长城九曲城既是迷宫亦是书画碑廊城，融艺术与游乐一起。

（六）建设长城雕塑公园

主要内容应以边塞名人和边塞历史重大事件为雕刻对象。如白羊王、王昭君、冯太后、三娘子、拓跋珪、徐达、苏武、花木兰、李陵、霍去病、张骞等；重大历史事件如白登之围、隆庆议和等。

（七）创办长城大学

选址就应在长城脚下，最好是摩天岭风景名胜区内，因为摩天岭风景名胜区不仅凸显边塞文化诸多内容，而且古称武州川水的十里河生态优美，可使漂亮的大学与优美的环境融为一体。长城大学应是大同市创办的第二所大学。除其他规定课程外，主要应设置长城导游学院，专门为万里长城上的各景点或沿万里长城周边名胜景区培养导游人才；培养长城学者，培养长城保护、古城维护的专家。

（八）建设长城戏剧之乡

大同市县区地方剧种很多，除晋剧为大同人普遍喜欢的剧种外，还有北路梆子、二人台、耍孩儿、道情、罗罗腔，大秧歌，峦罕调等，大约有十多个剧种。这些个剧种是边塞文化民俗风情内容的展示和体现。为了将这些剧种抢救传承下去，同时作为长城旅游的一个项目，应创办“大同戏剧之乡”，培养地方剧种艺术人才，并且在各个文化基地建立乐楼，以便为旅客随时演出。长城戏剧之乡不仅培养戏剧演义人才，而且还要培养训练各个朝代的士兵操练方阵，以便让游客了解各个朝代边塞士兵生活训练的场景。

（九）建设长城房车自驾营地

建设房车营地，应是长城未来走向的朝阳旅游项目。随着世界旅游事业的蓬勃发展，越来越多的游客将中国的长城作为旅游首选目的地，而自驾房车游游客越来越多，因此顺应形势，应建设长城房车自驾营地。

现在全国房车营地已有300多家，但涉及山西只有两家，而且都在晋东南。大同长城房车营地的建设，必将会吸引更多的房车自驾游客们的到来。

（十）开辟建设长城旅游绿道

大同长城旅游路的开通，必将为大同长旅游赛事带来商机和生机。2017年6月，山西省自行车与击剑运动中心在左云三屯乡挂牌，正式把左云沿长城旅游路作为自行车和击剑训练基地。山西省自行车与击剑运动中心能看准左云长城一线作为训练基地，认为这里有训练的优越条件；空气好、生态好当然是首选条件，但论环境，摩天岭长城景区，非常优质，是国际山地古典赛道最佳旅游设置区。所谓古典赛场，就是赛马与大自然完美结合的训练场地。为此，在已有长城旅游路的基础上，应选择设计开辟绿道，不仅为自行车和击剑训练开辟基地，而且围绕长城搞赛事，设置自行车、摩托车赛，设置旅客自行骑游，并增加徒步登山的旅游项目。

沿长城赛事属体育旅游项目，应同周边城市乌兰察布市与张家口市联合起来，形成大同长城骑游文化圈。再者，现在户外活动运动员越来越多，就大同而言，户外运动协会就有几十个，如果能将这些个协会联合搞户外运动，会形成强大阵势，如果再与京津和内蒙古、河北等户外运动协会联合长城游，更是一个强大的阵势。因此，建设长城骑游赛道和绿道，这便有了旅游超前意识和战略眼光，形成沿长城户外活动文化圈指日可待。

长城绿道赛道越野赛，应设置以驿站为节点的服务客站。并由这些驿站与客站承揽赛事项目，承揽各种越野比赛，并利用驿站和客站扩散辐射户外活动的运动项目。

（十一）编辑出版长城书籍画册和长城纪念品

中国长城2000多年的历史，就是一部有形而显实的志书，留下了许多的诗词歌赋、传说故事、名人掌故，也留下了未进史书的史料和有待考证的史迹。尤其是大同长城，更值得挖掘整理。为此，应专门组成大同长城丛书编辑小组，或委托有关社会文化团体做这项浩繁文化工程。编辑出版《大同长城故事集》《大同长城人物集》《大同长城诗词歌赋集》《大同长城戏剧曲艺集》《大同长城书画集》《大同长城剪纸集》等。

长城历史留下附带文化符号的作品亦很多，如有关长城的名人字迹绘画作品和摄影作品，也应广泛收集汇编成册。同时，应创办《大同长城》刊物。从纪念意义和收藏价值作考虑，应制作一些设计新颖、制作精美的长城纪念品，以方便长城游客购置，也可作为文化礼品赠人。

第五节　建设长城经济长廊

中国长城作为一部无字史书，既有它的文化价值与观赏价值，也有它的旅游价值和旅游价值所派生出带来的经济价值。建设长城经济长廊，也应是对长城保护和利用的举措之一。

现在大同市所辖长城，应根据不同地段的地形地貌、水文条件、作物果蔬生产、土壤质地给予合理而科学的总体规划。其规划原则是因地制宜，具体情况具体对待。但本书所绘出的粗略线条，以便参考实施。

一、建设长城杏林大园区

阳高县沿长城土地的大接杏，已名贯京城。每到7月，阳高大接杏就成了市场水果中的“宠儿”，大如小儿拳，汁多无茎、鲜嫩爽口、味甘醇香。曾有人戏谑：作为北方人，倘若没吃上阳高大接杏，这夏天算白过了。如果是南方游客或国际游客，假如夏季来到大同吃上阳高大接杏，那是口福。阳高大接杏如此好吃，其生产特点是规模种植，花粉网状传授，其地理气候又占据昼夜温差大、日照时间长、糖分含量高，且无病毒、无公害、无病虫害。

阳高杏在现有规模种植生产基础上，应向杏林大园区扩展，并以“长城杏”品牌冠名。在杏子成熟季节，可举办一些吸引游客的文化活动；可专门规划出自由采摘区以满足游客的兴趣和要求。同时，建立大接杏深加工生产线，生产出大接杏系列产品，以满足游客和市场供应。

杏林大园区，在环境好的前提下，可向长城一线拓展。

二、建设摩天岭品牌羊肉繁育基地

左云县摩天岭羊个大体壮，肉质好味香，已成为远近闻名的品牌羊肉。也是大山西省畜牧有关部门挂了号的美味羊肉。

摩天岭羊肉味美香口来自阴山无污染的环境，不仅牧场草好，其羊的饮用之水也是净化了的千万年富含矿物质的山泉水。摩天岭的牧草中夹杂30多种中草药材，如车前子、益母草、地骨皮、苦丁草、蒲公英、夏枯草、牛蒡子、山大黄、甘草、麻黄、苍术、防风、黄芪、瞿麦、柴胡、地榆、秦艽、地椒、葶苈、荊芥、如母、芍药、山丹、丁香、菊花、肉苁蓉、沙葱、野韭菜、铁篙篱、斋斋面等。有些植物芳香味渗透到羊的体内，其羊肉也就自然有了香味，因而在做羊肉系列菜肴时，用不着放任何佐料，其羊肉仍然散发出一种特殊的味香。

摩天岭还属草原气候，摩天岭羊属草原羊，还被日本动物专家称作戈壁羊。羊所食用的山上牧草植物属沙地植物。其沙地植物有一个特点，即昼夜温差大、日照时间长、水分含量少，但又鲜嫩而富含营养，因而摩天岭产出的羊肉，精肉瘦肉多而不腻味。

一般来讲，吃羊肉是分季节的；而摩天岭羊肉从六月份就进入了肉食季节，当地曾有“六月的羊肉赛人参”之说，吃鲜羊肉一直可以延续到冬季。加之现在有冷冻、保鲜之技术，摩天岭羊肉甚至一年四季均可品尝到。

摩天岭土地面积大、地域广，有如此的美味品牌羊肉，完全可以打造“摩天岭羊肉繁育基地”，逐步形成为大同长城经济长廊的强项。

摩天岭品牌羊肉也可深加工成系列产品，打成包装进入市场。如羊肉系列可分为：炖羊肉、羊肉饺馅、羊肉串、羊杂割、火锅羊肉、烤羊肉、手把肉、羊脊、羊腿骨、羊蛋等。还可生产成羊肉系列食品，方便游客食用。

三、建设油菜花观赏园区

阳高县长城乡人面积种植油菜已多年，每年油菜花盛开的夏季，吸引京津冀众多游客前来观赏并消暑。长城乡的油菜花观赏园区已在京津冀小有名气，而且给当地带来不菲的收入。

油茶花不仅是观赏性作物，而且也是经济农作物。秋天打下的油菜均可做成菜籽油供应市场，这也是农民的一笔可观的收入。长城乡既然有了这样的先例，大同没长城有条件的地段应将长城乡的油菜花园区推广开来，以形成更大面积、更大规模的油菜花观赏园区。

与阳高长城乡比较，有条件的地段应是天镇县所辖长城的西段、新荣区所辖长城的中段、左云县所辖长城的东段，这些沿长城地段，土地面广阔肥沃，又属视线开阔的川地。如果将这些地段统一协调规划变为油菜园区，应是最耀眼最靓丽的沿长城风景线，到时会吸引数以万计的游客的到来。

四、建设大同长城养生养老长寿休闲放松避暑别墅园区

大同在历史上就被称作北京的后花园。历史上，北京的命运与大同的命运休戚相关，大同一直是北京安全的门户，承担着抵御北方民族入侵的重任。大同的阴山水系是北京永定河的源头，其御河、桑干河又是永定河的上游，属海河水系。大同的册田水库又是北京的重要水源，过去一旦北京人饮水困难，就由册田水库开闸放水满足供应。大同海拔高于北京地面1000米，季风从大同不时吹向北京，因而大同的空气质量也决定着北京的空气质量，大同蓝影响着北京蓝。大同海拔1300多米的黄土高原气候凉爽，是北京人近距离的避暑地方。因而，大同按北京的后花园筹谋策划打造建设，应是比较成功的举措。

大同打造完善北京后花园，首选应打造创建北京人的养生养老长寿休闲放松避暑聚居地。这些别墅地的选择，一是选择阴山脚下，一是选择和利用古城堡古村落。阴山脚下最理想的选地应是左云的摩天岭景区，在长城区域选地建设别墅群，其建筑风格与长城色彩相匹配，条件设施以适宜老年人为宜。占用古堡古村落，不要破坏原貌，在原貌基础上修旧如旧，彰显原始风貌魅力；但内部设施条件必须是现代化而先进的设备。古城堡应选择紧依长城最有特点的古城堡，如左云的宁鲁堡、威鲁堡、保安堡，新荣区的镇河堡、镇鲁堡，阳高县的镇川堡。古村落应选择阳高沿长城的古村落，那种屋瓦如波的小四合院加之特殊的门庭，最能吸引城市人的眼球，也最能体验享受农家安居乐业的生活。沿长城古城堡古村落的成功建设，必定会得到前来养生养老、长寿、休闲放松避暑人们的惬意和赞赏，也一定会给这些古城堡古村落带来赞誉和影响，如果随同长城这一世界文化遗产的品位提升，完全有望成为世界文化名镇名村，可成为沿长城典型的特色小镇和美丽乡村。

五、建设火山田园区生产绿色农产品

（一）创办小杂粮生产基地

大同西北部左云地界的阴山，属兴蒙火山区，其火山属第三系死火山。其山区包括山脚下地面土质属火山灰土壤。火山灰土壤农田，最大的特点是无病毒、无病虫害、无公害、无污染，所生产的农作物是绿色的，而由绿色农作物生产的产品是绿色产品。

海拔1500米高的火山灰土壤区，昼夜温差大，日照时间长，所生产的农作物多为小杂粮，而且低糖，营养价值高，应是农业方面的稀缺产品，因而应建设长城火山田园区。

根据小杂粮作物的生长特性，火山田园区最适宜种植荞麦、莜麦、谷子和豆类。其

中，所生产的荞麦营养成分更多，市场销售前景广阔。

荞麦作为蓼科，属一年或多年生产草本，是粮食蜜源作物。荞麦起源于中国和亚洲中部，约公元一世纪传到欧洲，适宜高寒地区。

荞麦为短日照作物，喜凉湿，不耐高温、旱风和霜冻。要求积温1000～1200℃，发芽和开花结实的最适温度为16℃和25～30℃。荞麦生长期短，仅2～3个月，适应性广，为良好的补闲杂作物，春、夏、秋季均可播种。因而也最适于大同一带种植，而火山园区种植生产的荞麦更是优质品牌产品。

荞麦种子蛋白质含量约11%，含赖氨酸、钙、磷、铁、维生素B_1、维生素B_2、维生素E、柠檬酸、苹果酸和芦丁。且适口性好，可做面食、糕饼、荞麦米饭，还可作麦片和糖果原料。茎秆、糠壳和麸皮可作饲料。中医学上认为荞麦全株均可入药，治疗高血压、糖尿病及预防微血管脆弱性出血等病症非常有效。

联合国粮食组织给出的食物氨基酸比例模式，荞麦可排在第三位，即鸡蛋100%被吸收，牛奶95%、荞麦85.5%、大米67%、全麦53%。由此可见，荞麦氨基酸比例模式在植物性食物中且占高位。

荞麦中的不饱和脂肪酸占83%，油酸占47%，亚油酸占36%，其比例较高，并含有大量维生素，微量元素、黄酮类化合物。荞麦所含的大量的膳食纤维，均比一般的禾本科的谷物高。

荞麦被称作全能营养冠军，其营养成分能打80～92分，而小麦可打70分，大米只可打50分。1989年，北京协和医院内分泌科对山西、北京、辽宁部分地区调查长达10年的糖尿病及流行病学约4万人，糖尿病及糖耐量异常患病率，山西农民远比北京市民、辽宁工人低得多，其原因是山西农民吃荞麦面多，而且临床研究还证明，荞麦具有降血脂、降血糖、降体重和抗氧化的功能。荞麦的全能功效来自全能的营养。鉴于荞麦的特殊营养成分，左云县已创办“雁门清高公司”，深加工苦荞茶并荞麦系列产品，除了满足供应本土市场外，还远销日本东南亚等国家。对荞麦麸皮，北方农家多用来装枕头，这种枕头软滑柔和，伸缩空间大，随枕可作高低调整，直至舒适为宜。枕荞麦皮枕头睡觉，且能舒适入眠；又似草木伴香，温馨梦甜，是最理想不过的生活用品。因而建设火山田园区，首先应把荞麦这一绿色产品打出去。因为大同打造建设养老养生长寿休闲放松避暑园区，同这些绿色产品难以分开。

大同小杂粮几十种，因气候和海拔高度的特殊地理环境，均具养生长寿营养成分，如莜麦、黍子、谷子、土豆、胡萝卜和各类菜蔬，以及十多个豆类品种，都应作为火山田园区作物，都应成为火山田园的佼佼者，成为养生养老长寿休闲放松避暑园区的特供和放心产品。

（二）创办长城人家农家乐饭庄

通过对大同的饮食调查，大同由小杂粮制作的饭食，或由小杂粮与畜禽肉结合制作的饭食，起码有200多个品种。假如一位外籍游客或国际游客，欲把这200多种饭食品偿一遍，就一日三餐品尝三种，起码得两个半月的时间，可见大同的饮食业是多么的丰富多彩。中国北方美食在大同已成为国人的共识。

同其他旅游地一样，大同长城旅游仍然具备的是行、食、娱、购、宿等旅游元素。因而，建设大同长城经济长廊都应围绕这五个方面做文章，但其中饮食是一个重要的环节，如果能让游客们行得惬意、宿得舒适，就达到了目的，经济长廊就会大放异彩。

大同历史上是草原与中原的交会地，在融会民俗风情的同时，也将草原与中原的饮食融和一起，因而在这里既可大快朵颐地吃肉，又可品尝粥馍面糕，大同的饮食具有边塞风情特点。

所谓沿长城建设“农家乐长城人家”酒店，就是供游览长城客人的饮食起居场所。因而，农家乐长城人家的饭食，要办出具有长城地方特色的饭食，以至成为农家乐长城人家系列饮食，形成一道特殊的长城菜肴。而这种菜肴，首先应在旅游间获得声誉。在“农家乐长城人家”肉食方面，应以传统的草原手把肉、大同炖羊肉为主，在主食方面，应以莜面、黄糕、荞面、米粥为主。但这里仍然重点强调的是荞面。作为营养最丰的荞面，最好的吃食应是荞面河漏，也称荞面饸饹，或荞面河捞。应把荞面饸饹作为饮食的主打对象。内蒙古兴和县曾主打荞面饸饹的例子，已在周边地区产生了声誉，县城就有近30家荞面馆，吸引集宁、张家口、大同周边县区人们来这里吃荞面饸饹。多年来，几乎天天顾客盈门。农家乐长城人家应该将这一独具特点的荞面饸饹饮食接转过来。

大同“农家乐长城人家”可开在长城一线的多个景区，“农家乐长城人家”的招牌应统一制作，使用同一模式的管理办法。因为对长城游客饮食来讲，它是经济的概念，是从经济效益出发的；但必须又具有文化品位，因为它属饮食文化。因而，“农家乐长城人家”应是经济与文化的完美结合。

六、利用火山岩矿泉水与温泉做经济文章

左云地界的阴山和天镇北部的雁门山均属兴蒙火山区。雁门山底下有火山地热温泉，最适宜人体疗养，可建设火山温泉疗养园区。疗养园区建设应本着统一规划、合理开发的原则，做到上档次高品位，既是疗养院，又是休闲放松的公园，使疗养与长城游览结合一体。

左云阴山火山岩矿泉，是已被认定为富含矿物质的优质矿泉水，也应本着统一规划、合理开发的原则，上档次高品位安装使用现代先进设备，生产多类系列产品，满足周边或远距离市场的供应。

第六节　建设长城生态长廊

涵养生态文化，建设美丽中国，美丽家园，表达的是我们对脚下这片土地的深情。党的十八大，将生态文明建设融入经济建设、政治建设、文化建设、社会建设各方面

和全过程。2013年4月，习近平总书记在考察海南时指出："良好的生态环境是最公平的公共产品，是最普惠的民生福祉。"习近平总书记还指出："绿水青山就是金山银山。"可见习近平总书记对国家生态建设的重视程度。

中国万里长城，长城万里，更应列入生态建设的范畴。因而，建设大同长城生态长廊刻不容缓。

长城修筑2000多年的历史，一直呈现的是饱满沧桑生态，这无疑给长城增加了沧桑魅力；但从保护和开发利用长城的角度出发，长城更应增加绿色生态的成分。

沿长城搞生态绿化，绝不是用绿色生态掩饰长城沧桑生态，而是把这种生态有距离地隔离开来，起到两种生态互为映衬的效果，使得沧桑生态更有魅力，绿色生态更有生机。

建设大同生态长廊与建设长城文化长廊、经济长廊不同，它是浩繁大工程概念，其目的是防风固沙，改变长城沿线生态与气候环境，尤其是在防风固沙方面，若在长城沿线挡住减少了风力，长城就不会被风蚀；固住了沙，则长城不会被掩埋，以便真正起到保护长城的目的。

就大同长城而言，过去已经做了这方面的基础工作。如国家实施的首都水资源绿化保护工程项目、三北防护林绿色工程项目、京津风沙源治理项目等。在具体实施这些项目过程中，要沿长城荒山绿化上规模，道路绿化出精品，村庄绿化显特色，厂矿绿化上档次，使得通道扩带增绿、荒山覆盖增景、村镇园林增色、城市打造别样；使得沿长城荒山荒地滩地的一些地段形成绿化带、风景线、生态园、示范片相互结合的绿色生态网络屏障。

大同长城生态长廊，根据地形地貌、土壤结构和小气候条件因地制宜、统一规划，宜林则林、宜牧则牧而具体协调实施。但主要是林草生态，其次是设施农业，色彩生态。

建设大同长城生态长廊，具体行动打造应是山水林田湖，加大沟域河谷治理面积，打造生态、生活与生产空间，以此作为支撑大同长城生态长廊的元素。同时，既要考虑经济价值，也要考虑观赏价值，还要考虑为休闲养生避暑创设条件。所谓经济价值，应是经济生态林，如天镇阳高县一带的杏树林，春天可赏花，夏季可尝果，秋季可观红叶。除此之外，还可建设其他适宜当地生长的果蔬菜园。所谓观赏价值主要是打造色彩地带，种植黄花、黑枸杞、玫瑰、蔷薇、胡麻、油菜花等，地段应选择在新荣区与左云县的东部，这里地域宽广平坦，土地肥沃，适宜种植。

打造大同长城生态长廊最浩大的工程应是沟域治理。大同长城无论是走向或分布地段，多在山地与平川交会线，隘口很多。这是因为，修筑长城跨越一条河沟就有一个隘口。由这些隘口走向的河谷沟域应是重点治理的地方。如果能把大同长城所有隘口的沟域治理好了，真正的大同长城生态长廊也就形成了。沟域治理应是大同长城生态长廊具有持久效率的生态工程。

就人同长城生态长廊沟域治理分隔地段而言，左云长城面对的是十里河，新荣区长城面对的是御河，阳高和天镇的长城面对的是西洋河。而长城所面对的河流都是横向的，隘口走向河流的沟域都是纵向的，如果能把这一条条纵向的沟域治理成功了，大同长城生态长廊的网络结构的模式就形成了，那么大同长城生态长廊的持久性也就有了保证。也许大同长城生态长廊真正形成之时，也就是林海的世界、花卉的世界、果香的世界、低碳大氧吧的世界，沿长城一线到来的世界。

大同长城生态长廊的打造与建设的另一个对象应是村庄，对村庄的改造与品位的提升。大同长城一线所涉及的村庄500多个，其现状是村庄占地面积大、人口流失大，多数村庄房屋闲置圮坍，院落荒芜，大片宅基地闲置，土地空间很大，有的村庄已成了无人居住的空壳村。这应被看作是最大的生态空间浪费。因而，应把生态治理的目光瞄向村庄。

对大同长城沿线村庄的生态治理，也应本着因地制宜的原则，视情而办。按照农业农村部的要求，农村治理分上、中，下三段。大同长城沿线的村庄也应分上、中、下三段，但并非千篇一律，应根据特殊情况，具体问题具体对待，应分类采取措施。上段，应从特色小镇、美丽乡村作考虑，按集镇化的要求，各具功能，特色设施，成功打造，应按生态长廊指标要求，建设长城花园村或生态景观村；中段，应按色彩地带打造，将村庄闲置圮废的房屋推倒，扩大土地面积利用空间，在留足居民房舍院落用地的前提下，可按休闲养生避暑作通盘规划建设，形成沿长城特殊景观生态村落；下段，就是将空壳村落和村民已无几的村落进行彻底清理合并，由村庄面积变成生态土地面积，融入大同长城生态长廊地面区域。

大同长城生态长廊的建设，对大同长城保护与利用起着至关重要的作用，也对能否提升大同长城旅游和文化品位有着非常的影响作用，是一项持久性跨年代的浩大工程，应作长远规划，按照政策，中央与地方齐动、地方市县互动，联合打造，颁布实施。只要坚定信念，持久不断地建设打造大同长城文化，经济和生态长廊的美好愿望一定能够实现。

参考文献

安大钧,叶骁军,高钟,等,2016.大同:中华民族团结融合之都[M].太原:山西人民出版社.

白列湖,2007.协同论与管理协同理论[J].甘肃社会科学,(5):228-230.

白永秀,王泽润,2016.“西兰乌”经济带:内涵、范围与路径选择[J].西北大学学报(哲学社会科学版),46(06):75-81.

曹象明,周庆华,2016.山西省明长城沿线军事堡寨的区域保护与利用模式[J].城市发展研究,23(4):32-38.

曾光,2016.高铁经济带的基本内涵与发展策略——以江西沪昆高铁经济带为例[J].井冈山大学学报(社会科学版),(04):96-100.

常成,刘霞,张光灿,等,2010.利用马尔柯夫过程预测蒙阴县土地利用/覆被格局变化[J].土壤,42(2):309-313.

常绍舜,2011.从经典系统论到现代系统论[J].系统科学学报,(3):1-4.

车维汉,2004.“雁行形态”理论研究评述[J].世界经济与政治论坛,(3):88-92.

陈才,2001.区域经济地理学[M].北京:科学出版社.

陈栋生,1993.区域经济学[M].郑州:河南人民出版社.

陈红霞,2012.土地集约利用背景下城市人口规模效益与经济规模效益的评价[J].地理研究,31(10):1887-1894.

陈建军,胡晨光,2008.产业集聚的集聚效应——以长江三角洲次区域为例的理论和实证分析[J].管理世界,(6):68-83.

陈久玲,林宪生,2015.京哈—京广铁路沿线经济带文化产业竞争力分析与评价[J].云南地理环境研究,37(01):37-43.

陈军,金舒平,廖安平,等,2011.明长城资源调查与测量综述[J].地理信息世界,09(3):11-16.

陈奎宁,1987.“新三论”的启示——谈耗散结构论、协同论和突变论[J].科技导报,5(1):54-58.

陈寿,1959.三国志[M].北京:中华书局.

陈涛,1995.城镇体系随机聚集的分形研究[J].科技通报,11(2):98-101.

陈涛,刘继生,1994.城市体系分形特征的初步研究[J].人文地理,(1):25-30.

陈相东,王彬,2012.多因素灰色预测模型及其应用[J].数学的实践与认识,42(1):80-83.

陈修颖,2007.长江经济带空间结构演化及重组[J].地理学报,62(12):1265-1276.

陈仲常,马红旗,谢小丽,2011.人口承载力预警系统研究[J].西北人口,32(4):6-11.

谌红, 1994. 模糊数学在国民经济中的应用[M]. 武汉:华中理工大学出版社.
成长春, 王曼, 2016. 长江经济带世界级产业集群遴选研究[J]. 南通大学学报(社会科学版), 32(05):1-8.
成志平, 税晓洁, 2014. 寻找楚长城[J]. 中国国家地理, (12):152-163.
程喜霖, 1990. 汉唐烽堠制度研究[M]. 西安:三秦出版社.
楚明钦, 2013. 装备制造业与生产性服务业产业关联研究——基于中国投入产出表的比较分析[J]. 中国经济问题, (3):79-88.
崔彩辉, 苗长虹, 韩志刚, 2015. 河南省县域综合实力评价及区域分异特征[J]. 河南大学学报(自然版), 45(3):299-307.
大同地方志编纂委员会, 2000. 大同市志[M]. 北京:中华书局.
大同市地方志办公室, 2015. 雁北地区志[M]. 太原:北岳文艺出版社.
戴特奇, 金凤君, 王姣娥, 2005. 空间相互作用与城市关联网络演进——以我国20世纪90年代城际铁路客流为例[J]. 地理科学进展, 24(2):80-89.
邓聚龙, 2002. 灰色理论基础[M]. 武汉:华中科技大学出版社.
董洁, 于纹, 2009. "雁行形态"理论创新与江苏区域经济协调发展的路径选择[J]. 技术经济与管理研究, (6):137-140.
董瑞山, 2015. 大同历史文化研究文集[M]. 太原:山西人民出版社.
董瑞山, 高平, 古鸿飞, 等, 2009. 大同历史人物[M]. 太原:山西人民出版社.
董锁成, 黄永斌, 李泽红, 等, 2014. 丝绸之路经济带经济发展格局与区域经济一体化模式[J]. 资源科学, 36(12):2451-2458.
董耀会, 1988. 万里长城[M]. 石家庄:河北美术出版社.
董耀会, 2005. 长城保护管理工作的问题和思考[C]//中国长城学会. 中国长城博物馆暨中国长城学会优秀文集. 北京:中国长城学会.
窦志铭, 2007. 深圳湾口岸的泛"廊道效应"研究[J]. 特区经济, (7):15-16.
杜能, 1986. 孤立国同农业和国民经济的关系[M]. 北京:商务印书馆.
杜佑, 1988. 通典[M]. 北京:中华书局.
段锋, 杨芬, 2008. 灰色预测模型的研究及应用[J]. 湘南学院学报, 29(2):17-21.
段友文, 张小丁, 2015. "长城文化遗产廊道":边关古村镇整体保护之构想[J]. 山西大同大学学报(社会科学版), 29(3):1-7.
樊杰, 2016. 我国国土空间开发保护格局优化配置理论创新与"十三五"规划的应对策略[J]. 中国科学院院刊, (1):1-12.
樊杰, 王亚飞, 陈东, 等, 2015. 长江经济带国土空间开发结构解析[J]. 地理科学进展, 34(11):1336-1344.
范金, 2004. 应用产业经济学[M]. 北京:经济管理出版社.
范强, 张何欣, 李永化, 等, 2014. 基于空间相互作用模型的县域城镇体系结构定量化研究——以科尔沁左翼中旗为例[J]. 地理科学, 34(5):601-607.
范晔, 1965. 后汉书[M]. 北京:中华书局.

方创琳，周成虎，王振波，2015. 长江经济带城市群可持续发展战略问题与分级梯度发展重点[J]. 地理科学进展，34(11)：1398-1408.
方大春，孙明月，2015. 长江经济带核心城市影响力研究[J]. 经济地理，35(01)：76-81.
方敏，2007. 青藏铁路经济带的空间结构演化模式——共轭双核结构[J]. 经济地理，27(04)：661-664.
费洪平，1993. 产业带空间演化的理论研究[J]. 热带地理，13(03)：272-280.
冯嘉苹，程连生，徐振甫，1995. 万里长城的地理界线意义[J]. 地理教育，(4)：10.
冯天瑜，1990. 长城的文化意义[J]. 湖北社会科学，(10)：18-20.
冯兴华，钟业喜，徐羽，等，2015. 长江经济带区域空间结构演化研究[J]. 长江流域资源与环境，24(10)：1711-1720.
付晓，吴钢，刘阳，2004. 生态学研究中的熵分析与能值分析理论[J]. 生态学报，24(11)：2621-2626.
傅伯杰，2011. 景观生态学原理及应用[M]. 2版. 北京：科学出版社.
高飞，2013. 中国的"西进"战略与中美俄中亚博弈[J]. 外交评论，30(5)：39-50.
高洪雷，2015. 另一半中国史[M]. 北京：人民文学出版社.
高丽娜，朱舜，2013. 长三角经济腹地空间结构演化机制分析[J]. 九江学院学报(社会科学版)，32(01)：115-119.
高路，刘文洁，2016. 八达岭长城旅游产品的创新开发研究——以北京市延庆县为例[J]. 艺术科技，(4)：143.
高旺，1991. 博览长城风采[M]. 北京：中国广播电视出版社.
高旺，1991. 内蒙古长城史话[M]. 呼和浩特：内蒙古人民出版社.
高旺，1991. 长城访古万里行[M]. 北京：中国广播电视出版社.
高新才，杨芳，2015. 丝绸之路经济带城市经济联系的时空变化分析——基于城市流强度的视角[J]. 兰州大学学报(社会科学版)，43(1)：9-18.
顾朝林，甄峰，张京祥，2000. 集聚与扩散——城市空间结构新论[M]. 南京：东南大学出版社.
顾新华，顾朝林，陈岩，1987. 简述"新三论"与"老三论"的关系[J]. 经济理论与经济管理，(2)：71-74.
关兴良，方创琳，罗奎，2012. 基于空间场能的中国区域经济发展差异评价[J]. 地理科学，32(9)：1055-1065.
郭杰，欧名豪，刘琼，等，2009. 基于BP神经网络的南通市建设用地需求预测[J]. 资源科学，31(8)：1355-1361.
郭亚帆，2012. 基于全国视角的内蒙古产业结构效益分析与评价[J]. 未来与发展，(2)：99-103.
国光红，2000. 齐长城肇建原因再探[J]. 历史研究，(1)：180-183.
国家发展改革委，外交部，商务部，2015. 推动共建丝绸之路经济带和21世纪海上丝绸之路的愿景与行动[EB/OL]. http://www.ndrc.gov.cn/xwzx/xwfb/201503/t20150328_669089.html.

国家文物局,2016. 中国长城保护报告[R/OL]. http://www.sach.gov.cn/art/2016/11/30/art_722_135294.html.
哈肯,2001. 协同学:大自然构成的奥秘[M]. 上海:上海译文出版社.
哈尚辰,阿里木江•卡斯木,2016. 天山北坡经济带城市人居环境质量与城市化水平协调性评价[J]. 水土保持研究,23(01):303-308.
韩增林,杨荫凯,张文尝,等,2000. 交通经济带的基础理论及其生命周期模式研究[J]. 地理科学,20(04):295-300.
郝诚之,2009. 长城内外皆故乡[M]. 呼和浩特:内蒙古大学出版社.
郝雪,韩增林,李明昱,2011. 基于点—轴系统理论的北黄海经济带空间结构研究[J]. 资源开发与市场,27(06):514-517.
何德亮,2009. 中国历史上最古老的长城——齐长城[J]. 中原文物,(2):64-70.
何东进,游巍斌,洪伟,等,2012. 近10年景观生态学模型研究进展[J]. 西南林业大学学报,32(1):96-104.
何茂春,张冀兵,2013. 新丝绸之路经济带的国家战略分析——中国的历史机遇、潜在挑战与应对策略[J]. 人民论坛•学术前沿,(23):6-13.
何秋香,王菲凤,2010. 福州青口投资区工业系统能值分析[J]. 福建师大学报(自然科学版),26(3):104-111.
何天祥,朱翔,2004. 湖南省产业结构效益分析及其优化对策[J]. 湘潭大学学报(哲学社会科学版),28(4):130-134.
贺金峰,2002. "方城"是中国历史上最早修筑的长城[J]. 开封大学学报,16(3):1-7.
赫希曼,1991. 经济发展战略[M]. 北京:经济科学出版社.
胡鞍钢,马伟,鄢一龙,2014. "丝绸之路经济带":战略内涵、定位和实现路径[J]. 新疆师范大学学报(哲学社会科学版),(02):1-10.
胡宇辰,2007. 产业集群对梯度转移理论的挑战[J]. 江西财经大学学报,(5):28-31.
黄春分,王哲,2014. 区域主导产业选择方法研究述评[J]. 安徽工业大学学报(社会科学版),31(1):3-6.
黄金川,刘倩倩,陈明,2014. 基于GIS的中国城市群发育格局识别研究[J]. 城市规划学刊,(3):37-44.
黄利秀,2012. 美国、日本沿海经济带的发展对江苏省沿海开发的启示[J]. 学术论坛,35(5):144-148.
黄茜,2016. "丝绸之路经济带"背景下新疆跨境电商发展现状及对策思考[J]. 乌鲁木齐职业大学学报,25(03):44-48.
黄庆华,周志波,刘晗,2014. 长江经济带产业结构演变及政策取向[J]. 经济理论与经济管理,34(06):92-101.
黄卫,2014. 精心打造"丝绸之路经济带"的核心区[J]. 求是,(7):22-24.
黄永美,徐卫民,2012. 汉长城研究综述[J]. 中国史研究动态,30(5):40-47.
黄钟,2012. 长城保护区划——兼论多元化的线性文化遗产保护[C]//中国城市规划学会. 多元与包容(2012中国城市规划年会论文集).昆明:云南科学技术出版社.
惠宁,杨世迪,2014.丝绸之路经济带的内涵界定、合作内容及实现路径[J].延安大学学报(社会科学版),36(4):60-66.
霍尔斯拉格,李亚丽,2015.确保新丝绸之路的安全[J].国际安全研究,(1):32-44.
蒋远营,王想,2011.人口发展方程模型在我国人口预测中的应用[J].统计与决策,(15):52-54.
矫勇,2015.中国水资源公报2014[M].北京:中国水利水电出版社.
解柠羽,张扬,2016.日本太平洋经济带崛起的成功经验及对我国的启示[J].山东财政学院学报,28(6):62-67.
金荻,2015.基于人均需水量预测的水资源人口承载力研究[J].规划师,(s1):314-317.
金沙,2009.农村外出劳动力回流决策的推拉模型分析[J].统计与决策,(9):64-66.
靳相木,柳乾坤,2017.自然资源核算的生态足迹模型演进及其评论[J].自然资源学报,32(1):163-176.
景爱,2008.长城[M].北京:学苑出版社.
景跃军,张宇鹏,2008.生态足迹模型回顾与研究进展[J].人口学刊,(5):9-12.
克里斯塔勒,2010.德国南部中心地原理[M].北京:商务印书馆.
孔繁德,2006.中国长城沿线生态破坏的特点及保护对策[J].水土保持研究,13(2):42-43.
蓝盛芳,钦佩,2001.生态系统的能值分析[J].应用生态学报,12(1):129-131.
黎中辅,1992.大同县志[M].太原:山西人民出版社.
李帆,傅劲松,2006.论资源产业经济学的研究方法体系[J].资源与产业,8(6):34-38.
李凤山,2003.长城带经济文化交流的影响与变迁[J].中央民族大学学报(哲学社会科学版),30(6):25-32.
李海林,2013.明代大同镇边防体系研究[M].太原:三晋出版社.
李华明,2004.从世界遗产视角看北方民族传统文化价值内涵[J].湖北民族学院学报(哲学社会科学版),22(5):31-35.
李辉,2014.大同镇明长城军事遗址保护与利用策略研究[D].太原:山西大学.
李靖宇,于潇,2007.关于开发创建东北东边道沿线经济带的现实论证[J].中国软科学,(12):112-121.
李俊莉,曹明明,2013.基于能值分析的资源型城市循环经济发展水平评价——以榆林市为例[J].干旱区地理(汉文版),36(3):528-535.
李乐乐,2014.陕西省城镇体系规模及空间结构分析与优化[D].西安:陕西师范大学.
李凭,2017.从草原到中原:拓跋百年[M].杭州:浙江文艺出版社.
李琪,2014.中国与中亚创新合作模式、共建“丝绸之路经济带”的地缘战略意涵和实践[J].陕西师范大学学报(哲学社会科学版),(4):5-15.
李仁贵,2006.增长极理论的形成与演进评述[J].经济思想史评论,(1):209-234.
李少文,梁嵘,2015.明长城通览[M].北京:清华大学出版社.
李苏,2010.生态学和经济学的桥梁——能值理论分析法述评[J].河北联合大学学报(社会科学版),10(6):62-64.
李维祯,2017.山西通志[M].北京:中华书局.
李文龙,2001.中国古代长城的四个历史发展阶段[J].文物春秋,(2):37-39.
李霞,2009.基于GIS的中国北方农牧交错带时空变化及特征研究[D].兰州:西北师范大学.
李小建,2006.经济地理学[M].2版.北京:高等教育出版社.
李新,王敏晰,2008.区域主导产业选择方法研究述评[J].技术经济与管理研究,(5):114-117.
李玉洁,2010.黄河流域的农耕文明[M].北京:科学出版社.
廉慧斌,2015.大同历史文化[M].太原:三晋出版社.
林绍志,2011.经济,保护长城绕不开的结——齐长城考察有感[J].万里长城,(1):33-34.
刘碧,2010.基于产业梯度转移理论的我国产业转移问题研究[J].科技创业月刊,23(11):1-4.
刘炳恩,2008.城市轨道交通廊道效应分析模型与方法研究[D].长春:吉林大学.
刘纯彬,张晨,2009.波士华城市群与京津冀城市群的比较研究[J].城市观察,1(1):63-69.
刘桂春,张春红,2012.基于多中心理论的辽宁沿海经济带环境治理模式研究[J].资源开发与市场,28(01):75-79.
刘慧,徐长乐,2016.基于灰色关联法与区位熵的区域产业结构与经济增长关系探究——以重庆市万州区为例[J].科技和产业,16(4):38-43.
刘继生,陈彦光,1999.城镇体系空间结构的分形维数及其测算方法[J].地理研究,17(2):171-178.
刘军,2004.社会网络模型研究论析[J].社会学研究,(1):1-12.
刘军会,邹长新,高吉喜,等,2015.中国生态环境脆弱区范围界定[J].生物多样性,23(6):725-732.
刘俊峰,2016.基于区域经济发展新格局下西部民族地区的发展研究[J].中国商论,(Z1):146-150.
刘敏,2016.浅析近50年来美国“波士华”城市群区域经济变迁[J].城市观察,(4):155-164.
刘涛,仝德,李贵才,2015.基于城市功能网络视角的城市联系研究——以珠江三角洲为例[J].地理科学,35(3):306-313.
刘文新,张平宇,马延吉,2007.东北地区生态环境态势及其可持续发展对策[J].生态环境学报,16(2):709-713.
刘艳,段清波,2016.长城世界文化遗产保护研究[J].中国国情国力,(10):42-44.
刘玉龙,马俊杰,金学林,等,2005.生态系统服务功能价值评估方法综述[J].中国人口•资源与环境,15(1):88-92.
刘昭祎,2012.长城与水的关系研究[D].北京:北京建筑工程学院.
陆大道,1995.区域发展及其空间结构[M].北京:科学出版社.
陆大道,2002.关于“点—轴”空间结构系统的形成机理分析.地理科学,22(1):1-6.
马海霞,张宝山,2006.新疆经济区划与天山南北坡经济带的形成[J].地域研究与开发,25(04):48-52.
马儒龄,2008.大同史要[M].太原:山西人民出版社.
马瑞江,2008.从多元到一体的动因与机制[D].天津:天津师范大学.
芒福德,1989.城市发展史——起源、演变和前景[M].北京:中国建筑工业出版社.
毛汉英,2005.新时期区域规划的理论、方法与实践[J].地域研究与开发,24(6):1-6.
明实录[Z].[出版地不详]:[出版者不详].
宁越敏,石崧,2011.从劳动空间分工到大都市区空间组织[M].北京:科学出版社.
欧邦才,2004.基于BP神经网络的经济预测方法[J].南京工程学院学报(自然科学版),2(2):11-14.
欧向军,沈正平,2011.江苏省产业带建设效应与演化动力[J].地理研究,30(03):411-423.
齐军领,张瑜,2011.美国“双岸”经济带产业布局的研究——兼谈对辽宁沿海经济带的启示[J].求索,(06):50-52.
钱纳里,1989.工业化和经济增长的比较研究[M].上海:上海三联书店.
秦昆,2010.GIS空间分析理论与方法[M].武汉:武汉大学出版社.
秦耀辰,张丽君,2009.区域主导产业选择方法研究进展[J].地理科学进展,28(1):132-138.
山西省史志研究院,2001.山西通史[M].太原:山西人民出版社.
山西省天镇县县志办公室,1997.天镇县志[M].太原:山西教育出版社.
山西省左云县志编纂委员会,1999.左云县志[M].北京:中华书局.
邵士官,2010.鲁南经济带“城市走廊”战略研究[J].中国人口•资源与环境,20(02):167-171.
申金升,王意冈,王浣尘,1993.区域经济系统交通运输间接效益的一种分析方法——经济潜能模型(EPM)[J].经济地理,(4):73-77.
申时行,1989.明会典[M].北京:中华书局.
师翠英,荆克迪,李恒宇,等,2016.基于P-S方法的天津市人口承载力分析[J].生态经济(中文版),32(10):17-21.
司马光,1956.资治通鉴[M].北京:中华书局.
司马迁,1959.史记[M].北京:中华书局.
宋涛,蔡建明,杜姗姗,等,2015.基于能值分析的北京城市新陈代谢研究[J].干旱区资源与环境,29(1):37-42.
苏华,康岚,王磊,2015.丝绸之路经济带产业合作的“雁行模式”构建[J].人文杂志,(03):43-49.
绥远通志馆,2007.绥远通志稿[M].呼和浩特:内蒙古人民出版社.
孙丹峰,2003.IKONOS影像景观格局特征尺度的小波与半方差分析[J].生态学报,23(3):405-413.
孙东琪,张京祥,朱传耿,等,2012.中国生态环境质量变化态势及其空间分异分析[J].地理学报,67(12):1599-1610.
孙飞,李青华,2004.耗散结构理论及其科学思想[J].黑龙江大学自然科学学报,21(3):76-

79.
台湾三军大学,2012.中国历代战争史[M].北京:中信出版社.
谭伟文,文礼章,仝宝生,等,2012.生态足迹理论综述与应用展望[J].生态经济(中文版),(6):173-181.
唐常春,2010.重点产业环节选择理论与方法研究——水晶模型分析框架[J].经济地理,30(11):1865-1870.
陶玉坤,2005.长城与中国文化地理[C]//中国•内蒙古草原文化研讨会.呼和浩特:[出版者不详].
田雅娟,甄力,2014.基于模糊聚类分析的河北省传统产业升级路径选择[J].统计与管理,(11):28-29.
同杨阳,赵丛苍,2016.延绥镇长城修建与战争及气候的关系[J].西北大学学报(哲学社会科学版),46(1):10-16.
汪志红,谌新民,李萍,2016.城市区域性人口承载力动态综合测度[J].数学的实践与认识,46(4):50-59.
王海燕,2016."一带一路"视域下中蒙俄经济走廊建设的机制保障与实施路径[J].华东师范大学学报(哲学社会科学版),48(05):112-118.
王缉慈,2004.关于地方产业集群研究的几点建议[J].经济经纬,(2):53-57.
王江萍,马民涛,张菁,2009.趋势面分析法在环境领域中应用的评述及展望[J].环境科学与管理,34(1):1-5.
王金南,於方,曹东,2006.中国绿色国民经济核算研究报告2004[J].中国人口•资源与环境,16(6):11-17.
王静,2016.丝绸之路经济带背景下社会经济发展动力结构与机制建设——以陕西省为例[J].开发研究,(04):32-39.
王凯,2012.流域经济带产业聚集研究[D].武汉:武汉大学.
王楠楠,章锦河,刘泽华,等,2013.九寨沟自然保护区旅游生态系统能值分析[J].地理研究,32(12):2346-2356.
王圣云,翟晨阳,2015.长江经济带城市集群网络结构与空间合作路径[J].经济地理,35(11):61-70.
王士琦,1614.三云筹俎考[Z].[出版地不详]:[出版者不详].
王双玲,2003.美国波士华交通经济带的形成与演化[J].世界地理研究,12(4):17-22.
王婷婷,邵晶,2014.隋代建筑学家宇文恺修建长城考证[J].兰台世界,(24):88-89.
王旭,2000.美国城市史[M].北京:中国社会科学出版社.
王霨,刘士铭,1733.朔平府志[Z].[出版地不详]:[出版者不详].
王瑛,2006.论产业分工对产业安全的影响及对策[J].北京理工大学学报(社会科学版),8(4):44-48.
韦伯,1997.工业区位论[M].北京:商务印书馆.
魏恩成,2013.修复与保护旅游资源发展长城特色经济圈[J].天津经济,(7):46-47.

魏根深,2016.中国历史研究手册[M].北京:北京大学出版社.
魏后凯,成艾华,张冬梅,2012.中央扶持民族地区发展政策研究[J].中南民族大学学报(人文社会科学版),(01):103-110.
魏焕,1937.大同镇•保障考[M]//魏焕.皇明九边考:卷5.上海:商务印书馆.
魏丽莉,2016.丝绸之路经济带城市群空间联系能力的测度与评价[J].新疆社会科学,(04):29-34.
魏励,2007.中国文史简表汇编[M].北京:商务印书馆.
魏收,1974.魏书[M].北京:中华书局.
魏伟,高晓,陈莉,等,2012.基于引力和场强模型的干旱内陆河流域城乡体系相互作用及空间表达[J].干旱区资源与环境,26(10):156-161.
乌兰察布盟地方志编纂委员会,2004.乌兰察布盟志[M].呼伦贝尔:内蒙古文化出版社.
邬建国,2007.景观生态学:格局、过程、尺度与等级[M].北京:高等教育出版社.
吴波,2016.安徽在长江经济带中的地位、定位及进位发展研究[J].长江大学学报(社科版),39(09):26-31.
吴俊琰,2014.观莱茵河沿岸发展史看长江经济带的崛起之路[J].重庆与世界,(8):42-47.
吴琪,2014.运输通道与经济带互动关系综合分析与研究[D].兰州:兰州交通大学.
吴琦,2016.《长江经济带发展规划纲要》正式印发[J].交通企业管理,31(10):67.
向秀容,潘韬,吴绍洪,等,2016.基于生态足迹的天山北坡经济带生态承载力评价与预测[J].地理研究,35(5):875-884.
向云波,彭秀芬,徐长乐,2009.上海与长江经济带经济联系研究[J].长江流域资源与环境,18(06):508-514.
肖笃宁,解伏菊,魏建兵,2004.区域生态建设与景观生态学的使命[J].应用生态学报,15(10):1731-1736.
萧子显,1972.南齐书[M].北京:中华书局.
谢高地,张彩霞,张雷明,等,2015.基于单位面积价值当量因子的生态系统服务价值化方法改进[J].自然资源学报,30(8):1243-1254.
谢景武,2004.吉林省中部"V"型经济带构建理论与实证研究[D].长春:东北师范大学.
新华社,2016.中华人民共和国国民经济和社会发展第十三个五年规划纲要[R/OL].(2016-03-17)[2016-03-17].http://www.xinhuanet.com//politics/2016lh/2016-03/17/c_1118366322.htm.
邢广程,2014.理解中国现代丝绸之路战略——中国与世界深度互动的新型链接范式[J].世界经济与政治,(12):4-26.
邢丽霞,李亚民,2012.我国国土开发格局的演变与相关资源环境问题[J].中国人口•资源与环境,22(141):186-189.
邢青,2016.辽宁省区域发展能力评价[J].资源与产业,18(5):78-84.
徐俊武,肖晓勇,2009.湖北长江经济带区域合作问题研究——基于制度变迁理论的视角[J].学习与实践,(12):36-43.

许小红,甘永萍,吴娟,等,2016.广西西江经济带旅游资源及其空间分布特征[J].亚热带资源与环境学报,11(02):84-91.
许学强,周一星,宁越敏,2009.城市地理学[M].2版.北京:高等教育出版社.
闫丽娟,何瑞,2016."丝绸之路经济带"战略下西部民族地区文化产业发展研究——以甘青人口较少民族为例[J].贵州民族研究,(09):160-165.
闫卫阳,王发曾,秦耀辰,2009.城市空间相互作用理论模型的演进与机理[J].地理科学进展,28(4):511-518.
严从简,1993.殊域周咨录[M].北京:中华书局.
杨飞虎,2007.波特国家竞争优势理论及对我国的借鉴意义[J].学术论坛,(5):97-100.
杨凤,秦书生,2007.城市经济带的理论问题.城市问题,(5):10-13.
杨国安,甘国辉,2004.中国城镇体系空间分布特征及其变化[J].地球信息科学学报,6(3):12-18.
杨洪,2002.中国南部长城——苗疆长城的旅游开发与保护[J].热带地理,22(1):62-65.
杨娟丽,徐梅,王福林,等,2013.基于BP神经网络的时间序列预测问题研究[J].数学的实践与认识,43(4):158-164.
杨丽霞,杨桂山,苑韶峰,2006.数学模型在人口预测中的应用——以江苏省为例[J].长江流域资源与环境,15(3):287-291.
杨荣国,张新平,2015.丝绸之路经济带研究:核心议题与深化方向[J].兰州大学学报(社会科学版),(6):69-78.
杨时宁,1603.宣大山西三镇图说[Z].[出版地不详]:[出版者不详].
杨恕,王术森,2014.丝绸之路经济带:战略构想及其挑战[J].兰州大学学报(社会科学版),42(1):23-30.
杨荫凯,张文尝,吴启焰,1999.哈大交通经济带形成与演化的时空模式研究[J].经济地理,(05):105-109.
姚文捷,2015.生猪养殖产业集聚演化的环境效应研究——以嘉兴市辖区为例[J].地理科学,35(9):1140-1147.
姚星,唐粼,林昆鹏,2012.生产性服务业与制造业产业关联效应研究——以四川省投入产出表的分析为例[J].宏观经济研究,(11):103-111.
叶振宇,汪芳,2016.德国莱茵河经济带的发展经验与启示[J].中国国情国力,(6):65-67.
易江涛,2014.交通经济带形成机理及范围研究——以成内渝为例[D].成都:西南交通大学.
尹海伟,孔繁花,祈毅,等,2011.湖南省城市群生态网络构建与优化[J].生态学报,31(10):2863-2874.
于涛方,甄峰,吴泓,2007.长江经济带区域结构:"核心—边缘"视角[J].城市规划学刊,(3):41-48.
余卜颐,1880.左云县志•卷2[Z].[出版地不详]:[出版者不详]
郁进,1980.长城[M].北京:文物出版社.
袁培,刘明辉,2016.中国与中亚五国能源贸易联系网络结构研究——基于社会网络分析方法

[J]. 苏州市职业大学学报, 27(1):2-7.
张存杰, 廖要明, 段居琦, 等, 2016. 我国干湿气候区划研究进展[J]. 气候变化研究进展, 12(4):261-267.
张锋, 2008. 控制论的科学思维方法[J]. 西安工程大学学报, 22(1):114-116.
张贵军, 朱永明, 张蓬涛, 等, 2013. 石家庄市耕地资源人口承载力评价[J]. 中国农业资源与区划, 34(6):120-126.
张会新, 杜跃平, 白嘉, 2009. 陕北资源产业集群的区位熵和RIS模型分析[J]. 资源科学, 31(7):1205-1210.
张建伟, 石江江, 王艳华, 等, 2016. 长江经济带创新产出的空间特征和时空演化[J]. 地理科学进展, 35(9):1119-1128.
张军, 2008. 灰色预测模型的改进及其应用[D]. 西安:西安理工大学.
张雷, 张文尝, 李洪舰, 1999. 长江上游地区(四川重庆段)工业发展与布局调控研究[J]. 长江流域资源与环境, (02):140-146.
张林英, 周永章, 温春阳, 等, 2005. 生态城市建设的景观生态学思考[J]. 生态科学, 24(3):273-277.
张美云, 2012. 工业化阶段划分理论综述——兼谈对我国目前工业化所处阶段的判定[J]. 三门峡职业技术学院学报, 11(1):100-104.
张敏, 刘养洁, 2015. 百里汾河经济带建设背景下临汾旅游业的发展研究[J]. 山西师范大学学报(自然科学版), (01):99-103.
张善余, 2013. 人口地理学概论[M]. 3版. 上海:华东师范大学出版社.
张时坤, 2015. 科技创新活动集聚效应的区域差异研究——基于时变参数估计法的实证研究[J]. 中国物价, (11):21-23.
张书凤, 陈理飞, 2007. 区域可持续发展评估的能值分析法研究[J]. 生态经济:学术版, (10):45-47.
张廷玉, 1974. 明史[M]. 北京:中华书局.
张伟, 王秀红, 申建秀, 等, 2012. 伊犁地区农业生态经济系统的时空分异规律与可持续发展[J]. 经济地理, 32(4):136-142.
张文尝, 金凤君, 樊杰, 2002. 交通经济带[M]. 北京:科学出版社.
张幸林, 1996. 加速建设长城沿线经济带[J]. 理论导刊, (12):17-19.
张燕, 张喜玲, 2013. 城市人口承载力的研究进展与理论前沿[J]. 国际城市规划, 28(1):41-47.
张义丰, 谭杰, 陈美景, 等, 2009. 中国长城保护与利用协调发展的战略构想[J]. 地理科学进展, 28(2):280-284.
张英飒, 2008. 人口承载力的理论内涵与测算方法[J]. 重庆社会科学, (11):53-61.
张玉坤, 李哲, 李严, 2009. “封”——中国长城起源另说[J]. 天津大学学报(社会科学版), 11(4):318-322.
张云峰, 2006. 城乡人口迁移与集聚的规模效应研究[J]. 科技情报开发与经济, 16(24):159-

161.
张蕴岭,2015.如何认识“一带一路”的大战略设计[J].世界知识,(2):28-31.
张泽荣,2000.构筑和发展成渝经济带动的战略性意义[J].重庆行政,(02):19-20.
赵琳,2012.长江经济带经济演进的时空分析[D].上海:华东师范大学.
赵琳,徐廷廷,徐长乐,2013.长江经济带经济演进的时空分析[J].长江流域资源与环境,22(07):846-851.
赵潘,2012.中原经济区和谐发展的优劣势分析[J].河南师范大学学报(哲学社会科学版),39(04):79-81.
赵士洞,张永民,2006.生态系统与人类福祉——千年生态系统评估的成就、贡献和展望[J].地球科学进展,21(9):895-902.
赵先贵,肖玲,兰叶霞,等,2005.陕西省生态足迹和生态承载力动态研究[J].中国农业科学,38(4):746-753.
赵兴国,2013.云南沿边对外开放经济带资源环境基础及区域差异研究[J].国土资源科技管理,30(03):18-26.
赵亚莉,吴群,龙开胜,2009.基于模糊聚类的区域主体功能分区研究——以江苏省为例[J].水土保持通报,29(5):127-130.
甄巧莲,张慧,吴杨,2011.皖江经济带土地利用趋势与驱动机制研究[J].河北农业大学学报(农林教育版),13(01):100-104.
中国人民银行乌兰察布市中心支行课题组,2015.蒙晋冀长城金三角合作区域经济一体化战略发展研究[J].内蒙古金融研究,(9):33-36.
中国文化遗产研究院,2016.长城全国重点文物保护单位名录[EB/OL].http://www.greatwallheritage.cn/CCMCMS/files/ccqgzdwwbhml.html.
中国长城学会,1994.长城百科全书[M].长春:吉林人民出版社.
周春山,杨高,2015.广东省农业转移人口市民化成本——收益预测及分担机制研究[J].南方人口,30(5):20-31.
周淼,徐建刚,2003.基于GIS的交通经济带空间边界界定方法研究——以沪宁杭高速公路经济带为例[J].世界地理研究,12(02):79-85.
周致远,孙小舟,赵虎,等,2014.湖北汉江生态经济带土地利用与覆盖变化研究[J].中国农学通报,30(34):68-73.
朱华友,丁四保,2003.经济带的形成与演进研究——以长春—吉林经济带为例[J].软科学,17(03):14-18.
朱华友,丁四保,2004.长春—吉林经济带的形成与空间结构特点研究[J].人文地理,19(03):46-49.
朱美光,2010.环渤海和长三角经济带“技术追赶”问题研究[J].科学学与科学技术管理,31(08):51-53.
朱启贵,2006.绿色国民经济核算的国际比较及借鉴[J].上海交通大学学报(哲学社会科学版),14(5):5-12.

朱晓华，毛建明，2000.经济混沌研究的非线性科学方法[J].经济地理，20(2):6-9.

卓玉国，刘军，郭环洲，2012.河北省主导产业的定量选择方法研究——基于区位熵和SSM方法的分析[J].经济研究参考，(47):68-73.

宗跃光，1996.廊道效应与城市景观结构[J].城市环境与城市生态，(3):21-25.

BARNES J A, 1954. Class and committees in a Norwegian Island parish[J]. Human relations, 7(1):39-58.

BARTELMUS P, 2003. Dematerialization and capital maintenance: two sides of the sustainability coin[J]. Ecological economics, 46(1):61-81.

BORGATTI S P, EVERETT M G, 2000. Models of core/periphery structures[J]. Social networks, 21(4):375-395.

CAMPAGNOLO G, VIVEL C, 2012. Before Schumpeter: forerunners of the theory of the entrepreneur in 1900s German political economy - Werner Sombart, Friedrich von Wieser[J]. The European journal of the history of economic thought, 19(6):908-943.

CAMPBELL D E, 2016. Emergy baseline for the Earth: A historical review of the science and a new calculation[J]. Ecological modelling, 339:96-125.

CHEN G, PHAM T T, BOUSTANY N M, 2001. Introduction to fuzzy sets, fuzzy logic, and fuzzy control systems[J]. Applied mechanics reviews, 54(6):B102-B103.

CICCONE A, HALL R E, 1993. Productivity and the density of economic activity[J]. American economic review, 86(86):54-70.

CLARK C, 1940. The conditions of economic progress[M]. London: Macmillan Publishers.

COSTANZA R, D'ARGE R, Groot R D, et al, 1997. The value of the world's ecosystem services and natural capital[J]. Nature, 387(1):3-15.

COSTANZA R, GROOT R D, SUTTON P, et al, 2014. Changes in the global value of ecosystem services[J]. Global environmental change, 26(1):152-158.

CUMPER G E, 1963. Lewis' two-sector model of development and the theory of wages[J]. Social and economic studies, 12(1):37-50.

DAILY G C, 1997. Nature's services: societal dependence on natural ecosystems[J]. Pacific conservation biology, 6(2):220-221.

ENGEL J S, DEL-PALACIO I, 2011. Global clusters of innovation: the case of Israel and Silicon Valley[J]. California management review, 53(53):27-49.

FEI J C H, RANIS G, 1971. On the empirical relevancy of the Ranis-Fei model of economic development: reply[J]. American economic review, 61(4):704-708.

FISHMAN J A, 1963. Megalopolis: the urbanized northeastern seaboard of the united states by Jean Gottmann[J]. The journal of higher education, 34(3):176-178.

FRIEDMANN J, 1966. Regional development policy: a case study of Venezuela [J]. Urban studies, 4(3): 309-311.

GLAESER E L, RESSEGER M G, 2010. The complementarity between cities and skills[J]. Journal of regional science, 50(1): 221-244.

GORDON I R, MCCANN P, 2010. Industrial clusters: complexes, agglomeration and/or social networks? [J]. Urban studies, 37(3): 513-532.

GORT M, KLEPPER S, 1982. Time Paths in the Diffusion of Product Innovations[J]. Economic journal, 92(367): 630-653.

GOTTMANN J, 1957. Megalopolis or the urbanization of the northeastern seaboard[J]. Economic geography, 33(3): 189-200.

GOTTMANN J, 1961. Megalopolis :the urbanized northeastern seaboard of the United States[Z]. New York: Twentieth Century Fund.

GOTTMANN J, 1976. Megalopolitan systems around the world[J]. Systems of cities readings on structure growth & policy, 38(6): 103-111.

GROSSMANN A, MORLET J, KRONLANDMARTINET R, et al, 1987. Detection of abrupt changes in sound signals with the help of wavelet transforms[J]. Advances in electronics and electron physics, 69(156): 289-306.

HANSEN W G, 1959. How accessibility shapes land use[J]. Journal of the American Planning Association, 25(2): 73-76.

HARRIS J R, TODARO M P, 1970. Migration, unemployment and development: a two-sector analysis[J]. American economic review, 60(1): 126-142.

HELSLEY R W, ZENOU Y, 2014. Social networks and interactions in cities[J]. Journal of economic theory, 150(1): 426-466.

HERSCH P L, KEMME D M, BHANDARI S, 1994. Competition in transition economies: determinants of price-cost margins in private sector manufacturing in Eastern Europe[J]. Southern economic journal, 61(2): 356-366.

HOPPES R B, 1991. Regional versus industrial shift-share analysis—with help from the Lotus spreadsheet[J]. Economic development quarterly: the journal of American Economic Revitalization, 5(3): 258-267.

HOSPERS G J, 2004. Restructuring Europe's rustbelt[J]. Intereconomics, 39(3): 147-156.

ITO T, NAGASHIMA C, HONS B A, 1980. Tokaido — megalopolis of Japan[J]. GeoJournal, 4(3): 231-246.

JEFFERSON M, 1939. The law of the primate city[J]. Geographical review, 29(2): 226-232.

KORHONEN P, 1994. The Theory of the Flying Geese Pattern of Development and Its Interpretations[J]. Journal of peace research, 31(1): 93-108.

KRUGMAN P, 1991. History and industry location: the case of the manufacturing

belt[J]. American economic review, 81(81): 80-83.
KUCHINS A C, 2013. Why Washington needs to integrate the New Silk Road with the pivot to Asia[J]. Asia policy, 16(1): 175-178.
LEN C, 2015. China's 21st century Maritime Silk Road initiative, energy security and SLOC access[J]. Maritime affairs: journal of the National Maritime Foundation of India, 11(1): 1-18.
LIU Y, 1999. The Shanghai metropolitan area and hinterland: patterns and processesin evolution of megalopolis cities[J]. American journal of botany, 86(4): 522-533.
MAMDANI E H, 1988. Fuzzy sets and applications: selected papers by L A Zadeh[J]. Knowledge-based systems, 1(2): 121.
MANDELBROT B, 1967. How long is the coast of Britain? Statistical self-similarity and fractional dimension[J]. Science, 155(3775): 636-638.
MARTELLATO D, NIJKAMP P, REGGIANI A, 1998. Measurement and measures of network accessibility: economic perspectives[J]. Nature, 502(7471): 350-354.
MELO P C, GRAHAM D J, NOLAND R B, 2009. A meta-analysis of estimates of urban agglomeration economies[J]. Regional science and urban economics, 39(3): 332-342.
MEYER D R, 1983. Emergence of the American manufacturing belt: an interpretation[J]. Journal of historical geography, 9(2): 145-174.
MOSK C, 2011. Japanese Industrial History: Technology, urbanization and economic growth[J]. Social science electronic publishing, 54(4): 807-808.
MYRDAL G, 1957. Economic theory and under-developed regions[M]. London: Harper & Brothers Publishers.
NELSON H J, 1955. A service classification of American cities[J]. Economic geography, 31(3): 189.
NICCOLUCCI V, BASTIANONI S, TIEZZI E B P, et al, 2009. How deep is the footprint? A 3D representation[J]. Ecological modelling, 220(20): 2819-2823.
NICCOLUCCI V, GALLI A, REED A, et al, 2011. Towards a 3D national ecological footprint geography[J]. Ecological modelling, 222(16): 2939-2944.
NISHIYAMA Y, OSADA S, SATO Y, 2008. OLS estimation and the t test revisited in rank-size rule regression[J]. Journal of regional science, 48(4): 691-716.
PASOUR E C, 2013. The ideological migration of the Nobel laureates: Theodore W. Schultz[J]. Econ journal watch, 10(3): 593-601.
PERROUX F, 1950. Economic space: theory and applications[J]. Quarterly journal of economics, 64(1): 89-104.
PORTER M E, 2000. Location, Competition, and Economic Development: Local Clusters in a Global Economy[J]. Economic development quarterly: the journal of American

Economic Revitalization, 14(1):15-34.

PORTER M E, 2010. Competitive advantage of nations[J]. Competitive intelligence review, 1(1):14.

REES W E, 1992. Ecological footprints and appropriated carrying capacity:what urban economics leaves out[J]. Environment and urbanization, 4(2):121-130.

ROBERT J, 1976. Prospective study on physical planning and the environment in the megalopolis in formation in North-West Europe[J]. Urban ecology, 1(4):331-411.

SJAASTAD L A, 1962. The costs and returns of human migration[J]. Journal of political economy, 70(5):80-93.

SULLIVAN E C, 1997. New model for predicting freeway incidents and incident delays[J]. Journal of transportationengineering, 123(123):267-275.

TAAFFE E J, KRAKOVER S, GAUTHIER H L, 1992. Interactions between spread-and-backwash, population turnaround and corridor effects in the inter-metropolitan periphery:a case study[J]. Urban geography, 13(6):503-533.

VERNON R, 1966. International investment and international trade in the product cycle[J]. International economics policies & their theoretical foundations, 8(4):307-324.

WACKERNAGEL M, MONFREDA C, DEUMLING D, 2002. Ecological footprint of nations:November 2002 update[J]. Sustainability issue brief.

WACKERNAGEL M, REES W E, 1996. Our ecological footprint:reducing human impact on the earth[M]. Gabriola Island:New Society Publishers.

WANG M, KUANG Y, HUANG N, 2015. Sustainable urban external service function development for building the international megalopolis in the Pearl River Delta, China[J]. Sustainability, 7(10):13029-13054.

WESTLUND H, 2013. A brief history of time, space, and growth:Waldo Tobler's first law of geography revisited[J]. The annals of regional science, 51(3):917-924.

WRIGLEY E A, 2006. Industrial growth and population change[M]. Cambridge:Cambridge University Press.

YANG X, ZHANG K, JIA B, et al, 2005. Desertification assessment in China:An overview[J]. Journal of arid environments, 63(2):517-531.

ZHENG X P, 2007. Measurement of optimal city sizes in Japan:a surplus function approach[J]. Urban studies, 44(5):939-951.

ZIPF G K, 1946. On the dynamic structure of concert-programs[J]. Journal of abnormal psychology, 41(1):25-36.